U0857757

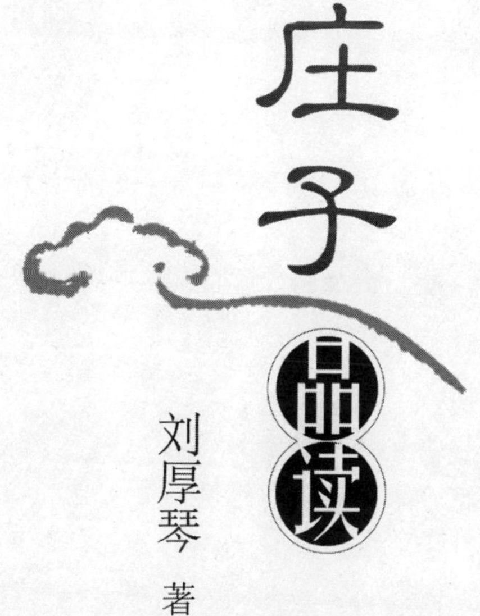

刘厚琴 著

山东大学出版社

本书系山东省古籍整理项目“齐鲁文化经典研究”（N.02540903）、山东省文化建设委托项目“齐鲁文化资源研究”（N.56480905）、齐鲁文化名家立项课题“走进齐鲁经典文化”结项成果

《齐鲁文化经典品读》
课题组

课题组负责人　马　新

课题组成员　（以姓氏笔画为序）

马　新　马德青　王玉喜　王其俊

王爱清　巩宝平　刘厚琴　李吉东

李学娟　校　潇　郭　浩　郭海燕

总序

齐与鲁是西周时代分封的两个著名的诸侯国，因都在今山东省的范围内，所以，山东又被称作“齐鲁之邦”。我们习惯上所称的“齐鲁文化”也因此有狭义与广义之分：狭义的齐鲁文化是指齐、鲁两国所创造的文化形态，广义的齐鲁文化则是指春秋战国时代兴盛于齐鲁之邦的所有文化的集合。无论哪一种意义上的齐鲁文化，都是传承与融合的结果，都是多元文化碰撞与交流的产物。

西周分封之前，山东地区西部是殷商重地，东部则是古老的东夷，被统称为“大东”①。周公协助周成王分封天下时，将自己的长子伯禽分封到今山东曲阜一带，建鲁国；将姜太公分封到营丘一带，建齐国；将周文王的四个儿子分封到大东地区，分别建立了曹、郜、滕、郕诸国。另外，大东地区被周王朝分封或认可的诸侯国还有东夷建立的莒、莱等国，以及相传为黄帝后裔所建的薛、邳等国；夏王朝的余绪杞、鄫、费。殷商遗国宋国的一部分也在大东地区。以上大大小小合计有六十多国。至春秋战国时代，随着列国的争战

① 西周建国初年，为监视东方各诸侯国，实行分区经营。距镐京较近的各诸侯国统称“小东”，较远的各诸侯国统称“大东”。

兼并，山东地区的主要国家演化为齐、鲁、莒、郯、邹等国。南方大国楚、越两国也先后进入山东。越王句践灭吴后，曾迁都琅邪（古邑名，为春秋齐地，在今山东青岛黄岛区琅琊台西北），长期据有山东东南沿海一带；战国后期，赵国还据有今山东的西北地区，楚国则占有了山东中南部，一度出现了齐、鲁、楚、赵并立的局面。

列国的并立与重组实际上也是多种文化的并存与交融。齐、鲁等国的统治者受封而来时，带来了周王朝的礼乐文化，随后便开始了周文化与殷商文化的交融、与东夷文化的交融。比如，鲁国有众多的商奄之民以及殷民六族，殷文化底蕴十分丰厚，鲁国之社祭便是周社与亳社并存，亳社为殷人社稷之所。孔子即是殷人后代，他临终前曾说："殷人殡于两楹之间……丘也，殷人也。予畴昔之夜，梦坐奠于两楹之间。"①又如，东夷之俗"好让不争"，"夷俗仁"，这一传统也被融入鲁文化中，成为儒家仁道思想的重要来源。正如王献唐先生所言："孔子本是接受东方传统的仁道思想的，又进一步发展为儒家的中心理论。"②齐国之开国者太公到齐地后，其为政方针是"因其俗，简其礼"③。齐为东夷故地，"因其俗"就是吸收、接纳东夷之俗，正因如此，才有了"通商工之业，便鱼盐之利"④的经济政策，也才有了"仓廪实则知礼节，衣食足则知荣辱"⑤的思想特色。总之，周文化、殷商文化与东夷文化构成了齐鲁文化的三大基本来源。

春秋战国时代，周王朝分崩离析，诸侯割据，群雄逐鹿，兼并与融合成为社会政治的主流，文化的交融与迸发造就了中国历史上的百家争鸣。齐鲁之邦是当时最为重要的文化中心，它在西周以来的历史蕴积之上，兼收并蓄，吸纳了宋文化，莒、郯、薛文化，楚文化，越文化以及燕赵文化，等等，成为当时最为繁盛、最具影响力的文化形态。可以说，齐鲁文化是百家争鸣最为丰硕的成果。

春秋时期是百家争鸣的先声期，鲁有孔丘，齐有管仲、晏婴与孙武，而周王室与其他诸国，除老聃外，无可述焉。孔丘创立了儒家学派，有弟子三千，是中国历史上第一位教育家，其倡行"有教无类"，打破了"学在官府"的垄断；其编修《诗》《书》《礼》《易》《春秋》，是中国文化传统的集大成者；其政治思想与社会伦理思想更是奠定了中国历史上正统思想的基础。管仲是一位

① 《礼记·檀弓上》。

② 王献唐：《山东古国考》，齐鲁书社 1983 年版，第 219 页。

③ 《史记·齐太公世家》。

④ 《史记·齐太公世家》。

⑤ 《管子·牧民》。

成功的政治家，也是一位卓越的思想家。他的礼法并重、注重赏罚的政治思想是后世法家学派的重要源头，他的“通工商，官山海”的经济思想则是后世经济家与改革家的重要依据，他关于仓廪与、食与荣辱与礼节关系的宏论直接影响了中国古代社会思想史的发展。其后同出于齐国的晏婴则是颇具影响力的政治家与外交家，他“和而不同”的社会政治思想，致力于俭约的治国理念以及智慧万千的外交作为，对后世都产生了重要影响。晏婴之后的齐人孙武，继承了齐国开国之君太公以来的兵学传统与兵家文化，并在战争实践中升华、光大，成为中国历史上兵家文化第一人。

战国时期是百家争鸣的鼎盛期，诸子学说纵横交织，层出不穷。此时的鲁国虽已没落，但文脉仍在，以其为中心，在邹、鲁、滕、宋、卫一带，形成了众星璀璨的思想文化圈。其中，孔子的后继者子思、孟轲等人形成的思孟学派推进着儒学的发展；出身于儒家的鲁人墨翟创立了墨家学派，提倡兼爱，倡导非攻，在认识论、逻辑学和自然科学上都有重要发现，对中国古代哲学和科学的发展做出了巨人贡献。卫国左氏（今山东定陶西）人吴起早年便到鲁国学习儒学并出仕为武将，后成为战国前期法家的重要代表人物，参与了魏文侯的变法，主持了楚国的变法，对法家思想和兵学文化都有显著影响。宋国蒙（今山东东明一带）人庄周是战国道家的代表人物，认为道为天地万物之本原，“天地与我并生，而万物与我为一”，对中国古代思想与社会影响深远。在这一时期的齐鲁文化圈中，还曾活跃着编撰《春秋左氏传》的鲁人左丘明，远道而至滕国的农家创始人许行及其追随者，工匠之祖师鲁国的公输般（即鲁班，“般”和“班”同音，古时通用，故人们常称他为鲁班），等等。

此时的齐国为战国七雄之一，其官办的稷下学宫是当时无有匹敌的思想文化中心，存续长达一百四五十年。盛时的稷下学宫有学士数百，被赐为上大夫者一度达七十六人，同时代的战国诸子几乎被其网罗殆尽。其中较为著名者，有战国法家三大学派之一的田齐法家的代表人物慎到；有道家黄老学派的代表人物田骈、彭蒙、宋钘；还有儒家孙氏之儒的代表人物荀卿，他主张礼法并用，“隆礼重法”，倡导“法后王”与社会变革，对后世的儒家和法家都产生了较大影响，他的两位高足李斯与韩非子成为战国后期法家的代表人物；名家的代表人物尹文，阴阳家的代表人物邹衍，杂家的代表人物淳于髡等也是学宫之中的佼佼者；而兵学家孙武之后孙膑，是战国时代齐国的军事谋略家，指挥了围魏救赵、马陵之战等著名战役，为兵家文化之重要代表人物；齐人扁鹊提出了望、闻、问、切四诊法，是中国古代医学文化的代表人物；齐人甘德精于天文历算，与石申合著之《甘石星经》是中国古代科学的代表性著作，等等。

总之，春秋战国时代形成并繁荣的齐鲁文化，名家荟萃，洋洋大观，留下了丰厚的文化遗产。一部齐鲁文化史就是一部精编版的中国传统文化形成史，齐鲁文化中的传世经典就是中国传统文化的元典。千百年来对这些经典的诠释汗牛充栋，直到今天，这些经典仍然有着不可替代的品读价值，值得我们站在时代的高度再加品读，以更好地感受齐鲁文化之韵，领悟中国传统文化之魂。

需要说明的是，由于时代久远，齐鲁诸子的著述或散佚，或残缺，我们只能从传世至今的完璧中，选择能够代表诸子本人思想学说者，纳入这套“齐鲁文化经典品读”，计有《论语品读》《管子品读》《晏子春秋品读》《孙子兵法品读 孙膑兵法品读》《墨子品读》《孟子品读》《荀子品读》《庄子品读》，共八种。

既是品读，就要在充分吸收以往齐鲁文化研究成果的基础上，在以往整理工作的基础上，改变传统的古籍整理模式，以当代文化的视角重新梳理齐鲁文化经典，以当代社会的文化符号系统重新解读齐鲁文化经典，突出当代文化的实际需求，拉近社会大众与经典文化的距离，使广大读者能够轻松自由地走进齐鲁文化经典。

从结构上讲，丛书中的每一种书都包括了“人物与文化研究”“原著注释与品读”两大部分内容。在“人物与文化研究”中，旨在实现两个沟通：一是读者与古人的沟通。将人物置于其存在的文化背景中，发掘其文化内涵，寻找其核心精神，找到一个真实而鲜活的历史人物，而不是拘泥于常规的历史人物小传，以便于读者对其了解与认知。二是古文化与当代文化的沟通。着力寻找历史人物与相关文化在当代文化中的价值，以发扬光大中华优秀传统文化。在原著“品读”中，我们力图改变以往古籍类著作注释加翻译的习惯，把主动权交给读者，让读者直接与古人对话，直接亲近经典，自觉接受优秀传统文化的熏陶。因而，重点在疏与解上下功夫，通过恰当的疏与解，引导与帮助读者阅读，而不是越俎代庖。总之，通过对人物与文化的研究，可以更好地了解原著；通过对原著的解读，可以更好地认识与吸纳优秀文化。

这套“齐鲁文化经典品读”丛书，是我们的新尝试，更是我们向齐鲁文化经典的致敬。错谬不足之处，尚请大方之家不吝赐正。

是为序。

马　新

2015 年 12 月于山东大学高阁书斋

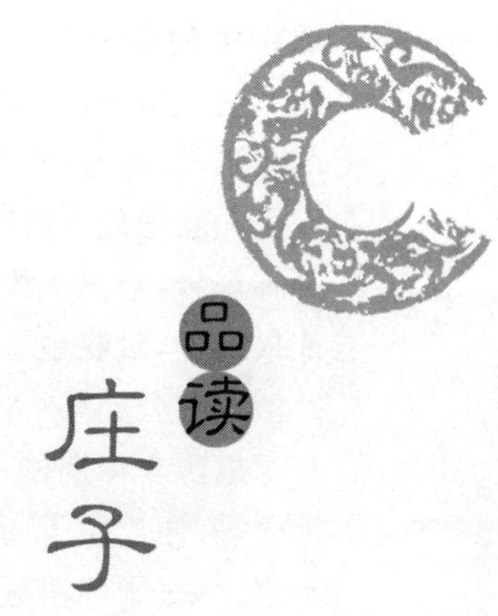

品读庄子

战国时期是中国古代思想大解放、学术大发展的时代。在众多学者中，有一位大思想家，以他出众的才华、奇幻的想象、优美的辞章深深地感染和震撼着当世与后人，其作品被人誉为“文学的哲学，哲学的文学”。他就是老子思想的继承和发展者——庄子，后人将他与老子并称为“老庄”，同奉为“道家之祖”。庄子大体生活于战国中期，当时天下大乱，诸侯割据，战争不断。面对这样混乱的局势，庄子忧民忧国，不愿与当时的统治者同流合污，不与权贵交接，厌恶仕途，鄙视利禄，而一味追求人格独立、精神自由。他终生隐居乡间，潜心研讨道学。庄子一生虽无功名，但他的思想对中国传统社会产生了巨大的影响，在中国思想史、文学史上都有极重要的地位，是齐鲁文化的重要代表。

一

庄子思想的形成与庄子所生活的时代有着重大渊源。要确定庄子的时代，首先应该确定庄子的生卒年。庄子的史料是少之又少，除《庄子》本身记载庄子的事迹外,《史记·老庄申韩列传》中说庄子"与梁惠王、齐宣王同时",又说"楚威王闻庄周贤,使使厚币迎之,许以为相",那么庄子应当大约与梁惠王、齐宣王、楚威王同时。①

马叙伦先生《庄子年表》中综合各家看法认为,《庄子》中对魏文侯、武侯都称谥号,对惠王则是先称其名,又称其为王,从而推断庄子出生于魏文侯、武侯之世,最晚也在惠王初年,这种说法颇有道理。他把庄子的生卒时间大致考定为公元前369~前286年,为大多数学者所接受。

战国早中期的一些人物,如墨子、列子、杨朱、商鞅、申不害、孙膑、惠施、孟子等,便比庄子所处的年代早一点。另外,如尹文、屈原、公孙龙、荀子、吕不韦、韩非子等所处的年代则比庄子要晚一些。从历史上看,庄子与孟子大致同时而稍后。

至于庄子的里籍,最早记载的文献是《史记·老庄申韩列传》:"庄子者,蒙人也,名周;周尝为漆园吏。"司马迁说庄周为蒙漆园吏,但并未说明蒙县属何国。于是后人便产生了不同的解释。如唐代司马贞《史记索隐》引班固《汉书·地理志》称蒙县在梁国,又引刘向《另录》说庄子为"宋之蒙人也"。鉴于此,自古以来对庄子的故里就产生了不同的说法,主要有河南商丘说、安徽蒙城说、山东东明说、山东曹县说等。笔者同意山东曹县说与山东东明说。下面对二说之论据进行梳理分析。

首先看庄子故里在山东曹县的历史根据。

一是"蒙"在今山东曹县境内。清代乾隆、康熙、宣统年间和民国的《东明县志》均把庄子列入了侨寓卷,说明东明认为庄子是东明的侨民。那么,庄子的祖籍到底在哪?司马迁说庄子为蒙人,与"蒙"真正有关的是曹县。清代宋基业《重修汤陵祠碑》、孙星衍《汤陵考》都间接认定庄子为曹县南人。据晚清徐继孺《古蒙地考》②,今蒙县故城在河南商丘北二十公里,适在曹、商接壤之处。小蒙、大蒙相距约二十五公里,虽其南商丘境内亦属蒙地,而其大半在曹县境,则庄子当为曹县人矣。

二是庄子为漆园吏和著书立说的主要活动地区也与曹县有关。由于北周时所置曹州治所在今山东曹县西北,金代又移到今菏泽市区,直至民国初年才被废除,而自唐宋以来所出现的一些志书,恰好载有一些关于所谓庄子

① 关于庄子的生卒年,学界众说纷纭,比较著名的说法大体有以下几种:马叙伦先生主张庄周于公元前369~前286年在世;闻一多先生主张庄周于公元前375~前295年在世;吕振羽先生主张庄周于公元前355~前275年在世;范文澜先生主张庄周于公元前328~前286年在世;杨荣国先生主张庄周于公元前365~前290年在世;任继愈先生主张庄周于公元前328~前295年在世。

② 原载《徐悔斋集》卷二,1932年刻本,第607~608页。

与曹州有关系的文字，距今山东菏泽城北二十二公里的李庄集村一带就是庄子为漆园吏和著书立说的主要活动地区。其主要依据是唐李泰《括地志》所载“故贯城即古贯国，今名蒙泽城，在曹州济阴县南二十八公里”，以及《雍正山东通志》卷九所载的一些话，认为由此可证“今曹县西北、定陶县西南部古代称‘蒙’是确信无疑的”，而据《雍正山东通志》卷九所载“漆园城在故冤句县北七十里，庄周为蒙漆园吏，城北有钓台”等语，则更进一步断定今菏泽市牡丹区西北李庄集村为庄子的主要活动之所。

三是黄河故道位于曹县西南边境。西北—东南流向，属淮河流域东鱼河水系。起自今郜庄乡界牌集，沿朱洪庙、梁堤头、仵楼、南李集等四处乡镇南部边缘，在王六村南出境。境内全长四十一公里，流域面积 91 平方公里。[①] 据《金史·河渠志》载：金大定八年（1168 年）至清咸丰五年（1855 年）间，黄河流经此地，历时六百八十七年。据清本《曹州府曹县志》载，庄周故里在今曹县城东南黄河故道北某村。

四是曹县有庄寨。据《庄氏族谱》和《庄氏始祖碑》载：明永乐二年（1404 年），庄公讳百万，字广财，自山东青州府益都马儿山阳枣林迁居曹邑（今址）。因构筑寨墙而名庄寨。庄寨镇位于曹县西北部，距县城三十七公里，北与菏泽大黄集乡接壤，东与桃源镇毗邻，西南与河南省兰考县南彰镇相接，西北与东明县马头乡、大屯乡相连。

五是曹南山在曹县南四公里，即春秋盟于曹南之地。《诗经·曹风·候人》篇中说：“荟兮蔚兮，南山朝跻。”《毛传》：“南山，曹南山也。”此处是说曹国的南山，是因国而称山。《春秋》：“僖公十九年，宋人、曹人、邾人盟于曹南。”从地理方位来考察：周之曹国故地在今定陶城北塔坡刘庄附近，曹南山故地青岗集（现属曹县）在今定陶城南，二地呈南北向，相距约十公里，山在南，国居北。[②]

下面再来考察一下庄子故里在山东东明县的历史根据。

一是《庄子》中说庄子曾“贷粟于监河侯”，这个“河”就是黄河，且在东明附近，符合《庄子》的记载；《庄子·秋水》中说“庄子钓于濮水”，濮水就从东明近处流过，且有众多史料作支撑。到濮水钓鱼、向监河侯贷米，更是庄子故里在今东明的确证。《水经注》卷八“济水”条中转引杜预的话：“长垣而南，近濮水也。”《山东通志》、明代《长垣县志》以及清修《东明县志》、《濮阳县志》等地方志中，都有关于濮水方位走向的记载和地图标志。这些材料清楚

---

① 曹县地名委员会办公室编：《山东省曹县地名志》，1999 年版，第 574 页。

② 参见徐向东：《菏泽以“曹”名地考》，《菏泽学院学报》2005 年第 3 期。

地显示，庄子垂钓的濮水流经古东明是确定无疑的。[①]《秋水》篇亦有庄子钓于淮水的文字记载。因此，淮水在何处是判定庄子生平活动区域的一个依据。东明县北部与河南淮阳县接壤，“淮阳 ”因“淮水”而得名。[②]

二是庄子为吏之所在东明。庄子为吏之所可以具体确定为今东明东五公里陆圈镇裕州屯村。如王守义等人以为，郦道元《水经注》卷八载“濮渠之侧，有漆城”，《史记·老子韩非列传》唐张守节《正义》引李泰《括地志》云“‘漆园故城在曹州冤句县北十七里’，此云庄周为漆园吏，即此”；唐杜佑《通典》卷一七七载“冤句有漆园，庄周为吏之所”；宋乐史《太平寰宇记》卷一三载“漆园城在县(指冤句县)北五十里，庄周为吏之所，旧置监，今漆园城北有庄周钓台”。清徐继儒编《曹南文献录》疑《括地志》“十七里”当为“七十里”之误，凡此皆说明“庄子故里在山东东明县”，而且“裕州屯即是古漆园”，因为“这里讲的‘五十里’‘七十里’，按《中国历史地图集》标注的方位均系今东明县城东的裕州屯村”[③]。

三是唐玄宗李隆基在诏奉庄周为“南华真人”、《庄子》这部书为《南华真经》的同时，诏改当时的离狐县为“南华县 ”，南华县即今东明县。近代著名学者陈撄宁先生考证，“南华”之名在唐玄宗天宝之前早已有之[④]，庄子因隐于曹州之南华山而号曰“南华子”，而牡丹区李庄集北出土的《临清法师义玄修寺纪念碑》记载，有学者考证，南华山遗址就压在现东明县菜园集乡庄寨村北的黄河大堤之下。[⑤] 由此往东南约五公里即为南华山。许多专家认为，这个“南华系列”是东明独有的，唐玄宗对庄子其书、其人、其家的诏封、诏改，是确认东明县为庄子故里的极其有说服力的证据。[⑥]

四是东明有庄周墓及南、北庄子观和庄子的后裔、《庄氏族谱》。庄子的嫡系后裔世代在这里生息繁衍。有学者主张，判断一个人的籍贯，除了他的本传是否记载外，再就是了解其墓葬和祠庙情况，庄子墓葬应是对其故里进行认定的一个重要佐证。

庄子故里依然居住着庄子的后裔，在这里他们已经繁衍生息了七八十

① 参见刘守安、杨学锋：《庄子故里有新说》，《文汇报》1996 年 1 月 17 日。

② 参见南华生：《庄子故里在东明——全国庄子故里问题考察论证会综述》，《齐鲁学刊》1991 年第 6 期。

③ 王守义等：《关于庄子故里的考察与论证》，《齐鲁学刊》1996 年第 5 期。

④ 参见陈撄宁：《道教与养生》，华文出版社 1989 年版，第 28～32 页。

⑤ 参见杜长印：《庄子故里新探》，《中国历史文物》2006 年第 2 期；刘守安：《南华妙道何处修——山东东明县关于庄子故里问题讨论会综述》，《齐鲁学刊》2007 年第 5 期。

⑥ 参见萧若然：《庄子故里释疑》，《菏泽日报》2010 年 1 月 31 日。

代。庄子观(南华观)和庄子墓成为远近庄氏族人祭祖之处,历代相沿,且史有所载。这说明,历代的各地庄氏族人认定东明庄寨之庄姓族人为庄子嫡系后裔,同时也说明庄姓族人认定东明庄寨为庄子故里。

五是东明县菜园集乡庄寨村的庄氏族人世代相传,庄周生于公元前369年农历二月九日,卒于公元前286年农历八月二十四日,这也是官民春秋祭奠庄周的日子,他们有“二月祭生,八月祭逝”的传统。

综合以上二说,我们认为,庄子的祖籍或出生地在曹县,为官、归隐、著书、死葬之地在东明。而曹县、东明均属山东省菏泽市,所以又可以说庄子是山东菏泽的庄子。庄子这样一位显赫的大人物,其活动范围不可能只局限于一处。山东曹县、东明县和河南民权县相毗邻,庄子出生在曹县,他可能也经常在东明县、民权县一带活动。由此看来,民权县和东明县留有庄子的遗迹也就不足为奇了。

总之,无论庄子籍贯的菏泽曹州东明说还是曹县说,都不外乎为山东人,可以说他是齐鲁大地上一颗闪耀万世的、璀璨的明星。

二

庄子大体生活于战国晚期,一个动荡、混乱的时代。正如《史记·平准书》所描述的那样:“贵诈力而贱仁义,先富有而后推让。故庶人之富者或累巨万,而食者或不厌糟糠,有国强者或并群小以巨诸侯,而弱国或绝祀而灭世。”

战国与春秋在历史上并无明确的界限,一般指公元前475~前221年这一时期的历史,还有一些学者主张以“三家分晋”(前403年)为起始标志,到秦统一六国(前221年)这一段时间为“战国时期”。若依此观点,庄子生年约在公元前369年,那么刚好是战国时代开始的一百多年之后,此后的一百年正是战乱的年代。

在孔子看来,春秋时期“礼崩乐坏”,其间四十三位君主被臣下或敌国杀死,五十二个诸侯国被灭亡,大小战争四百八十多次,诸侯的朝聘和盟会四百五十余次。与此相比,战国社会的情况更糟、更惨。战国时代,小国和弱国多被大国兼并。即使是大国也发生了高岸为谷、深谷为陵的变化:晋之六卿斗争后,“三家分晋”(韩、赵、魏);齐国“田氏代齐”。最终发展为春秋小国众立到战国齐、楚、燕、韩、赵、魏、秦“七雄鼎立”的局面。

“三家分晋”是战国时期发生的一个重大历史事件,以至于不少学者以此作为中国春秋时代和战国时代的分界点。“三家分晋”发生于公元前455

~前 403 年。早从公元前 676 年开始，晋国就大力扩张，晋献公为避免公室与贵族争夺君位，对同姓公族采取杀戮和放逐的策略，而任用异姓大臣为辅佐。“骊姬之乱”使得晋国公族遭受重创，这为后来的“三家分晋”奠定了基础。公元前 632 年，晋文公在城濮之战中打败楚国，成为霸主。此后，秦国和齐国都无法与晋国对抗，只有楚国能长期和晋国较量。公元前 622 年，晋文公股肱之臣赵衰的儿子赵盾执掌晋国国政。公元前 607 年，赵穿杀死昏庸的晋灵公，立晋成公。赵盾开创了异姓卿族代晋同姓家族为公族的先河，晋国公族从此日益衰落，各异姓大臣的势力愈来愈大，争相代为公族。赵盾执掌晋国国政二十一年，始开晋大臣专权的先例。

公元前 526 年，晋国形成强大的范、中行、智、韩、赵、魏六卿，公室已不复成为重要力量，六卿之间争权夺利的斗争日益激烈。范、中行两家败亡后，智伯于公元前 455 年率韩、魏二家攻打赵家。赵襄子最终说服韩、魏二家与赵联合打败智伯。公元前 453 年，韩、赵、魏三家灭智氏，三分其地。此时，晋国实际上已被韩、赵、魏三家瓜分。公元前 403 年，周威烈王正式承认韩、赵、魏三家为诸侯，韩国、赵国和魏国建立。宋代著名史学家司马光撰《资治通鉴》，就是从这一年开始，记载的第一件事即是“初命晋大夫魏斯、赵籍、韩虔为诸侯”。公元前 376 年，韩、赵、魏废晋静公，将晋公室剩余土地全部瓜分，晋国彻底灭亡。因此，韩、赵、魏三国又被合称为“三晋”。

战国时期发生的另一件政治大事件就是“田氏代齐”。它发生于公元前 489～前 386 年，指战国初年齐国田氏取代姜姓成为齐侯。公元前 545 年，齐国田桓子与鲍氏、栾氏、高氏合力消灭当国的庆氏。此后，田桓子的儿子田乞用“大斗借出、小斗回收”的策略收买民心，增加了户口与实力。公元前 489 年，齐景公死，田乞立公子阳生为齐悼公，自立为相，从此田氏掌握齐国国政。公元前 481 年，田乞之子田恒杀齐简公，另立齐平公，又以“修公行赏”争取民心，进一步把持政权。公元前 391 年，田和废掉齐康公。公元前 386 年，田和自立为国君，周安王正式册命田和为齐侯，姜姓齐国灭亡，田姓齐国诞生。公元前 379 年，被放逐的齐康公死，姜姓齐国绝祀。田齐篡姜齐，在“王天下”意识比较浓厚的中原，因名不正言不顺而遭到中原诸侯鄙视。直到齐威王(前 357～前 320 年在位)取代强魏，成为战国中期中原最强国，才令诸侯不得不仰视。痛恨“乱臣贼子”的大儒孟子、荀子都先后游齐，成为稷下学宫的客卿。孟子任“列大夫”，荀子三为“祭酒”。但庄子终生未履齐地，痛斥田齐为窃国“大盗”。

宋君剔成之弟逐兄篡位，成为历史上著名的暴君。公元前 338 年，宋君剔成之弟逐兄篡位，剔成奔齐。剔成之弟名偃，宋君偃在位长达五十二年

(前337～前286年)。公元前328年,宋君偃继齐、魏之后,成为第三个称王的战国诸侯。称王前在位十年,称王后在位四十二年,死后谥康王。宋康王是第三个称王的战国诸侯,仅次于齐、魏两雄,而早于秦、赵、韩、燕四雄。公元前286年,齐滑王灭宋。宋康王出奔魏,死于魏之温城。宋康王是宋国史唯一的王。《庄子》中的"宋王"指的都是这个暴君。

宋君偃称王之年,秦惠王(前337～前311年在位)任用魏人张仪为相,四年后称王。秦惠王称王后二年(前323年),曾与张仪在秦国争事秦惠王失利的韩人公孙衍,游说魏惠王建立中原诸侯"合纵"联盟,与齐、秦两强抗衡,得到魏相惠施赞成。魏惠王遂主持了韩、赵、燕、中山四国称王。魏与四国相互承认称王事实,史称"五国相王"。

战国时期,诸侯国僭称王号。春秋诸侯国有几百个,战国时只剩二十多个。诸侯国数目减少,实现了区域性的、局部的统一,集权趋势加强,这为全国的统一和中央集权制的建立奠定了基础。统一趋势已经不可逆转。春秋时期,虽然周室衰微,然而除了南方楚、吴、越列国称王以外,中原诸国仍奉周天子为王,并未僭称王号。进入战国,诸侯演变成齐、楚、燕、韩、赵、魏、秦等列强割据称雄的局面,僭王替代了争霸。

公元前341年,马陵之战中,齐军在马陵歼灭魏军,大获全胜,并援救了赵、韩两国,使得其威望上升,挟战胜之威,齐国力量迅速发展,成为当时数一数二的强大国家,称霸东方。魏国在马陵之战遭受重创后,军事实力从根本上被削弱,又被秦国乘虚而入,从此丧失了与齐秦两国争霸的能力。马陵之战后,魏惠王任用主张与齐和解的宋人惠施为相,并于公元前335年继齐之后称王。公元前334年,魏惠王被迫与齐威王相见,互尊为王。魏惠王与齐威王在齐地徐州会盟,互相承认称王事实,史称"徐州相王"。周天子的象征性权威至此已荡然无存。

秦国经商鞅变法国力大增,向东扩展的战争节节胜利。公元前324年,秦惠王称王。为抗击秦国,公元前323年,韩、赵、燕等国联合称王。至此,战国七雄全部称王,周王独尊共主的政治地位失去卫护,陷入孤境。非诸侯的封君或卿相,在战国中后期也水涨船高地僭称"公"。不愿与诸侯平起平坐的秦昭王和齐滑王,于前288年在秦相魏冉力主之下,一度分别僭称"西帝""东帝",以示帝位在王之上。月余因苏秦离间,迫于列国压力,两国不久取消帝号。

庄子所生活的战国中晚期,是中国历史上一个变革纷乱的时代,诸侯纷纷僭称"王"号,逐鹿中原的血腥战争更趋白热化。春秋时的大战,有时数日即告结束;战国时则短者要数月,甚至旷日持久。作战双方都要求消灭对方实力，因此一次战役中被斩首的士兵以数万或数十万计。正如孟子所说，“争城以战，杀人盈城，争野以战，杀人盈野”[①]，充分反映出当时战争的残酷性。当时，诸侯纷争，战乱频繁，政治上表现出前所未有的动荡与不安，尔虞我诈，民不聊生。诸侯国的君主们高高在上，又多天性残暴、嗜杀成性，全然不顾自己国家民众的苦痛，而去换取一己之私和荒淫无度的生活。诸侯们个个残暴肆虐，大兴无名之战，不顾百姓的生死，又荒淫无度，恣意妄为。在这种情况下，当时黎民百姓的生活可谓水深火热，到处是惨不忍睹的景象。国君们贪欲横流，杀虐无度，赤裸裸的剥削与掠夺，把人间变成了阴森可怕的“地狱”。

面对动荡的社会，各家各派都在寻求医治社会弊病的良方。此时的学术出现了中国历史上“百家争鸣”的繁荣景象，是古代思想解放的黄金时期。时代决定了人的立场与思想，个人的经历也决定了其价值的趋向。独一无二的战国时代，奠定了此后两千年中国文化的一切独特性，催生了作为中国思想根源的诸子百家，造就了高居先秦绝顶的庄子。

在当时“百家争鸣”的时代，最早出现的两个派别：一个是儒家，另一个就是墨家。以孔子为代表的儒家以“克己复礼，匡扶天下”为己任，以“知其不可而为之”的积极进取精神，探索、实践着传统的礼乐价值观念在新的条件下的转型问题。墨子的生活年代略晚于孔子，由墨子创立的墨家是继早期儒家形成之后第一个可以与儒家分庭抗礼的学术派别。他们有组织、有纲领、有行动，很快就产生了巨大的影响。直到韩非子时代，仍称儒、墨为“显学”，可知儒、墨两家不仅形成时间最早，而且作为学术派别也比较成熟。当时的学术之争，最明显的就是儒、墨之争。孔子以兴仁扬义为救世之方，墨子以兼爱、非攻为平乱之术。然而这一切只有远益而无近利，并不能解决各国君主所面临的实际问题。所以孔子周游列国而到处碰壁。墨子那种苦行僧似的言行，也未曾见用于世。当时被君王所看中并采纳者，唯法家、兵家与纵横家之术，即司马迁所谓“以攻伐为贤”。然而法家、兵家与纵横家只可争得一时之利，并不能维护社会的长治久安，也谈不上人性的圆满与完善。

道家的主要人物及其学说已经产生，但未形成统一的学派。按照《庄子·天下》篇所提到的学术人物，有四人属于道家，即田骈、关尹、老聃、庄周，事实上，《天下》篇所提到的尹文、彭蒙、慎到等人的学说，虽带有后来所谓道家的倾向，但并未将这些人物作为同一个派别加以论述。因而道家并

① 《孟子·离娄上》。

不像儒、墨两家那样从一开始就作为一个统一的学派出现，而是由不同思想家的学说逐步融合统一而成的。

以申不害、韩非为代表的法家在当时还尚未确立其派别。此外，当时“名辩”已经形成气候，《天下》篇提到惠施的“历物十意”以及公孙龙、桓团等辩者以与惠施相应的情况。

任何学说的形成都不可避免地受到时代的影响，庄学自然也不能例外。庄子的学说与战国时代的文化大背景有着千丝万缕的联系。庄子生活在天下大乱、思想大解放的历史时期：一方面，当时天下分成许多小的诸侯国，大小战争连年不断，社会动荡不安，传统的政治体制和思想观念遭到破坏；另一方面战国时期的社会裂变加速了文化思想的传播，诸子百家自由论争。这种特殊的环境催生了庄子的卓异思想，同时更为他提供了较为自由宽松的外部环境，使他能够尽情地快意张扬。

三

庄子生平，我们知晓甚少。史料所提供的庄子生平太过简略。对庄子家世、成长环境与所受教育、思想与性格形成的过程，我们应当有个大体了解。

《史记》庄子本传与《庄子》书中都未曾提到庄子的家世。庄子到底出生在什么样的家庭中，现在已经无从考证了。学者们大多认为庄周应出身贵族，但到庄周时家族已经十分没落，这大抵是可信的。其一，庄子有很高的文化修养，学识渊博。史记本传说他“其学无所不窥”。在战国时代，庄周的广博学识并非出身平民的士阶层所能够企及的。这一般与小时候的教养环境有关。虽然说战国时期平民从学不少，但是一般平民往往倾向于通过学习知识改变社会身份，跻身上层，如苏秦、张仪就是典型代表，他们不大会对缺乏实用价值的精神问题有过多的兴趣，只有贵族家庭才会有这样的传统。其二，庄周对于纯形而上的哲学问题十分感兴趣，在与惠施的多次论辩中，论题都是哲学思辨的问题，这应该并非一般士人所瞩意。此外，庄周对政治的厌倦、对得势当权者的不屑，更体现了他鲜明的贵族情结。其三，庄子具备跟王侯将相对话的资格。庄子虽然家里十分贫穷，却可以与诸侯将相平起平坐，平等对话。比如，他去见魏王，穿得破破烂烂，却回答得非常傲慢无礼，魏王非但没有发怒或将他驱逐、拘留，反而认真地倾听庄子的高谈阔论。又如，史载楚威王曾派两个大夫聘任庄子做官，令人疑惑不解的是，区区一个曾经做过宋国漆园吏的庄子，以往既没有显赫的政绩让人敬仰，也没有安邦定国效能的文论，楚王为何派人千里迢迢来请庄子当大官？这其中应当蕴含着一种政治文化密码。

庄子到底出身怎样，是何许人也？学者们多数认可其贵族身世，落魄蒙地。不少学者认为庄子与楚文化之间肯定具有较深的关系。杨义先生经过多年研究，认为庄子应该是楚庄王的后裔，并在楚悼王或肃王时疏远贵族，离楚流亡，逃到了边远的宋国。① 这种认识对我们应有启发。

假若从上古姓氏制度作进一步考察，庄子家族渊源的信息就可能浮出水面。宋人郑樵在《通志·氏族略》中两次讲到，庄氏出于楚庄王，战国时有庄周，"著书号《庄子》"。郑樵说庄氏出于楚庄王，是有唐以前的谱牒文献为据的。此前，唐人林宝的《元和姓纂》卷五解释"严"姓时就说："芈姓，楚庄王支孙，以谥为姓。楚有庄周，汉武强侯庄不识，孙青翟为丞相。会稽庄忌夫子，生助，后汉庄光，避明帝（刘庄）讳，并改为严氏。"南宋施宿等撰《会稽志》，有陆游序，其中卷三《姓氏》也说："庄氏，楚庄王之后，以谥为姓。六国有庄周。"这已成为中国古代姓氏书的共识。但庄子的年代距离楚庄王已经二百余年，相隔六七代以上，只能说是相当疏远的公族了。

楚庄王是春秋五霸之一，他将楚国的势力发展到靠近洛阳一带，在东周都城洛阳郊外搞阅兵仪式，问周鼎的小大轻重，征服北方几个小国。"问鼎中原"这个词就是这么来的。大概在庄子出生前二十余年，楚悼王任用吴起变法。当时楚国因公族众多，财政匮乏，于是吴起进行变法，把那些领俸不干事的闲官、散官裁汰一批，实行减政，对贵族的三代以下闲散子孙统统贬为庶民，让他们自食其力，然后用节省下来的财政收入养精兵以便与中原各诸侯国争霸，为了使被贬为庶民的贵族后裔不至于联合作乱，吴起下令将他们疏散到边陲地区，让他们开荒种地，过自食其力的平民生活。延续了二百多年的庄氏家族无疑就是被贬谪的对象。但楚悼王去世（前 381 年），吴起失去了庇护，这些贵族就造起反来，攻打吴起。吴起是军事家，他就跑到了楚悼王的灵堂里，趴到悼王的尸体上。这些疏远的贵族大闹灵堂，乱箭射死了吴起，自然也射到了楚王的尸体。按照楚国的法律，"丽兵于王尸者，尽加重罪，逮三族"。所以楚悼王的儿子楚肃王继位之后，灭了七十多家。庄氏家族应该就是受到此事的株连而逃亡的。庄氏家族逃到蒙地十几年之后，庄子才出生。庄子从小生活在一种动荡、忧患的环境气氛中，物质生活匮乏，而且幼小的心灵也承受了过多过重的压力，因此，他感性内向。但他天资聪颖，从小受到较好的家庭教育和熏陶，这是庄子成为一个反传统、重内在精

---

① 参见杨义：《庄子是谁——从发生学的角度看庄子》，《人民政协报》2010 年 7 月 26 日。

神修养的思想家的最为根本性的原因。

经过国族认证和家族流亡的大体解析之后，前面提到的庄子身世的谜团就迎刃而解。庄子无书不窥是因为他出身贵族，接受的是楚国富有传统的贵族家庭文化教育；他可以傲慢地和王侯将相说话，是因为楚王可能还会请他回去主事，楚国可是当时的大国，影响比较大。

南宋理学家朱熹对庄子的身世有着很好的直觉，他一眼就看出，“庄子自是楚人……大抵楚地便多有此样差异底人物学问”①。朱熹并没有作专门的考证，但他对先秦学术流派是一清二楚的。透彻的直觉，往往比含混的“博学”离真实更近些。

四

在庄子的生平中，贫困一直伴随其终生。通常而言，知识分子作为社会精英，他们的日常生活通常要比普通老百姓的日子稍有保障。在当时知识分子圈里，比较起来，同样生活在春秋战国时代的那些一流思想家们，诸如老子、孔子、孟子、荀子、韩非子等等，其中确实也有人曾经贫穷过，比如孔子早年就曾“贫且贱”，但没有谁像庄子那样长期贫穷、一直贫穷，甚至一度穷到了生计难以维持下去的悲惨地步。庄子虽然也是知识分子，但却穷得跟一般庶民百姓无异。

庄子家境贫寒，生活困苦。据《庄子·山木》记载，庄子见魏王的时候，身上穿着很旧的缝补过破洞的粗布衣服，脚上穿的鞋更破，鞋帮和鞋底都快要彻底分开了，为了不使走起路来鞋底拖到地上发出“啪啪啪”的响声，只好用麻绳绑着他那双快要露出脚丫子的破鞋子。因为古代人见国君总是要注意仪容整齐的。对于魏王的奚落，庄子可以说是针锋相对、反唇相讥。不过，尽管腰杆挺得笔直，嘴上没让魏王占到丝毫便宜，但衣弊履穿、模样寒酸却是庄子本人也承认的不争事实。

庄子的穷并不仅仅只表现为面子上的“缺衣”，衣裳再破，终归还能遮体；他麻烦更大的就是“少食”，甚至曾经到了揭不开锅的困难地步。《外物》篇言：“庄子家贫，故往贷粟于监河侯。”监河侯可能认为庄子没有偿还能力，不愿借粮给他，推托说等自己领到了邑金，再借给庄子三百金。庄子认为这是戏弄自己，便以“涸辙之鲋”的寓言回敬了监河侯。庄子最终是否从当官的那儿借到了粮食，我们不得而知。人们经常赞美那种“不为五斗米折腰”

① 《朱子语类》卷一二五《老氏庄列附》。

的高傲风骨，我们很难说向为官者借粮这件事表明庄子失掉了知识分子的气节。然而，在填饱肚皮、聊以活命的问题上，心高气傲的庄子确实被难倒了！

庄子居住的地方是“穷闾厄巷”[1]，类似于我们现代所谓的穷人居住地。既然居住在这种环境中，想必庄子家中的陈设也不会好到哪去。住在“穷闾厄巷”的人自然都是庄子之类的一般穷苦人。

庄子的穷可以与孔子著名弟子颜回相媲美。《论语》中说颜回“一箪食，一瓢饮，在陋巷”，别人都忍受不了这种艰苦的生活，他本人却自得其乐，安然处之。颜回的饮食情况、居住条件与庄子都非常相似。不过颜回去世较早，他留给后人的是一个“安贫乐道”的美名；而庄子比较长寿，他必须熬过漫长的艰苦生活。

另外，庄子靠织草鞋以糊口。《史记·老子韩非列传》说庄子“尝为漆园吏”。虽然庄子一度做过“漆园吏”，但后来他辞官，以至于只能靠编织草鞋挣钱养家，勉强维持生计。《列御寇》篇说庄子“困窘织屦”。庄周每天都到河边去采些葛草，整理后便在家中编织，再把编织好的草鞋拿到市场上卖。织草鞋、卖草鞋，是穷人才会干的手工劳动，因为草鞋的消费者应很少有富贵者或官员，庄子的稳定顾客大概主要是像他一样的贫穷人。庄子与小贩们一起，向来来往往的人们兜售自己的货物，丝毫也不觉得窘迫，反而感到怡然自得。

织屦是庄子的职业，是他的生计，但仅靠织屦难以维持全家人的生活，因为严重的营养不良，导致面容消瘦、形体干枯。《庄子·列御寇》篇中曹商说庄子“困窘织屦，槁项黄馘”。这虽然是曹商讽刺庄子的话，却也可以说是他作为穷人的真实写照。从医学的角度而言，庄子显然饮食不足，这种身体特征也是一般贫民的通常体征。

据《列御寇》篇载，曹商曾专门跑到庄子住的地方，像个暴发户一样夸耀君主所赏赐的“车辆”，其目的就是为了寒碜一下庄子。这件事一方面表明曹商的浅薄，另一方面也充分说明曹商根本不尊重庄子。庄子住在“穷闾厄巷”，不被人看重，时常缺衣少食，乃至于饥寒交迫，我们可以想象庄子家的生活状态到底怎样！

庄子何以如此潦倒呢？其最直接原因，是他没有稳定的职业，缺少可靠的生活来源，只能靠编织草鞋挣钱养家，勉强维持生计。要说庄子贫穷的最根本原因，那还得怪他“自找苦吃”。战国时期有著名的“四公子”，即信陵

---

① 《庄子·列御寇》。

君、平原君、孟尝君、春申君，他们都是有权、有钱而且相当爱才的显贵，手下都养着大量的门客。投身于这些爱才的显贵或伴君王侧，做个行有车、食有肉、住有大宅的门客，像当时齐国“稷下学宫”里所养的那群知识分子一样生活，对庄子这样的著名学者而言应当易如反掌。可庄子却不乐意！在庄子看来，为富者不仁，他不愿与权贵们同流合污，于是他安于贫穷，自食其力，靠着自己的双手编织草鞋换取米面，或者到濮水捕捉鱼虾来维持生计。庄子想法又多又高又怪，并且还傲气十足，他与现实社会完全格格不入，怎能不穷？

庄子可以说是心甘情愿选择了乡下的贫穷生活，在庄子看来，他用物质生活贫穷的代价，换来了精神上的自由。人拥有的物质越多，顾忌就越多，而庄子恰恰是把生活上对物质的要求降低到了极限，因而他思想的自由也就升高到了极限。

五

庄子做过“漆园吏”，委身漆园，工于技艺。“漆园吏”是庄子一生唯一做过的公职，司马迁用一个“尝”字，是说曾经做过，后来离职了。这个公职庄子做了多久，我们不得而知，但应该是他年轻时做过吧。当时的漆树园林，应该不止一处，而庄子管理的这一处在蒙地，故称为“蒙漆园”。

由于庄子是落魄域外的贵族后裔，没有可继承的田产，只好靠手工业为生。他心灵手巧，不仅会编织精细的草鞋，还可以做出当时堪称一流的漆器，并对木工、陶工等手工行业十分精通。因此他做过管理漆器作坊的小官吏。漆园里，高大的漆树连成一片，绿草如茵，蜂蝶飞舞，鲜花遍地，清风骀荡。漆园的工作主要是割开树皮，用木桶去接流出来的漆汁，再去加工。加工的成品漆，主要供宫廷使用，用来涂饰各种器物。漆园里，还有一些手工作坊，如木工坊、铁工坊、铜工坊、皮工坊等。因为大多数的用具与工艺品都要涂漆，才能好看、实用，又能卖上好价钱。因此，这个漆园除了向宫廷提供漆以外，还提供漆具。尽管庄子官小职微，但总算有些俸禄。且漆园远离都城，还可免去朝廷的礼仪。因此，漆园吏这一差使倒颇合庄子的心意。庄子在手工劳动的实践过程中，对各种物质的属性有了较为深刻的认识和体验，并通过这种体验进入“直观体道”“道不可言”的精神境界和哲学境界。因此，《庄子》一书中就记载了许多手工业者，并借以抒发自己的情怀和思索。

在任漆园吏的时候，庄子收了一名弟子，名叫蔺且。平时，庄子除了与蔺且讨论一些哲学上的问题，还经常到漆园的手工作坊去转悠，与工匠们聊天，看着他们干活，有时候来了兴趣，也会亲自动手试一试，工匠们虽然知道他是漆园吏，但看他一点都不像以前的漆园吏那样贪婪、官架十足，而是体恤工匠、平易近人。时间一长，他们相处融洽，庄子从工匠们那儿也学到了很多东西，增长了见识。

后来因为宋康王逐兄篡位，庄子弃职。公元前338年，宋国的君王剔成被其弟偃驱逐，偃发布诏令，代兄自立，登上了国君的宝座。剔成带着家小逃到了齐国。宋君偃驱逐剔成的理由是他无视仁义之道，因此，他继位后的第一件事就是下令让全国的百姓“实行仁义”。宋国的官吏一看都特别高兴，纷纷向睢阳奏进贺状，庆祝新君主的这一英明的诏令。可是继位还不到一年，宋君偃就将仁义的幌子抛到一边，开始了他豪奢无耻的生活，向全国百姓增加赋税，增加各地方官每年向宫里交的货币与物品。宋君偃还野心勃勃地企图向周围强大的邻国齐、魏争夺土地，又在全国范围内大量征兵。这一切使得本来就贫困不堪的宋国人民的生活变得更加艰难了。

庄子这个管理漆园的官职，官小职微，收入不会太多，但事情操心不少，典型的责任大、辛苦多。一年到头要为漆园的经营忙前忙后，日晒雨淋，夏天在毒日底下烤得全身脱皮，冬季在寒风之中冻得手脚裂口，既没有了读书抚琴的时间，又丧失了吟诗作画的雅趣。于是庄子在宋康王篡位后辞去漆园吏，安贫乐道，滑稽放言，寓言讽世，痛诋专制。

关于庄子解职的原因，还有一种推测，很可能是庄子不善于经营管理；另一方面，更有可能是因为庄子不是个左右逢源、八面玲珑的人，既不善于同方方面面搞好关系，也不善于、不愿意对官长溜须拍马，阿谀奉承。可以想象，以庄子这种个性，恐怕没有哪位上司愿意用他。

庄子一生始终不与权贵交接，但他并非没有出人头地、发迹为官、过上富贵生活的机会。当时的诸侯为了富国强兵、壮大势力，都在四处招揽人才，这就为知识分子进入官场、飞黄腾达提供了大好机遇。而庄子追求人格独立和精神自由，隐逸终生。庄子鄙视名禄的事迹较多。如《庄子·秋水》篇记载：惠施在梁国做宰相，庄子前往看望他，并把相位看作腐鼠。《庄子·说剑》篇记载了赵太子悝为让庄子说服其父赵文王“罢剑”而奉赐千金，而庄子不受的事。《庄子·列御寇》篇记载了庄子讽刺痛骂曹商之流的两件事。

庄子为何不入仕当官？庄子嫌漆园吏官小位卑，有苦劳没功劳，所以撂挑子不干，似乎说得通，可是当楚国国君千里迢迢派遣专使恭请庄子去当宰相[①]，庄子为何还是不干？宰相一人之下，万人之上，位高而名尊，职重而权

① 事见《庄子·秋水》。

大，应该是读书人所追求的最显赫、最荣耀的仕途顶点吧。可庄子居然三言两语谢绝了楚王的一番盛情，让楚王的专使乘兴而来，败兴而归。在他看来，宰相这个官职太大太高了，就像《荀子·王霸》所称，宰相拥有“论列百官之长，要百事之听”的大权，身居宰相之位，地位自然高，俸禄自然多，威风自然有。可在拥有巨大权力的同时，也要承担巨大的责任，更得处于巨大的危险。战国时，吴起当宰相辅佐楚悼王搞改革，使楚国面貌大变，可结果却让恩将仇报的楚国贵族用乱箭射死。这说明官大有官大的难处，尤其是像宰相这样“一人之下，万人之上”，完全不是聪明人该干的。由此可见，庄子不愿当官，有时又是因为嫌官职太高，虽有当官的神气、威风，但有更多当官的危机，作为明白人，这种致命的游戏唯恐避之不及，又怎么会掺和进去呢！

六

离漆园不远有座南华山，庄子辞官后，就退隐南华(今山东东明境)，主要从事著书和授徒两件事，从此开始了他真正的悠然自在的生活。他有时候弹琴，有时候读书，有时候钓鱼。庄子非常喜爱钓鱼，每逢好天气，他便到河边钓一会儿鱼。庄子后来还招收了一些弟子。

随着庄周的思想一天一天地成熟起来，他的名声也一天一天地大起来了。各诸侯国都知道有一个傲视王侯、甘于清贫的庄周。他的学说，与儒、墨鼎足而立。天下士人，或宗于孔，或宗于墨，或宗于老庄。刚开始，人们对庄周的思想还不大理解，后来，随着诸侯国之间战争规模的日益升级，愈加频繁，随着朝为卿相、暮为布衣现象的逐渐普遍，人们来越认识到，在战国那样一个充满权谋狡诈与兵戈枪矛的时代里，很难凭自己的能力而有所作为。因而他们纷纷转向隐居生活，“有道则见，无道则隐”。既然不能在天下大范围内有所作为，便只有继续学习以加强自身的修养。而官场之人面临官场的权力角逐，风云变幻，也往往将庄周学说用来消愁解闷。因而不断有慕名而来的人拜庄周为师。庄周的弟子也不断增多。

关于庄子授徒一事，见于《庄子》一书的有几处。[①] 庄子与先秦诸子一样，他也有他自己的弟子。他们参与学派间的辩论并在社会上活动，与其他学者一起构成了春秋战国时期“百家争鸣”的局面。

《山木》篇中记载了庄子率领弟子在外游历行至山中，看见一棵很大的树，枝叶长得茂盛，而伐木者不取，庄子告诉弟子：这棵树是因为不材而终取

① 如《庄子·山木》《庄子·列御寇》等。

天年的。出山他们住在朋友家，这位朋友让奴仆杀鹅款待庄子一行。这家有两只鹅，一只会鸣，一只不会鸣，奴仆问杀哪一只，那朋友让杀掉不会鸣叫的。次日，弟子们问庄子：山里大树因没用才得以保持自然年寿，而那鹅却又因无用而先死，先生在为人处事时是选择有用还是无用？庄子答说自己处于有用无用之间。接着庄子又语重深长地告诉弟子："处于有用和无用之间，近似于处世之道，却不是正道，所以还是不能免于物累。若心怀道德以处世，就不必论有用无用了。这样，既没有荣誉，也没有毁辱。或如神龙显现，或如虫蛇隐伏，随时变化，不要执一而行。或屈或伸，以和为量。寄心于未曾有物之先，主宰物而不被物所拘执，又怎会为物所累呢？弟子们要记着，只有归向道德，才能免于祸患。"从这里我们可以看到庄子一方面以如何避免灾害的生活经验向弟子传授自己的处世方法，即处于"材与不材之间"；另一方面则是教诲弟子在精神上要努力追求高远，摆脱世俗的负累而"与时俱化""以和为量"。这种不再以世故为计的与世沉浮的处世态度，已升华为一种与道为一体的超脱的自由精神境界。

庄子临终前仍有不少弟子。《庄子·列御寇》篇言："庄子将死，弟子们欲厚葬之。庄子曰：'吾以天地为棺椁，以日月做双璧，星辰为珠玑，万物为赍送。'"这件事记下了庄子对生死的达观见解，反映出了庄子在临终前还向弟子们传授自己对人生归宿的真知灼见，同时也表达了师生之间的真情厚谊。

在讲学和与来访者交流思想的过程中，庄周发现，有时自己的观点似乎较难被人理解与接受，尤其是在讲述"道"的时候。于是，庄周便与蔺且一起研究为什么会出现这种时难时易的现象，并且怎样做才能让他的观点更浅显易懂。

《庄子·天运》篇中记载一则宋太宰虚心求教庄子的故事。宋国的太宰名盈，字荡，他听说庄子学识渊博，便将庄子请至府舍，求教仁性与至仁的涵义。庄子答"至仁是无亲的"。宋太宰荡在官场中接受了儒家的说教，对庄子的回答自然无从理解。在庄子看来，孝悌仁义、忠信贞廉都是人们用来勉励自己而束缚天德的东西，不足称道。因而说"至贵"，就是连国君的爵位都毅然抛弃；"至富"就是对倾国的金帛也不看一眼；"至愿"就是把一切名誉都抛个干净。唯有道是永恒的。庄子的说教振聋发聩又十分坦诚明白，使宋太宰为之耳目一新。至于宋太宰是放弃自己的名誉地位而身行"至仁"，还是与庄子分道扬镳，我们不得而知。

《庄子·知北游》篇中又记载庄子对东郭子讲道的故事。东郭子是个学者，但他对庄子的"道"很不理解，于是专程去请教庄子。东郭子问于庄子曰："所谓道，恶乎在？"庄子曰："无所不在。"庄子肯定道是先于天地而存在的，但也肯定当天地万物生成之后，道便存在于天地万物之中。因此，当东郭子向他询问道存在于何处时，他便说存在于"蝼蚁""稊稗""瓦甓""屎溺"之中，并告诉东郭子道的本质并不是存在于某一个特定的事物之中，而是普遍存在于万事万物之中的，因此越是取喻于卑下的事物，就越是能说明大道无处不在的道理。

庄子是一个典型的隐者。隐者的主张和理想一直是清静无为、逍遥一生，他们回归自然，寄情山水，自得自乐，自圣自美。在中国的隐者群中，最具代表性的、独树一帜的，把中国隐者文化推至巅峰的人就是庄子。相对于其他隐者而言，庄子是第一个，甚至也是唯一一个把隐者做得最唯美、最彻底的人。

七

庄子虽为一介隐士，但他作为一个文化名人也不乏社会交往。《庄子》一书所载与庄子有联系的人物也不少，诸侯有楚威王、魏王、宋王、赵文王、鲁哀公；士大夫有宋太宰荡、宋大夫曹商、魏相国惠施、监河侯；学术界人物有宋钘、东郭子、惠施；其他还有隐士、匠人、商贾、农夫；等等。诸侯王中虽有欲聘庄子为官的，但无交情可谈。对于曹商、监河侯等士大夫阶层，庄子也十分鄙视。庄子终生不愿与官府打交道，也不愿与活跃在社会上层的学者交往，但有一个例外，那就是惠施。

惠施又称为惠子，是庄子一生的辩友加好友。约生于公元前370年，死于公元前310年，是战国时期的一位政治家、辩客和哲学家。惠施虽然在学术上不如庄子，但在战国时期政坛上是相当活跃的。惠施是合纵抗秦的最主要的组织人和支持者，他主张魏国、齐国和楚国联合起来对抗秦国，并建议尊齐为王。魏惠王在位时，惠施因为与张仪不和而被驱逐出魏国，他首先到楚国，后来回到宋国。魏惠王死后，由于东方各国的支持，魏国改用公孙衍为相国，张仪失宠离去，惠施重回魏国。作为合纵的组织人，他在当时各个国家里都享有很高的声誉。因此，他经常为外交事务被魏王派到其他国家。惠施的著作虽然没能够流传下来，但他的哲学思想通过其他人的转述而为后人所知。

庄子与惠施两人志向不同。庄了无意功名，追求心境逍遥；而惠子则出世做官，位至宰相。两人在学术观念上也相对立，虽然两人一见面就辩论不休，但私交甚好，在情谊上，惠子确是庄子生平唯一的契友。《庄子·秋水》

云："惠子相梁，庄子往见之。或谓惠子曰：'庄子来，欲代子相。'"于是惠子恐，搜于国中三日三夜。尽管惠施也曾怕庄子代己为相，搜于国中三天，但庄子视相位如腐鼠，故惠施解除了顾虑，友爱如初。

庄子与惠施二人不但是契友，且是论敌；既离不得，又合不得。《庄子》一书里有不少庄子与惠施两人辩论留下的寓言和故事，有记录的辩论就有六次之多。一次是人生观的对立冲突，惠施之进取庙堂，庄周之退隐山林，互相批评；一次是濠上观鱼，争论鱼乐不乐，引发出实证与惑知两种认识方法上的差异；一次是辩论圣人与俗人的异同；一次是辩论有用与无用的关系；一次是以孔子为话题，辩论苦心运用智力是否可取；一次是辩论真理的相对性。庄子与惠施的六次辩论说明两人往来之密切。

惠施年长庄子十一岁，他较早就离开母邦宋国游仕魏国。宋人惠施担任魏相长达十八年(前 340～前 322)，惠施从政之初如何史料无考，其崭露头角在魏惠王在位时，惠施主张合纵抗秦"以魏合于齐楚以按兵"的外交策略。因魏国与秦数战屡败与秦，齐国袖手旁观，楚国又攻占魏国襄陵八邑，合纵失败。魏惠王遂将反对张仪之主张的惠施罢相，转拜张仪为相。用张仪为相，欲联合秦国对抗齐、楚。惠施罢相后，离魏至楚。由于惠施是兼相秦魏、权倾天下的张仪之政敌，楚怀王不愿得罪张仪，更不愿进而得罪秦惠王、魏惠王，于是对惠施赠以车马，把他送归母邦宋国。《淮南子·齐俗训》："惠子从车百乘以过孟诸。庄子见之，弃其余鱼。"惠施由楚归宋途中，庄子正在宋泽孟诸钓鱼。庄子看见惠施从车百乘，就把多钓的鱼也扔进水里，以此表示对依附庙堂以谋取多余之财的惠施之不屑。

宋康王对担任魏相的本国大贤惠施也曾十分仰慕，但现在惠施已老，兼已失势，况且惠施主张偃兵，不合宋康王的胃口。因此罢相归宋的惠施，并未得到宋康王重用，他在母邦没机会重新出仕。惠施蛰伏期间，与庄子日夕盘桓，既是针锋相对的论敌，又是惺惺相惜的挚友。

惠施回来后，就住在蒙邑离庄子家不远的地方，两个人经常相互串门，或一起到附近的地方游玩。庄子对这种生活十分满意，读书、作文、弹琴、钓鱼，与二三知己聊聊天，是多么快活自在啊！虽然并不富裕，但织草鞋所得，足够维持一家人的温饱。只要能得到精神上的舒适，那就足够了。

庄子与好友一起讨论各种学说问题，虽说两个人的许多思想都存在较大的分歧，但正是在这种友好的、旗鼓相当的争论中，两人的学问都有了很大的进步。

惠子喜欢倚在树底下高谈阔论，疲倦的时候就据琴而卧。庄子虽然看不惯，但他也常被惠子拉去梧桐树下谈谈学问，或在田野上散步。历史上最有名“鱼之乐”的“濠梁之辩”[①]，就是二人游于濠水的桥上展开的著名辩论。曹础基说：“惠施前一直在魏，后于公元前318年曾为外交事由魏使楚。其能与庄子悠闲从容论辩于濠梁之上，或即离官在楚、宋的几年。”[②]此说可信。徐复观说：“在这一故事中，实把认识之知的情形，与美的观照的知觉的情形，作了一个显明的对比。……庄子是以恬适的感情与知觉，对鱼作美的观照，因而使鱼成为美的对象。‘鲦鱼出游从容，是鱼之乐’，正是对于美的对象的描述，也是对于美的对象，作了康德所说的趣味判断。……惠施是以认识判断来看庄子的趣味判断，要把趣味判断转移到认识判断中去找根据，因而怀疑庄子‘鱼乐’的判断不能成立，这是不了解两种判断性质的根本不同。”[③]

惠施虽然很善辩，但他和庄子辩论就显得力不从心了。庄子和惠子的辩论，往往谁也不能说服对方，对惠施的思想观点，庄子从总体上持否定态度，他认为惠施的思想虽然十分广博，但其道理却十分驳杂，说的话也不合实际。惠施则认为庄子的主张“大而无用”。《庄子·逍遥游》篇记载了庄周与惠施两次关于有用与无用的辩论。第一次惠施将庄子的道比作大葫芦，说用它盛水不够坚固，用它做瓢，无物能所容下，因无用把它砸碎了。庄子以寓言故事巧妙地驳斥了他。第二次辩论是惠施说他看到一个大臭椿树臃肿不中绳墨，木匠都不理睬它，并批评庄子的学说大而无用。庄子又以野猫比喻从政的官员，最后被猎人捕获来回击惠施，还说大树植于无边无际的旷野里，人们可以乘凉休息，它自己也不被砍伐，还有什么不好呢？

惠施之所以能与庄子成为好友，与他出众的思想有关。他们二人的思想也有相似之处，如惠施“合同异”[④]的见解与庄子“齐万物”的见解相似。比较而言，惠子的“合同异”与庄子的“齐万物”其实有较大差别。胡适先生比较二人时指出，惠子不是怀疑论，他深信辩论最后可以定是非，而庄子则怀疑是非之争纯属多余，主张“不遣是非”[⑤]。冯友兰先生比较二人时认为，惠施注重的是客观世界，他的“万物一体”是就万物论万物，庄周注重的却是人的主观世界，是以我为中心，所以惠施只讲泛爱万物，庄周则讲无差别、一片混沌的境界。[⑥] 这两种看法皆有道理。有的学者进行了更简单的比较，认为惠子的用心是认真的，他要打破常识囿见，建立一种新的“有用”之学，庄子

---

① 事见《庄子·秋水》。

② 曹础基：《庄子活动年表》，《华南师范大学学报(社科版)》1989年第3期。

③ 徐复观：《中国艺术精神》，华东师范大学出版社2001年版，第59页。

④ 见《庄子·天下》。

⑤ 参见胡适：《先秦名学史》，学林出版社1983年版，第120页。

⑥ 参见冯友兰：《中国哲学史新编》，人民出版社1984年版，第155页。

则是戏谑的，他借“齐万物”的思想打破常识囿见，是要提出一种游戏人间的“无用”之学。①

庄子与惠施对于生死的理解也存在较大的差距。《庄子·至乐》载，庄子妻死，惠施去吊丧，见庄子鼓盆而歌，感到不解，认为其太过分了。庄子却以为，人之生来自自然，人之死又返于自然，人的生死如四时的运行，相送以噭噭哭泣，岂不是欠通达明理。

庄子有着旷达的心境，视富贵荣华有如敝屣。其高超之生活情趣，自然超离人群与社群。像庄子这样绝顶聪明的人，要想找到一两个知己，的确不易。平常能够谈得来的朋友，除了惠子之外，恐怕不会再有其他的人了。他们都好辩论，言辞犀利无比；他们亦很博学，对于探讨知识有浓厚的热诚。

到了晚年，庄周的朋友一个个先他而去。庄子最好的辩友惠施也先于他离开了人世。一天，庄子送葬，经过惠子的墓地。他站在墓前，一言不发，回忆着与惠施共处的事情。在惠施墓前，庄子对门生讲了一个故事：郢地有二匠人，干活之时有泥浆落在一匠的鼻尖上，欲待擦拭，另一匠说声“我来也”，运斧如飞砍削过来，匠人直视斧子削过，然后摸一摸鼻子，泥浆没了，鼻子无伤。匠人也面不改色。人们都说这位匠人手艺高超。后来宋元君找到这个飞斧削泥的匠人，请他再表演一次。匠人对他说：我有此绝招，可是我的伙伴却不在了。弟子们听懂了老师是在说自己和惠施的亲密关系，感慨人生得一知己之难啊。②

八

庄子晚年过着深居简出的隐居生活，除了教授弟子之外，就是著书自娱。司马迁说的“适己”也就是自娱。庄子招收弟子后，给弟子具体讲授哪些内容，我们不得而知。或许就在《庄子》一书中，诸如《内篇》的《逍遥游》《齐物论》《人间世》《大宗师》、《外篇》的《骈拇》《在宥》《天道》《天运》以及《杂篇》的《庚桑楚》《寓言》《天下》之类。除了坐馆授课之外，庄子还重视引领学生游山玩水，随处找寻课题，讨论之，阐发之，帮助学生悟道明德。

庄子与弟子一起整理他以前游历各地时写下的游记和弟子后来说的一些零散的东西。他们都觉得现有的这些文字过于分散，不能完整地表达他的学说，于是庄子决定要亲自动手写些文章，把自己的思想系统地写出来。作为一个读书人，没有能力去实现拯救天下人的最大愿望，只能用一支笔把

---

① 参见颜世安：《庄子评传》，南京大学出版社1999年版，第22～23页。

② 事见《庄子·徐无鬼》。

自己的经历、体验和认识写出来，或许能给天下人一些帮助。于是庄子开始了著书的生涯。

读过先秦诸子著作的人都清楚，先秦诸子著作中大都不是本人所作。孔子“述而不作”，其《论语》由弟子记述事迹言行编撰而成；《老子》五千言也非出自老子本人手笔，也是其弟子同作而成；据此也可说《庄子》是庄子及其弟子的共同作品。

今本《庄子》有三十三篇，六万五千多字，分《内篇》《外篇》《杂篇》三部分。我们现在看到的《庄子》，都源于晋代郭象的注本。但据《汉书·艺文志》载，《庄子》有五十二篇，共十余万字。这五十二篇在魏晋时期仍较为常见。郭象在五十二篇本的基础上，吸收各家所学成果，进行了适当的删订，最后修订成了现在的三十三篇，流传至今。

《庄子》一书，思想精妙、风格奇幻，被金圣叹视为“六才子书”之一。[①] 正如《庄子·天下》所言，由于“以天下为沉浊，不可与庄语”的时代特点，庄书“以危言为曼延，以重言为真，以寓言为广”，支离其言，晦隐其旨，在看似“谬悠之说，荒唐之言，无端崖之辞”的背后，是作者对现实苦难、人世艰险的揭示和批判，以及对无待逍遥、绝对自由的人格理想，对“至德之世”的社会理想之热切向往和积极追求。《庄子》文字的汪洋恣肆，意象的雄浑飞越，想象的奇特丰富，情致的滋润旷达，给人以超凡脱俗与崇高美妙的感受，在中国的文学史上独树一帜，可以说，《庄子》代表了先秦散文的最高成就。《庄子》这部文献的出现，标志着战国时代的哲学思想和文学语言已经发展到非常玄远、高深的水平，是我国古代典籍中的瑰宝。

《庄子》的思想博大精深，深奥玄妙，其宇宙观、人生观、修养观、政治观、美学观、文艺观等皆见解独到。庄子思想不仅促进了中国思想文化传统的丰富和发展，而且对后世产生了极其深远的历史影响。

其一，围绕“道”的哲学范畴体系。“道”是庄子哲学的基础和最高范畴，既是关于世界起源和本质的观念，又是至人的认识境界。庄子的人生就是体认道的人生。其哲学范畴体系主要围绕“道”展开，是从“道”开始，以“逍遥”归结。

庄子继承了老子“天道无为”的自然观，以原始混沌的道为最高范畴，把天看成是自然的，把道看作是宇宙的根源。他明确地阐述了道的本质作用。道是宇宙的本体，是产生万物的根源，道是超时间、空间的绝对，道的作用特

① 金圣叹：《〈三国志演义〉序》云：“余尝集才子书者六。其目曰《庄》也，《骚》也，马之《史记》也，杜之律诗也，《水浒》也，《西厢》也，已谬加评订，海内君子皆许余，以为知言。”见朱一玄、刘毓忱编：《三国演义资料汇编》，百花文艺出版社 1983 年版，第 291 页。

别大，它无所不在，无所不能，可以主宰一切。道也为人的一种主观精神境界，达到这种精神境界就能够“齐物我”“齐是非”。《庄子》中有关道的经典论述很多：

道自本自根，未有天地，自古以固存。（《大宗师》）

道无终始，物有死生，不恃其成。一虚一满，不位乎其形。（《秋水》）

夫道……先天地生而不为久，长于上古而不为老。（《大宗师》）

这些是讲道的自本性与无限性：

夫虚静恬淡寂漠无为者，万物之本也。（《天道》）

万物殊理，道不私，故无名。无名故无为，无为而无不为。（《则阳》）

郭子问于庄子曰：“所谓道，恶乎在?”庄子曰：“无所不在。”（《知北游》）

夫道，渊乎其居也，漻乎其清也。（《天地》）

夫道，于大不终，于小不遗，故万物备。（《天道》）

物固有所然，物固有所可。……道通为一。（《齐物论》）

夫道未始有封。（《齐物论》）

这些是讲道的周遍性。道之“覆载万物”，并非有意而为，而是无为的：

道昭而不道。（《齐物论》）

道不可闻，闻而非也；道不可见，见而非也；道不可言，言而非也，知形形之不形乎！道不当名。（《知北游》）。

这是讲道的超越性。

其二，强调精神超越的人生观。庄子思想本质上是一种人生哲学，庄子的人生观首先立足于解决人生困境，是关于人如何在乱世中自处，并从精神上超越。它讲究生存的智慧，重视生命的价值、个性的发挥和精神的自由。

庄子认为要达到最大的精神自由，首先要认识到人同自然界其他事物一样，都有着由生至死的过程。《庄子・大宗师》篇说：“死生命也，其有夜旦之常，天也。”既然“死生命也”，那么面对生死最好的态度就是“安之若命”，因而人应当将生死都看成自然之事。

庄子人生观的最高境界体现在理想人格的至人、真人、神人、圣人身上，这些理想形象的最大特点就是能超然于世外，无往而不逍遥。他们一方面能超脱死生，“不知悦生，不知恶死”[①]“死生无变于己”[②]；另一方面能超脱世俗道德与情感，“不从事于务，不就利，不违害，不喜求，不缘道”[③]。这是庄子处世的最高境界，但也只能是一种理想的追求与向往。

---

① 《庄子・大宗师》。

② 《庄子・齐物论》。

③ 《庄子・齐物论》。

人总是要生活在某个特定的历史场景中，为避免外物对本性的摧残，庄子提出了“避世”和“游世”的办法。“避世”比较极端，主张遁于山林，隐于世外，即《则阳》篇所谓“自埋于民，自藏于畔，其声销，其志无穷，其口虽言，其心未尝言，方且与世违而心不屑与之俱，是陆沉者也”。《山木》篇亦说，人应像意怠那样隐于群鸟之间，无所作为，就能避害全身。避世的直接目的是为了自我保全。道家这种与现实保持距离的作法，相比于儒家对现实的积极参与无疑是消极的。但道家的“避世”建立在对自身精神世界的自信之上。庄子本人便是一个这样的人。他拒绝了楚王之聘，并以神龟为例，表明自己宁愿活着曳尾于烂泥之中，也不愿死后留下骨壳以示显贵。[①]

庄子不仅主张“避世”，而且“游世”。《庄子》中对“游世”亦有诸多表述。如《山木》篇说：“人能虚己以游世，其孰能害之？”《外物》篇说：“唯至人乃能游于世而不僻，顺人而不失己。”虚己、无为只是“游世”的前提。这种“游世”态度直接指向了现实矛盾，并提出了现实的解决办法，这与《逍遥游》篇中指向内心的精神的“无所待”之游有着层次上的差别。

庄子的处世态度是“无为无用”。前述《山木》体现了这一观点。生在人世间，而感到“物固相累，二类相召”，他无可奈何地宣称自己只好处在“材与不材之间”。

其三，重视修心的修养观。庄子心性修养的三个步骤，是由“外物”到“心斋”，再到“坐忘”，使人能够复归于人本来自然无为的状态，经过修养的“心”则开始与万物齐同，进而与万物相互转化，达到“逍遥”的最终精神境界。

“守”是“外物”修养方法中一个非常重要的环节，“守”的对象首先是人的“心”。人如果能守着自己的“心”不被外界事物所纷扰，就能保持一种自然无为的原初状态。人想达到大道的状态，不仅是远离尘世的纷扰，还要修养自己的“心”，让心进入到一种“撄宁”的状态，使人心保持安宁，远离纷扰。此时的“心”，不管外物如何变迁，本“心”都一直是安宁的。这是庄子所谓“外物”的一个过程，这种状态不仅使人的“心”保持宁静，也使“精神”得到最大的自由。

所谓修心就是让“心”处于一种“守”的状态，这种状态是经历过世俗社会的磨炼之后达到的一种精神境界。只有世俗中被尘世纷扰者才需要修“心”。在经历欲望追逐之后，要使人心处于一种安静状态，必须要“守”，让是非善恶不能进入人心，让尘世的功名利禄也远离人心，让生命的生老病死也不再困扰人心，然后使人心保持一种清明状态，即与“道”相通的状态。这样，即使人的形体仍在世俗之中，而“心”却能保持一种安宁的状态而不被外

① 事见《庄子·秋水》。

物所纷扰了。

其四，自然无为的政治思想。庄子的理想社会有其鲜明的特点：一是要求返回原始的素朴状态，使人与自然万物和谐共处；二是要求去除等级制度，废除仁义道德，消除欲望机心，使人与人之间和谐共处。这种理想社会简单地认为返回与禽兽同居的原始社会就能解决一切社会矛盾，虽然显得天真而不切实际，但庄子认为，统治者如果"无为"而顺应自然，就可以达到"有为"而天下大治。《天地》篇说："玄古之君天下，无为也，天德而已矣。以道观言，而天下之君正；以道观分，而君臣之义明；以道观能，而天下之官治；以道泛观，而万物之应备。"其中蕴含的意思非常明显，在某种程度上言，道家对于君臣万物的关注程度并不亚于儒家，不同之处只是在于儒家以"仁义"统率一切，而道家却认为应以无为无欲的"道"来统率一切，其想要达到的结果与儒家应是殊途同归的。

其五，崇尚"自然"的美学原则和艺术宗旨。先秦诸子中，对中国人的审美悟性和文学趣味启发之大者，莫过于庄子。他以汪洋恣肆、诡异多态的旷世文章，为中国文化提供了超越性的审美空间、想象方式，以及自然的和方外的人生意象，形成了一个灵气荡漾的"庄周世界"。[①]

庄子的美学观直接源于他的哲学观，他眼中的美并不是纯粹的自然美或艺术美，而是与"道"合一的境界美。人如果做到"独与天地精神往来"[②]，就能从天地万物中体验到一种人与自然合一的愉悦感，这就是庄子的极致之美。如《天道》篇对美这样描述："夫天地者，古之所大也，而黄帝、尧、舜之所共美也。"庄子将"自然"视为美的最高范畴。

庄子第一次把自然之美提到了重要地位，认为"道"是美的本原，《天道》篇称"覆载天地，刻雕众形而不为巧"。庄子从"道"的根本属性阐述自然美，认为大自然是"道"的最完美的体现，他反对"文饰之美""仁人之美"和"礼乐之美"，反对一切人为的雕饰等不自然的东西。庄子反对五色五声之华美，崇尚虚静恬淡，《刻意》篇提出了"淡然无极而众美从之"的境界。

庄子认为审美过程应该与"美"本身的特征相同，是在自然无为、与道合一的过程中体验美的愉悦："夫虚静恬淡，寂寞无为者，万物之本也。……静而圣，动而王，无为也而尊，朴素而天下莫能与之争美。"[③]人如果有目的地去"判天地之美"[④]，则很少能得到美的感受。

---

① 杨义：《庄子是谁——从发生学的角度看庄子》，《人民政协报》2010年7月26日。

② 《庄子·天下》。

③ 《庄子·天道》。

④ 《庄子·天下》。

庄子的美学观直接影响了其文艺观。自然界万物各美其美，美在它们任由自然的天性，他提出了“法天贵真”[①]的主张。所谓“法天”就是以自然为最高准则，效法自然；“贵真”就是追求真实、至诚，尽显本色。这种“法天贵真”的美学观不仅体现为反对人工雕琢，追求事物天然本真，也体现为推崇纯真率性的人格上。有鉴于此，文艺创作就必然要基于内在的精神体验，应当以还原本真为目的。换言之，只有忘却外物，与天地精神往来，做到与“道”相通才能创作出好的艺术作品。如列御寇射箭的技艺虽高，一旦“登高山，履危石，临百仞之渊”[②]，则发挥不出来了，这是因为他还未达到物我两忘境界的缘故。庄子将艺术的产生归结为一种神秘的直觉领悟，也即前述“心斋”、“坐忘”，这是一种靠直觉和灵感获得创作源泉的方式。

在先秦思想家中，庄子较早地意识到自然风物的审美意义，他从“道”的高度，提出了“天地有大美”的思想，以审美的态度观照天地，明确地指出自然山水具有使人精神愉悦的价值。这对后世影响极其深远。竹林名士之“越名教而任自然”的口号，就典型地体现出一种率性自然的人生追求，带有浓郁的审美意味。魏晋时期，怡山乐水的风气十分盛行，人们崇尚自然，视登山临水为乐事。他们以审美的眼光看待自然，还把自然美纳入艺术的表现之中，以山水为题材和对象的诗歌创作逐渐增多。如东晋陶渊明受到儒、道、佛的多重影响，尤其与庄子息息相通。陈寅恪先生指出，陶渊明为人“实外儒而内道”[③]。陶渊明的田园诗描绘田园之美、传达山水中的自然之道。

庄子的美学思想对中国的书法、绘画审美观念的形成产生了重大影响。庄子之“淡”的思想具有极其丰富的审美意蕴，在后世繁衍出诸如“平淡”“清淡”“淡雅”“淡泊”等众多相关的审美范畴群，形成一股强大的“平淡自然”的审美趣尚，主导着中国古代雅文化的审美价值观。[④] 徐复观一直强调中国的绘画是庄学的独生子。[⑤] 中国书法追求“得鱼忘筌”的意境。《庄子·外物》言：“筌者所以在鱼，得鱼而忘筌；蹄者所以在兔，得兔而忘蹄。言者所以在意，得意而忘言。”庄子的人生哲学，要求人们通过超功利的审美途径，即自然无为、无功无名、物我两忘的审美观点，达到“无待”的理想境界，“独与天地精神往来”。中国艺术家的人格，就是庄子人生理想的体现，因而中国书画家极重品格，人格的修养成了创作的先决条件。

---

① 《庄子·渔父》。

② 事见《庄子·田子方》。

③ 参见陈寅恪：《陶渊明之思想与清谈之关系》，《金明馆丛稿初编》，三联书店 2001 年版，第 229 页。

④ 参见郑笠：《庄子“淡然无极”思想的美学意蕴》，《江淮论坛》2008 年第 2 期。

⑤ 参见徐复观：《中国艺术精神·自序》，春风文艺出版社 1987 年版，第 5 页。

庄子的道家思想，对古代、近代和现当代的诗人、学者以及思想家、艺术家都有很深的影响。诸如李白、苏轼、辛弃疾、曹雪芹，以及鲁迅、郭沫若、俞平伯等等，都深受庄子思想的影响。他们在思想上，或取其愤世嫉俗、旷达不羁，或随其悲观消极、颓废厌世；在艺术上，或赞叹不已，或汲取仿效，并加以发挥，从而创造了中国文学丰富多彩的艺术作品。

在华人世界里，有两个人的思想深入到每个人的骨髓：一是孔子，二是庄子。孔子那套伦理道德礼仪观念至今影响深远。庄子为人们设计了一套自处之道，在其建构的价值世界中，人们没有任何牵累，可以悠然自处，怡然自适。鲁迅先生说："我们挂孔子的招牌，却都是庄子的私淑弟子。"自古以来，中国的知识分子，在现实世界的纷争中大都以孔子思想自励，在内心世界则以庄子自遣，因而庄子给人们提供了在现实世界中安顿的心灵家园。南怀瑾先生一直把儒家比作"粮店"，把佛家比作"百货店"，而将道家比作"药店"，"不生病可以不去，生了病则非去不可"①。这个比喻很恰当，庄子道家在某种程度上实在可以被看作是给这个时代开出的一服良药。庄子思想的这副良药具有"当代性"。庄子思想正如一切伟大先哲的思想一样，具有深刻的当代性，在每个时代都激起人们的思考，引起人们的共鸣。这是因为庄子关注了每个时代的人们都会遇到、都无法回避的人生最根本的问题。而庄子所提供的答案无疑令每一个《庄子》的读者深思。因为"真正属于智慧的东西，其实根本没有陈旧之虞，它必然历久而弥新，永远投射出照亮这个世界的理性之光"②。

庄子的思想在中国历史上的影响极其巨大而深远，他继承和发展了老子"道"的学说，与当时的儒、墨形成了鼎立之势，而后作为儒、道、释三大家之一的"道"学，影响了中国近两千年的社会思想文化的发展。给后世留下了一笔极其珍贵的精神文化遗产，让后人取之不尽，用之不竭。

① 参见南怀瑾：《三家店卖的是什么》，《论语别裁》（上），复旦大学出版社2003年版。

② 崔宜明：《生存与智慧——庄子哲学的现代阐释》，上海人民出版社1997年版，第9页。

目录

【内篇】

逍遥游第一

北冥[1]有鱼，其名曰鲲[2]。鲲之大，不知其几千里也；化而为鸟，其名为鹏[3]。鹏之背，不知其几千里也；怒[4]而飞，其翼若垂天[5]之云。是鸟也，海运则将徙于南冥[6]。南冥者，天池[7]也。

【注释】

[1]冥：通"溟"，指海。

[2]鲲(kun)：古代传说中的大鱼。

[3]鹏：传说中最大的鸟。

[4]怒：奋起、奋发。

[5]垂天：天边。垂，通"陲"，边远。

[6]海运：海动，指汹涌的海涛。徙：迁移。海边歌谣有六月海动之说，海动必有大风，鹏可乘风南飞。

[7]天池：天然的大池。

【品读】

庄子以鲲鱼变鹏鸟开头，神秘奇怪，引人入胜。鲲化鹏是远古的神话传说，鱼化鸟是可能的进化经历。"鲲"本指极小的鱼，而由鲲转化成鹏则极庞大。大鹏脊背像大山，它展开的双翅像天边的云，奋起而飞，直冲九万里高空，穿过云气，背负青天，其场景可谓壮观，其境界可谓阔大。实际上，越壮大的东西，越需要更多的依凭，大鹏高飞南冥，必须等待扶摇之风起。庄子塑造鲲鹏的，旨在指出即使是这种横空出世、绝云气、负青天的神鸟，也要凭借空气的浮力才能高翔远举，由此阐发他的"有所待"和"无所待"的哲学问题。

鹏是庄子的人格意象，从鹏奋起的一刻开始，它就承载着庄子的理想。从鲲、鹏的描写，庄子展示了一个广阔的天地，将人类在思想上的追求提升到无穷，由自由而游的鱼、广阔无垠的海，到鲲的天地，进而达到展翅高飞的大鹏和大鹏的广阔天地，而远眺遥远的天池南冥。这也就是说由水的世界，而达到水天合一更宽阔的天地，显现一个无所不在的领域和境界。

庄子生活在战国时代"强凌弱，众暴寡"的乱世，各诸侯国征伐不已，暴主佞臣杀人如麻，他看透了这个社会的一切，对现实社会已经失去了信心，他追求逍遥，让心灵遨游于虚幻的世界之中，是其精神和心理上的一种解脱方法，也是一种无奈之举。庄子希望自己的精神天马行空，无所羁绊，进而让精神的生命去解放形体的生命。

鲲鱼变鹏这则深富人生哲理的寓言，不同的人读后会有不同的体验和理解。庄子运用拟人化的艺术手法创造鲲化鹏飞的寓言，意味着人生的历程由鲲之深蓄厚养，待时而动，转化为鹏；鹏待势而起，以施展其凌云之志。人生境界的高远，还得在不同的阶段中创造有利的主客观条件。化而为鸟的鹏，不仅要待时而动，乘势而起，更要奋翼高举——“怒而飞”，这正是不懈地激发主体潜力、主观能量的最佳写照。

后来人们把一个人有远大前途叫作“鹏程万里”，把仕途顺利称为“扶摇直上”。我们讲要树立“鲲鹏之志”，其典源就出于此。立鲲鹏之志，就是要有所期待，对自身的期望值越高，越有可能发挥自身的潜能。同时还要有所等待，等待便利的时机、条件，方有可能一展宏图。

后人骚客以鲲鹏形象入诗，多以此自喻或喻人，似乎不按庄子原意来理解，而是根据其气势风貌把它改造为志向远大、壮美俊伟的崇高形象。如唐朝诗人李白曾说：大鹏一朝同风起，扶摇直上九万里。毛泽东很喜欢庄子笔下大鹏这个寓言形象，多次以此入诗。最早是1918年为准备东渡日本的罗章龙而作的七古《送纵宇一郎东行》写到：“君行吾为发浩歌，鲲鹏击浪从兹始。”毛泽东如鲲鹏一般波澜壮阔的生涯，便是从这里起步的。在这首诗里，鲲鹏形象主要表达了一种信念崇拜和自我夸张。

……………………………………

《齐谐[1]》者，志怪[2]者也。《谐》之言曰：“鹏之徙于南冥也，水击[3]三千里，抟扶摇而上者九万里[4]，去以六月息[5]者也。”

【注释】

[1]齐谐：书名，出自齐国，记载的内容多诙谐、怪异。

[2]志：记述、记载。怪：怪异。

[3]水击：拍击水面。

[4]抟(tuán)：盘旋环绕。扶摇：自下而上的旋风。九万里：形容极高。

[5]息：止息。

【品读】

《齐谐》于传统经典之外又重视庄子志怪，这不同于孔子“不语怪力乱神”①。庄子则接通神话源头并加以哲理化，这是《庄子》的创造和发展。大鹏起飞时候的声势，直上于天的高远，虽然令人极其震撼，但就实际情况而言，完全是不得不然，不足以自傲。正因为大鹏举动如此阔大，一旦到达南海，一休养就得六月之久。这不能不说是大鹏以大自累了。

“水击三千里”后来常被援引作诗，形容一种高远壮志。如毛泽东曾在其青年时期的诗歌中说：“自信人生二百年，会当水击三千里。”这两句诗恰恰反映了毛泽东本人对人生的渴望，要打破人生的极限；要做一番大事业，要有鲲鹏水击三千里的凌云壮志。这两句诗，今天已经成为许多年轻人警醒自我的著名格言。

野马[1]也，尘埃[2]也，生物之以息相吹[3]也。天之苍苍[4]，其[5]正色邪？其远而无所至极[6]邪？其视下也，亦若是则已[7]矣。

【注释】

[1]野马：泽中阳焰，指浮游之气，像野马一样飞奔。

[2]尘埃：天空中带有尘土的空气。

[3]以息相吹：用气息吹拂游气，浮尘在空中游荡。

[4]苍苍：深蓝色。

[5]其：指大鹏。

[6]极：尽。

[7]是：此、这样。则已：而已。

【品读】

庄子先以高空中只见游气奔腾、微尘浮动来形容，接着以人仰视天空的经验来比说，说大鹏在九万里高空俯视下界，也如同下界的人仰视高空，只见莽莽苍苍，难辨其“正色”。经过这样一番描写、形容，无形中联系了普通人的生活经验，调动了人们的联想和想象，把作者心目中那种为一般人难于理解和想象的高远哲学境界，变得易于理解和想象了。

在大鹏直上青天的过程中，天的颜色一层层在变，而身处位置不同，看到的颜色也不同。再往下看，地面的景象也同样在发生着变化。当站在高空，所谓上方世界的人站在上面看我们下方的世界也是如此。立场不同，观点自然就大不一样。庄子在此虽然并没有批判任何人，然而他已经把我们所有的境界推翻否定了。有鉴于此，日常生活中，我们切不可自信，更不可固执己见，不要以为自己的知识足够了，实际上站在不同立场上看，我们的观念可能都是浅薄的。

---

① 《论语·述而》。

且夫[1]水之积也不厚，则其负[2]大舟也无力。覆杯水于坳堂[3]之上，则芥[4]为之舟；置杯焉则胶[5]，水浅而舟大也。风之积也不厚，则其负大翼[6]也无力。故九万里则风斯[7]在下矣，而后乃今培风[8]背，负青天，而莫之夭阏[9]者，而后乃今将图南[10]。

【注释】

[1]且夫：语气词，提起下文，进一步展开论述。

[2]负：载。

[3]覆：倒。坳(ào)堂：低凹的地方。坳，坑、凹处。

[4]芥：小草。

[5]置：放。焉：在这里。胶：粘着。

[6]大翼：这里指代大鹏。

[7]斯：乃，就。

[8]培风：凭风、乘风。

[9]夭阏(è)：阻拦、窒碍。

[10]图南：谋虑自北海向南海飞。

【品读】

在庄子看来，鲲鹏的逍遥游不是一挥而就的，在鲲鹏展翅之前，要经过很长时间的酝酿，才能从现实中超拔而起，另外开辟一个飞扬活跃的精神境界。鲲鹏仅有驰骋于天地的凌云志还不够，要想实现理想，还必须积蓄足够的能量，候时而动。能量不足，就像积水不深，无力承载大船。机不逢时，就像风力不强劲，无力支撑大鹏的翅膀。

这段话一连出现两个“积”字，说明“积”之重要性。常言说大而化之、厚积薄发。在庄子看来，水之积也不厚，则负载不了大舟；风之积也不厚，则托不起鹏鸟的大翼。这虽然是在说水和风，但言外之意是说鲲鹏之大来自于“积”，鲲之能化、鹏之能高就在于其所积之大。

庄子总结鲲鹏变化图南之意，以暗喻一个人要想修道成圣，必定要深积厚养。庄子也借此讥笑世人轻薄浅陋、口耳之学，又无积德深厚，何敢言功名事业。庄子所谓“积厚”，意味着一个人修炼尚浅之时，就要学会“沉潜”在深水里头修炼，潜龙勿用。修炼到相当的程度，才能一飞冲天。庄子所谓“背负青天”，就表示一个人修行得道的状态，青天是无量无边，是一种虚空的境界。

一个人有济世之才，还须有让你施展才华的空间。“天高任鸟飞，海阔凭鱼跃”，充分说明了环境对人成长的重要性。同时，假如有了足以供自己发展的空间，而自己却无“垂天之翼”，没有长期积累的修养浑厚的“培风”，最终也只能在小小的障碍前捶胸哀叹。

……………………

蜩与学鸠[1]笑之曰：“我决起[2]而飞，抢榆枋[3]而止，时则不至而控[4]于地而已矣，奚以之九万里而南为[5]？”适莽苍[6]者，三飡而反[7]，腹犹果然[8]；适百里者，宿舂粮[9]；适千里者，三月聚粮[10]。之二虫[11]，又何知？

【注释】

[1]蜩(tiáo)：蝉。学鸠：斑鸠。

[2]决(xuè)起：迅速飞起。

[3]抢：疾速冲上。榆：榆树。枋(fāng)：檀树。

[4]则：或。控：投、落。

[5]奚以：为何。之：往。为：疑问助词，犹“呢”。

[6]适：往。莽苍：郊野景色，此引申为莽莽草色，此指郊外、郊野。

[7]三飡(cān)：指一日。飡，通“餐”。反：通“返”。

[8]犹：还。果然：饱腹的样子。

[9]宿：过夜。舂(chōng)：在臼内捣碎谷物，或捣去谷物皮壳，此指充分准备干粮。

[10]三月聚粮：用三个月的时间来积蓄粮食。

[11]之：此。二虫：指蜩和学鸠。

【品读】

大鹏积厚图南的高远心志，却引来俗世中自得于一方之人的讥笑，因而庄子补充一段蜩与学鸠的寓言，蜩和学鸠对大鹏的嘲笑。蜩和学鸠局促的天地、渺小的见识、自鸣得意的口吻，以及它们毫无自知之明地奚落、嘲笑大鹏，本身就表明了它们的可怜与可笑，从而也有力地说明了“小知不及大知”的道理。蜩与学鸠是不可能了解鹏飞南冥的。

世人接受小小的蜩与学鸠易，而接受庞大的鲲与鹏难；接受鼠目寸光易，接受登高望远难。庄子斥鴳、学鸠、蜩之可笑，都不是因为它们渺小与局限，而是因为它们以自己渺小、局限的经验去解释世界。它们这样做时的自信与自得成为笑料。庄子借蜩和学鸠，讥讽那些低能无志、鼠目寸光的人。每个人的知识境界不同，有些人却“自视甚高”。这说明见识短浅的人不可能理解别人的远大志向，也不能领悟才高知深者的情趣与胸怀。

……………………

小知不及大知[1]，小年不及大年[2]。奚以知其然也[3]？朝菌不知晦朔[4]，蟪蛄不知春秋[5]，此小年也。楚之南有冥灵者[6]，以五百岁为春，五百岁为秋；上古有大椿者[7]，以八千岁为春，八千岁为秋，此大年也[8]。而彭祖乃今以久特闻[9]，众人匹之[10]，不亦悲乎？

【注释】

[1]知(zhì)：通“智”，智慧。不及：赶不上、比不上。

[2]年：寿命。小年指短命。大年指长寿。

[3]奚：何、怎么。然：这样。

[4]朝菌：一种朝生暮死的菌类植物。晦朔：此言早晚。晦：农历每月的最后一天。朔：农历每月初一。

[5]蟪蛄(huì gū)：寒蝉，春生夏死，夏生秋死。春秋：一整年。

[6]冥灵：大树之名。

[7]大椿：树名，香椿。

[8]此大年也：这四字通行本脱落，当补上。

[9]彭祖：传说中的长寿人物。乃今：而今。特：独。闻：名声、著称之意。

[10]匹之：与他相比。匹，比。

【品读】

众所周知，现实中犹如学鸠、斥鴳之类的小角色比比皆是，它们总要囿于自身的短见，嘲笑那些胸怀大志的人。庄子借鲜菇、知了、大龟、古椿、彭祖等物与人，评说浅智者是无法理解大智者，年岁短的是不及年长者的自然规律。朝菌、蛄与冥灵(大乌龟)、大椿的比喻，长寿者彭祖与众人的比喻等，自然就揭示出人的精神和生活不能摆脱局限，即所谓“小知不及大知，小年不及大年”。

庄子通过描绘一系列具体事物形象，无论是“扶摇而上”的乘天大鹏，还是“决起而飞”的蓬间小雀，也无论是“不知晦朔”的短命朝菌，还是春秋八千的长寿大椿，它们之间虽然有着大小之分、长短之别，但有所依赖、有所期待都是一样的，都是不得逍遥游，无法进入绝对自由境界的。庄子寓意认识宇宙、认识自然、认识社会，一定要超越生命的时空。

南怀瑾先生指出，如果一个人没有眼光气度，就会看不远，那他的前途就有限。有远见、有大见的人，就有千秋的事业。这对我们现代人颇有启示。

汤之问棘也是已[1]：穷发[2]之北有冥海者，天池也。有鱼焉，其广[3]数千里，未有知其修[4]者，其名为鲲。有鸟焉，其名为鹏，背若太山[5]，翼若垂天之云，抟扶摇羊角[6]而上者九万里，绝[7]云气，负青天，然后图南，且[8]适南冥也。斥鴳笑之曰[9]：‘彼且奚适也？我腾跃而上，不过数仞[10]而下，翱翔蓬蒿[11]之间，此亦飞之至也，而彼且奚适也？’”此小大之辩[12]也。

【注释】

[1]汤：商汤，商朝的第一个王。棘：夏革，商汤时的贤大夫。是已：就是这样子，表肯定。

[2]穷发：不毛之地，草木不长。

[3]广：宽。

[4]修：长。

[5]太山：大山。

[6]羊角：形容旋风旋转如羊角的样子。

[7]绝：超越。

[8]且：将。

[9]斥：小池泽。鴳(yàn)：小雀。

[10]仞：古时长度单位，八尺为一仞。一说为七尺。

[11]翱翔：展翅飞翔。蓬蒿：这里代指野草。

[12]辩：通“辨”，区分、差别。

【品读】

庄子假托商汤向夏棘的问话，再一次形象地描绘了鲲鹏的神奇变化，以及大鹏展翅南飞的雄奇壮观，其脊背像泰山，翅膀似挂缀在天上的云彩，凭借旋风飞向九万里高空，穿过云层，背负青天，飞往南极大海。同时也描写了小泽里的斥鴳对大鹏的讥笑。

这段通过小大之辨，更显出大鹏形象的高大雄伟和那些小虫、小鸟的渺小卑微，大鹏飞越千里而斥鴳只有数尺，两者同为鸟类，却不可同日而语。斥鴳认为自己跳跃起来向上飞，不过几丈便落下来，还不如在野草之间飞来飞去快活。而斥鴳实在想不通为何自己最多飞几尺而大鹏却要数万里。故曰“燕雀安知鸿鹄之志”。人的眼光及看问题的角度是有很大差别的，有的能知晓后世数十年，有的只知眼前，今朝有酒今朝醉。我们做人应目光远大，切不可鼠目寸光，故步自封，浑噩度日。

故夫知效一官[1]，行比一乡[2]，德合[3]一君，而徵[4]一国者，其自视者亦若此矣[5]。

【注释】

[1]知：通“智”，智慧。效：功效，此有胜任之意。

[2]行：行为。比(bì)：亲近。

[3]合：符合。

[4]徵：取信。

[5]其：指上述四种人。自视：自己看自己。

【品读】

这是庄子讲“有待”至“无待”不同境界之第一个层次。才智能胜任一官之职，行为能符合一乡人心的，品德能投合一国之君的，能力能够取信于民的，他们自鸣得意也就像斥鴳这种小雀一样。这种人追求荣华富贵、功名利禄，以此沾沾自喜，自以为成就非凡。可庄子反将此类人置于最低层次，应当是因为他们留滞于功名利禄，生命为外在爵禄所左右，有如斥鴳之小鸟，为一小知小见之人。这个层次的人有自我，他才会有功有名，因为他要把功名带到自己的身上。其实此处讲的是做官的“小大之辨”，非常能反映庄子时代的社会价值观念，其实也是中国传统社会的核心价值观念。

而宋荣子犹然笑之[1]。且举世而誉之而不加劝[2]，举世而非之而不加沮[3]，定乎内外之分[4]，辩乎荣辱之境[5]，斯已矣[6]。彼其于世，未数数然也[7]。虽然，犹有未树[8]也。

【注释】

[1]宋荣子：一说宋指宋国，荣为姓，子为对男子尊称。一说为姓宋名荣者，即《天下》篇之战国时宋国思想家宋钘。犹然：笑的样子。

[2]举世：全社会。誉：赞誉。不加劝：不会更加积极。劝，劝勉，奋力。

[3]非：非难。不加沮：不会更加消极。沮，沮丧。

[4]定：确定、坚定。内：主观，此指自主精神。外：客观，此指荣誉和责难等。

[5]辩：通“辨”，差异。境：界限。

[6]斯：此。已：止。

[7]世：世俗之情。数(shuò)数：常常。然：这样。

[8]未树：指道德上还未圆满。

【品读】

这是庄子讲“有待”至“无待”不同境界之第二个层次，举世而誉之，举世而非之，均无动于衷。宋荣子代表了这个境界的人。全社会都称赞他，也不能增加一分鼓励；全社会都否定他，也不能增加一点阻碍。联系宋荣子其人，这两句话就不是一般的泛泛而谈，而是形容他意志之刚强，原则之坚定。这种评价印证了《天下》篇所谓“举世而非之而不加沮”“虽天下不取，强聒而不舍者也”。一个人能面对整个社会的称颂而不兴奋激动，面对整个社会的责难而不沮丧伤感，这是因为他把世俗社会的名利都看得透透彻彻，物我的区别、荣辱的分界，一切都不过如此。身在世俗，而又能超越世俗，这是很难的。

宋荣子所表现的正是一种对舆论的鄙视、对世俗的轻蔑。他嘲笑那些汲汲于浮名者不过就是数仞间跳跃而自得自满的小鸟。因为宋荣子不受外界舆论的束缚，懂得“内外”与“荣辱”的界限。他虽然对外物保持距离，对外界也不肯多费心思，但还是没有达到一个很高的境界。例如他笑某一些人的浅薄。世俗之人有己有功有名；宋荣子无功无名，但还是有己。宋荣子还没有达到至人的境界，因为在他的意识中，还是有身物、荣辱的分别，只是不为其所左右而已。

夫列子御风而行[1]，泠然善也[2]，旬有五日而后反[3]。彼于致福[4]者，未数数然也。此虽免乎行，犹有所待[5]者也。

【注释】

[1]列子：姓列，名御寇，郑国人。御：驾驭、乘。

[2]泠(líng)然：轻快的样子。善：好、妙。

[3]旬：十天为一旬。有：又。反：通“返”。

[4]致福：追求幸福。

[5]有所待：有凭借、有依赖，指依赖于风。

【品读】

列御寇是庄子讲“有待”至“无待”不同境界之第三个层次，他能够驾着风行走。列子对于世俗名利从来不放在心上，他对于求福的事，从来不去汲汲追求，这个境界已经很高了。他喜欢出游，经常驾风行走，就是像神仙一样腾云驾雾。虽然如此，列子仍然达不到庄子的理想境界，因为列子“有所待”，没有风，他就无法飞，靠的是外部条件。这第三种人虽是无己，不过仍受限于形体，随风而起。有依赖就算不上绝对自由。

若夫乘天地之正[1]，而御六气之辩[2]，以游无穷[3]者，彼且恶[4]乎待哉！故曰：至人无己[5]，神人无功[6]，圣人无名[7]。

【注释】

[1]天地：指万物。正：本性、根本。

[2]御：引申为因循、顺应。六气：指阴、阳、雨、风、晦、明。辩：变化。辩与正对举，正是根本，辩是派生出来的。

[3]无穷：指无限的实践与空间，绝对自由的境界。

[4]恶(wū)：何、什么。

[5]至人：思想道德境界最高的人。无己：忘己，去我顺物。

[6]神人：神秘莫测的得道之人。无功：不求功名。

[7]圣人：思想、道德、智识臻于完美之人。无名：不求名誉、地位。

【品读】

这是庄子讲“有待”至“无待”不同境界之第四个层次，这类人无己、无功、无名，是自己精神上的绝对自由与自在，所以能游无穷，能无所待。世间万事万物，不论大小，都存在着对万物的依赖，而对依赖的孜孜以求使得人无法保全身心，更无法真正实现精神的自由。庄子认为，人所要达到的最高境界就是“无待”的理想自由。而做到这些，就要抛弃名利的束缚，摆脱善恶的羁绊，达到“无己”“无功”“无名”的境界。

无名、无功、无己，实际上是三个层次，对一般人来说，要做到无名就极为困难。有所思，有所求，自然就有所待。在现实生活中，有很多人追求荣华富贵、功名利禄，这一类人留滞于功名利禄，生命为爵禄所左右，就是庄子所说的斥鴳一类。只有“至人”才能无己、无功、无名，彻底摆脱身心的拘累，在精神上实现绝对的自由，能无所待而逍遥。“无名”“无功”是庄子理想人格的外在表现，而“无己”则是其内在表现。要做到“无己”，就是要让真正的自我从一切的是非善恶、功名利禄、是是非非中解脱而出，破除一切外在的限制，消除一切世俗的束缚。

至人、神人、圣人，皆指能逍遥之人，是道家的理想人格。庄子的逍遥，就是摆脱身心拘碍，与道一起遨游，内无所羡，外无所求，恬淡自得，无往不适，这是一种至高无上的快乐，这种快乐根本不是欲求得以实现之乐，而是无所欲求之乐，为不羡求功名利禄，不挂怀死生祸福、利害得失的精神至足之乐。应该指出的是，道家的至人、神人、圣人理想人格境界虽然具有强烈而炫目的光芒，但其理想色彩很浓厚，其高高在上，必然在一定程度上造成其“悬置”，是我们凡夫俗子所瞻望而不能奢想的境界，即使是少数修道者也鲜能企及。

尧让天下于许由[1]，曰：“日月出矣，而爝火[2]不息；其于光也，不亦难乎？时雨[3]降矣，而犹浸灌[4]；其于泽[5]也，不亦劳[6]乎？夫子立而天下治[7]，而我犹尸[8]之；吾自视缺然[9]，请致天下[10]。”

【注释】

[1]尧：传说中远古时代的圣明君主。许由：尧舜时代的贤人，相传尧要让天下给他，他自命高洁，辞而不受。

[2]爝(jué)火：木材上蘸上油脂燃起的火把。

[3]时雨：按时令季节及时降下的雨，即应时雨。

[4]浸灌：灌溉。

[5]泽：润泽。

[6]劳：费力，此有徒劳之意。

[7]夫子：古时对男子的尊称，此指许由。立：位、在位。而：则。

[8]尸：庙中的神主，这里用其空居其位、徒有其名之义。

[9]缺然：指不够资格做君主。

[10]请致天下：请让我把天下交给你。

【品读】

对于世人而言，不要说无己，即使片刻忘记名利都很难。庄子讲述了尧和许由的故事，以此来说明名对逍遥的阻碍。许由作为尧舜时代的贤人，以自己淡泊名利的崇高节操为后世所尊敬，被奉为隐士的鼻祖。尧对许由万分仰慕，将自己比作火炬，把许由比作太阳、月亮，强调许由如果立为天子，天下一定会安定，而如果自己主持天子的政务，就感觉缺乏能力。许由虽然是庄子心目中的一位理想人物，但也未免夸张过度。这就引出后面许由关于名实之辨的议论。

许由曰："子[1]治天下，天下既已治也；而我犹代子，吾将为名乎？名者，实之宾[2]也，吾将为宾乎？鹪鹩[3]巢于深林，不过一枝；偃鼠饮河[4]，不过满腹。归休[5]乎君，予无所用天下为[6]！庖人虽不治庖[7]，尸祝不越樽俎而代之矣[8]！"

【注释】

[1]子：对人的尊称。

[2]宾：从属、派生的东西。

[3]鹪鹩（jiāo liáo）：一种善于筑巢的小鸟。

[4]偃鼠：鼹鼠。饮河：在河饮水。

[5]休：止，此处指算了。

[6]为：句末疑问语气词。

[7]庖人：厨师。治庖：掌管厨房的工作。

[8]尸祝：主持祭祀的人。樽：酒器。俎：祭祀时盛牛羊的礼器。

【品读】

本段主要是诠释"圣人无名"。针对尧把许由抬得太高而让天下，许由毫不犹豫地拒绝了。在许由看来，尧居帝位已经有治理天下之"实"，自己如果去代替他，那就是有名无实或为"名"所累，这无异于越俎代庖。

为说明名实关系，许由还打比方说，森林再广大，对小鸟来说，一根树枝就已经足够它筑巢栖息了；河水浩浩荡荡，但鼹鼠只要喝一点点，就已经满足了。许由用这两个比方说明一个人想要的东西越少，牵挂越少，累赘越少，烦恼也就越少，因而才能自由逍遥。世上的人之所以有那么多的烦恼牵挂，就是因为时刻想着自己想要什么，而不是自己真正需要什么。丢了实去求名，丢了主去求宾，是俗人的通病。人这一生，忘掉了实，却为名而闹个死去活来，这已成为人类的通病。

肩吾问于连叔曰[1]："吾闻言于接舆[2]，大而无当[3]，往而不反[4]。吾惊怖其言，犹河汉而无极也[5]；大有迳庭[6]，不近人情焉。"连叔曰："其言谓何哉？"曰："藐姑射之山[7]，有神人居焉。肌肤若冰雪，淖约若处子[8]，不食五谷，吸风饮露，乘云气，御飞龙，而游乎四海之外；其神凝[9]，使物不疵疠而年谷熟[10]。吾以是狂而不信也[11]。"

【注释】

[1]肩吾、连叔：旧说皆为有道之人，实为庄子为表达需要而虚构的人物。

[2]接舆：姓陆，名通，字接舆。春秋时楚国隐士。《论语》称其为"楚狂人"。

[3]大而无当：指堂皇而不切实际。

[4]往而不返：指漫无边际。

[5]河汉：银河。极：边际、尽头。

[6]迳：门外路。庭：堂前地。"迳庭"连用，喻指差异很大。

[7]藐：遥远的样子。姑射(yè)：传说中的山名，在今山西临汾西。

[8]淖(chuò)约：姿态柔美。处子：处女。

[9]凝：指神情专一。

[10]疵疠(cī lì)：疾病。年谷：庄稼。

[11]以：认为。狂：通"诳"，虚妄之言。信：真实可靠。

【品读】

这是诠释"神人无功"。庄子在肩吾、连叔、接舆三人身上各有寄托。肩吾是初学者，象征还没有放下自己，当然不会放下功名等成见，所以乍闻神人之境就感到诧异惊恐。连叔过渡，是传言者或解释者。接舆是曾热讽孔子的楚之狂人，是个得道高人。

"无功"是庄子追求最高理想人格的又一种表现特征。它主要集中地表现于庄子对超自然无为政治思想的描述中。为了说明"无功"，庄子生动地刻画了一个姑射山神人的形象。那姑射之山神人如此潇洒飘逸，因为他精神凝聚，内心不为外物所动，已不肯劳碌以天下事。得道之人与常人的外在一个很大区别就是形体上的区别：最有名的莫过于藐姑射之山上的神人了。

庄子着力塑造神人形象，以使逍遥游的“至人”形象具体化。通过肩吾和连叔的对话创造的神人形象，即前文所称的能作逍遥游的“至人”，其为庄子逍遥理想的完美体现者，所以庄子赋予其最美的外表和最好的品质。

连叔曰：“然。瞽者无以与乎文章之观[1]，聋者无以与乎钟鼓之声。岂唯形骸有聋盲哉？夫知亦有之。是其言也，犹时女也[2]。之人也，之德也，将旁礴[3]万物以为一，世蕲乎乱[4]，孰弊弊焉[5]以天下为事！之人也，物莫之伤：大浸稽天而不溺[6]，大旱金石流，土山焦而不热。是其尘垢秕穅[7]，将犹陶铸尧舜者也[8]，孰肯以物[9]为事！”

【注释】

[1]瞽(gǔ)者：盲人。与：参与，指参与欣赏。文章：文彩。观：景象。

[2]时：是。女：同“汝”，你。

[3]旁礴：混同的样子。

[4]蕲(qí)：祈求之意。乱：此作“治”讲，这是古代同词义反的语言现象。

[5]弊弊焉：忙忙碌碌、疲惫不堪的样子。

[6]大浸：大水所淹。稽：至。

[7]秕：瘪谷。穅：“糠”的异体字。

[8]陶铸：造就。陶，用土烧制瓦器。铸，熔炼金属铸造器物。

[9]物：事，指世务。

【品读】

从肩吾与连叔的问答中，庄子描摹藐姑射神人的“无己”逍遥境界。神人忘怀一己形骸之死生、利害，不食五谷，餐风饮露，乘云气，御飞龙，游于四海之外。因为达到了物我合一，荣辱两忘，所以世上没有任何东西可以伤害他，水不能淹没他，火不能灼伤他。与物无逆，心闲无事，而逍遥于道德之乡，对世事不愿过于执着。世人最看重的就是名利。有个成语是“名缰利锁”，“缰”是控制牛马的缰绳，“锁”指的是枷锁。“名”使人们失去本真，“利”使人们沦为物欲的奴隶。长长的缰绳和沉重的枷锁，使人们丧失了身心的自由，使逍遥变得不可能。世人之所以为名利所拘束，是因为太关注自己，太关注肉体。要达到真正的逍遥，就要忘记自己，放弃名利。无名、无功、无己，才能无待。

道家认为，大道靠万物的自化无为而无不为。一个贤明的君主，也应该仿效大道，纵任万物自化自治，靠万民的自化无为而无不为。这篇寓言中的姑射神人姑且可看作大道和有道明君的象征。长生不老成为姑射神人那样的神仙，这是古人信仰道教的主要目的。

宋人资章甫而适诸越[1]，越人断发文身[2]，无所用之。

【注释】

[1]资：贩卖。章甫：古代殷地人的一种礼帽。适：往。

[2]断发：不蓄头发。文身：在身上刺满花纹。越国处南方，习俗与中原的宋国不同。

【品读】

战国时期的宋国人习惯戴一种束发的帽子，称为“章甫”。宋国商人将这种帽子运到南方的越国。可越国人喜欢剪短发、文身，不习惯戴帽，因而在越国人的眼中，那些不远千里运来的帽子就成为没用的东西。这说明，人们一旦被自己固有的知识和经验所束缚，难免形成歪曲的认知。宋国商人的贸然行动，是没有意识到自身经验的狭隘，而对自己的错误判断过于肯定的结果。

商人在古代社会地位不高，所谓“士农工商，谓之四民”①。商人位居四民之末。宋人在东周各国中地位也不高，往往是先秦寓言中的嘲讽对象。

尧治天下之民，平海内之政，往见四子[1]藐姑射之山，汾水之阳[2]，窅然丧其天下焉[3]。

【注释】

[1]四子：旧注指王倪、啮缺、被衣、许由四人，实为虚构的人物。

[2]阳：山的南面或水流的北面。

[3]窅(yǎo)然：深远难见的状态，此指尧入于混沌恍惚的精神状态。窅，通“杳”。丧：遗弃。

【品读】

庄子笔下的尧“窅然丧其天下焉”，即达到超越世俗功名的境界。尧已成就治理天下人民、安定国内政事之功名，到藐姑射之山那种天地间生物之美的境地，拜见四位得道高人，懂得了更加深远的道理，感觉自己终日为天下操劳没有意义。道家特别是庄子，其“无待”或“三无”(无名、无功、无己)所展现的批判精神，既包含有对“物累”“物役”和“殉物”等异化现象的深刻揭露，也包含为克服这种为外物所役使所开启的融入“道”而获得的精神自由境界。尧“窅然丧其天下”，从“治”“平”的重负中解放出来，就是融入了

① 《国语·齐语》《管子·小匡》。

“道”的自由境界。这是一种不居功名的境界。圣人虽功伟造化，名闻千里，然而如果能推功于物而弗居，忘怀个人的功名，纯纯常常，恬淡无怀，就可以无往而不逍遥，无适而不自得。

……………………………………

惠子[1]谓庄子曰：“魏王贻我大瓠之种[2]，我树之成[3]，而实五石[4]。以盛水浆，其坚不能自举也[5]。剖之以为瓢，则瓠落无所容[6]。非不呺然[7]大也，吾为其无用而掊之[8]。”庄子曰：“夫子固拙于用大矣[9]！宋人有善为不龟[10]手之药者，世世以洴澼絖为事[11]。客闻之，请买其方[12]百金。聚族而谋曰：‘我世世为洴澼絖，不过数金；今一朝而鬻技[13]百金，请与之。’客得之，以说[14]吴王。越有难[15]，吴王使之将[16]，冬与越人水战，大败越人，裂[17]地而封之。能不龟手一[18]也，或以封[19]，或不免于洴澼絖，则所用之异也。今子有五石之瓠，何不虑以为大樽[20]，而浮乎江湖，而忧其瓠落无所容？则夫子犹有蓬之心[21]也夫！”

【注释】

[1]惠子：宋国人，姓惠名施，做过梁惠王的相。惠施是庄子的朋友，为名家代表。

[2]魏王：梁惠王。贻(yí)：赠送。瓠(hù)：葫芦。

[3]树：种植、培育。成：结成葫芦。

[4]实：结的葫芦。石(dàn)：容量单位，十斗为一石。

[5]坚：硬度。举：拿起来。

[6]瓠：假借为“廓”。瓠落：很大的样子。无所容：无所可容。

[7]呺(xiāo)然：庞大而又中空的样子。

[8]为：因为。掊(pǒu)：击破。

[9]固：实在、确实。拙：不善。

[10]龟(jūn)：通作“皲”，皮肤冻裂。

[11]洴澼(píng pì)：漂洗。絖(kuàng)：丝絮。

[12]方：不龟手的药方。

[13]鬻(yù)技：出卖技术。鬻，卖，出售。

[14]说(shuì)：劝说、游说。

[15]难：发难，这里指越国对吴国有军事行动。

[16]将(jiàng)：统帅部队。

[17]裂：划分。

[18]一：同一、一样的。

[19]或：有的人。以：凭借，其后省去宾语“不龟手之药”。

[20]虑：考虑。一说通作“摅”，用绳络缀结。樽：指形似酒樽，可拴在身上的一种凫水工具，俗称“腰舟”。

[21]蓬之心：蓬草蔽塞的心，喻见识浅薄，不通大道理。蓬，草名，状弯曲不直。

【品读】

本段庄子讲述了无用之用。庄子与惠子的思想差异主要体现在两个方面：一是对于“有用”与“无用”的分辨。惠子认为大瓠为无用之才，而庄子偏偏以为其不但有用，而且“有大用”；二是关于如何“用物”的差别。惠子将大瓠或作为盛水浆之容器，或“剖之以为瓢”。在庄子看来，对大瓠之用在于“用大”，即大瓠的真正价值在于“以为大樽而浮乎江湖”。孔子言：“道不行，乘桴浮于海。”[①]而庄子以大樽而浮于江湖，本身就是行道。在庄子眼中，“大”反而成为了他用物的所在。他所谓“用大”是惠子根本没有思考过的对大瓠来用的维度。大瓠貌似无用，经过变通之后变得有用；不龟之药原本只值几金，改变场所后却能够值数百金；无用的山木却因之而能够终其天年，发挥了大用。可见无用乃大用，转换角度后有着无与伦比的巨大用处。同样的东西，由于眼光和见识不一样，它所发挥的作用也就不一样。同一个东西，“用大”“用小”悬殊非常大。

通过庄子论述如何“用物”，我们可以得到这样的启示：同样一个东西，因人的聪明智能的差异，其用处因之天壤之别。聪明人善于发现，勤于思考，具有眼光是值得学习的。其实世界上没有什么有用和无用，只是人的需要不同，有用的东西早开发，而无用东西却不开发。有时候塞翁失马也未知非福。不必总是去计较有用，有时难得糊涂也好。

惠子谓庄子曰：“吾有大树，人谓之樗[1]。其大本拥肿而不中绳墨[2]，其小枝卷曲而不中规矩[3]；立之塗[4]，匠人不顾。今子之言，大而无用，众所同去也。”庄子曰：“子独不见狸狌[5]乎？卑[6]身而伏，以候敖[7]者；东西跳梁[8]，不辟[9]高下；中于机辟[10]，死于罔罟[11]。今夫斄牛[12]，其大若垂天之云。此能为大矣，而不能执鼠。今子有大树，患其无用，何不树之于无何有之乡[13]，广莫[14]之野，彷徨乎无为其侧[15]，逍遥乎寝卧其下。不夭斤斧[16]，物无害者，无所可用，安所困苦哉！”

【注释】

[1]樗(chū)：臭椿树。落叶乔木，木质粗劣不可用。

[2]大本：主干。拥肿：今写作“臃肿”，形容树干弯曲，生得疙疙瘩瘩。中：符合。绳墨：木工用以求直的墨线。

[3]规矩：圆规和角尺。

---

① 《论语·公冶长》。

[4]立之塗:立在路上。塗,通“途”,道路。

[5]狸(lí):野猫。狌(shēng):黄鼠狼。

[6]卑:低。

[7]敖:通“遨”,遨游。

[8]跳梁:跳跃、窜越。

[9]辟:避开,此意义后世写作“避”。

[10]机辟:捕兽的机关陷阱。

[11]罔:网。罟(gǔ):网的总称。

[12]斄(lí)牛:牦牛。

[13]无何有之乡:指什么也没有生长的地方。

[14]广莫:辽阔。莫,通“漠”,广大之意。

[15]彷徨:徘徊、纵放。无为:无所事事。

[16]夭:折。斤:大斧头。

【品读】

此段借庄子与惠子的辩论“大而无用论”,说明大樗树是散木意象。在庄子与惠子的对话中,一棵长相怪异、无所可用的怪树呈现于我们眼前,惠子以为只有合乎规矩绳墨的树木才称得上“有用”,认为此树“大而无用”。世俗之价值取向,以为有用者即有用,故皆求有用之用,遭人迫害,以此伤身,而不得善终。庄子所追求之无用境界臻至逍遥境界,脱离世俗之功用价值,不显己用,不拘己才,以无用大用,而无为自在。只有无用,才可以让心从形体、事物中脱离出来,到达虚无缥缈的无何有之乡。

庄子追求的是精神的绝对自由和逍遥无待的人生理想,对必然性的态度是“安之若命”。也许有人说这是一种逃避现实、消极虚幻的自由意识,但正因为如此庄子执着追求精神自由,这也无疑是对人自由本身的深刻认知。把大树种在“无何有之乡”,就可以任意地徘徊在树旁,虽无所可用,但却不会有什么灾祸,体现出庄子对残酷现实的无比厌倦,也表现了他对自由的无限憧憬和渴望。

讲到才和用,我们自然会想到唐代诗人李白《将进酒》之句:“天生我才必有用。”很多人以此勉励自己。按庄子说法,人人都是大才,人人都有用,即使是砖头瓦砾都有用。很多人的才和用,实际上也就是砖头瓦砾一样的用而已,但他们总自以为天才,感慨怀才不遇,自怨自艾。另一方面,有大才而显露的人,往往像那棵栎树,会遭到俗人的嫉恨,遭到小人的排挤打击,正所谓“木秀于林,风必摧之”。因而庄子的无用之用至今仍然值得我们深思。

齐物论第二

南郭子綦隐机而坐[1]，仰天而嘘[2]，苔焉似丧其耦[3]。颜成子游[4]立侍乎前，曰："何居[5]乎？形固可使如槁木[6]，而心固可使如死灰乎[7]？今之隐机者，非昔之隐机者也。"

【注释】

[1]南郭子綦(qí)：楚人，居住南郭，故名南郭子綦。庄子虚构的高士。隐：凭倚。机：亦作"几"，案几。

[2]嘘：慢慢地吐气。

[3]苔(tà)焉：亦作"嗒焉"，形体死寂之貌，即离形去智。耦：匹对。

[4]颜成子游：姓颜，名偃，字子游，子綦弟子，死后谥"成"，故名颜成子游。

[5]居：故、缘由，表疑问的语气词。

[6]固：诚然。槁：干枯。

[7]心：思想、精神。固：岂、难道。

【品读】

庄子给我们展示了一幅"静"的画卷，南郭子綦的特异处正在于心如死灰，而不是形如槁木。后者相对而言是比较容易达到的，但前者却非常人所能为。心如死灰意味着心所有活动的丧失，意味着外物对于心而言不产生任何影响。心当然存在着，却如不存在一般，这也就是无心，即子綦称为"吾丧我"的状态。庄子认为人是肉体和精神的对立统一体，"耦"指与精神相对立的躯体。丧其耦，表示精神超脱躯体达到忘我的境界。

庄子要说的是"无己""吾丧我"，即我自忘。忘我则消解了一切对待，如此则一切物能如其自身而显现；如果只站在"我"的角度去看待问题，以"我"的利益为是非的评价标准，若人人都如此，难免矛盾重重。其实我们只要换一个角度去看，一切都会豁然开朗。有人提倡换位思考，而庄子虑高一筹，超脱"你"和"我"的范畴，站在道的角度，公平地审视"你"和"我"，当然能洞若观火。所以，为人处世，不必斤斤计较，有时"丧我"反而能解决问题。

子綦曰："偃，不亦善乎，而问之也[1]？今者吾丧我[2]，汝知之乎？女闻人籁而未闻地籁[3]，女闻地籁而未闻天籁夫！"

【注释】

[1]而：你，人称代词。"不亦善乎，而问之也"乃是"尔问之不亦善乎"之倒置。

[2]吾：指得道的精神之我。我：指没有忘己、忘功、忘名的肉体之我。

[3]籁（lài）：箫，古代一种管状乐器，此泛指从孔穴里发出的声响。

【品读】

借子綦与其弟子对话开启了理解宇宙间"齐物"的必备条件。这个条件很简单：自身与万物交融，去感悟天籁。自然界分三个等次，即天、地、人三才。不过庄子是用音声的境界来描写，提出天、地、人三种音声，《齐物论》已经开始从形而下讲起了。

人籁、地籁、天籁等"三籁"由《易经》而来，也是《齐物论》辗转演绎之要。庄子给人籁、地籁、天籁分别定性：人籁，类于人吹笙器的发音，展示人精神的诉求；地籁，大地上生灵的吐故纳新，以森林的风声寓意，这是一个万物共鸣的世界；天籁，是灵魂的感悟，是人融于自然的感悟，没有驰骋于六合的心志，是发现不了天外之音的。

以南郭子綦之口，讲述要认同"齐物"，必须善于感悟。人籁，出于人为。地籁，出于世上万物。天籁，出自人的心灵。感悟到天籁，也就融于自然，感悟到天人合一。

子游曰："敢问其方[1]。"子綦曰："夫大块噫气[2]，其名为风，是唯无作[3]，作则万窍怒呺[4]，而独不闻之翏翏乎[5]？山林之畏佳[6]，大木百围之窍穴，似鼻，似口，似耳，似枅[7]，似圈，似臼，似洼者，似污[8]者。激[9]者，謞[10]者，叱者，吸者，叫者，譹者[11]，宎[12]者，咬[13]者，前者唱于而随者唱喁[14]；泠风[15]则小和，飘风则大和，厉风济则众窍为虚[16]。而独不见之调调、之刁刁乎[17]？"

【注释】

[1]敢：表示谦敬的副词，含有"冒昧地""斗胆地"之意。方：道理，指地籁、天籁的真实含意。

[2]大块：大地，指大自然。噫（yī）气：本指人呃逆出气，此指天地出气。

[3]是：此，指风。作：兴起。

[4]窍：洞穴。呺（háo）：通"号"，吼叫。

[5]而:你。翏(liú)翏:悠长的风声。

[6]林:通作“陵”,大山。畏佳(cuī):亦作“崽佳”,即嵬崔,表高大参差。

[7]枅(jī):柱头横木。

[8]污:泥坑。

[9]激:水流湍急的声音。

[10]謞(xiào):形容箭头飞去的声响。

[11]譹(háo):嚎哭声。

[12]宎(yǎo):沉吟声。

[13]咬(jiāo):鸟鸣叫的声音。一说哀叹声。

[14]于、喁(yú):表示相应和的声音。前者指风,随者指窍穴。

[15]泠(líng)风:清风,即小风。

[16]厉风:烈风、暴风。济:停止。虚:指没有声

[17]而:你。调调、刁刁:皆形容风吹草木晃动摇曳的样子。

【品读】

在“三籁”的议题中,虽然实写地籁,虚写天籁与人籁,而事实上只是形象化地用以比喻人心所发出的音响。

所谓地籁,就是风吹万窍所发出的声音。中国的道教,认为第一个成分是“气”,万物都是“气”“化”的作用。这个“气”不是风,拿现在的观念说,就是能量。孟子还讲过“养气”之说。“噫”动就有“气”,“气”动就形成风。这股气变成风起作用后就“万窍怒呺”。庄子描绘了风吹不同事物发出的千奇百怪的声音。这些声音会随风的大小而变化。当风停止的时候,各种孔穴也都归于寂静,如同消失了一般。在庄子看来,大自然中的不同声音都出于自然,有什么样的孔穴就会发出什么样的声音,一切都顺其自然而发生。这就是天籁,无心之籁,自然之籁。

庄子所说的天籁、地籁和人籁,其所指是不同的,天籁并不是指某种具体的东西,也不是地籁和人籁之外的某种东西。即便是人籁,只要出于无心,也是天籁。

庄子描绘地籁“众窍为虚”,正是心境虚明的写照。老子虚静说著称于世,庄子发扬“虚”的观念,突出“虚其心”,阐发“心灵”的开阔性。如“众窍为虚”形象化地描写虚其心以“明”的虚明心境。如果拥有这种开放的心灵,万物之间就能够相互观照而互为主体。虚明的心境不带有主观性的认识,能撤除“成心”所构作的主观成见,而直接以开放的心灵去照见事物的本真情状,虚明心境所流露出来的言论自然合于外在的真实情况。体道需要虚明心境。当下社会,我们已经很难达到庄子提倡的那种虚明心境了。

子游曰："地籁则众窍是已[1]，人籁则比竹[2]是已，敢问天籁。"子綦曰："夫吹万不同[3]，而使其自已也[4]，咸[5]其自取，怒[6]者其谁邪？"

【注释】

[1]是：这样。已：矣。

[2]比竹：多支竹管并列而成的乐器，可发出声响。比，并合。

[3]吹万不同：风吹千万个窍穴而声音不同。

[4]自已：指各洞穴的声音自行停止。

[5]咸：都、全。

[6]怒：发动之意。

【品读】

庄子借南郭子綦师徒二人的对话，通过对人籁、地籁、天籁的阐述，由浅入深地向人们展示了一个"形而上"的过程。庄子描写人籁、地籁和天籁，恰恰反映了其思想构造的三重性。人籁即人为吹奏发出的声音，是社会性的、低层次内容；地籁为风吹万窍发出的声音，是自然性的、高层次内容；天籁即感官之外的无音境界，是超自然性的、最高层次的内容，为最高理想。庄子无以言说表达"天籁"的意境，说明自然地籁是自发的，但事实上这哑谜已然表明了地籁的背后为天籁，天籁为超然之无，地籁为自然之有，有产生于无，无是有之根源。因而天籁就是庄子超自然性的无声意境。

在这个寓言中，双方对话的焦点看似天籁，其实却意指天籁之后。地籁落实于众窍，人籁落实于比竹，指人间世的一切声音。天籁乃丧我的超然之无。这表现了庄子崇尚自然、崇尚无为的精神追求。

大知闲闲[1]，小知间间[2]；大言炎炎[3]，小言詹詹[4]。其寐也魂交[5]，其觉也形开[6]；与接为搆[7]，日以心斗。缦[8]者、窖[9]者、密[10]者。小恐惴惴[11]，大恐缦缦[12]。其发若机栝[13]，其司[14]是非之谓也；其留如诅盟[15]，其守胜之谓也。其杀若秋冬[16]，以言其日消[17]也；其溺[18]之所为之，不可使复[19]之也；其厌也如缄[20]，以言其老洫也[21]；近死之心，莫使复阳[22]也。喜怒哀乐，虑叹变慹[23]，姚佚启态[24]。乐出虚[25]，蒸成菌[26]。日夜相代[27]乎前，而莫知其所萌。已[28]乎，已乎！旦暮得此，其所由以生乎！

【注释】

[1]闲闲：广博豁达的样子。

[2]间间：明察细别的样子。

[3]炎炎：猛烈，火猛气盛的样子。

[4]詹詹：言语琐细，言不达意的样子。

[5]寐：睡眠。魂交：心神烦乱。

[6]觉：睡醒。形开：四体不安。

[7]接：接触，此指与外界环境接触。搆：同“构”，交合之意。

[8]缦(màn)：通作“慢”，疏怠、迟缓。

[9]窖：深沉，用心不可捉摸。

[10]密：隐秘、谨严。

[11]惴惴：提心吊胆、恐惧不安的样子。

[12]缦缦：沮丧落魄的样子。

[13]机栝(guā)：指代射箭。机：弩机，弩上的发射机关。栝：箭杆末端扣弦部位。

[14]司：通“伺”，窥伺人之是非。

[15]留：守住，指留存内心，与上句的“发”相对应。诅盟：誓约。

[16]杀(shài)：肃杀、衰败。

[17]消：衰退。

[18]溺：沉湎。

[19]复：恢复、回头。

[20]厌(yā)：通“压”，闭藏。缄：封闭。

[21]老洫(xù)：自守的老手。洫，自封自守之意。

[22]复阳：复生、恢复生气。

[23]虑：忧虑。叹：感叹。变：变化无常。慹(zhè)：通“蛰”，指心神不动，即无动于衷。

[24]姚：轻浮躁动。佚(yì)：奢华放纵。启：放荡。态：故作姿态。

[25]乐：乐声。虚：中空的情态，用管状乐器中空的特点代指乐器本身。

[26]蒸成菌：在暑热潮湿的条件下蒸腾而生各种菌类。

[27]相代：相互对应地更换与替代。

[28]已：止、算了。

【品读】

本段庄子对以智相斗的人作了精彩的描述。形形色色的人存在于这个世界上，各自有不同的表现。在庄子看来，人在与外物接触的时候往往纠缠不清，整天钩心斗角，不惜拨动心机，追逐于外表，导致躯体疲惫不堪。种种聪慧都使精神成为负累。

人都有感情。喜、怒、哀、乐虑、叹、变、慹姚、佚、启、态，是十二种感情，这与其他典籍比较，有同有异。如《左传》载“六情”为喜、怒、哀、乐、爱、恶。[①]《礼记·礼运》说：“喜、怒、哀、惧、爱、恶、欲七者弗学而能。”《白虎通·情

① 《左传·昭公二十五年》。

性》:“六情者何谓也?喜、怒、哀、乐、爱、恶谓六情。”喜、怒、哀、乐四种大体相同。“虑”指思虑太多,孔子评“三思而后行”曰:“再,斯可矣。”①“叹”指散布悲观气氛,凡事都有两面,他只愿意相应于消极方面。“变”指容易受影响,没有确定的主见。“慹”指钻入牛角尖,顽固不肯改变,消沉麻木,无动于衷。我们忧虑叹息的话,内心就会有变化;而内心的变化,又会显现于我们的面部表情中。庄子对于这种情欲发生的机制,就像他对生命的构成一样,感到十分模糊,无法把握。但他明确地认定,这种情欲是人的精神得以自由飞翔的沉重负累。庄子对人类各种情欲的认识值得我们思考。现实生活中,人们只有去除这种种情欲的负累,才能达到精神逍遥的境界。

非彼[1]无我,非我无所取[2]。是亦近[3]矣,而不知其所为使[4]。若有真宰[5],而特不得其眹[6],可行已信,而不见其形,有情[7]而无形。

【注释】

[1]彼:指上文“旦暮得此”之“此”,即其所萌、其所由以生者、其所为使者、真宰等。

[2]取:禀受,引申为体现。

[3]近:彼此接近。

[4]使:支配。所为使:为……所驱使。

[5]真宰:天然的主宰者,可理解为真我,即我身的主宰。宰,主宰。

[6]特:独。眹(zhěn):迹象、征兆。

[7]情:实,指事实上的存在。

【品读】

庄子这里告诉我们生命的根源:“心”“物”二者作用相同。“彼”就是物,就是生理、身体;“非彼”,没有它,显现不出“我”的作用。“我”是什么?“非我无所取”,我们有形体的活动,如果没有“我”,没有这个灵魂在内,这个肉体一点价值都没有。我们这个生理作用,生命来源里头有个主宰,这个主宰就是“真宰”。

庄子为论述心变的原因,假设出一个“情”来,目的是由“情”引出“真宰”的概念。彼我之间,似乎有看不见的根源,那就是“真宰”。我们每一天好像有个思想、有个行动在动。但这个主宰却“不见其形,有情而无形”。“情”是事物受“真宰”作用所表现出来的过程、情态、迹象,也只有这个“情”出现的时候,“真宰”才能得到证明,它才是真实的、可信的。

“真宰”后来援入唐代诗人杜甫的《遣兴》:“性命苟不存,英雄徒自强,吞声勿复道,真宰意茫茫。”杜甫诗中的“真宰”就是宇宙主宰之意。

① 《论语·公冶长》。

百骸[1]、九窍[2]、六藏[3]，赅而存焉[4]，吾谁与[5]为亲？汝皆说[6]之乎？其有私[7]焉？如是皆有为臣妾乎？其臣妾不足以相治乎？其递相为君臣乎？其有真君[8]存焉？如求得其情[9]与不得，无益损乎其真。

【注释】

[1]百：概数，言其多。骸：骨节。

[2]九窍：指人体的九个孔穴，即双眼、双耳、双鼻孔、口、生殖器、肛门。

[3]藏：内脏。后代写作“臟”，简体作“脏”。

[4]赅：齐备。存：有。

[5]谁与：与谁。

[6]说（yuè）：通“悦”，喜悦。

[7]私：偏私、偏爱。

[8]真君：指百骸、九窍、六藏的主宰者。

[9]情：究竟、真实情况。

【品读】

这是对“自我”本身的反观，所思考的是作为意识的“我”与作为形体的“我”之间的关系。众多的骨节，眼、耳、口、鼻等九个孔窍和心、肺、肝、肾等六脏，全都齐备地存在于我的身体。佛经上也说，人体是三十六样东西拼凑在一起构成的，哪一样是我最亲爱的？实际上，自己的身体没有一样喜欢的，但是样样也都喜欢，因为它属于我的生命。换言之，这个身体，现在这个生命存在，是我暂时之所属。在庄子看来，我们的身体是互相作主的民主作风，干不同的事情需要不同的器官起主要作用。如看书的时候，眼睛为主；弹琴的时候，手指为主。因而“递相为君臣”，递相为宾主。但是，你找找看，身体里难道果真有个什么“真君”存在于其间吗？无论我们是否了解它的实际情况，都不会增加或者减少它们存在的真实性。人一旦秉承形体的存在，生命就会存在于形体之中，直到生命的尽头。

“真君”与“真宰”有联系亦有区别。“真宰”于自然而言道，“真君”于生物而言德。德心“真君”隐喻天道“真宰”，合词“真君真宰”，庄子认为德心“真君”同样不易找到征象，但是不影响德心“真君”的真实存在。后来道教造神，往往以“真君”为名。“真宰”“真君”之本体特征，不为尧存，不为桀亡，其情无论得否，皆无损益。庄子所表达的只是一种意象，并非是探求形体各部分之间的关系。我们只要把握这种意象的真正含义即可。

……………………………………

一[1]受其成形，不亡以待尽[2]。与物相刃相靡[3]，其行尽如驰[4]而莫之能止，不亦悲乎！终身役役[5]而不见其成功，苶然疲役而不知其所归[6]，可不哀邪！人谓之不死，奚益！其形化[7]，其心与之然[8]，可不谓大哀乎？人之生也，固若是芒[9]乎？其我独芒，而人亦有不芒者乎？

【注释】

[1]一：一旦。

[2]亡：亦作"忘"，忘记。一说"亡"为"代"字之讹，变化之意。尽：耗竭、消亡。

[3]相刃：指互相斗杀。刃，刀口。相靡：指互相摩擦。靡，通"摩"。

[4]驰：迅疾奔跑。

[5]役役：忙碌的样子。

[6]苶(nié)然：疲倦困顿的样子。疲役：疲于劳役。所归：目的、归宿。

[7]形化：形体变化，如人经历的幼年、少年、青年、壮年、老年、死亡。

[8]与之然：与形体一齐变化。

[9]芒：通"茫"，迷昧无知。

【品读】

人一旦禀受天地之气而成为有形之体，对于生命存在，庄子一句"不亡以待尽"，让人从出生的第一天，就觉得自己是活着，实际上活着是在等待死亡。这多少让我们觉得特别伤感。但庄子又讲另一个现象：人活着就与外界万物形成对立，从而相互摩擦、碰撞、冲突直至伤害，同时也形成无法分离而相互依存的关系。人对外物的追逐，造成了双方的不幸，但却无法停止。庄子看到了文明起步所带来的负面效果，这就是人为物役的悲剧。人要役物，也必然要受制于物，即人为物役。当然，庄子所指的人为物役的现象，还不仅仅限于人与自然的关系，也包括人与人的关系。人的追求的发展，与人际关系的紧张复杂相伴而来，这也是文明前进必然要付出的代价。庄子看到了这些负面效果，大声疾呼。

从古至今，能有几人真正能从"外物"所累中解放自己，多少人成为物欲的奴隶而无法自拔。事实上，庄子在批判中所坚持的，就是追求从外物所累、所役中解放出来，以达到精神解放的自由境界。在庄子看来，凡夫俗子的真正可悲之处乃在于深陷外物所累所役的悲苦中而不自觉。庄子呼唤人们从外物所累所役的悲苦中觉醒起来，引导人们去追求精神自由的人生高境。

夫随其成心[1]而师之，谁独且无师乎？奚必知代而心自取者有之[2]？愚者与有焉。未成乎心而有是非[3]，是今日适越而昔至也。是以无有为有。无有为有，虽有神禹且不能知[4]，吾独且奈何哉！

【注释】

[1]成心：指已形成的个人成见、是非标准。

[2]知代：指懂得事物的变化。代，更改、变化。心自取者：指有心得的人。

[3]这句是比喻，说明未形成主观成见而有是非是不可能的。

[4]神禹：神明的夏禹。不能知：指无法理解。

【品读】

庄子提出了“成心”与“本心”的概念，若依据自己的成见作为是非标准，谁都有一个标准。庄子说道心，叫“本心”，叫“未成心”。庄子说人心，叫“成心”。成心不同于偏见，它近于成见。成心指社会或个人所有的比较稳定的观念。如果每个人都执私心为尺度，私心自用，那谁都会有自己的尺度。人皆随境生心，“见”是一般人自取的，儒、墨等智士却代众人塑造见解，把他们制造的成品兜售给众人。

没有成心，就无所谓是非，是庄子的独特见解。假使一个人没有主观的“成心”，就是绝对地客观地看一切事物与现象，恐怕就难以“而有是非”。其实对与不对，都是人的“师心自用”。一个人有“成见”，有主观的观念，自以为对就对，叫“师心自用”。

在庄子看来，立足于成心作是非判断，则其所是所非皆人为主观之是非，而非客观的是非之本然。“成心”存在似乎又是一个无可回避的普遍性的事实。庄子认为，人不应放纵由“成心”而来的“自是而相非”的偏执态度来观照世界，应当自觉地克服和超越“成心”以心灵本然的虚灵明觉观照世界，从而“与物为春”①。

夫言非吹[1]也，言者有言。其所言者特未定[2]也。果有言邪？其未尝有言邪？其以为异于鷇音[3]，亦有辩[4]乎？其无辩乎？道恶乎隐而有真伪？言恶乎隐而有是非[5]？道恶乎往而不存？言恶乎存而不可？道隐于小成[6]，言隐于荣华[7]。故有儒墨[8]之是非，以是其所非而非其所是。欲是其所非而非其所是，则莫若以明[9]。

① 《庄子·德充符》。

【注释】

[1]言:此处应指辩论、争鸣。吹:风吹。

[2]特未定:指不一定真的说了。

[3]鷇(kòu)音:刚出生的小鸟的叫声,比喻不带任何含义的话语。

[4]辩:通"辨",分辨、区别。

[5]言:指反映道的语言。恶(wū):何、怎么。隐:隐秘、藏匿。

[6]成:即上文"成心"之"成"。

[7]荣华:指花言巧语。

[8]儒墨:儒家和墨家,春秋战国时期两个学术流派。

[9]莫若:不如。明:即《老子》"复命曰常,知常曰明"之"明",意即懂得追溯根本的虚无之道的源头,是非、真伪就都解决了。

【品读】

人说话不同于风吹窍孔,说话是人有见解要发表,而风是无心的。人发表见解,虽未必是定论,往往引起争议。把一己之言发表出来是"言",把万物的规律总结出来是"道"。遗憾的是,"道"被争强好胜所遮蔽,"言"也被扯虎皮拉大旗所隐蔽。庄子讽刺春秋战国时各家学术,各家争鸣,都是懂多一点吹大一点,懂少一点吹小一点,因而"吹万不同"。

在庄子看来,实际上"道"普遍存在,应该让所有人都有所了解,是真理永远都不会变的,道是天下的公道,没有秘密。世上有人认为自己是真道,他人是邪道,自己是正道,他人是歪道,这都是人封闭心灵的"成心"所致。庄子认为当时学术界争辩的是非是相对的。儒家主张仁爱,墨家主张兼爱,仁爱由近及远,兼爱远近平等。儒家合于人情而扩充之,所谓"老吾老以及人之老,幼吾幼以及人之幼"①;墨家陈境甚高而难以推行,所谓"天下兼相爱则治,交相恶则乱"②。战国时代百家争鸣,主要为儒墨相辩。诸子百家争鸣,由形而下到形而上道体,各种的是非,争论得很厉害。重点就是两句话:"道隐于小成,言隐于荣华。"每个人都站在自己的观点上,视他人为非。庄子提出"莫若以明"的思维方式来观照事物,即还原各自的立场,各是其所是而非其所非,方能是其所非而非其所是,意在强调去除成心之蔽,以本然、虚静的灵明之心去观照事物之本然。

庄子提出,唯有一个办法能明确一切是非,真正明道。这个"明道",就是能够明白万物"不齐"而归于"齐一"这个道体。"齐是非"是庄子的认识论。是非的产生是由于人认识的局限性,是非的存在是由于人认识的片面

① 《孟子·梁惠王上》。

② 《墨子·兼爱》。

性。齐是非的客观依据是因为是非在永不停止地转化，齐是非的理论依据是以道观之万物一体，没有分别。这里包含着发展和变化的辩证法思想，也集中体现了庄子的相对主义和诡辩思想。

物无非彼，物无非是。自彼则不见，自知[1]则知之。故曰：彼出于是，是亦因[2]彼。彼是，方生[3]之说也。虽然，方[4]生方死，方死方生；方可方不可，方不可方可；因[5]是因非，因非因是。是以圣人不由而照之于天[6]，亦因[7]是也。是亦彼也，彼亦是也。彼亦一[8]是非，此亦一是非。果[9]且有彼是乎哉？果且无彼是乎哉？彼是莫得其偶[10]，谓之道枢[11]。枢始得其环中[12]，以应无穷。是亦一无穷，非亦一无穷也。故曰莫若以明。

【注释】

[1]自知：本身知道的。

[2]因：依赖。

[3]方生：并存。方，通作“旁”，依的意思。

[4]方：始、随即。

[5]因：由、任。

[6]由：自、经过。照：反映。天：自然，指自然天道。

[7]因：顺着。

[8]一：同一、同样。

[9]果：果真。

[10]偶：对立面。

[11]道枢：大道的关键之处。枢，枢要。

[12]得其环中：喻指抓住要害。

【品读】

庄子哲学的一个亮丽点就是辩证地看待问题。彼和此是相反相成的，彼因此的存在而存在，此因彼的存在而存在，两者共生相成。任何一物，皆可为主，被称为“此”。同样，任何一物，皆可为客，被称为“彼”。此与彼，主与客，既对立又统一。双方互相依存，谁也离不开谁。世界上的事物没有不是彼的，也没有不是此的，彼此双方是出于相互对待而来的，是相对而生的。任何事物都是随起随灭、随灭随起的。彼与此、是与非、生与死、可与不可，都是相互有异，但又相对而生。这就是庄子齐物思想的要义之一。庄子认为，无论从彼还是从此的这一面看待事物，都有其自行其是的一套东西。如此看待世界，就会陷入众说纷纭之中。

“此亦一是非，彼亦一是非”是庄子的著名观点。既然“彼是并生”，那么是就是彼，彼就是是。这样就得出一个奇怪的结论：这个东西是马；同时，它也非马。即“彼亦一是非，此亦一是非”。这里的“彼此”不是相对的概念。意思是这个东西有一个是非，那个东西也有个是非。“彼”和“是”两者之所以分离，显然是我们命名的不同，不会改变外物的本质，于是我们就把“命名”和“外物”分开了。这个“彼”和“是”本是一体为二，或者说是一个矛盾的两个方面。

彼此双方各执一词，如果请你去判断是非，你就必须找一中立区，这个理想位置就像门的枢轴一样，可以自由回旋。那个理想位置就是“环中”，别无选择。你是悬浮在圆环中央的虚空里，可以不从彼此的对立面出发，而是从道的立场因应世界的一切变化。“道枢”的关键是把外物从命名的束缚里解脱开来，从而看到外物的本质。这里所说“道”的关键，用现在的话来说，就是透过现象看本质。

以指喻指之非指[1]，不若以非指喻指之非指也；以马喻马之非马[2]，不若以非马喻马之非马也。天地一指也，万物一马也。

【注释】

[1]战国名家学派公孙龙子著《指物论》，提出“指非指”的命题。前一个“指”称“物指”，是一个概念所转化来的事物；后一个“指”是概念，前者是具体的，后者是抽象的，故“物指”不是“指”。

[2]“指”与“马”是先秦理论界争论名实关系的中心问题。“马”跟“指”一样，同是当时论辩的主要论题。名家公孙龙子就曾作《白马篇》，阐述“白马非马”的观点。

【品读】

“指非指”，“马非马”，这个论断不是庄子提出来的，是和庄子同时代的一个叫公孙龙子的“名家”学者提出来的。庄子只是引用了公孙龙子的思想。公孙龙子写了两篇文章：《白马论》论证的就是著名的“白马非马”；《指物论》论证的便是“物莫非指，而指非指”。和庄子很相似的是，指物论是公孙龙子思想的精华。

从公孙龙子“白马非马”出发，庄子利用名家观点进行反证，更全面地说明了名实关系的相异性。什么名与实，马与非马，然与非是，可与不可，皆为“一指”“一马”“万物齐一”。在庄子看来，万事万物不论有何变化和差别，终将归之于一。“一”是万物的总括，是超越，更是道家之道的通俗说法。因此“道通为 ”。道是无所不在的，它既是广漠虚无的化身，又是有为的根源，还是具象的表现。它涵盖天地，包容万物，最深刻地表现了其宇宙玄同观。

“天地一指也，万物一马也”，是庄子的名言，后来的人因这两句话悟道的也很多，表达“心物一元”的观点。这个“天地一指”的“一指”是指一体；“万物一马”，是以宇宙万物不过是一匹马来作比方，整匹的马，有马头、马脚、马尾、马毛等等。所有天地间的万物，就好像马的头、脚、毛等等总合起来，才叫一匹马。离开了马的任何一个部位，都不是完整的马。由众归到一，由一散而为众。所以明朝憨山大师有两句著名的诗：“天地蜩双翼，乾坤马一毛。”其意就是“天地一指，万物一马”。

庄子以“指非指”“马非马”设喻，然后说“天地一指也，万物一马也”。他并不是要“齐物”，而是要齐“物论”。这里说“天地一指”“万物一马”，是指天地命名虽多、万物虽众，都可以从“指非指”“马非马”这个角度去看。认识事物就从事物本身来看。什么都这样做，“皆可如是观”。

可乎可，不可乎不可。道行之而成，物谓之而然[1]。恶乎然？然于然。恶乎不然？不然于不然[2]。恶乎可？可于可。恶乎不可？不可于不可。物固有所然，物固有所可。无物不然，无物不可。故为是举莛与楹[3]、厉与西施[4]、恢恑憰怪[5]，道通为一[6]。其分也，成也；其成也，毁[7]也。凡物无成与毁，复通为一。

【注释】

[1]谓：称谓、称呼。然：这样。

[2]然：对的、正确的。

[3]莛(tíng)：草茎。楹(yíng)：厅堂前的木柱。莛、楹相对，指物之细小者和巨大者。

[4]厉：通“疠”，指皮肤溃烂、容貌丑陋的人。西施：古代著名美人，指代美女。

[5]恢：诙谐。恑(guǐ)：通“诡”，狡猾。憰(jué)：诡诈。怪：怪异。

[6]一：浑一、一体。

[7]毁：毁灭，指失去原有的状态。“毁”与“成”相对立，一个新事物通过分解而生成了，就意味原事物的本有状态必定走向毁灭。

【品读】

“可”与“不可”是“并生”的，是一体的。万物皆出于自然，可有可的道理，不可有不可的道理，表象各有不同，但本质实则一致。称谓不同不改变它的本质。万物各有其存在的依据与合理性，没有什么事物是不对的，没有什么事物是不可肯定的。

是非、善恶、美丑、生死等等，其实是根本不存在的，因为以常人的观点看，这些问题是对立的、无法超越的，但以“道”观之，这些问题又不是问题。拿是非、善恶、美丑来说，不存在什么根本对立不能化解的。其实，以“道”的观点看它们，它们是相通浑一的。所以我们要透过外物的称谓去看它的实质。只有达观的智士才会通晓万物齐一。听任自然，将万物看成齐一的而不去了解它的所以然，这就叫“道”。

以道的观点来看，成毁既然相通，则无成无毁。庄子指出，万物总体的分，就是总体的成；新事物的成，就是旧事物的毁。物与物之间，没有毁便没有成，不破不立。人之生，气之聚，聚则为生，散则为灭。世界万物的生毁成亡即是气之聚散。从道的观点看，生死循环是没有区别的。庄子有个结论：“凡物无成与毁，复通为一。”天地万物没有永远存在的，也没有永远毁坏的，空久了以后，加上许多因缘的构合，自然会形成有，这是自然的有，最后还是归到“一”。庄子对世界万物的发生、发展、消亡的规律的认识是深刻的。但这一道理并非所有的人都能看得透，看得清。

唯达者[1]知通为一，为是不用而寓诸庸[2]。庸也者用也，用也者通也，通也者得[3]也。适得而几矣[4]，因是已[5]。已[6]而不知其然，谓之道。劳神明为一而不知其同也[7]，谓之朝三[8]。何谓朝三？狙公赋芧[9]，曰：“朝三而暮四。”众狙皆怒。曰：“然则朝四而暮三。”众狙皆悦。名实未亏而喜怒为用[10]，亦因是也。是以圣人和之以是非而休乎天钧[11]，是之谓两行[12]。

【注释】

[1]达者：指通晓事理的人。达，通达。

[2]为是：因此。不用：指不用成或毁的观点去看问题。寓：托付。诸：之于。庸：指平常之理。

[3]得：中，合乎常理之意。一说自得。

[4]适：恰。几：接近。

[5]因：顺应。是：此。

[6]已：此为省略，实指前面整个一句话，“已”当讲作“因是已”。

[7]劳：耗费。神明：心思，指精神和才智。一：指一管之见、一面之词。同：指是非彼此相通。

[8]朝三：“朝三”“暮四”的故事《列子·黄帝》亦有记载。“朝三”“暮四”或者“朝四”“暮三”，其总和皆为“七”，借此譬喻名虽不一，实却无损，总都归结为“一”。

[9]狙(jū)：猴子。狙公：养猴子的人。赋：给予。芧(xù)：橡子。

[10]亏：亏损。为用：为之所用，意即喜怒因此而有所变化。

[11]和：调和、混用。休：此表优游自得地生活之意。钧：通“均”，均衡。

[12]两行：物与我，即自然界与自我的精神世界都能各得其所，自行发展。

【品读】

庄子借得道的通达之士了解“道”的世界里同“通”的精神和变通、互通的精神，进而谈论各色人等发挥殊异的智能才性。庄子主张，在观察事物时，把它们看成彼此一体同源的，而不去加以辨别。不加以辨别，就是避免陷入是此非彼的桎梏，这样就达到了自由通达的精神境界。在庄子看来，真正的“用”（庸），既包含用，又包含不用，它是两者的对立统一。人们常说，善于工作（庸）的人，不但会工作（用），而且会休息（不用）。庄子之所以在这句话中把“不用”特别列出来，目的在于告诫人们不要一味地“用”字当头，要懂得“不用”的意义，只有把两者有机地结合在一起，才是真正的“用”。只有这样的“用”，才能通畅，让人们从中得益。没有“不用”的“用”是僵化的“用”，是没有前途的“用”，是要栽跟头的“用”。

庄子强调对待是非的“中和”态度，是非中和以后，也就没有是非了。一个“和”字，表明了圣人对待是非的态度，那就是不受是非的左右，牢牢把握住自己的行为准则。这个“和”就是《中庸》这个“庸”的意思。《中庸》也提到“中和”这个“和”字，“至中和，天地位焉，万物育焉”。由此可见，儒道亦有某种程度的相通。庄子的天钧、天均、天倪皆可以称之为万物自然的变化，而“休乎天均”，即听任万物的自然变化。所以，庄子并没有否定是非对立面的存在，而是听任是非对立面之间的自然变化，这就是所谓的“两行”。此“两行”也就是《中庸》所谓“道并行而不悖”。真正的“圣人”，不随着彼此的是非打转转，而是超越是非的简单对立，让事物安于自然之分。那些彼一套、此一套的是非，不过是猴子们朝三暮四的喜怒而已。

“朝三暮四”的原意是指仅改变形式而不改变内容，实质不变，用改换名目的方法使人上当。其实橡子的总数没有变，只是分配方式有所变化，猴子们就转怒为喜。那些追求名和实的理论家，总是试图区分事物的不同性质，而不知道事物本身就有同一性。最后不免像猴子一样，被朝三暮四和朝四暮三所蒙蔽。宋代理学家程颐说：“若曰圣人不使人知，岂圣人之心是后世朝三暮四之术也？”①遗憾的是，后来应用这个成语的人，并不十分清楚朝三暮四的出处，把它和“朝秦暮楚”混淆了。而后者指的是战国时期，秦、楚两大强国对立，有些弱小国家一会儿倒向秦国，一会儿倒向楚国。“朝三暮四”本来与此无关，但以讹传讹，天长日久，大家也就习惯把“朝三暮四”理解为没有原则、反复无常了。

古之人，其知有所至矣[1]。恶乎至[2]？有以为未始有物者[3]，至矣，尽矣，不可以加矣。其次以为有物矣，而未始有封[4]也。其次以为有封焉，而未始有是非也。是非之彰[5]也，道之所以亏[6]也。道之所以亏，爱之所以成。

① 《二程全书·遗书·十八·伊川先生语》。

【注释】

[1]知(zhì):认识。有所至:达到最高的境界。

[2]至:最高的境界。

[3]以为:认为。未始:未曾。

[4]封:疆界、界线。

[5]彰:明。

[6]亏:损失、败坏。

【品读】

庄子提出,中国上古早就有人懂得形而上的道。他的智慧高到了极点,认识到万物没有开始以前,世界没有天地、太阳、月亮以前,一切都没有的时候,那个境界是形而上的道体,在中国文化里,后来叫作"无极",佛家就叫作"空"。

庄子探讨世界本源,提到了三个不同层次:"未始有物""未始有封""未始有是非"。首先,"未始有物"也就是无物,是无,这是最高的一层。宇宙诞生之前,那是空虚无物、混混茫茫。其次,宇宙开始有了万物时,万物之间没有分别,好比是混沌。再次,认为万物有了分别的界限,但未曾有是非之别。人类社会由蒙昧进入到文明,是非问题大爆发了,文明人开始争论不休。有是非就有争斗,是非争斗发达了以后,与形而上道就越来越远。是非形成之时,就是"道"支离破碎之日。

道的观念之所以亏损,就是因为人们偏私观念的形成。因为大家自己的观念不同,被现象骗了,所以各家有各家的看法,各种说法都不同,应用的方法也不同。因而被现象迷住了,忘记了本来。这如同佛经上引用的一个道理一样:"众盲摸象各执一端。"在庄子看来,人对于道体形而上的知见,开始有一个最初追求原始生命的来源,因为大家都在追求这个道体最初的来源,理论知识越来越进步了,因此辩论也多了,各人的私心思想的偏见越来越多。那么,庄子最后的结论就是:"是非之彰也,道之所以亏也;道之所以亏,爱之所以成。"

果且有成与亏乎哉?果且无成与亏乎哉?有成与亏,故昭氏[1]之鼓琴也。无成与亏,故昭氏之不鼓琴也。昭文之鼓琴也,师旷之枝策也[2],惠子之据梧也[3],三子之知几[4]乎皆其盛者也,故载之末年[5]。唯其好之也以异于彼[6],其好之也欲以明之[7]。彼非所明而明之,故以坚白之昧终[8]。而其子又以文之纶终[9],终身无成。

【注释】

[1]昭氏：昭文，以善弹琴著称。

[2]师旷：晋平公的乐师。枝：拄。策：打鼓棒。

[3]惠子：惠施。据：依靠。梧：梧桐。惠施善辩，“据梧”即靠着梧桐树高谈阔论。一说“梧”当讲作桐木几案，“据梧”则是靠着几案的意思。

[4]几：尽，意指达到了顶点。

[5]载：记载。末年：后代。

[6]好(hào)：喜好。异于彼：不同于别人。

[7]明之：使别人领会。明，明白、表露。

[8]坚白：指石的颜色白而质地坚，但“白”和“坚”都独立于“石”之外。公孙龙子曾有“坚白论”之说，庄子是极不赞成的。昧：迷昧。

[9]其子：指昭文之子。纶：绪，此指继承昭文的事业。

【品读】

庄子举例说明了什么叫成与亏。有成就和亏损，犹如昭文弹琴；没有成功和亏损，犹如昭文不弹琴。他解析了道体、物理、生物、社会四个层面，落实于人类，最终推翻并消解。有成与亏和无成与亏，乃一事之两面。有成与亏者物，无成与亏者道。是非造作就会遮蔽道，私心随之而来，道的成亏之有无，完全在于各以其所好，如同昭文的弹琴，师旷的持杖击节，惠子倚于梧桐之下的辩论，都是希望彰显于他人，并且勉强使别人了解，因此迷于偏蔽。

小成即使很厉害也对大道没用。有人特别喜欢这个，也特别在行，因而与众不同。他们也希望别人喜欢这个，然后也喜欢在别人面前显摆。但别人不一定喜欢这个，也不一定对这个在行。所以庄子的观点是，小成可以说很厉害，但对于大道来说没什么用。要得道的话，你专攻一行不成。一个人有所“好”，这也是“几”，把握这个长处，专搞这一行，没有不成功的。他举了三个古代著名音乐人的例子，说这三个人音乐的造诣到达这个境界的时候，是“知几”的境界。修道与做人一样，人要晓得“知几”，把握自己生命的重点。庄子事实上有对“知”置疑的成分。他否定了“知”的作用，说我们要得道，通过对“知”的追求是得不了道的。

若是而可谓成乎？虽我亦成也[1]。若是而不可谓成乎？物与我无成也。是故滑疑之耀[2]，圣人之所图[3]也。为是不用而寓诸庸，此之谓“以明”。

【注释】

[1]此句意有所隐，意即“虽我无成亦成也”，即如上述情况都叫有所成就的话，即使是我没成就也可说有成就了。

[2]滑(gǔ)疑:能言善辩,能乱是非异同。耀:炫耀。陆德明释文引司马彪曰:"滑疑,乱也。"

[3]图:革除,犹《左传·隐公元年》"蔓,难图也"之"图"。

【品读】

本段阐述要想得道,只有"以明",只有"不用而寓诸庸"。在庄子看来,天地万物与我本来没有个结论,都无所谓成功。不要认为学问论辩没有结论,就无所谓成功。圣人摒弃那些迷乱世人的炫耀的言论,而是"为是不用而寓诸庸"。"庸"作"用"来解,那"不用"如何寄托在"用"中呢?这句话应当是对"有用""无用"概念的解构。因为"有用还是没有用"这种观念是人为和功利的,是后天形成的观念,是人加诸事物之上的一个标准,所以这个概念不是事物本身的属性。庄子要去除的,并不是"用"的观念,而是它对事物造成的曲解,所以要把"用"和"不用"相对照去观察事物,这样才能达到"明"。

今且有言于此,不知其与是[1]类[2]乎?其与是不类乎?类与不类,相与为类,则与彼无以异矣。虽然[3],请尝[4]言之。有始也者,有未始有始也者,有未始有夫未始有始也者。有有也者,有无也者,有未始有无也者,有未始有夫未始有无也者。俄而[5]有无矣,而未知有无之果孰有孰无也。今我则已有谓[6]矣,而未知吾所谓之其果有谓乎,其果无谓乎?

【注释】

[1]是:此,指上面"为是不用而寓诸庸,此之谓以明"等言论。

[2]类:同类、相同。

[3]虽然:虽是如此。

[4]尝:试。

[5]俄而:突然。

[6]谓:评说、议论。

【品读】

这一段全面地否定"言"的作用。言论和外物一样,也是分类的。庄子先从常识言起。说不管什么东西,它总有个开始吧。在它开始之前呢?也会有一个状态。就是万物——"德"——"道"这么一个反推过程。万物总有一个开始,在开始之前是"德"的状态,在"德"之前是"道"的状态。人只要有"成心",就马上会有不同的"言论"产生。所以庄子把它归在第一点:"有始也者"。没有"成心"那就是"未成心"。但"未成心"到"成心"要通过"知"。所以这个"有未始有无也者"是一个中间状态,也就是"未成心"接触到"知"转化为"成心"的一个状态。"未成心"状态也就是"道心",或者说是最初的状态。

对存在如何存在这一根本问题的困惑是人类永远面对的最大感伤之事，当然也是各个时代哲学家们需要面对的永恒主题。道家认为世间万物都是从“无”开始的。从“无”生出“有”，又从“有”发展成万物。小到生命，大到宇宙，都有一个开始，在开始之前有一个未曾开始的开始，还有连未曾开始都未曾开始的开始。宇宙之初的形态是“有”，在“有”之前是“无”，还有连“有”和“无”都没有的“无”。这话听起来玄而又玄。不过老子早就说过：“玄而又玄，众妙之门。”①道家认为：“天生一，一生二，二生三，三生万物。”②即事物一开始，首先是“无中生有”。“无中生有”本来是道家的哲学思想，后来人们用它的字面意思，一般把无中生有形容为胡说八道。庄子对此也无可奈何。

天下莫大于秋豪之末[1]，而大山[2]为小；莫寿于殇子[3]，而彭祖为夭[4]。天地与我并生，而万物与我为一。既已为一矣，且得有言乎？既已谓之一矣，且得无言乎？一与言为二，二与一为三。自此以往，巧历不能得[5]，而况其凡[6]乎！故自无适[7]有以至于三，而况自有适有乎！无适焉，因是已[8]。

【注释】

[1]于：比。豪：通“毫”，细毛。末：末梢。

[2]大山：泰山。

[3]寿：长命。殇子：未成年而死的人。

[4]彭祖：见《逍遥游》注。夭：短命。

[5]巧历：善于算计的人。不能得：不能算出发展下去的数目。

[6]凡：平凡，指普通的人。

[7]适：往、到。

[8]因：顺应。已：矣。

【品读】

庄子这是在一个比较宽泛的意义上讲“知”，以“经验”言，有所谓“是非”“大小”“寿夭”等，人与人之间的“知”的差异性，就是每个人的价值判断标准“成心”。如果每个人各随其成心而师之、师心自用，那么，甚至连泰山与毫末之大小、殇子与彭祖之寿夭，这样一些看似一目了然的问题也不能获得一个统一的判断标准。

庄子论述物的地方很多，但事实上，这“齐”不是一种事实的等同，而是

① 《老子》第一章。

② 《老子》第四十二章。

一种“通”，是达道之人的通达心境的描述。大小寿夭，不过是万物存在的形态比较而言罢了，根本是相对的。大自然造万物也造我，万物与我即大自然，所以大自然与我共同存在着。万物存在的形态虽然不同，但存在理由却是相同的，都源于大自然的规律，所以万物与我同体、同根、同道，统而成“一”。“一”字涵盖了宇宙时空的无限，体现了大道虚无的玄同境界。

庄子跨越时空，超脱物我，完全否定任何事物的差异、变化与发展。一句话，万物有无统于玄同，同归齐一。我们要善于把握“一”的中心点，理解庄子往前对无的追溯和往后对有的搜索的联系性，破除因时空、前后、内外所造成的差异，认识其整体深刻的齐一意蕴。

“天地与我并生”“万物与我为一”，是庄子追求的境界。一切顺其自然，我与万物已经没有区别。一切听从自然，我与天地已经平等，我已经成为天地万物的一分子，所以说“并生”“为一”。万物齐一，没有高下之别。其中透露出辩证法思想的光辉。

因为比较的参照物不同，才有大小寿夭等差别。在现实生活中，我们常常会遇到那些自以为是、目空一切的人，总是自视甚高，这样的人如果想想自己是和谁比较的，就会谦虚多了。

夫道未始有封[1]，言未始有常[2]，为是而有畛也[3]。请言其畛：有左有右，有伦有义[4]，有分有辩，有竞有争，此之谓八德[5]。六合[6]之外，圣人存而不论；六合之内，圣人论而不议[7]；《春秋》经世先王之志[8]，圣人议而不辩。

【注释】

[1]封：界线、分别。

[2]常：定见、定论。

[3]为是：因此。畛：田地里的疆界，此泛指事物、事理间的界线和区分。

[4]伦：次序、等级。义：宜。

[5]八德：八类、八种。贾谊《道德论》：“德者，离无而之有。”故八德指从无发展到有的八种界限。

[6]六合：天、地和东、西、南、北四方。

[7]论：研究。议：评说。

[8]《春秋》：指史书。经世：指治世之事，即社会政事。经，治。

【品读】

本段区分了道与言的差别。道是无的内容，没有界限，无所谓形上形下，无所谓古今，也无所谓本体非本体；言是有的形式，随心所欲，没有定准，没有一个言论思想是永恒的真理，没有什么是永远存在的。但言有的实际存在，不否定其相对的区分和不同，这就是庄子谓之“八德”的八种不同情况，也是俗人存在的现实依据。

庄子阐明了从无发展到有的八种界限：有左，有右；有伦序，有合宜；有分粗，有辨细；有竞，有争强。东西、南北、天地，叫作“六合”，即宇宙。圣人并不受影响。六合以外，另有存在，圣人只是观察考核其类属，是不去议论的；六合以内，众生存在，圣人只是论说而不予评议。历史记载，圣人议而不辩，因为圣人对于是非只是默寡，众人则加以辩论。庄子总体上否定现实差别，万物统归于齐一与玄同。但为阐明其论说，庄子又必然结合道的基本观点，利用圣人（统治者）来表达其无为而无不为的根本政治目的。

庄子的“八德”观念，跟孔子在《易经·系辞》上提出的“方以类聚，物以群分”相通。“方以类聚”，以类区分，“物以群分”，万物各自成群，这是孔子的思想。我们把庄子提出来的“八德”，用孔子的《易经》思想加以归纳，即“群、分、类、辩”四个字。“有左有右”，是物理世界的次序；“有伦有义”，是人文社会的次序；“有分有辩”，是理念世界的次序；“有竞有争”，是人类社会的现实。庄子不过用八个类别加以归纳。

庄子生在“百家争鸣”的时代，却反对争鸣不休。他认为，各家均以自己的是去抨击他人的非，这种争鸣永远没有结果。庄子的反对争鸣，还包含着很深刻的内容，那就是辩论的胜负不能用来判断真理。但以今人的目光去看，当年的“百家争鸣”给后人留下了丰富的思想资料，对中华民族文化传统的形成、民族性格的养成，产生了深远的影响。

……………………………………

故分也者，有不分也；辩也者，有不辩也。曰：“何也？圣人怀[1]之，众人辩之以相示[2]也。故曰：辩也者有不见也[3]。”夫大道不称[4]，大辩不言[5]，大仁不仁[6]，不廉不嗛[7]，不勇不忮[8]。道昭[9]而不道，言辩而不及[10]，仁常而不成，廉清而不信，勇忮而不成。五者圆而几向方矣[11]。

【注释】

[1]怀：囊括于胸，指不去分辨物我和是非，把物与我、是与非都容藏于身。

[2]示：显示，此含有夸耀于外之意。

[3]“辩也”句：争辩的人，皆由于片面而不见大道，故言有所不见。

[4]称：称道、说明。

[5]大辩：高论，指掌握高论者。不言：不说。

[6]不仁：不会有所爱。

[7]嗛（qiàn）：通“谦”，谦逊。

[8]不忮（zhì）：不会有害人之心。忮，忌恨、伤害。

[9]昭：明，此指明白无误地完全表露出来。

[10]不及：达不到，此指言论表达不到的地方。

[11]圆而几向方：比喻事与愿违。几：近乎。向：转向。

【品读】

这是对于世俗间流传的“道、辩、仁、廉、勇”的看法。有分别的，就有不分别的；有可以争辩的，就有不可以争辩的。圣人把“存而不论”“论而不议”“议而不争”的观点藏在心中勿使人知，“百家争鸣”的众人却争辩不休而相互夸耀以自胜。所以说这种辩者只能是各执一词，只见己之是，而不见己之非。

庄子举了一系列对立面互相转化的例子，说明大道的现象应是“不称”，大辩的现象应是“不言”，大仁的现象应是“不仁”，大廉的现象应是“不嗛”，显示出相当深刻的哲理。庄子的这些例子还有其他的含义：常识未必可靠，本质与现象常常相互矛盾，对于道的理解来说尤其如此。这也体现出生动的人生智慧。非要在一个小的范围内分清是非、对错，就是因为没有在一个更大的范围内考察事物。“道、辩、仁、廉、勇”站在一个更高的角度、以一个更高的标准去评价，正好是与世俗的标准相悖的，世俗的标准是似是而非的。

应当指出的是，庄子在世俗评价方面并不是一个内行，他只是站在他的角度，以他的眼光这样评定而已，绝非完全否定世俗的评价标准。

故知止其所不知，至矣。孰知不言之辩，不道之道？若有能知，此之谓天府[1]。注[2]焉而不满，酌焉而不竭[3]，而不知其所由来，此之谓葆光[4]。

【注释】

[1]天府：指圣人心胸，形容它宽广，能包罗一切。

[2]注：灌注。

[3]酌：舀取。竭：尽。

[4]葆光：隐藏着的光辉。

【品读】

这是阐述“不言之辩，不道之道”的道理。在庄子看来，用言语表达出来都会令原本的意思大打折扣，真正的大道不可言传，真正有水平的人不会通过能言善辩来表现自己。

人只要懂得了“不言之辩，不道之道”，就找到了“天府”。用“天府”来形容道的宝库，拿现在的话讲，就是道的渊源。你懂了这个道理，真正到达了内心无争的境界，没有思辩，心里绝对清净，就已经跟道接近了，就是庄子所谓“此之谓天府”。修养到了这个境界即“注焉而不满”，像流水一样，把水灌进去永远都灌不满，这种境界即老子所谓的“虚怀若谷”①，心中空洞如山谷，水常流不满；同样的，“酌焉而不竭”，像流水一样，你把它舀掉，也永远舀不完，它不增不减。那么，这个“道”的能量，身心的能量哪里来的？“不知其所由来”，无所从来也无所去，不知“道”的来源，也不知“道”的去处。“此之谓葆光”，生命的光辉永远是挥发的，永远是存在的。

故昔者尧问于舜曰：“我欲伐宗脍、胥、敖[1]，南面而不释然[2]，其故何也？”舜曰：“夫三子者[3]，犹存乎蓬艾之间[4]。若[5]不释然，何哉？昔者十日并出[6]，万物皆照，而况德之进[7]乎日者乎！”

【注释】

[1]宗脍、胥、敖：上古时代的三个小国。

[2]南面：南向。古代帝王座位南向，故以南面指帝位。此引申为君主临朝。不释：放心不下。

[3]三子者：指上述三国国君。

[4]存乎蓬艾之间：比喻国微君卑，不足与之计较。

[5]若：你。

[6]十日并出：指古代寓言中十个太阳一并出来的故事，比喻阳光普照到每一个地方。

[7]进：进步，超过、胜过之意。

【品读】

在尧问舜的故事中，庄子创造出“十日并出”即天本有十个同时出现的太阳的古代神话传说，写出封闭的心灵与开放的心灵之不同。说明封闭的心灵缺乏容受性，而“十日并出，万物皆照”，即开放心灵处于一种更高的境界，肯定世间的一切，而不是“是此非彼”。这从忘物才能齐物入手，说明认识事物并没有什么绝对客观的尺度，因而人的言论也就没有确定是非区别的必要。庄子举这个事例，旨在说明得道圣人以宽大为怀，包藏万物，与道合一，不纠缠于世俗争斗，终归还是在道的包容点上。这说明人们认识具体事物比较困难，只要了解事物的规律即可，不必在具体事物的细节上区别是非。

① 《老子》第十五章。

……………………………………

啮缺问乎王倪曰[1]:“子知物之所同是[2]乎?”曰:“吾恶乎知之!”“子知子之所不知邪?”曰:“吾恶乎知之!”“然则物无知[3]邪?”曰:“吾恶乎知之!虽然,尝试言之。庸讵[4]知吾所谓知之非不知邪?庸讵知吾所谓不知之非知邪?且吾尝试问乎女[5]:民湿寝则腰疾偏死[6],鳝然乎哉[7]?木处则惴慄恂惧[8],猨猴然乎哉[9]?三者孰知正处?民食刍豢[10],麋鹿食荐[11],蝍蛆甘带[12],鸱鸦耆鼠[13],四者孰知正味?猨猵狙[14]以为雌,麋与鹿交,鳝与鱼游[15]。毛嫱丽姬[16],人之所美也,鱼见之深入,鸟见之高飞,麋鹿见之决骤[17]。四者孰知天下之正色哉?自我观之,仁义之端[18],是非之涂[19],樊然淆乱[20],吾恶能知其辩[21]!”

啮缺曰:“子不知利害,则至人[22]固不知利害乎?”王倪曰:“至人神[23]矣!大泽[24]焚而不能热,河汉沍而不能寒[25],疾雷破山、飘风振海而不能惊。若然者,乘云气,骑日月,而游乎四海之外;死生无变于己[26],而况利害之端乎!”

【注释】

[1]啮(niè)缺、王倪:传说是尧时的贤人,实为庄子寓言故事中的虚拟人物。

[2]所同是:意即相互间共同的地方。

[3]无知:无法认识。

[4]庸讵(jū):何以。庸,用。讵,何。

[5]女:你。

[6]湿寝:在潮湿的地方寝卧。偏死:偏瘫,即半身不遂。

[7]鳝(qiū):“鳅”的异体字,即泥鳅。然乎哉:会这样吗。

[8]木处:在高高的树木上居住。惴、慄、恂(xún)、惧:恐惧、惧怕之意。

[9]猨猴:猿猴。猨,“猿”的异体字。

[10]刍豢(chú huàn):指禽兽。食草的叫刍,食谷的叫豢。

[11]麋(mí):一种食草的珍贵兽类,与鹿同科。荐(jiān):茂盛的草。

[12]蝍蛆(jí jū):蜈蚣。甘:可口。带:小蛇。蜈蚣爱吃蛇脑。

[13]鸱(chī):猫头鹰。鸦:乌鸦。耆:通“嗜”,嗜好。

[14]猵狙(biān jū):猕猴的一种。

[15]游:戏游,即交尾。

[16]毛嫱:古代美女。丽姬:晋献公夫人。

[17]决骤:迅速奔跑。

[18]端:端绪、头绪。

[19]涂:途径。

[20]樊然:杂乱的样子。淆:混杂。

[21]辩:通“辨”,分别、区分。

[22]至人:此指能够达到忘我境界的、道德修养极高的人。

[23]神:神妙不测。

[24]泽:聚水的洼地。

[25]河:黄河。汉:汉水。冱(hù):河水冻结。

[26]变于己:使自身产生变化。

【品读】

庄子借舜帝、王倪之口,谈世人对万物归一,即“齐物”的世俗见解。啮缺、王倪,是上古修道者,都被列入《高士传》,称为“隐士”,道家称之为“神仙”。他们两个的对话很有意思。世俗存在物物差别,则是由于人的认识局限所造成的。故庄子故意展示人的认识局限,利用事物存在的不同习俗、特征互证,表明事物之间没有判别的标准。

人总是自视为万物之灵,能够掌握这个世界,可以按照自己的意愿塑造世界。庄子借王倪之口予以否定。人睡在潮湿的地方会有腰疾,但泥鳅不会;人爬上高树会恐惧,但猿猴不会。人所美味,其他动物不一定爱吃;人之所美,但动物却避之不及。可见,人不能把自己的意愿和想法强加给这个世界。世间万物都有各自的习性和特点。例如,人、鹿、蟋蟀、乌鸦四种动物各有偏好。判定万物万事也没有统一标准。

世界是相对的,各个事物自有标准,仁义是非,并没有统一标准。“沉鱼落雁”成语就源于此处,毛嫱和丽姬是人们公认的美女,但鱼见了就潜入水底;鸟见了就振翅高飞;麋鹿见了就疾驰而去。究竟谁真正知晓天下的美色呢?万事万物都是相对的,某种言行不讨某些人的喜欢,并不见得其他人也讨厌这些言行;某种言行迎合了一些人的胃口,并不见得其他人都喜欢这种言行;某种言行在此时此地是正确的,并不见得在另一个时间、另一个地点也是正确的;某些言行在此时此地是错误的,并不见得在另一个时间、另一个地点也是错误的。为了保证万物各因其性、各得其所,言行自由是最起码的要求。只要不损害他人利益,不应该对言论自由和行为自由设置任何障碍。

庄子描摹逍遥之至人、神人,能臻于天地日月云气合而为一,与万物融为一体,而独与道遨游于无物之初之无待境界。他们忘怀个体形骸之死生、利害之得失,解脱身心拘限到达无心无己境界,因而能登高不栗,入火不热,入水不濡,寒暑都不能伤害他们。他们与物无逆,心闲无事,而逍遥于道德之乡。庄子向往的逍遥,就是一种精神无待之境界,人在自然中,自然在人中,心胸广阔无垠,而与道遨游。

瞿鹊子问乎长梧子曰[1]："吾闻诸夫子[2]，圣人不从事于务[3]，不就[4]利，不违[5]害，不喜求，不缘[6]道，无谓有谓[7]，有谓无谓，而游乎尘垢之外。夫子以为孟浪[8]之言，而我以为妙道之行也。吾子以为奚若[9]？"长梧子曰："是黄帝之所听荧[10]也，而丘也何足以知之！且女亦大早计[11]，见卵而求时夜[12]，见弹而求鸮炙[13]。予尝为女妄言之，女以妄听之。奚旁[14]日月，挟宇宙，为其脗[15]合，置其滑涽[16]，以隶相尊[17]。众人役役[18]，圣人愚芚[19]，参万岁而一成纯[20]。万物尽然，而以是相蕴[21]。

【注释】

[1]瞿鹊子：孔门后学，有兴趣于儒、道两家之学。长梧子：封于长梧，道家长者。

[2]夫子：孔子。

[3]务：世务，含有琐细事务之意。

[4]就：趋赴、追逐。

[5]违：避开。

[6]缘：因循。

[7]谓：说、言谈。

[8]孟浪：荒诞，指言语轻率不当。

[9]奚若：何如、怎么样。

[10]听荧(yíng)：疑惑不明。

[11]大早计：求之过急。大早，过早。

[12]时夜：司夜，即报晓的鸡。

[13]鸮(xiāo)：一种肉质鲜美的鸟，俗名"斑鸠"。炙：烤肉。

[14]奚：通"曷"，何不。旁(bàng)：依傍。

[15]脗："吻"的异体字。

[16]滑(gǔ)：通"汩"，淆乱。涽(hūn)：乱。

[17]隶：奴仆，此指地位卑贱，与"尊"相对。

[18]役役：驰骛于是非之境，意指一心忙于分辨所谓是与非。

[19]芚(chūn)：浑然无所觉察的样子。

[20]参：糅合。万岁：年代久远。一：一体，整个。纯：精粹不杂，指不为纷乱和差异所乱。

[21]以是：因此，因这个缘故。蕴：积。

【品读】

这一段讲成道的圣人境界。这则寓言重在写长梧子就瞿鹊子提出的问题所作的一番精妙的解答。瞿鹊子问长梧子：得道的人，对于世俗的事务不需要管。不喜欢要求什么，不标榜自己在修道。他的心跳出了世俗的尘垢之外。瞿鹊子说自己给老师孔子这么讲，可老师说他太孟浪，好高骛远，没有资格问这个。长梧子认为，瞿鹊子问的问题太大、太高了，不会答复他。并说他的老师孔子哪里会知道。这表面看起来在骂孔子，实际上孔子也是用不知道表示不懂即真懂。

道不是个虚无，因而人由内求可达之道，道不是个物质实体，因而不可外求于道。因而庄子说："不喜求，不缘道。"达道的方法不是外求式的，不能通过知解的方式得之，讲修性，不讲求道，修养心性必定能够得于道、达于道，讲修性更为切近。从道是内求而得来讲，道实质上是一种境界。

"众人役役，圣人愚芚。"一般人活在世界上，都是被自己的欲望和身体所奴役，一辈子劳劳碌碌。大部分的精神生命为身之奴隶。而"圣人"境界不同，表面上看似愚笨，而内在的生命却充满生机。他是最高的智慧，他是"葆光"，在"天府"中间，外面看起来"愚"。

"万物尽然，而以是相蕴。""万物尽然"，与物相同，人与物统一，同一个本体，不分彼此，"而以是相蕴。"修道成功，"心物一元"，人就不会被物质奴役，物质世界一切万有，蕴藏其中。因为得道者不是做物质的奴隶，万物乃至听其指挥。因而可以达到"旁日月，挟宇宙"的境界了。后世道家修神仙之道，修长生不老之方法，都是源出这一思想。

"予恶乎知说[1]生之非惑邪！予恶乎知恶死之非弱丧而不知归者邪[2]！丽之姬[3]，艾封人之子也[4]。晋国之始得之也，涕泣沾襟，及[5]其至于王所，与王同筐床[6]，食刍豢，而后悔其泣也。予恶乎知夫死者不悔其始之蕲[7]生乎！梦饮酒者，旦而哭泣；梦哭泣者，旦而田[8]猎。方[9]其梦也，不知其梦也。梦之中又占其梦焉，觉而后知其梦也。且有大觉而后知此其大梦也，而愚者自以为觉，窃窃然[10]知之。君乎？牧乎？固哉[11]！丘也与女皆梦也，予谓女梦亦梦也。是其言也，其名为吊诡[12]。万世之后而一遇[13]大圣，知其解者，是旦暮遇之也。

【注释】

[1]说(yuè)：通"悦"，喜悦。

[2]恶死：讨厌死亡。弱：年少。丧：亡失，此指流离失所。

[3]丽之姬：丽姬，宠于晋献公，以美貌著称。丽，丽戎，春秋时小国。姬，美女。

[4]艾：地名。封人：封疆守土的人。子：女儿。

[5]及：等到。

[6]筐床：亦作"匡床"，方正而又安适的床。

[7]蕲(qí)：祈、求。

[8]田：打猎。此意义后代写作“畋”。

[9]方：正当。

[10]窃窃然：明察的样子。

[11]牧：牧夫，指卑贱的人，与高贵的“君”相对。固：鄙陋。

[12]吊(dì)诡：奇特、怪异。

[13]万世：庄子的时间数量级。一遇：指是否会碰巧相遇，还不能完全肯定。

【品读】

这段突出了庄子相对主义的思想方法。在其玄同之下，庄子漠视世俗的蝇营狗苟，置美丑、生死、祸福、觉梦于齐一。因而有艾封人丽姬之悔，人生觉梦之说。

我们人只晓得万物不齐，生与死两个现象是最难齐的。生与死最不同，这是人生生命上的一个大转折。庄子在此讲生与死一样，引用了“丽姬出嫁”的故事，晋国国王选丽姬为妃，她离家时痛哭流涕、泪沾衣襟。可等丽姬嫁过去成为王后后，就很高贵，回想当初怕嫁给国王，在家哭得一塌糊涂，越觉得当初荒唐、愚蠢、无知。庄子通过这个故事说明生死齐一、齐一生死的必要。

庄子这种相对主义贯彻到人生的观察上，发现人与外部世界之间联系的偶然性、不稳定性，便如梦境一样。中国文化对梦的研究历史悠久。中国人有句老话：“梦死得生”。梦到坏的，往往白天遭遇得好；梦到好的不一定就好。梦境是不确定的。这里要注意的是，庄子的梦境不只是一层梦。庄子特别指出，人生在梦中，是犹如梦中之梦。一个人即使明白了人生如在梦中，能够告诉别人大家都在做梦，这告诫之言还是梦中之言。借孔子之口告诉别人，层叠的梦境，喻示存在毫无坚实性、稳定性，而且看不到通向坚实稳定的可能。因为我们没有悟道，不知道现在自己在做白日梦，而“愚者”自以为聪明，说自己是清醒的。要想不做梦，必须得道，只有大彻大悟以后，才晓得人生是“大梦”。

在庄子看来，世俗贤明愚昧，亦不过一梦而已，岂有等差。万事万物是过去，是现在，概不过梦一场，总归玄同，而使整个客观世界的真实，随其梦飘浮于《逍遥游》中所谓子虚乌有的“广莫之野”，“无何有之乡”。这是常人很难意会的“孟浪”狂想，但它又恰好展露了庄子无限玄同的大怀抱。

……………………

既使我与若辩矣[1]，若胜我，我不若胜[2]，若果是也？我果非也邪？我胜若，若不吾胜，我果是也？而[3]果非也邪？其或是也？其或非也邪？其俱是也？其俱非也邪？我与若不能相知也。则人固受其黮闇[4]，吾谁使[5]正

之？使同乎若者正之，既与若同矣，恶能正之？使同乎我者正之，既同乎我矣，恶能正之？使异乎我与若者正之，既异乎我与若矣，恶能正之？使同乎我与若者正之，既同乎我与若矣，恶能正之？然则我与若与人俱不能相知也，而待彼[6]也邪？”

【注释】

[1]我：指说话人长梧子。若：你，即说话人的对方瞿鹊子。

[2]不若胜：不胜你。

[3]而：你。

[4]黮（dǎn）：昏暗不明的样子。闇：“暗”的异体字。

[6]谁使：使谁。

[6]彼：此讲作另外的什么人。

【品读】

这段话使用抽象的思辨证明论辩的没有意义和是非的没有标准，十分精彩。这段很有趣，长梧子说了前面那些话之后，觉得瞿鹊子可能会与他辩论，于是就用一席话打断了对方争辩的念头。庄子借长梧子之口，告诉世人别去无谓地分别“是”与“非”的问题，世界上根本就不存在是非问题，都是人为造出来的。人们相互辩论，不管谁胜谁负，都不代表谁是谁非的问题。

庄子也借长梧子之口阐述齐物与齐论的途径，即忘掉死生、忘掉是非，把自己寄托于无穷的境域，从而遨游于尘埃之外，这也就进一步说明物之不可分、言之不可辩。当然，这和世间人们的相互论辩并不矛盾，因为世间的事是具体的、生动的、鲜活的，并非抽象的概念所能完全涵盖的。

我们不难看出，庄子这是一种相对主义观点，否定了真理的客观存在，但却指出了个体认识的局限性，以及依据这种局限性去判断真理必然出现的局限性问题。这种是非观的虚无性，强调辩论不能判断检验谁是真理，这是庄子给我们的一个重要的启发。所谓真理越辩越明，这是一种似是而非的观点。辩论的双方都难免带有一定的片面性，这是事实。当然，庄子从相对主义进而走向绝对，即绝对的无是非，绝对地否定一切辩论，这是思维的教训。

“何谓和之以天倪？”曰：“是不是，然不然。是若果是也，则是之异乎不是也亦无辩；然若果然也，则然之异乎不然也亦无辩。化声之相待[1]，若其不相待。和之以天倪[2]，因之以曼衍[3]，所以穷年也[4]。忘年忘义[5]，振于无竟[6]，故寓诸无竟。”

【注释】

[1]化声：变化的声音，此指是非不同的言论。这一句及至“所以穷年也”，计五句二

十五字，旧本原在下段中部“然若果然也”之前，今据上下文意和多本校勘意见前移于此。

[2]倪：分，“天倪”即天然的分际。

[3]因：任，顺应。曼衍：变化发展。

[4]所以：“用这样的办法来……”。穷：尽，终了。

[5]忘年：不计岁月。忘义：不讲仁义。

[6]振：畅。竟：通“境”，境界、境地。

【品读】

一切人类文化都是从人的思想来，论辩是靠语言文字表达出来，既然论辩无意义和是非无标准，那么我们该怎么办呢？那就要“和之以天倪，因之以曼衍”。曼衍是指大道的运行，宇宙天地的自然运化。天倪是天道运行的规律，也就是自然的界限或者分别，而不是人设的。这个分际是自然，也就是天倪。由辩论确立的分际不是自然的，就是人倪，是成心。把人心宇宙和万事万物的关系处理好了，就是“和”。

怎样得到“天倪”的境界而得道呢？“忘年忘义，振于无竟，故寓诸无竟。”要真正得道，必须顺应大道运行的变化，不去争辩变化的东西，把所有是是非非都忘掉，最后把仁义、是非、生死等一切的一切全都忘掉，达到无是无非的境界，逍遥于无有之中。“寓诸无竟”就是进入了这样的境界，这样的人生就很太平、很理想了。

我们可以体会到，如果做一件事，不顾及实际情况，非要去做，花费很多心血，致使自己身心交瘁，最后也不见得能达到目的。可如果我们能顺应自然，顺应事物变化的规律，很多时候自然会水到渠成，完全用不着那么刻意强求。

罔两问景曰[1]：“曩[2]子行，今子止；曩子坐，今子起。何其无特操与[3]？”景曰：“吾有待[4]而然者邪？吾所待又有待而然者邪？吾待蛇蚹蜩翼邪[5]？恶识所以然？恶识所以不然？”

【注释】

[1]罔两：影子之外的微阴。景：影子，这个意义后代写作“影”。

[2]曩(nǎng)：以往、从前。

[3]特：独。操：操守。

[4]有待：有所依靠，凭借。

[5]蚹(fù)：蛇肚腹下的横鳞，蛇赖此行走。蜩：蝉。

【品读】

“罔两问景”寓言说明了世间万物的从属性和有待性，以及万物缺乏自由的永恒困惑。虚影批评影子没有操守，实在是没有自知之明，这属于下手批评上手。影子对虚影没有反唇相讥，而是说明有待之理。影子有待于形，形又有待于造化，盖待者又有其待。在庄子看来，天下万物皆有所待。有待万物，说不尽，理不清，一物待一物，蛇腹待皮而走，蝉躯待翼而飞。人的虚影待本影，本影待身躯，身躯待心灵，心灵待外界，物影有待层层依附，于尘世是永远无法抛卸的负载。人类的悲剧在于意念的存在，只有泯灭意念，超越灵魂，不问众物层层缠绕的相互链条，才能从有待的真实入无待的虚幻，摆脱永恒的困惑。庄子为世俗之人寻觅超越物的无待之累，于超然物外获取无待齐一与玄同，在道无的和熙境界中，走向自在逍遥、无累无待的同达路径。

昔者庄周梦为胡蝶[1]，栩栩然[2]胡蝶也，自喻适志与[3]！不知周也。俄然[4]觉，则蘧蘧然[5]周也。不知周之梦为胡蝶与？胡蝶之梦为周与？周与胡蝶则必有分矣。此之谓物化[6]。

【注释】

[1]胡蝶：亦作“蝴蝶”。

[2]栩（xǔ）栩然：欣然自得的样子。

[3]喻：晓、觉得。适志：合乎心意，心情愉快。

[4]俄然：突然。

[5]蘧（qú）蘧然：惊疑的样子。

[6]物化：化为物。指大道时而化为庄周，时而化为胡蝶。即外物与自我的交合，推进一步，一切事物也都将浑而为一。

【品读】

这是一个弥漫了童趣的梦境，阐述庄子的“相对论”观点，万物化而为一。这种梦境所代表的就称为物我同化。身为一个人，除了有形可见的身体，还有无形的心智，可以从事思考活动，进而选择正确的修炼途径，让自己的精神真正像蝴蝶一般，无拘无束地活在人世间。蝴蝶不仅仅是自然之物，是美的化身，更多的是作为自由自在的象征之物翩翩飞舞在人们的心灵世界，是一种理念。所谓“物化”，就是人要进入一个忘我无己的境界，与万物齐同，与道合一。庄子认为，人们如果能打破生死、物我的界限，就会有人生至乐。所以庄与蝶、梦与觉相互转化，彼此渗透，最后成为浑然一体，庄子是借庄、蝶交会贯通及物、我消解融合的美感经验，让人们去领略“物化”的佳境。

我们相信，当庄子从蝶梦中醒来时，发现自己仍然辗转于榻上，饱尝人世间的冷暖炎凉，他宁愿自己还在梦境之中，做一只翩翩飞舞的蝴蝶，也拒绝接受醒来冷酷的现实。因为只有在梦境之中，他才能身轻如蝶，翩然而飞，实现其精神的无限自由。这个蝶梦满足了庄子对精神自由寄寓的美好愿望。正是由于这层含义，“庄周梦蝶”故事深受人们的钟爱，它鼓励人们以一种非现实的精神抵抗现实的苦难。

庄周梦蝶这则寓言是中国哲学史上的一个经典。唐代大诗人李白的《古风》中感慨万端：“庄周梦蝴蝶，蝴蝶为庄周。一体更变易，万事良悠悠。乃知蓬莱水，复作清浅流。青门种瓜人，旧日东陵侯。富贵故如此，营营何所求？”人生本如蝴蝶梦一般，变化莫测，功名利禄没有定数，不值得汲汲追求。

养生主第三

吾生也有涯[1]，而知[2]也无涯。以有涯随[3]无涯，殆[4]已！已而为知者[5]，殆而已矣！

【注释】

[1]涯：边际、极限。

[2]知(zhì)：知识、才智。

[3]随：追随、索求。

[4]殆：危险，此指疲困不堪，神伤体乏。

[5]已：指已经如此。为知：追求知识。

【品读】

本段说明与道的无边无际相比，人类的认识能力是极其有限的。人的生命是有限的，而知识却是无限的。以有限的生命去追求无限的知识，势必体乏神伤。

庄子关注“知”，对人的知识能力表示了怀疑。一方面，我们的“知”是有限的，个体生命的有限性决定了个体之知的有限性，以有限之知不可能达到“不惑”的自由；另一方面，“知”的发生不是必然的，是偶然的，以偶然之“知”也不可能达到“不惑”的自由。对于庄子而言，生命的有限和知识的无限形成鲜明的对比，而知识的无限意味着万物或者世界的无穷无尽。穷毕生之力去求知的人是危险的，因为这会把人带进一个不可穷尽、不可预知的世界。知道这种危险又不停止的人，当然更是无可救药。庄子的本意不在一般地反对求知。他反对的是那种自以为掌握了最终真理的人，所以说“知也无涯”。知识既然没有穷尽，那么也就不存在终极的真理。庄子提醒我们，当知识的探求超出人类的极限之时，应该适可而止，对于我们能力不可达到的事物，就应安于无知。

为善无近[1]名，为恶无近刑，缘督以为经[2]，可以保身，可以全生[3]，可以养亲[4]，可以尽年[5]。

【注释】

[1]近:接近,此处含有追求、贪图之意。

[2]缘:因循、沿着。督:中,正道。经:常、正道。

[3]生:通"性",天性。全生:保全天性。

[4]亲:指"真君",即精神。

[5]年:年寿,指自然寿命。

【品读】

以人的社会行为而言,庄子要求人们在为善与为恶之间保持适当的度,而蕴含于其中的宗旨则是养生。从肯定生命价值的立场出发,庄子一再突出养生、保身、全生对个体的意义。庄子所说的养生,不是保养自己的身体,而是安身立命之道。庄子重养生,是其人生哲学的重要内容,体现了其人生智慧。

庄子玩味人生,甘贫贱而释其志,却没有放弃人生,而是把人生当作自然妙道来理解,认真从中探索现实人生解脱社会羁绊的门径。在昏暗社会中,庄子深感世事多乖,人生不易,理解人生的价值、生命的意义,同情人生在人类文明桎梏下所遭受的种种苦难。于是,庄子不再用玄思空幻的超然理想来抚慰众生痛苦的心灵,而是实实在在地指点众生应该如何正确地把握自己生存的方向,免于受到无端的残害。庄子透过现实的樊篱,捕捉人生自由的真性,提出了"缘督以为经"的人生基本原则。他把"督中"视为人类生存的宽广的自然世界。庄子指出,养生最重要的是要做到秉承事物中虚之道,顺应自然的变化与发展以处理人与外物的关系,不要拼命追求外物。只要人们能顺应自然、"依乎天理",就一定"可以保身,可以全生",可以养心,"可以尽年"。在当今浮躁的现实社会中,真正领悟庄子的人生智慧,无疑有利于我们立身处世与养生延年。

庖丁为文惠君解牛[1],手之所触[2],肩之所倚[3],足之所履[4],膝之所踦[5],砉然[6]响然,奏刀騞然[7],莫不中[8]音,合于桑林[9]之舞,乃中经首之会[10]。文惠君曰:"嘻,善哉!技盖[11]至此乎?"

【注释】

[1]庖(páo)丁:厨师。庖,指厨师。丁,厨师的名字。一说此处的庖指厨房。为:替、给。文惠君:旧说指梁惠王。解:剖开、分解。

[2]触:接触。

[3]倚:靠。

[4]履:踏、踩。

[5]踦(jǐ):用膝抵住。

[6]砉(huā)然:皮肉分离的声音。

[7]奏:进。騞(huō)然:以刀快速割牛的声音。

[8]中(zhòng):合乎,意为合乎音乐的节奏。

[9]桑林:传说中的殷商时代的乐曲名。

[10]经首:传说中帝尧时代的乐曲名。会:乐律,节奏。

[11]盖:通"盍",何,怎么。

【品读】

"庖丁解牛"寓言从宰牛之方喻养生之理,由养生之理喻处世之道。引人注意的是它由技入道所蕴含的哲学和艺术的义涵。

庖丁解牛的连贯娴熟动作构成一幅十分生动的画面,庖丁举手投足之间,手触到的,肩抵着的,脚踩着的,膝顶着的,都发出去奢的响声,进刀时"砉砉"的粗放声音,皆能合拍于雅乐的美妙乐音。这种艺术形象构绘出庖丁解牛技艺之出神入化及挥洒自如的自由境界以及由技入道的历程。庖丁由技艺而臻于道境,为道家由工夫到境界开辟出一条新路。

庖丁释[1]刀对曰:"臣之所好者道也[2],进乎[3]技矣。始臣之解牛之时,所见无非全牛者;三年之后,未尝见全牛也;方今之时,臣以神[4]遇而不以目视,官知止而神欲行[5]。依乎天理[6],批大郤[7],导大窾[8],因其固然[9]。技经肯綮之未尝[10],而况大軱[11]乎! 良庖岁更刀[12],割也;族庖月更刀[13],折[14]也;今臣之刀十九年矣,所解数千牛矣,而刀刃若新发于硎[15]。彼节者有间,而刀刃者无厚。以无厚入有间,恢恢乎其于游刃必有余地矣[16]。是以十九年而刀刃若新发于硎。虽然,每至于族[17],吾见其难为,怵然[18]为戒,视为止,行为迟,动刀甚微。謋然[19]已解,如土委地[20]。提刀而立,为之四顾,为之踌躇满志[21],善[22]刀而藏之。文惠君曰:"善哉! 吾闻庖丁之言,得养生[23]焉。"

【注释】

[1]释:放下。

[2]好(hào):喜好。道:事物的规律。

[3]进:超过、胜过之意。乎:于、比。

[4]神:精神、心思。

[5]官:器官,这里指眼。知:知觉,这里指视觉。

[6]天理:自然的纹理,这里指牛体的自然结构。

[7]批:击。郤(xì):通作"隙",这里指牛体筋腱、骨骼间的空隙。

[8]导:引导、导向。窾(kuǎn):空,这里指牛体骨节间较大的空处。

[9]因：依、顺着。固然：本然，原本的样子。

[10]技(zhī)：通“枝”，指支脉。经：经脉。肯：附在骨上的肉。綮(qǐ)：骨肉连接很紧的地方。未：不曾。尝：尝试。

[11]軱(gū)：大骨。

[12]岁：每年。更(gēng)：更换。

[13]族庖：一般的厨师。族，众。

[14]折：断，这里指用刀砍断骨头。

[15]发：出，这里指刚从磨刀石上磨出来。硎(xíng)：磨刀石。

[16]恢恢：宽广。游刃：运转的刀刃。

[17]族：指骨节、筋腱聚结交错的部位。

[18]怵(chù)然：小心谨慎的样子。

[19]謋(huò)：牛体分解的声音。

[20]委地：丢在地上。

[21]踌躇：悠然自得的样子。满志：满足了心意。

[22]善：此作摆弄、擦拭的意思。

[23]养生：其后省中心语，意为“养生之道”。

【品读】

庄子借用庖丁之口，讲自己修养的境界和处世的原则。“庖丁解牛”说明世间一切事物都有其自身规律，只有顺其自然，循其规律，才能事半功倍。庄子以厨工分解牛体比喻人之养生，说明处世、生活都要“因其固然”“依乎天理”，而且要取其中虚“有间”，方能“游刃有余”。“庖丁解牛”的典故已被后人广为流传，它所阐明的养生之道，就是安身立命之道，就是“顺”。庄子以庖丁解牛喻养生妙法，实际上就是说，处在复杂的社会里，就要像庖丁解牛一样，找空隙下刀，避开一切矛盾。这样便可以保护自己不受伤害，不受是非和矛盾的纠缠，达到保身尽年的目的。庄子的这种处世哲学既消极又圆滑。

公文轩见右师而惊曰[1]：“是何人也？恶乎介也[2]？天与，其人与？”曰：“天也，非人也。天之生是使独也[3]，人之貌有与[4]也。以是知其天也，非人也”。

【注释】

[1]公文轩：姓公文，名轩，传说为宋国人。右师：官名，此指当过右师的一个人。

[2]恶乎：何以。介：独，只有一只脚。一说“介”当作“兀”，失去一足的意思。

[3]是：此，指代形体上只有一只脚的情况。独：只有一只脚。

[4]与：赐予、赋予。意思是人的外形当是自然的赋予。

【品读】

本段说明人的形貌是“天”赋予的。公文轩见到一只脚的右师感到十分惊异，说明世俗之人对于形躯的一般看法就是“形全”。庄子借右师之言，说世上生物奇形怪状，其结构也千奇百怪，都是天生的，物种的形状是“人为”不了的。这表达了庄子具有较为独特的不同于世俗的形躯观念。人的体貌出于天然，要随遇而安去把握生活。“人之貌有与也”这句话很深刻，这里告诉我们一个道理，人的相貌是相对的，外形不能妨碍了我们精神独立的人格，每个人要有自己生命的价值，人活着要顺其自然，不要受任何外界环境的影响。

泽雉[1]十步一啄，百步一饮，不蕲畜乎樊中[2]。神虽王[3]，不善也。

【注释】

[1]雉(zhì)：雉鸟，俗称“野鸡”。

[2]蕲(qí)：祈求、希望。畜：养。樊：笼。

[3]王：通“旺”，旺盛。

【品读】

庄子十分注重生命的自由，把生命的自由看得比物质享受更为重要。连江河边、旷野里的野鸡宁可忍饥忍渴，也不作笼中之鸟。何况人乎？人也是如此，天性自由，顺应自然，不应该自我设限，扼杀天性。庄子渴望人类持守自由天性，摆脱樊笼的束缚，强调泽鸡的自由在于自然。《庄子》一书不仅有频繁攻击势力者的内容，而且明确记录了庄子不为卿相，“宁游戏污渎之中自快，无为有国者所羁”①的事实，就足以说明这一点。丧失自由的王者精神是违背天性的人为结果。

老聃[1]死，秦失[2]吊之，三号[3]而出。弟子曰：“非夫子之友邪？”曰：“然。”“然则吊焉若此可乎？”曰：“然。始也吾以为其人[4]也，而今非也。向[5]吾入而吊焉，有老者哭之如哭其子；少者哭之如哭其母。彼其所以会之[6]，必有不蕲言而言，不蕲哭而哭者。是遁天倍情[7]，忘其所受[8]，古者谓之遁天之刑[9]。适来[10]，夫子[11]时也；适去，夫子顺也。安时而处顺，哀乐不能入也，古者谓是帝之县解[12]。”

① 《史记·老庄申韩列传》。

【注释】

[1]老聃(dān):姓李,名耳,字聃,楚人,即道家创始人老子。

[2]秦失(yì):亦写作"秦佚",老聃的朋友。

[3]号:大声地哭。

[4]其人:指与秦失对话的哭泣者。

[5]向:刚才。

[6]彼其:指哭泣者,即前指"老者"和"少者"。会:聚,碰在一块。

[7]遁:逃避、违反。倍:通"背",背弃之意。

[8]所受:指禀受的本性。

[9]遁天之刑:是说感伤过度,势必违反自然之道而招来过失。

[10]适:有时、偶然。来:来到世上。这里的来和去实指人的生和死。

[11]夫子:指老聃。

[12]帝之县解:指天的束缚解除。帝,天,万物的主宰。县(xuán),同"悬"。

【品读】

本段体现了庄子的生死观。庄子认为,人的生死是一种自然现象,人不应当因为自然的生死而悲伤,从侧面论证人的行为应当合乎自然。庄子举例说,老子死了,他的朋友秦失去吊丧,大哭三声就走了。老子的弟子觉得奇怪,就问秦失,你是不是老师的朋友,然后秦失说了一番极富哲理的话。这里其实是庄子借秦失之口说出自己的观点。

庄子认为,对于死亡的悲伤不仅是不必要的,而且它原本就是一种违背自然的"刑罚"。人们因为亲朋好友死亡而产生的悲伤之情,都来自于人们试图逃避"天律"的"遁天之刑"。庄子这种不值得因为生与死而悲伤的论调,实质上是对中国传统的超越。中华文明建立在家族历史主义意识形态基础之上,由血缘关系带来的喜怒哀乐是中国人表达感情的基本方式。因而,越是至亲离开人世,人们就越是悲伤。对于奔丧者痛哭形式的规定,对于所表达的情感深浅的限制,其实是要表明奔丧者的身份,强化宗法等级意识,来达到强化和维护现实社会政治等级制的目的。

在庄子看来,丧葬礼仪制度就是用后天人为的方式扭曲人们的自然情感。秦失的"三号"与老聃门人的哭子哭母形成了鲜明的对照。秦失认为,由于按照礼制规定来吊丧,那些为死者痛哭的人,完全是一种矫情而不是真实情感的表达,这违背了人类自然情感的本然。秦失吊丧的行为,实际上就是对丧葬礼仪的反叛。秦失大哭三声,不是一种礼仪上的需要。道家讲求本质,而非外在,在这点上与儒家是有矛盾的,因而作为老子朋友的秦失就不可能注重礼仪,但他的悲伤却是真实的,发自内心的,而作为超凡脱俗的人不会受滞于外物,他们做事合乎自然。老聃和秦失都看轻生死,老聃的弟子也应超脱物外，伤心地长久哭泣，哀痛过甚，有失老聃遗风。

庄子强调，人秉承于自然，受命于天，应时而生，顺依而死。人们安心时运，顺变不惊，哀乐的情绪就不会侵入胸中，就自然解除了困缚，犹如解脱了倒悬之苦。“安时而处顺”，世俗的哀乐不能惊扰内心的平静，这无疑给我们指出了一条靠内在精神的培育自解倒悬之苦的人生之路。

指穷于为薪[1]，火传也[2]，不知其尽也。

【注释】

[1]指穷于为薪：作为烛薪的脂燃尽了。古人以薪加动物脂肪作为烛来照明取火。指，同“脂”。

[2]火传也：火还能传下去。

【品读】

庄子注重养生，并非是要人的肉体永世长存，而是追求精神的不朽、永世的传承。以薪喻形，以火喻精神。人的骨肉最终自然化为尘土，但是人类伟大的精神却可以千秋万代地传递下去，传递是生命最热烈的燃烧，这种燃烧永远不会熄灭。“薪火相传”即源于此，原指形体虽死而精神永生。后人往往用来比喻学问和技艺代代相传。

人间世第四

颜回见仲尼[1]，请行。曰："奚之[2]？"曰："将之卫。"曰："奚为焉？"曰："回闻卫君，其年壮，其行独[3]；轻用其国而不见其过；轻用民死，死者以国，量乎泽若蕉[4]。民其无如[5]矣！回尝闻之夫子曰：'治国去[6]之，乱国就[7]之，医门多疾。'愿以[8]所闻思其则，庶几其国有瘳乎[9]！"

【注释】

[1]颜回：孔子的弟子，姓颜，名回，字子渊，鲁国人。仲尼：孔子，字仲尼。此谈话为虚构之言。

[2]奚之：去哪儿。奚，何。之，往。

[3]独：专横独断。

[4]蕉：通"焦"，草芥。

[5]无如：无路可走。

[6]去：离开。

[7]就：趋赴、前往。

[8]以：用、根据。

[9]庶几：或许。瘳(chōu)：病愈，此指国家恢复元气。

【品读】

这是庄子借孔子之口表达道家思想。庄子时代，天下无道、杀戮四起，生命得不到任何保障。而当时人间世界的色彩在很大程度上是由无所逃的君主来决定的。这里描述的"卫君"就是一个不折不扣的"暴君"。庄子将矛头直指向当时的统治者——今世之为人君者，他们"轻用民死"，导致生灵涂炭。生逢乱世，读书人要入仕，首先就要善于"游说"，但稍不谨慎就会送掉性命。面对颜回适卫的请行，孔子想到的不是作为仁人志士去拯救受涂炭的人民，而是一己之生命安危。这明显体现了道家的明哲保身思想，与其"知其不可而为之"①的主张背道而驰。这当然是庄子借孔子之口表达道家思想。

① 《论语·宪问》。

仲尼曰："嘻！若殆往而刑耳[1]！夫道不欲杂，杂则多，多则扰，扰则忧，忧而不救。古之至人，先存[2]诸己而后存诸人。所存于己者未定，何暇至于暴人[3]之所行！且若亦知夫德之所荡而知之所为出乎哉[4]？德荡乎名[5]，知出乎争。名也者，相轧也；知也者，争之器也。二者凶器，非所以尽行也。且德厚信矼[6]，未达人气[7]；名闻不争，未达人心。

【注释】

[1]若：你。殆：恐怕，大概。刑：遭受刑戮。

[2]存：存立，这里指道德修养的建立。

[3]暴人：施政暴虐的人，这里指卫国国君。

[4]荡：丧失、毁坏。所为出：产生的原因。

[5]德荡乎名：道德败坏是由于追求名誉，智慧产生于争夺。

[6]德厚：道德纯厚。信矼(qiāng)：行为诚实。

[7]达：通达、了解。人气：民情、民心。

【品读】

这段将孔子描写成一个得道的人。我们知道，《庄子》里面记载的许多故事都是为了表达的需要，而非完全真实。孔了作为儒家的始祖，经常被庄子请出来说话，有时是正面的，有时是反面的。在这个寓言中，孔子就是一个得道者的形象。孔子认为，济世救民，推行政治理想，不宜五花八门，应当注意单纯。古代圣人，要先明哲保身才能去帮助别人。

"先存诸己而后存诸人"原则，其实是《人间世》中整个处世思想的基本出发点，它使得对自己的关怀成为比救世更重要的考虑。这个原则提出之后还必须加以证明，只有证明个人无力救世，证明牺牲的无谓，才能证明"先存诸己而后存诸人"原则的正确性。中国传统文化中，道家庄子讲"先存诸己而后存诸人"，儒家孔子言君子应"修己以敬""修己以安人""修己以安百姓"①。在这方面，儒、道某种程度上有相通之处。庄子"先存诸己而后存诸人"，标准至高，含感应之理，且永远无止境。

庄子假孔子之口指出，名分的制定破坏了人们的本性，使人们产生竞逐争夺之心而互相倾轧，名分和智慧这两者是凶险的工具。道德的丧失是由于好名，智慧的流露是由于好争。人们为了追逐名，所以相互倾轧、欺诈，祸

① 《论语·宪问》。

乱由此而生。名声与智力“二者凶器”，不能用来实现救国的抱负。庄子生当天下争于气力的时代，却大讲争名斗智的危害，其思想在当时之不合时宜也就可想而知。虽然这和孔孟鼓吹仁义而不合诸侯之胃口并不相同，但其不合时宜，“不识时务”则有相似之处。

而强以仁义绳墨之言术暴人之前者[1]，是以人恶有[2]其美也，命之曰菑人[3]。菑人者，人必反菑之，若殆为人菑夫？[4]且苟为悦贤而恶不肖[5]，恶用而求有以异？若唯无诏[6]，王公必将乘人而斗其捷[7]。而目将荧[8]之，而色将平之[9]，口将营[10]之，容将形之[11]，心且成之[12]。是以火救火，以水救水，名之曰益多。顺始无穷，若殆以不信厚言[13]，必死于暴人之前矣！

【注释】

[1]绳墨：喻指规矩、规范。术：通“述”，陈述。

[2]是：此。以：用。有：取得。

[3]命之，名之，称谓它。命，称。菑（zāi）：“災”的异体字，即今“灾”。

[4]若：你。为：被。

[5]悦：喜好。而：你。恶（wū）：何。不肖：指不学好。

[6]唯：只。诏：告，这里指向卫君进言。

[7]王公：指卫君。乘人：抓住说话人说漏嘴的机会。乘，趁。捷：形容言语快捷善辩，不让对方有思考的机会。

[8]荧（yíng）：眩、迷惑。

[9]色：气色。平：平和。

[10]营：营救，指用言语自我解脱。

[11]容：容颜、态度。形：显露、表现。

[12]成之：以之为成，把对方的作为加以认可。

[13]若：你。殆：将。不信：不被信任。厚言：指反复诤谏。厚，多。

【品读】

庄子假孔子之口表达，如果颜回硬要向卫君兜售仁义，等于用他的丑恶衬托自己的美善，会受到敌视。这就警示仁人志士对救世要慎重，莫给自身带来危害。这种思想的道家色彩十分浓厚。在庄子看来，颜回企图于“乱国救之”无疑等于自投虎口、火上浇油。以火灭火，以水堰水，没有好处。这样发展下去，不仅前途有限，而且后患无穷。

且昔者桀杀关龙逢[1]，纣杀王子比干[2]，是皆修其身以下伛拊人之民[3]，以下拂其上者也[4]，故其君因其修以挤之[5]。是好名者也。昔者尧攻丛枝、胥、敖[6]，禹攻有扈[7]，国为虚厉[8]，身为刑戮；其用兵不止，其求实无已[9]。是皆求名实者也，而独不闻之乎？名实者，圣人之所不能胜也，而况若乎！”

【注释】

[1]桀：夏代最后一个国君，以暴虐著称。关龙逄：桀时贤臣，因直言劝谏而被杀。

[2]纣：商纣王，商代最后一个国君。比干：商纣王的叔父，因力谏而被纣王杀害。

[3]是：此。指关龙逄与比干。下：下位。伛拊（yǔ fǔ）：怜爱抚育。人：人君的省称。

[4]拂：违逆、触犯。上：居上位者，此指国君。

[5]修：善，指很有道德修养。挤：排斥。

[6]丛枝、胥、敖：帝尧时代的三个部落小国。

[7]有扈：夏时国名。

[8]国：指以上四国。为：成了。虚：通“墟”，废墟。厉：厉鬼。

[9]实：实利。已：止。

【品读】

庄子假托孔子的话描述了名实与政治关系的现状以教导颜回。道德已经败落，巧诈已经形成。这都是因为争名和争辩造成的。夏桀杀了敢于直谏的大臣关龙逄，纣王杀了力谏的叔父比干。这两位贤臣之所以被害，就是因为他们努力修身，尽心治国，以臣下的身份去安抚百姓，用言行违逆君主，最终惹得君王不高兴。这两位贤臣都有高尚的品格，映照出桀纣的丑恶，只能是遭受排斥、打击，最后死路一条。关龙逄与比干的被杀，都是因为他们越职爱护百姓而遭到猜忌，实质是爱好名的结果。

名利诱惑力很强，圣人如尧如禹都难以抗拒，帝尧讨伐丛枝、胥、敖，禹攻有扈国。四小国惨败，国君被斩首，国民被杀，国都被夷为平地。这就是四小国喜用武力、贪图别国领土和人口的结果，也是贪名求利的流祸。君王的名是不允许被盗用的，不管是不是对人民有利；同时，君王之名又是谁都可以争夺的，只要具有大盗一样的暴力。因而庄子认为，名实智巧太危险了，政治不能再以名实为目标。

“虽然，若必有以[1]也，尝以语我来[2]！”颜回曰：“端而虚[3]，勉而一[4]。则可乎？”曰：“恶！恶可！[5]夫以阳为充孔扬[6]，采色[7]不定，常人之所不违，因案人之所感[8]，以求容与[9]其心，名之曰日渐之德不成[10]，而况大德乎！将执而不化[11]，外合而内不訾[12]，其庸讵可乎[13]！”

【注释】

[1]有以：有所依凭。以，因、原因。

[2]尝：试。以语我：把它告诉给我。

[3]端:端庄、正派,指外表。虚:虚豁、谦逊,指内心。

[4]勉:勤恳努力。一:专一不移。

[5]恶(wū):表否定的词语。恶可:哪里行。

[6]阳:指刚猛盛气的品格。充:满,充斥于心。孔:甚、很。扬:张扬,露于外表。

[7]采色:神采,即面部表情。

[8]案:压抑、压制。感:思想活动。

[9]容与:顺从。

[10]渐:浸渍、润泽。不成:不能形成。

[11]执而不化:固执己见而不能随物变化。

[12]外合:外表投合。訾(zǐ):毁、消除。

[13]其:那、那样。庸讵:怎么。

【品读】

本段说明颜回的外道。颜回希望自己能够以外表端正而又内心虚豁、做事勤勉而又始终如一来侍奉卫君。颜回讲自己的修养:"端",形体终日端正,打坐已然入定。"虚",心里没有思想,空空洞洞,达到空的境界;"勉而一",由开始心里乱七八糟,然后慢慢勉强把它清空,继而专一,只有正念存于其中。在孔子看来,颜回有点固执而不通变化,这个固执就是"外道",外表上看起来像是有道之士,内在并不对头。凭这点本事想去做帝王之师是不行的。孔子认为,卫君刚猛暴烈,气焰嚣张,且喜怒无常,他放纵自己的欲望,企图用道德来感化他是不可能的。

曰:"然则我内直而外曲[1],成而上比[2]。内直者,与天为徒[3]。与天为徒者,知天子之与己,皆天之所子[4],而独以己言蕲乎而人善之[5],蕲乎而人不善之邪?若然者,人谓之童子[6],是之谓与天为徒。外曲者,与人之为徒也。擎跽曲拳[7],人臣之礼也。人皆为之,吾敢不为邪?为人之所为者,人亦无疵[8]焉,是之谓与人为徒。成而上比者,与古为徒,其言虽教,讁[9]之实也;古之有也,非吾有也。若然者,虽直而不病[10],是之谓与古为徒。若是则可乎?"仲尼曰:"恶!恶可!大多政法而不谍[11]。虽固[12],亦无罪。虽然,止是耳矣[13],夫胡可以及化[14]!犹师心[15]者也。"

【注释】

[1]直:正直、光明正大。曲:弯曲,俯首曲就之意。

[2]成:平、允当。上:以前。比:从。

[3]与天为徒:意即随着自然而变化。

[4]所子:所养育的子女。

[5]蕲:祈求,希望得到。善之:以之为善,指把这样的言论看作是正确的。

[6]童子：比喻天真。

[7]擎：执，此指手里拿着朝笏(hù)。跽：长跪。曲拳：躬身屈体。

[8]疵(cī)：毛病，作动词用。

[9]讁(zhé)："谪"的异体字，谴责、责备。

[10]病：怨恨、祸害。

[11]大：太。政：通"正"，端正、纠正。谍：当。

[12]固：固陋，执着而不通达。

[13]止是：只不过如此。耳矣：罢了。

[14]胡：何、怎么。及化：感化别人。

[15]师心：以自己的心为师，即自以为是。

【品读】

颜回提出三个要点："内直"——内心正直；"外曲"——外面圆滑；"成而上比"——彼此慢慢升华。"与天为徒"，即认同自然，保持人的纯洁和个性，避免不知不觉地被社会所同化，最终忘记自己的本来面目。"与人为徒"，对社会也要有一定适应性，认同社会，使自己的行为顺应现实。"与古为徒"，综合了"与天为徒"和"与人为徒"，也就是综合了"内直"和"外曲"。批评君王要讲究方法，既表达了自己的意见，又不会使人感到难堪。颜回觉得自己如此侍奉卫君应该可以。孔子仍然不屑，认为如此也不能收到纠正的实效，因为"太多政(正)"，太多的事情需要纠正。

颜回所谓"与人为徒""与古为徒"，扭曲自我人格，滑离其救世初衷，戕害自我意志和才智，委曲于魔掌之中以求全生。在庄子看来，这样做太过分了。这样，庄子就完全昭示了儒家企盼救世的悲剧命运。

颜回曰："吾无以进[1]矣，敢问其方[2]。"仲尼曰："斋[3]，吾将语若。有心[4]而为之，其易邪？易之者，皞天不宜[5]。"颜回曰："回之家贫，唯不饮酒不茹荤者数月矣[6]。如此，则可以为斋乎？"曰："是祭祀之斋[7]，非心斋[8]也。"

【注释】

[1]无以进：指无法提出更好的办法。

[2]敢：表谦敬之词，相当于"斗胆地""冒昧地"之意。方：办法。

[3]斋：心斋，此指洗除心中欲念。

[4]有心：指怀有积极用世之心。

[5]皞(hào)：明亮。宜：当、合适。

[6]茹：吃。荤：肉食。

[7]祭祀之斋：祭祀前的斋戒，吃素以整洁身心。

[8]心斋：内心的斋戒。

【品读】

孔子用内心的斋戒即“心斋”之法告诫颜回。斋是中国文化，语出庄子的“心斋”。心里一点杂念、妄想、欲念都没有，保持清净的念头叫“斋”。内心素净、干净到极点叫“心斋”。《礼记》上有“斋戒沐浴”，就是心念清净恭敬。持斋乃指斋心，内心清清净净，心里头有一点杂念就不是斋。因而孔子告诉颜回，你要“心斋”，我才传给你。

回曰：“敢问心斋。”仲尼曰：“若一志[1]，无听之以耳而听之以心[2]，无听之以心而听之以气[3]！听止于耳[4]，心止于符[5]。气也者，虚而待物者也。唯道集虚[6]。虚者，心斋也。”

【注释】

[1]若：你。一志：使心态纯一，摒除杂念。一，专一。

[2]句意为：要对外界听而不闻，心守虚寂。

[3]气：此指虚以待物的心境。

[4]听止于耳：外界的声音对耳朵毫无触动。止，不动。

[5]符：接合。

[6]虚：指纯净、空明的境界。

【品读】

孔子否定颜回到卫国的种种理由后，提出“心斋”的功夫。在“心斋”这一讲法中，孔子比较了“以耳”“以心”“以气”三种不同的体道观物的方式。首先，在对道的体认中，耳目感官是不可靠的。其次，不但耳目感官不足以体道，包含成见、好恶、喜怒、忧惧、思虑的心知也不足以体道。只有去除这些成见，使心达到虚静的状态，才能够真正体认道。孔子指出，要使心志高度集中，必须摒除一切杂念，做到专一心思。凝寂虚无的境界就是用心灵去感悟道德存在，那是一片光明的空虚，能容纳大千世界。心灵达到虚无空明之境，就是心斋。心斋就是要人保持虚静之心，即保持无知、无欲、无情。而要保持这种虚静之心，又必须通过坐忘来达到，这就要摆脱一切生理肉体的欲望，去掉一切心智的智慧。只有这样方可使自己在纷繁复杂的人间世中得以远害全身。

颜回曰：“回之未始得使[1]，实自回也；得使之也，未始有回也。可谓虚乎？”夫子曰：“尽[2]矣。吾语若：若能入游其樊而无感其名[3]，入[4]则鸣，不入则止。无门无毒[5]，一宅而寓于不得已[6]，则几矣[7]。绝迹易，无行地难[8]。

为人使易以伪，为天使难以伪[9]。闻以有翼飞者矣，未闻以无翼飞者也；闻以有知知者矣，未闻以无知知[10]者也。瞻彼阕者[11]，虚室生白[12]，吉祥止止[13]。夫且不止，是之谓坐驰[14]。夫徇耳目内通而外于心知[15]，鬼神将来舍，而况人乎！是万物之化也，禹、舜之所纽[16]也，伏戏、几蘧之所行终[17]，而况散焉者[18]乎！”

【注释】

[1]得使：受教，即禀受了心斋的教诲。

[2]尽：详尽。

[3]樊：篱笆，暗含追名逐利之场所的意思。无感其名：不为名利动心。

[4]入：采纳进谏。

[5]无：通“毋”。无毒：不要把自己的主张看作治人的药方。毒，药治。

[6]一宅：心灵安于凝聚专一，全无杂念。一，心思高度集中。宅，指心灵位置。

[7]意即到这一步就接近大道，符合“心斋”的要求了。几，近，差不多。

[8]无行地：行走却不践地。无行地难：喻指涉世无心、不留行迹难以做到。

[9]使：驱使。伪：假。

[10]知：通“智”，智慧、才能之意。

[11]瞻(zhān)：望。阕(què)：空虚。

[12]虚室：空灵的精神世界。白：洁净，指虚无的心理状态。

[13]止止：止于凝静的心境。

[14]坐驰：形体坐在那里而心理却驰骋于他处。

[15]徇：使。内通：向内通达。外：排除的意思。心知：心智。

[16]所纽：作为治天下的关键。纽，关键。

[17]伏戏、几蘧(qú)：传说时代的远古帝王。所行终：作为终身奉行的准则。

[18]散焉者：指普通、平常的人，即没有成就者。

【品读】

孔子讲入世的艰难，几乎比出世修道还要难，因而要注重自修。一个人可以不看、不听，自我封闭，不与外界接触；而一个人用眼去看，用耳去听，与外界广泛接触，而不受影响，这是不可能的。面对充斥物质利诱的社会，能有几人不为物欲驱使，不为名利所动。庄子告诉人们，达到“心斋”，意即虚而待物，空明寂静。

保全心灵的方法便是“心斋”。心只有虚，放弃感官的感受，静下心息，放下心中的种种执着，清除各种成见、思虑，用空静的心灵感受世界，才能够观照事物之本然，也才能够体道。这就是庄子所谓“虚室生白”。在这个意义上，心斋作为一种修炼工夫，就是一个“虚一心”的过程。当人无心之时，已经没有固定的应世之门，也没有任何执着的救世之方，有的只是随时处世的不得已。这种无心无迹的生活，才得以在“人间世”这种乱世保全自身。庄子把这样保持心的虚静清明的“心斋”作为追求精神解脱的重要途径。以后，道教将“心斋”作为其“斋法”的一种，宋儒也以此形容一种修养境界。

……………………………………

叶公子高将使于齐[1]，问于仲尼曰：“王使诸梁也甚重[2]，齐之待使者，盖将甚敬而不急。匹夫犹未可动，而况诸侯乎！吾甚慄[3]之。子常语诸梁也曰：‘凡事若[4]小若大，寡不道以懽成[5]。事若不成，则必有人道之患[6]；事若成，则必有阴阳之患[7]。若成若不成而后无患者，唯有德者能之。’吾食也执粗而不臧[8]，爨[9]无欲清之人。今吾朝受命而夕饮冰，我其内热[10]与！吾未至乎事之情[11]，而既有阴阳之患矣！事若不成，必有人道之患。是两[12]也，为人臣者不足以任之，子其有以语我来！”[13]

【注释】

[1]叶公子高：楚庄王玄孙，名诸梁，字子高，被封于叶。使：出使。

[2]王：指楚王。使诸梁：以诸梁为使。重：指出使所负的责任重大。

[3]慄：恐惧。

[4]若：或者。

[5]寡：少。道：由，通过。懽：“歡”的异体字，今简作“欢”。

[6]人道之患：人为的祸害，指国君的惩罚。

[7]阴阳之患：指悲喜的感情会引起身体阴阳失调，伤害身心，以致患病。

[8]执粗：食用粗茶淡饭。臧：好。

[9]爨（cuàn）：炊火做饭。

[10]内热：内心烦躁和焦虑。

[11]情：真实。

[12]两：双。指双重之患。

[13]子：先生，指仲尼。有：又。

【品读】

这段故事指出了外交活动的艰险。庄子借叶公子高出使齐国一事，写尽使臣接受使命时的心理压力，反衬人君绝对权力的威压之势，道出了臣下与君主相处的艰难。如果出使不成功，必然遭到梁王的处罚，招致杀身之祸；而假若任务完成，也必有阴阳气失调的病患，无论成败都不遭祸患，只有得道的人才能做到。孔子认为，为臣者行事，肯定有很多无可奈何之处，在处事之时应置生死于度外，不能悦生而恶死。这是庄子借孔子之口所表达的一种处世态度。

仲尼曰："天下有大戒[1]二：其一命也，其一义也。子之爱亲，命也，不可解于心；臣之事君，义也，无适[2]而非君也，无所逃于天地之间。是之谓大戒。是以夫事其亲者，不择地而安之，孝之至也；夫事其君者，不择事而安之，忠之盛[3]也；自事其心者[4]，哀乐不易施乎前[5]，知其不可奈何而安之若命，德之至也。为人臣子者，固有所不得已。行事之情而忘其身[6]，何暇至于悦生而恶死！夫子其行可矣！

【注释】

[1]大戒：指人生足以为戒的大法。戒，法则。

[2]适：往、到。

[3]盛：最、极点、顶点。

[4]自事其心：侍奉自己，自事其心者即懂得调养自己心性的人。

[5]施(yí)：移动、影响。前：当前，指当时的心境。

[6]行：实行、执行。情：情实。忘其身：忘却自身得失哀乐。

【品读】

庄子提出了"知其不可奈何而安之若命"的处世之方。庄子假孔子之口说明，天下有两个足以成戒的大法：一是天命，一是道义。天命是由自然规律决定的，道义是由社会决定的。

孔子提出，君子要"知天命"，并说"不知命，无以为君子"①。因此"知天命"成为儒家思想的主要特点之一。那何为"知天命"呢？孟子说："莫之为而为者，天也；莫之至而至者，命也。"②人世间总有这样那样的不得意，总有一些无可奈何，这就是人之命。人既然对命运无能为力，就应当采取一种超越的态度。

庄子不是迂腐之人，他也关心人间世，对人间世有极深的见解。事亲不分时间地点，忠君不分事之大小，都是不能选择的。如果遇到祸事，这也是天命，无可奈何，只能安而顺之。

"丘请复以所闻[1]：凡交近则必相靡以信[2]，远则必忠之以言[3]。言必或[4]传之。夫传两喜两怒之言[5]，天下之难者也。夫两喜必多溢[6]美之言，两怒必多溢恶之言。凡溢之类妄[7]，妄则其信之也莫[8]，莫则传言者殃。故

① 《论语·尧曰》。

② 《孟子·万章上》。

法言[9]曰：'传其常情，无传其溢言，则几乎全[10]。'且以巧斗力[11]者，始乎阳[12]，常卒乎阴[13]，泰至则多奇巧[14]；以礼饮酒者，始乎治[15]，常卒乎乱，泰至则多奇乐[16]。凡事亦然，始乎谅[17]，常卒乎鄙[18]；其作始也简[19]，其将毕也必巨。

【注释】

[1]复以所闻：再把自己所闻说说。

[2]交：交往，指国家间的外交。相靡以信：用诚信相互和顺与亲近。靡，亲顺。

[3]忠之以言：用忠实的语言表达互相忠诚。

[4]或：有人。

[5]两喜：双方皆高兴。两怒：双方都愤怒。

[6]溢：满、超出。

[7]妄：虚假。

[8]莫：通"漠"，淡漠。

[9]法言：古代的格言。

[10]全.保全。

[11]斗力：相互较力，犹言相互争斗。

[12]阳：指公开争斗。

[13]卒：最后。阴：指暗地使计谋。

[14]泰至：大至，达到极点。奇巧：指玩弄阴谋。

[15]治：有规矩。

[16]奇乐：放纵无度。

[17]谅：诚实，相互信任。

[18]鄙：险恶、欺诈。

[19]作：发作。简：微小。

【品读】

凡是结交邻近的国家就必定以信用相亲顺，结交远道的国家就必定用语言表达对彼此的忠诚，用语言就必定派遣使臣传达。要传达合乎常情的言词，不要传达过当的言词，就差不多可以保全自己了。

生逢乱世，生命没有最基本的保证，外有刑罚加身的忧患(人道之患)，内有焦虑和紧张的情绪(阴阳之患)，使人们不得安宁。因而生存于世间，最难的莫过于处理好政治关系。庄子分析了使者的难处，表达了对政治的一般看法。在庄子的心目中，政治是一种充满欺诈、阴谋的东西。人置身于政治之中是十分危险的。凡交往的人，接近则彼此知根知底，不必多说就相信了。疏远则容易产生误解，所以对语言有诚信的要求，或以契约固定之。言语周密即所谓“辞达”，“辞达而已矣”①。庄子强调办外交的人要注意两点：一是意会国家元首的命令。二是要转达美意、善意。

本段还谈到了事物可向相反方向转化。以巧斗力，开始正大光明，最后是以阴谋决胜负，多用奇巧之计谋。以礼饮酒，开始饮酒有规矩，最后常以乱告终。其他事情也一样，开始于尊贵，必将以鄙弃告终。这些论述虽然还在神秘虚无主义“道”的支配下，但却具有了明确的辩证法因素。

言者，风波[1]也；行者，实丧也[2]。夫风波易以动，实丧易以危。故忿设[3]无由，巧言偏辞[4]。兽死不择音，气息茀然[5]，于是并生心厉[6]。剋核[7]大至，则必有不肖之心应之[8]，而不知其然也。苟为不知其然也，孰知其所终！故法言曰：‘无迁[9]令，无劝成[10]，过度益也[11]’。迁令劝成殆[12]事，美成[13]在久，恶成不及改，可不慎与！且夫乘物[14]以游心，托不得已以养中[15]，至矣。何作为报也[16]！莫若为致命[17]，此其难者！”

【注释】

[1]风波：比喻捉摸不定。

[2]实丧：得失。

[3]设：置，含有发作、产生的意思。

[4]巧：虚浮不实。偏：片面的。

[5]茀(bó)然：气息急促的样子。茀：通“勃”。

[6]心厉：伤害人的恶念。

[7]剋核：限制要求。

[8]不肖：不善、不正。应之：报答之。

[9]迁：移动、改变。

[10]劝：勉力。劝成：促成。

[11]过度：超越分寸。益：通“溢”，泛滥、越轨。

[12]殆：危险。

[13]美成：美好的事情要做成功。

[14]乘物：顺应客观事物。

[15]养中：保养心性。

[16]大意为：何必为齐国作意其间。作，作意。报，指齐国的报答。

[17]莫若：不如。为致命：原原本本地传达国君的意见。

【品读】

本章提倡“乘物以游心”“托不得已以养中”的处世之道。庄子极力渲染

---

① 《论语·卫灵公》。

了作为一名使者的艰难。语言就像风波一样捉摸不定，传达言语，总会有得有失。这点出了使者面临的困境：既要完成使命，还要保全生命。突破这个困境最好的办法，也许只能是放弃幻想，不去计较使命与生死的两难问题。使者只要将君主的意愿表达清楚就好，一切顺乎自然，不计较成功与否，即"乘物以游心"。这体现了人的精神自由自在、不受约束，获得了心灵的安宁的情状。

庄子还提倡"托不得已以养中"，"养中"即保守中道。心神要顺着物之自然变化而自在遨游，于外物不得已而应之，保守中道，蓄养心中的精气，这就是极致了。明知不可为，那就安之若命，何苦劳神伤命，自寻烦恼。庄子表面看来是极言外交活动的艰险，实则劝诫世人，安身立命之道即在顺乎自然而已。

颜阖将傅卫灵公大子[1]，而问于蘧伯玉[2]曰："有人于此，其德天杀[3]。与之为无方则危吾国[4]；与之为有方则危吾身。其知适足以知人之过[5]，而不知其所以过。若然者，吾奈之何[6]？"蘧伯玉曰："善哉问乎！戒之，慎之，正女身也哉！形莫若就[7]，心莫若和[8]。虽然，之二者有患[9]。就不欲入[10]，和不欲出。形就而入，且为颠为灭，为崩为蹶；心和而出，且为声为名，为妖为孽[11]。彼且为婴儿，亦与之为婴儿；彼且为无町畦[12]，亦与之为无町畦；彼且为无崖[13]，亦与之为无崖。达之[14]，入于无疵[15]。

【注释】

[1]颜阖：鲁国贤人。大：通"太"。

[2]蘧(qú)伯玉：卫国的贤大夫，名瑗，字伯玉。

[3]德：性。天杀：生就的凶残嗜杀。

[4]与之：对他。方：法度、规范。

[5]其知(zhì)：他们的智慧。适足：仅能。

[6]奈之何：对他怎么样。之：太子。

[7]形：外表。就：靠拢，亲近。

[8]和：顺，顺其本性之意。

[9]之：此。患：危险。

[10]入：陷入。

[11]为：造成，招致。孽：灾害。

[12]町畦(tīng qí)：田间的界路，喻指分界、界线。

[13]无崖：喻指无边，没有约束。

[14]达：通达，指通过疏导与卫太子思想相通，逐步使他走上正途。

[15]疵：毛病，此指行动上的过失。

【品读】

本段阐述"形莫若就，心莫若和"的教育之法。庄子假借颜阖为卫灵公太子师的寓言，说明与人君相处难，与储君相处亦难；为师难，莫过于为人君之师。颜阖将出任卫灵公太子的老师，却使他进退两难。这位太子同卫灵公一样既暴虐又无知。作为老师用法规去管教他，将危及自身性命；不用法规去管教他，又势必使国家遭殃。这种尴尬的局面，充分突出了政治权力纷争的危险。

庄子借蘧伯玉之口提出应对之道：对太子外表恭顺，内在诱导，即"形莫若就，心莫若和"，要注意分寸，否则就会有隐患。庄子接着具体描述了"形就心和"的状态。如果他无知妄为就顺着他；如果他反省觉悟了，就加以点化使他改过自新。有人批评这是一种滑世主义，认为庄子表面教人恭顺，内心却教人固执己见，这是错误的看法。在庄子生活的时代，战乱纷争，只有先保存自身才能济世扶众，只凭一厢情愿的热情，空有抱负却没命施展，是不可能实现理想的。

汝不知夫螳螂乎？怒其臂以当车辙[1]，不知其不胜任也，是[2]其才之美者也。戒之，慎之，积伐而美者以犯之[3]，几[4]矣！汝不知夫养虎者乎？不敢以生物[5]与之，为其杀之之怒也[6]；不敢以全物与之，为其决[7]之之怒也。时其饥饱，达[8]其怒心。虎之与人异类，而媚养己者[9]，顺也；故其杀者，逆[10]也。夫爱马者，以筐盛矢[11]，以蜄盛溺[12]。适有蚊虻仆缘[13]，而拊之不时[14]，则缺衔毁首碎胸[15]。意有所至而爱有所亡，可不慎邪！"

【注释】

[1]怒：奋起。当：通"挡"。辙：车轮行过的印记。

[2]是：用作动词，有恃之意。

[3]积：多次、屡屡。伐：夸耀。而：你。

[4]几：危险。

[5]生物：活物。

[6]为其杀之之怒也：唯恐它扑杀活物时而诱发残杀生物的怒气。

[7]决：裂、撕开。

[8]达：引导。

[9]异类：不同类。媚养己者：指媚顺于养自己的人。

[10]逆：反、触犯。

[11]矢：通"屎"，粪便。

[12]蜄：大蛤，这里指蛤壳。溺：尿。

[13]蚊虻：牛虻。仆缘：附着，指叮在马身上。

[14]拊(fǔ)：拍击。不时：不合时。

[15]衔：马的勒口，"缺衔"指咬断口勒。毁首：指挣断了辔头。首，辔头。

【品读】

本段教人选择退却才得保存自身的道理。庄子对自然、对动物颇有研究。他常从自然得到启发，从动物得到启发。从螳臂当车的事例中，他得出了露才扬己必然招来危险的结论。人们熟知的成语"螳臂当车"就源于这里。从喂养老虎的事例中，他领悟到顺应外物才能获得安全的教训。从拊马不时的事例中，他感受到个人对君王的忠心和善意，他却不一定理解和接受，还可能被当作反抗君王的权威，招致身首异处。虽然庄子的结论未必让人同意，但他这种思维特点值得注意。君主反复无常，伴君如伴虎，仕途凶险，这些寓言无疑对入世之士敲响了警钟。

匠石之齐[1]，至于曲辕，见栎社树[2]。其大蔽数千牛，絜之百围[3]，其高临山[4]，十仞[5]而后有枝，其可以为舟者旁[6]十数。观者如市，匠伯[7]不顾，遂行不辍[8]。弟子厌[9]观之，走及匠石[10]，曰："自吾执斧斤[11]以随夫子，未尝见材如此其美也。先生不肯视，行不辍，何邪？"曰："已[12]矣，勿言之矣！散木[13]也，以为舟则沈[14]，以为棺椁[15]则速腐，以为器则速毁，以为门户则液樠[16]，以为柱则蠹[17]，是不材之木也。无所可用，故能若是之寿。"

【注释】

[1]匠石：匠人名石。之：往。

[2]栎(lì)：树名。社：土神。

[3]絜(xié)：用绳子计量周围，一尺为一围。

[4]临山：接近山巅。

[5]仞：八尺。

[6]旁：通"方"，且。

[7]匠石：匠伯，指工匠之长。

[8]辍(chuò)：中止、停。

[9]厌：满足。

[10]走：跑。及：赶上。

[11]斤：斧之一种，后称"锛"，即横口斧。

[12]已：止。

[13]散木，指不成材的树木。

[14]以为：即"以之为"，把它做成。沈(chén)：通"沉"。

[15]椁(guǒ)："椁"的异体字，指棺外的套棺。

[16]户：单扇的门。液：浸渍。樠（mán）：松木心。

[17]蠹（dù）：虫蛀。

【品读】

庄子从官场政事着眼，突出了“以无用为用”的保身思想与处世态度。庄子于此描绘了栎社树的意象，匠人去齐国看到了栎社树，它长得很粗、很高，观赏的人涌来涌去，匠人却不屑一顾，弟子就问其原因。匠人回答说这是“不材之木”，没什么可用之处，所以才能保养天年，有很长的寿命。这说明虚己顺物就可以远离祸害而保全自身，以无用为用，无用之大用。这就告诉我们看似无用的东西也许是最有用的。在生活中，我们应当善于改变自己的眼光，透析事物无用中的大用，发现其价值所在。

匠石归，栎社见[1]梦曰：“女将恶乎比[2]予哉？若将比予于文木[3]邪？夫柤[4]梨橘柚，果蓏之属[5]，实熟则剥[6]，剥则辱[7]；大枝折，小枝泄[8]。此以其能苦其生者也[9]，故不终其天年而中道夭，自掊[10]击于世俗者也。物莫不若是。且予求无所可用久矣，几死，乃今得之，为予大用[11]。使予也而有用，且得有此大也邪？且也若与予也皆物也，奈何哉其相[12]物也？而几死之散人[13]，又恶知散木！”匠石觉而诊[14]其梦。弟子曰：“趣[15]取无用，则为社何[16]邪？”曰：“密[17]！若无言！彼亦直[18]寄焉，以为不知己者诟厉[19]也。不为社者，且几有翦[20]乎！且也彼其所保与众异，而以义喻之，不亦远乎！”

【注释】

[1]见（xiàn）：梦、托梦。

[2]比：比并，相提并论。

[3]文：纹理，“文木”即可用之木。

[4]柤（zhā）：楂，即山楂。

[5]果蓏（luǒ）：有核叫果，无核叫蓏。属：类。

[6]实：果实。剥：通“攴”（pū），用器物轻轻打落。

[7]辱：屈，意思是果树摘落果实后枝干就随意受人摧残。

[8]泄（yè）：通“抴”，拉、牵扭。

[9]以：因。苦其生：使其一生受苦。

[10]掊（póu）：打。

[11]为予大用：正因被人视为无用之材，才保全自身，才成就我最大的用处。

[12]相：看待。

[13]散人：不成材的人，相对“散木”而言。

[14]诊：通“畛”，告诉之意。

[15]趣：意趣。

[16]为社何：为什么做社树而让世人供奉。

[17]密：默，即“闭嘴”。

[18]直：通“特”，仅、只。

[19]诟厉：辱骂、伤害。

[20]翦(jiǎn)：斩伐。

【品读】

本段阐明无用就是大用的道理。匠人认为栎社树是“不材之木”，没有可用之处，栎社树托梦给匠人，说自己身上所具有的那些匠人所不屑的无所可用特质恰是它苦苦求得的。正是这种无用使栎社树得以全生，这是无用之大用；栎社树反讽匠人，说他是散人，他显露自己的有用之才，离死亡也不远了。同时，庄子借栎社树之口，还写了与散木存在相对的文木。相对于散木的无所可用，这些文木均为有用之木，它们或其果实可为人充饥止津，或其枝干可做工具之用。但这些文木均“不终其天年而中道夭”。造成此患的原因在栎社树看来，就是文木“自掊击于世俗者也”，即显露有用之才而招致了世俗的打击。庄子所谓大用，就是如何在激烈的政治斗争中保存自己。他的结论是：无用就是大用，即在政治斗争中无所作为才能保存自己。

把有用、无用反转过来，所谓有用正是无用，乃反戈一击之象。而匠石自以为有用，其实于天地之间仍为散人而已。此后道家以贬为褒，用作正面义，故“散人”常被作为道号，如江湖散人。

南伯子綦游乎商之丘[1]，见大木焉，有异[2]：结驷千乘[3]，隐将芘其所藾[4]。子綦曰：“此何木也哉？此必有异材夫！”仰而视其细枝，则拳曲[5]而不可以为栋梁；俯而视其大根，则轴解[6]而不可以为棺椁；咶[7]其叶，则口烂而为伤；嗅之，则使人狂酲[8]，三日而不已[9]。子綦曰：“此果不材之木也，以至于此其大也。嗟乎！神人以此不材！

【注释】

[1]南伯子綦：南郭子綦，为南郭之长，故称之为“伯”。商之丘：商丘，宋国国都。

[2]有异：有异常景象，指树大得出奇。

[3]结：集。驷：四马拉车。千乘：千辆车。

[4]芘(bì)：通“庇”，荫庇。藾(lài)：荫蔽。

[5]拳曲：弯弯曲曲的样子。

[6]轴：指木心。解：裂开。

[7]咶(shì)：通“舐”，用舌头舔。

[8]酲(chéng):酒醉。

[9]已:止。

【品读】

大木是庄子描绘的又一个散木意象。有南伯子綦到三商丘,见一棵奇异怪树。仰视此木,其细枝弯曲卷结不能做屋之栋梁;俯观主干,其木纹旋散分裂不能作人之棺椁。舔舐其叶,则嘴溃烂生疮;闻嗅其味,则昏聩狂醉,三天醒不过来。这表明了其彻底的无用和不材。栎社树尚有外表的可观性,故托梦于神社以保全生。但此木却毫无用处,是无可挑剔的无用。但就是这样一棵丑到极致的大木,南伯子綦却称其必有"异才",即非寻常标准可衡量。无用就是大用,不才就是大才,这是从保持个体的角度去讲的。神人的处世也就是如此。把保存个体的生命放在首位。"神人"呼应上文"散人"。故庄子认为这种不材为神人所寄托,已达到了登峰造极的地步。

宋有荆氏[1]者,宜楸柏桑。其拱把而上者[2],求狙猴之杙者斩之[3];三围[4]四围,求高名之丽者斩之[5];七围八围,贵人富商之家求樿傍[6]者斩之。故未终其天年而中道之夭于斧斤,此材之患也。故解之以牛之白颡者[7],与豚之亢[8]鼻者,与人有痔病者,不可以适河[9]。此皆巫祝[10]以知矣,所以为不祥也。此乃神人之所以为大祥也。

【注释】

[1]荆氏:宋国地名。

[2]拱:两手相合。把:一手所握。

[3]杙(yì):小木桩,用来系牲畜的。斩:指砍伐。

[4]围:一说指两臂合抱的长度。一说两手拇指和食指合拢起来的长度。

[5]高名:荣华高大。丽:屋栋。

[6]樿(shàn)傍:指单幅板的棺材。

[7]解:解祷,求神免灾的祈祷。以:用。颡(sǎng):额。

[8]亢:高。

[9]适河:沉入河中以祭神。

[10]巫祝:巫师。

【品读】

在此庄子借着大木这一散木的意象,再次与文木相对举,指出物之存在的有用之患。"物"都是因为有用,可以满足人的适用性需要,所以遭受杀身之祸,无法尽享天年,故庄子感叹"此材之患也",正是它们的"有用之才",才使其中道夭折。反之,那些无用于人的物,如杂色的牛、鼻孔上翻的猪,还有生有痔疮的人，因为其无“有用之才”，反而不必被作为牺牲来祭祀，可逃过一劫。此种不吉祥，而神人却以为是最大的吉祥。在这样的残疾中，生命才得到保证。因物之有用，故物不能成就恒久圆满的生命，不能保持本真的性命之情。而造成物之此大患的根本在于其“材”。庄子这种意象，与栎社树、大樗树基本一致，只是此处特别明确提出了“有用之患”。

支离疏[1]者，颐隐于脐[2]，肩高于顶，会撮指天[3]，五管[4]在上，两髀为胁[5]。挫鍼治繲[6]，足以糊口；鼓荚播精[7]，足以食十人。上[8]征武士，则支离攘[9]臂而游于其间；上有大役，则支离以有常疾不受功[10]；上与病者粟，则受三钟[11]与十束薪。夫支离其形者，犹足以养其身，终其天年，又况支离其德者乎？

【注释】

[1]支离疏：虚构的人物。意喻支离破碎，形体不健全。

[2]颐：面颊。脐：肚脐。

[3]会撮：发髻。指天：向上，因脊背弯曲，所以发髻朝天。

[4]五管：五官，旧说指五脏的腧穴。

[5]髀(bì)：股骨，此指大腿。胁：腋下肋骨所在的部位。

[6]挫鍼(zhēn)：缝衣。鍼，“针”的异体字。繲(xiè)：洗衣。

[7]鼓：簸动。荚：小簸箕。播：扬去灰土与糠屑。

[8]上：指国君、统治者。

[9]攘：捋。

[10]以：因。常疾：残疾。功：通“工”，指劳役之事。

[11]钟：古代量的单位，合六斛四斗。

【品读】

本段描述一位一身邋遢又有点无赖气的游世高手，他形体支离怪状，在战乱中免于劳役，乐天知命，以自然的心性安享天年。这就把这支支离离、疏疏散散从而遗形忘智、大智若愚的精髓运用到立身处世的方法中去，就可以逢凶化吉、远离灾难。庄子借此表达“无用为大用”，不材为大材，归依天命，顺应自然。支离疏的混世气息，不在于全身怪病，而在于安然地以怪病为武器谋求好处。他正是庄子笔下的一系列有意味的形象之一。

孔子适[1]楚，楚狂接舆[2]游其门口：“凤[3]兮凤兮，何如德之衰也[4]！来世不可待，往世不可追也。天下有道[5]，圣人成[6]焉；天下无道，圣人生焉。方今之时，仅免刑焉！福轻乎[7]羽，莫之知载[8]；祸重乎地，莫之知避。已乎[9],已乎！临人以德。殆乎,殆乎！画地[10]而趋。迷阳[11]迷阳,无伤吾行。吾行郤曲[12],无伤吾足。”

【注释】

[1]适:往。

[2]楚狂接舆:楚国的隐士,相传姓陆,名通,字接舆。

[3]凤:凤鸟,这里用来比喻孔子。

[4]何如:何以、怎么。之:往。

[5]有道:指顺应规律使社会得到治理。

[6]成:指成就了事业。

[7]乎:于、比。

[8]莫:不。载:取。

[9]已乎:算了。

[10]画地:在地面上画出道路来,喻指制定人为的规范让人们去遵循。

[11]迷阳:指荆棘。

[12]郤(xì)曲:屈曲,指道路曲折难行。

【品读】

春秋战国时代,社会转型,新旧阶级之间斗争复杂而又激烈,士人阶层崛起。庄子虽为士阶层的一员,其对人生的思考却不同于先秦诸子。与孔子的积极入世不同,庄子关注的是对人的境遇的理性探索,接舆形象便是庄子对自己人生状态的真实写照。楚狂接舆是一个决心与世界保持距离的人,他的情感几近心死。庄子借接舆之口道出乱世之景、人民困苦、处事之艰,提醒统治者慎戒留意,同时也刻画出了接舆要求归隐山林、退避世间纷争的隐士形象。庄子以一个人格扭曲和灵魂孤独的狂人歌声,唤醒世人迷茫生命的复归,抚慰世俗苍生心灵的痛苦,摆脱险象环生的世路困扰,显示生命自然的真实价值。

本段假借狂接舆的口中所唱出来的,含有过往的历史追忆。接舆之歌又见《论语·微子》,与本篇文字有异同。于先秦文化而言,凤可当儒家之象,龙可当道家之象。故儒于道有“犹龙”之叹,道于儒有“凤兮”之歌。儒道立场甚是不同。于儒家而言,道家或仅仅反对从政,疑似消极避世。然而于道家而言,反对从政有其特殊的时代理由,正可以作为善意的提醒。“已而,已而,今之从政者殆而!”①此亦见问题不在于是否从政,而在于是否“临人以德”和“画地而趋”。临人以德,犹强以仁义绳墨之言术暴人之前;画地而趋,乃自限之象,故未能得大自在。一般人都自视甚高,自己划定一个范围在那里转。能够不“画地而趋”,不局限自己,超越一切,就是真正理想的人生。

---

① 《论语·微子》。

山木自寇[1]也，膏[2]火自煎也。桂[3]可食，故伐之；漆可用，故割之。人皆知有用之用，而莫知无用之用也。

【注释】

[1]寇：侵犯、掠夺。

[2]膏：油脂。

[3]桂：树名，其皮可作香料。

【品读】

“人皆知有用之用，而莫知无用之用也。”这是一句诡谲之语，却蕴涵深刻道理。所谓“有用”和“无用”，只是世人按经验习惯对事物所作的不同分类，并不是着眼于事物的本质规律。但在庄子看来，“有用”或“无用”，都应合于自然的本真之性。而至人、真人、神人不会因为眼前利益而连累自己的精神自由，更不会为了功名利禄牺牲自己的生命。在当时乱世，庄子的“无用”是针对统治者而言，不为统治者所用，虽然旨在免祸全身，但是从维护生命权利、生命尊严来看，庄子的思想与现代人的思想有着相通之处。从另外意义上说，我们不必为自己某些方面的不足而自暴自弃，相反，在其他方面，这些不足也许正是我们获取成功的优势。

庄子提出了一个与众不同的思路：大多数人都追求有用的哲学，渴望汲汲有用于济世，他则追求无用。这不是要哗众取宠，而是突出了生活在人间世的无奈。只要展现了自身之才，跻身于政治，就会卷入各种政治漩涡而极易陷入危境，幸运者得以全身而退，不幸者有死生之祸，而且要时刻处在战战兢兢、如临深渊的情绪之中。这和孔子“知其不可为而为之”的态度大异其趣，庄子选择了知其不可而不为的处世哲学。

德充符第五

鲁有兀者王骀[1]，从之游者与仲尼相若。常季[2]问于仲尼曰："王骀，兀者也。从之游者与夫子中分[3]鲁。立不教，坐不议；虚而往，实而归。固有不言之教，无形而心成者邪[4]？是何人也？"仲尼曰："夫子，圣人也，丘也直后而未往耳[5]。丘将以为师，而况不若丘者乎！奚假鲁国[6]，丘将引天下而与从之。"

【注释】

[1]兀：通"跀"(yuè)，断足的刑法。王骀(tái)：虚构的人物。

[2]常季：鲁国贤人，传说为孔子的学生。

[3]中分：对半分。

[4]无形：不具有完整的形体。心成：内心世界达到成熟的境界。

[5]直：通"特"，仅、只。后：落在对方的后面。

[6]奚：何。假：已、只。

【品读】

庄子以王骀的"无言之教"为"德充符"。王骀虽然被刖去一足成为兀者，然而竟能够在鲁国与孔子分庭抗礼，成为最受尊敬的师长。他立不施教，坐不议论，却能使学生空腹而往，实德而归。一位断足之人，却有如此之多的追随者，以至可"与夫子中分鲁"。正是这种困惑泄露了季常对王骀"兀者"身份的介意，透露了常季的自我判断：残缺之人不可能有此德行及影响。

这段对话，庄子显然是在借孔子表达自己的思想。庄子要揭示出王骀独特的"用心"所表现的"德"。王骀表面不言，以自我修养达到道德的极境，并由此产生莫大的吸引力而聚拢众人。王骀的内心常守静态，在精神上驾驭了天地万物，逍遥自得，他根本不关心有多少人聚合在他周围，因而他并没故意招徕世人。总之，王骀"无言之教"的德性表达，正体现了庄子的无为政治思想。

常季曰："彼兀者也，而王先生[1]，其与庸[2]亦远矣。若然者，其用心也独若之何[3]？"仲尼曰："死生亦大矣，而不得与之变，虽天地覆坠，亦将不与之遗[4]。审乎无假而不与物迁[5]，命物之化而守其宗也[6]。”常季曰：“何谓也？”仲尼曰：“自其异者视之，肝胆楚越[7]也；自其同者视之，万物皆一[8]也。夫若然者，且不知耳目之所宜[9]，而游心乎德之和[10]；物视其所一而不见其所丧[11]，视丧其足犹遗土[12]也。

【注释】

[1]王先生：作先生的师长。王，长。

[2]庸：平庸，指平常的人。

[3]用心：指导思想。若之何：如何、怎么样。

[4]之：天地。遗：失，指天塌地陷。

[5]审乎无假：安守天道。审，安。无假，真。迁：变化。

[6]命：任。宗：本，主旨。

[7]肝胆楚越：喻指邻近的肝、胆同处于一体之中，但也像是楚、越那样相去甚远。

[8]一：同一、一样的。

[9]耳目之所宜：指适宜于听觉、视觉的东西。

[10]游心：使心灵自由驰骋遨游。和：混同。

[11]所一：同一的方面。所丧：失去而引起差异的一面。

[12]遗土：失落的土块。

【品读】

王骀由于具有自我“常心”的稳定，也就无须作任何的有言之教。世人会把刖足看作莫大的不幸，但在王骀心里，断去一只脚就像丢了一把泥土一样。他早已忘“形”，而是关注内心的和悦，这就是“游心于德之和”。在庄子看来，这就是王骀“用心”的高明处。死生问题不会触动王骀的内心，影响他的行动。天塌地陷也不会使他有失落感。他不假借、等待什么，所以内心安定，不随外物变化。即使沧海变桑田他都不理睬，仍然坚守自己的一颗平常心。王骀具有独特的人格魅力，他能掌握生命的主轴，把握事物的根源，因而他的心神能遨游于道德的和谐境界。能够做到像他这样，内心就充实和谐。

常季曰：“彼为己[1]，以其知得其心[2]，以其心得其常心[3]，物何为最之哉[4]？”仲尼曰：“人莫鉴于流水而鉴于止水[5]，唯止能止众止[6]。受命于地[7]，唯松柏独也在，冬夏青青；受命于天，唯尧、舜也正，在万物之首。幸能正生[8]，以正众生。夫保始之征[9]，不惧之实；勇士一人，雄入于九军[10]。将求名而能自要[11]者，而犹若是，而况官[12]天地、府[13]万物、直寓六骸[14]，象耳目、一知[15]之所知，而心未尝死者乎！彼且择日而登假[16]，人则从是也。彼且何肎[17]以物为事乎！”

【注释】

[1]彼:指王骀。为己:修养自己。为,治。

[2]以其知得其心:意即用自己的智力意识到其心灵。

[3]常心:永恒不变的思想,实指天道。

[4]物:外物,此指众多的门徒。何为:为何、为什么。最:聚集。

[5]鉴:照。远古无镜子,人们对着盛有水的器皿照看,故有“鉴于止水”而“莫鉴于流水”的说法。

[6]三个“止”分别为止水、留、停止。

[7]受命于地:受命于大地而生。

[8]正生:使自己的心性纯正。生,通“性”。

[9]始:本初之态。征:迹象。

[10]九:非实数,“九军”指千军万马。

[11]要:通“徼”,求取。

[12]官:主宰。

[13]府:包藏。

[14]直:但。寓:寄托。六骸:头、身、四肢,指代人体。

[15]一知:自然赋予的智慧。

[16]假:通“格”,陟升之意。

[17]肎:“肯”之古本字。

【品读】

本段阐述接近内心平和的人才能孕育出自身平和的人格。王骀的平常心,就是大智慧。针对常季的继续发问,孔子的回答进一步揭示了王骀的“德”。道家喜欢用水比喻高深的智慧或德性,老子说“上善若水”[①],道家认为水的善,既在于它的无形,又在于它的柔弱,还在于它的清静。此处作为庄子代言人的孔子就说起了水。水象征着心灵,就像一面镜子,当它跟着形体躁动的时候,就看不清周围的世界,也照不到自己;只有抛开“形”的遮蔽,让自己的“心”静下来,静止的水才可以映照出生命万象来,也照见了本真的自己。所谓“明镜止水”,就是形容能够以宁静坦诚的心情面对任何事物的一种心性境界。静而后能定,定而后能应。只有心静下来,才会拥有一个静的世界,这就是庄子所谓“人莫鉴于流水”的道理。在动静关系上,庄子推崇虚静,最忌躁动。庄子在谈心性修养时,又特别强调“虚”“静”的工夫,这正是谈心性的静定作用,“静”的工夫才能排除外界的纷扰,使心神专一,思绪凝聚。庄子生活在一个躁动的时代,而大倡虚静;生活在一个动荡的时代,而反对躁动。他的不同流俗,是显而易见的。

① 《老子》第八章。

申徒嘉[1]，兀者也，而与郑子产同师于伯昏无人[2]。子产谓申徒嘉曰："我先出则子止[3]，子先出则我止。"其明日，又与合堂同席而坐。子产谓申徒嘉曰："我先出则子止，子先出则我止。今我将出，子可以止乎？其[4]未邪？且子见执政而不违[5]，子齐[6]执政乎？"申徒嘉曰："先生之门，固有执政焉如此哉[7]？子而说子之执政而后人者也[8]？闻之曰：'鉴明则尘垢不止，止则不明也。久与贤人处则无过。'今子之所取大者[9]，先生也，而犹出言若是，不亦过乎！"

【注释】

[1]申徒嘉：姓申屠，名嘉，郑国人。

[2]郑子产：郑国著名政治家。伯昏无人：虚构的人物。

[3]止：停止、留下。

[4]其：还是、抑或。

[5]执政：子产曾是郑国执政大臣。违：回避。

[6]齐：齐比。

[7]先生：指伯昏无人。固：岂。

[8]说：通"悦"，喜悦。后人：以别人为后，指瞧不起人。

[9]大者：指广博精深的见识。

【品读】

本段阐述申徒嘉"游于形骸之内"的道者精神。兀者申徒嘉与执政子产同窗共师，子产却以势傲人，不屑与申徒嘉同出共止。子产以权凌人的形象逼真地显现出来，残疾人在社会现实中遭欺凌的事实亦显现了出来。申徒嘉为捍卫尊严，针锋相对，据理反驳。申徒嘉表明了残疾人欲以一种不计形骸的方式与人交往，而这种方式实现的可能性在于：残疾人在形残之外，必有一种能与常人相抗衡的个人道德修养。道德修养是内在的精神上的东西，与形骸无关，能够保养这种修养并不断自我完善，只有这样，残疾人才能在一个更高的层面与正常人对话与沟通，并且因之而超越常人。《说苑·杂言》："与善人居，如入兰芷之室，久而不闻其香，则与之化矣。"李渔《闲情偶寄·声容部·选姿》谓态度不可教而可学，唯一方法是和有态之人同住，朝夕熏陶，或能为其所化。《庄子》中的残疾人意识到了这一点，同时也做到了这一点，正是这个意义上的超越者。

子产曰："子既若是矣，犹与尧争善。计子之德，不足以自反邪[1]？"申徒嘉曰："自状其过以不当亡者众[2]，不状其过以不当存者寡。知不可奈何而安之若命，唯有德者能之。游于羿之彀中[3]，中央者中地[4]也，然而不中者，命也。人以其全足笑吾不全足者多矣，我怫然[5]而怒；而适先生之所[6]，则废然而反[7]。不知先生之洗我以善[8]邪？吾与夫子[9]游十九年矣，而未尝知吾兀者也。今子与我游于形骸之内[10]，而子索我于形骸之外[11]，不亦过乎？"子产蹴然改容更貌曰[12]："子无乃称[13]！"

【注释】

[1]计：计算、估量。反：反省。

[2]状：陈述，含有为自己的过失辩解之意。其过：自己的过失。以：认为。亡：丢失、失去，此指使身体残缺。

[3]羿：神话传说中的善射者。彀中：射程之内，喻指人们生活的社会范围。

[4]中地：射中的境地。

[5]怫(bó)然：勃然，脸上变色的样子。

[6]先生：指伯昏无人。所：寓所。

[7]废然：怒气消失的样子。反：返，指回复到原有的正常神态。

[8]洗我以善：以善洗我，用善教诲我。

[9]夫子：先生。

[10]形骸之内：指心，人的精神世界。

[11]索：要求。形骸之外：指人的外在形体。

[12]蹴(cù)然：恭敬不安的样子。更：更改。

[13]乃：仍。称：说。

【品读】

这段话的主旨是申屠嘉对自己的生死祸福淡然冷漠。申屠嘉对自己被砍一只脚的解释是：大家都在险恶之地生存，如同"游于羿之彀中"。

"安之若命"，即人处于世，无论是形残亦或是形全，都要以安之若命的态度待之，即面对命运的安排无动于衷，欣然顺应。申徒嘉能够对自己的遭遇"安之若命"，有一个提升的过程：当初他被刖足而受到众人嘲笑的时候，也曾极为愤怒；可是来到伯昏无人门下，心灵却不知不觉地受到洗礼，再也不感到"形"的残疾及众人的嘲笑有什么值得计较了。申徒嘉的心灵已提升到物我两忘的道境。

申徒嘉和子产虽同师于伯昏无人，但申徒嘉能够"游于形骸之外"，子产却"游于形骸之内"。这里庄子的安排可以提示我们这样的预设，即形躯健全的人在世俗秩序和世俗价值的驯化下是难以实现庄子之德的；相反，形残体缺的畸人却比较容易摆脱世俗德制的束缚而自由地逍遥于“形骸之内”。子产深受震动，故而从善如流。

一个人活在世上，经常要受到这样那样的苦难，或断足，或生病，这些苦难很随意，然而，更痛苦的是，一个人遭受苦难后却不能理智地正视受创后的自己。而《庄子》中的残疾人在突如其来的打击面前所表现出来的洒脱与清楚，无疑是值得世人学习的。

鲁有兀者叔山无趾[1]，踵[2]见仲尼。仲尼曰：“子不谨，前既犯患若是矣。虽今来，何及[3]矣！”无趾曰：“吾唯不知务[4]而轻用吾身，吾是以亡足。今吾来也，犹有尊足者[5]存，吾是以务[6]全之也。夫天无[7]不覆，地无不载，吾以夫子为天地，安知夫子之犹若是也！”孔子曰：“丘则陋矣。夫子胡不入乎？请讲以所闻。”无趾出。孔子曰：“弟子勉之！夫无趾，兀者也，犹务学以复补前行之恶，而况全德[8]之人乎！”无趾语老聃曰：“孔丘之于至人，其未邪？彼何宾宾以学子为[9]？彼且蕲以諔诡[10]幻怪之名闻，不知至人之以是为己桎梏邪[11]？”老聃曰：“胡不直使彼以死生为一条[12]，以可不可为一贯[13]者，解其桎梏，其可乎？”无趾曰：“天刑之[14]，安可解！”

【注释】

[1]叔山无趾：居于叔山，脚趾被割去，故称。

[2]踵：脚后跟，这里指用脚后跟走路。

[3]何及：怎么赶得上，意即无法挽救。

[4]不知务：犹言不通晓事理。

[5]尊足者：比脚更尊贵的东西，此指道德修养。尊足，尊于足。

[6]务：务求，努力做到。

[7]无：莫名，没有什么。

[8]全德：保全道德修养。

[9]宾宾：恭敬的样子。以：而。学子：学于子，即向老聃请教。

[10]蕲：求。諔(chù)诡：奇异。

[11]桎梏：古代刑具，犹脚镣手铐，喻指束缚自己的工具。

[12]一条：一致、一样的。

[13]一贯：齐一相通。贯，通。

[14]天：自然。刑：惩罚。

【品读】

本段是借叔山无趾之口嘲讽孔子因“名闻”而德乏。无趾与儒、道两家圣人门前一游，而说出最后的关键，实为本章的最高智慧。孔子认识无趾尚属肤浅，老聃与无趾已相知。孔子是形全之人，也是世俗道德的典范，但他却责备叔山无趾因没有谨慎持身而身残体破，认为他是德行有污者。对孔子所谓这种缺憾，叔山无趾却不以为意，反而指出尚有“尊足者存焉”（比足更尊贵的大道的存在）。人生实际上是不断犯错误的过程，但犯了错误，社会很难给你改正的机会，所谓“一失足成千古恨”。儒家以“谨前”为主。叔山无趾以为可逆。初入世而“不知务”者甚多，“轻用吾身”于世，或成为权谋的牺牲品。

无趾指出，孔丘这样的形全之人难以实现“安命”之德在于受到了“天刑”的桎梏，此“天刑”即“名闻”。在庄子看来，孔子虽身体健全，但精神有缺。他一味追求名声，使自己的精神套上了枷锁，而人一旦精神受刑，便为无法解脱的“天刑”。因而孔子不能理解“死生为一条”，“可不可为一贯”的深刻道理，永远桎梏于名闻而不可救药。这便透露出庄子与儒家入世思想迥然不同的价值取向。在庄子看来，儒家追求的一切其实是锻造束缚自己的枷锁。道德、名声等儒家孜孜以求的目标，在庄子的眼里一文不值。

鲁哀公问于仲尼曰：“卫有恶人[1]焉，曰哀骀它[2]。丈夫[3]与之处者，思而不能去也[4]。妇人见之，请于父母曰‘与为人妻，宁为夫子妾’者，十数而未止也。未尝有闻其唱[5]者也，常和人而已矣。无君人之位以济乎人之死[6]，无聚禄以望人之腹[7]，又以恶骇[8]天下，和而不唱，知不出乎四域[9]，且而雌雄合乎前[10]，是必有异乎人者也。寡人[11]召而观之，果以恶骇天下。与寡人处，不至以月数，而寡人有意[12]乎其为人也；不至乎期年[13]，而寡人信之。国无宰[14]，寡人传国焉。闷然[15]而后应，氾而若辞[16]。寡人丑乎，卒授之国。无几何也，去寡人而行，寡人恤焉若有亡也[17]，若无与乐是国也。是何人者也？”

【注释】

[1]恶人：丑陋的人。

[2]哀骀（tái）它（tuō）：虚构的人物。

[3]丈夫：古代成年男子的通称。

[4]思：思慕。去：离开。

[5]唱：倡导立说。

[6]君人之位：统治者的地位。济：救助。

[7]禄：俸禄，此泛指财物。望人之腹：使人吃饱。望，月儿满圆，此引申为饱满之义。

[8]骇：惊扰。

[9]四域：四周的邻界。

[10]雌雄：此处泛指妇女和男人。合：亲近。

[11]寡人：古代国君的谦称。

[12]意：猜想、意料。

[13]期(jī)年：一周年。

[14]宰：主持政务的官员。

[15]闷然：神情淡漠的样子。

[16]氾：漠不关心的样子。辞：推却。

[17]卹(xù)："恤"的异体字，忧虑。亡：失。

【品读】

本段揭示了丑陋的哀骀它所散发出的精神力量。哀骀它虽然其貌不扬，但是无论男女见了他都喜欢他。哀骀它之所以具有丰美的人格内涵，人们对他爱之慕之，并不在于其形体的"全"与"残"，而是爱其德。德行内涵，透过言行显露出来，让朋友钦佩他，久久不忘，倒是他的外形缺陷不再惹眼，日久终于被人淡忘。

哀骀它为人处世，从来都是"和而不唱"。作为一种生存智慧，所谓"和而不唱"，其实就是放弃自己特立独行的立场、原则和姿态，完全贴合、随顺他人，从而把自身消匿在众人之中。"和而不唱"最容易使你把自己的声音淹没在众声之中，从而你也就最能够与他人融为一体，打成一片，被众人接纳。哀骀它有亲和力，成为效仿的对象。阴阳自然平衡自然相配，盖存在和谐之气场。

仲尼曰："丘也尝使[1]于楚矣，适见㹠子食于其死母者[2]，少焉眴若，皆弃之而走[3]。不见己焉尔，不得类焉尔。所爱其母者，非爱其形也，爱使[4]其形者也。战而死者，其人之葬也不以翣资[5]；刖者之屦[6]，无为爱之；皆无其本矣。为天子之诸御[7]，不爪翦，不穿耳[8]；取[9]妻者止于外，不得复使。形全犹足以为尔[10]，而况全德之人乎！今哀骀它未言而信，无功而亲，使人授己国，唯恐其不受也，是必才全而德不形[11]者也。"

【注释】

[1]尝使：曾经出使。

[2]㹠(tún)：通"豚"，小猪。食：指吮吸乳汁。

[3]少焉：一会儿。眴(shùn)若：惊惶的样子。走：跑。

[4]使：主使、支配。

[5]翣(shà)：古代棺木上的饰物，形同羽扇。资：送。

[6]刖(yuè)：断足的刑罚。屦(jù)：用麻、葛等制成的单底鞋，此泛指鞋子。

[7]诸御：宫中御女，即宫女。

[8]不爪翦，不穿耳：不修指甲，不穿耳眼。意在说明不加修饰以显本质。翦（jiǎn）："剪"的异体字。

[9]取：通"娶"。

[10]尔：如此。

[11]形：表露在外。

【品读】

哀骀它被称为"全德之人"，其内涵为"才全而德不形"。庄子重神而轻形，认为失去了神的形体没有任何价值。他认为有国者并非是福，却是累。令人惊叹的是，庄子还把有国者比作死猪，是他对当权者本性的最辛辣、最尖锐的批判。哀骀它是具备了"和平"内质的活人，他净洁自然，没有人为的装饰、雕琢。因此哀骀它的魅力即内质"和平"，本源于其道法自然的派生物。天下众人作为活人，以其内质"和平"的精神相互沟通，而聚拢于哀骀他周围。显而易见，哀骀它的魅力源于他活的精神，却非是源于他死的形体，哀骀它因此能够聚拢群生。"才全"指德性完备而不为外物所伤，"德不形"指内心平静不荡于外。哀骀它做到了"和而不唱"，其心像水一样平静，像春风一样和煦，不为物之始，不谋于事先，因顺自然，委运任化。

哀公曰："何谓才全？"仲尼曰："死生、存亡、穷达[1]、贫富、贤与不肖、毁誉、饥渴、寒暑，是事之变，命之行[2]也；日夜相代[3]乎前，而知不能规[4]乎其始者也。故不足以滑和[5]，不可入于灵府[6]。使之和豫[7]，通而不失于兑[8]，使日夜无郤[9]，而与物为春，是接而生时于心者也[10]。是之谓才全。"

【注释】

[1]穷：困窘、走投无路。达：通畅、顺利。

[2]命之行：天命的运行，自然的运行。

[3]相代：相互更替。

[4]规：窥。

[5]滑（gū）：通"汩"，乱。和：谐和、均衡。

[6]灵府：心灵。

[7]和豫：和顺安适。豫：安乐。

[8]兑（yuè）：悦，欢乐。

[9]郤（xì）：通"隙"，间隙。

[10]接：接触外物。时：顺时，顺应四时而作。

【品读】

以设问"何谓才全"作为文章展开的话头，这是庄子对何谓命运作出说明，值得注意。德性完备而不为外物所伤的“才全”在于“和”，心外万事万物的任何变化都不能扰乱其内心“灵府”的“和豫”。哀骀它早把相貌、穷通、贫富、声望等属“形”的存在委之于“命”了，外在的一切自然不能扰乱他内心的和悦。他的心不为外物所动，所以找到了精神家园（灵府）。事之变主要有死生、存亡、穷达、贫富、贤不肖、毁誉、饥渴、寒暑等人生遭遇。“死生存亡”是生命的起与始，“穷达富贵”是人的遭遇，“贤与不肖毁誉”指声誉的好坏，“饥渴寒暑”指人的日常生活，“饥渴”为食，“寒暑”意为冷暖。这些遭遇在庄子看来，犹如日夜的轮番更迭，好似四季的交替变换，自有秩序、各有道理。但世人却往往因为这些世态的演变而自己内心或焦灼烦闷，或喜悦欢心，从此或追求，或逃避，心灵不再安宁，进而丧失了本然之德。而哀骀它的“才全”之德就是视自己容貌丑陋为“命之行”，内心平和稳定，精神不受牵累自由逍遥，进入到“德不形”的境界。

庄子主张安之，顺其自然就是对于必然的超越。生而必死，这是必然之理，也是命运之理。虽然说“命”的必然性是无法违抗的，但是人可以在精神和心灵上达到超越，从必然性的束缚中解脱出来，从而具有无上的快乐，得到最大的自由。

庄子喜欢嘲笑儒家、嘲笑孔子，但有时也借孔子之口来宣传自己的思想，这里的话就是借孔子之口来讲自己要讲的东西。才智全备被解释成面对生死存亡、穷达贫富、贤与不肖、毁誉、气候变化都顺其自然、无动于衷，这显然是庄子的自然之旨。

“何谓德不形？”曰：“平者，水停之盛也。其可以为法[1]也，内保之而外不荡[2]也。德者，成和之脩[3]也。德不形者，物不能离也。”哀公异日以告闵子[4]曰：“始也吾以南面而君天下，执民之纪[5]而忧其死，吾自以为至通矣。今吾闻至人之言，恐吾无其实，轻用吾身而亡其国。吾与孔丘非君臣也，德友而已矣。”

【注释】

[1]法：准则、水准。

[2]荡：动荡。

[3]成和之脩：养成和顺的修养。脩，通“修”。

[4]闵子：孔子的弟子。

[5]纪：纲纪。

【品读】

在庄子的论述中，德成为才的归宿，于是才浑化而为德，“德不形”者，则德亦浑于无形矣。庄子这种思想逻辑，有着深刻的社会原因：在中国传统社会环境中，特别是作为弱者，存在是第一位的，因此人生经验、人生智慧是最迫切的知，是最为需要的才。另一方面，才的外露又是一件危险的事，《人间世》中已对此作出了充分的表达。前者使才易浑化于德，而后者则表明化解才能的必要性。进而言之，既然所谓“德”乃是一种对待人生的态度，一般人的日常生活是平凡的，则此种德也就不应是显露光彩的。即使有高位，德之显露光彩，亦给人以卖弄、矜持的印象，效果只会适得其反。东方社会竭力使个人化入于群体之中，并力图使得个体成为群体中一个没有特殊标记的微小的一分子，个人才德之化于无形，正是由这样一种社会现实所决定的。

庄子强调“才全而德不形”。“才全”实为其德的要义，而“德不形”乃是个人所保持的才全之德的状态，即“才全之德”不以“形”的形式显现，德行的彰显不着痕迹，即所谓的“无形之德”。其实不着痕迹的显现也是一种“形”现。正如庄子以比喻的方式对于“德不形”的解释，德行的显现犹如平静的水面，而平静、清澈的水面能够映照、容纳万物。庄子以此为喻，其实想说明的是才全之德的内葆，精神不受外物的侵扰。

闉跂支离无脤说卫灵公[1]，灵公说[2]之，而视全人，其脰肩肩[3]。瓮盎大瘿说齐桓公[4]，桓公说之；而视全人，其脰肩肩。故德有所长而形有所忘。人不忘其所忘，而忘其所不忘，此谓诚忘。

【注释】

[1]闉跂(yīn qí)：腿脚屈曲，常踮起脚尖走路。闉，屈曲。跂，通“企”。支离：伛偻病残的样子。脤(chún)：唇。说(shuì)：游说。

[2]说(yuè)：通“悦”，喜欢。

[3]脰(dòu)：颈项。肩肩：细小的样子。

[4]瓮盎：腹大口小的陶制盛器。瘿(yǐng)：瘤。

【品读】

本段体现了畸人的魅力。作为世俗代表的卫灵公与齐桓公这些位高权重、形貌健全的人，原本所认为正确的其实恰是颠倒的，他们其实是分不清本末。但在与畸人交往后，他们感受到什么是真正的德行，于是视那些形全之人反而不正常了。庄子对于卫灵公与齐桓公所设置的他们对于畸人态度的转变，颇有几分调侃与反讽的味道在里面。有鉴于此，人的外形微不足道，但坚守内在道德的充盈却极为重要。因而真正内心道德充盈的人必然是形有所忘，但凡追逐形的外在完美者必然不可能有内心道德的充盈。这也提醒我们：人外在的东西只能说是符号，外在标志不能持久，人终究会受内在气质的吸引。

故圣人有所游[1]，而知为孽[2]，约为胶[3]，德为接[4]，工[5]为商。圣人不谋，恶用知？不斵[6]，恶用胶？无丧，恶有德？不货，恶用商？四者，天鬻也[7]。天鬻者，天食[8]也。既受食于天，又恶用人！有人之形，无人之情。有人之形，故群于人；无人之情，故是非不得于身。眇[9]乎小哉，所以属于人也！謷[10]乎大哉，独成其天！

【注释】

[1]游：指心游。

[2]知：智谋。孽：祸根。

[3]约：结合。胶：粘固、胶着。

[4]德：通得。接：取。

[5]工：工巧。

[6]斵(zhuó)："斫"的异体字，砍削。

[7]天：自然。鬻(yù)：通"育"，养育。

[8]天食：禀受自然的饲养和供给。

[9]眇(miǎo)：通"秒"，微小。

[10]謷(áo)：高大的样子。

【品读】

这段论得道圣人"游心于德之和"的境界。圣人不用智慧、信约、树德、工巧。他是天然的哺育，自然的充盈。他不作任何有为追求，混同于自然德性，不存在道德的遗忘，免受世俗习气的沾染。圣人就是那种形亏与形余的形有所忘的人。他是纯粹内心自然道德充盈的个体，超越了一切社会关系的缠绕。他游心于德，漂浮于情境，饱享道德之光的普照。于是他们虽然寄托于人之形，加入了人的行列，但他们又"德有所长而形有所忘"，完全不同于有是非观念的世俗常人。从形体上看，他们是渺小的；从德性上看，他们又是伟大的。他们造化于自然德性。

惠子谓庄子曰："人故无情乎？"庄子曰："然"。惠子曰："人而无情，何以谓之人？"庄子曰："道与之貌[1]，天与之形，恶得不谓之人？"惠子曰："既谓之人，恶得无情？"庄子曰："是非吾所谓情也[2]。吾所谓无情者，言人之不以好恶内伤其身，常因自然而不益生也[3]。"惠子曰："不益生，何以有其身？"庄子曰："道与之貌，天与之形，无以好恶内伤其身。今子外乎子之神，劳乎子之精，倚树而吟，据槁梧而瞑[4]。天选[5]子之形，子以坚白鸣[6]。"

【注释】

[1]道:指事物本原,即宇宙万物本体。与:赋予。

[2]是:此,指惠子所说的人情。

[3]因:顺。不益生:无须培养性情。

[4]据:靠、凭依。槁梧:指用梧桐木做成的几案。瞑:通"眠",假寐之意。

[5]天选:自然的授予。

[6]坚白:坚白论,是当时名家辩论的重要命题。鸣:争鸣。

【品读】

本段阐述"不以好恶内伤其心"的修养境界。人生在世是有好恶和喜怒哀乐的。庄子之"无情"并非是要否定人世间的一切情感和欲望。人有合理的欲望是正常的,值得肯定的,庄子之"情"就是指合理的欲望与情感。人一旦为欲望迷狂,便会被外物所役使。庄子主张"无情",勿因私欲膨胀而沦为欲望的牺牲品。他所谓的"无情",意味着"不以好恶内伤其身",也就是对阴阳之患(内热)的消除。好恶是一种自然的情感,对此,我们当然无从逃避,或者不应勉强加以克制。然而,一个"有德者",则懂得以理化情,体认事物的自然之理,对事物自然的变化流行采取一种随顺、达观的态度。这样我们的心灵也就不致为所恶的外在事物而牵引,一味沉溺于无节度的好恶情感之中为其所累。如人之生老病死均应"常因自然",若喜生恶死,人死即大悲,便是不懂"养生"、顺应自然之理。

庄子德论语境之下的精神修炼,有工夫的层面,有境界的层面,而"不以好恶内伤其心"则即工夫、即境界,合二者而言,并特别显透出庄子精神修炼的受用性。应该说,这一受用性是庄子本人所追求的,也是进入庄子世界的我们所寻求的。

大宗师第六

知天之所为[1]，知人之所为者，至矣。知天之所为者，天而生[2]也；知人之所为者，以其知之所知以养其知之所不知[3]，终其天年而不中道夭者：是知之盛也。虽然，有患[4]。夫知有所待[5]而后当，其所待者特[6]未定也。庸讵知吾所谓天之非人乎[7]？所谓人之非天乎？

【注释】

[1]所为：作用。

[2]天而生：自然而产生。

[3]知：通“智”。养：保养。盛：至。

[4]有患：有问题。

[5]所待：所依赖的，指知识所反映的对象。

[6]特：但、不过。

[7]庸讵：何以。天：天然。人：人为。

【品读】

中国古人对天充满了热情和崇拜之情，这种感情到了哲人手中，便抽象出“天道”的观念。天道是天的原则、规律，是对人的绝对命令，决不可违背。在农耕社会中，人们靠天吃饭，时刻提防着天灾人祸。因而人们便祈祷上苍，赐福生民，对天地充满了无限敬意。在此基础上，古人进一步认为天有大德，即生育万物，生生不已，无为而无不为。这一点儒、道两家都是赞同的。天道有常，不为尧存，不为桀亡。天道是古人对天所作出的最深刻的哲学思考。体认了天道，人类才能按照至高无上的天道行事，自觉地把人道与天道统一起来，致力追求幸福生活。

庄子将顺应自然看作最高的智慧。这一点可以从消极方面去理解，即取消人的主观能动性，既然一切顺其自然，则无须有为努力；也可从积极方面去理解，一切事物都有其内在的规律，这种规律不以人的爱憎而转移，人只有顺应这种规律才能成功。

且有真人而后有真知。何谓真人？古之真人，不逆寡[1]，不雄成[2]，不谟士[3]。若然者，过而弗悔，当而不自得也[4]。若然者，登高不慄，入水不濡[5]，入火不热。是知之能登假[6]于道者也若此。

【注释】

[1]逆：违逆。不逆寡：不以失败为不顺利。寡，失。

[2]不雄成：不以成功逞雄。

[3]谟：图谋、算计。士：通“事”。

[4]当：恰巧、正好。自得：自以为得意。

[5]濡(rú)：沾湿。

[6]假：通“格”，至、达到。

【品读】

庄子称谓能免除内外之刑或超脱生死、时命、情欲之限的理想人格的名号很多，有“真人”“至人”“神人”“圣人”“天人”“德人”“大人”“全人”等，其中表述得最为完整的是“真人”。

此处是真人的第一重境界。真人不预测先兆，不妄自尊大，不谋虑未来，若是这样，有过而不懊悔，有功而不得意；真人登高不怕，下水不湿，入火不热。只有认识能合于大道的人才能够如此。

庄子刻画的“真人”，表现了他对超越现实、物欲、自我的思想境界的渴望，并集中反映了战国时代的社会特征，具有一定的社会现实性。“真人”之所以是“真人”，是因为他善于忘掉人间的生死、苦乐、得失和毁誉。庄子在多次论及“真人”的精神状态及人生境界时，皆赞颂备至，推崇至极，用以寄托其理想人格。

古之真人，其寝不梦，其觉[1]无忧，其食不甘[2]，其息[3]深深。真人之息以踵[4]，众人之息以喉。屈服者，其嗌言若哇[5]。其耆[6]欲深者，其天机[7]浅。

【注释】

[1]觉：醒。

[2]不甘：不求美味。

[3]息：呼吸。

[4]息以踵：言气息深沉，发自根本。

[5]嗌(ài)：咽喉闭塞。哇(wā)：呕。

[6]耆(shì):嗜好,后世写作“嗜”。

[7]天机:天生的神智。

【品读】

这是“古之真人”的第二重境界。包含从睡觉到吃饭的功夫。真人与凡人的区别是真人无梦而凡人多梦。人之一生,半在寝卧中度过,更有道家隐士,视黑甜乡为隐身之处,庄子着重强调“真人,其寝不梦”的特点,既能睡觉,又可成仙,还能“睡隐”,远离人世之纷争,真是一举多得。庄子所谓“真人,其寝不梦”具有极深厚的养生学的根据,值得我们后人发掘。

“其息深深”是天然而然的。有事时“其息深深”,无事时也能“其息深深”,这个就是我们平时所说的“神闲气定”。我们如果能在日常生活当中做到“其息深深”,那么我们自己的修为就达到一定的境界了。

古之真人,不知说生[1],不知恶死;其出不䜣[2],其入不距[3];翛然而往[4],翛然而来而已矣。不忘其所始,不求其所终;受而喜之,忘而复之,是之谓不以心捐[5]道,不以人助天,是之谓真人。

【注释】

[1]说:通“悦”。

[2]出:生。䜣:同“欣”,高兴。

[3]距:通“拒”,拒绝、回避。

[4]翛(xiāo)然:无拘束,自由自在。往:死。来:生。

[5]捐:同“损”,损害。

【品读】

这是“古之真人”的第三重境界。“不知悦生,不知恶死”,他们看破了生死。一般人喜生惧死,不能坦然面对生死。但真人把生死看成是大道运行的轨迹,他不把生死当成两回事。“忘而复之”,就是把一切都放下,过去的因缘不放在心上,来来去去的事都不放在心上,过去就让它过去,切勿纠缠过去。生活在回忆之中的人,是没有希望的人,我们要面对未来。“不以心捐道”,就是顺应天道的运行、自然的运行,不要“逆天而行”,不要画蛇添足。得道真人正是表现出如道一样的自然无为的人格特点。

若然者,其心志[1],其容寂,其颡頯[2];凄然似秋,煖[3]然似春,喜怒通四时,与物有宜而莫知其极[4]。故圣人之用兵也,亡国而不失人心;利泽施乎万世,不为爱人。

【注释】

[1]志：心意安于天道。

[2]颡(sǎng)：额。頯(kuí)：中部宽广两边显角的样子。

[3]煖(xuān)：同"煊"，温暖。

[4]宜：合适、相称。极：尽头。

【品读】

这是介绍"古之真人"的音容面貌。我们常说看相，这就来看看古代真人的相。"古之真人"思维力完全集中，心与气浑然而一，容貌寂静。真人心很定、很静，这是"内相"。表现在外部，就是很安详、很平淡，没有什么冲动，没有什么情绪上的喜怒哀乐、大喜大悲的状态。圣人与时俱进，结合春、夏、秋、冬的季节变化，来调节自己的喜怒哀乐。

庄子还从事功上看真人的高深境界。在言说"真人"时插入"圣人"，盖由自然转入社会。战争是政治的延续，"圣人之用兵也，亡国而不失人心"。此乃不得已之下策，乃战国时景象。人类社会应努力避免此类情况，然而万一出现，亦不得不被迫走上抵抗之路。圣人非穷兵黩武，要在"不失人心"。可参考《易·师》："刚中而应，行险而顺，以此毒天下而民顺之，吉又何咎焉。"有《释文》引崔云："亡敌国而得其人心。"中国历史上当然也有这方面的经验。成汤伐夏桀，灭了夏，但是夏的老百姓都还是"箪食壶浆以迎王师"，欢迎成汤的队伍。

故乐通物[1]，非圣人也；有亲[2]，非仁也；天时[3]，非贤也；利害不通，非君子也；行名[4]失已，非士也；亡身不真，非役[5]人也。若狐不偕、务光、伯夷、叔齐、箕子、胥余、纪他、申徒狄[6]，是役人之役，适人之适，而不自适其适者也。

【注释】

[1]乐通物：乐意与万物相和。

[2]亲：偏爱。庄子主张至人无亲，任理自存，因而有偏爱就算不上是"仁"。

[3]天时：选择时机。

[4]行名：做事为博取名声。

[5]役：役使、驱遣。

[6]狐不偕、务光、伯夷、叔齐、箕子、胥余、纪他、申徒狄：皆人名，传说中远古时代(唐尧、夏禹、商汤时代)的贤人，有的不愿接受天下，有的忠谏不被采纳，或投水而死，或饿死，或被杀害。

【品读】

这段讲圣人境界。真正的圣人不是乐于通物的，而是顺应自然的。他超越待时而动，完全顺天承运，不规避利害，如有利害，也是大道之刑，要坦而受之，用《中庸》的话来说，就是“素富贵行乎富贵，素贫贱行乎贫贱”。庄子反对以行为博得名誉而失掉自己的本性，那是异化。像狐不偕、务光、伯夷、叔齐、箕子、负石、纪他和申徒狄等人，都是为别人的操劳而操劳，为别人的安适而求适，而不是为自己的安适而求适的人。这是道家所不取的。

……………………………………

古之真人，其状义而不朋[1]，若不足而不承；与乎其觚而不坚也[2]，张乎其虚而不华也[3]；邴邴[4]乎其似喜也，崔崔乎其不得已也[5]。滀乎进我色也[6]，与乎止我德也[7]；厉乎其似世乎[8]。謷乎其未可制也[9]；连乎[10]其似好闭也，悗乎[11]忘其言也。

【注释】

[1]状：外部表情和神态。义：宜、合。朋：朋党。

[2]与乎：容与，态度自然安闲的样子。觚：棱角。坚：固执。

[3]张乎：广大的样子，这里指内心宽宏、开阔。华：浮华。

[4]邴(bǐng)邴：焕发的样子。

[5]崔崔乎：开始行动的样子。已：止。

[6]滀(chù)乎：本指水之停聚貌，引申形容人的容颜和悦而有光泽。色：神色。

[7]与：交往，待人接物。止我德：德性高雅宽和，让人归依。

[8]广：通“厉”，言精神博大。世：通“泰”，大。

[9]謷乎：高放自得的样子。謷，高远。制：限止。

[10]连乎：绵邈深远的样子。

[11]悗(mèn)乎：心不在焉的样子。

【品读】

这段讲述“古之真人”给人的感觉。“古之真人”形态巍峨，在人群中特立独行，有棱角而不触犯人；气象张大，虚包万有而不浮华，或虚空而不空虚；舒畅自适，有内在喜悦渗透出来，郭象注“至人无喜，畅然和适，故似喜也。”这种精神修养的自然流露，儒家称“君子无入而不自得”①，感受节律而行动，似乎不得不然。真人神凝气充，对周围环境有所感应和调节。此言描述道家风范，可比较儒家所谓君子三变：“望之俨然，即之也温，听其言也厉害。”②作为真人，他们与人打交道，就能化人于无形。他们那种气息会感化人，可以变动人。这就是不言之教。真正的上乘，坐在那儿就能感觉得到那种化人之气，这个不仅他自己畅然和悦，而且还能使周围的人畅然和悦。

---

① 《中庸》。

② 《论语·子张》。

以刑为体[1]，以礼为翼，以知为时[2]，以德为循。以刑为体者，绰乎[3]其杀也；以礼为翼者，所以行于世也；以知为时者，不得已于事也；以德为循者，言其与有足者至于丘也，而人真以为勤行者也。

【注释】

[1]刑：自然法则。体：以道为体。

[2]为时：等待时机。

[3]绰乎：宽广的样子。

【品读】

庄子的话题一转，谈了刑、礼、知、德四个方面。“以刑为体，以礼为翼，以知为时，以德为循。”严格来说，这与道家学说有点相悖。因为道家是弃圣绝智，对礼、义都不感兴趣，怎会用到刑罚？“以刑为体”，这个“刑”本身就是自然法则，它是以“道”为体，当生则生，当杀则杀。这个就是治国的根本，必须要做到不以自己的主观意志为体，而是以“刑”“法”为体，才能治理好国家。“以礼为翼”，这里的礼也是自然而然的。它们都是大道运行时所必然产生的现象。我们在世上生活，不管是出世也好，入世也好，都应该“以礼为翼”。孔夫子所谓“不知礼无以立也”①，我们要在世间安身立命，如果不懂礼的话，就没法在世间安身立命。“以知为时”，中国讲究“时”，“时不至不可强生，事不究不可强成”②，实际上包含着“时势”之意，它是社会的一个动态。中国人很注重“时”，《易经》里有很多卦都在讲“时”，这个“时”就是一个具体环境，每个人的环境都不一样，我们身处的各种环境都在变化之中，想把握这个变化，就要通过我们的智慧，要“以知为时”。“以德为循”，德者无意于德，所以真正的德，在道家里面就是无德，无德才是大德。那些真人并不是主动地想要如何，而是随宜应付，不违背时节因缘。

故其好之也一，其弗好之也一。其一也一，其不一也一。其一与天为徒[1]，其不一与人为徒。天与人不相胜也，是之谓真人。

【注释】

[1]徒：徒属，这里是同类的意思。

---

① 《论语·尧曰》。

② 《国语·越语》。

【品读】

这段是庄子对前面关于“古之真人”话题进行的总结。真人知其一，万事毕。“故其好之也一，其弗好之也一。”什么是一？知其一，万事毕。一就是不二。什么是二？善恶、美丑、是非、得失、智慧愚痴等等这些分别，就是二。真人无分别心，他忘怀于美丑是非。“得一”者，就无善无恶，不善不恶，不需要去对是非善恶进行分别。如果人能够达到一的境界，就同于天，也就同于道了。

庄子认为“天与人不相胜”才是真人。天即是天然，人则是人为，郭象注庄也多将“天”解为“自然”，庄子用天喻自然，强调不以人灭天。荀子重视人为的努力，据此批评庄子“蔽于天而不知人”①。庄子的自然并不是脱离人而谈天，而是“天与人不相胜”，认为天人不可偏废，才能逍遥于世。庄子利用真人是在道与人世之间架起一座桥梁。上可通达“大宗师”，下可化育世俗人间。上达者是真人的世俗超脱，天人合一；下育者是真人的世俗分明，天人分定。总之，庄子的真人形象，是人是神，是具象是抽象，是天人相杂的中和人格。

死生，命[1]也；其有夜旦之常[2]，天也。人之有所不得与，皆物之情也。彼特以天为父[3]，而身犹爱之，而况其卓[4]乎！人特以有君为愈乎己，而身犹死之[5]，而况其真[6]乎！

【注释】

[1]命：指不可避免的、非人为的作用。

[2]夜旦：日夜。常：常规，永恒的现象。

[3]彼：指人。特：仅、只是。

[4]卓：特立、高超。

[5]死之：“为之而死”，指为国君而献身。

[6]真：此指“道”，或指以上所谓“真人”。

【品读】

儒道两家都讲“命”。“命”是儒家哲学中的一个核心范畴，在儒学的历史文本中，“命”始终以多重的意义展现在我们的视界中。宿命、命运只是其中一重。孔子的学生子夏讲到过：“死生有命，富贵在天。”②这句话如此深入人心，以至于今天我们还常常挂在嘴边。庄子所言的“命”“天”“物之情”诸概念讲的

① 《荀子·解弊》。

② 《论语·颜渊》。

都是“命”，就是人之“不可奈何”的，只是侧重面有所不同。庄子所谓“命”，即生物相应之节律，与自然不能分隔，与世俗“算命”局限于人身不同。孔子言：“不知命，无以为君子也。”①“知命”程度全在自己掌握，绝不由人计算，宜即终身修持的目标。天犹自然，兼有必然性和偶然性，如何把握其间的关系，亦即由“知命”而“知天”。人之生命有内在的死生之变，好比大自然有黑夜与白天，此即所谓“常”。这是任何人也不能干预的，是事物本身固有的本然特点。庄子是完全的自然主义者。他以轮回自有天定，引导人超然生死，追求精神解脱，显示出对死亡之困的观念性突破，具有巨大的意义。

泉涸[1]，鱼相与处于陆，相呴[2]以湿，相濡以沫[3]，不如相忘于江湖。与其誉尧而非桀也，不如两忘而化[4]其道。

【注释】

[1]涸(hé)：水干。

[2]呴(xǔ)：张口出气。

[3]濡：沾湿。沫：唾沫。

[4]化：此指熔解、混同。

【品读】

“相呴以湿，相濡以沫”，是于特定危难时期或不得不然，因为人需要实在的帮助，此极美，也极有力，然终以“相忘于江湖”为上。庄子认为儒家倡导仁义，提倡友爱互助的精神，只不过是一种在艰难的困境中救急的权宜之计，而不是从根本上解决问题的长久之策。鱼相忘乎江湖，人也应该相忘于自然生活，或“相忘乎道术”。人们也希望和鱼一样在一种适合自己的环境中，过一种无拘无束的自由生活。与其赞誉唐尧而非难夏桀，就不如把两者的是非都忘掉而同化于大道。庄子强调“道”的重要性，鱼的天性是需要江湖里自由自在的生活，就像人们需要一种符合“道”的天然生活一样。

夫大块[1]载我以形，劳我以生[2]，佚[3]我以老，息我以死。故善吾生者，乃所以善吾死也。夫藏舟于壑[4]，藏山[5]于泽，谓之固矣。然而夜半有力者负之而走，昧[6]者不知也。藏小大有宜[7]，犹有所遯[8]。若夫藏天下于天下而不得所遯，是恒物之大情也。特犯人之形而犹喜之[9]，若人之形者，万化而未始有极也，其为乐可胜计邪？故圣人将游于物之所不得遯而皆存。善

---

① 《论语·尧曰》。

妖[10]善老，善始善终，人犹效之，又况万物之所系，而一化之所待乎[11]！

【注释】

[1]大块：大地，即大自然。

[2]劳我以生：赋予我生命，使我疲劳。

[3]佚(yì)：通"逸"，闲逸。

[4]壑(hè)：深深的山谷。

[5]山：通"汕"，捕鱼用具。

[6]昧：通"寐"，睡着。

[7]藏小大：即藏小于大。宜：合适、适宜。

[8]遯(dùn)："遁"的异体字，逃脱、丢失。

[9]特：仅。犯：同"范"，冶铸模型。

[10]妖：或作"夭"。

[11]一化：一切变化。一，全。所系、所待：指所谓"道"。系，从属。

【品读】

"大块"即生我养我之大自然。李白《春夜宴桃李园序》："阳春召我以烟景，大块假我以文章。"在庄子看来，大自然给我形体，用生使我操劳，用老使我清闲，用死使我安息。所以称善我生存的，也同样称善我的死亡。人的形体是千变万化而没有止境的，值得快乐的事情不可胜数。唯有正确地对待死亡，才能真正体悟生命的真谛。释氏有所谓"生老病死"，而道家终不以苦言，以乐观之，以善生善死作结论。乃回应孔子"未知生，焉知死"①。庄子认为，不仅人的遭遇属于大道的自然造化，而且人的生死也属于大道的自然造化，谁也难以违背与改变自然规律。

本段在某种程度上体现了庄子对生活的游戏姿态。庄子不仅不在乎生死，而且连自我是谁也不肯确定。一个人来到世上，恰好具有人的形状，又恰好具有某种社会角色，那是很偶然的，并没有什么合理的来由，因此不必过于当真。我就这样任随造化的拨弄，不企盼也不抗拒，变成什么样就安于什么样，并且还怀着与己无关的冷淡，静观这出"我"存在的荒唐剧。实际上庄子劝人们采取一种达观的态度，不要汲汲于得到，也不要戚戚于失去，一切顺其自然，以获得最大的快乐。

夫道，有情有信[1]，无为无形；可传而不可受[2]，可得[3]而不可见；自本自根，未有天地，自古以固存；神[4]鬼神帝，生天生地，在太极之先而不为高[5]，

① 《论语·先进》。

在六极[6]之下而不为深，先天地生而不为久，长于上古而不为老。狶韦氏[7]得之，以挈[8]天地；伏戏氏[9]得之，以袭气母[10]；维斗[11]得之，终古不忒[12]；日月得之，终古不息；堪坏[13]得之，以袭昆仑；冯夷[14]得之，以游大川；肩吾[15]得之，以处大山；黄帝[16]得之，以登云天；颛顼[17]得之，以处玄宫；禺强[18]得之，立乎北极；西王母[19]得之，坐乎少广。莫知其始，莫知其终。彭祖得之，上及有虞，下及五伯[20]；傅说[21]得之，以相武丁，奄[22]有天下，乘东维[23]，骑箕尾[24]，而比于列星。

【注释】

[1]情：实。信：真。

[2]传：传递、感染。受：通“授”。

[3]得：体会、领悟。

[4]神：此指引出、产生。

[5]太极：最大的极限。先：上。

[6]六极：天地四方、上下的极限。

[7]狶(xī)韦氏：传说中的远古时代的帝王。

[8]挈(qiè)：提挈，含有统领、驾驭之意。

[9]伏戏氏：伏羲氏，传说中的远古帝王。

[10]袭：入。气母：元气之母，即古人心目中宇宙万物初始的物质。

[11]维斗：北斗星。

[12]忒(tè)：差错。

[13]堪坏(péi)：传说中人面兽身的昆仑山神。

[14]冯夷：传说中的河神，亦称“河伯”。大川：大河。

[15]肩吾：传说中的泰山之神。

[16]黄帝：轩辕氏，传说中的五帝之首，中原各族的始祖。

[17]颛顼(Zhuān Xū)：帝高阳，传说为黄帝之孙。颛顼又称“玄帝”，即北方之帝。

[18]禺强：传说中人面鸟身的北海之神。

[19]西王母：古代神话中的女神，居于少广山。

[20]及：至。五伯：五霸，即齐桓公、晋文公、秦穆公、楚庄王、宋襄公。

[21]傅说(yuè)：殷商时代的贤才，辅佐高宗武丁，成为武丁的相。

[22]奄：覆盖、包括。

[23]东维：星名，在箕星、尾星之间。

[24]箕、尾：星名，为二十八宿中的两个星座。

【品读】

本段是庄子论道最为精彩，同时也是庄子论道的纲领性的一段文字。它包含神话与历史、自然与政治。庄子的道与老子的道在理论上是一脉相承的。老子说道是似有似无的，但有时却是存在的；庄子说道产生万物，并且赋予万物各种能力。庄子对“道”的直接描述：有情有信，故虽无为、无形，犹传达存在之信息。庄子更多地寄予道以人的祈向与诉求的意味。道与具体的社会自然现象密切相连如帝王、日月山川等，庄子用了大量的排比句，并且采用赋的铺陈手法，按照天地人的顺序不厌其烦地描述古之先贤得到道的作用。诸如堪坏、冯夷、肩吾得之，皆修道之象，乃相应于山川。“黄帝得之，以登云天。”即后世道教白日升天之说。颛顼、禺强、西王母、彭祖、傅说，或人或神，构成后世道教之“真灵位业图”，与前文狐不偕、务光等人形成对照。玄宫相应北极，颛顼对比禺强。西王母当成道之象，无始无终；彭祖时，傅说空。这些得道者得道以后的凌驾万物，超然成功的形象栩栩如生。

庄子描述道的角度是集中在它可为人师的前提下，因而他更注重道与人之间的关系。道并没把自己封闭起来，它没有隔离，它可以传递，人也可以获得。可这种传递和获得不是像有形的事物那样。人要获得道只能依靠自己的努力。道是伟大而神秘的，每个人都可以从它那里找到自己需要的东西。

南伯子葵问乎女偊曰[1]：“子之年长矣，而色若孺子[2]，何也？”曰：“吾闻道矣。”南伯子葵曰：“道可得学邪？”曰：“恶[3]！恶可！子非其人也。夫卜梁倚有圣人之才而无圣人之道[4]，我有圣人之道，而无圣人之才；吾欲以教之，庶几[5]其果为圣人乎！不然，以圣人之道告圣人之才，亦易矣。吾犹守[6]而告之，参日而后能外天下[7]；已外天下矣，吾又守之，七日而后能外物；已外物矣，吾又守之，九日而后能外生；已外生矣，而后能朝彻[8]；朝彻而后能见独[9]；见独而后能无古今；无古今而后能入于不死不生。杀[10]生者不死，生生者不生。其为物，无不将[11]也，无不迎也；无不毁也，无不成也。其名为撄宁[12]。撄宁也者，撄而后成者也。”

【注释】

[1]南伯子葵：南伯子綦。女偊：得道的人。

[2]孺子：幼儿、孩童。

[3]恶（wū）：这里是批驳、否定对方之意。

[4]卜梁倚：人名，姓卜，名梁倚。圣人之道：指虚淡内凝的心境。圣人之才：指明敏的、外用的才质。

[5]庶几：也许、大概。

[6]守：持守、修守，这里指内心凝寂，善于自持而不容懈怠。

[7]参：三。外：遗忘。

[8]朝：朝阳。彻：明彻。

[9]见独：见常人所不见，别开境界。

[10]杀：灭除，含有摒弃、忘却之意。

[11]将：送。

[12]撄(yīng)宁：不受外界事物纷扰，保持心境宁静。撄，扰乱。

【品读】

本段讨论了体察“道”的方法和进程。南伯子葵为初学者，葵花向阳而开，乃生物之向光性，为处处寻师之象。女偊“朝彻”“见独”的境界，虽然都是想象力幻化出来的，如同“无何有之乡”。庄子借女偊之口指出了得“道”不是一蹴而就，而是一个体悟的过程；得“道”的大超越，就是化有为“无”，化实为“虚”；女偊的“朝彻”“见独”境界，则在于能“外天下”“外物”“外生”。这也是得道的三个阶段，是一个由远及近的过程。

当人心被扰乱，人性被异化，人被外物所奴役，富贵寿善是他们所追求的，于是日渐不安其性命之情，成为倒置之民，偏离了大道。若想回归大道，就必须做到“外天下”“外物”“外生”。“外”相对于“内”，思想上、精神上既然能凝寂虚空，身外之物，包括天地、死生都好像虚妄而不存在，故有以天下为外、以物为外、以生为外的说法。在经过了外天下、外物和外生这几个阶段以后，庄子提到了“朝彻”“见独”“无古今”和“不死不生”。虚静的心灵在对道的体认上则显现出特别的明觉，就是庄子所讲的心灵之“朝彻”。“朝彻”是得道的一个重要标志。庄子举出了通过“撄宁”，即扰乱中保持安宁的修养得道途径。由于大道流行，万物的生息死灭变幻多端，以“撄宁”为修养途径，能使自己在万物成毁的纷纭烦乱的世界中，保持宁静的心境以及不生不死的永恒。于文明积重的现实社会中，人们持守“撄宁”，无疑是直接解脱痛苦心灵的最佳途径。

南伯子葵曰：“子独恶乎闻之?”曰：“闻诸副墨之子，副墨之子闻诸洛诵之孙，洛诵之孙闻之瞻明，瞻明闻之聂许，聂许闻之需役，需役闻之于讴，于讴闻之玄冥，玄冥闻之参寥，参寥闻之疑始[1]。”

【注释】

[1]副墨、洛诵、瞻明、聂许、需役、于讴、玄冥、参寥、疑始等，均为假托的寓言人物之名。分别寓意为：文字、背诵、目视明晰、附耳私语、勤行不怠、吟咏领会、深远虚寂、高旷寥远、疑测天地万物的起源。

【品读】

庄子所讲女偊“闻”道的过程，对于闻道的追溯从“副墨”开始，然后是

"洛诵",再经"瞻明""聂许""需役""於讴""玄冥""参寥",直至"疑始"。这个由虚构的人物组成的链条,实际上是中华上古时代知识与思想产生、保存、传授的过程。庄子之前的文字"副墨""洛诵"是正宗,"副墨"与"洛诵"这两个阶段,口头在知识与思想的多种保存传授方式中居于主体的地位,从而形成华夏民族的口头传统与口头时代。

子祀、子舆、子犁、子来四人相与语曰[1]:"孰能以无为首,以生为脊,以死为尻[2],孰知死生存亡之一体者,吾与之友矣。"四人相视而笑,莫逆于心[3],遂相与为友。

【注释】

[1]子祀、子舆、子犁、子来:假托虚构的人名。与语:交谈。

[2]尻(kāo):脊骨最下端,指臀部。

[3]莫逆于心:内心相契,心照不宣。

【品读】

子祀、子舆、子梨、子来四人互相看着笑笑,默契于心,就相互交为朋友。他们所言是一种把生死都看作一体的思想,只有这样才能消除心灵中对生的渴求和对死的畏惧,不再为生死而烦恼,也就获得了精神上的自由与快乐。"万物一府,死生同状"①就是这个道理。生与死本来也只是形式上的差别,并没有本质上的区分。

俄而子舆有病,子祀往问[1]之。曰:"伟哉夫造物者,将以予为此拘拘[2]也!"曲偻发背[3],上有五管[4],颐隐于齐[5],肩高于顶,句赘[6]指天。阴阳之气有沴[7],其心闲而无事,跰跣[8]而鉴于井,曰:"嗟乎!夫造物者又将以予为此拘拘也!"

子祀曰:"女恶[9]之乎?"曰:"亡[10],予何恶!浸假而化予之左臂以为鸡[11],予因以求时夜[12];浸假而化予之右臂以为弹,予因以求鸮炙[13];浸假而化予之尻以为轮,以神为马,予因以乘之,岂更驾哉[14]!且夫得者[15],时[16]也,失者,顺[17]也;安时而处顺,哀乐不能入也。此古之所谓县解[18]也,而不能自解者,物有结之。且夫物不胜天久矣,吾又何恶焉?"

【注释】

[1]问:拜访、问候。

① 《庄子·天地》。

[2]拘拘：曲屈不伸的样子。

[3]曲偻(lóu)：弯腰。发背：背骨外露。

[4]五管：五脏的穴口。

[5]颐：面颊。齐：肚脐。

[6]句(gōu)赘：颈椎隆起状如赘瘤。

[7]沴(lì)：阳阳之气不和而生出的灾害。

[8]跰跹(pián xiǎn)：蹒跚，行步倾倒不稳的样子。

[9]恶(wù)：厌恶。

[10]亡：通"无"，没有。

[11]浸：渐渐。假：假令。

[12]时夜：司夜，即报晓的公鸡。

[13]鸮(xiāo)：斑鸠。炙(zhì)：烤熟的肉。

[14]更：更换。驾：这里指车驾坐骑。

[15]得：与下句的"失"对应。得、失即生、死。

[16]时：适时。

[17]顺：指顺应规律。

[18]县(xuán)：悬挂。庄子认为人不能超脱物外，就像倒悬的人一样其苦不堪，而超脱于物外则像解脱了束缚，七情六欲也就不再成为负担。

【品读】

这段讲述了子舆"安命"的故事。子舆病变，腰弯背驼，骨头突出，下巴与肚脐合，肩高于顶，颈椎弯曲朝天。子舆的怪异乃病变的结果，面对自己的骇人模样，子舆并未顾影自怜，而是进行自我肯定，将自身之病变归于自然，泰然处之，"安时而处顺"，体现顺应造化顺其自然之人生态度，这是世俗之人办不到的。子舆出现如此怪异的变化，是为了表现这位世外高人在残酷命运面前的旷达心性。主题是说齐一生死，安命不争。

面对各种天灾人祸，与其一味地怨天尤人，还不如安时处顺，达观地面对各种困难。安时而处顺，哀乐不能入，就是古人所谓"悬解"，即解除束缚、桎梏。子舆虽感叹造物主将其形塑造得如此不堪，但并不感到嫌恶；滑介叔左臂上长了瘤，也并不感到厌弃。庄子通过子舆和滑介叔两位畸人试图强调的是"化"与"解"。子舆视形躯的改变为"化"，滑介叔可顺时观化，二人因而能够安时处顺，消解心中的束缚，所以精神可以冲破界限，逍遥畅达。面对如此动变不居的世事人生，世人难免惑于其中，庄子让人纵身于变化之流，所以盛赞达者的"观化"。以心顺形之自化，其心灵方能从对形物的沉坠中超拔出来，内心宁静合于道，才能达到洒脱通达的境界。

俄而子来有病，喘喘然[1]将死，其妻子环而泣之[2]。子犁往问之，曰："叱[3]！避！无怛化[4]！"倚其户与之语曰："伟哉造化！又将奚以汝为[5]，将奚以汝适？以汝为鼠肝乎？以汝为虫臂乎？"

子来曰："父母于子，东西南北，唯命之从。阴阳[6]于人，不翅[7]于父母；彼近吾死而我不听，我则悍矣，彼何罪焉！夫大块载我以形，劳我以生，佚我以老，息我以死。故善吾生者，乃所以善吾死也。今之大冶铸金[8]，金踊跃曰'我且必为镆铘'[9]，大冶必以为不祥之金。今一犯[10]人之形，而曰'人耳人耳'，夫造化者必以为不祥之人。今一以天地为大炉，以造化为大冶，恶乎往而不可哉！"成然寐[11]，蘧然觉[12]。

【注释】

[1]喘喘然：气息急促的样子。

[2]妻子：妻子和儿女。环：绕。

[3]叱：呵叱之声。

[4]怛(dá)：惊扰。化：变化，这里指人之将死。

[5]为：改变、造就。

[6]阴阳：此指整个自然变化。

[7]不翅：何止、岂但。

[8]冶：铁匠。金：金属。

[9]踊跃：跃起。镆铘：亦作"莫邪"，宝剑名。相传春秋时代干将、莫邪夫妇两人为楚王铸剑，三年剑成，雄剑取名为"干将"，雌剑取名为"莫邪"。

[10]犯：通"范"，范铸、铸造。

[11]成：熟。寐：睡着，此指死亡。

[12]蘧(qú)然：自得的样子。觉：睡醒，这里喻指生还。

【品读】

庄子借用子犁和子来之口表达了这样一个观点：人的生命不过是自然造化，或者可以说是"道"的无限变化过程中的一个环节。这说明人的死生存亡实为一体，无法逃避，因而应"安时而处顺"。子来临终时的变化情景，表现出坦然自若的神态。不管变成什么，一切都随其所化，达观以待，"惟命之从"。只要明白这一道理，人类便可以排除情感的纠葛，不哀不乐，不喜不悲，超越自我，获得解脱。子祀、子舆、子梨、子来四人交友所确定的原则，就是"死生存亡之一体"的人生真谛。

子桑户、孟子反、子琴张三人相与友[1]，曰："孰能相与于无相与，相为于无相为？孰能登天游雾，挠挑无极[2]，相忘以生，无所终穷？"三人相视而笑，莫逆于心，遂相与为友。

【注释】

[1]子桑户、孟子反、子琴张：假托人名。相与友：相交为朋友。

[2]挠挑：循环升登。无极：指没有穷尽的太空。

【品读】

子桑户、孟子反、子琴张三个人心心相印，相视莫逆，成了精神相通的朋友。"莫逆之交"成语就来源于此。后来以"相视莫逆"谓彼此友谊深厚，无所违逆于心。

莫然有间[1]，而子桑户死，未葬。孔子闻之，使子贡往侍事[2]焉。或编曲，或鼓琴，相和而歌曰："嗟来[3]桑户乎！嗟来桑户乎！而已反其真[4]，而我犹为人猗[5]！"子贡趋而进曰："敢问临尸而歌，礼乎？"二人相视而笑曰："是恶知礼意！"

子贡反，以告孔子曰："彼何人者邪？修行无有，而外其形骸[6]，临尸而歌，颜色不变，无以命[7]之。彼何人者邪？"

孔子曰："彼游方[8]之外者也，而丘游方之内者也。外内不相及，而丘使女往吊之，丘则陋矣。彼方且与造物者为人[9]，而游乎天地之一气[10]。彼以生为附赘县疣[11]，以死为决疴溃痈[12]。夫若然者，又恶知死生先后之所在！假于异物，托于同体；忘其肝胆，遗其耳目；反覆终始，不知端倪；芒然彷徨乎尘垢之外[13]，逍遥乎无为之业[14]。彼又恶能愦愦然为世俗之礼[15]，以观[16]众人之耳目哉！"

【注释】

[1]莫然：平静无事的样子。有间：顷刻之间。

[2]侍事：帮助办理丧事。

[3]嗟来：犹如"嗟乎"。

[4]而：你。反：返回。真：本真。

[5]猗(yī)：表示感叹语气。

[6]外其形骸：以其形骸为外，把自身的形骸置之度外。

[7]命：名、称述。

[8]方：方域，指人类生活的空间。

[9]方且：正要。人：偶。

[10]一气：元气。

[11]县：通“悬”。疣（yóu）：通“瘤”。

[12]疴（kē）、痈（yōng）：均为毒疮。

[13]芒然：茫然。尘垢：喻指人世。

[14]无为之业：无所作为的境界。

[15]愦（kuì）愦然：混乱、糊涂的样子。为：实行。世俗之礼：指儒家之礼。

[16]观：显示、示人、给人看。

【品读】

这是庄子有意设计的一个故事，体现了道家与儒家的一次“生死”交锋。庄子讲述了子桑户、孟子反、子琴张和孟孙才对死亡的超然态度。他们大致是庄子向往、理解和肯定的一类人，这些人对人生、自然有着自己的思索和探求，不与世俗苟同，在物质方面又是潦倒窘迫的一类人。先是子桑户死，孔子听到这个消息后，派弟子子贡前去帮助料理丧事。其友孟子反和子琴张却无悲恸之情，分别在编曲、弹琴，相互应和着唱着歌。对儒家来说这当然是不合礼的行为，所以子贡责问他们二人临尸而歌是否合礼。子贡去问孔子，这时孔子被庄子当作了他自己的代言人，表面上是儒家内部的反思，其实是庄子自己对如何进入道、游于道的一种陈述。孔子对道家的理解，当然比子贡高得多。孔子认为孟子反和子琴张是世外高人，未可以常情测度。他们这种违反丧葬礼仪制度来吊丧的行为，是基于他们对生死本质的独特理解的。庄子借孔子之口介绍了庄子的观点。孔子执着于人生，所以他超然不了。庄子立足于超脱，所以与自然亲近。

子贡曰：“然则夫子何方之依[1]？”孔子曰：“丘，天之戮民也[2]。虽然，吾与汝共之。”子贡曰：“敢问其方。”孔子曰：“鱼相造[3]乎水，人相造乎道。相造乎水者，穿池而养给[4]；相造乎道者，无事而生[5]定。故曰，鱼相忘乎江湖，人相忘乎道术。”子贡曰：“敢问畸人[6]。”曰：“畸人者，畸于人而侔于天[7]。故曰，天之小人，人之君子；天之君子，人之小人也。”

【注释】

[1]何方：指问方之内还是方之外。依：从，选择。

[2]天之戮民：受自然惩罚的人，即摆脱不了方内束缚的人。

[3]造：往、适。

[4]养给：给养充裕。

[5]生：通“性”。

[6]畸(jī)人:奇异的人,此指不合于世俗的人。

[7]侔于天:与天齐一。

【品读】

天、人标准不同,道家取天之标准,儒家取人之标准。《荀子·解蔽》批评庄子"蔽于天而不知人",指责庄子溺于天命而不知人事。在庄子看来,儒家的礼与道相隔太远。庄子用了一个比喻:处于泉已干涸的陆上的鱼"相濡以沫",可能彼此都在以礼的尺度尽量为对方着想,也许还有舍生取义,但最终它们都会死在一起。庄子认为,不如像鱼一样相互忘却而游于江湖之中,那里有死有生,但却是自由的生死。人与道的关系如同鱼与水的关系一样。鱼在水中相处合适,人在道中相处合适。在水中相处合适的鱼,游动于水池中就能得到充足的给养;在道中相处合适的人,漠然无所作为就能达到心性安定。相濡以沫的鱼,不若相忘于江湖,鱼在江湖中可以互相忘记;"人相忘乎道术",人在道术中可以互相忘记,获得真正的自由。

庄子还说明了畸人具有不合于世俗而与天相通("侔于天")的人格。畸人并非仅指身体上的畸形,理应亦包括那些不合于世俗却合于天道的方外之士。畸人除涵盖传统上的残缺丑怪之人外,还应包括子桑户、孟子反、子琴张、接舆等一类人。他们均有无视世俗礼仪、狂放不拘之特点,是世俗凡人眼中的异类。

颜回问仲尼曰:"孟孙才[1],其母死,哭泣无涕[2],中心不戚[3],居丧不哀。无是三者[4],以善处丧蓋[5]鲁国。固[6]有无其实而得其名者乎?回壹[7]怪之。"

仲尼曰:"夫孟孙氏尽之矣,进[8]于知矣。唯简之而不得,夫[9]已有所简矣。孟孙氏不知所以生,不知所以死;不知就先[10],不知就后;若化为物[11],以待其所不知之化已乎!且方将化,恶知不化哉?方将不化,恶知已化哉?吾特与汝,其梦未始觉者邪!且彼有骇形而无损心[12],有旦宅而无情死[13]。孟孙氏特觉,人哭亦哭,是自其所以乃[14]。且也相与吾之耳矣,庸讵知吾所谓吾之乎?且汝梦为鸟而厉[15]乎天,梦为鱼而没于渊。不识今之言者,其觉者乎,其梦者乎?造适不及笑[16],献笑不及排[17],安排而去化[18],乃入于寥[19]天一。"

【注释】

[1]孟孙才:姓孟孙,名才。

[2]涕:泪水。

[3]中心:心中。戚:忧伤。

[4]是:此。三者:指哭泣不涕、中心不戚、居丧不哀三种表现。

[5]蓋:覆。

[6]固：竟、难道。

[7]壹：实在、确实。

[8]进：胜、超过。

[9]夫：这里代指孟孙才。

[10]就先：向前追逐。

[11]若化：顺应自然变化。

[12]骇形：形体上受到震动。无损心：没有伤心。心，精神。

[13]旦：日新，朝夕改变的意思。宅：喻指精神寓所，即人的躯体。情死：真实死亡。

[14]乃：通“尔”，如此。

[15]厉：奋飞，指鸟的飞翔。

[16]造：达到。适：快意。

[17]献：发。排：排解、消泄。

[18]安排：安于自然的推移。去化：忘却死亡的变化。

[19]寥：寂寥、虚空。

【品读】

本章描述了世俗之人没有以体道之心顺从于生死的本然变化。孟孙才处丧不哀，反倒“以善处丧”而获名，颜回不解。孔子释道：不知“吾”究竟是不是“吾”，这明显是庄子的相对主义与怀疑主义的思想。庄子选择让孔子替自己立言之方式道出自己的重要思想。这个故事讲述孔子与颜回分别依礼吊唁死者和依礼看待治丧之事，均使孔子有所自悔，感到自己的固陋和背离大道，是游于方内之人，无法同游于方外之人相媲比，完全透露了其仰慕大道、憧憬大道的心迹。总之，庄子所作的如此一番刻意表述，虽有讥刺孔墨之意，但其主旨却是为了更有效地渲染和塑造“大宗师”的形象，放映“大宗师”所具的无比强大的感化力量。

儒家重视孝道，十分重视孝在丧葬中的作用，把送死看成是尽孝的主要标志之一。孔子论孝说：“生，事之以礼；死，葬之以礼，祭之以礼。”[①]对于葬礼，儒家提倡“三年之丧”。墨家反对儒家的“三年之丧”，主张“节葬短丧”，确比儒家的繁文缛节前进了一大步。庄子的立场则更加激进。鲁国的孟孙才处在儒家势力的重重包围之中，却勇于独树一帜，其实亦是庄子对儒家传统的挑战，他有意树立典范来抵制儒家的礼仪。在庄子看来，人的躯体有了变化而人的精神却不会死，安于自然，忘却死亡，便进入“道”的境界而与自然合成一体。庄子认为，孟孙氏守丧做得非常完满，以致超过了一般人所能懂得的范围。只要无心就能自然而然获悉道这一寓意。

---

① 《论语·为政》。

意而子[1]见许由。许由曰:“尧何以资[2]汝?”意而子曰:“尧谓我:汝必躬服仁义而明言是非[3]。”许由曰:“而奚来为轵[4]?夫尧既已黥[5]汝以仁义,而劓[6]汝以是非矣!汝将何以游夫遥荡恣睢转徙之涂乎[7]?”意而子曰:“虽然,吾愿游于其藩[8]。”许由曰:“不然。夫盲者无以与[9]乎眉目颜色之好,瞽者无以与乎青黄黼黻之观[10]。”意而子曰:“夫无庄[11]之失其美,据梁[12]之失其力,黄帝之亡[13]其知,皆在炉捶[14]之间耳。庸讵知夫造物者之不息[15]我黥而补我劓,使我乘成[16]以随先生邪?”许由曰:“噫!未可知也。我为汝言其大略。吾师[17]乎!吾师乎!泽及万世而不为仁,长于上古而不为老,覆载天地、刻雕众形而不为巧,此所游已。”

【注释】

[1]意而子:虚构的人物。

[2]资:资助,指教之义。

[3]躬服:亲身实践,身体力行。明言:明辩。

[4]而:你。轵(zhǐ):同“只”,句尾助词。

[5]黥(qíng):古代在受刑人的额上刺刻,而后以墨涂之。

[6]劓(yì):古代割鼻子的刑法。

[7]遥荡:逍遥放荡。恣睢:放任不拘。转徙:辗转变化。

[8]藩:篱笆,喻指受到一定约束的境域。

[9]与:赞许、赏鉴。

[10]瞽(gǔ):失明。“盲”指有眼无珠,“瞽”指眼睹无视力。黼黻(fǔ fú):古代礼服上绣制的花纹。

[11]无庄:虚构的古代美人之名,寓含不妆饰的意思。

[12]据梁:虚构的古代大力士。

[13]亡:丢失、忘却。

[14]炉捶:冶炼锻打,喻指得到“道”的熏陶而回归本真。

[15]息:养息。

[16]乘:载。成:全。

[17]师:此指“道”。

【品读】

庄子假许由之口批判儒家的仁义和是非观念。他斥责意而子:自从有了儒家的仁义礼法之后,人们经常不得不遵守某种规范来伤害自己,有的甚至为此失去生命。庄子敏锐觉察到此类观念潜伏的巨大消极性,因而对儒家标榜的“尧舜圣世”予以根本否定。意而子举出无庄、据梁、黄帝等人的例子,说明通过学习“道”在他们身上发生了作用。大道是心灵囚徒唯一能解脱其刑的希望目标。庄子之所以构设许由与意而子两人的对话，无非是想告诉我们："道"是可以学的，只要用心学必定有效。庄子明白，学习是个相互传播的过程，是一种人与人在潜移默化中的相互影响，你影响别人的同时也被别人影响。庄子托之许由之口说出，向这种"道"学习，和这浑沌的东西合而为一体，人生就生出意义来了。人生的苦恼、烦杂、无聊，乃至生死的境地，就都可得到解脱。

颜回曰："回益[1]矣。"仲尼曰："何谓也？"曰：回忘仁义矣。"曰："可矣，犹未也[2]。"他日复见，曰："回益矣。"曰："何谓也？"曰："回忘礼乐矣。"曰："可矣，犹未也。"他日复见，曰："回益矣。"曰："何谓也？"曰："回坐忘[3]矣。"仲尼蹴然[4]曰："何谓坐忘？"颜回曰："堕肢体[5]，黜聪明[6]，离形去知，同于大通，此谓坐忘。"仲尼曰："同则无好也，化则无常[7]也。而果其贤乎！丘也请从而后也。"

【注释】

[1]益：增加、进步。

[2]可矣：对了。犹未：还不够。

[3]坐忘：端坐静心而物我两忘。

[4]蹴(cù)然：神态突然变化的样子。

[5]堕肢体：把肢体看作不存在。

[6]黜聪明：放弃聪明才智。

[7]无常：不执滞于常理。

【品读】

庄子通过孔子与其弟子的对话，借儒家人物来表述"坐忘"的修养内容。颜回修养始于拔除儒家思想的内在仁义根本，然后解脱儒家思想的外在礼乐规范，成为自然朴素的常人。最终进入"坐忘"修养境界。寓言核心就是一个"忘"字，从"忘仁义"到"忘礼乐"再到"坐忘"层层递进，步步深入。"坐忘"就是解除掉"知"对心灵的遮蔽。"坐忘"之"忘"，即一种达于安适状态的心境。在精神主体进入到这一安适状态之前，要经过"忘礼乐""忘仁义"两个阶段，颜回就是经历了这两个阶段的执着修为过程才进入到"坐忘"境界的。简而言之，就要摆脱落在人身上的限制，返回到真实自然的状态，以游于造化之余。有仁义就有仁义的藩篱，有礼乐就有礼乐的桎梏。只有仁义礼乐消失了，自我消失了，一切的条条框框就都不存在了，才可以达到"同于大道"的境界。

在颜回提出"坐忘"后，孔子大为赞赏，要拜颜回为师。明明是一对儒家师徒，却连"仁义礼乐"都忘了，在那一唱一和地宣传道家思想。在庄子笔下，此二人已彻底转换面貌，成为道家的虔诚信徒。

子舆与子桑友，而霖雨[1]十日。子舆曰："子桑殆病矣[2]！"裹饭而往食之[3]。至子桑之门，则若歌若哭，鼓琴[4]曰："父邪？母邪？天乎？人乎？"有不任其声而趋举其诗焉[5]。子舆入，曰："子之歌诗，何故若是？"曰："吾思夫使我至此极[6]者而弗得也。父母岂欲吾贫哉？天无私覆，地无私载，天地岂私贫我哉？求其为之者[7]而不得也。然而至此极者，命也夫！"

【注释】

[1]霖雨：指连绵大雨。

[2]殆：恐怕、大概。病：指饥饿。

[3]裹饭：用东西包着饭食。食之：给他吃。

[4]鼓琴：弹琴。

[5]趋：急促。举：引起。

[6]极：绝地。

[7]为之者：指造成潦倒贫病的原因。

【品读】

子祀、子舆、子犁、子来四人为友，子桑户、孟子反、子琴张又为友，此子舆与子桑为友，乃沟通两组人物，故七人为友，子桑当即子桑户。子舆来看望生病的子桑，子桑在极其贫穷的状况下仍不弃琴，若歌若哭，这其实是道家的艺术人生。由此可见庄子的另一面，原来在追求安宁的后面，他也有波涛汹涌的情感。宁静只是出现在号啕大哭之后，正是对于不可抗拒的命运的肯定才可最终安顿敏感而疲惫的心灵，才有了宗和师，也就是天和道。以子桑安命说明一切都由"命"所安排，即非人为之力所安排，教人安命而已。让一切意外的变化成为不在计划的计划，所需的是一颗泰然的心。

应帝王第七

啮缺问于王倪[1]，四问而四不知。啮缺因跃而大喜，行以告蒲衣子[2]。蒲衣子曰："而乃今知之乎？有虞氏不及泰氏[3]。有虞氏，其犹藏仁以要[4]人，亦得人矣，而未始出于非人[5]。泰氏，其卧徐徐[6]，其觉于于[7]，一[8]以己为马，一以己为牛；其知情[9]信，其德甚真，而未始入于非人。"

【注释】

[1]啮(niè)缺、王倪：人名。

[2]蒲衣子：人名，传说中帝尧时代的贤人。

[3]有虞氏：虞舜。泰氏：伏羲氏。

[4]要：交结、笼络。

[5]出：超出。非人：指外物。

[6]徐徐：安闲自得的样子。

[7]于于：悠游自得的样子。

[8]一：或。

[9]情：真实、实在。

【品读】

本段借蒲衣子之口说出理想的为政者应听任自然，不治而治。"四问而四不知"寓言，啮缺的反应却和正常人截然相反，老师无知，学生竟高兴。要想真正理解这"四问"须从一个事物有正、反两个方面来认识。与其说王倪无知，不如说他是拒绝回答。王倪不愿意做老师，因为他觉得自己没有资格。他不回答，并非知识欠缺，正是出自对知识的怀疑而拒绝作出回答。在庄子眼里，世俗的知识只是关于万物的知识，它执着于万物固定的一面，因此始终局限于某种固定的象的范围之内。它们知偏而不知全，知僵而不知化，知隔而不知通。

啮缺问师这个故事，是针对那些企图以仁义礼智来治天下的帝王写的。所谓的以仁爱礼仪治理天下都是拿腔作势，自欺欺人，是违背顺治的大伪善。啮缺爱好辩论，并且喜欢打破砂锅问到底，咬住论敌不放，让别人只有招架之功而没有还手之力，人送外号“齧缺”。

在蒲衣子看来，三皇五帝之治天下，之所以一代不如一代，是因为心智愈演愈烦，所以天下愈搞愈乱。舜帝算是好帝王，但他执行的仁爱政策也不过是动用心智讨好百姓，拉拢民心。蒲衣子肯定远古时代的伏羲氏，那时天下的知识少，他葆有天真纯率的知觉，依顺自然的德性，不妄断是非也不虚伪狡诈。伏羲自然不治而大治。

肩吾见狂接舆。狂接舆曰：“日中始何以语女[1]？”肩吾曰：“告我：君人者以己出经式义度[2]，人孰敢不听而化诸[3]？”狂接舆曰：“是欺德[4]也。其于治天下也，犹涉海凿河而使蚉负山也[5]。夫圣人之治也，治外[6]乎？正而后行[7]，确乎能其事者而已矣。且鸟高飞以避矰弋之害[8]，鼷鼠深穴乎神丘之下以避熏凿之患[9]，而曾[10]二虫之无知！”

【注释】

[1]日中始：庄子假托的又一寓言人物，为肩吾的老师。日中：如日中天。

[2]君人者：国君。以己出：用自己的意志来推行。出，公布。经：法典。式：程式。义：仪、法。度：准则。

[3]化：接受教化。诸：句尾助词，犹。

[4]欺德：虚伪的道德。

[5]蚉：“蚊”的异体字。涉海、凿河、使蚊负山，三者都办不到。

[6]治外：统治别人。

[7]正：指正己。行：指推行教化。

[8]矰(zēng)：系有丝绳用来弋射的短箭。弋(yì)：用绳系在箭上射飞鸟。

[9]鼷(xī)鼠：小鼠。神丘：社坛。熏凿：指用烟熏洞，用铲掘地。

[10]曾：竟。

【品读】

庄子反对在国家治理中扭曲人的天赋本性，主张应发挥人的天性。庄子借接舆之口，说出运用机心巧智统治天下百姓是不可能赢得太平盛世的。庄子对君主的“经式义度”嗤之以鼻，认为那都是治标的做法。法律、榜样、规矩等都是外在的，圣人治理天下，都是先治百姓的内在，正导百姓的本性，舒畅百姓的内心，然后才推行政令。庄子还将“经式义度”比作射鸟的弓箭、薰鼠的烟，嘲笑寄希望于“经式义度”的人连鸟和鼠都还不如。庄子要打破人为的礼仪法度把人解放出来，让他们保持天德，回归自然，回到大道。庄子的这个结论和儒家、墨家迥然不同。儒、墨认为君主及其相关的政治伦理制度是完全必要的。

天根游于殷阳[1]，至蓼水[2]之上，适遭无名人而问焉[3]，曰："请问为[4]天下。"无名人曰："去[5]！汝鄙人也，何问之不豫[6]也！予方将与造物者为人[7]，厌则又乘夫莽眇之鸟[8]，以出六极之外，而游无何有之乡[9]，以处圹埌[10]之野。汝又何帠以治天下感予之心为[11]？"又复问。无名人曰："汝游心于淡[12]，合气于漠[13]，顺物自然而无容私焉，而天下治矣。"

【注释】

[1]天根：虚构的人物。殷阳：殷山之南。

[2]蓼(liǎo)水：水名。

[3]遭：逢、遇上。无名人：虚构的人物。

[4]为：治、治理。

[5]去：离开、走开，此有呵斥、不屑多言之意。

[6]豫：厌。

[7]人：偶。

[8]莽眇(miǎo)之鸟：状如飞鸟的清虚之气。

[9]无何有之乡：什么都不存在的地方。

[10]圹(kuàng)埌(làng)：空荡辽阔。

[11]帠：旧注读呓，说梦话的意思。无名人认为天根的问话像是说梦话。

[12]游心于淡：心虚静，此指听任自然，保持本性而无所饰的心境。

[13]合气于漠：气平和，此指清静无为，居处漠然。

【品读】

"无名人"和"名人"对立，其实是隐士，即"圣人无名"。天根是魏国的迂腐人，非常关心治天下，经常到民间进行民意调查，沿途询问士农工商各色人等，惹来不少人的侧目。天根在殷山之南游玩，走到寥河的边上，恰巧碰到无名人就向他请教怎样治理天下。无名人此刻正在悠闲地欣赏山水，忽然被不识趣的人打扰，非常不耐烦。无名人教导天根，性情要寡淡，精神要冷峻，顺从外物，尊崇自然规律，不要挖空心思运用智术，能顺应自然规律而不夹杂主观成见，放手让天下自治，天下自然大治了。庄子在此借天根之口，表现了他对现实政治的厌恶。他心目中最理想的政治，就是无为，而无为也就是"顺物自然"。

阳子居[1]见老聃，曰："有人于此，向疾强梁[2]，物彻疏明[3]，学道不勌[4]。如是者，可比明王乎？"老聃曰："是于圣人也，胥易技系[5]，劳形怵心者也[6]。且也虎豹之文来田[7]，猨狙之便、执斄之狗来藉[8]。如是者，可比明王乎？"阳子居蹴然[9]曰："敢问明王之治。"老聃曰："明王之治，功盖天下而似不自己[10]，化贷万物而民弗恃[11]；有莫举名，使物自喜；立乎不测，而游于无有者也。"

【注释】

[1]阳子居：姓阳，名朱，字子居。

[2]向：通"响"，回声。疾：速。强梁：强干果决。

[3]彻：洞彻。疏明：通达明敏。

[4]勌(juàn)：通"倦"。

[5]胥：通"谞"(xū)，智慧。易：改，此指供职办事。系：系累。

[6]劳形：使身体劳苦。怵(chù)心：心里恐惧、害怕。

[7]文：花纹，这里指具有纹饰的皮毛。来：招致。田：通"畋"，打猎。

[8]猨狙(yuán jū)：猕猴。便：便捷。斄(lí)：形状如牛而尾长。来藉：招致绳索的拘缚。藉，用绳索拘系。

[9]蹴然：惊惶不安而变色。

[10]自己：出自自己。

[11]化：教化。贷：推卸、施及。恃：依赖。

【品读】

阳子居向老子请教英明君王如何治天下，老子即席施教。庄子借老子之口说明"明王之功"、明王之治的状态是虽有功德却不能用名称来说出，使万物各得其所而自己却立于不可识测的境地，与虚无之道同游。明王是庄子眼中的楷模，他有霸气，但不显露。这样的君主看起来什么也没做，其实他什么都做了，是万物帮他做的，万物各司其职完成了自己的任务，也帮助明王完成了任务。这就是庄子心中的和谐，这才是与大道合一。圣人忘怀一己之功名，纯纯常常，恬淡无怀，无往而不逍遥，无适而不自得。

郑有神巫[1]曰季咸，知人之死生、存亡、祸福、寿夭，期[2]以岁月旬日若神。郑人见之，皆弃而走。列子见之而心醉[3]，归，以告壶子，曰："始吾以夫子之道为至矣，则又有至焉者矣。"壶子曰："吾与汝既其文[4]，未既其实[5]，而固得道与？众雌而无雄，而又奚卵[6]焉！而以道与世亢[7]，必信，夫故使人得而相汝。尝试与来，以予示之。"

【注释】

[1]神巫：神灵的巫祝。

[2]期：预卜的时期。

[3]列子：列御寇，郑国人。传说壶子是列子的老师。心醉：指内心折服。

[4]既：尽、全。文：纹饰，外在的东西。

[5]实：本质、实质。

[6]卵：用如动词，产卵。

[7]道：此指前述“既其文”的道，而非真正的道。亢：通“抗”，抗衡、较量。

【品读】

本段展示了得道高人之道术的高明。齐国著名巫师，西游郑国，因卜筮水平高，引起极大轰动。列子对他心醉如痴。向老师壶子说季咸的道较之老师的更高。壶子教育列子，一切表象的、肉眼凡胎看到的东西都是虚拟的、假设的、靠不住的，在这种情况下，不要慌乱，关键是要看自己内心对命运的把握到了什么境界。壶子是得道高人，他让列子领来神巫季咸给自己看相，以展示自己道术的高深莫测。

明日，列子与之见壶子。出而谓列子曰：“嘻！子之先生死矣！弗活矣！不以旬[1]数矣！吾见怪焉，见湿灰[2]焉。”列子入，泣涕沾襟以告壶子。壶子曰：“乡吾示之以地文[3]，萌乎不震不正[4]。是殆见吾杜德机也[5]。尝又与来。”明日，又与之见壶子。出而谓列子曰：“幸矣，子之先生遇我也！有瘳[6]矣，全然有生矣[7]。吾见其杜权矣[8]。”列子入，以告壶子。壶子曰：“乡吾示之以天壤[9]，名实不入[10]，而机发于踵[11]。是殆见吾善[12]者机也。尝又与来。”明日，又与之见壶子。出而谓列子曰：“子之先生不齐[13]，吾无得而相焉。

试齐，且复相之。”列子入，以告壶子。壶子曰：“乡吾示之以太冲[14]莫胜，是殆见吾衡气机也[15]。鲵桓之审为渊[16]，止水之审为渊，流水之审为渊。渊有九名，此处三焉[17]。尝又与来。”明日，又与之见壶子。立未定，自失[18]而走。壶子曰：“追之！”列子追之不及，反，以报壶子曰：“已灭矣，已失矣，吾弗及已。”壶子曰：“乡吾示之以未始出吾宗。吾与之虚而委蛇[19]，不知其谁何[20]，因以为弟靡[21]，因以为波流，故逃也。”然后列子自以为未始学而归。三年不出。以为妻爨[22]，食豕如食人[23]，于事无与亲[24]。雕琢复朴[25]，块然[26]独以其形立。纷而封哉[27]，一以是终[28]。

【注释】

[1]旬：十日。

[2]湿灰：喻指必死无疑。

[3]乡：往、往日。示：显露。地文：大地阴静的气象。

[4]萌乎：茫茫然。震：动。不正：指生命运行并未停息。

[5]杜：闭塞。德机：至德的生机。

[6]瘳(chōu):病愈,这里指病兆大大减轻。

[7]生:生气,此指有了成活的希望。

[8]杜权:闭塞中有转机。权,机。

[9]天壤:天地,此指像天与地之间那样的相对与感应。

[10]名实:名声和实利。不入:指不为所动,不能进入到内心。

[11]踵:脚后跟,这里指人的根基。

[12]善:指病愈。

[13]齐:通“斋”,斋戒。

[14]太冲:阴阳二期调和。

[15]衡气机:指内气持平,浑然凝一。

[16]鲵(ní):小鱼。桓:盘桓、徘徊。审:沉静之意。

[17]此处三焉:指“渊”的三种情况。所谓“三渊”,指杜德机、善者机、衡气机三种神态。

[18]自失:不能自持。

[19]虚:活脱,一点也不执着。委蛇(yí):随顺自然的样子。

[20]谁何:怎么样一个人。

[21]因:跟随。以为:以之为,把自己变成。弟靡:颓废顺从。

[22]爨(cuàn):烧火煮饭。

[23]食(sì):用作动词,拿东西给人或动物吃。

[24]无与亲:无所关心。

[25]雕琢:指华饰。复朴:指恢复朴实心性。

[26]块然:像大地一样木然。

[27]纷:指世间纷扰。封:守,指能够持守本真。

[28]一以是终:一直以此终生。

【品读】

这章描述了壶子善于用多变的形貌颜色隐去了自身的本真,让看相的咸季说不准他的征兆而最后只好溜之大吉的故事。列子先后四次领来季咸为老师壶子相面,壶子先后在季咸面前展示了四种不同的象:一是坐忘静态的地象,灵魂似乎要崩垮,似乎关闭了生机。二是动态的天象和静态的地象双相并出,阴阳配合,让灵魂来一次大扫除,扫掉虚名,除掉实利,开启了良机。三是显示非动非静的太和之象,让阴阳二气绝对平衡,莫名其妙。四是显示动静皆绝的无相之象,让自我消失,让灵魂虚空。结果季咸先后给壶子相面,断言与表现为:大限已到、命不该绝、感到莫名其妙、吓得掉头就跑。神巫季咸逃跑后,列子方悟到老师壶子的道术深不可测。庄子借此故事说明只有“虚”而“藏”才能不为人所测,暗示了世间万物包括为政也得虚己而顺应自然的意旨。

列子从此不再随意评论人家道行高低，像从没拜过师学过道似的回到家中，三年不出门。对各种世事他没有偏私，过去他所追捧的雕琢和华饰都已恢复到最原始的质朴和纯真，他像大地一样，木然而忘情地将形骸留在世上。列子虽曾涉入世间的纷扰，但到最后却能固守本真，值得人们借鉴。

无为名尸[1]，无为谋府[2]；无为事任[3]，无为知主。体[4]尽无穷，而游无朕[5]；尽其所受乎天而无见[6]得，亦虚[7]而已！至人之用心若镜，不将不迎[8]，应而不藏，故能胜物[9]而不伤。

【注释】

[1]名：名誉。尸：主，引申为寄托的场所。

[2]谋府：出谋划策的地方。

[3]任：负担。

[4]体：体验、体会，指潜心学道。

[5]朕：迹。

[6]见：通“现”，表露。

[7]虚：指心境清虚淡泊，忘却自我。

[8]不将不迎：指照物之影听之任之。

[9]胜物：指足以反映事物。

【品读】

这段是庄子对统治者的戒言与建言。作为理想人格的真人，就不能追求名誉、知识、智慧，否则会束缚自己的本性，会使自己离道越来越远。只有放弃这些追求，才能领悟大道。庄子强调为政清明，应像镜子那样，来者就照，去者不留，“胜物”而又“不伤”。庄子对统治者的戒言可归纳为：不图名、不为利，懂得万物化生之道，懂得与万物和谐共荣。没有贵贱等级观念，营造利于万物生存与发展的环境，这就是帝王之德。庄子的君道主张，似乎是彻底的放任无为主义。中国文化哲学史上著名的“心镜”说就渊源于此，指至人之心能如实地反映外在的客观事物，且能如实地反映民心所向而广纳民意。所谓“至人之用心若镜”，就是放弃一切追求，“不将不迎”，从而能够包容一切。

南海之帝为倏，北海之帝为忽，中央之帝为浑沌[1]。倏与忽时相与遇于浑沌之地，浑沌待之甚善。倏与忽谋报浑沌之德[2]，曰：“人皆有七窍[3]以视听食息。此独无有，尝试凿之。”日凿一窍，七日而浑沌死。

【注释】

[1]儵(shū)、忽、浑沌:皆虚拟名字。儵、忽,寓意急匆匆的样子。浑沌,指聚合不分的样子,分指人为有为的与自然无为的。

[2]谋报:筹谋报答。德:恩德。

[3]七窍:人头部的七个孔穴,即两眼、两耳、两鼻孔和嘴。

【品读】

浑沌之死,意味着文明的开化、智慧的开发有害无益。南海、北海,都是早潮晚汐,躁动不安。南海国王、北海国王,同样地生就海水性格,喜爱狂跑运动,因而一个名“儵”、一个名“忽”。南海、北海之间,一片莽莽大陆,是中土国。中土国王生就陆地性格,喜爱清静无为,不躁不动,无知无识,因而名“浑沌”。“浑沌氏”是一个“自然无为”的形象,浑沌处世的最佳状态是一任其自然无为,“混沌”的存在本是混沌无序的,混沌一团、没有七窍就是其自然的形躯状态的呈现。而“疏”与“忽”却出自主观的忖度,主观地判断应为“混沌”凿开七窍,并赋予其行动,破坏了其原本混元自然的存在状态,结果致使其死。庄子用这个浑沌的故事来说明,智慧的开发有害无益。

浑沌受人为伤害失去本真而死去的故事,指斥有为之政祸害无穷,寓托了庄子无为而治的政治主张。国策以适应为本,统治者切勿画蛇添足,没事找事胡折腾。不按照客观规律办事,就会好心办坏事。

【外篇】

骈拇第八

骈拇枝指出乎性哉[1]，而侈[2]于德；附赘县疣[3]出乎形哉，而侈于性；多方乎仁义而用之者，列于五藏[4]哉，蛣而非道德之正[5]也。是故骈于足者，连无用之肉也；枝于手者，树无用之指也；多方骈枝于五藏之情者[6]，淫僻于仁义之行，而多方[7]于聪明之用也。

【注释】

[1]骈(pián)拇：指拇趾跟二趾连一起。骈，并列。拇，大趾拇。枝指：指旁生小指，喻指身上多余的东西。性：指自然本性。

[2]侈：多余。

[3]附：附着。赘：赘瘤。县：通“悬”。疣(yóu)：通“瘤”。

[4]五藏(zàng)：肝、心、脾、肺、肾。

[5]正：中正，此指千变万化的事态中无所偏执。

[6]多方：有人认为二字为衍文。五藏之情：指人的内在之情，即天生品行和欲念。

[7]多方：多生枝节。

【品读】

以骈拇枝指为引文，庄子指明骈拇枝指或附赘悬疣概为破坏人体自然的常态，是多余和无用的。庄子揭示人体畸态对常态的破坏，抨击儒家的仁义道德违背人的天性，像骈拇一样多余。仁义只不过是人的本性之外的一种附加的东西，他把它比喻为“骈拇枝指”“附赘悬疣”，想尽一切办法推行仁义，并不是道和本性的正常状态的表现，并不符合道和本性的标准。就今天的目光来看，庄子站在他的视角上对儒家仁义道德的抨击当然有偏激片面之处，但就历史上各种仁义道德的说教与实际效果或者反效果而言，又不能不说此言也有值得深思的地方。

是故骈于明[1]者，乱五色[2]，淫文章[3]，青黄黼黻之煌煌非乎[4]？而离朱是已[5]！多于聪者，乱五声[6]，淫六律[7]，金石丝竹黄钟大吕之声非乎[8]？而师旷是已[9]！枝于仁者，擢德塞性[10]以收名声，使天下簧鼓以奉不及之法非乎[11]？而曾、史[12]是已！骈于辩者，累瓦结绳窜句[13]，游心于坚白同异之间，而敝跬誉无用之言非乎[14]？而杨、墨是已[15]！故此皆多骈旁枝之道，非天下之至正也。

【注释】

[1]骈于明：过分明察。

[2]五色：青、黄、赤、白、黑五种基本颜色。

[3]淫：惑乱。文章：文采，错综又华美的花纹和色彩。

[4]黼黻（fǔ fú）：古礼服上绣制的花纹。煌煌：缭乱的样子。

[5]而：如。离朱：人名，传说黄帝时视力最好的人。

[6]五声：五音，古代音乐中以宫、商、角、徵、羽称之。

[7]六律：古时把竹子截成长短不等的筒子，吹出不同十二音，分为阴阳各六音，阳类六种叫"六律"，阴类六种叫"六吕"。六律名称是黄钟、太簇、姑洗、蕤宾、夷则、无射。

[8]金、石、丝、竹：各种乐器无不用金、石、丝、竹为原料，这里借原料之名作器乐之声的代称。黄钟、大吕：古代音调的名称。

[9]师旷：晋平公时的著名乐师。

[10]擢（zhuó）：拔，提举。塞性：闭塞正性。

[11]簧鼓：作动词用，吹箫打鼓。

[12]曾：曾参，字子舆，孔子弟子。史：史鳝（qiú），字子鱼，卫灵公大臣。

[13]累瓦、结绳：古时记事方法，引申为记事。窜句：穿凿文句。

[14]敝：分外用力而疲惫不堪。敝跬（kuǐ）：费力的样子。跬，半步。

[15]杨：杨朱，字子居，宋人，主张"为我"。墨：墨翟，战国著名哲学家。

【品读】

庄子广泛列举了仁义智辩破坏人类自然本性的种种事实，对世人推崇的一切都加以嘲笑。朱离过分明目，会被五色所迷，被绚丽花纹所惑；师旷过分耳聪，反被五音六律所混淆；曾、史过分标榜仁义，沽名钓誉，反闭塞自己的自然德行；杨朱与墨翟过分工于辩术，争鸣坚白异同，反拖累了自己的自然精神。这些都是附加在本性上的邪门歪道，不是天下之正道。这些嘲笑有一个共同的特征，就是贬低、否定人的主观能动性，强调夸大文明进步所带来的负面效果。

彼正正[1]者，不失其性命[2]之情。故合者不为骈，而枝者不为跂[3]；长者不为有余，短者不为不足。是故凫胫虽短[4]，续之则忧；鹤胫虽长，断之则悲。故性长非所断，性短非所续，无所去忧也。意仁义其非人情乎！彼仁人何其多忧也！

【注释】

[1]正正：应为“至正”之误，指至理正道。

[2]性：本性。命：天命。

[3]跂：应“歧”字之误。

[4]凫（fú）：野鸭。胫（jìng）：小腿。

【品读】

这段提出“仁义其非人情”这一呼声，仁义礼乐害常然如同断鹤续凫酿悲哀。儒家将仁义作为秩序的礼的基础。道家却反对提倡仁、礼，因为有了这些仁、礼，就有人伪装仁、礼而行不义，而致使王道更加衰落。老子说：“大道废，有仁义，智慧出，有大伪上德不德，是以有德。……夫礼者，忠信之薄而乱之首。”①在道家看来，仁义并非人的天性，因而也不善。真正的善是任其自然，自由自在地生活。“至正”是指合乎自然之理的，“性命之情”是指自然性命的真情。凡事凡物皆有其自身的常然，但以断鹤续凫的后天人为破坏其自然常然，就必将酿成性命之情的忧与悲。庄子明确提出仁义并不是人类所固有的真情，人性本来天然素朴，无须以仁义浓妆艳抹，破坏其自然本色。人最合理的生活，就是顺应自己的天性去生活。

且夫骈于拇者，决之则泣[1]；枝于手者，龁[2]之则啼。二者或有余于数，或不足于数，其于忧一也。今世之仁人，蒿[3]目而忧世之患；不仁之人，决性命之情而饕贵富[4]。故[5]意仁义其非人情乎！自三代以下者[6]，天下何其嚣嚣也。

【注释】

[1]决：裂析、分开。

[2]龁（hé）：咬断。

[3]蒿（hāo）：愁苦的样子。

[4]决：溃乱。饕（tāo）：贪。

[5]故：衍文。一说从字面意义讲。

[6]三代：夏、商、周三代。

【品读】

本段阐述仁人与非仁人都背离了自然本性，仁义非人性所固有。庄子揭示了人类自仁义产生后，本来和谐安宁的美满自然却遭受破坏，造成了天

① 《老子》第十八章。

下动荡不安的“嚣嚣”过程。他认为儒家的仁义礼乐和墨家的伤性殉身不符合天下的本然之态。我们自然可以作不同于庄子的解释，即不把人的天然本性看作是纯“自然”的状态，而认为仁义礼乐在某种程度上是人区别于动物的标志。庄子的政治论不是实际操作，而是道论。

……………………………………

且夫待钩绳规矩而正者[1]，是削[2]其性者也；待绳约[3]胶漆而固者，是侵其德[4]者也；屈折礼乐[5]，呴俞[6]仁义，以慰天下之心者，此失其常然[7]也。天下有常然。常然者，曲者不以鉤，直者不以绳，圆者不以规，方者不以矩，附离[8]不以胶漆，约束不以纆[9]索。故天下诱然[10]皆生，而不知其所以生；同焉皆得，而不知其所以得。故古今不二，不可朽也。则仁义又奚连连[11]如胶漆纆索而游乎道德之间为哉！使天下惑也！

【注释】

[1]待：依靠。钩绳规矩：皆为木工工具。

[2]削：伤害。

[3]绳、约：绳索。

[4]侵其德：伤害了事物的天性和自然。

[5]屈折礼乐：举乐行礼的形象化说法。

[6]呴(xǔ)俞：吹嘘。

[7]常然：常态，指人和事物的本然和真性。

[8]附离：使离析的事物相互附着。

[9]纆(mò)：绳索。

[10]诱然：不知不觉的样子。

[11]连连：不断的、无休止的样子。

【品读】

这段反对儒家提倡的仁义礼乐，认为道德规范都损害人的自然天性。天地万物有千奇百态，自然界的一切和谐又合理；而人类社会充满混乱、争夺，一切既不和谐也不合理。人类应该向自然学习，无为而治，一切顺其自然。儒家礼乐仁义都使人失去“常然”。人之“常然”，即未经加工、改造的本然状态，是人本有的天性。庄子“无为”论的批判矛头指向“仁义”的社会道德。儒家“仁义”思想观念，代表和体现了社会秩序意识。不满意于当时社会现实的庄子很自然地把社会批判的矛头首先指向“仁义”。庄子从自然主义的“无为”论立场，认为“仁义”损害了人的本性，滋生人们对“利”的追求，带来了“天下大乱”。

夫小惑易方[1]，大惑易性。何以知其然邪？自虞氏招仁义以挠天下也[2]，天下莫不奔命于仁义。是非以仁义易其性与？[3]故尝试论之：自三代以下者，天下莫不以物易其性矣！小人则以身殉[4]利，士则以身殉名，大夫则以身殉家[5]，圣人则以身殉天下。故此数子[6]者，事业[7]不同，名声异号，其于伤性以身为殉，一也。臧与谷[8]，二人相与牧羊而俱亡其羊。问臧奚事，则挟策读书；问谷奚事，则博塞[9]以游。二人者，事业不同，其于亡羊均也。伯夷死名于首阳之下[10]，盗跖死利于东陵之上[11]。二人者，所死不同，其于残生伤性均也。奚必伯夷之是而盗跖之非乎？天下尽殉也[12]：彼其所殉仁义也，则俗谓之君子；其所殉货财也，则俗谓之小人。其殉一也，则有君子焉，有小人焉。若其残生损性，则盗跖亦伯夷已，又恶取君子小人于其间哉！

【注释】

[1]惑：疑惑、糊涂。易：改变。方：方向。

[2]虞氏：虞舜。招：标举。挠：扰乱。

[3]是：此。性：人的本性。

[4]殉：为某一目的而献身。

[5]家：这里指家族。

[6]数子：指上述四种人。

[7]事业：从事的工作。

[8]臧、谷：家奴和童仆。

[9]博塞：下棋之类的游戏。

[10]伯夷：殷商末年的贤士，反对武王伐商，不食周粟饿死于首阳山。死名：为名而死。

[11]盗跖（zhí）：名跖，春秋末平民起义领袖。死利：为利而死。东陵：山名，一说泰山。

[12]天下：指天下的人。尽殉：皆为某种目的而牺牲自己。

【品读】

这段讲仁义是祸害天下自然完美的罪恶根源。仁义的流罪使天下“大惑”，使自然和谐静谧的平等状态被打破，形成了社会各色各样的被“大惑”所“易其性”的等差人。人们拼命追逐外物而各自受害，在大惑、害己、易性和伤性这点上相同，都是源于其仁义的结果。

庄子列举了臧与谷二人亡羊的例子。二人亡羊原因虽不同，但在亡羊这点上却是一样的。不会因为读书是好事，就可改变或弥补其亡羊过失。

以此喻人类的天职在于求真，不在于丧失其真以求其仁或不仁。仁与不仁都丧失真性，没有本质区别。仁义名利易其性如同二子牧羊俱亡羊。庄子又列举了为世人所瞩目的两位截然不同的人：一是伯夷为求名而死，二是盗跖为求利而亡。但在庄子看来，他们在"殉"这一点上别无二致，无所谓君子与小人之分。

庄子把由于仁义所拨动起来的天下世俗争逐于外物的种种表现，或仁或恶，或名或利，或君子或小人，都看作是对自然性的破坏，是与自然真性的对立物。无论是仁还是不仁，其祸害的结果都一样。他全力讨伐使天下"以物易性""残生伤性"的仁义魁首。

且夫属其性乎仁义者[1]，虽通如曾、史，非吾所谓臧[2]也；属其性于五味，虽通如俞儿[3]，非吾所谓臧也；属其性乎五声，虽通如师旷，非吾所谓聪[4]也；属其性乎五色，虽通如离朱，非吾所谓明[5]也。吾所谓臧者，非仁义之谓也，臧于其德[6]而已矣；吾所谓臧者，非所谓仁义之谓也，任其性命之情而已矣；吾所谓聪者，非谓其闻彼[7]也，自闻而已矣[8]；吾所谓明者，非谓其见彼也[9]，自见而已矣。夫不自见而见彼，不自得而得彼者，是得人之得而不自得其得[10]者也，适人之适而不自适其适者也。夫适人之适而不自适其适，虽盗跖与伯夷，是同为淫僻也。余愧乎道德[11]，是以上不敢为仁义之操，而下不敢为淫僻之行也。

【注释】

[1]属：从属、归向。乎：于。

[2]臧：善、好。

[3]俞儿：相传为齐人，味觉灵敏，善于辨别味道。

[4]聪：听觉灵敏。

[5]明：视觉明晰、敏锐。

[6]藏于其德：好就好在得天然的本性。

[7]彼：身外的人与物。

[8]自闻：与"闻彼"相对应，指将听觉集中在自己身上。

[9]非谓其见彼也：对外界有所见。

[10]其得：其所应得。

[11]道德：此指对宇宙万物本体和事物变化运动规律的认识。

【品读】

这段提出了"臧"的自然标准。"臧"即"善"，庄子所谓的善，并不是仁义，而是善于维护自己的本性，任其自然本性而生活。自性完善，不是指合乎仁义的标准，只是任其自然本性之实去行而已。庄子以“臧”为标准，认为凡仁义礼乐、智辩敏慧等一切社会有为产物，皆“非吾所臧也”。

庄子提倡的生活理想、生活态度和儒家完全不同。他提倡的是“任其性命之情”，即按其自然本性自由地生活，而不是被仁义的准绳约束。他主张远离政治，抛弃世俗的目标，追求个性的自然发展。儒家追求个体的道德完善，并在积极参与政治、参与现实的过程中，去实现这种道德的自我完善。庄子道家的这种理想是对当时社会体制的反对，在当时是行不通的。

马蹄第九

马，蹄可以践霜雪，毛可以御风寒，龁[1]草饮水，翘足而陆[2]，此马之真性也。虽有义台路寝[3]，无所用之。及至伯乐[4]，曰："我善治马。"烧之[5]，剔之[6]，刻之[7]，雒[8]之。连之以羁縶[9]，编之以皂栈[10]，马之死者十二三[11]矣。饥之，渴之，驰之，骤之[12]，整之，齐之[13]，前有橛饰之患[14]，而后有鞭筴[15]之威，而马之死者已过半矣。陶者曰："我善治埴[16]。"圆者中规，方者中矩。匠人曰："我善治木。"曲者中钩，直者然且世世称之曰："伯乐善治马，而陶匠善治埴木。"此亦治天下者之过也。

【注释】

[1]龁(hé)：咬嚼。

[2]翘：扬起。陆：通"踛"(lù)，跳跃。

[3]义台：仪台。路：大，正。寝：居室。

[4]伯乐：姓孙，名阳，字伯乐，秦穆公时人，善识马、驯马。

[5]烧之：指烧红铁器灼炙马毛。

[6]剔之：指剪剔马毛。

[7]刻之：指凿削马蹄甲。

[8]雒(luò)：通"烙"，指用烙铁留下标记。

[9]连：系缀，连结。羁(jī)：马络头。縶(zhí)：绊马脚的绳索。

[10]皂：饲马的槽枥。栈：安放在马脚下的编木，用以防潮，俗称"马床"。

[11]十二三：十分之二三。

[12]驰之、骤之：指打马狂奔。驰，马快速奔跑。

[13]整之、齐之：指使马儿步伐、速度保持一致。整，齐。

[14]橛(jué)：马口所衔之横木。饰：马络头上的装饰。

[15]鞭筴：打马工具。带皮为鞭，无皮为筴。

[16]埴(zhí)：粘土。

【品读】

本章寄喻一切从政者治理天下的规矩和办法，都直接残害了事物的自然和本性。万事万物应该顺应其本性，一旦违背了事物的本性，就会发生本质上的改变。庄子以“伯乐善治马”为例寄喻有为残身伤性。人是万恶之种，伯乐使天马变成了人马，人马是可悲的马。马从此随意被人类摆弄、虐待和驾驭。马的不幸，即是自然的不幸，万物的不幸。自然万物从此无一例外地丧失了自然的纯真。庄子还列举了土木的不幸。陶者与匠人强加了土木规矩与钩绳，肆意干预和破坏其本性。人们世世代代地称赞伯乐善于管理马，称赞陶匠、木匠善于整治黏土和木材，这是逆性而行，也是治理天下的人的过错。庄子主张摒弃仁义礼乐对人性的束缚，让社会和事物都回到它的自然本性上去。欲使天下太平，只有无为而治。一切从政者以违背天性的规矩和办法治理天下，都直接残害了事物的本性，是人世间莫大的罪过。

……………………………………

吾意善治天下者不然[1]。彼民有常性[2]，织而衣，耕而食，是谓同德[3]。一而不党[4]，命曰天放[5]。故至德之世[6]，其行填填[7]，其视颠颠[8]。当是时也，山无蹊隧[9]，泽无舟梁[10]；万物群生，连属[11]其乡，禽兽成群，草木遂长[12]。是故禽兽可系羁[13]而游，鸟鹊之巢可攀援而窥[14]。夫至德之世，同与禽兽居，族与万物并[15]，恶乎知君子小人哉[16]！同乎无知[17]，其德不离[18]；同乎无欲，是谓素朴[19]。素朴而民性得矣。

【注释】

[1]意：认为。不然：不是这样。

[2]常性：不会改变的、固有的本能和天性。

[3]同德：指人类的共性。

[4]党：偏私。

[5]命：名、称作。天放：任其自然。

[6]至德之世：人类天性保留最好的年代，即人们常说的原始社会。

[7]填填：稳重的样子。

[8]颠颠：专一的样子。

[9]蹊(xī)：小路。隧：隧道。

[10]舟：船。梁：桥。

[11]连属：混同。

[12]遂：成。遂长：成长。

[13]系羁：用绳子牵引。

[14]攀援：攀登爬越。窥：观察、探视。

[15]族：聚合。并：比并。

[16]君子、小人：分别指履道方正的人和殉物邪僻的人。

[17]同：通“惷”(chǔn)，愚蠢，这个意义后世写作“蠢”。

[18]不离：不失常性。离，背离、丧失。

[19]素：未染色的生绢。朴：未加工的木料。素朴：指本色、纯朴。

【品读】

本段描述人类的本然状态就是最理想的状态。庄子将人性局限于“织而衣，耕而食”，其社会设想是至德之世。自然界未经人类有意改造而各安其居，人与禽兽住在一起，人群与万物浑然不分；人同无欲之物一样，即为他的自然素质；自然素质不变即保持了人的本性。“至德之世”的理想社会有三个明显的目标：无政治和道德规范的约束（自由），无人与人的互相倾轧（平等），无沉重的生活负累（快乐）。作为一种理想的社会，这些目标并不特殊，更不荒唐。“至德之世”人们的精神世界没有超出本然的生理和心理之外的内容，实质是人类精神或文化发展的蒙昧时期。庄子的社会理想带有明显的复古性质，这种让文明倒退的方案显然是一种空想。但庄子对返朴归真的呼唤仍值得珍视。

及至圣人，蹩躠[1]为仁，踶跂[2]为义，而天下始疑矣。澶漫[3]为乐，摘僻[4]为礼，而天下始分矣。故纯朴[5]不残，孰为牺尊[6]！白玉不毁，孰为珪璋[7]！道德[8]不废，安取仁义[9]！性情不离，安用礼乐！五色不乱，孰为文采！五声不乱，孰应六律！夫残朴以为器，工匠之罪也；毁道德以为仁义，圣人之过也。

【注释】

[1]蹩躠(bié xiè)：步履艰难、勉力行走的样子。

[2]踶跂(dì qí)：足跟上提、竭力向上的样子。

[3]澶(dàn)漫：放纵地逸乐。

[4]摘僻：烦琐的样子。

[5]纯朴：完整的、未曾加过工的木材。

[6]牺尊：雕刻精致的酒器。尊，通“樽”。

[7]珪璋：玉器，上尖下方的为珪，半珪形为璋。

[8]道德：指道家的自然本性。

[9]仁义：指人为的各种道德规范，与上句的“道德”形成对立。

【品读】

这段将仁义礼乐归入人为，而与人之天性对立。对比上古时代一切都生成于自然，庄子谴责后代推行所谓仁义礼乐摧残了人的本性和事物的真情，并直接指出这就是“圣人之过”。仁义礼乐不仅不是使人趋于完善，而是使人趋于邪恶。这在当时可谓震世骇俗。

儒家通常将“礼”“乐”相提并论。经过夏、商、周三代统治者的努力，逐步形成一套规整严密的礼乐制度，最大功效在于把社会各等级的权利和义务制度化、固定化，使社会秩序处于相对稳定和谐的状态之中。此“乐”本身已异化为一种制度规范。这正是庄子所抨击之“乐”。在庄子看来，所谓犊尊、珠璋、文采、六律都是礼乐制度的象征，礼乐制度的制定就是对道德性情的破坏，就是对人的本然状态的破坏。仁义的提倡本身就是对大道和本性的破坏，仁义不是安邦治国的长久之策。

……………………………………

夫马陆居则食草饮水，喜则交颈相靡[1]，怒则分背相踶[2]。马知已此矣！夫加之以衡扼[3]，齐之以月题[4]，而马知介倪[5]、闉扼[6]、鸷曼[7]、诡衔[8]、窃辔[9]。故马之知而态至盗者[10]，伯乐之罪也。

【注释】

[1]靡(mó)：通“摩”，触摩。

[2]分背：背对背。踶(dì)：通“踢”。

[3]衡：车辕前面的横木。扼，亦作“轭”，叉马颈的条木。

[4]题：额。月题：马额上状如月形的佩饰。

[5]介：间侧。倪：睨。

[6]闉(yīn)扼：指曲颈不伸，抗拒木轭。闉，屈曲。扼，轭。

[7]鸷(zhì)曼：指马暴戾不驯。鸷，凶猛。曼，狂突。

[8]诡衔：诡谲地想吐出口里的橛衔。

[9]窃辔：偷偷地想脱出马络头。

[10]态：能。盗：与人抗敌的意思。

【品读】

这段从自然的角度立场出发，发现了人对自然的摧残。庄子用马作例子，说明人对自然的征服，就是对自然的野蛮摧残。并由此引申至人类社会，指责圣人的那一套仁义道德的说教，导致人们千方百计地去寻求智巧，争先恐后地去竞逐私利，而一发不能收拾。人对马的改造违背马的本性，统治者对民众的统治也违背了民众的本性。这种推理并不是书斋式的空论，而是有其现实针对性。庄子学派主张以朴质为真、为美，就是道家所倡导的真情至性的人生写照。

……………………………………

夫赫胥氏[1]之时，民居不知所为，行不知所之，含哺而熙[2]，鼓腹而游[3]，民能以此矣！及至圣人，屈折礼乐以匡天下之形[4]，县跂[5]仁义以慰天下之心，而民乃始踶跂好知，争归于利，不可止也。此亦圣人之过也。

【注释】

[1]赫胥氏:传说中的古代帝王。

[2]哺:口里所含的食物。熙:通"嬉",嬉戏。

[3]鼓腹:鼓着肚子,意指吃得饱饱的。

[4]屈折:矫造的意思。匡:端正、改变。

[5]县(xuán):同"悬"。跂:通"企",企望。县跂:悬举、提倡。

【品读】

这段描述了"无为之世"人们的生活情形,"无为"论的批判矛头直指"仁义"的社会道德。在"无为之世",人们没有固定的价值目标,纯任自然本性而生活。庄子再三强调人类至圣人时代,天下分裂,原始淳朴的道德不复存在。仁义礼乐及其一切有为使天下人汲汲于好智和争力,造成人心飘摇,社会动荡。圣人又企图以仁义礼乐去匡正扭曲的人性,无异于火上浇油,雪上加霜。

胠箧第十

将为胠箧探囊发匮之盗而为守备[1]，则必摄缄縢，固扃鐍[2]；此世俗之所谓知也。然而巨盗至，则负匮揭[3]箧担囊而趋，唯恐缄縢，扃鐍之不固也。然则乡[4]之所谓知者，不乃[5]为大盗积者也？故尝试论之，世俗之所谓知者，有不为大盗积者乎？所谓圣者，有不为大盗守者乎？

【注释】

[1]为：因为。胠（qū）：撬开。箧（qiè）：箱子一类盛物器具。探：掏。囊：口袋。发匮（guì）：开柜子。发，打开。

[2]摄：打结、收紧。缄（jiān）、縢（téng）：均为绳索。扃（jiōng）：插闩。鐍（jué）：琐钥。

[3]揭：举、扛着。

[4]乡：通"向"，早先。

[5]不乃：不正是。

【品读】

这是一段相当精彩而又尖锐的议论。庄子从讨论各种防盗的手段最终都会被盗贼所利用入手，指出当时治天下的主张和办法都是统治者、阴谋家的工具，着力批判"仁义"和"礼法"。所谓"大盗"，是指那些"窃国者"。一切法律、道德，包括圣人鼓吹得天花乱坠的仁义礼智，归根到底，都只是为大盗作看守而已，将国家治理得越好，将百姓管理得越驯服，"窃国者"就越方便。庄子最终得出结论：清淡无为才能使天下大治，急功近利、雄辩好强、矫形过正的圣人之道会使天下大乱。

……………………………………

何以知其然邪？昔者，齐国邻邑相望，鸡狗之音相闻，罔罟[1]之所布，耒耨[2]之所刺，方二千余里。阖四竟之内[3]，所以立宗庙社稷[4]，治邑屋州闾乡曲者[5]，曷尝不法圣人哉？然而田成子[6]一旦杀齐君而盗其国，所盗者岂独其国邪？并与其圣知之法而盗之。故田成子有乎盗贼之名，而身处尧舜之安。小国不敢非，大国不敢诛，十二世[7]有齐国，则是不乃窃齐国并与其圣知之法,以守其盗贼之身乎?

【注释】

[1]罔:网。罟(gǔ):各种网的总称。

[2]耒(lěi):犁。耨(nòu):锄。刺:插入。

[3]阖(hé):全。竟:通“境”。

[4]宗庙:国君祭祀祖先的地方。社稷:本指土神和谷神,此指祭祀土神和谷神的地方。

[5]邑、屋、州、闾、乡曲:古代不同行政区划的名称。《周礼·大司徒》:“五家为比,五比为闾,五闾为族,五族为党,五党为州,五州为乡。”乡曲,指偏僻乡村。

[6]田成子:田常,其先祖田完从陈国来到齐国,成为齐国大夫,改为田氏。

[7]十二世:指从田成子至齐王建共十二代。

【品读】

以田氏代齐为例,生动说明礼仪仁智恰恰成为窃国大盗的工具。庄子着意发挥老子“绝圣弃知”之旨,认为盗智才是真正的大盗。他强烈声讨智慧的罪行,认为圣、智之法,不足以防患止乱,而适足以成为大盗的凭借,如田成子“窃齐国并与其圣知之法”,就说明这个问题。齐国的田成子杀君盗国,却身处尧舜之安,正是“仁义之道”为他提供了守窃贼之身的武器。作者抨击圣、智,向往自由平等的“小国寡民”的原始社会,其中虽含有消极思想,但主要表明了对当时黑暗的社会政治、虚伪的道德标准及“窃钩者诛,窃国者为诸侯”的丑恶现实的深刻认识和极端憎恶。后世常引用之成语“窃钩者诛,窃国者侯”就由此而来。

尝试论之:世俗之所谓至知者,有不为大盗积者乎?所谓至圣者,有不为大盗守者乎?何以知其然邪?昔者龙逢[1]斩,比干[2]剖,苌弘胣[3],子胥靡[4]。故四子之贤而身不免乎戮。故跖之徒问于跖曰:“盗亦有道[5]乎?”跖曰:“何适而无有道邪?”夫妄意[6]室中之藏,圣也;入先,勇也;出后,义也;知可否,知也;分均,仁也。五者不备而能成大盗者,天下未之有也。”由是观之,善人不得圣人之道不立,跖不得圣人之道不行。天下之善人少,而不善人多,则圣人之利天下也少,而害天下也多。故曰:唇竭[7]而齿寒,鲁酒薄而邯郸围,圣人生而大道起。掊击圣人,纵舍盗贼,而天下始治矣。

【注释】

[1]龙逢:夏桀时的贤人,为夏桀杀害。

[2]比干:纣王庶叔,力谏纣王,被纣王剖心。

[3]苌弘:周敬王时贤臣。胣(chǐ):剖开肚腹掏出肠子。

[4]子胥:伍员,楚国人,后投奔吴王夫差。靡:同"糜,腐烂。子胥死后被抛尸江中而腐烂。

[5]道:此指规矩、准绳。

[6]妄意:凭空推测。

[7]竭:揭、举。唇竭:嘴唇向外翻开。

【品读】

这是一段经典的对话,讲盗跖如何利用仁义,讽刺儒家倡导的圣、智、仁、勇、义等道德。庄子首先批判"圣知之法"被暴君利用,成了杀害智者贤人的刽子手。"圣知之法"只能用来镇压窃财小盗,但却不能用来对付真正的窃国巨盗。窃国巨盗的阴谋每每得逞,连"圣知之法"也为之所窃,成为新任统治者的帮凶。为揭露"圣知之法"的真正本质,庄子又借"盗亦有道"来加以挖苦。想成为大盗的盗贼也非常注重"仁义"二字。盗跖用行窃的一系列行为解说了何为仁义,能够猜出屋子里有什么东西,这即所谓的圣明;在其他盗贼之前进去,就是勇敢;在大家之后出来,则是有义气;能够判断能不能成功,这是智慧;分赃均匀,就是仁爱。仁义道德不过是幌子,是盗贼都可以利用的工具。言外之意是说,无论什么卑鄙的行为,都可以从儒家的仁义道德那儿找到根据。如此看来,这种仁义道德的说教确实不值得认真对待。

"鲁酒薄而邯郸围",指楚宣王大会诸侯,鲁恭公晚到,所献之酒味道淡薄,楚王怒。楚王于是带兵攻打鲁国。梁惠王一直想攻打赵国,就借楚国和鲁国交兵之时,趁机兵围赵国都城邯郸。这是借历史故事来说明,事有关联,常出于预料。

夫川竭而谷虚,丘夷而渊实。圣人已死,则大盗不起,天下平而无故矣。圣人不死,大盗不止。虽重圣人[1]而治天下,则是重利盗跖也。为之斗斛[2]以量之,则并与斗斛而窃之;为之权衡[3]以称之,则并与权衡而窃之;为之符玺[4]以信之,则并与符玺而窃之;为之仁义以矫之,则并与仁义而窃之。何以知其然邪?彼窃鉤[5]者诛,窃国者为诸侯,诸侯之门而仁义存焉。则是非窃仁义圣知邪?故逐于大盗,揭诸侯[6],窃仁义并斗斛权衡符玺之利者,虽有轩冕之赏弗能劝[7],斧钺[8]之威弗能禁。此重利盗跖而使不可禁者,是乃圣人之过也。

【注释】

[1]重圣人:使圣人之法得到重视。

[2]斗斛(hú):古代量器,十斗为一斛。

[3]权:秤锤。衡:秤杆。

[4]符玺:古代作凭证的信物。符由两半组成,合在一起以验明真伪。

[5]鉤:即"钩",本指腰带钩,此处泛指不值钱的东西。

[6]逐:竞逐、追随。揭诸侯:被举为诸侯。揭,举。

[7]轩:古代大夫以上的人所乘坐的车子。冕:古代大夫或诸侯所戴的礼帽。"轩""冕"连用,代指高官厚禄。

[8]钺(yuè):形似斧头而稍大的一种武器。

【品读】

这段彻底否定了现实统治者所赖以招摇的圣人旗号。"圣知之法"既无能又凶险。同样是盗,在"圣知之法"面前,一则被诛,一则为侯。圣、智毫无正义可言,它不能保护弱者,表彰贤人,却被统治者用来对付贤人和镇压人民,它诛灭"窃钩"小贼,但却资给窃国大盗,成为统治者争权夺利的工具。"圣人不死,大盗不止!"可谓惊世骇俗之言。在庄子看来,那些追随大盗、掠夺诸侯、偷窃仁义以及用斗斛、秤具、符玺图利的人,即使有高官厚禄的赏赐也无法劝阻,即使有严刑峻法的威胁也无法禁止。这些有利于盗跖而不能禁止其行为的情况,正是圣人的过错。在儒家学说尚遭到冷落、尚未改造成一种系统的统治术之时,庄子就已预见到儒学必将成为统治者谋利的工具,成为"窃国大盗"的工具,可谓目光尖锐深刻。

……………………………………

故曰:鱼不可脱于渊,国之利器不可以示[1]人。彼圣人[2]者,天下之利器也,非所以明天下也。

【注释】

[1]示:显露。

[2]圣人:圣智之法等。此指维护国家统治的重要工具。

【品读】

此段强调"圣知"无益于治理天下。老子言:"鱼不可脱于渊,国之利器不可以示人。"①老子所谓"鱼不可脱于渊",比喻君王不可须臾失去权势。韩非曾解释道:"权势不可以借人……其说在老聃之言失鱼也。"②此处的"国之利器"普遍化作"圣知"。圣智的产生,难容善人掌握,却多为恶人所利用。

① 《老子》第三十六章。

② 《韩非子·内储说下·六微》。

“圣人”汲汲以求的，是用“仁义礼智信”“温良恭俭让”来驯化老百姓，这也无可厚非。但这些只对老百姓进行束缚，对极权却毫无办法。在庄子看来，统治者十之八九都是窃国大盗，而民众只有作为“草民”供统治者欺压的资格。因而圣智无益于治理天下。

故绝圣弃知，大盗乃止；擿[1]玉毁珠，小盗不起；焚符破玺，而民朴鄙[2]；掊[3]斗折衡，而民不争；殚残[4]天下之圣法，而民始可与论议。擢乱[5]六律，铄绝竽瑟[6]，塞瞽旷[7]之耳，而天下始人含[8]其聪矣；灭文章[9]，散五采[10]，胶离朱之目，而天下始人含其明矣；毁绝钩绳而弃规矩，攦工倕之指[11]，而天下始人有[12]其巧矣。故曰：大巧若拙。削曾、史之行，钳杨、墨之口，攘[13]弃仁义，而天下之德始玄同[14]矣。彼人含其明，则天下不铄矣；人含其聪，则天下不累[15]矣；人含其知，则天下不惑矣；人含其德，则天下不僻矣。彼曾、史、杨、墨、师旷、工倕、离朱，皆外立其德而以爚乱天下者也[16]，法[17]之所无用也。

【注释】

[1]擿(zhì)：掷、扔掉。

[2]朴：敦厚朴实。鄙：固陋无知。

[3]掊(pǒu)：破、打碎。

[4]殚：耗尽。残：毁坏。

[5]擢(zhuó)乱：搞乱。擢，拔掉。

[6]铄(shuò)：销毁。绝：折断。竽瑟：两种古乐器之名，此泛指乐器。

[7]瞽旷：师旷。因失明，又称“瞽旷”。

[8]含：包藏不露。

[9]文章：文彩，花纹。

[10]五采：五色。

[11]攦(lì)：折断。工倕(chuí)：尧时著名的能工巧匠。

[12]有：保有。

[13]攘：推开、排除。

[14]玄同：混同暗合。玄，黑、幽暗。

[15]累：忧患。

[16]外立：在外表上树立，即对人炫耀之意。爚(yuè)乱：迷乱。爚，炫耀。

[17]法：指圣智之法。

【品读】

本章主张毁弃人为的任意理智，恢复人的淳朴天性，使社会由大乱而趋于大治。各种人为的规范和说教都是对人性的扭曲，都会走向愿望的反面。

庄子将仁义礼智看成社会动乱的根源。只有打倒圣人，推翻仁义礼智，百姓才能恢复淳朴的天性，社会才能安定。

对“绝圣弃智”口号，不能简单从表面上去理解，而应斟酌其真实含义。庄子“绝圣弃智”思想是从老子的无为政治思想中发展而来，“绝圣弃智”亦最先为老子所提出，老子主张愚民之治，也主张统治者为实现无为之治的目的，就必须抛弃圣智和巧利。庄子观察到，统治者都是江洋大盗，圣智礼法自创设之始就被他们所窃取，用以维护既得利益，束缚和压迫老百姓。庄子主张莫若绝弃圣智礼法，以免为大盗所利用。“绝圣弃知”的呼喊，充满着对虚伪、残酷的仁义圣知的礼教规范的厌恶，对借仁义之名以害民的大盗们，以及挂着各种骗人招牌的先哲圣贤、正人君子的憎恨。

子独不知至德之世乎？昔者容成氏、大庭氏、伯皇氏、中央氏、栗陆氏、骊畜氏、轩辕氏、赫胥氏、尊卢氏、祝融氏、伏牺氏、神农氏[1]，当是时也，民结绳而用之[2]，甘其食，美其服，乐其俗，安其居，邻国相望，鸡狗之音相闻，民至老死而不相往来。若此之时，则至治已。今遂至使民延颈举踵[3]，曰“某所有贤者”，赢粮而趣之[4]，则内弃其亲而外弃其主之事，足迹接乎诸侯之境，车轨结[5]乎千里之外，则是上[6]好知之过也。

【注释】

[1]容成氏、大庭氏、伯皇氏、中央氏、栗陆氏、骊畜氏、轩辕氏、赫胥氏、尊卢氏、祝融氏、伏牺氏、神农氏：皆为传说中的古代帝王或部落首领，但多不见于经传。

[2]结绳而用之：指文字产生之前的结绳记事。

[3]遂：竟。延颈：伸长脖颈。举踵：踮起脚跟。

[4]赢：裹、包着。趣：通“趋”，快步走。

[5]结：往来交错。

[6]上：指国君，也可泛指统治者。

【品读】

庄子所描绘的“至德之世”，是在比儒家和墨家所记述的传说时代更加遥远的古代。从《论语》和《孟子》中可以看到，儒家推崇景仰的最早的历史时代是尧、舜、禹之世，《墨子》中最早的历史时代也是尧的时代。战国之时，又出现了为尧、舜所景仰、服膺的黄帝，于是，庄子则把“至德之世”放置在黄帝之前。至黄帝之时，已是“不能致德”，此后更是每况愈下。庄子所称处于“至德之世”的容成氏、伯皇氏、中央氏、栗陆氏、骊畜氏、轩辕氏、赫骨氏等，皆为远古的象征。人类脱离动物界作为人而生存的最初活动是巢居、用火、耕作。庄子将“至德之隆”分别名之为“有巢氏之民”“知生之民”（隧人氏之民)“神农之世”,显然表明“至德之世”就是人类最初形成的时候。

我们如果将庄子的“至德之世”与老子的乌托邦相对照,可发现二者确实一脉相承。老子说:“小国寡民……邻国相望。鸡犬之声相闻。民至老死,不相往来。”①显而易见,庄子的描述应源自老子的“小国寡民”。老子是要让人们在物质条件相对充足的情况下仍保持原始社会的生活方式;而庄子的“至德之世”则干脆连基本的物质条件都抛弃,整个回到原始时代。庄子复古色彩的社会理想从老子那儿继承而来。就今人而言,与其将其看作一种未来社会的蓝图,莫如将它视为庄子对现实社会的一种抗议。

上诚好知而无道,则天下大乱矣!何以知其然邪?夫弓弩毕弋机变之知多[1],则鸟乱于上矣;鉤饵罔罟罾笱之知多[2],则鱼乱于水矣;削格罗落罝罘之知多[3],则兽乱于泽矣;知诈渐毒[4]、颉滑坚白[5]、解垢同异之变多[6],则俗惑于辩矣。故天下每每[7]大乱,罪在于好知。故天下皆知求其所不知而莫知求其所已知者;皆知非其所不善而莫知非其所已善者,是以大乱。故上悖[8]日月之明,下烁[9]山川之精,中堕四时之施[10],惴耎[11]之虫,肖翘[12]之物,莫不失其性。甚矣,夫好知之乱天下也!自三代以下者是已!舍夫种种之民而悦夫役役之佞[13];释夫恬淡无为而悦夫哼哼[14]之意,哼哼已乱天下矣!

【注释】

[1]弩(nǔ):带有机关的连珠箭。毕:一种带柄的网。弋(yì):系有丝绳可以回收的箭。机变:机巧变诈。

[2]罾(zēng):用竿子支撑形如伞状的鱼网。笱(gǒu):捕鱼的竹笼。

[3]削:竹桩。格:木桩。“削”“格”皆为支撑兽网的桩子。罗落:关守野兽的网状篱笆。罝罘(jū fú):安上机关可翻弄的捕兽之网。

[4]知诈渐毒:工于心计,欺骗伪诈。渐,剧。渐毒,异常恶毒。

[5]颉(xié)滑:奸黠狡猾。坚白:见《齐物论》篇注。

[6]解垢:通“邂逅”,即不约而遇合。同异:战国名家的一诡辩论题,认为事物的同与异是相对的,因而也就没有同异之别。

[7]每每:昏昧意思。

[8]悖:遮掩。

[9]烁:通“铄”,销解。

[10]堕(huī):通“隳”,毁坏。施:推移。

[11]惴耎(ruǎn):蠕动的样子。

① 《老子》第八十章。

[12]肖翘:轻微。

[13]种种:淳朴的样子。役役:钻营狡黠的样子。佞:巧言谄媚的小人。

[14]啍啍(tūn):喋喋不休,不停地说教的样子。

【品读】

这是一段非常精彩的论述,讲“知”是如何扰乱人心、搅乱天下的。现实生活中,庄子感慨自然的悲哀和人类的不幸。自然万物鱼虫鸟兽及花草树木,本是“万物群生”,各按自己的自然规律任其生灭与消长。然而,自有人类智慧,“弓弩毕弋”“钓饵网罟”“削格罗落”,一切自然规律与自然面貌都遭到无情的干扰和破坏,整个自然界失去了原有的和谐、秩序和完美。庄子对社会现实十分不满,他看到的正是文明进步的负面。

在世俗看来,“知”是一个好东西,因为拥有知就可以得到更多的利益。庄子的思维与众不同,认为知的危害却非常大。道家对于知的态度一直是非常保留的。人类的智巧使日月无光,山川丧神,四季无常,鸟兽失性,给自然带来了悲剧。道家认为一个人最高的境界就是按天然的本性生活。而知的出现无疑打破了赤子的状态。这是对人大性的残害。道家之人都愿意保持一颗混沌淳朴的心,而远离知。在庄子看来,要治理天下,首先就要去除智慧,维护万物的自然本性,体现道的本质,维护社会的安宁。

在宥第十一

闻在宥天下[1]，不闻治[2]天下也。在之也者，恐天下之淫[3]其性也；宥之也者，恐天下之迁其德也[4]。天下不淫其性，不迁其德，有治天下者哉？昔尧之治天下也，使天下欣欣[5]焉人乐其性，是不恬也；桀之治天下也，使天下瘁瘁[6]焉人苦其性，是不愉也。夫不恬不愉，非德也；非德也而可长久者，天下无之。

【注释】

[1]在宥天下：任天下自在地发展，即无为而治。在，自在。宥，宽容。

[2]治：指用仁义、刑法进行统治。

[3]淫：过，超出。

[4]迁：改变。德：常态，指遵循于“道”的生活规律和处世的基本态度。

[5]欣欣：高兴的样子。

[6]瘁瘁：劳累疲病的样子。

【品读】

“在宥天下”就是要因物变化，顺其自然。本段系统地、说教般地阐述了道家的执政主张。真正贤明的君主、得道的圣人从不奴役百姓，从不把规则强加给别人，更不会苦心寻找治国之道，钻牛角尖，亦不上溯历史去和古往今来的君主较量，也不要从万物身上找理由。一切顺其自然就好。

庄子最惊人也最独特、最杰出的论点是把唐尧和夏桀绑在一块儿批判。唐尧是名留青史，夏桀是亡国罪人。庄子把所有权驭天下的君主都否定了。不管是暴君夏桀，还是以善治闻名的唐尧，其统治都违背了人民的本初的性情，改变了他们原有的安然自在的状态，对于人的自然之性，他们的破坏程度是相等的，因为他们都是“有为”的治理。

庄子不同意儒家礼乐之治的合法性直接来自天，因为没人能证明它们是怎么从天上来的，并且儒家的天在庄子看来仍然是“不自然”的。庄子的以天德来“治理”天下，是要还天下一个本然的自由，这就是所谓的“在宥天下”。

人大喜邪，毗[1]于阳；大怒邪，毗于阴。阴阳并毗，四时不至，寒暑之和不成，其反伤人之形乎！使人喜怒失位[2]，居处无常[3]，思虑不自得，中道不成章[4]，于是乎天下始乔诘卓鸷[5]，而后有盗跖、曾、史之行。故举天下以赏其善者不足，举天下以罚其恶者不给。故天下之大不足以赏罚。自三代以下者，匈匈[6]焉终以赏罚为事，彼何暇安其性命之情哉！

【注释】

[1]毗(pí)：偏。

[2]失位：失常。

[3]无常：不定，此指心神居处不定。

[4]章：章法、法度。

[5]乔诘：骄傲自大。卓鸷：行不平。“乔诘”和“卓鸷”泛指世上出现的种种不平之事。一说“乔诘”是狡黠诈伪之意，“卓鸷”是卓尔不群之意，可备参考。

[6]匈匈：即“讻讻”，喧嚣吵嚷的样子。

【品读】

本段充分地阐述了人性自然的内容，并再次提出了“安其性命之情”的重要命题。“性命之情”为庄子首创，它指人的正常情感、心理状况，也指人生存的基本情感和心理需要。“性”指自然之天性，“命”是指自然之必然性。“安其性命之情”就是顺乎规律的发展，即“无为”。人性安宁，自然和谐，不需动用这些所谓的智慧和伦理去维护秩序。治天下者就是对性命之情的严重破坏。庄子重视平衡、均匀、正常、自然，警惕过分、过度、极端、刻意。不论是正面的还是负面的，是积极的还是消极的，都不能过，最好是什么都没有。庄子主张无情无欲，保持一种虚静恬淡的心境。这里应注意庄子所否定的感官情绪是大喜大怒等“失位”的情绪，并未完全否定人之自然感官情绪。庄子对政治十分反感，否定以权驭天下的君主，对“赏罚为事”颇不以为然。庄子主张无为而治，批评赏罚为事也就不难理解了。

而且说[1]明邪，是淫[2]于色也；说聪邪，是淫于声也；说仁邪，是乱于德也；说义邪，是悖[3]于理也；说礼邪，是相于技也[4]；说乐邪，是相于淫也；说圣邪，是相于艺[5]也；说知邪，是相于疵[6]也。天下将安其性命之情，之八者，存可也，亡可也。天下将不安其性命之情，之八者，乃始脔卷㺯囊而乱天下也[7]。而天下乃始尊之惜之，甚矣，天下之惑也！岂直过也而去之邪[8]！乃齐[9]戒以言之，跪坐以进之，鼓歌以儛[10]之，吾若是何哉！

【注释】

[1]说(yuè):通“悦”,喜悦。

[2]淫:沉溺,为之所迷乱。

[3]悖:违背。

[4]相:注视,此指精神上有所注重。技:技巧,有巧伪之意。

[5]艺:才能。古代称多才多艺为圣。

[6]疵:毛病,指挑剔别人的毛病。

[7]脔(luán)卷:拘束忍性的样子。�(cāng)囊:扰攘纷争的样子。

[8]直:但、就。过:经过。

[9]齐(zhāi):通“斋”。

[10]儛(wǔ):舞。

【品读】

庄子的政治论不主张“治”,而是使天下自在宽和。这主要是为了不破坏人生而具有的天德。天德是恬淡、寂寞之情,没有大喜亦无大怒,阴阳和顺,无所思虑,如此才能成就中正之道。在庄子看来,自三代以下者,由于有治,导致聪、明、仁、义、礼、乐、圣、智等“八者”人类有为之事的产生,是使人的性命之情不安的直接因素,又导致了天下大乱。天下大乱,原始于治。欲使天下无乱,则在于无治。庄子对于文明的每一种表现,都看到了其负面影响。攻击的矛头尤其针对儒家。因为在庄子看来,儒学是最迷惑人的。其实,儒学在当时并未受青睐。但庄子似乎预见到了儒家学说终将为统治者取为正宗的前景。

故君子不得已而临莅天下[1],莫若无为。无为也而后安其性命之情。故贵以身于为天下,则可以托天下;爱以身于为天下,则可以寄天下[2]。故君子苟能无解其五藏[3],无擢[4]其聪明;尸居而龙见[5],渊默而雷声[6],神动而天随,从容无为而万物炊累[7]焉。吾又何暇治天下哉!

【注释】

[1]莅(lì):到、临。“临莅天下”,即天子之位。

[2]句意为:只有贵身贱利的人才可以托付天下。

[3]五藏:五脏。“无解五藏”即不可放纵情性。

[4]擢(zhuó):举用、提升,引申为有意显露。

[5]尸:一动不动的样子。居:止,寂然不动的样子。龙:精神腾飞的样子。见:显现。

[6]渊默:像深渊那么默默深沉。雷声:撼人之力就像雷声隆隆。

[7]炊:炊烟。累:游动的尘埃。

【品读】

本段以人性自然为中心，阐述了无为无治的政治思想。在现实中，君子如若不得已而临莅天下，只有任性无为，才能重新恢复人性安宁的本然状态。人性安宁，自然和谐，天下就不会乱，也不需要动用这些所谓的智慧和伦理去维护秩序。

任何时代的政治都要讲治，问题的关键在于如何去治。“无为”作为一种政治主张，实际上是一种符合自然之道，顺应民心民性，不以私欲而任意妄为的统治方法。治理天下、重整社会秩序的根本，就是“无为”，而其核心，就在于“安其性命之情”。所谓性命之情，就是人的自然本性，它自然、真实、空明、恬静而具有至高的价值。顺应人的自然之性而治理天下，不自以为是地横加干涉，不使人被刑罚、礼法、名利这些人为的事物蒙蔽而失性，从而不使天下混乱、社会崩溃，就是无为而治，文明也就从这种无为中得到了净化。

崔瞿问于老聃曰[1]：“不治天下，安藏[2]人心？”老聃曰：“女慎，无撄[3]人心。人心排下而进上[4]，上下囚[5]杀，淖约柔乎刚彊[6]，廉刿雕琢[7]，其热焦火，其寒凝冰[8]，其疾俛仰之间而再抚四海之外[9]。其居也，渊[10]而静；其动也，县而天。偾骄[11]而不可系者，其唯人心乎！

【注释】

[1]崔瞿：虚拟的人名。

[2]安：怎样。藏：畜、养，此有收拾之意。

[3]撄(yīng)：纠缠、扰乱。

[4]排：排斥、压抑。进：推进、提升。“排”与“进”分喻不得志之时和得志之时；“下”与“上”则分指颓丧、消沉与欢欣、气盛两种心态。

[5]囚：拘禁。

[6]淖约：柔弱美好的样子。彊(qiáng)：即“强”。

[7]廉：方正，有棱角，比喻品行端正，不随合世事。刿(guì)：割伤。

[8]热、寒：分别形容情感激动和情绪低落两种心态。

[9]疾：快速。俛仰之间：比喻时间短暂。俛，通“俯”。抚：临。

[10]渊：深沉之意。

[11]偾(fèn)骄：指深思的奔驰。偾，紧张而兴奋。骄，马放纵奔跑的样子。

【品读】

本章借老聃之口回答崔瞿的问题：实际就是儒家学派对道家主张的质疑，如果不用仁义礼乐治天下，如何使人们为善？庄子强调，关键点是不要扰乱人心。人心本来是寡欲素朴的，扰乱了人心，它就会变化多端，不可制约。在庄子看来，仁、义、礼、智这些价值目标不但不能安定人心，反而由于崇尚仁义法度，破坏了人们的本性，使人心浮动，造成天下混乱。天下大乱，就是因为"撄人心"，因此要尽量使人心静如深渊，动如悬天，苍茫噩噩而无所拨动。这就要保持心灵的虚静安宁，才能恢复自然本性。在此庄子从提倡仁义所造成的现实结果来说明用仁义治理天下、使人心向善恰好适得其反，儒家提倡的仁义礼乐并不能解决人们的伦理问题，从反面来证明无为而治的必要性。

"昔者，黄帝始以仁义撄人之心，尧、舜于是乎股无胈[1]，胫无毛[2]，以养天下之形。愁其五藏[3]以为仁义，矜其血气以规法度[4]。然犹有不胜也。尧于是放讙兜[5]于崇山，投三苗于三峗[6]，流共工于幽都[7]，此不胜天下也。夫施及三王而天下大骇矣[8]，下有桀、跖，上有曾、史，而儒墨毕起。于是乎喜怒相疑，愚知相欺，善否相非，诞信相讥，而天下衰矣。大德不同[9]，而性命烂漫矣；天下好知，而百姓求竭[10]矣。于是乎釿锯制焉[11]，绳墨杀[12]焉，椎凿决焉[13]。天下脊脊[14]大乱，罪在撄人心。故贤者伏处大山嵁岩之下[15]，而万乘之君[16]忧慄乎庙堂之上。

【注释】

[1]股：大腿。胈(bá)：白肉。

[2]胫：小腿。"股无胈"与"胫无毛"都是用来形容劳累奔波的。

[3]五藏：五脏，泛指心胸和思想。

[4]句意为：为建立法度而血气激愤。矜，盛。

[5]讙(huān)兜：传说是帝鸿氏之子，又称"混沌"，为共工氏同党。

[6]投：放。三苗：帝尧时的古国名，地处南方。三峗(wéi)：山名，地处西北。

[7]共工：传说尧时的造反者。幽都：幽州，地处北方。

[8]施(yì)：延续。三王：夏、商、周三代。骇：惊动。

[9]大德：天道。不同：指不能统一人心。

[10]求竭：指永远不能满足。竭，尽。

[11]釿(jīn)：通"斤"，斧头。制：断。

[12]杀：疑为"设"字之误，处置之意。

[13]椎凿：穿孔工具。决：打穿，指刑戮、处决。釿锯、绳墨、椎凿皆木匠工具，喻指伤害人和约束人的刑法和礼义。

[14]脊脊：相互践踏的样子。

[15]伏处：隐居。嵁(kān)岩：深谷。

[16]万乘(shèng)之君：大国之君。乘，古代一车四马为一乘。

【品读】

庄子反复阐述无为而治的主张，认为“断绝圣人，抛弃智慧”，天下就会得到治理而太平无事。庄子将儒家学说的发明权追溯到黄帝，追溯到儒家推崇的圣贤，在抨击仁义道德之说的同时也就否定了儒家推崇的圣贤。尧、舜的勤政成为庄子嘲笑仁义之说的根据。因庄子主张无为而治，尧、舜的辛苦正是天下没有治好的证明。到了夏、商、周三代帝王，人心在惊扰中分化成两极，愚智、喜怒、诞信、善否各自为心，儒、墨之争由是纷起。于是，喜怒相互猜疑，愚智相欺，好坏相互非议，荒诞与信实互相讥讽。至此，大道开始衰退，人们的欲望之心升起。再用礼义刑法来约束如同火上浇油。庄子强调，天下大乱，罪在“撄人心”。由于人心被挑动，天下大乱，万民受尽煎熬，以此强调无为而治的必要性。

今世殊死[1]者相枕也，桁杨者相推也[2]，刑戮者相望也，而儒墨乃始离跂攘臂乎桎梏之间[3]。意，甚矣哉！其无愧而不知耻也甚矣！吾未知圣知之不为桁杨椄槢也[4]，仁义之不为桎梏凿枘也[5]，焉知曾、史之不为桀、跖嚆矢也[6]！故曰‘绝圣弃知而天下大治’。”

【注释】

[1]殊死：斩首。殊，断。

[2]桁(háng)杨：加在被囚禁者颈上和脚上的刑具。相推：拥挤。

[3]离跂(qí)：奋力的样子。攘臂：举臂。桎梏：脚镣和手铐，此喻用来束缚人的真情本性的工具。

[4]句意为：圣智的作用像枷锁、木尖一样，只能加强残酷的统治。椄槢(jiē xí)，木尖。

[5]凿：孔。枘(ruì)：榫头，即插入孔中的木拴。

[6]嚆(hāo)矢：响箭，此含有导向、先导的意思。嚆，吼。

【品读】

老聃对崔瞿的谈话说明推行仁义扰乱人心是天下越治越坏的原因，极力主张“绝圣去知”。庄子生活在“殊死者相枕也”的乱世之中，他对黑暗社会有着十分清醒而深刻的认识。同样处于动荡时代，儒家与庄子的不同在于，儒家认为仁义仁政可以拨乱反正，使天下归于太平；庄子则认为仁义道德将人心搞乱，只有返朴归真才能使天下归于大治。

在春秋战国这种全局性、破坏性的社会危机中，儒、墨等学说纷纷出现。在庄子看来，儒墨是“撄人心”的恶果，却又进一步地助长了天下大乱。在乱世之中，庄子认为人应该做的就是摒除欲望彻底摆脱外物的役使，保身、全生以获得本性自由。

黄帝立为天子十九年，令行天下，闻广成子在于空同之山[1]，故往见之。曰："我闻吾子达于至道，敢问至道之精。吾欲取天地之精，以佐五谷，以养民人。吾又欲官[2]阴阳，以遂群生，为之奈何？"广成子曰："而所欲问者，物之质也；而所欲官者，物之残也。自而治天下，云气不待族而雨[3]，草木不待黄而落，日月之光益以荒矣[4]。而佞人之心翦翦者[5]，又奚足以语至道！"黄帝退，捐天下，筑特室[6]，席白茅[7]，间居[8]三月，复往邀[9]之。

【注释】

[1]广成子：传说即老子，实为虚构的人物。空同：亦作"崆峒"，神话中的山名。

[2]官：用作动词，管、主宰的意思。

[3]族：聚集。雨：用作动词，下雨。

[4]益：渐渐。荒：迷乱、晦暗。

[5]佞人：谗谄的小人。翦翦：心地狭劣。

[6]筑特室：指为避喧嚣而另辟静室。

[7]席：垫。白茅：表示洁身自好。

[8]间居：犹言独处，清心养性，因而杜绝与他人来往。

[9]邀：通"要"，求。

【品读】

本段打击圣人权威，嘲弄儒家思想的精神偶像。通过广成子对黄帝的谈话，阐明治天下者必须先治身的道理，并详细说明了治身、体道的方法和途径。黄帝问至道于广成子，第一次黄帝以"治天下"问，遭拒绝。庄子除了直接揭露和批判黄帝以仁义撄人心，扰乱天下的事实外，又从其反面作出讥讽描述，刻画了黄帝对"至道"的崇拜，以致成为道家思想虔诚信徒的形象。黄帝是以入仕和治天下为目的的，因此当他第一次去向得道高人广成子求教"达于至道"时，依然也是希望能用"至道之精"来治理天下的。这在广成子看来，黄帝实在"治"迷心窍，"至道"岂能用于"治天下"？在得道高人面前，黄帝显得格外渺小和幼稚，但经过开导而有所领悟。

广成子南首[1]而卧，黄帝顺下风[2]，膝行[3]而进，再拜稽首[4]而问曰："闻吾子达于至道，敢问：治身奈何而可以长久？"广成子蹶然[5]而起，曰："善哉问乎！来，吾语女至道：至道之精，窈窈冥冥[6]；至道之极，昏昏默默[7]。无视无听，抱神[8]以静，行将自正。必静必清，无劳女形，无摇女精，乃可以长生。

目无所见，耳无所闻，心无所知，女神将守形，形乃长生。慎女内[9]，闭女外[10]，多知为败。我为女遂于大明之上矣[11]，至彼至阳之原也[12]。为女入于窈冥之门矣，至彼至阴之原也。天地有官，阴阳有藏[13]。慎守女身，物将自壮。我守其一以处其和[14]。故我修身千二百岁矣，吾形未常[15]衰。”黄帝再拜稽首，曰：“广成子之谓天矣！”

【注释】

[1]南首：头朝南。
[2]下风：下方，表谦虚而甘居人下。
[3]膝行：用膝盖着地而行。
[4]稽首：叩头至地，表谦恭。
[5]蹶然：急剧状。
[6]窈窈冥冥：深藏的状态。
[7]昏昏默默：晦暗沉寂的样子。
[8]抱神：持守精神。
[9]慎女内：持守心思，摒弃思虑。内，内心、精神世界。
[10]外：感官、言行。
[11]遂：顺，引申为达到。
[12]前一“至”字为动词，即去到。后一“至”字为形容词，表极之意。
[13]藏：府、居所。
[14]一：浑一，此指“道”。和：指阴、阳调谐。
[15]未常：疑是“未尝”之误。

【品读】

此段描写的是得“道”之人的“守道”经过。黄帝第二次以“治身”问于广成子，受欢迎。广成子为他描述了一幅“至道”气势恢宏的景况。“至道之精”，深远静默，不劳形体，无耗精神，不惑眼目，不拓耳听，内无忧虑，外无伤残。因此，“至道之精”可以治身，可以养身，可以长生，还可以成为万物的至尊者。当人“闻道”之后，要做的就是要守住道。庄子对“守”是相当重视，强调“我守其一”。守就是要对已经体会到的“道”的体验和归依。而守“道”的结果就是外天下，外物，外生，见独，无古今，最后是入于不生不死。不生不死是庄子守道的结果，也是庄子最高精神境界的特征。这种无生无死的精神境界也正是庄子所要追求的超脱生死的自由。

广成子曰：“来，余语女。彼其物无穷，而人皆以为有终；彼其物无测[1]，而人皆以为有极[2]。得吾道者，上为皇而下为王[3]；失吾道者，上见光而下为土[4]。今夫百昌[5]皆生于土而反于土，故余将去女，入无穷之门，以游无极之野[6]。吾与日月参光[7]，吾与天地为常。当我缗乎[8]，远我昏乎[9]！人其尽死，而我独存乎！”

【注释】

[1]无测：不可测。

[2]极：限。

[3]皇、王：指至人或真人。

[4]见：通“现”，见光，显露光芒。为土：为生死于土的东西。

[5]百昌：百物。百，言多。

[6]野：境、区域。

[7]参：同。参光：同样光明。

[8]当我：向着我而来。缗(mín)：昏，无心之意。

[9]远我：背着我而去。昏：昏暗，不在意的意思。

【品读】

庄子假广成子之口说明“至道”的无穷与深不可测。至道是无穷尽的，而人都以为是有终点的；至道是不可测知的，而人都认为是有极限的。庄子提出了世界发展的无限性，提出事物的发展没有极限。庄子认识到事物发展的无限性，虽然这种“其物无终”“其物无测”的思路，有陷入不可知论的危险，但庄子毕竟提供了一种开放性的思路，避免了僵化。既然一切都没有穷尽，也就不存在什么终极的真理。

得我至道之人，上可为皇而下可为王；丧失我至道之人，生时仅能见日月之浮光，死后化为泥土。所谓“皇”和“王”，非指治天下之“皇”和“王”。庄子之意显然是指那种“无为而后安其性命之情”，可以永生的至人或真人。这种人能入于无穷的门径，遨游于无极的旷野，与日月同放光明，与天地一样恒久。任这种人治天下则是无治天下，但莫不使天下自然有序而大治。可见，庄子重于治身养生和得道，根本目的就是为了实现其无为的政治理想。

云将东游，过扶摇之枝而适遭鸿蒙[1]。鸿蒙方将拊脾[2]雀跃而游。云将见之，倘然[3]止，贽然[4]立，曰：“叟何人邪？叟何为此？”鸿蒙拊脾雀跃不辍[5]，对云将曰：“游！”云将曰：“朕[6]愿有问也。”鸿蒙仰而视云将曰：“吁！”云将曰：“天气不和，地气郁结，六气不调，四时不节[7]。今我愿合六气之精以育群生，为之奈何？”鸿蒙拊脾掉头[8]曰：“吾弗知！吾弗知！”云将不得问。

【注释】

[1]云将、鸿蒙：皆虚设人名。扶摇之枝：暴风的余风。扶摇，从下卷向上的暴风。

[2]拊(fǔ)脾：拍股。拊，拍击。

[3]倘然：忽然。

[4]贽(zhì)然：站立不动的样子。

[5]辍(chuò)：停止。

[6]朕：我，第一人称代词。

[7]节：节令。不节：不合节令。

[8]掉头：摇头，表否定。

【品读】

鸿蒙是庄子精心塑造的一个自然本体的寓言形象。他无所拘束，随心所欲，代表了自然，也代表了至道之精；他能够特别无视像云将那种终身役役而热心于拯救天下、养育群生的人。现实中，很多统治者都把自己对国家的拥有当成了占有，把对民众的统治当成了奴役。因为占有与奴役，因而每天都计较着民众会不会反叛，算计着自己的得失，于是身心疲惫。在鸿蒙看来，云将忧国忧民的本身已背离了自然，其动机已表露了其治者心态。这与鸿蒙主张的无为物自化、任性自主背道而驰。因而初始云将以"育群生"问，鸿蒙不理。

又三年，东游，过有[1]宋之野，而适遭鸿蒙。云将大喜，行趋而进曰："天[2]忘朕邪？天忘朕邪？"再拜稽首，愿闻于鸿蒙。鸿蒙曰："浮游不知所求；猖狂[3]不知所往。游者鞅掌[4]，以观无妄[5]。朕又何知！"云将曰："朕也自以为猖狂，而民随予所往；朕也不得已于民，今则民之放[6]也！愿闻一言。"鸿蒙曰："乱天之经[7]，逆物之情，玄天[8]弗成；解兽之群，而鸟皆夜鸣；灾及草木，祸及止虫[9]，意！治人之过也。"云将曰："然则吾奈何？"鸿蒙曰："意！毒[10]哉！仙仙[11]乎归矣！"

【注释】

[1]有：语助之辞，无实义。

[2]天：对"鸿蒙"的尊称。

[3]猖狂：无所束缚的状态。

[4]鞅掌：众多、纷纷攘攘的样子。

[5]无妄：真实。妄，虚、不实。

[6]放：解放。

[7]经：本指织物上的纵线，引申为常规，正常序列的意思。

[8]玄天：老天爷。

[9]止虫：贞虫。即雌雄没有交合的虫。

[10]毒：受毒害太深。

[11]仙仙：轻扬的样子。

【品读】

庄子假鸿蒙之口说明“治人之过”。云将第二次以“民之放”问，鸿蒙高兴。“民之放”是指放弃治国治民之累，无拘无束。鸿蒙所谓“浮游不知所求”，此“游”不仅是一种悠游自在，无所贪求，随心所欲，而且也是一种在纷纭复杂的现象世界中观见事物真相的直觉认知活动。

庄子假鸿蒙之口说明“治人之过”。人类的“有为”扰乱了自然界的正常秩序，背离了万物的自然本性，使得禽奔兽窜，悲鸟夜鸣，灾及草木，祸及止虫。庄子政治学说的核心概念是“无为”，但它的本意并不是无所作为。庄子认为自然本性的本身是完善的，如果人为地加以改变，就会损害事物的本性。统治者应该听任社会自然而然地发展，而不要加以人为控制与治理。无为意味着对“为”的摒弃，而“为”指的是人为、机巧、干预和破坏自然与社会和谐发展的种种行为方式。

云将曰：“吾遇天难，愿闻一言。”鸿蒙曰：“意！心养[1]！汝徒[2]处无为，而物自化。堕[3]尔形体，吐[4]尔聪明，伦与物忘[5]，大同乎涬溟[6]。解心释神，莫然[7]无魂。万物云云[8]，各复其根[9]，各复其根而不知[10]；浑浑沌沌[11]，终身不离。若彼知之，乃是离之。无问其名，无窥其情，物固自生。”云将曰：“天降朕以德[12]，示朕以默[13]；躬身求之，乃今也得。”再拜稽首，起辞而行。

【注释】

[1]心养：养心，即摒弃思虑，清心寂神。

[2]徒：只、只要。

[3]堕(huī)：通“隳”，毁弃。

[4]吐：通“杜”，绝。

[5]伦与物忘：指自己连同万物都要忘却。伦，类同。

[6]涬(xìng)溟：混混沌沌的状态。

[7]莫然：漠然、茫茫然。

[8]云云：众多的样子。

[9]根，木，此指固有的真性，

[10]知：感知。

[11]浑浑沌沌：各任自然，浑然无知，保持自然真性的状态。

[12]降朕以德：把对待外物和自我所应取的态度传授给我。降，传授、教诲。

[13]示朕以默：即把清心寂神的方法晓谕给我。默，即“养心”，清心寂神之意。

【品读】

此段明确提到养心之术。此“心养”是对《大宗师》之“坐忘”的具体解释。在做到“心斋”即虚心凝神之后，进一步要做到“外生（性）”，抛却自身根深蒂固的欲望（形）、好恶带来的偏见（知），才能与物同在。生活在动荡不安的战国时代，庄子就是通过“坐忘”，忘掉自身形体的存在，舍弃了诸多妄念杂想，挣脱尘俗的羁绊，得到心灵的自由与超脱。

以治身养心为前提，消除智慧，浑浑沌沌，物我两忘。然后处天下万物于无治无为任其自生自长和自化。对待天下万事万物，不作人为的有意安排和规定。治天下者必弃其天下，泯其治念，处其无为，自求于涵养本然之心，依顺于自然本体，使天下“复归其根”，重为自然无忧和无乱的状态，以此实现庄子无为政治的自然理想。

世俗之人，皆喜人之同乎己而恶人之异于己也。同于己而欲[1]之，异于己而不欲者，以出乎众为心也。夫以出乎众为心者，曷常[2]出乎众哉！因众以宁所闻[3]，不如众技众矣。而欲为人之国者，此揽[4]乎三王之利而不见其患者也。此以人之国侥倖也，几何侥倖而不丧人之国乎！其存人之国也，无万分之一；而丧人之国也，一不成而万有余丧矣！悲夫，有土者[5]之不知也！

【注释】

[1]欲：喜好。

[2]曷常：即何尝。

[3]因：随顺、顺乎。宁：安。

[4]揽：把持、撮起。

[5]有土者：拥有国土的人，指国君。

【品读】

这段把世人心态刻划得入木三分。庄子告诉我们，有好人同己之心，有好胜之心，就得不到真理。不愿否定自己，自以为是，不愿他人胜过自己，这种思想就是认识真理的障碍。如果只能听顺耳之言，听不得逆耳之言，那么这个人就会有麻烦。假如国家统治者盲目追求三王的治国之利而看不到其有为的祸患，这是把为人治国之成功寄托在碰运气、图侥幸上面，恐怕没有不使国家沦亡的。

事实上，老庄学派尽管主张“天放”“自然”，但并不是要统治者脱离与民众的联系；相反，他们认为察民情、顺民心才是顺乎自然的管理模式。老子说：“圣人无常心，以百姓心为心。”①圣人不应当固执己见，应当倾听百姓的心声，善与不善，都当听之不拒。庄子进一步指出，君主如果自以为是，不纳谏、不从众，后果就是丧失国家权柄。总之，道家民本思想也为民本思想在春秋战国时期的成熟做出了贡献。

夫有土者，有大物[1]也。有大物者，不可以物[2]；物而不物[3]，故能物物[4]。明乎物物者之非物也，岂独治天下百姓而已哉！出入六合，游乎九州[5]，独往独来，是谓独有[6]。独有之人，是谓至贵。

【注释】

[1]大物：指天下、国家。

[2]不可以物：不能拘泥于物。

[3]物而不物：谓应站在道的高度，超出物外，才能统治天下。

[4]物物：物使天下之物。第一个“物”用作动词。

[5]九州：所指历来不定，这里可理解为当时中原一带人们所熟悉的地域。

[6]独有：指不为外物所拘滞。

【品读】

此段阐述“物而不物，故能物物”的处世理念。明白拥有而不受其拖累，反而能够驾驭它的，只有一条，就是明乎其技而超越之；只有一个办法，就是无为。这作为最高智慧、最高智谋，非常人可具备。只有真正在道上有所体证的人才能够具备。

庄子认为治国者有极大的心理缺陷和情感冲动。君王受制于情感欲望支配，每每作出愚蠢无知的利益追求，却全然不顾其诱惑与牵引的死亡陷阱。庄子指出那种丧失自然秉性的世俗人，尤其是那种拥有国土的君王是最可悲的人。

人超越了“物而不物，故能物物”，就可以“出入六合”，在宇宙自然之中来去自由。一个人达到了这样的境界，可谓“至贵”了。周敦颐说：“天下至尊者道，至贵者德。”②道和德是超越一切权力、超越一切财富、超越一切名望的一个东西，所以如果一个人有了道，那就是独有之人，当然就是至尊至贵。

---

① 《老子》第四十九章。

② （宋）周敦颐：《通书·师友》。

大人[1]之教，若形之于影，声之于响[2]。有问而应之，尽其所怀，为天下配[3]。处乎无响，行乎无方。挈汝适复之，挠挠以游无端[4]，出入无旁[5]，与日无始。颂论形躯[6]，合乎大同。大同而无己。无己，恶乎得有有[7]。睹有者，昔之君子；睹无者，天地之友。

【注释】

[1]大人：即得道之人。

[2]响：回声。

[3]配：匹对，此指应答；问话者为主，应答者则为匹对。

[4]挠挠：宛转。挈：提。适复：往返。

[5]旁（bàng）：依。

[6]颂论：指言谈。颂，容。论，语。

[7]有有：将所占有的看作为己有。

【品读】

庄子所言“大人之教”，其大人就是道人，也称为“圣人”“至人”。作为道人，当然也有责任把道回馈给众生，回馈给社会。“大人之教”的教法就像形体对于影子、声音对于回声那样。道人可以带领众生，畅游万法，又可回归于这么一种境界；道人提携众人经历错综纷乱的社会生活，漫游于无边际空间，往来出入，无所依傍，与日推移，无有终始。

作为君子而言，富有天下，精神富有，物质富有，当然已了不起。但“睹无”，看到无的方面，才看到了道；看到了道，就是“天地之友”，就成为大道的朋友，天道的朋友。

贱而不可不任[1]者，物也；卑而不可不因[2]者，民也；匿而不可不为者，事也；麤而不可不陈者[3]，法[4]也；远而不可不居者，义也；亲而不可不广者，仁也[5]；节而不可不积者[6]，礼也；中[7]而不可不高者，德也；一而不可不易者，道也；神而不可不为者，天也。

故圣人观于天而不助，成于德而不累，出于道而不谋，会于仁而不恃[8]，薄[9]于义而不积，应于礼而不讳，接于事而不辞，齐于法而不乱，恃于民而不轻，因于物而不去。物者莫足为也，而不可不为。不明于天者，不纯于德；不通于道者，无自而可。不明于道者，悲夫！

何谓道？有天道，有人道。无为而尊者，天道也；有为而累者，人道也。主者，天道也；臣者，人道也。天道之与人道也，相去远矣，不可不察也。

【注释】

[1]任:用。

[2]因:顺应、依随。

[3]麤(cū):"粗"的异体字。陈:实施、实行。

[4]法:效法,此指可效法的言论。

[5]句意为:亲近容易形成偏爱,扩大了亲近的范围也就成为"仁"。广,扩大、推展。

[6]节:礼仪。积:增多。

[7]中:顺。一说获得的意思。

[8]会:合符。恃:依靠。

[9]薄:通"迫",接近、靠拢。

【品读】

本章蕴含道家的民本思想。老子言:"是以天下乐推而不厌。以其不争,故天下莫能与之争。"[①]这正是一种得民之道,只有把民众的利益放在前头,民众才会乐于接受你的统治。庄子继承了老子的民本主张,并将民本认识表述得更为直接。他概括了治理天下时遇到的十种情况,认为民众虽地位卑微,但他们却是上层统治者存在的依据,不可不重视。恰当地利用民行事,就如同用天、用德、用道、用仁、用义、用礼、用事、用法的意义一样,可使自己的地位得以巩固。庄子指出,对待这些情况都只能听之任之,随顺应合。

在庄子看来,道有天道、人道之分。无所事事、无所作为却处于崇高地位的,就是天道;事必躬亲、有所作为而积劳累苦的,就是人道。天道虽然无为但却主宰了人道,不明白大道的人是悲哀的。天道与人道之间的差距实在太远,不可不分辨清楚。庄子主张无为而治,"主者,天道也"。但现实中的君主并不奉行无为而治的方针,所以庄子所谓的天道实际是自然之道。

---

① 《老子》第六十六章。

天地第十二

天地虽大，其化均也[1]；万物虽多，其治[2]一也；人卒[3]虽众，其主君也。君原于德[4]而成于天。故曰：玄古之君天下[5]，无为也，天德[6]而已矣。以道观言而天下之君正[7]，以道观分[8]而君臣之义明，以道观能而天下之官治，以道汎观而万物者应备[9]。故通于天下者，德也；行于万物者，道也；上治人者，事也；能有所艺者，技也。技兼于事，事兼于义，义兼于德，德兼于道，道兼于天。故曰，古之畜天下者，无欲而天下足，无为而万物化，渊静而百姓定[10]。《记》[11]曰："通于一[12]而万事毕，无心得而鬼神服。"

【注释】

[1]化：变化、运动。均：均衡，这里指出于自然。

[2]治：此指万物各居其位，各有所得。

[3]卒：徒。人卒：百姓。

[4]原：本原。原于德：以德为本。

[5]玄古：遥远的古代。君：用作动词，"君天下"即君临天下，统驭天下。

[6]天德：指无为，即听任自然，顺应自得。

[7]观：表示、显示。言：名。

[8]分：职分。

[9]汎观：遍观。汎，"泛"的异体字。备：全，自得而又自足之意。

[10]渊静：指深沉清静，不扰乱人心。渊，水深的样子。

[11]记：书名，为老子所作，但已不可考。

[12]一：实指道。

【品读】

这段阐述无为而治的思想基于"道"。在道家看来，天地虽然广大，其变化却有规律可循。在天人关系之间，庄子强调的是一以贯之的"道"。领悟了"道"，才能了解世界的本质，有所成就。因此治理天下就应当无为。其中蕴含的意思非常明显，只要能"无为"而顺应自然，就可以达到"有为"而天下大治。这"有为"的结果，表现在政治上就是"天下之君正""君臣之义明""天下之官治"。圣君之治就是无为。此无为实非自然无为，而是社会无为，是以无为实现其有为，直接为现实统治者服务。

本段虽然强调“无为”，但实际指向的却是“有为”。“无为”是一种手段，“有为”才是根本目的，以达到“百姓定”“万事毕”“鬼神服”的统治效果。作者对于君臣万物的关注程度绝不亚于儒家，不同之处仅在于儒家以“仁义”统率一切，而作者却认为应以无为无欲的“道”来统率一切，从而做到如“古之畜天下者”，其想要达到的结果与儒家可谓殊途同归。

夫子[1]曰：“夫道，覆载万物者也，洋洋[2]乎大哉！君子不可以不刳心[3]焉。无为为之[4]之谓天，无为言之[5]之谓德，爱人利物[6]之谓仁，不同同之[7]之谓大，行不崖异[8]之谓宽，有万不同[9]之谓富。故执德[10]之谓纪，德成之谓立[11]，循于道之谓备，不以物挫志之谓完。君子明于此十者，则韬乎其事心之大也[12]，沛乎其为万物逝也[13]。若然者，藏[14]金于山，藏珠于渊，不利货财，不近贵富；不乐寿，不哀夭；不荣通，不丑穷。不拘一世之利以为己私分[15]，不以王天下为己处显。显则明。万物 府[16]，死生同状。”

【注释】

[1]夫子：即老子。

[2]洋洋：广大辽阔的样子。

[3]刳(kū)：剖开并挖空。刳心：指彻底抛弃个人心智。

[4]无为为之：任其自然，这就符合天道了。

[5]无为言之：用无为的态度去谈论，即不言而言之意。

[6]爱人：给人们带来慈爱。利物：给万物带来利益。

[7]不同同之：使不同的万物回归到同一的本性。

[8]崖异：突出而区别于众。

[9]有万不同：指心里包容着万种差异。

[10]执：掌握。德：指人的自然禀赋。

[11]立：指立身成人。

[12]韬：包容、蕴含。事心：建树之心。

[13]沛：流逝的样子。为万物逝：形容心怀宽广的样子。与，与。逝，往、归向。

[14]藏：亦作“沉”。

[15]拘(gōu)：通“钩”，取之意。一世之利：全天下利益。一，全。

[16]一府：一体。

【品读】

本段表达了圣君之治的社会社。首先讨论了君子所应遵循的十项社会原则：天、德、仁、大、宽、富、纪、立、备、完。道是覆盖和承载万物的，辽阔广大而无边际，君子不可不虚静其心以效法之。因为道具有包容一切、顺应万物的特性，因而执守万物的本性，依循道的法则，万物就会自然而然地归往。从而说明，要真正解决社会问题，并不能把人们分为不同的等级来建立社会秩序，而应该对人一视同仁，这才是社会秩序的常态，也才能最终平息社会的纷争与混乱。因而“至仁无亲”①，而不赞同儒家的爱有差等的别爱。前者讨论了君子如何遵循社会性的规范以达到其自然性目的，与万物一府。后者则描述了纯净的自然表现：无私欲、无私货、无夭寿、无哀怒、无荣辱、无美丑，如能这样，不自以为显赫而彰明，万物与我齐一，死生本无两样。

在道家看来，圣治作为社会有为之治的理想，在现实中却难以实现。它多半只能寄托于以往被理想化的圣人之治的事迹上。为了施行有为之治，道家的社会性思想不得不进一步贴近现实，直接从君臣之治上进行阐述。故庄子学派首先结合天道及无为思想来传达其社会性的有为思想。

夫子曰：“夫道，渊乎其居也[1]，漻[2]乎其清也。金石不得无以鸣。故金石有声，不考[3]不鸣。万物孰能定之？夫王德之人[4]，素逝而耻通于事[5]，立之本原而知通于神[6]，故其德广。其心之出[7]，有物采[8]之。故形非道不生，生非德不明。存形穷生，立德明道，非王德者邪！荡荡[9]乎！忽然[10]出，勃然[11]动，而万物从之乎！此谓王德之人。视乎冥冥[12]，听乎无声。冥冥之中，独见晓焉；无声之中，独闻和焉。故深之又深而能物焉[13]，神之又神而能精焉[14]。故其与万物接也，至无而供其求，时骋而要其宿，大小、长短、脩远。”

【注释】

[1]渊：幽深静寂的状态，表明道的神秘。居：处。

[2]漻(liáo)：清澈的样子，说明道的神明。

[3]考：敲击。

[4]王德之人：盛德之人。

[5]素：朴质。逝：往。耻通于事：即以通晓于琐细之事为耻。

[6]本原：此指万物的根本和原始的真性。知：通“智”。神：神秘莫测的境界。

[7]出：显现、感应。

[8]采：牵引、影响。

[9]荡荡：广阔辽远的样子。

[10]忽然：无心的样子。

[11]勃然：同“忽然”。

---

① 《庄子·天运》。

[12]冥冥:幽暗深渺的样子。

[13]能物焉:能够从中产生万物。

[14]能精焉:能够从中产生出精神。

【品读】

本段体现了自然性与超自然性的相互混通。庄子学说的核心正在于"道"。在庄子看来,道无形无色,无声无息,没有任何质的规定性。道以虚无为体,超于万物,却为万物所共有。道的要义便是自然,一切都不勉强。人类以其精神的独特载体,摆脱有为有物之累,而能入于虚无与大道为一。此乃庄子超自然性理想的最高境界。道家阐明大道深奥玄妙的含义,并借此指出居于统治地位的人要得无为而治就得通晓大道。

"王德之人",即那种不通达事务、不表现心态、不受外物戕害、保存身体、享尽天年、与自然道德相共存的自然人格,更具体指从大道那里获得广泛的自性任情的自然人。"王德者"反映了自然性的内容,而"大道"却表现了其超自然性内容。

自然性和超自然性都是庄子思想的理想境界。但二者却有很大的差异。自然性虽为无为之治,但却是有物有象的自然理想状态。超自然性不仅无为无治,而且是无物无象的精神理想状态。自然性与超自然性相互混通在本篇文中较为突出。

黄帝游乎赤水[1]之北,登乎昆仑之丘而南望。还[2]归,遗其玄珠[3]。使知索之而不得[4],使离朱[5]索之而不得,使喫诟[6]索之而不得也,乃使象罔[7],象罔得之。黄帝曰:"异哉,象罔乃可以得之乎?"

【注释】

[1]赤水:河名,在昆仑山南面。

[2]还:通"旋",随即、不久。

[3]玄珠:喻指道。

[4]知:通"智",杜撰的人名,寓含才智、智慧的意思。索:求、找。

[5]离朱:人名,寓含聪明之意。

[6]喫(chī)诟:虚构的人名,寓含巧辩之意。

[7]象罔:虚构的人名,寓含无心之意。

【品读】

黄帝寻珠寓言说明无为才能求得大道。无智、无视、无闻的象罔正是无为的象征。象罔无心无所求,却能获得"玄蛛"(大道)。而那些有智慧、有能力、有所求的人却不能获得"玄珠"(大道)。大道虚无而生衍万物,天下的有物自然来源于大道的虚无超然。一切有生于无,无超于有。为使人类得以精神解脱,达于道境,庄子于本段为人类指明了一条具体的路径,提出了无心、无物的精神修养方法。他强调了人类无心、无物却有得的超然价值。

尧之师曰许由,许由之师曰齧缺,齧缺之师曰王倪,王倪之师曰被衣[1]。尧问于许由曰:"齧缺可以配天[2]乎?吾藉王倪以要之[3]。"许由曰:"殆哉,圾[4]乎天下!齧缺之为人也,聪明叡知[5],给数以敏[6],其性过人,而又乃以人受天[7]。彼审乎禁过[8],而不知过之所由生。与之配天乎?彼且乘人而无天[9]。方且本身而异形[10],方且尊知而火驰[11],方且为绪使[12],方且为物絯[13],方且四顾而物应[14],方且应众宜[15],方且与物化[16]而未始有恒。夫何足以配天乎?虽然,有族有祖,可以为众父,而不可以为众父父[17]。治,乱之率也,北面[18]之祸也,南面之贼也。"

【注释】

[1]许由、齧(niè)缺、王倪、被衣:均为人名,除许由曾见于其他典籍外,其余三人是虚构的隐士,他们不同于世俗。

[2]配天:称得上得天道。

[3]藉:借助。要:通"邀",请。

[4]圾:通"岌",危险。

[5]叡(ruì):"睿"的异体字,聪慧。

[6]给:捷。数(shuò):快,引申为快捷。

[7]乃:且。人:指人为。受:通"授",加。

[8]审:明察。禁过:制止过错。

[9]乘人:即借助于人为。乘,趁,引申为借助。无天:抛弃自然的秉性。

[10]本身:本于自身,即以自身为根本。异形:形迹不同于别人。

[11]尊知:尊崇才智。火驰:像大火一样迅速蔓延,形容智慧敏捷。

[12]绪:丝端,喻指细末的小事。使:役使。

[13]絯(gāi):拘束。为物絯:被外物所拖累。

[14]物应:与外物相应接。

[15]应众宜:投合众人的需要。

[16]与物化:即随万物变化。与,参与。

[17]众父父:喻指天。

[18]北面:喻指臣下和百姓。

【品读】

本段提倡自然政治。庄子借政治的形式来阐述一种无治的自然状态。庄子强调聪慧和才智以及一切人为的作法都不足以治天下,并直接指出

"治"的危害就是"乱"的先导。庄子通过齧缺不可以配天(与天德相配,任天子之位)的原因,认为齧缺聪明机智,天分过人,但他常常以人事聪睿来待天然,善于禁止人的过失,却不知其缘由。让他任天子之位,只是依凭人为而扬弃自然,他能把万物分为类别,做一个有为之君,而不能做无为之君。用心智去治理国家,动乱也就由之而生,推行有力之治道,必给君臣带来灾祸。这表明庄子极端反对破坏自然的有为之治,崇尚自然无为之治。为实现自然无为之治,庄子为有治者特别指出了一条根本的出路,这就是居天子之位要全身心地沉浸在自我的修养中,而无暇关心其治天下之责。只有最关心自我修养的人,通过修养达到自性完善的自然境界,方能无治天下。

尧观乎华[1],华封人[2]曰:"嘻,圣人!请祝圣人,使圣人寿。"尧曰:"辞[3]。""使圣人富。"尧曰:"辞。""使圣人多男子[4]。"尧曰:"辞。"封人曰:"寿、富、多男子,人之所欲也。女独不欲,何邪?"尧曰:"多男子则多惧,富则多事,寿则多辱。是三者,非所以养德[5]也,故辞。"封人曰:"始也我以女为圣人邪,今然[6]君子也。天生万民,必授之职。多男子而授之职,则何惧之有?富而使人分之,则何事之有?夫圣人,鹑居而彀食[7],鸟行而无彰[8];天下有道,则与物皆昌;天下无道,则修德就闲。千岁厌世,去而上僊[9];乘彼白云,至于帝乡[10]。三患[11]莫至,身常无殃,则何辱之有!"封人去之。尧随之,曰:"请问。"封人曰:"退已!"

【注释】

[1]观:视察。乎:于。华:地名。

[2]封人:守护疆界的人。

[3]辞:谢绝,推辞。

[4]男子:男孩子。

[5]养德:道德的自我修养。

[6]然:通"乃",竟然。

[7]鹑(chún):即鹌鹑,一种无固定居巢的小鸟。彀(kòu)食:喻指圣人随物而安。彀,初生待哺的小鸟。

[8]无彰:不留下踪迹。

[9]僊(xiān):"仙"的异体字。

[10]帝乡:天帝所居的地方,喻指一种虚幻境界。

[11]三患:即前述寿、富、多男子所导致的多辱、多事和多惧。

【品读】

本段是华封人晓喻帝尧如何处世的故事。这个故事在于华封人晓喻帝尧如何变“三患”为真正的“三福”的人生生存哲学。华封人祝愿帝尧有“三福”，即寿、富、多男子。而帝尧却把这三者看作“三患”，这种思想是生逢乱世才会有的思想。于是华封人晓喻帝尧如何变“三患”为“三福”。尤其是“寿”的问题，是乱世安顿生命的突出问题，华封人变“寿则多辱”为“终身无殃”，写出了一个隐逸之士享受天年的情形。而“天下有道，则与物皆昌；天下无道，则修德就闲”的说法，更为士人如何处乱世开出方便之门，这与孟子所谓“达则兼济天下，穷则独善其身”①的处世哲学亦有某种相通之处。

本段也阐述了圣人的社会性与自然性。庄文中的圣人是个很不确定的人格概念，有时是社会性的，有时是自然性的，甚至有时是超自然的。本段文即反应了这一情况，前部分讲君子是社会性的，后部分讲圣人自然性的。如圣人既有避世、混世的味道，也有神仙的味道，但无论如何，他却明显是指自然性的人格。

尧治天下，伯成子高[1]立为诸侯。尧授舜，舜授禹，伯成子高辞为诸侯而耕。禹往见之，则耕在野。禹趋就下风[2]，立而问焉[3]，曰：“昔尧治天下，吾子[4]立为诸侯。尧授舜，舜授予，而吾子辞为诸侯而耕。敢问其故何也？”子高曰：“昔尧治天下，不赏而民劝[5]，不罚而民畏。今子赏罚而民且不仁，德自此衰，刑自此立，后世之乱自此始矣！夫子阖[6]行邪？无落[7]吾事！”俋俋[8]乎耕而不顾。

【注释】

[1]伯成子高：虚构的人名。

[2]下风：附身低下。

[3]焉：之。

[4]吾子：我的先生，您。

[5]赏：奖赏。劝：积极。

[6]阖(hé)：通“盍”，何不。

[7]无：毋、不要。落：荒废。

[8]俋(yì)俋：专心的样子。

【品读】

本段对比无为和有为，说明有为而治必然留下祸患。庄子杜撰了为臣于尧、舜、禹三代的伯成子高的事迹，唐尧统治天下，伯成子高立作诸侯。尧把帝位让给了舜，舜又把帝位让给了禹，伯成子高便辞去诸侯的职位而去从

① 《孟子·尽心上》。

事耕作。在子高看来，昔日尧治理天下，不用奖赏而民勉励向善，不用惩罚而民畏惧犯罪。而今禹赏罚并用而百姓却不仁不爱，社会道德从此衰落，刑罚从此建立，后世之祸乱从此开始。庄子认为，尧、舜、禹三代是中华文明走向异化的历史进程。众所周知，尧、舜、禹时代，国家权力的继承方式经历了由禅让制向世袭制转变，国家政权的性质也由公权向私权转变，最终形成了“家天下”的王权专制主义政治体制。一个新时代来临，纯朴善良的中国人从此都将面临着一个巨大的改变。

泰初有无[1]，无有无名[2]。一[3]之所起，有一而未形[4]。物得以生谓之德[5]；未形者有分[6]，且然无閒[7]谓之命；留动而生物[8]，物成生理[9]谓之形；形体保神，各有仪则[10]谓之性。性脩[11]反德，德至同于初。同乃虚，虚乃大。合喙[12]鸣。喙鸣合，与天地为合。其合缗缗[13]，若愚若昏，是谓玄德，同乎大顺[14]。

【注释】

[1]泰初：远古的开头。有无：只有“无”，即什么也没有。

[2]无有：没有存在。无名：没有名称。

[3]一：混一的状态，指出现存在的初始形态。

[4]未形：没有形状。

[5]物得以生：指万物得到了“一”的作用就生长，就叫德。得，自得。

[6]未形者：没有形成形体时。分：区别，指所禀受的阴阳之气不尽相同。

[7]閒(jiàn)：即“间”，指两物之间的缝隙。

[8]留动而生物：意谓物是道在变化中相对稳定的一种形式。留，滞静。

[9]生理：生命和机理。

[10]各有仪则：意谓各有各的特性。仪则，形式。

[11]脩：同“修”，修养。

[12]喙(huì)：鸟兽的嘴。

[13]缗(mín)缗：无心的样子。

[14]大顺：即道，指天下回返本真之后的自然情态。

【品读】

这段讨论了宇宙的起源与生成问题，认为自然万物生成于超然虚无，万物演化的过程是由无到有，而且是一个循环往复的运转过程，这过程经历着德、命、形、性几个阶段。万物得道而生，谓之“德”；此时，万物虽未成形，但却有了阴阳之分，可以繁殖衍生，谓之“命”；道继续流溢，阴阳之气交合运作，直至物形神俱至，各有样态，谓之“形”；形体保有精神，万物形神兼备，神寓形中，进而形成“性”。“性”经过休养返于“德”。此“德”寓于具体物形当中，凝聚着道性的物之为物的根本，即所谓“玄德”。概言之，“道”为“德”之根源，“德”是“道”在世界万象中的具体呈现；“德”是“道”之德，“道”之彰显就是“德”，“德”是此物之所以为此物，彼人之所以为彼人的殊异性所在。“道”之于“德”即“一”与“多”的关系，生命个体通过修身养性返回“德”之特色的根源，即返回“道”的虚一大同。个别差异性是庄子之德的一个呈现特点。庄子言及心性持修工夫问题，提出“性修反德”的主张，即通过修养心性的方法，逐步将人的精神层次提升到“德”的最高境界。

夫子[1]问于老聃曰：“有人治道若相放[2]，可不可[3]，然不然[4]。辩者有言曰：‘离坚白，若县寓[5]。’若是则可谓圣人乎？”老聃曰：“是胥易技系、劳形怵心者也[6]。执留之狗成思[7]，猿狙之便[8]自山林来。丘，予告若，而所不能闻与而所不能言：凡有首有趾、无心无耳[9]者众；有形者与无形无状而皆存者尽无[10]。其动止也，其死生也，其废起也，此又非其所以也。有治在人。忘乎物，忘乎天，其名为忘己。忘己之人，是之谓入于天[11]。”

【注释】

[1]夫子：指孔丘。

[2]治道：进行道的修养。相放：互相仿效。

[3]可不可：把“不可”附会为“可”。

[4]然不然：把“不然”附会为“然”。

[5]离：分。县寓：即高悬于天宇，清楚醒目。寓，“宇”的异体字。

[6]胥：通“谞”，指智巧小吏。易：改，指供职。系：系累。怵（chù）：恐惧、害怕。

[7]句意为：说明多才多能的害处。

[8]猿狙：猿猴。便：轻便快捷。

[9]有首有趾：头脚俱全，指业已成形。无心无耳：指无知无闻。

[10]有形者：指人体。尽无：表非常罕见。

[11]入于天：符合天道。

【品读】

本段通过孔子问老聃寓言，指出治世者必当“忘己”。老聃在孔子向其求教时，俨然是一幅教诲者面貌。称谓的不平等传达出孔子的从属地位，反映出孔子对道家学者的尊崇；而通过老聃教诲之内容，又传达了庄子思想。

在老聃看来，人在“命”面前无能为力，“其动止也，其死生也，其废起也”，这都是“自然之理”，对于其所然无从知晓，这便是人的局限性，但这种局限性却是自然赋予人的本性，不能随心所欲，否则便是对“造化”的挑衅。

老聃强调理想人格的豁达心态其实是一种超越：超越名利、超越得失祸福、超越生死、超越内外、超越自我。具有理想人格的人因豁达而超越，忘乎物，忘乎天，忘乎己，不被尘世间的是非、功过、善恶、荣辱所累，进而能够不受外物的影响。忘己者，就可以说和自然融为一体了。庄子以超然的生存智慧来追求精神上的自由，摆脱来自现实生活的压力，这对生活在现代的我们无疑是一个很好的启发。

将闾葂见季彻曰[1]："鲁君谓葂也曰：'请受教。'辞不获命[2]，既已告矣，未知中[3]否，请尝荐[4]之。吾谓鲁君曰：'必服[5]恭俭，拔出公忠之属而无阿私[6]，民孰敢不辑[7]！'"季彻局局然[8]笑曰："若夫子之言，于帝王之德犹螳螂之怒臂以当车轶[9]，则必不胜任矣。且若是，则其自为处危[10]，其观台[11]多物，将往投迹者众。"

将闾葂覤覤然[12]惊曰；"葂也汒若于夫子之所言矣[13]！虽然，愿先生之言其风[14]也。"季彻口："大圣之治天下也，摇荡[15]民心，使之成教易俗[16]，举灭其贼心而皆进其独志[17]。若性之自为，而民不知其所由然[18]。若然者，岂兄[19]尧、舜之教民，溟涬然[20]弟之哉岂兄尧、舜之教民，溟涬然弟之哉？欲同乎德而心居[21]矣。"

【注释】

[1]将闾葂(miǎn)、季彻：均为人名。

[2]获命：获得允诺。

[3]中(zhòng)：当，指合乎天道。

[4]荐：陈、陈述。

[5]服：实行、实践。

[6]拔：举荐、提拔。公忠之属：公正、忠诚之类的人。阿：偏私。

[7]辑：和睦、顺从。

[8]局局然：俯身而笑的样子。

[9]轶(zhé)：通"辙"，车轮印。

[10]自为处危：让自己处于高危的境地。

[11]观台：宫廷前面的观楼和高台。

[12]覤(xì)覤然：惊慌的样子。

[13]汒(máng)：芒昧无知。若：然。

[14]言其风(fán)：说个大概。风，大略。

[15]摇荡：鼓舞。

[16]成教易俗：接受天道的教化，改变世俗的习惯。

[17]贼心：伤害他人之心。独志：自我教化的心志。

[18]所由然：这样做的原因。

[19]兄："如"的意思。

[20]溟涬(xìng)然：元气未分时浑浑沌沌的样子。

[21]居：心思安定，不竞逐于外。

【品读】

本段通过闾葂和季彻的一段精彩对话，讲述大圣治天下之法。在庄子看来，从政的要领是纵任民心，促进自我教化，而有为之治即使躬身实行恭敬和节俭，且公正、忠诚，没有偏护与私心，也不过是螳臂当车，自处高危。这就抨击了所谓办事无私的为政思想。为政者应保持人的真性，放开手脚，顺应自然，让人们自我教育，无为而治。

圣治体现了圣人有为之治的内容，"大圣之治天下也，摇荡民心，使之成教易俗，举灭其贼心而皆进其独志"。然而圣人之治在现实中却是难以达到的。因而圣人是现实统治者借以热切向往的社会理想人格。所谓"摇荡民心"，显然民心是为圣人所摇荡，表现了圣人的有为之治。"成教易俗"，亦指圣人人为举措的结果。其目的则在于"举灭贼心而皆进其独志"。"贼心"即有害之心，即民众的反抗意识。而"独志"则已具备了自然任性之意。故圣人之治就要以有为的手段来达到其自然无为的目的。该段文字表现了圣治有为的思想。

子贡南游于楚，反[1]于晋，过汉阴[2]，见一丈人方将为圃畦[3]，凿隧而入井，抱甕而出灌[4]，搰搰然[5]用力甚多而见功寡。子贡曰：有械于此，一日浸百畦，用力甚寡而见功多，夫子不欲乎？"为圃者卬[6]而视之曰："奈何？"曰："凿木为机，后重前轻，挈[7]水若抽，数如泆汤[8]，其名为槔[9]。"为圃者忿然作色而笑曰："吾闻之吾师，有机械者必有机事[10]，有机事者必有机心[11]。机心存于胸中则纯白[12]不备。纯白不备则神生[13]不定，神生不定者，道之所不载[14]也。吾非不知，羞而不为也。"子贡瞒然[15]惭，俯而不对。有閒[16]，为圃者曰："子奚为者邪？"曰："孔丘之徒也。"为圃者曰："子非夫博学以拟[17]圣，於于[18]以盖众，独弦[19]哀歌以卖名声于天下者乎？汝方将忘汝神气，堕[20]汝形骸，而庶几乎！而身之不能治，而何暇治天下乎！子往矣，无乏吾事！"

【注释】

[1]反：返。

[2]汉阴：汉水的南沿。

[3]丈人：古代对长者的称呼。方将：正在。圃：菜园子。畦(qí)：菜圃内划分出的长

行的栽种区。

[4]瓮:"瓮"的异体字。

[5]搰(hú)搰然:用力的样子。

[6]卬(yǎng):通"仰",抬起头。

[7]挈(qiè):取。抽:提。

[8]数(shuò):快,引申为快速。泆(yì)汤:通"逸荡"。

[9]槔(gāo):一种原始提水工具,又名"吊杆"。

[10]机事:机巧一类的事。

[11]机心:机巧、机变的心思。

[12]纯白:此指未受世俗沾染的纯静空明的心境。

[13]生:通"性"。神生:即思想、精神。

[14]载:充满。

[15]瞒然:羞惭的样子。

[16]有閒:即俄顷,不一会儿。閒,间。

[17]拟:比拟、仿效。

[18]於于:盛气呼号的样子。

[19]独弦:自唱自和。哀歌:哀叹世事之歌。

[20]堕:通"隳",毁坏。

【品读】

庄子借种菜老人之口反对机巧之事和机巧之心,提倡素朴和返归本真。抱瓮老人宁愿费力而缓慢地浇灌菜园,也不用机械一类的东西。他的原始操作见效甚小,却对用力寡而见功多之机械嗤之以鼻,不屑一顾,讥讽孔子哗众取宠,博取声名,其一番理论使得倡导"机事"的子贡"瞒然惭,俯而不对"。

值得注意的是,庄子哲学虽然反对机械,可又并非完成赞同抱瓮老人将所有的机械一概摒弃的做法,而是认为只要是顺应自然,保持本性,不为外物所役,不为机械所累即可。在庄子的忘境中,忘知也是一个十分必要且重要的内容。抱瓮老人的知而不为,可见其行为是出于理性自觉,而非愚昧无知的结果。正是认识到机心(知)对精神宁静的扰乱,才使得抱瓮老人选择了放弃,以追求一种合于天理的生活。

子贡卑陬[1]失色,顼顼然[2]不自得,行三十里而后愈[3]。其弟子曰:"向之人何为者邪[4]?夫子何故见之变容失色,终日不自反[5]邪?"曰:"始吾以为天下一人耳[6],不知复有夫人也[7]。吾闻之夫子,事求可,功求成。用力少,见功多者,圣人之道。今徒[8]不然。执道者德全,德全者形全,形全者神全。

神全者，圣人之道也。托生与民并行而不知其所之[9]，汒乎淳备[10]哉！功利机巧必忘夫人之心。若夫人者，非其志不之[11]，非其心不为。虽以天下誉之，得其所谓，謷[12]然不顾；以天下非之，失其所谓，傥然[13]不受。天下之非誉无益损焉，是谓全德之人哉！我之谓风波[14]之民。"

反于鲁，以告孔子。孔子曰："彼假脩浑沌氏之术者也[15]。识其一[16]，不知其二[17]；治其内，而不治其外[18]。夫明白入[19]素，无为复朴，体性抱神[20]，以游世俗之间者，汝将固惊邪？且浑沌氏之术，予与汝何足以识之哉！"

【注释】

[1]卑陬(zōu)：惭愧不安的样子。

[2]顼(xū)顼然：低垂着头的样子。

[3]愈：病愈，此指心情恢复常态。

[4]向之人：刚才那个人。向，刚才。

[5]反：复，恢复常态。

[6]始：曾。以为：认为。天下一人：指孔丘。

[7]复：再。夫人：那种人，指种菜老人，即道家者流。

[8]徒：却。

[9]托生：寄托形骸于世。所之：去到哪里。

[10]汒(máng)：同"茫"，指深远难测。淳备：淳和完备，此指操行和德行朴实而又保持本真。

[11]不之：不去追求。

[12]謷：通"傲"，孤高。

[13]傥然：无心的样子。

[14]风波：随风而起，随波而逐，喻指心神不定，为世俗尘垢所牵动。

[15]假：托。脩：学习。浑沌氏：虚拟人，指主张浑沌无别而不可分的人。

[16]识其一：意谓只识天道，不识其他。

[17]不知其二：修炼心性而忘怀于世事。

[18]外：指外在世界，与"内"所指的内心修养相对应。

[19]入：疑为"大"字之误，"太"的意思。

[20]体性：体悟真性。抱神：守藏着精神。

【品读】

本段指出了圣人、全德之人、风波之人的区别。此处讲述了两种不同的圣人之道，前者圣人与"风波之民"为一组，是讲以孔儒为代表的社会性有为内容，后者圣人与"全德之人"为一组，是讲以丈人为代表的自然性无为内容。

"圣人"行事要求合理，事业要求成功。用的力气少，所见功效多，即圣人之道。这是孔墨治天下的圣人理想。这种圣人着重表现了颐养自然道德的心性和保全自然道德的人生内容。“全德之人”则立自然之全德,不为天下毁誉所动摇,傲视人世,不为世俗所染指。孔子将抱瓮老人的处世态度归结为“明白入素,无为复朴”。这样的人心清性明至于纯洁无瑕,无为返朴,体悟自性而执守精神专一,以悠游于世俗生活之中。置世俗的舆论于不顾,宠辱不惊,是庄子人生态度的一个侧面。“风波之民”是子贡与“全德之人”相比称的自谦之辞,像子贡这种为统治者所效力的人受世间毁誉所左右,不能执守于“全德”,如同在风浪中摇晃一样。

庄子通过孔子之口对儒家仁义道德的宣扬、对功利机巧的追求进行了否定。孔子特别尊崇丈人,称他是“修浑混氏之术者”。庄子通过这样一位由儒而道的孔子形象使道家思想得以宣扬。

谆芒将东之大壑[1],适遇苑风[2]于东海之滨。苑风曰:“子将奚之?”曰:“将之大壑。”曰:“奚为焉?”曰:“大大壑之为物也,注[3]焉而不满,酌[4]焉而不竭。吾将游焉!”苑风曰:“夫子无意于横目之民[5]乎?愿闻圣治。”谆芒曰:“圣治乎?官施[6]而不失其宜,拔举而不失其能,毕见其情事而行其所为[7],行言自为[8]而天下化。手挠顾指[9],四方之民莫不俱至,此之谓圣治。”“愿闻德人[10]。”曰:“德人者,居无思,行无虑,不藏是非美恶。四海之内共利之[11]之谓悦,共给之[12]之谓安。怊乎[13]若婴儿之失其母也,傥乎若行而失其道也。财用有余而不知其所自来,饮食取足而不知其所从,此谓德人之容[14]。”“愿闻神人。”曰:“上神乘光[15],与形灭亡,此谓照旷[16]。致命尽情,天地乐[17]而万事销亡,万物复情,此之谓混冥[18]。”

【注释】

[1]谆芒:虚拟的寓言人物,并寓含谆和、迷茫的意思。大壑(huò):指大海。

[2]苑风:小风,此拟人化而成为一人名。

[3]注:注入、流入。

[4]酌:舀取。

[5]横目之民:即人民,因人的两眼扁平,故称。

[6]官施:政令措施。

[7]行其所为:做自己应做之事。

[8]自为:自动地去做,自己管束自己。

[9]手挠:用手指挥。挠,动。顾指:用眼示意。

[10]德人:指体察于道、顺应外物而居安自得的人。

[11]共利之:共同以之为利,即恩泽施及广众,人人都共有好处。

[12]共给之:共同资给财货。

[13]怊(chāo)乎:怅然若失的样子。

[14]容:情状、样子。

[15]上神:指神人的精神,因这是最高境界,故称"上神"。乘光:驾驭光亮。

[16]照旷:即虚明空旷。旷,空。

[17]天地乐:与天地同乐。

[18]混冥:混同玄合,没有差别。

【品读】

本段通过谆芒对"圣治""德人""神人"的认识,分别描述了"圣治""德人"和"神人",体现其社会性、自然性、超自然性三种人格。

"圣治"是社会性的内容,强调圣人施行有为政治,选拔有能之人,实事求是地办事,居高临下地统御万民。这里的"圣治"更露骨地表现了其有为特点。"德人"表现了自然性的内容,描述了顺应自然,无忧无虑,无美无恶,共存于四海之利而无私欲,喜怒哀乐而自然表现,不为社会情感和理性所左右。"神人"反映了超自然性的内容,指神人超乎天地之上,随心所欲驾驭万物,入于寥天一。神人所表现的超自然性人格的确完全不同于社会性人格和自然性人格,他在精神上入于混冥玄虚的道无境界。可以驾驭万物,却不为其所干扰,表现了宇宙精神的超脱和解放。"神人"是忘己、忘人、忘物和忘天的绝对精神自由的超自然性理想人格。这种人格虽是虚幻的,是不可望又不可及的,但却最能给人类以精神满足和充实,抚慰人类心灵的痛苦,给千万人以无限的精神向往。

庄子所寄托的各种现实人格和理想人格有丰富的内容。社会性人格体现了人类社会的有为、有物和有治,自然性人格表现了自然万物的淳朴天放与和谐。二者虽有质的差异,但都离不开形物,未能超然于物外,摆脱物累,入于绝对自由的精神世界。但超自然性人格与此不同,这就是庄子所塑造的神人形象。

门无鬼与赤张满稽观于武王之师[1]。赤张满稽曰:"不及有虞氏乎[2]!故离[3]此患也。"门无鬼曰:"天下均治而有虞氏治之邪[4]?其乱而后治之与?"赤张满稽曰:"天下均治之为愿,而何计以有虞氏为[5]!有虞氏之药疡[6]也,秃而施髢[7],病而求医。孝子操药以修[8]慈父,其色燋然[9],圣人羞之。至德之世,不尚贤,不使能;上如标枝[10],民如野鹿。端正而不知以为义,相爱而不知以为仁,实而不知以为忠,当而不知以为信,蠢动而相使不以为赐[11]。是故行而无迹,事而无传。"

【注释】

[1]门无鬼、赤张满稽：庄子虚构的人名。师：军队。

[2]不及有虞氏：指周伐商不及尧舜德化、禅让好。有虞氏，指舜。

[3]离：通“罹”，遭受也。

[4]天下均治：天下完全得到治理。均治，太平。均，平。

[5]句意为：又何需有虞氏来治理呢！

[6]疡：头疮。药疡：医治头疮。

[7]施：用。髢(dí)：假发。

[8]修：借为“羞”，进也。

[9]燋(qiǎo)然：憔悴的样子，即忧亲之病至于憔悴，不如养亲使不病更好。

[10]标枝：树梢上的细枝，喻指地位虽高，却无心作为，听其自然而已。

[11]蠢动：蠕动，比喻任性而动。相使：互相役使，指互相帮助。

【品读】

本段进一步称誉所谓盛德时代的无为而治。至德之世反映了庄子思想的自然理想。庄子描写的理想社会中，人们没有明确的道德意识，也不按照道德原则来活动，而是顺着本性活动自然而然地就符合善的要求。在理想社会里，不尚贤，不使能，君上如同树上的高枝，人民如同地上的野鹿。君民之间以真正的仁、义、忠、信、恩赐交往，只是彼此都没有自觉意识到这一点。实际上这是人类精神或文化发展的蒙昧时期。

在庄子看来，仁义既不是安邦治国的长久之策，也不是结束混乱的良方名药。庄子说明，处理问题的关键是要使社会混乱的现象根本不发生，铲除社会混乱产生的根源，而不是社会发生混乱之后再用孝悌仁义这些措施去挽救，如果不从根本上来解决问题，就会本末倒置，产生更多过错。

孝子不谀其亲，忠臣不谄其君，臣、子之盛也。亲之所言而然，所行而善，则世俗谓之不肖子；君之所言而然，所行而善，则世俗谓之不肖臣。而未知此其必然邪？世俗之所谓然而然之，所谓善而善之，则不谓道谀[1]之人也！然则俗故严于亲而尊于君邪？谓己道人，则勃然作色；谓己谀人，则怫然作色[2]。而终身道人也，终身谀人也，合譬饰辞聚众也[3]，是终始本末不相坐[4]。垂衣裳[5]，设采色，动容貌，以媚一世[6]，而不自谓道谀；与夫人之为徒[7]，通是非，而不自谓众人，愚之至也。知其愚者，非大愚也；知其惑者，非大惑也。大惑者，终身不解；大愚者，终身不灵。三人行而一人惑，所适者犹可致也，惑者少也；二人惑则劳而不至，惑者胜也。而今也以天下惑，予虽有祈向，不可得也。不亦悲乎！大声不入于里耳[8]，折杨、皇荂[9]，则嗑然[10]而笑。是故高言[11]不止于众人之心，至言不出[12]，俗言胜也。以二缶[13]钟惑，而所适不得矣。而今也以天下惑，予虽有祈向，其庸[14]可得邪！知其不可得也而强之，又一惑也！故莫若释之而不推[15]。不推，谁其比忧[16]！厉[17]之人夜半生其子，遽[18]取火而视之，汲汲然[19]唯恐其似己也。

【注释】

[1]道谀：谄媚逢迎之意。

[2]怫然：勃然，指生气发怒。作色：生气。

[3]合譬：凑合比喻。饰辞：修饰润色言辞。聚众：争取民众。

[4]坐：连坐治罪之意。

[5]垂：穿挂。衣裳：古人称上服为衣，下服为裳。

[6]媚：讨好。一世：指整个社会的人。

[7]夫人：世俗之人。徒：同类、同党。

[8]大声：高雅之音乐。里耳：市井里巷人之耳。

[9]折杨、皇荂：通俗乐曲名，在下层社会中流行。

[10]嗑(xiā)然：笑声。

[11]高言：异于世俗之言。

[12]至言：高言。不出：不显。

[13]缶：粗俗的乐器，喻俗言之乱至言。

[14]庸：岂、怎么。

[15]释：放弃。推：推行，指强行推行自己的一套主张。

[16]比忧：连接不断的忧愁。

[17]厉：丑陋。

[18]遽：急速。

[19]汲汲然：匆忙、紧张的样子。

【品读】

本段借“忠臣”“孝子”作譬，哀叹世人的愚昧和迷惑。庄子鄙视媚俗，鄙视那种以众人的是非为是非、以众人的爱憎为爱憎的人物。孝子不奉承其父，忠臣不谄媚其君，这是臣子的最高品德。从对臣子的评价和规定中，也反映了道家的社会性有为思想。

庄子认为，诸子各执一端、自以为是的结果，是造成了天下是非不清、思想混乱的局面。知道自己迷惑的，不是最大的迷惑。最迷惑的人，一辈子不觉悟；最愚蠢的人，终身不知晓。小迷惑只改变人们行走的方向，大迷惑则会改变人的本性，而改变了人的本性才是真正的迷惑。整个天下都处于混乱迷惑之中，认不清真正的方向和目标，而揭示“道”的真正本质和特点，指明人们行动的正确方向，就是庄子哲学的主要目的。庄子对世俗的鄙视，对多数的鄙视，是由于思想的先行。不同于世俗的言论不能留在众人之心中，至道之言不能显示于外，世俗之言胜过一切。曲高和寡，知音难求，这是哲人的悲哀。

厉人生子寓言中的主人公之所以急于查看，是因为有很重的心理负担，只有早点知道实际情况，他的心理负担才能放下。当然，如果孩子和他一样丑陋的话，他就会背上另外一种心理负担。其实最大的幸福是放下。但这样的幸福许多人无缘享受。

……………………………………

百年之木，破为牺尊[1]，青黄而文[2]之，其断[3]在沟中。比牺尊于沟中之断[4]，则美恶有间[5]矣，其于失性一也[6]。桀、跖与曾、史，行义有间矣，然其失性均[7]也。且夫失性有五：一曰五色乱目，使目不明；二曰五声乱耳，使耳不聪；三曰五臭[8]薰鼻，困惾中颡[9]；四曰五味浊口[10]，使口厉爽[11]；五曰趣舍滑心[12]，使性飞扬[13]。此五者，皆生之害也。而杨、墨乃始离跂[14]自以为得，非吾所谓得也。夫得者困，可以为得乎？则鸠鸮之在于笼也[15]，亦可以为得矣。且夫趣舍声色以柴其内[16]，皮弁鹬冠搢笏绅修以约其外[17]。内支盈于柴栅[18]，外重纆缴[19]，睆睆然[20]在纆缴之中而自以为得，则是罪人交臂历指而虎豹在于囊槛[21]，亦可以为得矣。

【注释】

[1]破：剖开。牺尊：雕刻成牺牛形状的樽，属古代名贵的祭神器具。

[2]文：粉饰，画上文彩。

[3]断：断木，指截下不用丢弃沟中之断木。

[4]句意为：牺尊和丢弃沟中的断木相比较。

[5]间：差别，指二青在美丑上是有差别的。

[6]句意为：牺尊与弃木在丧失木之本性上是一样的。

[7]均：同。

[8]五臭：五种气味。《礼记·月令》中指膻、焦、香、腥、朽。

[9]困惾(zōng)：闷塞。中颡(sǎng)：伤害额头。

[10]五味：酸、辛、甘、苦、咸。浊：污染。

[11]厉爽：使口腔得病受伤而不能辨别滋味。厉，病。爽，伤。

[12]趣舍：取舍。滑心：乱心。

[13]性：心性。飞扬：驰骋浮动。

[14]离跂：跷起脚跟，比喻超出众人。

[15]鸠：班鸠。鸮(xiāo)：属鸠类，其肉可以烤食，称鸮炙。

[16]柴其内：像柴草一样充塞在心中，以滞碍扰乱本心。

[17]皮弁(biàn)：用白鹿皮制成的帽子，状如瓜皮帽。鹬(yù)冠：用鹬毛装饰的帽子。鹬，鸟名。搢(jìn)：插于带间。笏(hù)：手板。古时大臣上朝时所持，用玉、象牙和木

制成。绅：大带。这些皆为官服的装饰。约：束缚。外：外表。

[18]句意为：内心充塞声色取舍，似篱笆阻隔样不能相通。

[19]纆(mò)：绳索。缴(jiǎo)：缠绕。

[20]睆(huǎn)睆然：睁大眼睛的样子。

[21]交臂：背缚双臂。历指：古刑罚，用木棍夹手指。历，通“枥”。囊槛：用来捕捉猛兽的笼子，如囊形。

【品读】

本段强调追逐功名利禄和声色貌似有所得，实是为自己设下了绳索，无论“得”和“失”都丧失了人的真性。在庄子看来，树木无论“美恶”，凡取决于人为的用与不用，就必将丧失其本性。人类亦然，夏桀、盗跖与曾参、史鱼相比，行为的好坏是有差别的，然而从丧失本性来说都是一样的。凡丧失本性的就都是对自然的破坏，在丧失本性这一点上无善恶之分。这并非说善恶本身没有差别，而是说在“失性”上是一致的。在庄子看来，人类之所以会丧失本性，主要有色、声、臭、味、趣等五种原因。它们各自扰乱了人性感觉的自然状态，都是人类有为的表现。好恶未必乱心，但有好恶就必然有某种立场和先入之见，如果固执于个人立场，要是它们不合天道，则必然带来恶果。庄子批评主张纵欲的杨朱和主张禁欲的墨子，认为他们只是在欲望数量的增减上做文章，却没考虑到二者都是不合人性的。可见庄子特别关照人性自然的自适性。

庄子的价值观与众不同，常人所谓的有用与无用，或指社会而言，或指个人的得失而言。而庄子只考虑个体的自遂其性，所以他的价值判断与世俗的看法不同。问题是个体的自遂其性归根到底还是离不开社会。

天道第十三

天道运而无所积[1]，故万物成[2]；帝道运而无所积，故天下归[3]；圣道运而无所积，故海内服。明于天[4]，通于圣[5]，六通四辟[6]于帝王之德者，其自为也，昧然[7]无不静者矣！圣人之静也，非曰静也善，故静也。万物无足以挠[8]心者，故静也。水静则明烛[9]须眉，平中准[10]，大匠[11]取法焉。水静犹明，而况精神！圣人之心静乎！天地之鉴[12]也，万物之镜也。

【注释】

[1]运：动。积：停滞。

[2]成：生成。

[3]归：归附。

[4]明于天：明白了天道。

[5]通于圣：通晓圣道。

[6]六通四辟：全面通晓。六通，四方上下无不畅通。四辟，春、夏、秋、冬无时不开辟。

[7]昧然：暗昧不自觉的样子。

[8]饶：通"挠"，搅乱。

[9]明烛：清楚地照见。

[10]平中准：平到可以成为标准，即水准。

[11]大匠：高明的木匠。

[12]鉴：镜。

【品读】

天道，指自然之道，此段主要是指虚静无为。虚静无为的本义理应是自然性的，此段中却成为帝王治天下的主要手段，它未能脱离治的束缚，表现了其社会性。庄子区分了天道、帝道、圣道。三道中，以天道为根本，是"昧然无不静"的"自为"表现。融合三者是圣人之静。虚静、恬淡、寂寞、无为，是天地的尺度和道德的最高境界。人静如心静，可使天下归心，海内臣服，围绕统治中心，顺从其统治。因此，虚静有益于天下治。

夫虚静恬淡寂漠无为者，天地之平而道德之至，故帝王圣人休焉[1]。休则虚，虚则实，实则伦[2]矣。虚则静，静则动[3]，动则得矣。静则无为，无为也，则任事者责[4]矣。无为则俞俞[5]，俞俞者，忧患不能处[6]，年寿长矣。夫虚静恬淡寂漠无为者，万物之本也。明此以南乡[7]，尧之为君也；明此以北面，舜之为臣也。以此处上，帝王天子之德也；以此处下，玄圣素王[8]之道也。以此退居而闲游，江海山林之士服[9]；以此进为而抚世[10]，则功大名显而天下一也。静而圣，动而王[11]，无为也而尊，朴素而天下莫能与之争美。

【注释】

[1]休焉：指安心在平静的境界。休，止。焉，于此。

[2]实则伦：充实中包含一切条理、秩序。伦，理。

[3]静则动：自身虚静就自然能顺天道运动。

[4]责：尽职责。

[5]俞俞：从容自如的样子。

[6]不能处：指不能入于心。

[7]乡：通“向”。

[8]玄圣素王：指具备被天下人仰慕崇拜的道德品质，却不在帝王之位者。

[9]江海山林之士：即隐士。服：佩服。

[10]进为：出仕作官。抚世：安抚治理世人。

[11]静而圣：保持自身虚静无为则为圣人。动而王：顺天道而动则为帝王。

【品读】

本段在社会性的层次上，对天道与人道、君道与臣道所构成的关系作了较全面的阐述。庄子指出，自然规律不停地运行，万事万物全都自我运动，圣明之道只能是宁寂而又无为。虚静即能无为，君无为则百官各尽职责。心静无为而主治天下，就是把无为之心推行到天地之间、万物之中。虚静而为圣人，顺天动而为帝王，无为而受尊崇，天下没有能与之相争的。庄子认为只有“休”才能虚静，最终才能得道。在庄子看来，为政者唯有做到“虚静无为”，世间万物方可按既定的秩序运行。这是庄子在那个时代衡量、批判统治者和人们的社会生活、社会行为的准则。

庄子推崇虚静，认为道的本性是无为。无为就是虚空、寂静。实产生于虚，动起源于静。虚静的心态最符合于道德本性，虚静的心态才能把握纷纭的万物。要保持虚静的心态就是要拒绝世俗的诱惑。观古思今，“虚静无为”这一准则对当下人们的生活仍具有现实价值。当人们疲于追逐利益的时候，不妨放慢脚步，去仔细品味庄子的“虚静无为”，使自己的生活更加轻松与适然。

夫明白于天地之德者，此之谓大本大宗[1]，与天和者也。所以均调[2]天下，与人和者也。与人和者，谓之人乐；与天和者，谓之天乐。庄子曰："吾师[3]乎，吾师乎！繁万物而不为戾[4]，泽及万世而不为仁，长于上古而不为寿[5]，覆载天地。刻雕众形[6]而不为巧。"此之谓天乐。故曰，知天乐者，其生也天行[7]，其死也物化[8]。静而与阴同德，动而与阳同波[9]。故知天乐者，无天怨，无人非，无物累，无鬼责。故曰：其动也天[10]，其静也地，一心定[11]而王天下；其鬼不祟[12]，其魂不疲，一心定而万物服。言以虚静推于天地，通于万物，此之谓天乐。天乐者，圣人之心以畜天下也[13]。

【注释】

[1]大本大宗：指天地万物的根本性质和产生本原。

[2]均调：均平协调。

[3]吾师：指天道，庄子以天道为师。

[4]繁(xiè)：调和。戾：高。

[5]长于上古：喻道先天地生，故长于上古。长，年长。寿：长寿。

[6]刻雕众形：比喻万物是天地所孕育而成。刻雕，塑造。

[7]天行：天道之运行。

[8]物化：事物的转化。

[9]同波：合流。

[10]其动也天：比喻循性自然而其动，如同天道之运行。

[11]一心定：专心于静寂的境界。

[12]其鬼不祟：即强调鬼神也不能带来灾祸。祟，祸。

[13]句意为：圣人以天乐之心来管理天下。以，用。畜，养。

【品读】

本段揭示了道与人的关系，道是人类之师，人类只有顺应道而不能违反道的意志；只有与道同一，融于大道，就能拥有知天后的人生快乐。此处提到"天乐"与"人乐"两个概念。庄子的"天"与"人"多数处于对立状态，如"天"接近自然之天，"人"则指人为，与对自然之破坏相联系。具体到"天乐"与"人乐"则又不同。"天乐"，指要顺应自然而运动，混同万物而变化。天乐不是一般的快乐，是在虚静中与天为一，顺应自然而得到的快乐。"人乐"，则侧重于人与人之间关系的把握，较之"天乐"低一层。"天乐"是一种适合于特定人群的高层次的幸福理想，"人乐"才是普通民众最现实的追求。

在庄子看来，一切美德与美好事物都与个体的自遂其性、与自然之旨相联系。阐述天道虚静无为，与圣道、帝道相通。能以虚静无为为宗本，则可得“天乐”,与天相合。“圣人知天乐”,圣人能体悟天乐之美,能持守自己的自然本性,与物俱生、俱化、俱逝。没有外物牵累,人生无恙,精神充实,万物归服。依凭天乐,圣人最终实现了自然养育天下的政治理想目标。由“人和”到“人乐”,由“天和”到“天乐”,庄子勾勒出一幅天人和乐的美丽景象。针对环境的日趋恶化,庄子强调人与自然的和谐统一具有现实价值。

夫帝王之德,以天地为宗[1],以道德为主,以无为为常[2]。无为也,则用天下而有余[3];有为也,则为天下用而不足[4],故古之人贵夫无为也[5]。上无为也,下亦无为也,是下与上同德。下与上同德则不臣[6]。下有为也,上亦有为也,是上与下同道。上与下同道则不主[7]。上必无为而用天下,下必有为为天下用。此不易之道也[8]。故古之王天下者,知虽落天地[9],不自虑也;辩虽彫万物[10],不自说也;能虽穷海内[11],不自为也。天不产而万物化,地不长而万物育,帝王无为而天下功。故曰:莫神于天,莫富于地,莫大于帝王。故曰:帝王之德配天地。此乘天地,驰万物,而用人群之道也。

【注释】

[1]宗:根本。

[2]常:常法。

[3]句意为:无为则万物自然成长而天下归服,受用不尽,故言有余。

[4]句意为:有为则虽忙碌,也难满足天下的需求,故言不足。

[5]古之人:远古帝王。贵:看重。

[6]不臣:不成为臣民。

[7]不主:不成为君主。

[8]此不易之道也:不管世道如何变迁,此道永不改变。

[9]知:通“智”。落:通“络”,包括、包笼。

[10]辩:口才。彫:粉饰。

[11]能:能力。穷海内:海内绝无。

【品读】

此段强调帝王之德要与天地相配合。庄子认为,帝王之德性要以天地为宗本,以道德为主宰,以无为为常法。要让天下万物自由发展,不要人为地干预;否则,改变了自然的常态,天下就会动乱。不超越原本真性,不改变自然常态,天下自然不用治理。就君主治理天下而言,君主在上必行无为之道而使天下自行治理,群臣在下必须有为去为天下作事,这是永恒之道。

老庄道家的“无为”既有继承性亦有差异性。老子讲无为,其思想意向明显是为统治者提供一套更富于哲理的特殊的统治术。老子所表达的社会性思想是内在的、高层次的。但庄子在传承老子无为思想的过程中，却实现了其社会性向自然性思想的飞跃，这就使其虚静无为的思想兼有社会性和自然性，因而庄子的思想也就愈显得复杂。

本在于上，末在于下[1]；要在于主，详在于臣[2]。三军五兵之运，德之末也[3]；赏罚利害，五刑之辟[4]，教之末也；礼法[5]度数，形名比详[6]，治之末也；钟鼓之音，羽旄之容[7]，乐之末也；哭泣衰绖[8]，隆杀之服[9]，哀之末也。此五末者，须精神之运，心术[10]之动，然后从之者也。末学者，古人有之，而非所以先也。君先而臣从，父先而子从，兄先而弟从，长先而少从，男先而女从，夫先而妇从。夫尊卑[11]先后，天地之行也，故圣人取象[12]焉。天尊地卑，神明之位也；春夏先，秋冬后，四时之序也；万物化作，萌区有状，盛衰之杀，变化之流[13]也。夫天地至神矣，而有尊卑先后之序，而况人道乎！宗庙尚亲，朝廷尚尊，乡党尚齿。

【注释】

[1]本：无为的天道是根本。末：枝节，末流，有为的人事是枝节。

[2]要：纲要、机要。详：细目、细节。

[3]三军：泛指军队。五兵：五种兵器，矛、戟、钺、楯、弓矢。

[4]五刑：墨、劓、刚、宫、大辟。辟：法。

[5]礼法：吉、凶、军、宾、嘉五礼所遵行的法度。

[6]形：指事物。名：名，称。详：审核、审定。

[7]羽：鸟羽。旄：兽毛。

[8]衰绖(cuī dié)：衰为丧服，绖为用麻制作的腰带和冠带，二者皆为服丧时穿戴。

[9]隆杀之服：隆为加隆、提升；杀为降等。丧服分斩衰、齐衰、大功、小功、缌麻五种。与死者亲疏不同则穿不同等差的丧服。

[10]心术：心智、心之能力，意谓精神心智是本。

[11]尊卑：喻天地运行变化，有高低先后。

[12]取象：效法，指效法天地运行的次序来制定人伦等级。

[13]变化之流：由兴盛转而降为衰杀，是变化之流行。

【品读】

本段提出帝王无为、臣下有为的主张，阐明一切政治活动都应遵从固有的规律。庄子强调事事皆有顺序，而尊卑、男女也都是自然的顺序。在庄子看来，天地之运行，有上下、先后区分，故取而效法之。天在上，地在下，是神明确定的地位；春夏在先，秋冬在后，是四时之顺序；万物化生，萌生后区分为各种形状，再由兴盛转而为衰杀，是变化流行也。君臣、父子、兄弟、长幼、男女、夫妻等人道比拟天道而已。因此，君主只要掌握天道无为，就可实现天下大治。庄子明确地提出了尊卑先后之言，直接表达了对封建统治等级秩序的维护。总之，庄子公然直言社会有为，封建等级秩序及仁义赏罚与选贤任能等内容，完全表达了庄子思想与现实社会的适应性。庄子同时还兼容儒、法思想的核心内容，提出仁义赏罚与选贤使能的观点，认为这才是天下大治的必要前提。当然，庄子眼中的尊卑先后其实是自然的顺序，他的社会有为思想自然也与无为密切相关。

是故古之明大道者，先明天而道德次之，道德已明而仁义次之，仁义已明而分守[1]次之，分守已明而形名次之，形名已明而因任[2]次之，因任已明而原省[3]次之，原省已明而是非次之，是非已明而赏罚次之，赏罚已明而愚知[4]处宜，贵贱履位[5]，仁贤不肖袭情[6]。必分其能，必由其名[7]。以此事上，以此畜下[8]，以此治物，以此修身，知谋不用，必归其天[9]。此之谓大平[10]，治之至也。

故书曰："有形有名。"形名[11]者，古人有之，而非所以先也。古之语大道者，五变[12]而形名可举，九变[13]而赏罚可言也。骤[14]而语形名，不知其本也；骤而语赏罚，不知其始也。倒道[15]而言，迕道而说者，人之所治也，安能治人！骤而语形名赏罚，此有知治之具非知治之道。可用于天下，不足以用天下。此之谓辩士，一曲之人[16]也。礼法数度，形名比详，古人有之。此下之所以事上，非上之所以畜下也。

【注释】

[1]分守：职责、职守。

[2]因任：根据职责授予职事。

[3]原省：考察，指对人进行政绩考核。

[4]愚知：愚笨的人和聪明有智之人。

[5]贵贱履位：尊贵者与低贱者各就其位。履，践，就。

[6]袭：因、根据。情：实际情况。

[7]必由其名：能各有名，不能相混，必循名以责实。

[8]畜下：治理下民之意。

[9]归其天：复归于自然。

[10]大平：太平盛世，治道之极致。大，同"太"。

[11]形名之分辨，古代就有。

[12]五变：论述中经历五个演绎推理过程。

[13]九变：演绎推理至第九层。具体次序为：一天，二道德，三仁义，四分守，五形名，六因任，七原省，八是非，九赏罚。轻重、主次不能颠倒。

[14]骤：一开始、首先。

[15]倒道：指违背大道由本及末的先后次第。倒，迕、逆。

[16]一曲之人：只有一孔之见、一技之长，不通晓无为大道的人。

【品读】

本段讲形名关系。在庄子看来，先明大道，领会它的要求，才能对实用名，而如此形成的言说就是处于道之途的道言，道是名实关联的基础，它决定着名实关联的具体形式和内容。否则名必成为治之具，虽然命名是实际政治、经济生活的需要，但不明大道或者说大道退隐，名称也会变成工具。春秋以来，礼乐制度名存实亡，以名为治，以名为具，一切秩序都失去了实的支撑成为空架子。其实也就意味着大道退隐，名实不再统一到道之中。“有形有名”的形名关系古人就有。要先后推到第五位，才提出形名的关系；推到第九位，才说到赏罚。骤然提出形名问题，是不知道的根本，骤然讲形名赏罚，只是知道治理国家的技术，不懂治理国家的大道。

庄子认为，道德仁义、形名赏罚等以及上下尊卑等级都属人道，它与天道是一致的，表现为本末君臣关系，也是治所需要的。在帝王君道顺应于天道的虚静无为政治的同时，以臣道为代表的人道却必须是有为之治，以此保证天道与人道、君道与臣道、上与下同道同德的有效结合。虽然这种思想的社会性比较明显，但庄子主要是尽量将其有为隐蔽在其高层次的虚静无为的形式中。

昔者舜问于尧曰：“天王[1]之用心何如？”尧曰：“吾不敖无告[2]，不废穷民，苦死者[3]，嘉孺子而哀妇人[4]。此吾所以用心已。”舜曰：“美则美矣，而未大也[5]。”尧曰：“然则何如？”舜曰：“天德而出宁[6]，日月照而四时行，若昼夜之有经[7]，云行[8]而雨施矣！”尧曰：“胶胶扰扰乎[9]！子，天之合[10]也；我，人之合[11]也。”夫天地者，古之所大也，而黄帝、尧、舜之所共美也。故古之王天下者，奚为哉？天地而已矣[12]！

【注释】

[1]天王：实指帝王。

[2]敖：通“傲”，傲慢。无告：有苦无处诉之人。

[3]废：抛弃。苦：悲伤。苦死者：悲悯死者。

[4]嘉：亲善。孺子：小孩。哀：哀怜。

[5]未大：不算弘大。因尧所言皆有心而为，所及有限，故其心不算弘大。

[6]天德：虚静无为也。出：运行。

[7]经：常则、规律。

[8]行：浮动。

[9]胶胶：纠缠的样子。扰扰：动乱的样子。

[10]天之合：与天道相合，即顺乎自然。

[11]人之合：追求在人事上相协调，而忘乎自然。

[12]天地而已矣：像天地那样虚静无为就是了。

【品读】

此段借尧与舜的对话，说明治理天下应当效法天地。庄子把尧当作有为治者，把舜当作无为治者。像尧那样"不废穷民，苦死者，嘉孺子而哀妇人"，已是非常贤明，实属不易了。但舜还认为"美则美矣，而未大也"。那么居上位者到底该做什么？道家认为是各司其职，顺应自然。

本段文字贬尧而褒舜，乍然看来，舜的确比尧要高明得多，他深谙自然无为之真谛。然而事实上，庄子把尧与舜摆在两种不同层次上加以比照互诘，已是对二人的嘲弄和歪曲。舜对尧的指责亦不过认为尧治天下还不够完美，但并非不够用心。因此希望尧能以舜自然无为的大美治天下。总之，本段所表明的是，舜并非真正弃治而顺自然，而是存治而顺自然，舜充其量不过是追求社会性的政治理想。在现实中，舜的有为用心治天下较之尧有过之而无不及。

孔子西藏书于周室，子路谋曰[1]："由闻周之征藏史[2]有老聃者，免而归居[3]，夫子欲藏书，则试往因焉[4]。"孔子曰："善。"往见老聃，而老聃不许，于是繙十二经以说[5]。老聃中其说[6]，曰："大谩[7]，愿闻其要。"孔子曰："要在仁义。"老聃曰："请问，仁义，人之性邪？"孔子曰："然，君子不仁则不成，不义则不生[8]。仁义，真人之性也，又将奚为[9]矣？"老聃曰："请问：何谓仁义？"孔子曰："中心物恺[10]，兼爱无私，此仁义之情也。"老聃曰："意，几乎后言[11]！夫兼爱，不亦迂乎！无私焉，乃私也。夫子若欲使天下无失其牧乎？则天地固有常矣，日月固有明矣，星辰固有列矣，禽兽固有群矣，树木固有立矣。夫子亦放德而行[12]，循道而趋，已至矣！又何偈偈乎揭仁义[13]，若击鼓而求亡子焉！意，夫子乱人之性也。"

【注释】

[1]书：指孔子编辑整理之书。子路：孔子弟子，姓仲，名田。

[2]征藏史：周王室管理藏书之官。征藏，收藏。

[3]免而归居：去职归家隐居。

[4]因：由、通过。指孔子通过老聃帮助联络舒通藏书事宜。

[5]繙（fān）：演绎、发挥。十二经：指《春秋》是按春秋时期鲁国十二个国君的年号编

排的，可称之为“十二公经”。说：说服。

[6]中其说：在孔子说话中插言。

[7]大漫：大冗长、大烦琐。漫：通“漫”，漫无边际。

[8]句意为：仁义为人之本性。

[9]又将奚为：舍弃仁义，又将何为呢？

[10]中心物恺：心地中正无偏，与物相和悦。恺，和悦。

[11]意：同“噫”，叹词。几：接近。

[12]放德：仿效天德。放，通“仿”。

[13]偈(jiá)偈：用尽气力的样子。偈，通“竭”。揭：高举，引申为倡导。

【品读】

本段是庄子假想的道家与儒家的一次交锋。这是孔子第一次拜见老子。孔子前去拜见老子，老子对孔子的见解不予认可，于是孔子翻检众多经书加以解释，但老子却给予了反驳。这段对话是对老子教导孔子这一形象的生动刻画，也是老子对儒家“仁义”思想的直接挑战。庄子借老子之口挖苦儒家的救世有害无益，不是济民，而是扰民。即天下本无事，圣人自扰之。事事皆应遵循自然规律，指出“仁义”正是“乱人之性”。天地万物是自然有序的，人只要“放德而行，循道而趋”，对外界不加干扰，就自会实现理想境界。庄子塑造了老子这一宗师形象。孔子面对老子的语重心长或冷嘲热讽的“教导”，都表现得相当谦虚。真可说是谦虚之极，不惜通过自贬来抬高老子。

……………………………………

士成绮见老子而问曰[1]：“吾闻夫子圣人也。吾固不辞远道而来愿见，百舍重趼而不敢息[2]。今吾观子非圣人也，鼠壤[3]有余蔬而弃妹，不仁也！生熟[4]不尽于前，而积敛无崖[5]。”老子漠然[6]不应。士成绮明日复见，曰：“昔者吾有刺[7]于子，今吾心正郤[8]矣，何故也？”老子曰：“夫巧知神圣之人，吾自以为脱[9]焉。昔者子呼我牛也而谓之牛，呼我马也而谓之马。苟有其实[10]，人与之名而弗受，再受其殃。吾服也恒服[11]，吾非以服有服[12]。”士成绮雁行[13]避影，履行遂进[14]，而问修身若何。老子曰：“而容崖然[15]，而目冲然[16]，而颡頯然[17]，而口阚然[18]，而状义然[19]。似系马而止[20]也，动而持，发也机，察而审，知巧而睹于泰，凡以为不信[21]。边竟[22]有人焉，其名为窃。”

【注释】

[1]士成绮：姓士，名成绮，庄子虚构的人名。

[2]百舍：古时行军以三十里或三十五里一止宿叫作一舍，此处形容路远。重趼(jiān)：

长途跋涉，脚掌上磨出层层厚茧。

[3]鼠壤：老鼠洞口的积土。

[4]生熟：生的和熟的食品。

[5]积敛无崖：屯积聚敛财物无止境。

[6]漠然：冷淡，毫不在意的样子。

[7]刺：讥刺。

[8]正郤：指正在开窍，有所觉悟。郤，通"隙"。

[9]脱：超脱、摆脱。

[10]苟有其实：假如确有那些事实，指士成绮所说之事。

[11]服：行、作为。恒：恒常下变。

[12]吾非以服有服：我并非有意作出某种仪态行为给别人看。

[13]雁行：斜行，像雁一样斜步而行。

[14]履行：穿鞋子走。遂：就。

[15]而：同"你"。崖然：犹岸然，仪容庄重的样子。

[16]冲然：睁大眼睛专注直视的样子。

[17]颡（sǎng）：额。頯然：高高扬起。

[18]阚（hǎn）然：张口动唇的样子。

[19]义（é）然：即峨然，高傲的样子。

[20]似系马而止：如同奔马被系缚才停住，喻本来心猿意马而强作约束。

[21]凡以为不信：对一切都认为不可信，表疑心病重。凡，一切。

[22]竟：通"境"。

【品读】

本段写老子顺应外物的态度，同时抨击智巧骄恣之人。通过老子批评士成绮的言行，讲述得道之人已经摆脱对神圣智巧的追求，不受外界毁誉之影响，保持心性与行为仪容的恒常统一。庄子虚构了士成绮这个典型的社会性人格，认为他内心躁动不安，情感不定，行事无常。开始时，他竟傲视和非议老子，老子却一概坦然应之，并强调自己任自然性，以其虚静自然的心态来对待社会，不受社会毁誉所干扰。后来，士成绮又似有诚心，向老子求"修身"之道。但在老子看来，他过度用心如同"窃贼"，形态造作，不堪学道。这件事说明自然人性就必将排拒社会德性。

夫子曰："夫道，于大不终，于小不遗[1]，故万物备。广广乎[2]其无不容也，渊渊乎[3]其不可测也。形德[4]仁义，神之末[5]也，非至人孰能定之[6]！夫至人有世[7]，不亦大乎，而不足以为之累。天下奋棅而不与之偕[8]，审乎无假而不与利迁[9]，极物之真[10]，能守其本[11]。故外天地[12]，遗万物，而神未尝有所困也。通乎道，合乎德，退仁义，宾礼乐[13]，至人之心有所定矣！”

【注释】

[1]夫子：指老聃。不终：没有穷尽。不遗：没有遗。

[2]广广乎：博大空阔啊。

[3]渊渊乎：幽深玄远啊。

[4]形：形名。德：功德。

[5]神之末：最低下的精神境界。

[6]至人：得道的人，是庄子追求的最高理想人格。定：确定。

[7]有世：有天下，做天下之帝王。

[8]奋：斗、争。棅：通“柄”，权柄。奋棅：争夺统治权柄。

[9]审：守。无假：无虚假之纯真本性。

[10]极：穷尽。真：物之本性。

[11]本：虚静无为之天道也。

[12]外天地：不把天地放在心上。

[13]退：离开。宾：同“摈”，抛弃。

【品读】

本段阐述“道”是宇宙万物的最后根源和人的精神或道德的最高境界。道化生万物，无所不在，兼怀万物，无所不包。“道”无所不在，不仅存在于天地之中、人类身上，世间万物没有一件不是“道”的表现，因此“道”的精神也是人们应该效法的对象和依循的法则。在庄子看来，不能用自己的意志，不能用固定的规矩法度去规范和要求，必须“通乎道，合乎德，退仁义，宾礼乐”，这才是治理天下的唯一方法，也是达到天下大治的唯一途径。

庄子认为，至人能确定大道的无穷广大与“形德仁义”的精神枝末相区别。至人以此能循性自然，“外天地，遗万物”“不以利迁”，通融天道德性，抛弃仁义礼乐，以安定的虚静心实现其自然政治的无治理想。这表达了庄子自然性的政治理想，阐述了其理想与天道的融通性，有望圣人或至人得天乐精神而施行可养育天下的无治措施，实现其理想目标。在这里似乎可以让人品尝到庄子的真味。

世之所贵道者[1]，书也。书不过语，语有贵也。语之所贵者，意也，意有所随[2]。意之所随者，不可以言传也，而世因贵言传书[3]。世虽贵之，我犹不足贵也，为其贵非其贵也[4]。故视而可见者，形与色也；听而可闻者，名[5]与声也。悲夫！世人以形色名声为足以得彼之情。夫形色名声，果不足以得彼之情[6]，则知者不言[7]，言者不知，而世岂识之哉！

【注释】

[1]句意为:世俗凡人尊崇大道,皆依赖于书的记载。

[2]随:从,附带。

[3]贵言:珍重语言。传书:以书册书传之后世。

[4]贵非其贵:被珍贵的并不真正值得珍贵。

[5]名:言。

[6]彼:指道。情:实质。

[7]知者不言:真正知晓大道的不言说。

【品读】

本段说明语言在“达意”“明道”上有一定的局限性。世人认为书中记载着圣人之言,言可达意。庄子却反对迷信语言和书本知识,认为真正的技术与知识是无法用语言或书本知识传承的,语言和书本知识不过是古人留下的糟粕而已。庄子认为,书籍不一定能传达出圣人的真正意思,名称也不能反映事物本质。从言的功用来说,日常之言达不到道本身。世人所珍贵的并非真正可贵,世人的可悲在于以名相代替道。庄子的原意不过是说明道的伟大、精妙。道的精微之处不是语言所能表达的。可是,后人依此发挥,引申出言意关系的大争论。

桓公[1]读书于堂上,轮扁斫轮于堂下[2],释椎凿而上[3],问桓公曰:“敢问,公之所读者何言邪?”公曰:“圣人之言也。”曰:“圣人在乎?”公曰:“已死矣。”曰:“然则君之所读者,古人之糟魄[4]已夫!”桓公曰:“寡人读书,轮人安得议乎!有说[5]则可,无说则死。”轮扁曰:“臣也以臣之事观之。斫轮,徐则甘[6]而不固,疾则苦[7]而不入,不徐不疾,得之于手而应于心[8],口不能言,有数[9]存乎其间。臣不能以喻[10]臣之子,臣之子亦不能受之于臣,是以行年七十而老斫轮。古之人与其不可传[11]也死矣,然则君之所读者,古人之糟魄已夫!”

【注释】

[1]桓公:齐桓公,姜姓,名小白,春秋五霸之一。

[2]轮扁:造车轮的匠人,名扁。斫:砍削。

[3]释:放下。椎、凿:二者皆为制造车轮的工具。

[4]糟魄:指古人遗言。魄,同“粕”。

[5]有说:可以解释清楚。

[6]徐:缓。甘:滑动。

[7]疾:紧。苦:滞涩。

[8]得之于手而应于心：手上做的与心里想的两相应合。

[9]数：度数、分寸。

[10]喻：明，使之明白。

[11]其不可传：指只能自行体会而不能言传的东西，此喻古人之道。

【品读】

本段是说大道不可传。老子所谓“道可道，非常道”①，最重要的哲理只能靠悟。桓公与轮扁有关圣人之言是否能够表达圣人之意的讨论，最能代表庄子对儒家治《诗》《书》《礼》《乐》《易》《春秋》六经的认识。桓公读书就是读圣人之言，通过学习圣人之言来体会圣人之道，通过体会圣人之道来实行圣人之治。然而，轮扁认为，书是言传的载录，无珍贵内容，可言传的不过是“古人糟粕已夫”。庄子的这一大胆宏论可谓惊世骇俗。这表明了庄子极端反对世俗、崇尚古圣人有治思想的言论。确实有许多只可意会不可言传的东西。但是也不能就此认为前人之书都是糟粕。

① 《老子》第一章。

天运第十四

天其运乎？地其处乎[1]？日月其争于所[2]乎？孰主张是[3]？孰维纲[4]是？孰居无事推[5]而行是？意者其有机缄而不得已邪[6]？意者其运转而不能自止邪？云者为雨乎？雨者为云乎？孰隆施是[7]？孰居无事淫乐而劝是[8]？风起北方，一西一东，有上仿徨[9]，孰嘘吸是[10]？孰居无事而披拂[11]是？敢问何故？"巫咸祒曰[12]："来，吾语女。天有六极五常[13]，帝王顺之则治，逆之则凶。九洛[14]之事，治成德备，监照下土[15]，天下戴之，此谓上皇[16]。"

【注释】

[1]运：运行。处：静止。

[2]争于所：争着返回各自处所。

[3]孰：谁。主张：主宰施张。是：此。

[4]维纲：维系之意。

[5]推：推动。

[6]意者：或者，表推测。机：机关。缄：封闭，关闭。

[7]隆：兴，指兴云。施：降，指降雨。

[8]淫乐：古人把云雨视为阴阳交和而成，故言淫乐。劝：勉励，助长。

[9]一：或。有上彷徨：又升上空中，盘旋环绕。彷徨，风飘不动的样子。

[10]嘘：吹。嘘吸：吐气与吸气。

[11]披拂：扇动。

[12]巫咸：神巫，名咸。祒(shāo)：应为"招"，招呼而答。

[13]六极：东、西、南、北、上、下六方的极限。五常：金、木、水、火、土五行。

[14]九洛：指九畴洛书。据《尚书·洪范》：大禹治水，有神龟出洛水，背上有书，称洛书。其载有九种治理天下之大法。此为远古历史传说。

[15]监照：由上照下。监，临。下土：天下。

[16]上皇：至上之君，行无为而治的帝王。

【品读】

这段主要讨论"人法自然"的无为而治。所谓"天运"，即各种自然现象无心运行而自动。庄子借巫咸袑之口，说明天具有六极五常，就日、月、云、雨等自然现象提出疑问，提出了天地运动与变化是谁主宰的大问题。这一切都是自身运动的结果，因而"顺之则治""逆之则凶"。这就要求统治者行事要循自然的运动与变化。这种自然性基本上是承袭了老子思想的。老子说："人法地，地法天，天法道，道法自然。"①而自然就是老子思想的最高理想境界。据此，"人法自然"就同本篇的基本思想相契合了。

商太宰荡问仁于庄子[1]。庄子曰："虎狼，仁也。"曰："何谓也？"庄子曰："父子[2]相亲，何为不仁！"曰："请问至仁。"庄子曰："至仁无亲[3]。"太宰曰："荡闻之，无亲则不爱，不爱则不孝。谓至仁不孝，可乎？"庄子曰："不然，夫至仁尚矣，孝固不足以言之。此非过孝[4]之言也，不及孝之言也[5]。夫南行者至于郢[6]，北面而不见冥山[7]，是何也？则去之远[8]也，故曰：以敬孝易，以爱孝难[9]；以爱孝易，以忘亲难[10]；忘亲易，使亲忘我难；使亲忘我易，兼忘天下难[11]；兼忘天下易，使天下兼忘我难[12]。夫德遗[13]尧、舜而不为也，利泽施于万世，天下莫知也，岂直大息而言仁孝乎哉[14]！夫孝悌仁义，忠信贞廉，此皆自勉以役其德者也[15]，不足多[16]也。故曰：至贵，国爵并焉[17]；至富，国财并焉；至愿，名誉并焉。是以道不渝[18]。

【注释】

[1]商：指宋国。宋为商之后裔，故称。太宰：殷周时官名，辅佐国王治理政事之重臣。

[2]父子：此处指虎狼父子。

[3]至仁无亲：至此境界，一切任性自然，无私意亲近。至仁，仁的最高境界。

[4]过孝：以孝为过。

[5]此非过孝之言也，不及孝之言也：至仁与孝是不相干的，至仁无亲的境界要比孝高得多。

[6]郢（yǐng）：战国时楚国都城，在今湖北江陵北部。

[7]冥山：在郢都北面，即今河南信阳。

[8]去之远：比喻至仁无亲与孝则亲亲，二者是背道而驰的。

[9]以敬孝易，以爱孝难：敬孝在于表面，爱孝在于内心。

[10]以爱孝易，以忘亲难：爱孝出于有心，忘亲则顺乎本性自然。

[11]句意为：亲疏远近一切忘怀，无亲无疏，是很难做到的。

[12]句意为：即使我忘天下，天下人不一定忘我。

[13]遗：遗忘。

① 《老子》第二十五章。

[14]岂直:何须。大息:长叹息。

[15]此:指以上八方面。勉:努力。

[16]多:称道、崇尚。

[17]国爵:国君的爵位。并(bǐng):除却、舍弃。

[18]渝:通“逾”,过。

【品读】

本段说明“至仁无亲”、人我两忘的道理。“仁”是儒家思想核心和道德范畴,同时也是历代封建统治者所特别推崇的伦理规范和所热衷追求的政治理想。宋太宰荡向庄子请问仁。庄子从自然性角度出发,认为名誉、仁义不仅是祸乱的根源,而且还会造成人的自然本性的丧失。统治者所追求的“仁”并不可贵。在庄子看来,把这种自然情感作为产生爱有差等的道德并进而建立等级秩序的理由,并不充分。为了按自然天性去生活,为了达到精神的自由,人们必须摆脱儒家伦理规范的束缚。庄子反对儒家提倡的仁义礼乐,他认为这些道德规范损害了人的自然天性。统治者必须把握永恒不变的大道,以“不亲”为“至仁”,以弃爵为“至贵”,以弃财为“至富”,以弃名为“至显”,施行自然无为政治,方足以称道。

北门成[1]问于黄帝曰:“帝张咸池之乐于洞庭之野[2],吾始闻之惧,复闻之怠[3],卒闻之而惑,荡荡默默,乃不自得[4]。”帝曰:“汝殆其然哉[5]!吾奏之以人,徵之以天[6],行之以礼义,建之以大清[7]。夫至乐[8]者,先应之以人事,顺之以天理,行之以五德[9],应之以自然,然后调理四时,大和[10]万物。四时迭起,万物循生[11];一盛一衰,文武伦经[12];一清一浊[13],阴阳调和,流光其声[14];蛰虫始作[15],吾惊之以雷霆;其卒无尾,其始无首;一死一生,一偾[16]一起,所常无穷,而一不可待。汝故惧也。

【注释】

[1]北门成:姓北门,名成。据说为黄帝之臣。

[2]张:开设、演奏。咸池:古代乐曲,传说黄帝所作。洞庭之野:指广漠的旷野。

[3]怠:心情松弛。

[4]卒:终也。惑:表现一种丧失自我,离形去智的心态。荡荡:恍惚无所倚。默默:暗昧不可言。不自得:自我消融在音乐意境中不能自主。

[5]殆其然哉:大概就是这样吧。

[6]徵:证明,验证。

[7]行之以礼义:乐曲的发展演进遵循礼义。大清:天之清气。大,通“太”。

[8]至乐:最完美的音乐。

[9]五德:仁、义、礼、智、信。

[10]大和：指乐曲与天地万物完全和谐同一。

[11]迭起：更迭兴起。循生：顺应天道而生。

[12]盛、衰：指乐舞节奏情绪的强弱转换。文武：文指文舞，执羽箭；武指武舞，执干戚。伦经：舞蹈队列的纵横编排。

[13]一清一浊：指一个声调高，一个声调低。清，高扬。浊，低沉。

[14]阴阳：音分五音十二律，十二律中六为阳声，称"六律"；六为阴声，称"六间"。演奏时六律间相间即是阴阳调和。流光：形容乐声之流动明快。

[15]蛰(zhé)虫：冬眠之虫。作：活动、复苏。

[16]偾(fèn)：仆倒。

【品读】

本章探讨"咸池"曲子所体现出的道，三种音乐模式让听者进入三重境界。黄帝三奏乐曲，引出三种不同的效果——惧、怠、惑，分别表达了三重音乐不同的思想意境。黄帝最先奏以人事，又奏以阴阳之和，又奏以无怠之声，三段乐曲的境界呈递进状态，及至"无怠"方为"至乐"。庄子以超自然性为意境，从惊惧到松弛，从松弛到虚无，把乐曲推向了最高潮。这实是修道过程的三种境界。

黄帝的第一章乐，引发了北门成的惊惧之心。北门成为什么对这样的境界感到害怕呢？"其卒无尾，其始无首；一死一生，一偾一起；所常无穷，而一不可待。"不可待，就是没有了依傍。这个境界是一个无所依傍的存在，北门成从未体验过。我们人间世都是有所依傍而存在的。北门成突然置身于这样无所依傍的境界，自然很恐惧。所谓曲高和寡，北门成不能与咸池和也。北门成初闻之而感到惊惧，是因为北门成这时还是在用感官之知去感受它。同样，后面复奏复闻，也是这样。这是从大道的高度来审美音乐。

…………………………

"吾又奏之以阴阳之和，烛之以日月之明[1]。其声能短能长，能柔能刚，变化齐一，不主故常[2]。在谷满谷，在阬满阬[3]；涂隙守神，以物为量[4]。其声挥绰，其名高明[5]。是故鬼神守其幽，日月星辰行其纪[6]。吾止之于有穷[7]，流之于无止。予欲虑之而不能知也，望之而不能见也，逐之而不能及也。傥然立于四虚之道[8]，倚于槁梧[9]而吟：'目知[10]穷乎所欲见，力屈乎所欲逐[11]，吾既不及，已夫[12]！'形充空虚，乃至委蛇[13]。汝委蛇，故怠。

【注释】

[1]烛：照。此段讲乐曲第二章。

[2]变化齐一：变化不离一定条理，条理又在变化中体现出来。不主常故：不拘守固定不变之陈规。主，守也。

[3]满：为乐曲所充塞。阬(kēng)：同“坑”。谷与坑比喻大小不等的空间。

[4]涂隙守神：言乐曲入耳后，能堵塞人的感官通道，使人静守心性。涂，塞也。隙，穴窍也，指人之耳目等感官。以物为量：受益多少，因人而异。

[5]挥绰：指乐器声悠扬悦耳。其名高明：演唱的歌声高亢明亮。

[6]幽：暗昧之所，为鬼神所处。纪：轨迹。

[7]有穷：有停止之处。

[8]傥然：无心的样子。四虚之道：四面空虚，无所用力之途。

[9]槁梧：干枯之梧树。《齐物论》“惠子之据梧”，可与此互参。

[10]目知：目力与知力。

[11]屈：竭。逐：追逐。

[12]已夫：停下吧、算了吧。

[13]形充空虚：形体为空虚充满。委蛇(yí)：从容自得的样子。

【品读】

此段讲黄帝演奏阴阳调和之声的第二章乐。针对北门成的惊惧之心，黄帝以自然性为意境，再用阴阳调和来演奏，用日月的光明来烛照，声韵刚柔相济，长短互补，随顺变化。黄帝“不主故常”“以物为量”之咸池，就是针对着北门之所惊惧而奏的。

黄帝如何以音乐“化”掉北门之惧呢？方法就是“委蛇”，即“形充空虚，乃至委蛇；汝委蛇，故怠”。这个委蛇实际上包涵着两个方面：一是从北门这里说，北门是随其韵律与之委蛇，也就是与道委蛇。二是从黄帝咸池至乐说，这是道因物而与之委蛇。黄帝再奏，“其声能短能长，能柔能刚”“在谷满谷，在阬满阬”“止之于有穷，流之于无止”。这是与物委蛇。北门再闻，“傥然立于四虚之道”“形充空虚”，逐渐与道相和，这是与道委蛇。道与物两相委蛇，如水之因物赋形，止之于有穷而流之于无止。北门惊惧之心故有所消息。

吾又奏之以无怠之声[1]，调之以自然之命[2]。故若混逐丛生[3]，林乐而无形[4]，布挥而不曳[5]，幽昏而无声。动于无方，居于窈冥[6]，或渭之死，或谓之生；或谓之实，或谓之荣[7]。行流散徙[8]，不主常声。世疑之，稽[9]于圣人。圣也者，达于情而遂于命也[10]。天机不张而五官皆备[11]。此之谓天乐，无言而心说[12]。故有焱氏[13]为之颂曰：‘听之不闻其声，视之不见其形，充满天地，苞裹六极[14]。’汝欲听之而无接焉[15]，而故惑也。乐也者，始于惧，惧故祟[16]；吾又次之以怠，怠故遁；卒之于惑，惑故愚；愚故道，道可载而与之俱也。”

【注释】

[1]无怠之声:乐之第二章让人心情松弛,第三章为合乐,则让人忘却自我,连松弛心情也不存在,而与天道合一,即是无怠之声。

[2]调:和。自然之命:天道流行之规律。

[3]混逐丛生:混然相互追逐,丛杂并生。

[4]林乐:指多种乐器之合奏。林为树木丛生,有群义。故林乐即相与群乐也。无形:言众声和谐,浑然天成,不辨其所出。

[5]布挥:声音布散振扬。不曳:不受牵制,余音悠悠不绝。

[6]窈冥:幽远暗昧之境。

[7]实:结果。荣:开花。生死实荣,皆是对乐曲意境的形象比喻。

[8]行流散徙:形容乐曲旋律节奏的演进推移和舞蹈者队列之分合进退。

[9]稽:查证。

[10]句意为:达情遂命,通达万物之情,遂顺自然之规律。

[11]天机:自然蕴含之机能。不张:不动。五官:耳目口鼻舌。

[12]这句是说无法用语言表达的内心愉悦。说,同"悦"。

[13]有焱氏:即神农氏。

[14]苞裹:包括,翼括。苞,同"包"。六极:上下四方之极,指无限之空间。

[15]接,承接。至乐无声,所以用耳朵不能听到,故欲听而不能承接。

[16]祟:警戒。

【品读】

本段讲黄帝奏乐的第三重境界,即无怠之声。黄帝见北门之惧已如冰释冻解,故为之三奏而更化之。这个第三章乐,变化又在哪里呢?在于"无怠之声"与"自然之命"。北门由惧而怠、再由怠而惑的这个过程,就是黄帝以咸池之乐"道化"的过程,就是"顺之则治"的过程,也就是这一篇的主题"天运"的过程。

黄帝利用大道虚无的变奏曲,随自然调和的节奏,摆脱松弛,在勃然生机的自然中传响震荡,却不着形迹,流于幽暗而不可复闻,或暧昧,或消逝,或兴起,或实在,或空虚。新乐老调的相互转换令人眩惑,还有圣人超越物累,感悟无声而绝妙、无言而心悦的"天乐"之音。"天乐"是高妙绝伦的无音域之乐,它寄托了庄子思想的最高理想境界,即大道虚无的超自然境界。"天乐"贵在相和,而和以道非和以心才是音乐最高境界。

总之,庄子十分出色地描述了黄帝奏乐的三重意境,给人分别以震撼、舒展和入化的感觉。这是庄子藉音乐以表达其思想境界的古今绝唱。庄子所描绘的"惧""怠""惑"三重乐章,各自反映了其社会性、自然性和超自然性的不同意境,显示了庄子超凡卓越的艺术天才。

孔子西游于卫[1]，颜渊问师金[2]曰："以夫子之行为奚如[3]？"师金曰："惜乎！而夫子其穷[4]哉！"颜渊曰："何也？"师金曰："夫刍狗之未陈也[5]，盛以箧衍[6]，巾以文绣[7]，尸祝齐戒以将之[8]。及其已陈也，行者践其首脊，苏者取而爨之而已[9]。将复取而盛以箧衍，巾以文绣，游居寝卧其下[10]，彼不得梦，必且数眯焉[11]。今而夫子亦取先王已陈刍狗，聚弟子游居寝处其下。故伐树于宋[12]，削迹于卫[13]，穷于商周[14]，是非其梦邪？围于陈蔡[15]之间，七日不火食[16]，死生相与邻，是非其眯也？

【注释】

[1]卫：春秋时国名，在今河南一带。孔子由鲁去卫，卫在鲁西，故称"西游"。

[2]师金：鲁太师，名金。

[3]奚如：何如、怎么样。

[4]穷：困穷、不通达。

[5]刍(chú)：草。刍狗：用茅草扎成的狗，用作祭物。陈：陈列、摆设。

[6]盛：装。箧(qiè)：竹箱之类。衍：箱子。

[7]巾：覆盖。文绣：绣有文饰的盖巾。

[8]尸祝：古代祭祀时对神主行祝祷者。齐：同"斋"。齐戒：古人祭祀前先斋戒。将：送。

[9]苏者：打烧柴的人，取薪曰樵，取草曰苏。爨：炊火做饭。

[10]寝卧其下：表敬爱不离。

[11]数：多次、屡次。眯(mí)：被魔鬼惊吓。

[12]伐树于宋：指孔子周游列国，途经宋国得罪权臣司马桓魋，桓魋将孔门师徒常在其下习礼的一颗大树砍倒。

[13]削迹：绝迹。削迹于卫：指孔子到卫国，因被误会而离开，途经匡地又被拘，解释清楚才被释放。

[14]穷：困。商：指宋。周：指东周。

[15]陈、蔡：春秋时二个小国。

[16]火食：熟食。

【品读】

本段阐述"应时而变"的道理。春秋时期，礼乐崩坏，各国霸主逐渐兴起。孔子怀着圣人的仁爱之心，四处游说，到处碰壁，是因为时机不对。在庄子看来，社会在不断变化，某一事物的价值和作用不会永恒不变，孔子想在春秋时代推行周礼以求解决社会现实问题，是没有考虑到社会变化和时代差异而墨守成规、不知变通，必然徒劳无功。师金虽对孔子不知因时而变、因地而变大加讽刺与谴责，但孔子极力推行先王之礼仪，纵如陆地行舟，被拒之门外或远远躲避，他都无所顾忌，也从侧面反映出孔子对理想信念的坚持。

庄子提醒人们勿取先王刍狗，要应时而变。庄子喻“刍狗”为先王陈迹，喻捡“刍狗”的人为孔子。因为孔子尊崇先王陈迹，逆历史潮流而动，不能“应时而变”，故孔子一生劳顿奔波，其周游列国宣传自己的思想学说，多次历险，如“伐树于宋，削迹于卫”“围于陈蔡之间”等，可谓颠沛流离，十分狼狈。最后孔子终有所悟，认识到自己受先王陈迹的困扰实在太久。于是孔子受到了老子的肯定，“丘得之矣”。

“夫水行莫如用舟，而陆行莫如用车。以舟之可行于水也，而求推之于陆，则没世不行寻常[1]。古今非水陆与？周鲁非舟车与？今蕲行周于鲁[2]，是犹推舟于陆也，劳而无功，身必有殃。彼未知夫无方之传[3]，应物而不穷者也。

【注释】

[1]没世：终生。寻常：长度单位，八尺为寻，二寻为常。

[2]蕲：祈求、希望。行周于鲁：行周道于鲁国。

[3]无方之传：四面八方皆可传递。隐喻无为可应对一切。无方，没有定向。传，传车、驿车。

【品读】

本段还是讲与时俱进的道理。任何一个时代都有其时代特性，时代在变化，解决问题的方法也应该随之而变。庄子说明孔子所处的不是周朝，想恢复周礼是办不到的。孔子想把周朝的制度推广到鲁国，也就像在陆地上行船，不仅徒劳无功，自身还要遭受祸患。春秋战国时代，社会黑暗，许多人对此都有着清醒而深刻的认识，许多有识之士也想通过自己的行动努力改变这一现状，先秦时代的儒家、墨家、法家莫不如是。而庄子却认为这些做法都是“缘木而求鱼”，事倍而功半。这是一种对现实政治的彻底绝望。

“且子独不见桔槔[1]者乎？引之则俯，舍之则仰[2]。彼，人之所引，非引人者也。故俯仰而不得罪于人[3]。故夫三皇五帝[4]之礼义法度，不矜于同而矜[5]于治。故夫三皇五帝之礼义法度，其犹柤[6]梨桔柚邪！其味相反而皆可于口。

【注释】

[1]桔槔：古代用杠杆原理制成的提水机械。

[2]句意为：拉时即引之则俯，松开手即舍之则仰。引，拉。舍，放。

[3]寓意孔子也不要去引导别人，以免遭祸。

[4]三皇五帝：说法不一，较通行的说法是三皇为伏羲、神农、黄帝，五帝为少昊、颛顼、高辛、尧、舜。

[5]矜：崇尚、钦敬。

[6]柤(zhā)：通“楂”，山楂。

【品读】

本段仍讲“应时而变”的道理。庄子认为世上没有永恒不变的准则，随世而变，根据事物的变化而变化，才能适应不断变化的社会，应付层出不穷的问题，而不能用一个固定不变的法则来处理不同的情况。故礼义法度者，应时而变者也。庄子反对孔子取先王陈迹，强调不能应时而变的礼仪法度是典型的陈迹，但此时庄子不过是要求礼仪法度要善于变通，以顺应时代发展的需要罢了。这同庄子那种彻底否定礼仪法度等社会性有为的自然无为思想是完全不同的。总之，礼仪法度应该应时而变，而不能墨守成规。

故礼义法度者，应时而变者也。今取猿狙[1]而衣以周公之服，彼也龁啮挽裂[2]，尽去而后慊[3]。观古今之异，犹猿狙之异乎周公也。故西施病心而矉其里[4]，其里之丑人见之而美之，归亦捧心而矉其里，其里之富人见之，坚闭门而不出；贫人见之，挈[5]其妻子而去走。彼知矉美而不知矉之所以美。惜乎，而夫子其穷哉！”

【注释】

[1]猿狙：不同种类的猴子。

[2]龁啮(hé niè)：用牙齿咬。挽裂：撕破。

[3]慊(qiè)：满足。

[4]西施：春秋时美女。病心：心病。矉(pìn)：通“颦”，皱眉痛苦的样子。里：邻里。

[5]挈(qiè)：携带。

【品读】

此段讲人要懂得变通，不可一意孤行。太师认为孔子不懂变通，忽略了整个社会的需要，坚持自己的理想，因此他预料孔子的理想将无法实现。而太师引丑女仿效美女西施的故事来讥讽孔子。尽管孔子当年到处游说，到处碰壁，但孔子心忧天下的精神，“仁”的一套完整体系也影响了中国几千年。他的功绩，当然不可用东施效颦来诋毁。

太师师金举这个故事之用意在于说明：人要懂得变通，不要一意孤行。这则故事后来被浓缩成“东施效颦”，用来比喻盲目胡乱地模仿他人，结果却适得其反。

……………………………………

孔子行年五十有一而不闻道，乃南之[1]沛见老聃。老聃曰："子来乎？吾闻子北方之贤者也！子亦得道乎？"孔子曰："未得也。"老子曰："子恶乎[2]求之哉？"曰："吾求之于度数[3]，五年而未得也。"老子曰："子又恶乎求之哉？"曰："吾求之于阴阳[4]，十有二年而未得。"老子曰："然，使道而可献[5]，则人莫不献之于其君；使道而可进[6]，则人莫不进之于其亲；使道而可以告人，则人莫不告其兄弟；使道而可以与人，则人莫不与其子孙。然而不可者，无佗[7]也，中无主而不止[8]，外无正而不行[9]。由中出者，不受于外，圣人不出[10]；由外入者，无主于中，圣人不隐[11]。名，公器也，不可多取[12]。仁义，先王之蘧庐[13]也，止可以一宿而不可久处。觏而多责[14]。

【注释】

[1]之：往。沛：今江苏沛县。

[2]恶乎：于何。

[3]度数：制度名数。

[4]阴阳：阴阳变化的理论。

[5]使：假使。献：恭敬地送给。

[6]进：奉送，与献意相近。

[7]佗：同"他"。

[8]中：内心。主：主见。

[9]外：指外境。正：证、印证，肯定之意。

[10]句意为：即圣人传道应看对象，对象所不接受的就不传。由中出者：即指心中之道。由，从。

[11]句意为：即他人的说法与自己内心主见不合，圣人是不会放在心上的。

[12]名：名誉，声誉。公器：众人所用之物。

[13]蘧(qú)庐：传舍、旅店。

[14]觏(gòu)：交积之意。而：则。

【品读】

此段记叙孔子向老子请教，谈闻道之方。孔子说"朝闻道，夕死可矣"①，表明他热切盼望闻道。周室王子朝在楚国被暗杀后，老子只得从曲仁里返沛县隐居。于是孔子来到了南方向老子请教闻道之方。庄子讽刺孔子到了51岁还不懂得道是什么，认为这是由于孔子没有把"道"当作世界上真正的主宰者。在老子看来，道不可奉献，不可进贡，不可相告，不可给予。因为道只停留于内

---

① 《论语·里仁》。

心纯朴寂寞的自悟和通行于外的自然平静的正确行为之中。庄子借老子之口在主观上有意维护道的神秘性。然而，孔子内心杂芜不自悟，形体劳役有悖于道。他积极宣扬仁义礼乐，追逐形物目标，即便皓首穷经亦不能得道。

"古之至人，假[1]道于仁，托宿[2]于义，以游逍遥之虚[3]，食于苟简之田[4]，立于不贷之圃[5]。逍遥，无为也；苟简，易养[6]也；不贷，无出也。古者谓是采真之游[7]。

【注释】

[1]假：借。

[2]托宿：寄宿、暂住。喻暂且利用一下。

[3]句意为：逍遥的境界才是目的地。虚，通"墟"，境界。

[4]苟简之田：喻指无为而可以治。苟简，苟且简略。

[5]立：立足。不贷：指只求自满自足，无须贷出。贷，借。

[6]易养：容易养活自己。

[7]是：此。采真之游：以真意遨游，不为形迹所役使。

【品读】

此段讲闻道之方的内在修养方法。内在的修养方法，指要保持内心虚静，忘怀自己和外物，让精神达到无待状况。所谓"采真之游"，指保持真性的遨游，翱翔于真情实性的游心之境。至人的"采真之游"，就是至人之所为，适意自如；所养，朴质无华；所居，恬淡安然。而"采真之游"的图景，会让我们联想起中国古代山水画中的人物景致：在旷朗的天地间，疏林廓落，溪水泛流，远处奇峰异石突起，近处草亭立于岸边暮色之中。这应是"采真之游"意境的写照。"采真"不仅葆有内在之真，且亦寄情于天地，撷采天地之真，以达至人与天地冥合之境。"采真之游"是道家的一个极富意蕴的美学概念，影响深远。

以富为是[1]者，不能让禄；以显为是者，不能让名。亲权者，不能与人柄，操之则栗，舍之则悲[2]，而一无所鉴[3]，以窥其所不休者[4]，是天之戮民也[5]。怨、恩、取、与、谏、教、生、杀八者[6]，正之器也，唯循大变无所湮者为能用之[7]。故曰：正者，正也[8]。其心以为不然者，天门弗开矣[9]。"

【注释】

[1]是：善。

[2]句意为：掌权惧怕被夺，丧权又会悲伤。操，掌握。栗，战栗。舍，丧失。

[3]一无所鉴:对上述之利害都无所鉴戒。一,皆。

[4]句意为:总注视着不断追求的权势名利。以,而。窥,视。不休,不止也。

[5]天之戮民:为名利权势争夺,违背自然本性。是:此。戮,杀。天,自然。

[6]怨:憎恶。恩:慈爱。取:剥夺。与:赐予。生:挽救。

[7]大变:天道变化。湮(yān):滞塞。

[8]正者,正也:意为自己正,合于天道,方能正物,正人。

[9]天门:心。指与天道台一,随天道运化之心。

【品读】

本段讲闻道之方的外在行为方法,指无私无欲,逍遥淡漠,不受物累。如仁义、利禄、名誉、权势,能否正确予以对待和解决,则是能否得到闻道之方的关键。

庄子指出名声和仁义都是身外的器物与馆舍,可以止宿而不可以久处,真正需要的则是"无为"。庄子对物欲横流的世界表示了极大的轻蔑。在他看来,正是财利、名誉、权势的诱惑,使人们走向堕落,使社会走向动乱。"天之戮民",就是以富贵、名利、地位、权势为人生追求而整天忧心失去的人,这是把社会活动过程当作生命的本质,对生命本质的理解陷入了一个误区。闻道之方理应避免这种"天之戮民"的"栗"和"悲"。

孔子见老聃而语仁义。老聃曰:"夫播糠眯目[1],则天地四方易位矣;蚊虻噆肤[2],则通昔[3]不寐矣。夫仁义憯然,乃愤吾心[4],乱莫大焉。吾子使天下无失其朴[5],吾子亦放[6]风而动,总德而立矣[7],又奚杰杰然若负建鼓而求亡子者邪[8]!夫鹄不日浴而白,乌不日黔而黑[9]。黑白之朴,不足以为辩[10];名誉之观,不足以为广[11]。泉涸,鱼相与处于陆,相呴以湿,相儒以沫[12],不若相忘于江湖!"

【注释】

[1]播:撒、播扬。糠:谷物皮屑。眯(mǐ):物入目为害。

[2]虻(méng):一种会飞的昆虫,雄的吸植物津液,雌的刺吸人畜血液。噆噆(zǎn):叮、咬。

[3]通昔:整夜、通宵。昔,同"夕",夜。

[4]憯:通"惨",毒害。愤:应作"愦"。

[5]吾子:您,谈话时对对方的亲切称呼。朴:自然纯朴的本性。

[6]放:作仿解、仿效之意。

[7]总:持。德:大德。立:自立。

[8]句意比喻追求功名利禄的急切心情。杰杰然,用力的样子。建鼓,大鼓。

[9]鹄:通"鹤"。乌:乌鸦。黔(qián):黑色,此作动词,染黑。

[10]句意为：万物各有其本性，就像羽毛的黑白，不能强行使其改变。

[11]句意为：名誉之观不必扩大。

[12]呴（xū）：吐气。濡：沾湿。

【品读】

本段通过孔子向老子求教仁义，明确批判儒家的仁义。从价值取向的角度来看，儒道之争其实就是“有无”与“无为”之争。道家以“道”为终极目标，主张顺其自然、自然而然。是否带有人为目的性是儒道的根本区别点。庄子认为，儒家主张的仁义之道带有强烈的人为目的性，违反了道的本质。著名的泉鱼之喻，便是失道之后的处境。在庄子看来，仁义道德不足以救世，适足以扰乱人心，费劲心力去推行仁义以求天下大治，只会适得其反，徒劳无功。要人为地去改变天然的事情，都是可笑的，没有必要的。仁义之道的弊端赤裸裸地暴露在世人的眼前“乱莫大焉”。

孔子见老聃归，三日不谈。弟子问曰：“夫子见老聃，亦将何规[1]哉？”孔子曰：“吾乃今于是乎见龙[2]。龙，合而成体[3]，散而成章[4]，乘云气而养乎阴阳。予口张而不能嗋[5]，予又何规老聃哉？”子贡曰：“然则人固有尸居而龙见，雷声而渊默[6]，发动如天地[7]者乎？赐[8]亦可得而观乎？”遂以孔子声[9]见老聃。老聃方将倨[10]堂而应，微[11]曰：“予年运而往[12]矣，子将何以戒我乎？”子贡曰：“夫三皇[13]五帝之治天下不同，其系声名一也[14]。而先生独以为非圣人，如何哉？”老聃曰：“小子少进[15]，子何以谓不同？”对曰：“尧授舜，舜授禹。禹用力而汤用兵[16]，文王顺纣而不敢逆，武王逆纣而不肯顺，故曰不同。”

【注释】

[1]规：规诲、教导。

[2]乃今：现在。于是：于此。龙：指老聃。

[3]合而成体：指龙静止时则表现为整条龙。

[4]散而成章：指龙舞动时则鳞甲闪烁，形成炫目的文彩。章，花纹。

[5]句意为：因过度惊疑连嘴都合不拢。嗋（xié），合拢嘴。

[6]尸居而龙见，雷声而渊默：见《在宥》篇注。

[7]如天地：像天地那样变幻莫测。

[8]赐：即子贡，姓端木，名赐。

[9]以孔子声：凭着孔子的名声。

[10]倨：同“踞”，伸开腿坐着。

[11]微：小声、轻声。

[12]年运而往：行年老迈。运，行也。往，老迈。

[13]皇：原作“王”，依《续古逸丛书》校改。

[14]系：连。声名：名声。一：一致。

[15]小子：老年人对年轻晚辈之称呼。少进：稍上前来。

[16]禹用力：禹带领民众治水故称用力。汤用兵：商汤凭武力胜夏桀故称用兵。

【品读】

这是庄子对孔儒学派的轻蔑。孔子见老聃回来，三天不讲话，因为孔子以为他见到了龙。龙，合众体而成，舒展开鳞甲形成耀目文采，腾云驾雾，而以阴阳二气为养。相形之下，孔子却以为自己不过是个“不与化为人”的人。除孔子在老子面前会有失态的表现外，其弟子子贡更不过是个“小子”而已。总之，庄子对孔儒学派的轻蔑，表明了庄子对儒学以仁义治天下来破坏人类自然本性的强烈不满，也表明了当时儒、道学派的尖锐对立。

五帝三王，不同的时代，不同的社会现实，他们的礼乐也是应时而变，而不是亦步亦趋，因袭前朝，只要核心精神不变，具体的形式是可以改变的，也应该随着时代变化而改变。

老聃曰：“小子少进余语汝三皇五帝之治天下：黄帝之治天下，使民心一[1]，民有其亲死不哭而民不非也。尧之治天下，使民心亲，民有为其亲杀其杀而民不非也[2]。舜之治天下，使民心竞，民孕妇十月生子，子生五月而能言，不至乎孩而始谁[3]，则人始有夭矣。禹之治天下，使民心[4]变，人有心而兵有顺，杀盗非杀人[5]。自为种[6]而‘天下’耳。是以天下大骇，儒墨皆起。其作始有伦，而今乎妇女[7]，何言哉！余语汝：三皇五帝之治天下，名曰治之，而乱莫甚焉。三皇之知，上悖日月之明，下睽[8]山川之精，中堕四时之施。其知憯于蛎虿[9]之尾，鲜规之兽[10]，莫得安其性命之情者，而犹自以为圣人，不可耻乎？其无耻也！”子贡蹴蹴然[11]立不安。

【注释】

[1]心一：心淳朴专一而无杂念。

[2]亲：亲人。杀其杀：按亲疏程度依次降等。杀，降等。不非：不加非议。

[3]孩：婴儿之笑声。始谁：开始辨别人与物。

[4]心：指是非、奸诈之心。

[5]杀盗非杀人：杀盗贼不算杀人。说明盗贼有罪该杀。

[6]种：同类、同伙。

[7]妇女：像女子一样去取悦于人。

[8]睽：违背。

[9]蛎虿(lì chài)：蝎子一类用尾部毒刺刺人的毒虫。

[10]鲜规之兽:规取生物作为食物的野兽。鲜,新鲜的肉。规,取。

[11]蹴(cù)蹴然:心神不安的样子。此表子贡知错的神情。

【品读】

本段提倡自然政治,批判仁义和三皇五帝之治。庄子围绕着自然政治的中心,对孔子的仁义说教及三皇五帝治天下极尽驳斥,少有含蓄。庄子着重驳斥了三皇五帝治天下,他认为黄帝时代尚存上古遗风,顺自然之化,使民心淳朴无别。至尧治天下,使民亲爱其亲,产生了亲人团体的凝聚力。再至舜治天下,人类始有竞争之心,出现了违背自然规律的现象,天下为之大骇。后至儒、墨的兴起,天下更加混乱,人类真正陷入了万劫不复的灾难深渊。在道家看来,三皇五帝的治理天下,名义上叫治天下,实则祸乱天下。人类的历史从古至今是道德水平、政治生活和人性本身全面衰退的过程。这就必然导引出庄子的返朴论:要改变不幸的现状,就必须返回自然,复归朴素。

孔子谓老聃曰:"丘治《诗》《书》《礼》《乐》《易》《春秋》六经,自以为久矣,孰知其故矣[1],以奸者七十二君[2],论先王之道而明周、召之迹[3],一君无所钩用。甚矣!夫人之难说也,道之难明邪?"老子曰:"幸矣!子之不遇治世之君也!夫六经,先王之陈迹也,岂其所以迹哉[4]!今子之所言,犹迹也。夫迹,履之所出,而迹岂履哉!夫白鶂[5]之相视,眸子不运而风化[6];虫,雄鸣于上风[7]。雌应于下风而风化。类自为雌雄[8],故风化。性不可易,命不可变,时不可止,道不可壅。苟得于道,无自而不可;失焉者,无自而可。"孔子不出三月,复见,曰:"丘得之矣。乌鹊孺[9],鱼傅沫[10],细要者化[11],有弟而兄啼。久矣,夫丘不与化为人!不与化为人,安能化人。"老子曰:"可,丘得之矣!"

【注释】

[1]孰:同"熟",熟知、熟悉。故:故事。

[2]奸(gàn):假借为"干",求,求官禄。七十二君:泛言孔子干谒诸侯之多。

[3]明:阐明、宣扬。周:周公旦。召:召公奭。周、召二人皆文王之子、武王之弟。

[4]所以迹:所产生足迹的,指履。比喻决定治绩的背后原因,指道。所,由。

[5]白鶂(yì):一种水鸟。

[6]眸子:瞳孔。运:动。风化:相待风气而化生。

[7]上风:与"下风"相对,指风流动方向之上方。

[8]句意为:同类动物之雌雄能相互感应而风化,是天然本性。

[9]乌:乌鸦。鹊:喜鹊。孺:孵化而生子。

[10]傅沫：指鱼以口沫相交而受孕。鱼为体外受精，有的鱼以口含卵而孵化。这是作者据错觉来论说。傅，相。

[11]细腰：即细腰蜂。古人误以为细腰蜂不会生子，以青虫育成己子。如《诗经・小雅・小宛》云："螟蛉有子，果蠃负之。"要，同"腰"。

【品读】

庄子在此第一个提出"六经"说法，也对儒家经典提出质疑。孔子饱读《诗》《书》《礼》《乐》《易》《春秋》六经，自以为熟悉了书中描述的旧时各种典章制度和先王治世方略，并以此游说各诸侯国君，却不被君主们取用。孔子对此很困惑。老子点破了孔子的主张不被采用的原因在于：六经是先王留下的陈迹，不是治国之道。只有根据现实而采取相应的灵活的措施，才能产生良好的效果。孔子周游列国推行先王之制的行为，就是不知变化的表现，故而他的"道"行不通。只有根据现实的变化而变化，才能说服人君，达到应有的效果。与大道相符，就没有自己的主观成见，随着事物的变化而变化就不会坚持常规。总之，应该根据现实情况的变化而变化，必须据实定名，不能本末倒置而以实符名。

刻意第十五

刻意尚行[1]，离世异俗[2]，高论怨诽[3]，为亢[4]而已矣。此山谷之士，非世之人[5]，枯槁赴渊者之所好也。语仁义忠信，恭俭推让，为修而已矣。此平世之士，教诲之人，游居学者之所好也。语大功，立大名，礼君臣，正上下，为治而已矣。此朝廷之士，尊主强国之人，致功并兼者之所好也。就薮泽[6]，处闲旷，钓鱼闲处，无为而已矣。此江海之士，避世之人，闲暇者之所好也。吹呴[7]呼吸，吐故纳新，熊经鸟申[8]，为寿而已矣。此道引[9]之士，养形之人，彭祖寿考者之所好也[10]。若夫不刻意而高，无仁义而修，无功名而治，无江海而闲，不道引而寿，无不忘[11]也，无不有[12]也。澹然[13]无极而众美从之。此天地之道，圣人之德也。

【注释】

[1]刻意：在思想意志上严厉要求自己。尚行：使行为高尚。

[2]离世异俗：超脱世俗，截然与众不同。

[3]怨诽：怨愤讥刺世之无道。

[4]为亢：为了表现清高。亢，高。

[5]山谷：指隐居山谷。非世，以世道为非。

[6]就：到。薮(sǒu)泽：湖泊。

[7]吹呴：皆指吐气，慢为呴，快为吹。

[8]申：通“伸”。熊经：像熊一样悬吊到树上。经，悬吊。

[9]道引：导通气血，柔和肢体，延长寿命。

[10]彭祖：传说中的长寿之人。考：老。

[11]无不忘：一切无心，不有意追求。

[12]无不有：高、修、治、闲、寿等无一不得到。

[13]澹(dàn)然：淡漠无心，不在意。

【品读】

本段专门谈论了士人的刻意有形追求。士人群体是春秋战国特殊的社会历史的产物。他们来自各阶层、各行业，靠自己的技艺、特长、智谋、知识与功劳发挥着各自的作用，追求形形色色的目标，代表着时代的发展方向。

庄子在此历数了士人的不同表现。一是“山谷之士”，即山林隐者，愤世疾俗之人。他们克制意欲使行为高尚，超然特立于世俗之外，立论高峻而怨愤讥刺世之无道，为显示清高而已。二是“平世之士”，即与世道相安并处之人。他们讲说仁义忠信，恭敬节俭，推辞礼让，洁身自好以修身。三是“朝廷之士”，即在朝中为官之人。这种士人直接效命于统治者，尊君强国，开疆拓土，建功立业，名声显赫，确立君臣之礼，维护上下等级关系，推行治世之道。四是“江海之士”，即退隐之人。他们到湖泊沼泽之地，居住在空旷无人之处，与世无争只求清闲。五是“道引之士”，即为长寿而养身者。庄子对以上五种人的人格特征提出了分类的批评，认为他们的共同特点是刻意尚行。六是道之士（圣人），他们懂得忘，也善于忘，对自己的所作所为丝毫不挂怀抱，即所谓“无不忘也”。只有把这些全部遗忘，淡漠无心，才能获得它们的全部功效，而为集众美于一身的圣人之德。

庄子举出六种士人，分析了六种不同的修养态度，前五种都是他所不赞成的，只有第六种人才得到他的推崇。前五种人或抱怨怀才不遇，或宣传仁义忠信，或建功立业，或闲游自在，或养生益寿，都是有所追求，不曾摆脱世俗欲望的纠缠。唯有最后一种人，忘掉世俗的一切追求，宁寂淡泊，自遂其性，才是最高尚的人。故庄子寄望世人摆脱种种有形迹、有作为的刻意追求，实现自然无为的理想。

故曰：夫恬淡寂寞，虚无无为，此天地之平而道德之质也[1]。故曰：圣人休休焉[3]则平易矣，平易则恬淡矣。平易恬淡，则忧患不能入，邪气不能袭，故其德全而神不亏。

【注释】

[1]平：平易，不偏不倚。质：本质。

[2]休休焉：宽容的样子。

【品读】

本段讲“虚无恬淡”和“寂寞无为”的圣人精神。庄子讲人生修养，提倡虚静平易。庄子推崇的是心的纯粹不杂，静一不变，只有当心达到这种虚静的境界，才能平易恬淡，保守心灵的安宁。庄子所谓的平易，不但排除欲望的诱惑，而且排除是非爱憎的扰乱。庄子主张，停止刻意作为，平易恬惔，处于虚静状态，外在一切纷扰与己无关，因而忧患不能侵入灵台，精神不亏不损。圣人既静，天下皆静，万物各任其责，天下自治。

庄子提出休闲命题，认为圣人之休在于获得“平易、恬淡”“虚无无为”的本真生存状态。这样的生存状态看似简单实则至难。在庄子看来，人们应回到淳朴自然的社会，必须恢复人们的自然本性。恬淡、寂寞、虚无、无为，是天地的本性，道和自然的本性。人们只有取法于此，心灵才能够安定。

故曰：圣人之生也天行[1]，其死也物化[2]。静而与阴同德，动而与阳同波[3]。不为福先，不为祸始。感而后应[4]，迫而后动，不得已而后起。去知与故[5]，循天之理。故无天灾，无物累，无人非，无鬼责。其生若浮，其死若休。不思虑，不豫谋。光矣而不耀，信矣而不期[6]。其寝不梦，其觉无忧。其神纯粹，其魂不罢。虚无恬淡，乃合天德。

【注释】

[1]天行：任自然而运动。

[2]物化：物象之必然变化。

[3]句意为：动静皆与天地阴阳的变化相一致。

[4]感而后应：指圣人与天地阴阳变化合一，相互感应。感，共鸣。

[5]去：抛弃。知：智谋机巧。故：习惯。

[6]信矣而不期：即虽守信而不必约定，纯粹顺乎自然。期，约定。

【品读】

本段阐述"无为"乃圣人人生修养的方法。庄子讲述养神的方法，要以恬淡寂寞、虚无无为为根本。要息心于平易无偏倚，动静随天，去知与故，超越死生，无好恶、喜怒、悲欢，不与物交，保持心神之纯一不杂。在庄子看来，圣人没有生死的拘束，却顺自然死生，生死齐一，祸福齐一，无所谓死生祸福之感觉。圣人没有任何东西扰乱其"天德"。庄子将这种生活预期的效果归结为：虚无恬淡，乃合天德。庄子描绘的理想人格是自然的一部分，又像是社会的一分子。这种理想人物自觉地顺应自然而不去顺应社会。这就是人类所向往追求的自然人生，更是士人摆脱困惑与悲哀的希望所在。

故曰：悲乐者，德之邪也；喜怒者，道之过[1]也；好恶者，德之失也。故心不忧乐，德之至也；一而不变[2]，静之至也；无所于忤[3]，虚之至也；不与物交[4]，淡之至也；无所于逆，粹之至也。

【注释】

[1]道之过：若不能顺天道而行，忘却喜怒，反会以天道为过错。

[2]一而不变：坚持纯一之道而不动。一，指虚静无为之道。

[3]忤(wǔ)：违逆、抵触。

[4]不与物交：无心与外物交往。

【品读】

本段论圣人情感。在世俗看来，喜怒哀乐乃人之常情。但庄子以为人类世俗的情感乃是对自然本源的破坏。圣人的情感却以无忧无乐为“至德”，以持守道义为“至静”，以无抵触外物为“至虚”，以不与外物交往为“至淡”，以不违背外物为“至粹”。总之，圣人在与自然外物的关系过程中，没有任何利害冲突，不引发任何情感的波动。圣人的情感任凭外物的千变万化，却始终是自然如初的静谧，对任何事物都无动于衷。庄子推崇的境界几乎排除一切情感，没有喜怒哀乐，没有爱憎取舍，因为庄子既排除世俗的欲望，又排除是非观念，其逻辑的结论便是无所谓喜怒哀乐。

故曰：形劳而不休则弊，精用而不已则劳[1]，劳则竭。水之性，不杂则清，莫动则平；郁闭而不流[2]，亦不能清，天德之象也[3]。

【注释】

[1]形：形体。弊：疲困。精：精神。

[2]句意为：水不流动就会腐臭混浊。郁，积滞。闭，闭塞。

[3]句意为：天德虽静而不断运行，故水有天德之象。象，反映。

【品读】

此段论圣人形体。圣人保全形体在于合乎自然动静的规律，却不能像士人的刻意运动与锻炼，违背形体的自然规律，就会给形体带来过度的消耗。庄子举水性喻圣人形体的自然性。他认为，水之本性不混入杂物则清澈，不去搅动则平静；郁结闭塞而不流动，也不能清澈，水具有天德之象。故圣人形体如水性或动或静都在于合乎自然的纯清，决不为刻意劳累而杂乱耗竭。从养生到修养，从修养到处世，庄子都主张虚静。静，就是放弃主动，听其自然。

故曰：纯粹而不杂，精一而不变，淡而无为，动而以天行，此养神[1]之道也。

【注释】

[1]养神：存养精神。

【品读】

此段论圣人恬淡的养神之道。庄子所谓的养神之道，就是要保持虚静的心境，排除世俗欲望的诱惑干扰。圣人的养神之道以自然为根本，完全离开了社会人为的行迹，游于自然境地，与自然合一，故圣人得自然养神之妙理。在庄子看来，养心要虚，虚所应对的对象是外物；养神要静，静所应对的对象是自心，前者虚以见道，后者静以守道，二者相辅相成。这就是存养精神之道。庄子追求心灵的恬淡宁静，为人们开拓了一条通往自然静谧无为的养神之道。

夫有干越之剑者[1]，押[2]而藏之，不敢用也，宝之至也。精神四达并流[3]，无所不极，上际于天，下蟠于地[4]，化育万物，不可为象，其名为同帝[5]。纯素[6]之道，唯神是守；守而勿失，与神为一；一之精通，合于天伦[7]。野语[8]有之曰："众人重利，廉士重名，贤人尚志，圣人贵精。"故素也者，谓其无所与杂也；纯也者，谓其不亏其神也。能体纯素，谓之真人[9]。

【注释】

[1]干：古代小国名，后被吴国所灭，此指吴国。吴、越为春秋时东南方二强国。

[2]押(xiá)：通"匣"。

[3]并：旁。四达并流：形容精神四通八达。

[4]极：尽头。际：交会，会台。蟠(pán)：遍及。

[5]同帝：如同天帝。

[6]纯素：与纯粹义近，更强调素质、本性之纯一不杂。

[7]天伦：自然之理。

[8]野语：谚语。

[9]体：体现。纯素：以纯素为体。真人：得道者，与至人、神人相近。

【品读】

本段论真人的养神之道。庄子的自然性理想人格以真人为正宗，但本章中他所塑造的圣人与真人却基本无别。庄子将真人的养神之道建立在圣人养神之道的基础上，并略加提高与发挥。如庄子认为真人的精神无限宽泛，四通八达，无所不及，上际于天，下蟠于地，化育万物，不可为象。真人同圣人一样，注重自然精神而有别于俗人。所谓众人重利，廉仕重名，贤人尚志，圣人贵精，因此真人的养神在于贵精，坚守自然的纯素状态。"纯素"就是淳粹不杂，没有外在的影响，使精神保持完整。庄子喜好讲真，真就是朴，就是天然，就是未受利名、权势诱惑、污染的天性。强调"贵精"即不丧"纯""素"，这样的人即"真人"。

缮性第十六

缮性于俗学[1]，以求复其初[2]；滑欲于俗思[3]，以求致其明[4]：谓之蔽蒙之民[5]。

【注释】

[1]缮(shàn)性：修治本性。俗学：指当时流行的儒学、法学等。

[2]初：本性。

[3]滑(gǔ)：治理。欲：情。俗思：追求名利等世俗观念。

[4]致：得到。明：明智。

[5]蔽蒙：蒙蔽，昏庸闭塞。民：人。

【品读】

所谓"缮性"就是修治本性。庄子认为，世俗蒙昧，用世俗之学来修治本性，以求达到明通，这就是"蔽蒙之民"。庄子强调，在现实中为能"缮性"，拯救和重新修复自然性命，就要摆脱世俗观念，透过世俗的迷障，从古人修养本性的方法中获得启迪。

古之治道者，以恬[1]养知；生而无以知为[2]也，谓之以知养恬。知与恬交相养，而和理[3]出其性。夫德，和也；道，理也。德无不容[4]，仁也；道无不理，义也；义明而物亲[5]，忠也；中纯实而反乎情[6]，乐也；信行容体[7]而顺乎文，礼也。礼乐偏行，则天下乱矣。彼正而蒙己德[8]，德则不冒[9]，冒则物必失其性也。

【注释】

[1]恬：指恬淡性情。

[2]无以知为：无须凭借智慧行事。

[3]和理：和为恬静淡漠之性，理为自然之理，二者皆出于木性。

[4]德无不容：德行弘大深远，无不包容。

[5]义明：义理分明。物亲：与物相亲。

[6]中:心中。纯实:朴实。反乎情:仁义发乎内心而与外物应和,又从外物反作用于自身的性情。

[7]信行:以信为行,言行讲信用。容体:以荣为体,一切以宽容为主。

[8]彼:他人。正:天地人物各自正其性命。蒙己德:把己之德行隐蔽起来,不可炫耀滥用。蒙,蒙受。

[9]冒:覆盖。

【品读】

本段提出了"恬知互养"的根本"缮性"法。"恬"是指恬静淡漠的自然状态;而"知"有不同说法,真知是对自然的真实理解;智慧则是自然的异化,是社会性的产物。笔者认为真知更符合原文之意。因为自然恬淡可以蓄养德性,却不可以蓄养智慧。庄子对德、礼、义、忠等概念作了自己的解释。庄子之德为中和之性,道为自然之理。庄子对义和忠的解释,也是围绕着自然这一宗旨。在庄子看来,德行宏大深远,无不包容,就是仁;行道无不合于理,就是义;义理分明与物相亲,就是忠;心中为仁义充实,又与外物应和愉悦,就是乐;信义之行表现于仪容举止而顺乎自然,就是礼。庄子强调,原始初民对自然真实的感受与理解,始终能够以恬静淡漠和感知真知相互畜养,以增进人类同自然的融合力量。

古之人,在混芒[1]之中,与一世而得澹漠焉[2]。当是时也,阴阳和静,鬼神不扰,四时得节[3],万物不伤,群生不夭[4],人虽有知,无所用之,此之谓至一[5]。当是时也,莫之为而常自然[6]。

【注释】

[1]混芒:浑沌蒙昧的淳朴状态。

[2]与:通"举"。澹漠:恬静淡漠。

[3]四时得节:四季变化与节令相应相合。

[4]群生:各种生物。夭:夭折。

[5]至一:最纯粹的时代。

[6]莫之为:无为。常自然:常合乎自然。

【品读】

本段描述了"混芒"的自然理想状态。庄子缅怀远古混沌、淳风未散的时代,与自然绝对同一,这是自性复初的理想境界。自然是庄子思想的核心内容,也是庄子对人类"德衰"与"时命大谬"作为批判的有利根据。庄子向往的理想时代,是远古之人处于浑沌蒙昧状态中,举世之人都恬静淡漠无所求。

逮[1]德下衰，及燧人、伏牺始为天下[2]，是故顺而不一。德又下衰，及神农、黄帝始为天下，是故安而不顺。德又下衰，及唐虞始为天下，兴治化之流[3]，浇淳散朴[4]，离道以善，险[5]德以行，然后去性而从于心[6]。心与心识知[7]，而不足以定天下，然后附之以文，益之以博[8]。文灭质，博溺心，然后民始惑乱，无以反其性情而复其初。由是观之，世丧道矣，道丧[9]世矣，世与道交相丧也。道之人[10]何由兴乎世，世亦何由兴乎道哉！道无以兴乎世，世无以兴乎道，虽圣人不在山林之中，其德隐矣。

【注释】

[1]逮：及。

[2]燧人：即燧人氏，传说为远古发明钻木取火的氏族领袖。伏牺：即伏牺氏，据说他始作八卦，制造鱼网，驯养动物。

[3]治化：治理教化。流：风尚。

[4]浇淳散朴：破坏了淳朴的风气。

[5]险：危险。

[6]去性：舍弃本性。从于心：依据自己的私心。

[7]心与心识知：彼此以私心互相窥测。识知，窥测对方心思。

[8]益：增。博：博学，指旁征博引以充实其说。

[9]丧：败坏。

[10]道之人：明道之人，圣人。

【品读】

本段阐述道德水平和人性的衰退过程。世人德性逐渐衰退的过程。庄子认为，自从有人出来治理天下以来，人的天赋本性就开始走向衰落。由于越来越远地离开了“道”，人世间越发混乱起来，最后必然会陷入到无法治理下去的地步。庄子站在自然主义立场上，认为由于“浇淳散朴”，人类的处境，无论是个人心境或整个社会状态，以往一直是在不断的恶化之中，未来将遭遇更大的不幸。人类的历史从古至今是道德水平、政治生活和人性本身全面的衰退过程。

隐故不自隐[1]。古之所谓隐士者，非伏[2]其身而弗见也，非闭其言而不出也，非藏其知而不发也，时命大谬也[3]。当[4]时命而大行乎天下，则反一无迹[5]；不当时命而大穷[6]乎天下，则深根宁极[7]而待：此存身之道也。

【注释】

[1]隐故不自隐:指虽其德隐,但其人并没有隐。即心隐而身不隐,此为庄子式的隐。

[2]伏:隐匿。

[3]时命:所处时代与所遭命运。谬:乱,指背离天道。

[4]当:合。

[5]反一无迹:复归于人与自然同一境界而不留形迹。

[6]穷:困穷不通。

[7]深根宁极:深藏静处。

【品读】

本段论"存身之道"。庄子此处关于隐逸的说明,虽与孔子的"无道则隐"相似,但不隐含"有道则仕"的结论。庄子的原意是有道则顺其本性,有自适自得之乐,无道则有所克制,静心以待。不能任性而行。所谓"深根宁极而待",并非等待出仕的机会,而是等待完全顺性而行的生活。庄子的隐士观,修心悟道只关"心隐",是否"身"隐,无关紧要。避世修心悟道,主要在于内心,无论处身何种境地,内心都能保持闲淡,那才是真正的避世之士、得道圣人。

古之存身[1]者,不以辩饰知,不以知穷天下,不以知穷德[2],危然处其所而反其性[3]己,又何为哉!道固不小行,德固不小识[4]。小识伤德,小行伤道。故曰:正己[5]而已矣。乐全[6]之谓得志。

【注释】

[1]存身:保身、安身。

[2]穷:困累之意。穷德:使自己的心性困惑。

[3]危然:独立不倚的样子。处其性:处在他应处之地位。

[4]小行:与大道相违背的行为。小识:指个人的成见。

[5]正己:修养自己以合乎大道。

[6]乐全:保全内心淳朴的心性。

【品读】

本段接着论"存身之道"。这里的"古之人"是指"逮德下衰"后的"道之人",他们在德衰之后的社会里,讲求"存身"和"得道"。这"存身"和"得道"的目标,庄子着重以"古之存身者"为依据,强调得道者要明达天性,不为德衰所影响,能危然独所而返于自然。因而在现实中,为求生之道,除要善于根据不同时命应变外，也要善于效法“古之人”，以便充实和完备自己的存生之道。这种存生之道，尽管是无奈之举，但毕竟是为了持守自然品质的高尚无奈。有鉴于此，庄子下段又进一步区别古今“得志者”。

古之所谓得志者，非轩冕[1]之谓也，谓其无以益[2]其乐而已矣。今之所谓得志者，轩冕之谓也。轩冕在身，非性命也，物之傥来[3]，寄者[4]也。寄之，其来不可圉[5]，其去不可止。故不为轩冕肆志，不为穷约趋俗[6]，其乐彼与此同[7]，故无忧而已矣！今寄去则不乐[8]。由是观之，虽乐，未尝不荒[9]也。故曰：丧己于物[10]，失性于俗者，谓之倒置之民[11]。

【注释】

[1]轩冕：古代卿大夫所乘之车、所戴之冠，此指代高官厚禄。

[2]益：增加。

[3]傥（tǎng）来：偶然得来，此指高官厚禄非关性命，是偶然得来之物。

[4]寄者：暂时寄存之物。

[5]圉（yǔ）：通“御”，抵御、阻挡。

[6]肆志：放纵心志，快意。穷约：穷困。趋俗：随波逐流、趋炎附势。

[7]彼此：“彼”指轩冕，“此”指穷约。

[8]寄：指高官厚禄之类。去：失去。

[9]荒：通“慌”，迷乱。

[10]丧己于物：为追求物欲而丧失自我与自性。

[11]倒置：本末颠倒，指舍弃自性而妄求于外。民：人。

【品读】

本段是对古今“得志者”的区别。庄子讲述古人存身、养德、正己以及处富贵与穷约皆能无忧之道德境界，并与热衷功利、相争不息的流俗相对照，使人觉悟。古之“得志者”不以获取轩冕利禄为荣耀，但以得自然之道为快乐。与此相反，今之“得志者”却偏偏以得轩冕利禄为快乐。高官厚禄加在身，并非性命之常，而是偶然得来之物，是暂时寄存在这里的。因而为追求物欲而丧失自我，为趋就流俗而失掉本性，就是本末倒置之人。庄子指出，修治生性的要领是“正己”和“得志”，既能正己，又能自适，外物就不会使自己丧身失性，因而也就不会倒置本末。

秋水第十七

秋水时[1]至，百川灌河[2]，泾流[3]之大，两涘渚崖之间[4]，不辩[5]牛马。于是焉河伯[6]欣然自喜，以天下之美为尽在己。顺流而东行，至于北海，东面而视，不见水端。于是焉河伯始旋其面目，望洋向若[7]而叹曰："野语有之曰：'闻道百，以为莫己若[8]者。'我之谓也。且夫我尝闻少仲尼之闻而轻伯夷之义者[9]，始吾弗信。今我睹子之难穷也[10]，吾非至于子之门则殆矣，吾长见笑于大方之家[11]。"

【注释】

[1]时：按时、及时。

[2]百川：许多河流。灌：流入。河：黄河。

[3]泾（jīng）流：直流的水波。

[4]两涘（sì）：两岸。涘，水边、河岸。渚（zhǔ）：水中间的小块陆地。崖：岸。

[5]辩：通"辨"，分。

[6]焉：乎。河伯：黄河之神。

[7]望洋：眼睛迷茫的样子。若：海神名，即下文的"北海若"。

[8]莫己若：即"莫若己"，没谁比得上自己。

[9]尝闻：曾听说。少：贬低。仲尼：孔子。伯夷：孤竹君之子，不受君位，不食周粟，饿死在首阳山。

[10]子：您。本指北海若，此借指大海。穷：尽。

[11]长：永远。见：被。大方之家：指得大道者。方，道。

【品读】

本段讲人不可狂妄自大。河伯见到径流以为己美，"欣然自喜"，直至看到"不见水端"的北海，才明白原来的自大与狂妄之语实则是"见笑于大方之家"。也正因此，河伯看到波涛澎湃、水势浩渺的茫茫之境后，进行了发自内心的深刻反省，能自觉破除自我成见，敞开心灵，接纳大海。

成语"望洋兴叹"就源于此。在人世间，我们不能自满，山外有山，人上有人，不要坐井观天，夜郎自大，只有走出去，放眼世界，才能增长见识。我们每个人其实都很渺小。人一旦自高自大就会出现问题，自以为了不起迟早会受辱，贻笑大方。

北海若曰："井蛙[1]不可以语于海者，拘于虚[2]也；夏虫[3]不可以语于冰者，笃[4]于时也；曲士[5]不可以语于道者，束于教也[6]。今尔出于崖涘[7]，观于大海，乃知尔丑[8]，尔将可与语大理[9]矣。天下之水，莫大于海：万川归之，不知何时止而不盈；尾闾[10]泄之，不知何时已而不虚[11]；春秋不变，水旱不知。此其过江河之流，不可为量数。而吾未尝以此自多[12]者，自以比形于天地[13]，而受气于阴阳。

【注释】

[1]蛙：青蛙。

[2]拘：局限。虚：通"墟"，指所居之处。

[3]夏虫：夏生夏死的昆虫。

[4]笃(dǔ)：守、限制。

[5]曲士：孤陋寡闻的乡曲之士。此指偏执俗学的人。

[6]束：束缚。教：所受的教育。

[7]尔：你。崖涘：代指黄河。

[8]丑：指思想境界的鄙陋。

[9]大理：大道。

[10]尾闾(lǘ)：指大海的排水处。

[11]已：止。虚：指水尽。

[12]多：赞美。自多：感到自满。

[13]以：认为。比：借为"庇"，寄托。

【品读】

本段说明了认识事物的相对性观点。庄子极言自然的伟大和人类的微不足道。庄子是以一种相对主义的眼光来认识事物的。在庄子看来，世间的人、事、物是因过于局限而不能破除自我成见。一般而言，个体的自然物不能破除自我成见，就有其无法改变的时空局限性。但曲士的囿见比井蛙与夏虫的局限更加可悲。由于河伯能够走出自我狭隘的囿限，获得对大的观念的理解，故庄子认为河伯可以"语大理"，而井蛙却不能"语于海"。"大理"，就是宇宙的无限性与无穷性。庄子言"大理"的深层之意是利用阐述自然的"大理"来破除人类社会的囿见。

"吾在天地之间，犹小石、小木之在大山也。方[1]存乎见小，又奚以自多！计四海之在天地之间也，不似礨空[2]之在大泽乎？计中国之在海内，不似稊米之在大仓乎[3]？号物之数谓之万，人处一焉；人卒九州[4]，谷食之所生[5]，舟车之所通[6]。此其比万物也，不似豪末[7]之在于马体乎？

【注释】

[1]方：正。

[2]礨(lěi)空：石块的小孔穴。礨，石块。

[3]稊(tí)米：形似稗的草，果实像小米，故称"稊米"。大仓：大谷仓。

[4]人卒：人众。卒，借为"萃"，聚集。九州：天下。

[5]所生：生长的地方。

[6]所通：通行的地方。

[7]豪末：形容微不足道。豪，通"毫"。

【品读】

本段讲人在世间的渺小。在这宇宙的"混沌整体"中，人只不过是大山中的小石小木，是浩瀚宇宙间的一颗尘埃，是万象中的一体，是自然生命的组成部分。这世界上物类名称数以万计，而人只不过是其中的一种，人十分渺小，也极为有限，他的存在必须依赖苍天厚土，顺从自然之道。这段论述并非看低人的存在，而是从道的高度出发，对人有更为整全和透彻的观照，人与万物在自然本性上完全等同，人之特殊在于有可能自觉到己身之渺小，并产生精神超越的追求。庄子最看重的就是人的精神境界。

五帝之所连[1]，三王[2]之所争，仁人之所忧，任士[3]之所劳，尽此矣！伯夷辞之以为名，仲尼语之以为博。此其自多也，不似尔向[4]之自多于水乎？"

【注释】

[1]五帝：即黄帝、颛顼、帝喾、唐尧、虞舜。所连：指五帝所连续禅让的天下。

[2]三王：指夏、商、周三代的帝王。

[3]任士：指以救世为己任的贤能之士。

[4]向：从前。

【品读】

本段说明人类社会自我狭隘的拘束。在庄子看来，五帝的禅让制，三王的威力相争，以及仁人、贤士的所作所为，都不过是人类社会自我狭隘的拘束，实在有限。同时亦借以破除人们对儒家权威的迷信。庄子认为，人对客观事物认知的深度、认知角度的选择，会受到个人先前经验的影响。褊狭的人是无法体悟大道的，因为他们已被儒家礼教所束缚。

河伯曰："然则吾大天地而小毫末[1]，可乎？"北海若曰："否。夫物，量无穷[2]，时无止[3]，分无常[4]，终始无故[5]。是故大知[6]观于远近，故小而不寡，大而不多：知量无穷[7]。证向今故[8]，故遥而不闷[9]，掇而不跂[10]：知时无止。

【注释】

[1]句意为：能否把天地看作大而把毫末看作作小。

[2]量：容积。无穷：包括无穷大与无穷小。

[3]时无止：时间永恒向前，无有止息。

[4]分：分际、界限。无常：指物的界限随时间空间的变化而变化。

[5]终始无故：终而复始，无有穷尽。故，通"固"，固定。

[6]大知：指得道者。知，通"智"。

[7]句意为：从近看小的也不小，从远看大的也不大。

[8]句意为：求证于古今的事情。向今，今昔。故，事。

[9]句意为：以今事证古事，虽遥远而明白。遥，远。闷，昧。

[10]句意为：以古证今，虽近而不可企及。掇（duó），拾取。跂（qǐ），通"企"，求。

【品读】

本段讨论了事物大小比较的问题。在万物中，有大物就必有小物，这似乎是无可争辩的问题。但在庄子看来，事物的大小存在却是变化无常的。人们对事物的认识会随着参照系的变化而变化，随着标准的不同而不同。认识到这个道理，那么事物之间的差等的道理也就清楚了，即这种差等不是绝对不变的。人的认识是有限的，而事物的变化却是无限的，人类以有限认识事物的无限，必会使自已陷于迷乱之中。

察乎盈虚[1]，故得而不喜，失而不忧：知分之无常也。明乎坦涂[2]，故生而不说[3]，死而不祸[4]：知终始之不可故也[5]。

【注释】

[1]句意为：明白了盈与虚的相对性及相互转化。察，看清楚。盈，满。虚，空。

[2]坦涂：平坦的大路。比喻终始往复、日新不已的大道。

[3]说：通"悦"。

[4]不祸：不认为是灾祸。

[5]句意为：明白了终始变化不能固定。

【品读】

本段讲人明白万物有盈有虚之相互转化的意义。庄子认为，人如果明白盈满和空虚之相互转化，就不会为获得而欢欣鼓舞，也不会因失去而郁闷，这就是懂得名分地位不是恒常不变的；明白死生往复的不定之理，就不会因生死之变而产生忧乐，不会执着于形体的生死，精神生命就能超脱而获得自由。

计人之所知[1]，不若其所不知；其生之时，不若未生之时；以其至小[2]，求穷其至大之域[3]，是故迷乱而不能自得也。由此观之，又何以知毫末之足以定至细之倪[4]，又何以知天地之足以穷至大之域！”

【注释】

[1]计：比。所知：所知道的事。

[2]至小：指有限的、微不足道的人生与知识。

[3]穷：穷究、究极。至大之域：无限的宇宙。

[4]倪：边界，端倪。

【品读】

本段以世界的无限来否定人的认识活动。庄子的论述很清楚，人的存在是有限的、局部的，从个人的经验之中永远得不出具有普遍性、确定性的结论。事物本来是不固定的，人如果非要对其作一个定论，全力去追求事物真知，最终也会活得疲惫不堪。庄子以世界的无限来贬低和否定人的认识活动，这当然有其消极性。但庄子看到了人的认识局限性，也并非没有意义。人生毕竟十分短暂，具体到一个人，他的认识受到种种客观因素的制约。即便是伟人，也无法摆脱时代和环境所加于他的种种局限。

河伯曰：“世之议者皆曰：‘至精无形[1]，至大不可围。’是信[2]情乎？”北海若曰：“夫自细视大者不尽[3]，自大视细[4]者不明。夫精，小之微也；垺[5]，大之殷[6]也；故异便[7]，此势之有也。夫精粗者，期[8]于有形者也；无形者，数之所不能分也；不可围者，数之所不能穷[9]也。可以言论者，物之粗也；可以意致[10]者，物之精也；言之所不能论，意之所不能察致者，不期精粗焉。

【注释】

[1]句意为：最精细的东西是没有形体的。精，细小。

[2]信：实。

[3]自细视大：如人看宇宙。尽：尽头。

[4]自大视细：如人看细菌。

[5]垺(fú)：通“郛”，外城。比喻宽大的领域。

[6]殷：大。

[7]句意为：物不相同却各有所宜。异便：分别。便，通“辨”。

[8]期：待、依赖。

[9]穷：穷尽。

[10]意致：意识到。

【品读】

本段论述了万物恒变，非语言所能表达。庄子认为有些事物是可以用语言表达的，而有些事物却很难用语言表述，甚至是不可言说的。可以用语言来表达的东西，是事物粗浅的外在表象；可以用意念求得的东西，则是事物精细的内在实质。在此，庄子区分了两个世界：可以言说的现象界和不可言说的本体界。庄子的原意是说道的伟大，非语言之所能形容描述。语言所能描述的，只是一般的东西。至于事物的精微之处，则并非语言之所能表达。这里涉及言能否尽意的问题。魏晋时代言尽意与言不尽意的热烈争论实肇源于庄子。这当然是庄子始料不及的了。

……

是故大人[1]之行：不出乎害人，不多[2]仁恩；动不为利，不贱门隶[3]；货财弗争，不多辞让；事焉不借人[4]，不多食乎力[5]，不贱贪污；行殊乎俗，不多辟异[6]；为在从众，不贱佞谄[7]；世之爵禄不足以为劝，戮耻不足以为辱[8]，知是非之不可为分，细大之不可为倪。闻曰：'道人不闻，至德不得，大人无己。'约分之至也。"

【注释】

[1]大人：指得道之人。

[2]多：赞许。

[3]门隶：家奴。

[4]事：做事。借人：借助别人之力。

[5]食乎力：自食其力。

[6]辟异：怪僻奇异的行为。辟，通"僻"，偏。

[7]佞谄：用花言巧语奉承谄媚。

[8]戮耻：刑戮与耻辱。辱：羞耻。

【品读】

本段具体描述了大人之行。庄子借海神对河神解答是否真实可信的问题，说明能体察大道的人不求闻达于世，修养高尚的人不会计较得失，清虚宁寂的人能够忘却自己的观点。告诉人们约束自己要达到适得其分的境界。庄子对名利得失看得很透，所以他能那么超脱。人所难以超脱的，无非是名利得失，而人的见解之不能免俗，归根到底，也是因为名缰利锁的束缚。人生在世，往往执着一念，这就会迷惑了人生方向，迷失了自己，贻误了别人。做人应顺大道而行，不存私念。

河伯曰："若[1]物之外，若物之内，恶至而倪贵贱[2]？恶至而倪小大？"北海若曰："以道观之，物无贵贱；以物观之，自贵而相贱。以俗观之，贵贱不在己。以差观之，因其所大而大之，则万物莫不大；因其所小而小之，则万物莫不小。知天地之为稊米也，知毫末之为丘山也，则差数[3]睹矣。以功观之，因其所有而有之，则万物莫不有；因其所无而无之，则万物莫不无。知东西之相反而不可以相无，则功分[4]定矣。以趣[5]观之，因其所然而然之，则万物莫不然；因其所非而非之，则万物莫不非。知尧、桀之自然而相非[6]，则趣操睹矣。

【注释】

[1]若：此、这个。

[2]恶至：如何、怎样。倪：端倪，有区别之义。

[3]差数：差别的分寸。

[4]功分：指事物的功效与本分。

[5]趣：情趣、趣向。

[6]自然：自以为对。相非：互为否定。

【品读】

本段阐述了"以道观之，物无贵贱"的理论主张。从万物自身角度观察，物各自以为贵，而相互以对方为贱。庄子从事物的相对性出发，指出大小贵贱都不是绝对的，因而最终是不应加以辨知的。从道的角度看，所有的事物都无贵无贱，互相平等。迷乱于事物的差别性是背离以大道观察事物的结果。庄子在恒变的大理的基础上，明确提出"以道观之，物无贵贱"的总原则。认为利用大道来观察万物，则万物是齐一而无差别的认识现象。在庄子那里，高低、贵贱、大小、有用无用，都是相对的，它们之间的差别都没有意义。道家强调，抱着成心观照世界，其根本的病症就表现为"自贵而相贱"的偏执态度。在战国那样人欲横流、天下争力的时代，庄子对高贵者的鄙视、对世俗目标的鄙视，无疑带有愤世嫉俗的色彩。

昔者尧、舜让[1]而帝，之、哙让而绝[2]；汤、武争而王，白公[3]争而灭。由此观之，争让之礼，尧、桀之行，贵贱有时[4]，未可以为常也。梁丽可以冲城[5]，而不可以窒穴[6]，言殊[7]器也；骐骥骅骝[8]一日而驰千里，捕鼠不如狸狌[9]，言殊技也；鸱鸺夜撮蚤[10]，察毫末，昼出瞋目[11]而不见丘山，言殊性也。故曰[12]：盖师是而无非[13]，师治而无乱乎？是未明天地之理，万物之情者也。是犹师天而无地，师阴而无阳，其不可行明矣！然且语而不舍[14]，非愚则诬也！帝王殊禅，三代殊继。差其时，逆其俗者，谓之篡夫[15]；当其时，顺其俗者，谓之义之徒[16]。默默乎河伯，女恶知贵贱之门[17]，小大之家[18]！”

【注释】

[1]让：禅让。

[2]之、哙(kuài)让而绝：谓燕王哙将王位禅让给宰相子之，导致燕国差点灭亡。

[3]白公：即白公胜，楚平王之孙，因起兵反楚被镇压消灭。

[4]有时：因时而异。

[5]梁丽：栋梁。冲城：撞击城墙。丽，通“欐”。

[6]窒：堵塞。穴：小孔。

[7]殊：不同。

[8]骐骥、骅骝(huá liú)：皆为古代良马。

[9]狸(lí)：野猫。狌(shēng)：黄鼠狼。

[10]鸱鸺(chī xiū)：猫头鹰。撮：抓。蚤：跳蚤。

[11]瞋(chēn)目：睁大眼睛。

[12]故曰：俗语说。

[13]盖：通“盍”，何不。师：效法。无：不要、抛弃。

[14]舍：停止。

[15]篡夫：指篡夺帝位的坏人。

[16]义之徒：如舜、禹、汤、武。

[17]女：通“汝”，你。门：门径，引申为有关贵贱的道理。

[18]家：家门，引申为有关大小的道理。

【品读】

本段以相对主义的哲学方法认识世界，认为是非善恶都不是绝对的。庄子学说的独特性正在于他的相对主义思维方法。在认识论方面，相对主义把一切都看作是相对的、主观的，片面夸大人们认识的相对性，把相对和绝对完全割裂开来，否认相对中有绝对，否认衡量是非的标准。因而弄清了庄子的相对主义，就意味着获得了解读庄子学说的一把钥匙。尧、舜禅让而称帝，禅让而灭亡，商汤、周武争夺而称王，白公争夺而毁灭。在庄子看来，禅让和争夺的方式，尧和桀的行为，或贵或贱，或好或坏，因时而异，不能把哪一种方式作为固定的方法。庄子认为，人类社会的所谓是非取向，篡夫与义徒，不过是有其不同的时运而已，实则都是无差别的。世俗人类孜孜以求其是而远其非，却不过是另一种自我坎井局限罢了。因而庄子要求“以道观之”，提醒人类摆脱这种自我坎井的局限。

河伯曰:“然则我何为乎?何不为乎?吾辞受趣[1]舍,吾终[2]奈何?”北海若曰:“以道观之,何贵何贱,是谓反衍[3];无拘而[4]志,与道大蹇[5]。何少何多,是谓谢施[6];无一而行,与道参差[7]。严乎若国之有君[8],其无私德;繇繇乎若祭之有社[9],其无私福;泛泛[10]乎其若四方之无穷,其无所畛域[11]。兼怀万物,其孰承翼[12]?是谓无方[13]。万物一齐,孰短孰长?

【注释】

[1]趣:通“取”,进取。

[2]终:究竟。

[3]反衍:向相反方向发展。衍,通“延”,发展。

[4]而:通“尔”,你。

[5]蹇(jiǎn):阻塞,即抵触。

[6]谢施(yì):与上文的“反衍”同义。

[7]参差:不合、背离。

[8]若:像。有:语助词,无实义。与下文“有社”的“有”用法同。

[9]繇(yóu)繇:悠然自得的样子。社:社神,即土地神。

[10]泛泛:广阔的样子。

[11]畛(zhěn)域:界限。

[12]孰:谁。承翼:承接扶翼,指得到庇护。

[13]无方:没有偏向。

【品读】

河伯的质疑也就是庄子心中所产生的问题,如果人们的认识没有确定性,从而也没有一个固定标准,那么人们可以做什么、不可以做什么,应该拒绝什么、接受什么,应该追求什么、放弃什么,人们行为的依据与标准是什么?这是否定认识的确定性与普遍性和固定的标准之后自然会产生的问题。在庄子看来,从道来观察,万物是没有高低贵贱之分的,贵贱是说的反复转化过程。既然如此,我们就应当放弃心中本有的成见,不要让成见束缚了自己的心志,与“道”合一,“兼怀万物”,循性自然;不要固执偏见行事,致使与大道相违背。

道无终始,物有死生,不恃[1]其成。一虚一满,不位乎其形。年不可举[2],时不可止。消息盈虚[3],终则有[4]始。是所以语大义之方[5],论万物之理也。物之生也,若骤若驰[6]。无动而不变,无时而不移[7]。何为乎,何不为乎?夫固将自化[8]。”

【注释】

[1]恃：依靠。成：成功。

[2]举：追攀。

[3]消：消亡、生长。息：生息。盈：满。

[4]有：又。

[5]语：谈论。大义之方：大道的方向原则。大义，大道。方，方向，引申为原则。

[6]骤：马儿急驰。驰：车马疾行。

[7]移：移动，变化。

[8]固：本来。自化：自行变化。

【品读】

本段阐述一切都在变化的宇宙万物法则。庄子否认永恒的事物，认为事物有盛衰，时光在流逝，一切都在变化的过程之中。这就是大道的道理、万物的法则。宇宙万物都会按照自己的运行轨迹而"自化"，一切都是自然而然地发生着的。庄子所谓的"自化"，完全是物本身的自我运动。根据大道原则，人们应循性自然，"消息盈虚"，任其恒变，无作无为，任其自化。

河伯曰："然则何贵于道邪？"北海若曰："知道者必达于理，达于理者必明于权[1]，明于权者不以物害己。至德者[2]，火弗能热，水弗能溺，寒暑弗能害，禽兽弗能贼[3]。非谓其薄之也[4]，言察乎安危，宁于祸福[5]，谨于去就[6]，莫之能害也。故曰：'天[7]在内，人[8]在外，德在乎天。'知天人之行，本乎天，位乎得[9]，蹢躅[10]而屈伸，反要而语极。"

【注释】

[1]权：权变、应变。

[2]至德者：道德修养高的人，此指得道之人。

[3]贼：伤害。

[4]薄：迫切，引申为触犯。之：代指火水、寒暑、禽兽。

[5]宁：静。祸：指困穷。福：指通达。

[6]去：退舍。就：进取。

[7]天：天性，即自然本性。

[8]人：人事，人为。

[9]位乎得：安守着天德。位，处、居。得，通"德"。

[10]蹢躅（zhí zhú）：同"踯躅"，进退不定的样子。

【品读】

本段从道的作用来说明重视道的原因。所谓道的作用归根结底就是让人们充分按本性活动，把本性充分展现出来。在庄子看来，深明大道的人必能通达事理，通达事理的人必能通达权变，通达权变的人不会让外物损害自己。人的天性是在内的，社会环境对人的塑造影响是在外的，获得大道的人在于顺从于天。他们以道为贵，知道自然的运行，一切行为以自然为依据，安于自己的处境，或进或退，与时俯仰，随物变化，返本还源，体悟道的法则。这就强调破除一切人为的标准，而随任自然。

曰："何谓天[1]？何谓人[2]？"北海若曰："牛马四足，是谓天；落[3]马首，穿牛鼻，是谓人。故曰：'无以人灭天，无以故灭命[4]，无以得殉名。谨守而勿失，是谓反其真[5]。'"

【注释】

[1]天：天然、天性。

[2]人：人为。

[3]落：通"络"，羁络。

[4]故：有心而为。命：自然天性。

[5]反：通"返"，回归。真：真性。

【品读】

本段讲顺应自然不折腾的道理。何为天然？何为人为？牛马长有四足，就是天性；给马带上笼头，给牛穿上鼻绳，就是人为。庄子一向主张人和社会应当效法自然，应当以自然为师。他认为与其竭尽智能，鼓吹仁义，厉行刑罚，不如顺其自然，让百姓返璞归真。对此庄子有三句点睛之句："无以人灭天，无以故灭命，无以得殉名。"这三句话对两千多年后的我们仍然有重要的启迪意义。

夔怜蚿[1]，蚿怜蛇，蛇怜风，风怜目，目怜心。夔谓蚿曰："吾以一足趻踔[2]而行，予无如[3]矣。今子之使万足，独奈何？"蚿曰："不然。子不见夫唾者乎？喷则大者如珠，小者如雾，杂而下者不可胜数也。今予动吾天机[4]，而不知其所以然。"蚿谓蛇曰："吾以众足行，而不及子之无足，何也？"蛇曰："夫天机之所动，何可易[5]邪？吾安用足哉！"蛇谓风曰："予动吾脊胁而行，则有似[6]也。今子蓬蓬然[7]起于北海，蓬蓬然入于南海，而似无有，何也？"风曰："然。予蓬蓬然起于北海而入南海也，然而指我则胜我[8]，鰌[9]我亦胜我。虽然，夫折大木，蜚[10]大屋者，唯我能也。故以众小不胜为大胜也。为大胜者，唯圣人能之。"

【注释】

[1]夔(kuí)：传说中的一足兽，似牛而无角。怜：爱慕、羡慕。蚿(xián)：百足虫。

[2]趻踔(chěn chuō):跳着行走。

[3]无如:没有办法。

[4]天机:天然的本能。

[5]易:变易、改变。

[6]有似:似有,谓有形迹可见。

[7]蓬蓬然:风尘转动的样子。

[8]句意为:有手脚的指我、踏我,都能胜我。

[9]鰌(qiū):逆踢。

[10]蜚:通"飞",刮起。

【品读】

本段论述自然的就是最好的。庄子认为世上万物都有自己的本能,这种本能是天然形成的,各自具有其特点。夔、蚿、蛇,或一足,或万足,或无足,但都能够行动自如,这是它们的自然天性。这说明自然的就是最好的。就物的自然属性而言,都是一样,都是相"齐"的。不要这山望着那山高,没有必要羡慕他人的特长,顺乎自然就能充分发挥自身的能力。本段给我们两点启示:一是做任何事情都要受客观条件的制约,人的能力也如此,因而应尊重客观规律,扎实地在客观条件允许的范围内努力奋斗,就会收到应有的成效。二是要将眼光放远大些,不去计较小的失败,也不以小成绩自我满足,要在客观条件允许的范围内追求目标。

孔子游于匡[1],宋人围之数匝[2],而弦歌不惙[3]。子路入见,曰:"何夫子之娱也[4]?"孔子曰:"来,吾语女。我讳穷久矣[5],而不免,命也;求通[6]久矣,而不得,时也[7]。当尧舜而天下无穷人[8],非知得也;当桀、纣而天下无通人,非知失也:时势适然[9]。夫水行不避蛟龙者,渔父之勇也;陆行不避兕[10]虎者,猎夫之勇也;白刃交于前,视死若生者,烈士[11]之勇也;知穷之有命,知通之有时,临大难而不惧者,圣人之勇也。由,处矣[12]!吾命有所制矣[13]!"无几何,将甲者进[14],辞曰:"以为阳虎[15]也,故围之;今非也,请辞而退。"

【注释】

[1]匡:春秋时卫国邑名,在今河南睢县西。

[2]匝(zā):环绕一周。指孔子被匡人包围。

[3]惙(chuò):通"辍",止。

[4]娱:乐。孔子师徒为匡人包围,处境危险,孔子不忧惧,却让弟子唱诗奏乐。

[5]讳:忌、担忧。穷:困穷。

[6]通:顺利、得意。

[7]时:时势、时运。指求通不得是时势造成的。

[8]当：遇上。尧、舜：指尧、舜的时代。穷人，困穷不通达之人。

[9]时势适然：时势、时运造成这样的。适，遇。

[10]兕(sì)：雌的犀牛。

[11]烈士：古代泛指有志于功业或重义轻生的人，此指后者。

[12]处矣：安居吧。指让子路不用担心，顺天安命而已。

[13]有所制：指被天命所支配，应听天由命。制，分限，限定。

[14]将甲者：统帅甲士的长官。将，统帅。甲，指甲士，即着盔甲之兵士。

[15]阳虎：又名“阳货”，原为鲁国季孙氏家臣。

【品读】

这里是庄子在拿孔子说事。孔夫子围于匡是个误会，鲁国季孙氏家臣阳虎曾篡夺鲁国政权达三年之久。阳虎带兵侵略匡邑，与匡人结仇。因阳虎相貌跟孔子很接近，孔子带学生周游列国经过匡地时，匡民以为阳虎来了，就把他围起来了。后来误会解除。这件事在《论语》中是有记载的。① 而此处的故事虽然源于事实，却是借此说明圣人之勇。

在庄子的人生观中，有一个与“命”具有相近的概念“时”。时与命一样，是一种外在的必然性，一种构成人生困境的因素。时、命虽然同为一种外在必然性，但其形态有所不同。“命”是诸种社会的、自然的力量的凝聚，是一种内在的决定性；“时”是这些力量整体的呈现，是全部的社会环境。庄子认为，刀剑面前身死不惧的人，不过是一种“烈士之勇”。那种领悟命运时势，安然面对困窘逆境而不惧不畏者，才是“圣人之勇”，这种“勇”不是对命运、时势的抗争、战胜，而是对它的承认、顺从，即更高层次的勇敢。庄子所叙述的孔子为时命所制，被卫人围困的事，却明显不带有非议孔子的意向，倒似乎是在颂扬孔子能“宁于祸福”，通晓时命，临危不惧的精神。在困难面前，孔子依然悠然自在地“弦歌不辍”，表现出非凡的圣人气质与风度。庄子的时命自然道理，强调面对时命，应具有“临大难而不惧”的圣人之勇去顺应和等待。总之，命有所制，顺应时命，事实上反映的是道家无为思想的自然性。知时达命，是一种人生态度，对现代人也有极高的指导意义。

公孙龙问于魏牟曰[1]：“龙少学先王之道，长而明仁义之行；合同异，离坚白；然不然，可不可；困百家之知，穷众口之辩：吾自以为至达已。今吾闻庄子之言，汒焉异之[2]。不知论[3]之不及与，知之弗若与？今吾无所开吾喙[4]，敢问其方。”公子牟隐机大息[5]，仰天而笑曰：“子独不闻夫埳井[6]之蛙

① 事见《论语·子罕》。

乎？谓东海之鳖曰：‘吾乐与！出跳梁乎井干之上[7]，入休乎缺甃之崖[8]；赴水则接腋持颐[9]，蹶泥则没足灭跗[10]；还虷蟹与科斗[11]，莫吾能若[12]也。且夫擅一壑之水[13]，而跨跱[14]埳井之乐，此亦至矣。夫子奚不时来入观乎？’东海之鳖左足未入，而右膝已絷[15]矣。于是逡巡而却[16]，告之[17]海曰：‘夫千里之远，不足以举[18]其大；千仞之高，不足以极其深。禹之时十年九潦[19]，而水弗为加益；汤之时八年七旱，而崖不为加损[20]。夫不为顷久推移[21]，不以多少进退者[22]，此亦东海之大乐也。’于是埳井之蛙闻之，适适然[23]惊，规规然自失也。

【注释】

[1]公孙龙：姓公孙，名龙，字子秉，战国时赵人。魏牟：魏国公子，名牟。

[2]汇焉：自失的样子。汇，通“茫”。异之：对它感到奇怪。

[3]论：指言辩的水平。

[4]喙（huì）：嘴。

[5]隐：依靠。机：通“几”，古人用以倚凭身体的矮小桌子。大息：叹息。

[6]埳井：浅井。埳，通“坎”，洼坑。

[7]跳梁：即跳踉、跳跃。干：井栏。

[8]缺甃（zhòu）：破砖的井壁。甃，用砖砌成的井壁。

[9]接、持：承托。腋：腋窝。颐：面颊。

[10]蹶：踏。灭跗（fū）：盖没脚背。跗，脚背。

[11]还（xuán）：顾视。虷（hán）：蚧蛤之类。科斗：即蝌蚪。

[12]若：相比。

[13]擅：独占、独霸。壑：坑。

[14]跨跱（zhì）：盘踞。

[15]絷（zhí）：卡住、绊住。

[16]逡巡：小心退却的样子。却：退却。

[17]之：指井蛙。

[18]举：形容。

[19]潦（lǎo）：雨后地面上的积水，可引申为洪灾。

[20]崖：海岸，可引申为海岸的水位。损：谓水位下降。

[21]顷：短暂。推移：改变、变化。

[22]多少：谓降雨量的多少。进退：指大海水位的升降。

[23]适适然：惊怖的样子。

【品读】

本段描述了不同主体认识能力的巨大差异，给人以深刻的启示。坎井之蛙永远不知道东海之大，这就如同人类对世界的认识一样，人类永远也没有办法穷尽世界的广阔无边及其本质。庄子用“坎井之乐”与“东海之大乐”

说明了相对幸福里面的大小之辩。显然，坎井之蛙与东海之鳖的对比，与前面斥鴳和鲲鹏的对比属于同一类型。坎井之蛙在遇到东海之鳖之前，能安其时，足其性，一旦听东海之鳖描绘更广阔的天地、更大的幸福之后，便"规规然自失也"。此时的坎井之蛙失去了"坎井之乐"，但并没有立刻获得"东海之大乐"，而是陷入了迷惘。

庄子善于用语言来讲十分深刻的道理。"坐井观天"这一著名故事，说明了环境的狭隘导致见闻的狭隘，并导致见识的浅陋。这则寓言运用对比的手法给了那些坐井观天之人绝妙的讽刺。

……………………………………

且夫知不知是非之竟[1]，而犹欲观于庄子之言，是犹使蚊负山，商蚷[2]驰河也，必不胜任矣。且夫知不知论极妙之言，而自适一时之利者，是非埳井之蛙与？且彼方跐黄泉而登大皇[3]，无南无北，奭然四解[4]，淪[5]于不测；无东无西，始于玄冥[6]，反于大通[7]。子乃规规然而求之以察[8]，索之以辩，是直[9]用管窥天，用锥指[10]地也，不亦小乎？子往矣！且子独不闻夫寿陵余子之学行于邯郸与[11]？未得国能[12]，又失其故行矣[13]，直匍匐[14]而归耳。今子不去，将忘子之故[15]，失子之业。"公孙龙口呿[16]而不合，舌举而不下，乃逸而走。

【注释】

[1]竟：通"境"，境界。

[2]商蚷(jù)：虫名，又称"马蚿"。

[3]跐：踩。黄泉：地下泉水。大皇：天高处。

[4]奭(shì)然：阻碍物消散的样子。奭，借为"释"。四解：四面畅通。

[5]淪(yuè)：浸渍，引申为深入。

[6]玄冥：即无极，指宇宙未产生时的混沌昏昧状态。

[7]大通：大道。

[8]乃：却，竟然。规规然：求索经营的样子。察：小聪明。

[9]直：简直。

[10]指：测。

[11]寿陵：燕国地名。余子：少年。

[12]国能：赵人行步的绝技。

[13]故行：原先的步法。

[14]匍匐：以手据地而行，爬行。

[15]故：原来的学业。

[16]呿(qū)：张口的样子。

【品读】

本段嘲讽了公孙龙为代表的名家。公孙龙不能理解庄子的言论，不在于他强行超越自己的本分，而在于其方法存在问题，自身修为不够，导致其精神境界不能达到庄子的高度。而后魏牟以邯郸学步的故事结尾，恰好说明庄子微妙的理论、至高的人生境界并不是仅靠有限的理性知识与普通的模仿式学习就可达到的，如此反而适得其反，只有通过心灵上的修养才能实现。本段对公孙龙的讥刺切实有些过分。在庄派看来，公孙龙喋喋不休于具体事物的名辩，恰似井蛙限于自我坎井的圜限。而庄派自以为通达大道，其思想论说是天底下最宏阔的理论，故极端厌嫌公孙龙派。

庄子钓于濮水[1]。楚王使大夫二人往先焉[2]，曰:“愿以境内累矣!”庄子持竿不顾，曰:“吾闻楚有神龟，死已三千岁矣。王巾笥而藏之庙堂之上[3]。此龟者，宁其死为留骨而贵乎？宁其生而曳尾于涂中乎[4]？”二大夫曰:“宁生而曳尾涂中[5]。”庄子曰:“往矣！吾将曳尾于涂中。”

【注释】

[1]濮(pú)水:水名，在今山东东明。

[2]楚王:楚威王，名熊商，怀王之父。使:派使。先:先去传达楚王的意图。

[3]巾:用来覆盖贵重器物的巾幂。笥(sì):盛装衣物的方形竹箱。

[4]宁:还是。涂:泥。

[5]谓庄子用生而曳尾涂中比喻不当官活得自由快乐。

【品读】

这篇寓言表现了庄子的人格高洁，不为徒有其表的名声、权势而放弃生命自由。庄子用神龟“宁生而曳尾涂中”的有趣比喻谢绝楚王邀其做官，意在铸造他独立的精神王国和人格。庄子辞聘说明了他淡泊名利，不愿做官。可是庄子竟然宁可做在泥水里拖着尾巴的自由自在的乌龟，也不愿死后还被供奉在庙堂。庄子持竿不顾的境界说明，庄子要的不是权力，他心中的最高价值是精神和心灵的快慰与宁静。庄子蔑视权贵、洁身自好的高尚情怀，深深影响了陶渊明、苏东坡等众多的士子，对熔铸中国士人的性格产生了不可低估的作用。

惠子[1]相梁，庄子往见之。或谓惠子曰:“庄子来，欲代子相。”于是惠子恐[2]，搜于国中三日三夜。庄子往见之，曰:“南方有鸟，其名为鹓鶵[3]，子知之乎？夫鹓鶵发于南海而飞于北海，非梧桐不止[4]，非练实[5]不食，非醴泉[6]

不饮。于是鸱得腐鼠[7]，鹓鶵过之，仰而视之曰：'吓！'今子欲以子之梁国而吓我邪？"

【注释】

[1]惠子：即惠施，庄子好友。

[2]恐：指怕庄子取代自己的相位。

[3]鹓鶵（yuān chú）：传说中像凤凰一类的鸟。

[4]止：栖息。

[5]练实：竹实、竹米。

[6]醴（lǐ）泉：甘美如醴的泉水。醴，甜酒。

[7]鸱（chī）：猫头鹰。腐鼠：臭老鼠。

【品读】

"惠子相梁"的故事赞颂了庄子蔑视权贵、追求自由的情趣。庄子拜访老友，本乃人之常情，惠施却惊恐庄子会将其取代，于是"搜于国中，三天三夜"。此时庄子将自己和惠子各比作鹓鶵和鸱，通过这种鲜明的对比来点明惠子醉心利禄，对其进行了无情的嘲弄和讽刺。此言使惠子为维护富贵利禄而战战兢兢、患得患失的丑态及庄子傲气凛然、草芥权贵的形象跃然纸上。这个故事充分表现了庄子鄙视富贵、鄙视名利之徒的气质与品格。后世那些不愿与统治者合作、不愿同流合污的士人，便常常从庄子那儿吸取营养。从这里我们可以看到庄子潇洒孤傲的性格。

庄子与惠子游于濠梁[1]之上。庄子曰："鯈鱼出游从容[2]，是鱼之乐也。"惠子曰："子非鱼，安知鱼之乐？"庄子曰："子非我，安知我不知鱼之乐？"惠子曰："我非子，固不知子矣；子固非鱼也，子之不知鱼之乐，全矣。"庄子曰："请循其本[3]。子曰'汝安知鱼乐'云者，既已知吾知之而问我。我知之濠上也。"

【注释】

[1]濠（háo）梁：濠水上的桥梁。濠水在今安徽凤阳北。

[2]鯈（tiáo）：俗称"苍条鱼"，身子窄小而有条纹。从容：自得的样子。

[3]循：顺，追溯。本：始，指原来的问话。

【品读】

这是史上最著名的濠梁之辩。庄子与惠施看到河中的鯈鱼自由来往，其乐无穷，便触景生情，引发了一段有关鯈鱼之乐的著名辩论。这次辩论是两大学派的代表在和谐融洽的氛围中自然进行的。濠梁之辩中，惠施就事论事，觉得人不可能感知鱼是否快乐，同时也不会将自己的快乐转移到外物之中。但从审美体验上说，庄子也是有道理的，任何动物的动作、表情，痛苦或快乐，人是可以凭观察体验到的。他们的辩论究竟谁是谁非，谁输谁赢，历来智者见智，仁者见仁，但似乎并不重要。紧要的是这两位思想圣哲在如诗如画、与天同乐的情形下，所盎然洋溢的天和之美与天趣之乐的浓浓意境。其实这个故事之所以闻名，受到古今中外读者的欣赏，主要应是在于故事中反映的心境和情趣。这“乐”的本源是庄子的悠然自得之心。

至乐第十八

好色天下有至乐无有哉？有可以活身者[1]无有哉？今奚为奚据[2]？奚避奚处？奚就奚去？奚乐奚恶？夫天下之所尊者，富贵寿善也；所乐者，身安厚味美服好色音声也；所下者，贫贱夭恶也；所苦者，身不得安逸，口不得厚味，形不得美服，目不得好色，耳不得音声。若不得者，则大忧以惧，其为形也亦愚哉！

夫富者，苦身疾作[3]，多积财而不得尽用，其为形也亦外[4]矣！夫贵者，夜以继日，思虑善否[5]，其为形也亦疏矣！人之生也，与忧俱生。寿者惛惛[6]，久忧不死，何苦也！其为形也亦远[7]矣！烈士[8]为天下见善矣，未足以活身[9]。吾未知善之诚善邪？诚不善邪？若以为善矣，不足活身；以为不善矣，足以活人[10]。故曰："忠谏不听，蹲循[11]勿争。"故夫子胥争之，以残其形；不争，名亦不成。诚有善无有哉？

今俗之所为与其所乐，吾又未知乐之果乐邪？果不乐邪？吾观夫俗之所乐，举群趣者[12]，誙誙然如将不得已[13]，而皆曰乐者，吾未之乐[14]也，亦未之不乐也。果有乐无有哉？吾以无为诚乐矣，又俗之所大苦也。故曰："至乐无乐，至誉无誉。"

【注释】

[1]活身者：全生保身的方法，即指无为。

[2]奚：何。为：作为。据：依据。

[3]苦身：使身体劳苦。疾作：加速作事。疾，快。

[4]外：追求外在之物以养身，结果反而害身。

[5]否(pǐ)：恶，与善为对。

[6]惛(hūn)惛：糊涂，神志不清。

[7]远：与活身之道相距太远。

[8]烈士：指殉名而死者，如儒家所谓杀身成仁、舍生取义之辈。

[9]句意为：因已牺牲因而无身可活。活身，使生命保持长久。

[10]句意为：烈士大多为救国救人而牺牲，故称"活人"。

[11]蹲循：逡巡、退却。

[12]举群趣者：所有人都奔往所乐之处。举群，成群。举，皆、全。趣，趋向。

[13]踁(kēng)踁然：坚定果敢的样子。已：止。

[14]未之乐：未乐之。世伯以为乐事，我并不以之为乐。

【品读】

庄子对世俗之"乐"提出质疑，认为"至乐无乐"。根据庄子"万物为一"的观点看，万物本无差别，无死生，无苦乐，无毁誉，无贵贱。然而人类却涌动着种种追求的激情，强烈渴望极致快乐的满足。于是庄子推出了对"至乐"问题的讨论。

庄子列举并逐一批评了世人对苦和乐的看法，指出从来就没有什么真正的快乐，所谓"至乐"也就是"无乐"。在他看来，世俗之人所追求与理解的快乐如富贵、寿善、身安、厚味、美服、好声等，无不令人人痛苦，无不害身。如富贵寿善，为天下所尊，却不能护养形体。为求富贵，夜以继日地苦身疾作，思虑营营。人人都想长寿，但烈士殉名为天下人所称善，而自己却不能活身。一般人所追求的长寿、名誉、声色之类，庄子都不屑一顾。对庄子而言，世俗之人所普遍认可的对快乐的追求，实质都不过是愚蠢和痛苦的行为，人们对这些目标的孜孜追求是不值得的。

庄子十分重视精神自由，轻视物质享受。庄子之"乐"与世俗之"乐"存在根本的冲突。庄子试图为世俗之人"解悬"，让人们理解什么才是真正的"乐"。庄子认为世俗之乐只不过是一些欲求的满足，真正的快乐是无为，是无所欲求，即"至乐无乐"。天下事物纷繁杂乱，或贫或富，或贵或贱，或苦或乐，或寿或夭，皆以无为为人生存在与归宿的最终方式。人只有自然无为，与道融通，才能获得人生的真正大乐或至乐。这就从理论上揭示了无为的至乐实质。

天下是非果未可定也[1]。虽然，无为可以定是非[2]。至乐活身，唯无为几存[3]。请尝试言之：天无为以之清[4]，地无为以之宁。故两无为相合，万物皆化生。芒乎芴乎[5]，而无从出[6]乎！芴乎芒乎，而无有象[7]乎！万物职职[8]，皆从无为殖。故曰："天地无为也而无不为也。"人也孰能得无为哉！

【注释】

[1]句意为：由以上对苦乐看法的分歧，引出是非难辨的问题。

[2]句意为：无为即忘却是非，任由是非自然存在。是，自然即是。非，自然即非。

[3]唯无为几存：只有无为近似于至乐活身之道。几，近似，差不多。

[4]清：清虚。天无心无力，自然清虚。

[5]芒、芴(hū)：恍惚，指渺茫暗昧、无形无象、似有若无的一种状态。

[6]无从出：不知从何所出。

[7]象:形象。

[8]职职:繁多。

【品读】

本段阐述无为的至乐养身道理。庄子强调无为是至乐养身的根本通道,而且还进一步认为,至乐无为乃是天地无为的结果。在庄子看来,无所作为是君主与一切有道德修养的人的最根本、最高的行为准则,具有深远的自然和人性根源。就自然方面而言,天地万物在其本性上都是“无为”的。无为既是天地万物的存在方式,也是天地万物的生成方式。

庄子继承老子的观点,用无为无不为去解释自然现象,强调了自然现象的无目的而又合于目的。万物自化,万物繁多茂盛,都是从无为中自然产生的,因而天地无为而无不为,人应该效法天地。

庄子妻死,惠子吊之,庄子则方箕踞鼓盆而歌[1]。惠子曰:“与人居[2],长子、老、身死[3],不哭亦足矣,又鼓盆而歌,不亦甚乎!”庄子曰:“不然。是[4]其始死也,我独何能无概[5]!然察其始而本无生[6];非徒无生也,而本无形[7];非徒无形也,而本无气。杂乎芒芴之间[8],变而有气,气变而有形,形变而有生。今又变而之死,是相与为春秋冬夏四时行也[9]。人且偃然寝于巨室[10],而我噭噭然[11]随而哭之,自以为不通乎命,故止也。”

【注释】

[1]方:正在。箕踞(jī jù):盘腿而坐,其形如簸箕,故得名,古人屈膝跪地,臀部坐在脚跟上,为标准坐态。盘腿而坐是较随便的坐式。鼓盆:敲击瓦盆作歌唱之拍节。

[2]人:指庄子妻子。居:生活。

[3]长子:生育儿女。老:身体老迈。

[4]是:此,指庄子之妻。

[5]概:借为“慨”,慨叹、哀伤之意。

[6]察:考察。始:原先。无生:未曾生。

[7]形:形体。

[8]杂乎芒芴:一种恍惚迷离、亦真亦幻的神秘状态。

[9]句喻死生如同四时运行一样自然。

[10]且:假如。偃然:安息的样子。巨室:比喻天地之间。

[11]噭(áo)噭然:哀哭声。

【品读】

本段阐述了庄子的自然生死观。儒家重视丧葬之礼,往往难免矫情处丧。“哭丧”成了诓骗世俗和沽名干禄的手段。妻子归天时,庄子非但不啼哭，反而“鼓盆而歌”。如此违背人之常情的行为，却包含着庄子对生命、对人性的理性审视。庄子认为，人的生死乃是气的聚合与离散，犹如四季的更替。他把有限的生命放置在生生不息的自然运动过程中，从而得到一种无生无死，或者说超脱死亡的境界。生死本为道的自然演化，人就应当顺其自然，不为生喜，不为亡悲。对死生抱着唯物达观的态度，方可使人心胸豁达坦荡、无所畏惧。对待亲人如此，对待自己之生死问题庄子亦如此。

庄子用鼓盆而歌的方式向我们阐释了其生死观，人生老病死的自然规律不可逆转。后人也以“鼓盆而歌”作题材创作了现代歌曲《鼓盆而歌》，其词意就取自庄子的这个典故。

支离叔与滑介叔观于冥伯之丘[1]，昆仑之虚[2]，黄帝之所休。俄而柳生其左时[3]，其意蹶蹶然[4]恶之。支离叔曰：“子恶之乎?”滑介叔曰：“亡[5]，予何恶！生者，假借也[6]。假之而生生者[7]，尘垢也。死生为昼夜。且吾与子观化[8]而化及我，我又何恶焉！”

【注释】

[1]支离叔、滑介叔：皆虚构的人名。支离表忘形，滑介表忘智。冥伯之丘：喻杳冥之境。

[2]昆仑之虚：遥远渺茫神秘之地，凡人难以到达。虚，通“墟”，土丘。

[3]俄而：不久，随即，表示时间很短暂。柳：通“瘤”。

[4]蹶(guì)蹶然：惊动的样子。

[5]亡：通“无”，表否定。

[6]句意为：把人生看作只不过是大道的一时寄托。假借，寄托。

[7]句意为：人体既是假借而生，人体之瘤则是假借而生者之所。

[8]观化：观察造化之运行。

【品读】

本段讲人们对于生命中的任何变化都应该坦然面对。支离叔与滑介叔二人表面是在观察万物的变化，实则是对生死大化的切身体悟。“支离叔”“滑介叔”这两个名字本身就暗含忘形去智之意。当滑介叔被问道是否嫌恶左臂上凭空长出来的瘤时，他坦言“死生为昼夜”。面对自己的死亡，滑介叔并没有嫌恶，而是认为身体本就是尘垢暂时假借而成，天不能无昼夜，人亦不能无死生。这是一种敢于正视的坦然，敢于直面自我的勇气，是一种视生理之畸变为顺其自然的达观，其背后是轻形重神的超脱，顺其自然的处世态度。庄子通过畸人豁达地看待自身变化来揭示人生泰然的心境：一切随同自然万物，顺其自然，这不单是人的本性，也应是人面对生活各种遭遇时的最佳心态。

庄于之楚，见空髑髅[1]，髐然有形[2]。撽以马捶[3]，因而问之曰："夫子贪生失理而为此乎[4]？将[5]子有亡国之事，斧钺之诛而为此乎？将子有不善之行，愧遗[6]父母妻子之丑而为此乎？将子有冻馁之患而为此乎？将子之春秋故[7]及此乎？"于是语卒，援[8]髑髅，枕而卧。夜半，髑髅见梦[9]曰："向子之谈者似辩士，视子所言，皆生人之累也，死则无此矣。子欲闻死之说乎？"庄子曰："然。"髑髅曰："死，无君于上，无臣于下，亦无四时之事，从然以天地为春秋[10]，虽南面王乐，不能过也。"庄于不信，曰："吾使司命[11]复生于形，为子骨肉肌肤，反子父母、妻子、闾里、知识[12]，子欲之乎？"髑髅深矉蹙頞[13]曰："吾安能弃南面王乐而复为人间之劳乎！"

【注释】

[1]髑髅(dú lóu)：骷髅，死人的头骨。

[2]髐(xiāo)然：尸骨干枯的样子。有形：有似生人头颅之形状。

[3]撽(qiào)：敲打旁击。马捶：马鞭。捶，同"棰"，鞭子。

[4]贪生：贪图享乐，纵欲无度。失理：背弃养生之理。为此：成为这样，指死亡。

[5]将：抑或，表推测。

[6]遗：通"贻"，遗留。

[7]春秋：年纪。春秋故：年事已高。

[8]援：牵到、拉过来。

[9]见梦：托梦。

[10]从然：放纵自如的样子。从：同"纵"。以天地为春秋：与天地同寿。

[11]司命：主管人生死之神。

[12]反：通"返"，归还。知识：朋友。

[13]矉(pín)：通"颦"，皱眉头。蹙頞(cù è)：愁苦的样子。蹙，皱。頞，额。

【品读】

本章主要阐述"方内之士"对死亡的看法。庄子见到"髑髅"并没有像一般人那么惧怕，反而问了它好多的问题，庄子问头骨主人因何去世，并举出了几种可能性，他故意将人之死归结为贪生背礼、社会动荡、虚伪的仁义道德或自然死亡等原因，这正是"方内之士"对死亡的看法，认为死亡是各种原因所致。死生本身是属于自然性质的大限，完全地或经常的是某种社会因素作用下，以某一具体的、非自然的形式实现的。但对个人的全部生活历程而言，这些因素又是必然的。庄子实际上是以此揭露当时的社会黑暗，主张无为保身。

本段借髑髅之口写出人生在世的拘累和劳苦。庄子与骷髅的对话，表达了死亡不仅不是可怕的，而且是人对世间烦恼的解脱与超脱。庄子在此别具匠心，他借一个髑髅之口来向人们描述死的快乐。这段文字，表层看似生不如死，但其潜伏深意，发人深省。仔细品味，便可发现这荒诞奇幻中蕴藏着的是激愤与苦涩，隐晦地表达了对黑暗社会的控诉。

颜渊东之齐，孔子有忧色。子贡下席[1]而问曰："小子敢问[2]，回东之齐，夫子有忧色，何邪？"孔子曰："善哉汝问。昔者管子有言，丘甚善之，曰：'褚小者不可以怀大[3]，绠短者不可以汲深[4]。'夫若是者，以为命有所成而形有所适也[5]，夫不可损益。吾恐回与齐侯言黄帝、尧、舜之道，而重[6]以燧人、神农之言。彼将内求于己而不得，不得则惑，人惑则死[7]。

【注释】

[1]下席：古人席地而坐，问话时，为表敬意，离座站立，称"下席"，又称"避席"。

[2]小子：弟子晚辈对师长父兄，自称"小子"。敢问：请问。

[3]管子：管仲，春秋时齐国著名政治家，助齐桓公完成霸业。褚(zhǔ)：盛衣物的袋子。怀：包藏。

[4]绠(gěng)：汲水时系吊桶的绳子，俗称"井绳"。汲深，从深井中汲水。

[5]命有所成：命运各有所定，不可改变。形有所适：形体各有适宜之处。

[6]重：增加。

[7]人惑则死：疑惑不解则忧愁苦闷，甚至死亡。

【品读】

本段透露儒学思想不合时宜的事实。通过孔子与子贡的对话，表明了儒家学说自以为深大，而当时的齐侯浅陋无识，不能接受这种学说。颜渊东去齐国，孔子面有忧愁之色。孔子认为，因为命运各有所定，形体各有所适宜，是不能增加和减少的，恐怕颜回和齐侯讲说尧、舜、黄帝之道，又加上燎人、神农之主张，齐侯听了将会内求于心而不能理解，从而产生惶惑。这其中透露出了儒学思想不合时宜的事实，也表现了庄子对儒学的抨击。

"且汝独不闻邪？昔者海鸟[1]止于鲁郊，鲁侯御而觞之于庙[2]，奏九韶[3]以为乐，具太牢以为膳[4]。鸟乃眩视[5]忧悲，不敢食一脔[6]，不敢饮一杯，三日而死。此以己养养鸟也，非以鸟养养鸟也。

【注释】

[1]海鸟：指爰居。《国语・鲁语上》："海鸟曰爰居，止于鲁东门外三日，臧文仲使国人祭之。"传说此鸟抬头有八尺高、形似凤凰。

[2]御:迎接。觞之:设酒宴招待。觞:饮酒器具。

[3]九韶:舜时乐曲名,共有九章,故称“九韶”。韶乐被孔子称为“尽善尽美”之音乐。

[4]太牢:牛、羊、猪三牲皆备的最隆重的祭祀规格。膳:饭食。

[5]眩视:头晕眼花。

[6]脔(luán):切成的肉块。

【品读】

本段讲做事要依从自然规律,不可从主观愿望出发。尽管鲁侯给了海鸟最隆重的厚待,反而使海鸟夭折,就是因为他“以己养鸟也,非以鸟养鸟也”。养鸟就要从鸟的生活习性和饮食特点出发,而不是从主观愿望出发,那样只会有害无益。它的更深层理解,在不自然而不自由的环境下生存,人的天性得不到正常自由地发展,下场将是可悲的。而人类会适应环境以图生存,从最初的不甘与无奈,到渐渐地心甘情愿,人亦不可避免地会有违自己的本性,即庄子所谓的“以物累”“役于物”,亦即李泽厚所言的“反异化的呼声”①。这在庄子看来是最悲惨也是最担心的。

夫以鸟养鸟者,宜栖之深林,游之坛陆[1],浮之江湖,食之鳅鲦[2],随行列[3]而止,委迤[4]而处。彼唯人言之恶闻,奚以夫譊譊为乎[5]!咸池九韶之乐,张之洞庭之野[6],鸟闻之而飞,兽闻之而走,鱼闻之而下入,人卒闻之,相与还[7]而观之。鱼处水而生,人处水而死。彼必相与异[8],其好恶故异也。故先圣不一其能,不同其事。名止于实[9],义设于适[10],是之谓条达而福持[11]。”

【注释】

[1]坛:通“坦”。坛陆:广阔的大地。

[2]鳅:泥鳅之类。鲦:白条鱼,生活在中上层水域的小型鱼类。

[3]行列:鸟飞行时所排的行列。

[4]委迤:从容自如的样子。

[5]奚:何。譊(náo)譊:嘈杂喧闹。

[6]咸池:黄帝时乐曲名。张:开设。

[7]还:环绕、围绕。

[8]彼:指鱼和人。相与异:相互在生活环境,要求等方面各不相同。

[9]名止于实:因实立名,名要限于与实相符。

[10]义设于适:义理设施要适宜于性。

[11]条达:条理通达。福持:保持福德。

---

① 参见李泽厚:《中国思想史论》,安徽文艺出版社1999年版,第182页。

【品读】

本段说明万事万物各有所宜的道理。“鱼处水生，人处水死。”不同的物种有不同的生存环境，顺则生，逆则死。“至乐”就是按物之自然本性去养它，应无为而顺其自然，不可以己之好恶强加于物，圣人治世亦如此。先圣不求才能的划一，不求事物的相同，强调名副其实，义合其宜，这就叫作条理通达而又能保持福德。总之，该段文的实质在于说明事物各有所宜，顺自然之治的为政之道。它是庄子利用自然性道理来说明社会性统治的内容。

列子[1]行，食于道，从见百岁骷髅[2]，攓蓬而指之曰[3]：“唯予与汝知而未尝死[4]，未尝生也。若果养乎[5]？予果欢乎？”

【注释】

[1]列子：见《逍遥游》注。

[2]从：因。百岁髑髅：形容骷髅年代很久。

[3]攓(qiān)：同“搴”，拔取。蓬：蒿草。骷髅隐于草下，列子拔去蒿草，指而言之。

[4]予：列子自称。汝：指髑髅。

[5]若：你，指骷髅。养：俞樾认为读为“恙”，作优解。

【品读】

本段指出人的死生都不足以忧愁与欢乐。列子出行在道旁进餐，见到一具百年骷髅，他拔去蒿草指着骷髅道：只有我和你知道你是未曾死，也未曾生。在生死问题上，与庄子有相似的观念的还有佛教。二者都是通过告诫人们不要执着于生死来消除人们对死亡的恐惧。但二者本质上却不同：庄子是通过“以道观之”，将有限的生命“与道合一”。此处庄子看到的是“道”的永恒。而佛教是通过对生命的虚幻化来消解人们对生命的留念和对死亡的恐惧。

种有几[1]，得水则为㡭[2]，得水土之际则为蛙蠙之衣[3]，生于陵屯则为陵舄[4]，陵舄得郁栖则为乌足[5]，乌足之根为蛴螬[6]，其叶为胡蝶。胡蝶胥[7]也化而为虫，生于灶下，其状若脱[8]，其名为鸲掇[9]。鸲掇于日为鸟，其名为乾余骨[10]。乾余骨之沫为斯弥[11]，斯弥为食醯[12]。颐辂[13]生乎食醯，黄軦生乎九猷[14]，瞀芮生乎腐蠸[15]。羊奚比乎不箰[16]，久竹生青宁[17]，青宁生程[18]，程生马，马生人，人又反入于机[19]。万物皆出于机，皆入于机。

【注释】

[1]种有几：指物种包含的精微本质，潜存着运动变化的因由。种，物种。几，几微。

[2] : 同“继”,水中断续如丝的低极生物。

[3]蛙蠙(bīn)之衣:长在水边,覆盖在水面上的水藻、浮萍之类。因蛙蚌常隐蔽于其下,故名蛙嫔之衣。蠙,能产珍珠的蚌类。衣,覆盖之物。

[4]陵屯:高爽之地。陵舄(xì):车前草,长路边的野草。

[5]郁栖:栖息于粪土之中。乌足:草名,车前、泽泻之类。

[6]蛴螬(qí cáo):俗称“地蚕”“土蚕”,是金龟子幼虫。

[7]胥:须臾、不久。

[8]脱:同“蜕”,蜕皮。

[9]鸲掇(qū duō):乾余骨的幼虫。

[10]乾余骨:鸟名,未详。

[11]斯弥:虫名,未详。

[12]食醯(xī):食醋。

[13]颐辂(lù):醋放久后孳生出的一种小飞虫,又称“蠛蠓”,与蚋相似。

[14]黄軦(kuàng):虫名。九猷:虫名。

[15]瞀芮(mào ruì):蠓虫之类。蠸(quán):通“獾”,野猪。腐蠸:腐烂的野猪。

[16]羊奚:即生在腐朽的竹节上的竹菰。不笋:不生笋之竹。

[17]久竹:陈腐的老竹。青宁:竹根虫。

[18]程:豹。此为秦人的称呼。

[19]机:同“几”,即“种有几”之“几”。

【品读】

本段阐述万物是一个无穷生化的过程。庄子思想往往有许多超前性和预见性的见解,他对事物的观察极为敏锐和细致。庄子对物种的讨论是从最精微的本质开始的。庄子认为,世界上的物种之间原本只是一个循环的自然而然的流变过程。他提出物种中包含精微之本质,由于其所遭遇之环境条件不同,发生千变万化,而成千差万别之物。最后、最高是化成人,人又复归于物种之几。庄子写物种的演变过程自然是不科学的,没有根据的,其目的无非是说明万物从“几”产生,又回到“几”,人也不例外,从而照应了其前段的人生在世无所谓“至乐”,人之死与生只是一种自然变化。这段可视为庄子的生物进化论。庄子这种生命境界,是通过与道合一的方式而获得的。

达生第十九

成体达生[1]之情者，不务生之所无以为[2]；达命之情者，不务知之所无奈何[3]。养形必先之以物，物有余而形不养者有之矣。有生必先无离形[4]，形不离而生亡者有之矣。生之来不能却[5]，其去不能止。悲夫！世之人以为养形足以存生，而养形果不足以存生，则世奚足为哉[6]！虽不足为而不可不为者，其为不免矣！

【注释】

[1]达生：即通达生命之意思。达，明白。生，生命，此指养生。

[2]务：勉力从事。生：性。无以为：无法做到的。

[3]无奈何：智力所不能及，无可奈何的领域。

[4]无离形：生命不能离开形体而独存，所以养生必先保体。形，身体。

[5]却：推却、拒绝。

[6]奚足为：何足为、不足为。言世人养形以存生之法不足为。

【品读】

本段讨论养生与养形关系。与老子相比，庄子对个体生命具有更强的忧患意识以及理性认识。庄子所处的时代，自由生存的环境已不复存在，世人本性真情逐渐丧失，汲汲追求外物，此时的养形已经超过形身的本然需求。养神虽不能离开人的形体，但仅仅只是保养形体，却不足以存生。庄子认为，人类养生不可强求，养生以有为强求，必会损害生命形神，违背自然无为的养生目标。庄子深为世人只追求外物以养形存生的做法悲叹不已。他反对世人养生的片面做法。由于不懂得神对形的作用，世俗之人总是“物有余而形不养”。养形者虽然要有一定的物质，但有了丰富的物质后有些人的形体却依然保养不好，因为生命并不只是形体。“达生之情者”才会体会到养神的重要意义。

夫欲免为形者，莫如弃世[1]。弃世则无累，无累则正平[2]，正平则与彼更生[3]，更生则几[4]矣！事奚足弃而生奚足遗？弃事则形不劳，遗生则精不亏[5]。夫形全精复与天为一。天地者，万物之父母也，合则成体[6]，散则成始[7]。形精不亏，是谓能移[8]。精而又精，反以相天[9]。

【注释】

[1]免为形：免去为保养形体之操劳。弃世：抛弃世俗人养形以存生之见。

[2]正平：心气平易淡漠。

[3]彼：自然之造化。更生：推移更新。

[4]几：近，近于道。

[5]精不亏：精神不亏损。

[6]合则成体：无地阴阳交合则成万物之形体。

[7]散则成始：天地阴阳散而复归虚静无为之道体，而为万物之本始。

[8]能移：能随自然变化推移更新。

[9]精而又精：使精神完美之上更加完美。相：助。

【品读】

本段讲养神的要领。在庄子看来，“弃世”就能“无累”，“无累”就能“形全精复”“与天为一”，这就是养神要领。讲养生要抛弃名利之累，使形体健全，情神充足，与天为一。不劳其形，不亏其精，因任自然，安性命之情，便能与自然融合为一体。庄子是把“形全精复”的获得看作是重新回归自然的表现。人生随自然天地父母一道，必然是自然的气聚或物合成形体，自然气散或物离又重回到天地虚静无为的道体，因而自然人生的形合只是暂时现象。在庄子看来，理想人生应“形全精复”，养形与养神皆不可偏废。但养形若不能存生，就只能求之于养神。庄子阐明了无为养生之道可达到最高人生境界。抛弃世事则使形体不受劳累，遗忘生命追求则使精神不受亏损。这种养生既能存形又能养神，是形神俱养的有效途径。通过形神俱养，使人生重新获得了自然本性。

子列子[1]问关尹曰：“至人潜行不窒[2]，蹈火不热，行乎万物之上而不栗[3]。请问何以至于此？”关尹曰：“是纯气之守[4]也，非知巧果敢之列。居[5]，予语女。凡有貌象声色者，皆物也，物与物何以相远！夫奚足以至乎先[6]？是色而已。则物之造乎不形，而止乎无所化[7]，夫得是而穷之者[8]，物焉得而止焉[9]！彼将处乎不淫之度[10]，而藏乎无端之纪[11]，游乎万物之所终始。壹其性，养其气[12]，合其德，以通乎物之所造[13]。未若是者，其天守全[14]，其神无隙，物奚自入[15]焉！

【注释】

[1]子列子：列御寇。

[2]潜行不窒：潜入水底行走而不窒塞。

[3]栗：恐惧。

[4]纯气之守：保守纯和之气，使心志专一。

[5]居：坐下。

[6]奚：何。至乎先：在他物之先、之上。

[7]止：终。不形：无形，指道。无所化：指无为的道。

[8]是：此，指万物生化之理。穷：穷尽。

[9]焉：哪能。止：留。焉：于此。

[10]彼：指得道之至人。不淫之度，无过无不及，恰到好处。淫，超越。

[11]藏：冥合，暗中相合之意。无端之纪：指大道循环之理。纪，纪纲。

[12]壹：专一执守。养其气：涵养其精神。

[13]物之所造：物之创造者，指自然。

[14]天守全：持守自然之道完备无亏缺。

[15]物奚自人：世俗事物从何处能入侵于心。

【品读】

本段讨论了人类形神与外物的关系问题。通过关尹对列子的谈话，说明“纯气之守”是至关重要的，进一步才是使精神凝聚。庄子认为，人类形神与外物在本质上是和谐统一的。但现实中有时外物无处不伤害人，成为不可抗拒的客观存在。人类要想不受外物的伤害，就必须抛弃外在有为的形养办法，持守“壹其性，养其气，全其神”的精神统一状态，使形神俱养。庄子塑造了外物“莫之能伤”的“至人”理想人格。至人能持守纯和之气，得天之全，即能入水不窒，“蹈火不热”，“游乎万物之所终始”，与化为一，从而万物不伤其身。

夫醉者之坠车，虽疾[1]不死。骨节与人同而犯害[2]与人异，其神全[3]也。乘亦不知也，坠亦不知也，死生惊惧不入乎其胸中，是故迕物而不慴[4]。彼得全于酒而犹若是，而况得全于天[5]乎？圣人藏于天[6]，故莫之能伤也。复仇者不折镆干[7]，虽有忮心者不怨飘瓦[8]，是以天下平均[9]。故无攻战之乱，无杀戮之刑者，由此道也。

【注释】

[1]疾：快。言其快速从车上摔下来。

[2]犯害：受害、受伤。

[3]神全，精神凝聚完备、不分散。

[4]迕(è)：同“遻”，碰撞。慴(shè)：惊惧。

[5]得全于天：与天守全意同，持守完备之自然之道。

[6]藏于天：持守自性与天道冥合。

[7]折：折断、损坏。镆干：干将、镆邪之简称。

[8]忮(zhi)心：忌恨之心。飘瓦：被风吹落的瓦片。

[9]平均：平等无争心。无心故不相怨而无争。

【品读】

本段说明精神不分散的作用。醉酒的人从车上坠落，虽然满身是伤却不会死去。庄子将醉者坠车不伤及生命的原因归结为“神全也”。“神全”是指其精神的聚集，完全与外物相隔，故而乘车和坠车皆不知晓，一切都处于无意识状态下，反而能保全生命。庄子举醉者坠车来说明这一道理，虽并非无懈可击，但还可以说明一定的问题。庄子还举“复仇者不折镆干”“忮心者不怨飘瓦”的例子，从反面说明了人类并不怨恨外物的无意伤害。这就更有效地证实了人的自然本性是神全纯一的，人的神全本性总是不受到伤害的。其“神全”本性，说到底还是大道虚无的表现。庄子更希望天下众生都能脱离与外物对抗的状态，获得大道虚无的真旨，使外物“莫之能伤”。

不开人之天，而开天之天[1]。开天者德生[2]，开人者贼生[3]。不厌其天[4]，不忽于人，民几乎以其真[5]。”

【注释】

[1]开人之天：开启人之智慧，运用智巧处理事务。开天之天：开启自性，循性而动，顺乎自然而无心。

[2]德生：循性而培养出良好的道德。

[3]贼生：运用智巧，生贼害之心。

[4]厌：满足。天：天德。

[5]几：近。以其真：按本性行事。真，自性、本性。

【品读】

本段主张开启人的自性。庄子认为，开启人的自性就能培养好的道德，开启人的智巧就会产生贼害之心。庄子不赞成开启人的智巧，但赞成开启人的自然天性。在庄子看来，至人或圣人不用智巧而免受外物伤害，则众民也不能用智巧与外物相抗，让人类与万物真正和谐相处。

仲尼适楚，出于林中，见佝偻者承蜩[1]，犹掇[2]之也。仲尼曰：“子巧乎，有道[3]邪？”曰：“我有道也。五六月累丸二而不坠[4]，则失者锱铢[5]；累三而不坠，则失者十一；累五而不坠，犹掇之也。吾处身[6]也，若厥株拘[7]；吾执臂也[8]，若槁木之枝。虽天地之大，万物之多，而唯蜩翼之知。吾不反不侧[9]，不以万物易[10]蜩之翼，何为而不得！”孔子顾谓弟子曰：“用志不分，乃凝[11]于神。其佝偻丈人之谓乎！”

【注释】

[1]佝偻(gōu lóu)：驼背。承蜩：捕蝉。

[2]掇：拾取。

[3]有道：问其技艺如此纯熟，有何妙法。

[4]累：叠。五六月：指学习训练捕蝉技艺的时间。

[5]锱铢：古代重量单位，六铢为一锱，四锱为一两，形容很少。

[6]处身：立定身体。

[7]厥：通“橛”。厥株拘：立着的断树桩子。拘，止。

[8]执臂：控制手臂。执，持、控制。

[9]不反不侧：形容心志凝注专一，无杂念。

[10]易：交换。

[11]凝：当作“似”，比拟之意。

【品读】

本段讲使神思高度凝聚专一的养神方法。庄子指出佝偻丈人之所以能够承蜩犹掇，是因为有道，而要想有道，就得做到“用志不分，乃凝于神”。说明养神的基本方法就是使神思高度凝聚专一。佝偻承蜩包藏着一个深邃的哲理，凝神忘物无往而不胜。庄子认识到了注意力、动机对思维的影响作用。在整个过程中，老人心中只有竹竿和弹丸，那些名利、仁义，乃至自己的形体都统统忘记，达到了忘的境界。他经过了“不反不侧，不以万物易蜩之翼”的过程。世上的所有成功者，大概都经历了这样专心致志、心无旁骛的修炼过程。

颜渊问仲尼曰：“吾尝济乎觞深之渊[1]，津人[2]操舟若神。吾问焉[3]曰：‘操舟可学邪？’曰：‘可。善游者数能[4]。若乃夫没人[5]，则未尝见舟而便操之也。’吾问焉而不吾告，敢问何谓也？”仲尼曰：“善游者数能，忘水[6]也；若乃夫没人之未尝见舟而便操之也，彼视渊若陵[7]，视舟之覆，犹其车却也。覆却万方陈乎前而不得入其舍[8]，恶往而不暇[9]！以瓦注者巧[10]，以钩注者惮[11]，以黄金注者殙[12]。其巧一也[13]，而有所矜[14]，则重外也[15]。凡外重者内拙。

【注释】

[1]济：渡。觞深：渊名。渊：深水的地方。

[2]津人:撑渡船之人。

[3]焉:于此,指“操舟若神”之事。

[4]善游者:擅长游水的人。数能:多次练习则可学会。

[5]若乃:至于。没人:指善于潜水、精通水性之人的人。

[6]忘水:不把水放在心上。

[7]视渊若陵:把水上看成同陆上一样。陵,丘陵、高地。

[8]句意为:不因外物扰乱心之平静淡漠。万方,万端。舍,指心。

[9]暇:闲暇,指悠闲、从容不迫。

[10]句意为:输赢皆不在意,听其自然,反而常碰巧命中。注,赌注。巧,碰巧。

[11]句意为:想胜怕负,故心虚气馁,反而易负。钩,腰带环,以银或铜制。惮,害怕。

[12]殙(hūn):心绪昏乱。

[13]其巧一也:碰巧得胜机会是一样的。巧,赌博的技巧。一,一样。

[14]句意为:怕输掉贵重东西而态度慎重。矜(jīn),慎重、拘谨。

[15]外:身外之物,如带环、黄金之类。

【品读】

本段说明忘却外物才能真正凝神。因为善游者忘水,善舟者忘浆,思想上没有负担,才能操纵自如。善游者忘水,善舟者忘浆,都是达到了人、物合一的境界。这个境界就是庄子的“天地与我共生,万物与我同一”①。循性自然,无往而不胜。庄子认识到了情绪对思维的作用。下赌注时,赌庄愈轻,思想愈没有负担,取胜的机会愈大。因而“外重者内拙”,如果忘记对象世界,就无往而不自如。这对我们现代人仍有重要借鉴意义,我们应该减少对物质的贪欲,才能心情舒畅,达到“忘水”那样的物我两忘、“天人合一”的境界。

田开之见周威公[1],威公曰:“吾闻祝肾学生[2],吾子与祝肾游,亦何闻焉?”田开之曰:“开之操拔篲以侍门庭[3],亦何闻于夫子!”威公曰:“田子无让[4],寡人愿闻之。”开之曰:“闻之夫子曰:‘善养生者,若牧羊然,视其后者而鞭之。’”威公曰:“何谓也?”

田开之曰:“鲁有单豹[5]者,岩居而水饮,不与民共利[6],行年七十而犹有婴儿之色,不幸遇饿虎,饿虎杀而食之。有张毅者,高门县薄[7],无不走也,行年四十而有内热之病以死。豹养其内而虎食其外,毅养其外而病攻其内[8],此二子者,皆不鞭其后者也[9]。”

仲尼曰:“无入而藏[10],无出而阳[11],柴[12]立其中央。三者若得,其名必

① 《庄子·齐物论》。

极。夫畏涂[13]者，十杀一人[14]，则父子兄弟相戒也，必盛卒徒[15]而后敢出焉，不亦知乎！人之所取畏[16]者，衽席之上[17]，饮食之间，而不知为之戒者，过也！”

【注释】

[1]田开之：姓田，名开之，事迹不详。周威公：《史记·周本纪》载：“桓公卒，子威公代立。”当指此人。

[2]祝肾：人名。学生：学练养生之道。

[3]操拔篲：作洒扫之杂务。操，做。拔，把。篲，扫帚。

[4]让：推辞、谦让。

[5]单豹：鲁国隐者。

[6]句意为：利同则相争，不同利则无争。共利，同利。

[7]张毅：鲁人。高门：富贵之家。县薄：悬垂帘以代门，为贫寒之家。县，同“悬”。薄，垂帘。

[8]养其外：谋衣食。外，形体。内：精神心性。

[9]鞭其后：如对二人不足的方面加以鞭策，则有助于养生。鞭，策励。

[10]无：通“毋”。入而藏：深深第隐藏。

[11]出而阳：太过显露张扬。阳，外露。

[12]柴：枯木，比喻无心无欲之物。

[13]畏涂：害怕路途不平安。

[14]十杀一人：指从此路经过，十人中就有一人被杀。

[15]盛卒徒：人马众多。卒徒，徒众、众人。

[16]取畏：自取祸患。

[17]衽(rén)席之上：指色欲之事。衽席，卧席。

【品读】

本章说明道家无为人生的境界。庄子从形神兼养的角度说明养神要“养其内”与“养其外”并重，处处顺应适宜而不过，取其折中。首先庄子作了生动的比喻，认为养生如牧羊，牧羊鞭其后，养生不偏一。单豹“养其内而虎食其外”，张毅“养其外而病攻其内”，就是不鞭其后、偏向一端造成的恶果。养生应形神兼顾，内外并养，无心无为地立于中道才行。善养生者，就要使内、外两方面同时得到恰当的调养。在庄子看来，内养者失于外，外养者失于内，若只偏于一养，二者不得正养，就不会有好结果。

“入而藏”指深入地潜藏，与世隔绝，这是一种出世的人生观，为求精神的超脱，舍弃世俗的生活；“出而阳”指显扬地表露，张扬自我，生命价值的砝码掌握在世人的评价之中，尽可能地迎合世俗。所谓“柴立其中央”，即扎根于现实社会，却不为社会所摆布，尽可能地保持自己的独立。这才是一种道家无为人生的境界。“三者若得，其名必极。”做人处世到了这种境界，算是登峰造极了。陈鼓应认为这是讲“不要太深入而潜藏，不要太表露而显扬”①。总之，不要过分深藏，也不要过分显露。但要持守自然无心状态，处于中和之间。

……………………

祝宗人玄端以临牢筴说彘曰[1]：“汝奚恶死？吾将三月豢[2]汝，十日戒，三日齐[3]，藉白茅[4]，加汝肩尻乎雕俎之上[5]，则汝为之乎？”为彘谋曰：“不如食以糠糟而错[6]之牢筴之中。”自为谋，则苟生有轩冕之尊，死得于滕楯之上、聚偻之中则为之[7]。为彘谋则去之，自为谋则取之，所异彘者何也！

【注释】

[1]祝宗人，掌管祭祀祝祷之官。玄端：祭祀官所穿黑色斋服。临：靠近。牢筴：猪栏、猪圈。彘(zhì)：猪。

[2]豢(huàn)：用谷物饲养。

[3]戒、齐：祭前洁净身心的仪式。齐，同“斋”。

[4]藉白茅：把白茅草铺在神座和祭物下面，以示洁净。

[5]尻(kāo)：猪后鞘肉。雕俎(zǔ)：俎上雕有图案花纹。俎，祭祀盛肉礼器。

[6]错：放置。

[7]滕楯(zhuàn shǔn)：载灵柩之车。聚偻：装饰繁多的棺材。

【品读】

本段借祭祀人与猪的说话，讽喻争名逐利的行为。这个寓言讲到一位祝史为了杀死那头猪作供品，给猪讲了一番漂亮话，表现了祝史伪善的面目。从猪的角度来看，它生前有好食喂养，死后又能摆置在白茅、雕俎之上，非常荣耀，应该甘心情愿地去死。当时社会上的一些人正是追求活着有高官厚禄之尊贵，死后有装饰华美的棺椁柩车送葬。这则寓言对某些人是十分深刻的讽刺。庄子借此告诫：人生应该追求自由、独立的品格，而不要为了一时的荣华富贵去做牺牲品。

……………………

桓公田于泽[1]，管仲御，见鬼焉[2]。公抚管仲之手曰：“仲父[3]何见？”对曰：“臣无所见。”公反，诶诒为病[4]，数日不出。齐士有皇子告敖[5]者曰：“公则自伤，鬼恶能伤公！夫忿滀[6]之气，散而不反，则为不足[7]；上而不下[8]，则

① 陈鼓应：《庄子今注今译》，商务印书馆2007年版，第556页。

使人善怒；下而不上，则使人善忘；不上不下，中身当心[9]，则为病。”桓公曰：“然则有鬼乎？”曰：“有。沉有履[10]，灶有髻[11]。户内之烦壤[12]，雷霆[13]处之；东北方之下者倍阿[14]，鲑蠪[15]跃之；西北方之下者，则泆阳[16]处之。水有罔象[17]，丘有峷[18]，山有夔[19]，野有彷徨[20]，泽有委蛇。”公曰：“请问委蛇之状何如？”皇子曰：“委蛇，其大如毂[21]，其长如辕[22]，紫衣而朱冠[23]。其为物也恶，闻雷车之声则捧其首而立[24]。见之者殆乎霸。桓公辴然[25]而笑曰：“此寡人之所见者也，”于是正衣冠与之坐，不终日而不知病之去也。

【注释】

[1]桓公：即齐桓公。田：田猎。泽：薮泽。

[2]御：驾车。鬼：指沼泽中怪异之兽，桓公不识，疑为鬼物。

[3]仲父：齐桓公对管仲的尊称。

[4]反：同“返”，返回。诶诒（xī yí）：呻吟声。

[5]皇子告敖：姓皇，名告敖，子为尊称，为齐之贤士。

[6]忿滀（xù）：愤急。滀为水停聚的样子，引申为蓄愤、郁结。

[7]句意是：喜怒哀乐为人之自然情感，如当怒而不怒，则没血性，故称“不足”。

[8]句意为：肝火上升之类。

[9]句意为：心为人之主宰，如怒气郁结，则会使心受扰乱而得病。

[10]沉：污水聚积之处。履：污水聚集处之鬼名。

[11]髻（jī）：灶神，传说穿红衣，状如美女。

[12]烦壤：打扫房间积下之灰尘垃圾等。

[13]雷霆：鬼名。或以声大得名。

[14]倍阿：土堆。倍，通“培”。

[15]鲑蠪（guī lóng）：鬼名。传说状如小孩，长一尺四寸，身穿黑衣，戴红头巾，带剑持戟。

[16]泆（yì）阳：神名，豹头马尾。

[17]罔象：水神名，状如小儿，着赤衣，大耳、长臂。

[18]峷（shēn）：怪兽，状如狗，有角，身上有五彩花纹。

[19]夔（kuí）：一足兽。见《秋水》注。

[20]彷徨：又作“方皇”，状如蛇，有两个头，身有五彩花纹。

[21]毂（gǔ）：车轮中心，有洞可以插轴的部分，借指车轮或车。

[22]辕：车辕。指怪兽体长如车辕。因桓公在乘车时见此兽，故以车作比。

[23]紫衣而朱冠：言紫衣朱冠，更增加神秘性。

[24]雷车：田猎之战车奔跑轰鸣，响声如雷，故名“雷车”。

[25]辴（chǎn）然：欢笑之态。

【品读】

本段说明心神宁静释然才是养神的基础。齐桓公由于惊吓而得病，心神郁结而病生，精神安宁而去病，说明精神对于身体的影响。庄子借桓公见鬼事，巧妙地说明世上并无鬼，怕鬼者是因自己心中有鬼，而心中的鬼不过是一种虚幻的影子罢了。这种虚幻的东西一旦被说破，恐惧就完全不复存在。庄子告诉我们人生病往往是由于忧"自伤"，并非被外物所伤。由此说明养神对于保身养形的重要性。只要从心中消除令人担心害怕的根源，恐惧就会消失。这实际上是典型的精神疗法。庄子从分析病因病情入手，把握病人的心理特点，然后一语中的，使其精神障碍豁然开释而病愈。总之，庄子的精神疗法是应该肯定的。这实则是其循性自然，破除自我精神郁结的道学思想在实践中的应用。庄子的精神疗法能够切合实际地解决病人的心理障碍。

纪渻子为王养斗鸡[1]。十日而问："鸡已乎[2]？"曰："未也，方虚憍而恃气[3]。"十日又问，曰："未也，犹应向景[4]。"十日又问，曰："未也，犹疾视而盛气。"十日又问，曰："几矣，鸡虽有鸣者，已无变[5]矣，望之似木鸡矣，其德全[6]矣。异鸡无敢应者[7]，反走矣。"

【注释】

[1]纪渻(shèng)子：纪姓，名渻子。王：《列子·黄帝》作"周宣王"。养：训练。

[2]已乎：练成了吗？问其是否已将斗鸡练成。

[3]方：正是。虚憍：内心空虚而神态高傲，色厉内荏的样子。憍，通"骄"。

[4]向景：向同"响"，景同"影"。发觉鸡的声音影子就有所反映。

[5]无变：没有反映。

[6]德全：精神安定专一、不动不惊。

[7]异鸡：其他的鸡。应：应战、对敌。

【品读】

本段借养斗鸡的故事比喻说明凝神养气的方法。纪渻子为齐王养鸡，不断消磨鸡的斗志，从鸡的生性好斗，盛气凌人直到呆若木鸡，最终养成了一个战无不胜的斗鸡。此鸡很神奇，它也有一个从外到内、损之又损的修炼过程。这说明呆志无争，无往而不胜。在庄子看来，或物或人如斗鸡，凡盛气十足，斗志昂扬者必败。庄子讲呆志，实源于老子"大巧若拙""大辩若讷"①的思想。庄子讲无争，更是对老子"不争"思想的直接继承。努力修身，达到这样的人品，这就是"纪渻子训斗鸡"给我们的启示。今义"呆若木鸡"形容因恐惧或惊讶而发愣的样子已经丢失了其原意。

---

① 《老子》第四十五章。

孔子观于吕梁[1]，县水三十仞[2]，流沫[3]四十里，鼋鼍鱼鳖之所不能游也[4]。见一丈夫游之，以为有苦而欲死也。使弟子并流而拯之[5]。数百步而出，被发行歌而游于塘下[6]。孔子从而问焉，曰："吾以子为鬼[7]，察子则人也。请问：蹈水有道乎？"曰："亡，吾无道。吾始乎故，长乎性，成乎命。与齐俱入[8]，与汩[9]偕出，从水之道而不为私焉。此吾所以蹈之也。"孔子曰："何谓始乎故，长乎性，成乎命？"曰："吾生于陵而安于陵，故也；长于水而安于水，性也；不知吾所以然而然，命也。"

【注释】

[1]观：游览。吕梁：在今江西铜山东南。

[2]县水：瀑布。县，通"悬"。

[3]流沫：瀑布泻下溅起的水沫。

[4]鼋(yuán)：鳖中之大者为鼋。鼍(tuò)：鳄鱼的一种，俗称"猪婆龙"。

[5]并：傍。拯：援救。

[6]被发：披散着头发。塘下：岸边。

[7]以子为鬼：孔子认为那人淹死了，因而将其当成鬼。

[8]与齐俱入：与旋涡中心一起入水。齐，同"脐"。

[9]汩(gù)：涌出之旋涡。

【品读】

本段写孔子观人游水，体察安于环境、习以性成的道理。庄子借泳者的话告诉人们：出生于何地就安于何地的生活，这就叫故常；长大生活在何方就安于何方的生活，这就叫习性；不知道何以这样生活着，这就叫自然，即顺应自然规律。我们生活在什么时代、什么环境之中，耳濡目染，潜移默化，那套生活技能就变成了故常、习性和自然。个体出生时的外部环境，是人无法自主选择的，可归为"时命"一类。"安"显然是积极迎合，顺时命，充分利用自己的天赋，"习而成性"。安命的同时还要安于性，在内外条件的综合作用下，成就个体圆满人生。

梓庆[1]削木为鐻[2]，鐻成，见者惊犹鬼神[3]。鲁侯见而问焉，曰："子何术以为焉[4]？"对曰："臣，工人，何术之有！虽然，有一焉：臣将为鐻，未尝敢以耗气也[5]，必齐以静心[6]。齐三日，而不敢怀庆赏爵禄[7]；齐五日，不敢怀非誉巧拙[8]；齐七日，辄然忘吾有四枝形体也[9]。当是时也，无公朝[10]。其巧专而外骨消[11]，然后入山林，观天性形躯，至[12]矣，然后成见鐻，然后加手焉，不然则已。则以天合天[13]，器之所以疑神[14]者，其是与！”

【注释】

[1]梓：管木工的官。梓庆：人名。此人以职为姓，称梓庆。

[2]鐻(jù)：悬挂钟鼓之木架，形似虎，雕刻有精美生动的图案。

[3]惊犹鬼神：制作雕饰极尽精妙，见者以为鬼斧神工。

[4]术：技艺、方法。焉：此，指精巧的样子。

[5]耗气：损耗神气，即精神分散，心神不能凝注专一。

[6]齐：同“斋”，斋戒。静心：使心志安静专一。

[7]怀：思。庆赏：奖赏。

[8]非：非难、指责。巧拙：精巧与笨拙。

[9]辄：止。辄然：不动的样子。枝：同“肢”。

[10]无公朝：因斋戒而不上朝。

[11]外骨消：外界之扰乱完全排除。骨，同“滑”，乱之意。

[12]至：得到，指找到了需要的鸟兽情状。

[13]以天合天：以己之自然天性与木之自然天性相合。

[14]疑神：比如鬼神所造。疑，同“拟”。

【品读】

这段写能工巧匠梓庆削木为鐻的故事，借以说明集思凝神的重要，把自我与外界高度融为一体，也就会有鬼使神工之妙。梓庆是个远近闻名的木工奇人，技艺高超得出神入化。他雕刻出来的动物形态各异、灵活多变，莫不惟妙惟肖。梓庆所谓的“斋以静心”并不是一般人所谓的斋戒，梓庆的“斋”其实就是一点一点地让自己忘记利和名，让自己的心简单，仅仅关注“削木为糠”这一件事。这是从内心深处除去各种束缚与障碍，达到虚静清明的精神境界，是一种“心斋”。“心斋”就是静心以养、保持天然。梓庆只是在“削木为鐻”之时忘记名利就能获得如此的成就，那些能够完全忘记名利的人就可想而知了。

东野稷以御见庄公[1]，进退中绳[2]，左右旋中规。庄公以为文[3]弗过也，使之钩百[4]而反。颜阖遇之[5]，入见曰：“稷之马将败。”公密而不应。少焉，果败而反。公曰：“子何以知之？”曰：“其马力竭矣而犹求[6]焉，故曰败。”

【注释】

[1]东野稷：人名，东野为氏，名稷。御：驾驭车马。庄公：鲁庄公，春秋时鲁国的国君。

[2]中:合。绳:指木匠用绳墨划的直线。

[3]文:《太平御览》卷七四六引作“造父”。清人吴汝纶认为“文”当为“父”之误,前脱“造”字。传说造父为周穆王御车,日驰千里,为古代最出名的善御者。

[4]钩百:驾驭车马兜一百圈。

[5]颜阖:鲁之贤人。遇之:遇见东野稷驾车表演。

[6]求:驱赶不停。

【品读】

本段讲妄求必败的道理。东野稷车技高超,进退如绳子一般笔直,转弯像圆规一样圆。后来鲁庄公让他驾车兜转一百个圈,他不自量力,强求应允,结果马力衰竭而倒地。这是妄求必败的典型事例。妄求必败,忘己无心则一切皆适。这也直接指出养神须得“不内变”“不外从”,忘却自我,也忘却外物,从而达到无所不适的境界。

工倕旋而盖规矩[1],指与物化而不以心稽[2],故其灵台一而不桎[3]。忘足,履之适也;忘要,带之适也[4];知忘是非,心之适也;不内变[5],不外从[6],事会[7]之适也;始乎适而未尝不适者,忘适之适也。

【注释】

[1]倕:传说为尧时之能工巧匠。旋:画圈。盖:胜过。

[2]稽:算、量度。

[3]灵台:心。桎:通“窒”,滞塞。

[4]句意为:忘记腰的粗细,带子就都合适。要,同“腰”。

[5]不内变:持守自性、虚静淡漠。

[6]不外从:不随外物迁变。

[7]事会:遇事。

【品读】

本段论述了“忘”是一种功夫也是境界。工倕旋物而测胜过规矩,他的手指随物而变化,不须存留于心,再作有意度量,所以他的心志专一而没有滞碍。破除对现实的迷惘,从而实现心灵的豁然通明,物我相忘,达到个体的自在自由。忘与个体身心适意的关系十分密切。庄子认为,本来自性与外物是相适应的,如心存适应观念,还是把己与物分开,还不是真正的相适应,只有忘记适应,消除物我界限,才是真正无所不适。忘却安适,才是真正的安适。恰如自然万物那样,无安适之想望,故有最大的安适。总之,人类要像自然万物那样,顺应自然之理,无追求目标的实现,以获得目标的实现。

有孙休[1]者，踵门而诧子扁庆子曰[2]："休居乡不见谓不修[3]，临难不见谓不勇[4]。然而田原不遇岁[5]，事君不遇世[6]，宾[7]于乡里，逐于州部[8]，则胡罪乎天哉[9]？休恶遇此命也？"扁子曰："子独不闻夫至人之自行邪？忘其肝胆，遗其耳目，芒然彷徨乎尘垢之外，逍遥乎无事之业，是谓为而不恃，长而不宰[10]。今汝饰知以惊愚[11]，修身以明污，昭昭乎若揭日月而行也[12]。汝得全而形躯，具而九窍[13]，无中道夭于聋盲肢蹇而比于人数亦幸矣[14]，又何暇乎天之怨哉！子往矣！"

【注释】

[1]孙休：姓孙，名休，鲁国人。

[2]踵门：亲至其门，不经人引见。诧：诧异而问。子扁庆子：鲁之贤人。第一个"子"为弟子对老师的尊称。扁为姓，庆子为字。

[3]不修：没有修养，品格不高。

[4]临难：面临危难。不勇：不勇敢，不能见义勇为。

[5]田原：田地，指在田间耕作。岁：好年景。

[6]世：好世道，君主圣明之朝代。

[7]宾：同"摈"，摈弃、抛弃。

[8]逐：放逐、驱逐。州部：州县官吏。

[9]胡：何。罪：得罪。

[10]为而不恃，长而不宰：语出《老子》，意谓一切顺其自然。

[11]饰知：修饰自己的智慧。惊愚：惊醒愚昧之人。

[12]昭昭乎：光明、明亮的样子。揭：举。

[13]九窍：指人体的九个穴窍，即眼二、鼻二、耳二、口、肛门、尿道。

[14]夭：夭折。跛蹇(jiǎn)：瘸腿。比：列。幸：侥幸。

【品读】

这段讲道家安身立命的境界。庄子假扁子之口说明：那道德修养极高的人身体力行，忘掉其肝胆、耳目，迷茫无知徘徊游移于世俗生活之外，逍遥自在于无为之中。

"忘其肝胆，遗其耳目"用法极妙。有肝胆者必然意气重，意气重者顺则容易骄傲自满，逆则怨天尤人。对"肝胆"二字，我们应权衡其中的利弊。诸葛亮《诫子书》云："非淡泊无以明志，非宁静无以致远。"这指的是超然于肝胆意气之上的智慧。因而只有"忘其肝胆"，才能有真正的智慧透出。我们若留心历史中的山林隐士，他们可以说是"忘其肝胆"的典范。

"逍遥乎无事之业"是人生的理想。人为财死，鸟为食亡。每个人都有自己的事业，并为其所累。道家这个"无事之业"是"为道日损"。佛学讲"舍我”，要把“我执”放下，把“我所有”放下。在道家看来，逍遥是生命的大事业，而此大事业其实无事无业，因生命以“无为”为一贯之精神，无为之精神化解了事业的造作性。庄学逍遥游亦是生命寄托的一种途径，儒学积极经世，佛学无欲止观，皆是人安身立命的精神追求。庄子逍遥游所标举的精神解放，为普天下无助苍生另辟一条生路，给予其在自然与社会重重制约下的人生以自由的希望，因而受到后世推崇。

孙子出，扁子入。坐有间，仰天而叹。弟子问曰：“先生何为叹乎？”扁子曰：“向者休来，吾告之以至人之德，吾恐其惊而遂至于惑也[1]。”弟子曰：“不然。孙子之所言是邪，先生之所言非邪，非固不能惑是；孙子所言非邪，先生所言是也邪，彼固惑而来矣[2]，又奚罪焉！”扁子曰：“不然。昔者有鸟止于鲁郊[3]，鲁君说之，为具太牢以飨之，奏九韶以乐之。鸟乃始忧悲眩视，不敢饮食。此之谓以己养养鸟也，若夫以鸟养养鸟者，宜栖之深林，浮之江湖，食之以委蛇，则平陆而已矣[4]。今休，款启[5]寡闻之民也，吾告以至人之德，譬之若载鼷[6]以车马，乐鴳[7]以钟鼓也，彼又恶能无惊乎哉！”

【注释】

[1]遂：因。惑：迷惑。

[2]固惑而来：本来就是带着迷惑而来的。固，本来。

[3]故事与《至乐》篇相同，可参看。

[4]平陆：平地，原野。

[5]款启：开一个小孔，言其为一孔之见。款，小孔。启，开。

[6]鼷（xī）：鼷鼠，鼠类中最小的一种。

[7]鴳（yàn）：一种小鸟。

【品读】

这段借扁子之口说明不能对孤陋寡闻之人言说至人之德。孙休是位只有一孔之见、孤陋寡闻的人。扁子认为，告诉孙休关于至人之德行，担心他受到震惊导致更加迷惑。世上的各人有各人的心，忙各人的事，有各人的道，皆偏执、执着。你跟他言说道理，他也不明白，这是因为他没有清醒过来。因此，说使鸟按其自然本性生活才符合鸟的生存方式。虽然庄子在此探讨的是鸟的本性，其实他所指的是天地万物包括人类在内的本性，应因人而异，因势利导。

山木第二十

庄子行于山中，见大木[1]，枝叶盛茂。伐木者止其旁而不取也。问其故，曰："无所可用。"庄子曰："此木以不材得终其天年。"[2]夫子[3]出于山，舍于故人之家。故人喜，命竖子杀雁而烹之[4]。竖子请曰："其一能鸣，其一不能鸣，请奚杀？"主人曰："杀不能鸣者。"

【注释】

[1]大木：大树。

[2]不材：不成材。天年：自然寿命。

[3]夫子：指庄子。

[4]竖子：童仆。雁：野鹅。烹：通"飨"，款待。

【品读】

这是一个哲学寓言，也是"木雁各有悲喜"的一桩著名公案。山中之木以无用之才得终其天年是喜，以有用之才惨遭砍伐是悲；主人之雁则刚好相反，以不会鸣叫惨遭杀戮是悲，会鸣叫能存活是喜。悲喜纯属偶然，不可捉摸，难以理喻。为求取全身尽年，似乎"无用"比"有用"更胜一筹，如大木因其无用而终享天年。有时无用又遭杀身之祸，如家雁却因不能鸣叫被杀。因此，当论及庄子"无用"时，它包含了一个前提，即在无道的人间世中，无用只是安于乱世的一种权宜之计，并非灵丹妙药。无用作为一种存身之道，只是相对的，对一物无用，也许对另一物有用，而正是这种有用使其遭受生命的祸害。虽然无用不一定能避免伤害，但沦为他用则必受其害。无用而处，颇有些无奈和讽刺，但身处悲惨乱世，倒也不失为一条存生之道，看似呆滞却是一种智慧。

明日，弟子问于庄子曰："昨日山中之木，以不材得终其天年；今主人之雁，以不材死。先生将何处[1]？"庄子笑曰："周将处乎材与不材之间。材与不材之间，似之而非也，故未免乎累[2]。若夫乘道德而浮游则不然[3]，无誉无訾[4]，一龙一蛇[5]，与时俱化，而无肯专为[6]。一上一下，以和为量[7]，浮游乎万物之祖[8]。物物而不物于物[9]，则胡可得而累邪！此神农、黄帝之法则也。若夫万物之情，人伦之传[10]则不然：合则离，成则毁[11]，廉则挫，尊则议[12]，有为则亏，贤则谋，不肖则欺[13]。胡可得而必乎哉！悲夫！弟子志之，其唯道德之乡乎[14]！”

【注释】

[1]何处：如何自处。指在材与不材间选择哪种以立身自处。

[2]未免乎累：不能免于受牵累。

[3]若夫：至于。乘道德：顺自然。浮游：茫然无心地漫游。

[4]訾(zǐ)：毁谤非议。

[5]一龙一蛇：一时如龙之显现，一时如蛇之潜藏，随时而变化。

[6]无肯：不愿。专为：固守一端。

[7]和：和顺，指与外物相和谐。量：度量，引申为标准。

[8]万物之祖：指虚无的境界。

[9]物物：按物本性去主宰外物。不物于物：不被外物所支配役使。

[10]人伦之传：人世伦理之传习。

[11]成则毁：有成就有毁，成必转为毁。

[12]廉：刚正、有棱角。议：非议、指责。

[13]谋：算计、暗算。欺：戏弄、欺侮。

[14]志：记注。乡：同“向”，趋向、归向。

【品读】

本段说明处世应处于“材与不材之间”。山木由于无用而得以终其天年，无用带来了大用；雁由于无用而惨遭宰杀，无用成了存活的障碍。面对这种尴尬的事实与弟子的请教，庄子对此矛盾现象来个折中主义，主张“处乎材与不材之间”，处世时应存在于有用与无用之间，有才与无才之间。毫无用处只会招致他人的不屑与伤害，锋芒毕露则会招来杀身之祸。这种“处乎材与不材之间”的处世哲学就是庄子的聪明之处，它形似于道，“乘道德而浮游”“与时俱化”，不被外物所支配。这是庄子教导我们要随时处世，不要顽固不化。即以顺任自然为处世之法则，不再计较世间的沉浮。要能真正免害，就要完全超越其材与不材之上，顺应自然大道，浮游于虚无之境。

……………………………………

市南宜僚见鲁侯[1]，鲁侯有忧色。市南子曰：“君有忧色，何也？”鲁侯曰：“吾学先王之道，修先君之业；吾敬鬼尊贤，亲而行之，无须臾[2]离居。然不免于患，吾是以忧。”市南子曰，“君之除患之术浅[3]矣！夫丰狐文豹[4]，栖于山林，伏于岩穴，静也；夜行昼居，戒也；虽饥渴隐约[5]，犹且胥疏[6]于江湖之上而求食焉，定[7]也。然且不免于罔罗机辟之患[8]，是何罪之有哉？其皮为之灾[9]也。今鲁国独非君之皮邪[10]？吾愿君刳形去皮[11]，洒心[12]去欲，而游于无人之野[13]。

【注释】

[1]市南宜僚：人名，姓熊，名宜僚，家住市南。鲁侯：鲁哀公。

[2]须臾：片刻。

[3]浅：浅陋。

[4]丰狐：皮毛丰厚之狐。文豹：皮毛有花纹之豹。

[5]隐约：困穷。

[6]肯疏：犹豫不前的样子。

[7]定：知止审慎。

[8]罔罗：捕野兽之网。罔：同“网”。机辟：捕野兽之机关。

[9]皮为之灾：皮给它们带来灾祸。

[10]句意为：鲁国就给你带来灾祸。独，难道。

[11]刳(kū)形去皮：比喻舍弃鲁国的权力和财富。刳，剖空。

[12]洒心：把心洗涤干净。

[13]无人之野：离开人类社会与天地相合。

【品读】

本段是关于如何免忧去祸的讨论，说明才能和权位是招致祸患的根源，丰狐文豹的皮毛就是用来谕示才能和权位。自然世界本来是一幅多彩多姿的自由画面，万事万物各有自性的存在与灭亡，共存于和谐的自然状态之中。但因为人类自性的异化，贪婪的目光瞄准着自然美丽的目标，千方百计去攫取它，破坏了自然本来的和谐状态。庄子以“丰狐文豹”喻指，统治者拥有国家权利就如同拥有诱人的狐豹之皮一样十分危险。国君为权势财富所累，为免除所累，只有丢弃权位，远离纷扰的社会，洗心寡欲，追求虚己无为的道境，才能远离灾祸，保全自身。否则必会祸患降临，自身不保。

南越有邑焉，名为建德之国[1]。其民愚而朴，少私而寡欲；知作而不知藏，与而不求其报；不知义之所适，不知礼之所将[2]。猖狂妄行[3]，乃蹈乎大方[4]，其生可乐，其死可葬。吾愿君去国捐俗[5]，与道相辅而行。”

【注释】

[1]建德之国：按自性生活的理想社会。建德，高尚的道德。

[2]适：往。将：行。言不知礼义规范为何物，却能与之完全吻合。

[3]句意为：从心所欲地活动。

[4]蹈：踏。大方：大道。

[5]去：舍去。捐俗：抛弃世俗观念之约束。捐，弃。

【品读】

本段描述了“建德之国”的理想社会。庄子针对丰狐文豹皮为灾的现实问题，提出了为君者应剖空形体，抛弃皮毛，洗心去欲，进入自然和谐的建德之国。其民愚昧而质朴，少私心而寡情欲；只知劳作而不知私藏，给予而不求报答；不知义将何往，不知礼将何行。从心所欲，不加约束而行，就能合于大道。庄子对“建德之国”理想社会的描述主要在于它的道德精神面貌，这是以愚朴寡欲为其精神道德特征的社会。

君曰：“彼其道远而险，又有江山，我无舟车，奈何？”市南子曰：“君无形倨[1]，无留居，以为君车[2]。”君曰：“彼其道幽远而无人，吾谁与为邻？吾无粮，我无食，安得而至焉[3]？”市南子曰：“少君之费，寡君之欲，虽无粮而乃足。君其涉于江而浮于海，望之而不见其涯，愈往而不知其所穷。送君者皆自崖而反，君自此远[4]矣！故有人者累[5]，见有于人者忧。故尧非有人，非见有于人[6]也。吾愿去君之累，除君之忧，而独与道游于大莫之国[7]，方舟而济于河[8]，有虚船[9]来触舟，虽有偏[10]心之人不怒。有一人在其上，则呼张歙[11]之。一呼而不闻，再呼而不闻，于是三呼邪，则必以恶声随之。向也不怒而今也怒，向也虚而今也实。人能虚己以游世，其孰能害之！”

【注释】

[1]形：势，指鲁君所处之地位。倨(jū)：傲慢。

[2]居留：留处原来的地位。以为君车：抛弃君之势位，就是通往大道之车。

[3]粮：自带的干粮食品。食：取自旅途的食物。

[4]自此远：自此远离尘世而入更广漠虚空的世界。

[5]有人：得民，指统治人民。累：拖累、负担。

[6]见有于人：被人所统治。

[7]大莫之国：广漠空虚之境。

[8]方舟：并舟。济：渡。

[9]虚船：无人驾驶的空船。

[10]偏(biǎn)：心地狭窄。

[11]张歙(xī)：撑开或靠拢。歙，合。

【品读】

本段阐述了“虚己以游世”的处世方式。庄子把外表随顺世俗、内心持守自我的处世方式称作“虚己以游世”。当两船相并渡河发生冲撞，下游船上的人受到了伤害，发怒或者不发怒，取决于伤害他们的上游船上是否有人，因为人是有动机的，而船是没有动机的。态度可谓相差甚远，皆因是否空船。船空之时，相当于人以无心处世，不去和别人争夺什么，也不会惹来大患；船实之时，相当于人有心处世，在自己机心、欲望等支配下驰骋追逐，必与人交恶而招致大患。在庄子看来，无心之言行，则人们也不会计较。因而人活在世上，要让自己的心虚静，将“自我”消解掉。这种消解绝非虚无主义，只是不让自己跟别人出现对立的状况。这是一个修养问题，怎样提高是一个漫长的过程，必须经历生活的反复打磨。但首先应该做的就是静心，回归纯朴是达到静心的途径。庄子描述人生自由洒脱的境界为“泛若不系之舟”①。这是何等的令人向往！

北宫奢[1]为卫灵公赋敛以为钟，为坛[2]乎郭门之外。三月而成上下之县[3]。王子庆忌[3]见而问焉，曰：“子何术之设[4]？”奢曰：“一之间[6]无敢设也。奢闻之：‘既雕既琢，复归于朴[7]。’侗[8]乎其无识，傥乎[9]其怠疑。萃乎芒乎[10]，其送往而迎来。来者勿禁，往者勿止。从其强梁[11]，随其曲傅[12]，因其自穷[13]。故朝夕赋敛而毫毛不挫，而况有大涂[14]者乎！”

【注释】

[1]北宫奢：卫国大夫，名奢，居于北宫，故以为号。

[2]坛：铸钟之处。

[3]县：同“悬”，悬挂钟的架子，上、下两层，按钟之音律排列，可见所铸为编钟。

[4]王子庆忌：周室公子，在卫国为官，庆忌是名。

[5]术：方法。设：施行、使用。

[6]一之间：一心之间只有铸钟，别无他念。

[7]朴：质朴。既经雕琢，还要复归质朴。

[8]侗(tóng)：幼稚无知的样子。

[9]傥(tǎng)乎：思虑迟钝的样子。

[10]萃：聚集。芒：茫然不辨。

[11]从：同“纵”，听任。强梁：强横不肯合作者。

[12]曲傅：曲意相附者。

[13]因：任。自穷：自尽其力，不加勉强。

[14]大涂：大路。

【品读】

本段阐述只要顺自然、合民心，民就不以为负担的道理。为卫灵公赋敛

---

① 《庄子·列御寇》。

造钟的北宫奢三个月就完成了上下两层钟架，在别人看来是不可思议的。北宫奢为政，就是把握自然之道，不以权利在握就随其私欲而任意妄为。他以适其自然，顺应民意、民性来造钟，没有强制措施，也没有人为地横加干涉，其成效却是与民毫无损害和侵扰。在庄子看来，为政的上策就应该是随顺百姓的意志，不作强制和有为，以自然无为为方式，如北宫奢那样，淡漠无心，无知无识，不强求，不诓骗，任其捐募。这样也就丝毫不会伤害到老百姓的利益，而老百姓也就丝毫不会怨恨其统治。故庄子在不否定为政原则的前提下，表达了有限的政治理想。这理想在人心日益叵测、统治者贪得无厌的情况下，不过是善意的空想，很难真正实现。

孔子围于陈蔡之间，七日不火食。大公任往吊之[1]，曰："子几死乎？"曰："然。""子恶死乎？"曰："然。"任曰："予尝言不死之道。东海有鸟焉，其名曰意怠[2]。其为鸟也，翂翂翐翐[3]，而似无能；引援而飞，迫胁[4]而栖；进不敢为前，退不敢为后；食不敢先尝，必取其绪[5]。是故其行列不斥[6]，而外人卒不得害，是以免于患。直木先伐，甘井先竭。子其意者饰知以惊愚[7]，修身以明污，昭昭乎如揭日月而行，故不免也。昔吾闻之大成之人[8]曰：'自伐者无功，功成者堕[9]，名成者亏。'孰能去功与名而还与众人[10]！道流而不明居[11]，得行而不名处[12]；纯纯常常，乃比于狂[13]；削迹捐势[14]，不为功名。是故无责于人，人亦无责焉。至人不闻，子[15]何喜哉！"孔子曰："善哉！"辞其交游，去其弟子，逃于大泽，衣裘褐[16]，食抒[17]栗，入兽不乱群，入鸟不乱行。鸟兽不恶，而况人乎！

【注释】

[1]大公任：虚拟人名，寓放任逍遥之义。大公，对老者称呼。吊：慰问。

[2]意怠：指海燕之类。

[3]翂翐（fēn zhì）：形容鸟飞得又低又慢的样子。

[4]迫胁：偎依在一起。

[5]绪：残余。

[6]斥：排斥。

[7]饰知三句，与《达生》篇相重，见《达生》。

[8]大成之人：道德至高之人，即至人。

[9]伐：夸耀。堕：同"隳"，毁败。

[10]还与众人：还和普通人相同。

[11]道流：道之变化流行。不明居：不是明白可见的居留。

[12]得：通"德"。不名处：不可用名言概念表述之存在。

[13]狂：循性无心而行。

[14]削迹：消除一切形迹。捐势：抛弃一切权势。

[15]子：孔子。

[16]衣：穿。裘褐(qiú hé)：泛指粗陋之服。裘，皮衣。褐，粗麻制短衣。

[17]杼：通"芧"，橡实。

【品读】

本段说明淡漠名利，顺世无争的处世之道。孔子周游列国时，曾经被围困在陈、蔡之间，"七日不火食"，几近饿死。太公任前去看望，并对孔子进行了一番开导和告诫。太公任给孔子讲意怠这种海鸟虽十分懦弱无能，却可免害，以此说明仕途多艰，"削迹捐势""不为功名"，顺世无争，就可以保身免祸。"直木先伐，甘井先竭。"如果以天下事为己任，炫耀自己的才能，必会招致祸患。在庄子看来，孔子一生劳顿不已，多次陷于危难境地，其根源便是他显耀自己的才智。故庄子以为，真正有道德的人是不遭受厄运困扰的。因为他循性无心，抛弃权势，不追求功名利禄。

总体而言，庄子十分理解困厄的人生，尽管其理解含有苍凉之感，如意怠鸟让人生充满呆滞的角色是对多彩人生的讽刺。乱世之人，能够自觉将"道"的运行规律作为自己的出世之法，收敛自己的光芒，隐于众人之中即可免其灾患。这种处世之道也令人深思。

孔子问子桑雽[1]曰："吾再逐于鲁[2]，伐树于宋[3]，削迹于卫，穷于商周，围于陈蔡之间。吾犯此数患，亲交益疏，徒友益散，何与？"子桑雽曰："子独不闻假人之亡与[4]？林回[5]弃千金之璧，负赤子而趋[6]。或曰：'为其布与[7]？赤子之布寡矣；为其累[8]与？赤子之累多矣。弃千金之璧，负赤子而趋，何也？'林回曰：'彼以利合，此以天属[9]也。'夫以利合者，迫穷祸患害相弃也[10]；以天属者，迫穷祸患害相收[11]也。夫相收之与相弃亦远矣，且君子之交淡若水，小人之交甘若醴[12]。君子淡以亲，小人甘以绝，彼无故以合者，则无故以离。"

【注释】

[1]子桑雽(hù)：人名，得道者。即《大宗师》之子桑户。

[2]再逐于鲁：指孔子周游列国离开鲁国。

[3]伐树于宋：见《天运》注。

[4]假：国名，为晋之属国，后为晋所灭。亡：逃亡。

[5]林回：人名，为假国逃亡之民。

[6]负：背负着。趋：小步疾走。

[7]布：通"镈"，为一种像铲子样的农具，古人仿其形状制成钱币，假借为布。

[8]累:重。

[9]天属:以天性相连属。

[10]迫:迫近遭遇之意。穷祸患害:困穷灾祸危难。

[11]收:收留、容纳。

[12]醴(lǐ):甜酒。

【品读】

本段强调重视生命的价值观。作者以孔子之口说出了一个疑惑:在经历了多次困境之后,“亲友益疏,徒友益散”。然后子桑雽(户)举出了林回弃璧的例子来回答孔子的疑惑。假国人林回在逃亡时,放弃了价值千金的玉璧,带走初生婴儿。这就告诉人们:用金钱利欲结成的关系是暂时的,不能经受患难的考验;人与人之间的亲情友谊,患难与共才是长久和永恒的。孔子几经患难后亲友益疏、徒友益散,是因为人们都看重利益而轻视、放弃情感、天性。迷失了本性的人们大都是以利益来决定关系的亲疏。

林回的选择透露出了庄子的价值观:重情重义,重视生命,生命才是人最宝贵的,在生命面前一切东西都是微不足道的。但古往今来,世人重利逐义,本末倒置,往往忽略了最宝贵的东西——亲情与天性。庄子十分痛恨这种现象。此段有两句话很有名,“君子之交淡若水,小人之交甘若醴”,君子淡以亲,小人甘以绝。君子与小人不同,君子爱道义,小人爱利。这对朋友之交仍有借鉴意义。

孔子曰:“敬闻命矣!”徐行翔佯[1]而归,绝学捐书,弟子无挹于前[2],其爱益加进。异日,桑雽又曰:“舜之将死,真伶[3]禹曰:‘汝戒之哉!形莫若缘[4],情莫若率[5]。’缘则不离[6],率则不劳[7]。不离不劳,则不求文以待形[8]。不求文以待,固不待物[9]。”

【注释】

[1]翔佯:与“倘佯”义近,逍遥自在的样子。

[2]无挹于前:弟子们不须在老师面前鞠躬作揖,过分讲求礼仪。挹,同“揖”,作揖行礼。

[3]真伶:王引之认为应作“迺令”,为传抄错误,此说可从。

[4]形:仪容举止。缘:随顺物性。

[5]率,率真。

[6]缘则不离:随顺物性则与物不离异。

[7]率则不劳:任真情自然坦率表露,不加文饰,故不须劳神。

[8]文:文饰。不须对仪容举止进行文饰。

[9]固不待物:只要心地真诚,就无须文饰。固,通“故”。物,衣冠、礼品、祭品之类。

【品读】

本段提出顺应自然去行动，遵从本性去纵情。舜将死之时告诫夏禹：仪容举止莫如随顺物性，情感莫如坦率。随顺物性则与物不离异，情感坦诚则不劳心神。率真之情，其实就是无情，无情之人，不待于物。若待于物，追求物欲，则丧失真性，容易使自己处于危险境地。这一段通过孔子和桑雽的对话，进一步提出缘形、率情的主张，即顺应自然而行动，遵从本性而纵情。

……………………………………

庄子衣大布[1]而补之，正縻系履而过魏王[2]。魏王曰："何先生之惫[3]邪？"庄子曰："贫也，非惫也。士有道德不能行，惫也；衣弊履穿，贫也，非惫也，此所谓非遭时[4]也。王独不见夫腾猿[5]乎？其得枏梓豫章也[6]，揽蔓其枝而王长其间[7]，虽羿、蓬蒙不能眄睨也[8]。及其得柘棘枳枸之间也[9]，危行[10]侧视，振动悼栗[11]，此筋骨非有加急而不柔也，处势不便，未足以逞其能也。今处昏上乱相之间而欲无惫，奚可得邪？此比干之见剖心，征也夫！"

【注释】

[1]大布：粗布。

[2]縻(xié)：通"絜"，带子。正縻：整理扎束好腰带。系履：绑好鞋子。过：至，去。魏王：魏惠王。

[3]惫(bèi)：疲乏困顿。

[4]非遭时：生不逢时。

[5]腾猿：善于腾跃之猿猴。

[6]枏(nán)：楠树。梓：梓树，又称"楸树"。豫章：樟树。

[7]揽蔓：把捉牵扯。王长：怡然自得的样子。

[8]羿：传说中善射英雄。蓬蒙：羿的弟子，亦善射。眄睨(miàn nì)：斜视瞄准。

[9]枳(zhè)枸：此处泛指桔科带刺小灌木。拓，桑科灌木。棘，带刺的小型枣树。

[10]危行：心存畏惧，行动谨慎。

[11]悼栗：畏惧战栗。

【品读】

本段是庄子对贫和惫的分辨。贫与惫，其实就是物质贫乏和精神贫乏的区别。读书人生不逢时，无法施展才能，精神和物质都会缺乏。对于物质贫乏，古代圣贤都不大在乎，正如孔子所谓"君子忧道不忧贫"①。颜回"一箪食，一瓢饮，在陋巷"，别人不堪其忧，而"回也不改其乐"②。庄子虽然一直被

---

① 《论语·卫灵公》。

② 《论语·雍也》。

贫穷困扰，依然逍遥于天地，“游心于无穷”。但是庄子穿着打补丁的衣服见魏王，魏王本来是想揶揄庄子，然而庄子却声称自己只贫不惫，他以腾猿处势来喻自己，感叹自己时运不济，只是物质生活穷困罢了。这是道家的生活态度，和世俗拉开距离，并且超越世俗的态度。从庄子一生来看，他虽然家境贫寒，但却从未在人格志操上有丝毫退让。可以说，庄子确实做到了“贫而不惫”。人们在穷苦潦倒时静心体会一番庄子的境界，可能会对心灵颇有慰藉。

孔子穷于陈蔡之间，七日不火食。左据槁木，右击槁枝[1]，而歌焱氏之风[2]，有其具而无其数[3]，有其声而无宫角[4]。木声与人声，犁然[5]有当于人之心。

【注释】

[1]据槁木：执持木杖。槁枝：以枯枝为击节之策。

[2]焱(biāo)氏：神农氏。焱，古通“猋”。风：歌謡。

[3]具：敲击拍节之木棍等。无其数：指没有节拍，随意唱。数，节拍数路。

[4]宫角：宫商角徵羽五声之代称。

[5]犁然：犹厘然，条理分明。

【品读】

这段阐明了以自然宁静心态处世的重要性。孔子虽受困，陷于艰难的境地，但他始终能持守宁静的心态，不乱方寸，排除强大外力的干扰，依然故我地歌咏不辍。持守自然宁静是人类摆脱困境的最佳心态。“天有不测风云，人有旦夕祸福。”人生在世总会遇上种种灾祸或困难。当我们面对人生困顿时，道家从自然安适顺化的角度，为我们提供了人生处世的心理方案。

颜回端拱还目而窥之[1]。仲尼恐其广己而造大也[2]，爱己而造哀[3]也，曰：“回，无受天损易，无受人益难[4]。无始而非卒也[5]，人与天一也。夫今之歌者其谁乎！”回曰：“敢问无受天损易。”仲尼曰：“饥渴寒暑，穷桎不行[6]，天地之行也，运物之泄也[7]，言与之偕逝之谓也[8]。为人臣者，不敢去之。执臣之道犹若是，而况乎所以待天乎？”

【注释】

[1]端拱：端立拱手。还目：转眼。窥：注视。

[2]广己：扩大己之德。造大：造作夸大。

[3]造哀：超乎自然，过分造作之哀痛。

[4]天损:自然带来的损害。人益:人为如权势利禄名誉之类。

[5]卒,终。庄子认为终与始是相对的、转化的。

[6]穷桎不行:指困穷滞碍不能通达。桎,通“窒”,塞。不行,不通达。

[7]运物之泄:指万物运动过程之发泄。运物,运物者的省称。泄,排泄。

[8]句意为:随天地万物的运行而变化。偕逝,一起变化。

【品读】

本段强调遇事随顺之道。通过对话,孔子提醒颜回“无受天损易”,即不受自然加给的损害较容易。没有哪个起点不是终点的,人和自然是同一的。一切都是变化不息的。庄子认为,除了宁静,在面对不可抗拒的自然变化的压力面前,人类尚须懂得随顺之道。凡人遇事随顺,可保无虞,即所谓“无受天损易”。如自然变化的饥渴、寒暑、穷困不通,谁都无法抗拒,但只要能随顺其自然天地万物的运行变化,就能通达。故人类随顺自然,就是与自然相和谐的根本途径。

“何谓无受人益难?”仲尼曰:“始用四达[1],爵禄并至而不穷,物之所利,乃非己[2]也,吾命其在外者[3]也。君子不为盗,贤人不为窃,吾若取之何哉[4]?故曰:鸟莫知于鷾鸸[5],目之所不宜处不给视[6],虽落其实[7],弃之而走。其畏人也而袭诸人间[8]。社稷存焉尔!”

【注释】

[1]始用:开始于用世。四达:多方通达。

[2]非己:物之所利是本性之外的附带之物。

[3]命其在外者:指命运不由自己主宰。

[4]句意为:不是自己的而取之,就如同做盗贼一样,故君子贤人不妄取。

[5]知:同“智”。鷾鸸(yì ér):燕子。

[6]目之:看一眼。不宜处:不适宜停留。不给看:不再多看即离去。

[7]落其实:布下网络和诱饵想逮住燕子。落,通“络”,网络。实,食,诱饵。

[8]句意为:燕子畏惧人,而又在人宅筑巢以免害。袭,入。

【品读】

本段是对“无受人益难”的解说。在现实社会中,人类有鲜明的趋利倾向。作为人心,最难排拒的是权势利禄名誉之类的诱惑。故庄子强调“无受人益难”。但作为贤达之人,再难排拒的亦必须坚持排拒。因为利禄是外物,外物必定与内在的本性相对抗,人若专注于对外物的追求,就必然会破坏其自身内在的本性。但凡是贪得无厌者,最终都免不了受到利禄的诱惑而遭罹难。

“何谓无始而非卒？”仲尼曰：“化其万物而不知其禅[1]之者，焉知其所终？焉知其所始？正而待之[2]而已耳。”“何谓人与天一邪？”仲尼曰：“有人，天也[3]；有天，亦天也。人之不能有天[4]，性也。圣人晏然体逝而终矣[5]！”

【注释】

[1]禅：交替代谢。

[2]正而侍之：持守正道以待其变化。

[3]有：支配。天也：人事变化莫下受天道支配。

[4]不能有天：指人不能支配天道。

[5]晏然：安然。体逝而终：体悟天道常行不息之性而终其天命。

【品读】

本段说明持守正道以待万物生灭变化的道理。庄子假孔子之口说明万物生灭变化无穷而不知如何相互更代，持守正道以待其变化即可。孔子还向颜回讲述“人与天一”的道理。在庄子看来，人的一切由天来安排，人的意愿不能违背天意，一切皆天意使然。总之，人要与自然同一，持守自然的宁静之本，随顺自然的变化，排拒人类社会的种种利禄引诱，如圣人安然体悟天道之性，自然常行不息，终其天年。

庄子游于雕陵之樊[1]，睹一异鹊自南方来者。翼广七尺，目大运寸[2]，感周之颡[3]，而集[4]于栗林。庄周曰：“此何鸟哉！翼殷不逝[5]，目大不睹[6]。”蹇裳躩步[7]，执弹而留之[8]。睹一蝉方得美荫而忘其身。螳螂执翳而搏之[9]，见得而忘其形。异鹊从而利之[10]，见利而忘其真[11]。庄周怵然[12]曰：“噫！物固相累[13]，二类相召也。”捐弹而反走[14]，虞人逐而谇之[15]。

【注释】

[1]雕陵：栗园名。樊：通“藩”，藩篱。

[2]运寸：径寸，直径有一寸。

[3]感：触碰。颡(sǎng)：额。

[4]集：止，指群鸟栖于树上。泛指鸟儿落下。

[5]殷：大。逝：往，飞走。

[6]不睹：看不见人，以至触碰庄周额头。

[7]蹇(qiān)裳：提起裤角。躩(jué)步：小心提步，生怕惊动鸟儿。

[8]留之：伫立伺便发弹而射之。

[9]执翳(yì)：举臂。之：蝉。

[10]从而利之：指从中得利，可趁机捕到螳螂。

[11]忌其真：忘掉自己的本性。真，真性、本性。

[12]怵(chù)然：惊惧警惕的样子。

[13]相累：相互牵累。

[14]反走：返身跑回去。

[15]虞人：看管栗园之人。逐：追赶。谇：责骂。

【品读】

本段说明“螳螂捕蝉，黄雀在后”的道理。这是庄子雕陵之游，见螳螂执臂捕蝉而异鹊窥伺在后，异鹊“见得”“忘形”而执弹者趁机瞄准猎物，执弹者“见利而忘其真”而守林人逐而斥之的一系列连环反应的观感。庄子由自然界这种残酷无情联想到现实生活中，人与人之间钩心斗角、得利忘形、见利忘真，残杀追逐更是变化莫测，触目惊心，得出“物固相累，二类相召”的结论。从中领悟出利害、得失、忧乐等对立事物，无不招致向相反方面转化，只有无欲无求，才可避祸。这在当代社会仍然令人深思。

我们熟知的成语“螳螂捕蝉，黄雀在后”就是源于此。“螳螂捕蝉，黄雀在后”遂成为训诫人们不要一味趋利忘害而不顾自己安全的警句。

庄周反入，三月不庭[1]。蔺且[2]从而问之：“夫子何为顷间[3]甚不庭乎？”庄子曰：“吾守形[4]而忘身，观于浊水而迷于清渊[5]。且吾闻诸夫子曰：‘入其俗，从其令。’今吾游于雕陵而忘吾身，异鹊感吾颡，游于栗林而忘真。栗林虞人以我为戮[6]，吾所以不庭也。”

【注释】

[1]三月：应作“三日”。不庭：不出门庭。庭，门庭。

[2]蔺且(lìn jū)：庄子的弟子。

[3]顷间：近来，近期。

[4]守形：守住物体，指追捕异鹊。

[5]句意为：沉醉于利害而忘却了天性。

[6]戮：辱。

【品读】

这一段借庄子一系列所见喻指人世间总是在不停地争斗中。我静能守形，动却忘身，我能看破世人追名逐利之危险，自己却不知躲避。讲养德必须谦卑，自炫自伐则为人所贱。以此为本章作结。

阳子之宋[1]，宿于逆旅[2]。逆旅人有妾二人，其一人美，其一人恶。恶者贵而美者贱。阳子问其故，逆旅小子[3]对曰："其美者自美，吾不知其美也；其恶者自恶，吾不知其恶也。"阳子曰："弟子记之：行贤而去自贤之行[4]，安往而不爱哉！"

【注释】

[1]阳子：阳朱，见《应帝王》篇注。之：至。

[2]宿：寄宿。逆旅：旅店。

[3]小子：对年纪小者的称呼，指旅店主人。

[4]去：抛弃。自贤：自以为贤。

【品读】

本段说明忘形、修身养德的重要。人们根据各自的审美标准养成誉美厌丑的心态。与众不同，庄子却从修身养德的角度出发，对美丑作出自我的判断标准。庄子以为有人虽美且自以为美，则为不美；有人虽丑且自以为丑，则为不丑。在庄子看来，凡自我炫耀的美，不美；凡自我谦卑的丑，不丑。庄子由是通过对美丑的判断与区别，寓意说明修身养德须谦卑，切忌骄盈与矜伐。谦卑不自炫蕴涵着人性全美的韵味，故能受到世人的特别推崇。

田子方第二十一

田子方侍坐于魏文侯[1]，数称谿工[2]。文侯曰："谿工，子之师邪？"子方曰："非也，无择之里人[3]也。称道数当[4]，故无择称之。"文侯曰："然则子无师邪？"子方曰："有。"曰："子之师谁邪？"子方曰："东郭顺子[5]。"文侯曰："然则夫子何故未尝称之？"子方曰："其为人也真。人貌而天虚[6]，缘而葆真[7]，清而容物[8]。物无道，正容以悟之[9]，使人之意也消。无择何足以称之！"

【注释】

[1]田子方：姓田，名无择，字子方，魏文侯之师，著名贤者。魏文侯：战国初魏国君主。

[2]数：屡次。称：称赞。谿工：人名，魏之贤者。

[3]里人：同乡之人。

[4]称道：讲说大道。数当：常常比较正确。

[5]东郭顺子：魏之得道真人，居于东郭，名顺，"子"是其尊称。

[6]天虚：自然的心性。

[7]缘：顺，随顺物性。葆真：保持真性不失。

[8]清而容物：心性高洁而又能容人容物。清，指心性清洁。

[9]正容，端正自己之仪态。悟之：使之省悟。

【品读】

本段称赞循"真"的处世态度。田子方是位很有技巧的布道大师，他传扬道家思想是利用人们的心理特点，把得道者分成两步来说明，用以鼓噪人们强烈要求的心理。第一步，田子方在魏文侯面前"数称谿工"。谿工是位"称道数当"的有道者，故受到田子方的推崇。但在田子方的心目中，谿工这种值得推崇的人，不过是一般的有道者。还有另一种无法去推崇的得道高人，例如其师东郭顺子那样。故田子方转入了第二步。在此田子方故意造成人们反差，刺激人们向往真道。田子方描述保持人性纯真的东郭顺子，认为这样的至德君子是无法称颂的。这些言论透露出其对儒家有意的贬损。

子方出，文侯傥然[1]，终日不言。召前立臣而语之曰：“远矣，全德之君子！始吾以圣知之言、仁义之行为至矣[2]。吾闻子方之师，吾形解[3]而不欲动，口钳[4]而不欲言。吾所学者，直土梗耳[5]！夫魏真为我累耳！”

【注释】

[1]傥然：若有所失的样子。

[2]句意为：原以为孔子之道最高。至，最。

[3]形解：身体松弛懒散。

[4]口钳：嘴巴像被钳住一样。钳，钳住。

[5]直：只是，仅仅是。土梗：泥做的偶像，比喻废物。

【品读】

本段标榜“全德之君子”。田子方认为，那些可以称道的人，连同“圣知之言，仁义之行”，与“全德之君子”相比皆如土梗一般微不足道。这隐含批评儒家有为，颂扬道家无为之义。全德君子与土梗，无为政治与有为政治互不相容，二者谁是谁非，见仁见智。庄子安排了一位有为统治的代表魏文侯，在道家无为思想的感召下，而深悔自己的处境，渴盼得到自由。听到田子方这番话后，魏文侯可谓大彻大悟了，这就达到了庄子的意图。

温伯雪子适齐[1]，舍于鲁。鲁人有请见之者，温伯雪子曰：“不可。吾闻中国之君子，明乎礼义而陋[2]于知人心。吾不欲见也。”至于齐，反舍于鲁，是人也又请见。温伯雪子曰：“往也蕲[3]见我，今也又蕲见我，是必有以振[4]我也。”出而见客，入而叹。明日见客，又入而叹。其仆曰：“每见之客也，必入而叹，何邪？”曰：“吾固告子矣：中国之民，明乎礼义而陋乎知人心。昔之见我者，进退一成规、一成矩[5]，从容一若龙、一若虎[6]。其谏我也似子[7]，其道[8]我也似父，是以叹也。”仲尼见之而不言。子路曰：“吾子欲见温伯雪子久矣。见之而不言，何邪？”仲尼曰：“若夫人[9]者，目击而道存矣[10]，亦不可以容声矣！”

【注释】

[1]温伯雪子：人名，年纪较长，故称温伯，楚国之得道者。

[2]陋：浅陋。

[3]蕲：通“祈”，请求。

[4]振：启发，救己之失。

[5]句意为：见客时行礼无不合乎规矩。

[6]从容:举动。若龙若虎:形容威武有气势。

[7]似子:如同儿子对待父亲之恭顺。

[8]道:同“导”,引导、指导。

[9]若:如。夫人:此人,这个人。

[10]目击:看一看。击,触。道存:体现了天道。

【品读】

本段是南国道人与中原君子的交流。中原君子的风貌暴露无遗,其礼义规矩完全扭曲了人性,南国道人看了感到既可笑又可悲。庄子代表了南国淳朴天放的道家自然主义风貌,同邹鲁儒家文化的德治主义传统迥然相异。庄子总是以自然主义心态去观照和审察万物,包括审视邹鲁文化的德治主义传统价值。因而庄子非常鄙夷中原君子的造作,认为其自我设定的种种规范和约束十分无聊。

孔子与温伯雪子的交流并非是言语,而是思想和精神。孔子视道家代表温伯雪为神明。庄子通过温伯雪子之口,批评儒学“明乎礼义而陋乎知人心”的做法为知末不知本,提倡体道无言的无为态度。孔子虽不像那位鲁人一样在外表上完全露馅,但从内心里却佩服至极。这比外表露馅更能表明儒家思想的失败。可见,庄子描述南国道人与中原君子的会面,意在讽刺与抨击邹鲁儒家文化。

颜渊问于仲尼曰,“夫子步亦步,夫子趋亦趋,夫子驰亦驰[1],夫子奔逸绝尘[2],而回瞠[3]若乎后矣!”夫子曰:“回,何谓邪?”曰:“夫子步亦步也,夫子言亦言也;夫子趋亦趋也,夫子辩亦辩也;夫子驰亦驰也,夫子言道,回亦言道也;及奔逸绝尘而回瞠若乎后者,夫子不言而信,不比而周[4],无器而民滔乎前[5],而不知所以然而已矣。”

仲尼曰:“恶!可不察与!夫哀莫大于心死,而人死亦次之。日出东方而入于西极[6],万物莫不比方[7],有目有趾者,待是而后成功[8]。是出则存,是入则亡[9]。万物亦然,有待也而死,有待也而生[10]。吾一受其成形[11],而不化以待尽[12]。效物而动,日夜无隙[13],而不知其所终,薰然其成形[14],知命不能规乎其前[15]。丘以是日徂[16]。吾终身与汝交一臂而失之[17],可不哀与?女殆著乎吾所以著也[18]。彼[19]已尽矣,而女求之以为有,是求马于唐肆也[20]。吾服,女也甚忘[21];女服,吾也亦甚忘。虽然,女奚患焉!虽忘乎故吾,吾有不忘者[22]存。”

【注释】

[1]步:行。趋:小步疾行。驰:跑。

[2]奔逸：快跑。绝尘：跑得极快。

[3]瞠(chēng)：瞪大眼睛看。

[4]比：近。周：亲。

[5]器：权势利禄。滔：聚。

[6]极：尽头。

[7]比方：言人顺从太阳的方向动作。比，从。方，向。

[8]句意为：日出然后才能有所作为。待，凭靠。是，此，指日。

[9]句意为：日出则操作，日入无事可做而休息。亡，无。

[10]句意为：万物待造化往来而有生死之转化，如人随日之出没而作息。

[11]受其成形：禀受天道赋予的形体。其，指天道。

[12]不化：不会化作他物。待尽：等待穷尽其天年。

[13]无隙：变化日新不息，没有间断。

[14]薰然：和顺的样子。

[15]知命：知命之人，会算命的人。规：测度。

[16]以是：因此。日徂：日日与变化俱往。徂，往。

[17]交一臂：交于一臂之间，说明亲密。失之：比喻未得孔子道德精髓。

[18]女：你。殆：恐怕。著：明显。

[19]彼：指显著有形迹之类，如举动言辩。

[20]唐肆：空的集市。唐，空。肆，集市。

[21]服：习。甚忘：全都遗忘。

[22]不忘者：指天道赋予我的精神。

【品读】

本章说明学道者须以“活心”参与宇宙自然的永恒变化。这里把孔子当作道家思想的代言人。通过孔子与颜渊对话，说明亦步亦趋的模仿只能得到道之迹，只有遗忘这些有形之迹，与天地变化合一，才是真正悟道。庄子极端强调事物的变动不居，因为颜回“心死”没有悟性，他所学的不过是表层有为的形迹而已，并非孔子得道的真性。孔子因之而深悔，即孔子所谓“吾以是日徂”。“日徂”即一天天地参与变化①。不能参与变化就是“心死”。庄子借孔子之口，指出“哀莫大于心死，而人死亦次之”，说最可悲哀的事，莫过于思想顽钝，麻木不仁。要不至于“心死”，就得像“日出于东方而入于西极”那样地“日徂”。自然万物不间歇地运动与变化，孔子之所以能得道真性，是因为他参与了这种变化，能随变化而日新不息。然颜回却呆滞教条，只能随从孔子有形迹移动的外影，而难以感悟其无形迹的真性，故当孔子随变动神速的宇宙自然奔逸绝尘时，颜回只是“瞠若乎后者”。这就说明，学道者不求

① 参见陈鼓应：《庄子今注今译》，商务印书馆2007年版，第620页注释。

形之迹，但求形之真，必须以自己的“活心”参与宇宙自然的永恒变化。

庄子对老子视生死为“出入”的思想进行了继承和化用。老子说：“皆以出为生，以入为死。”①此乃天地万物生命出生入死的普遍规律。庄子言：“日出东方而入于西极。”他以万物齐一的视角看待生死，对老子“出生入死”的观点几乎完全继承下来，以“出”作为生命的开始，以“入”作为生命的结束。生死只是作为生命开始和终结的两种不同形式而已，其本质并无不同，庄子亦以同一的态度视之，摆脱常人悦生恶死的价值偏见。

本章将孔子视为道家思想的传播者，对其学识高深莫测的赞叹与《论语》中的一段话可互为表里。其文曰：“仰之弥高，钻之弥坚，瞻之在前，忽焉在后。夫子循循然善诱人，博我以文，约我以礼，欲罢不能。即竭吾才，如有所立卓尔。虽欲从之，末由也已。”②

孔子见老聃，老聃新沐[1]，方将被发而干[2]，慹然[3]似非人。孔子便[4]而待之，少焉见，曰：“丘也眩[5]与？其信然与？向者先生形体掘[6]若槁木，似遗物离人而立于独也。”老聃曰：“吾游心于物之初[7]。”孔子曰：“何谓邪？”曰：“心困[8]焉而不能知，口辟焉而不能言[9]。尝为汝议乎其将[10]：至阴肃肃[11]，至阳赫赫[12]。肃肃出乎天，赫赫发乎地[13]。两者交通成和[14]而物生焉，或为之纪而莫见其形[15]。消息满虚[16]，一晦一明，日改月化，日有所为而莫见其功。生有所乎萌，死有所乎归，始终相反乎无端，而莫知乎其所穷。非是也，且孰为之宗[17]！”孔子曰：“请问游是[18]。”老聃曰：“夫得是至美至乐[19]也。得至美而游乎至乐，谓之至人。”

【注释】

[1]沐：洗头。

[2]方将：正在。被发：披散开头发。干：使之干燥。

[3]慹(zhé)然：木然不动，形体僵直的样子，形容老聃精神集中。

[4]便：借为“屏”，屏蔽之意。

[5]眩：眼花。

[6]掘：同“倔”，直立的样子。

[7]物之初：即虚无之道，因万物是从无中产生的物。

[8]困：困惑。

[9]口辟：口开而不能台，大道不可知不可言。能心知、言说之道非其真。

[10]尝：试。将：粗略，大略。

---

① 《老子》第五十章。

② 《论语·子罕》。

[11]至阴:阴之极致,指低下阴气。肃肃:阴冷之气。

[12]至阳:阳之极致,指地上阳气。赫赫:炎热之气。

[13]句意为:阴冷之气出自于地,炎热之气出自天,但阴阳相生,故言阳气从天生,阴气由地发。

[14]交通成和:指天地阴阳相互交流和合则生万物。

[15]或:谁,指自然天道。纪:纲纪。

[16]消息:万物不断消亡和生息的过程。消,消亡。息,生息。满虚:即盈虚,指盈满空虚的对应转化过程。

[17]是:指自然、天道。宗:主。

[18]是:即虚无之道。

[19]至美至乐:指与道玄同之境界。

【品读】

本段描写老子游心于"至美至乐"的道境。孔子虽被当作悟道或传道者看待,但在老子面前,孔子只能是学生。在庄子眼里,孔子虽已参悟了宇宙"日徂"的真谛,参与了自然的变化,但老子远在其上。因为老子不仅"日徂",而且还"游心于物之初",这是更自由、远逸的境界。故当孔子看到老子时,见其形体直立不动有如枯木,好像超然物外而独立存在。而这种情景正是老子坐忘在"游心于道",沉浸在"至游"境界里的体验。

"游心于道"境界的具体情状就是"至游"境界的特点。庄子认为,道不可言,语言所述之道只是大略而已,并非道之大全。阴阳两者互相交通融合而各物化生,或为万物的规律,却不见形象。消亡生息,盈满空虚,时隐时现,日迁月移,无时不在作用却不见他的功绩。这就是老子"游心于物之初"即"至游"所体验到的"道"。庄子借老子之口表达了能够实现对于"道"的观照和体验之境界就是"至美至乐",而能观照和体验"至美至乐"的人就是"至人"。总之,庄子事实上是从超自然性的角度描写"游心物之初"的境界,并塑造了"至乐至美"的"至人"形象,这就有效地将其超自然的理想人格同道的境界结合在一起。

孔子曰:"愿闻其方[1]。"曰:"草食之兽,不疾易薮[2];水生之虫,不疾易水。行小变而不失其大常也[3],喜怒哀乐不入于胸次[4]。夫天下也者,万物之所一[5]也。得其所一而同[6]焉,则四支百体将为尘垢[7],而死生终始将为昼夜,而莫之能滑[8],而况得丧祸福之所介[9]乎!弃隶者若弃泥涂[10],知身贵于隶也。贵在于我而不失于变。且万化而未始有极也,夫孰足以患心已[11]!已为道者[12]解乎此。"孔子曰:"夫子德配天地,而犹假至言[13]以修心。古之君子,孰能脱[14]焉!"老聃曰:"不然。夫水之于汋也[15],无为而才[16]自然矣；至人之于德也，不修而物不能离[17]焉。若天之自高，地之自厚，日月之自明，夫何修焉！”孔子出，以告颜回曰：“丘之于道也，其犹醯鸡[18]与！微夫子之发吾覆也[19]，吾不知天地之大全也。”

【注释】

[1]方：指达到至人那种境界的方法。

[2]疾：担忧、害怕。易：改变、改换。薮（sǒu）：水草丛生之沼泽。

[3]小变：小的改变，指生活地点迁移之类。大常：指生活的基本条件。

[4]胸次：胸中。

[5]所一：万物共同生息之所。

[6]同：混同，与万构混同合一。

[7]支：同“肢”。尘垢：比喻无用之废物。

[8]滑（gǔ）：乱。

[9]介：际、分际。

[10]隶者：指隶同于外之物，如官爵、俸禄、财产等。泥涂：泥土，指轻贱之物。

[11]孰：何。患心：忧心，使心忧。

[12]为道者：得道之人。

[13]假：借助。至言：至道之言。

[14]脱：免。

[15]汋（zhuó）：清澈的样子，此喻人的美德。

[16]才：性，此指水性本来如此。

[17]物不能离：圣人之德即自然之道，贯通万物，无需特别培养，故物不能离。

[18]醯（xī）鸡：一种蠓之类的飞虫，比喻极为渺小。

[19]微：没有。夫子：指老聃。发吾覆：对我启蒙。

【品读】

这段是孔子向老聃请教达于至美至乐之道的方法。庄子通过老聃之口说明天地万物皆具审美的意蕴，并对口不能言，心不能知的“道”作了系统表述。老聃认为，天下是万物共同生息之所。得到共同的生息之气而能混同为一，则四肢百体就将成为废物，而死生终始也将如昼夜之更迭，不能混乱，何况得失祸福之所分际。至人之德为本性自存，不假修为，就像天自然就高，地自然就厚，日月自然就明亮，不用修养。庄子极言老子道德之高尚盛大，认为像老聃这样的圣人，道德可与天地匹配。庄子讨论了老子能神游其中的方法，简单讲就是要与宇宙万物混同为一。

在道家看来，世间的一切变化都可看作是天道的运行，而人所应做的不过是顺其自然而已。从道的角度而言，万物齐同，理解天下“万物之所一也”的道理，也就能够放弃“好生而恶死”之心，坦然地接受死亡和一切变化，这样自然也就可以化解内心的忧虑和不安，不再介怀“得丧祸福”，从而达到“喜怒哀乐不入于胸次”的境地。即没有任何私心杂念，无情无欲，实际上就是一种安宁、恬静的心理环境。这是追求无待无累无患的精神的绝对自由。不过这种境界确实不是一般人所能达到的。

……………………………………

庄子见鲁哀公[1]，哀公曰：“鲁多儒士，少为先生方者[2]。”庄子曰：“鲁少儒。”哀公曰：“举鲁国而儒服[3]，何谓少乎？”庄子曰：“周闻之：儒者冠圜冠者知天时，履句屦者知地形[4]，缓佩玦者事至而断[5]。君子有其道[6]者，未必为其服[7]也；为其服者，未必知其道也。公固以为不然，何不号于国中曰：‘无此道而为此服者，其罪死！’”于是哀公号之五日，而鲁国无敢儒服者，独有一丈夫儒服而立乎公门。公即召而问以国事，千转万变而不穷。庄子曰：“以鲁国而儒者一人耳。可谓多乎？”

【注释】

[1]庄于为战国中期人，鲁哀公为春秋末期人，二人不可能相见。此为寓言。

[2]为：指信仰。先生方：指庄子道家方术。

[3]举：全。儒服：穿儒士的服装。

[4]履：穿。句：方形。屦(jù)：葛、麻制成的单底鞋，泛指鞋子。地形：地理。

[5]缓：五彩带子，用以系玦。佩玦(jué)：环状带缺口的饰玉。

[6]其道：指儒士知天时地形的道术本领。

[7]为其服：穿戴同样的服饰。

【品读】

本段说明了内有真能、不拘于形外之意旨。众所周知，鲁国是周朝开国大臣周公的封地，而周礼即周公制定，因而在众多诸侯国中，鲁国较完整地保存了周礼，即“周礼尽在鲁矣”。孔子就是鲁国人。庄子想到鲁国去体验一下周礼的正宗。鲁哀公一直认为鲁国的儒士多。庄子献计，让哀公发布“无此道而为此服者，其罪死”的命令。结果是鲁国除一人外，无人再敢着儒服。这说明世间的儒者多徒有其表而无其质，看问题不要被虚假造作的表面现象所迷惑，应真实了解其自然表现的内在真能。如果没有庄子的质疑，鲁哀公恐怕将一直被假象所迷惑。“举鲁国而儒服”，说明在鲁哀公为代表的世俗之人眼中，儒服成为彰显身份、展示道德修养的工具。这自然是对儒家虚伪的讽刺。这个寓言说明有其形不一定有其真，有其真也就不一定拘其形。这强调纯真的重要，衣冠、爵禄、礼节都是外在形式，是靠不住的，抛开形式才能发现真心。

百里奚[1]爵禄不入于心，故饭牛[2]而牛肥，使秦穆公忘其贱，与之政[3]也。有虞氏死生不入于心[4]，故足以动人。

【注释】

[1]百里奚：姓孟，字百里奚。

[2]饭牛：养牛。

[3]与之政：委以国政。

[4]有虞氏：虞舜。舜为孝子，其父谋害他，想把他烧死在屋顶，压死在井底，他皆不忌恨。

【品读】

本段说明为人处世不为外物干扰的道理。百里奚为虞人，晋灭虞后被俘，作为陪嫁之臣送往秦国。后又出走楚国，为楚所执。后被秦穆公用五张羊皮赎回。百里奚不把官爵俸禄放在心上，养牛而牛肥，使秦穆公忘记其低贱的出身而委之以国事，协助自己建立霸业。在庄子看来，要追求自己理想中的道，就要屏蔽现实，直指内心。爵禄和死生都“不入于心”。这说明为人处世不为外物干扰，不刻意追求，顺自然转化，不计较利害得失，无视生死与苦乐，一切依自然行事，则无事而不成。这种观点实际上就是庄子自然无为思想的具体表达。

宋元君将画图[1]，众史[2]皆至，受揖而立[3]，舐笔和墨[4]，在外者半[5]。有一史后至者，儃儃然不趋[6]，受揖不立，因之舍[7]。公使人视之，则解衣般礴赢[8]。君曰，“可矣，是真画者也。”

【注释】

[1]宋元君：即说宋国国君宋元公。画图：画国中山川大地之图画。

[2]史：指画师。

[3]受揖而立：受君命拜揖而立。揖，拱手。

[4]舐（shì）笔：用唾沫润笔。舐，舔。和墨：调色。

[5]在外者半：指画师甚多，屋内已满，外面还有一半。

[6]儃（tǎn）儃然：舒缓闲适的样子。趋：快行。

[7]之舍：向馆舍走去。之，至。舍，客馆。

[8]解衣：脱掉上衣。般礴：盘腿而坐。赢：裸，赤裸上身。

【品读】

本段说明真能者外表无饰，自然真切。宋元君召集众史作画，许多人接受君命，毕恭毕敬认真准备。有位后到的画师，舒缓闲适不慌不忙。在庄子看来，那些希望得到宋元君赏识的画师看重名利，不可能把心思全放在作画上，也就不具备真能。而那个姗姗来迟、没有作画架势的画师不把名利放在心上，才真正会把心思都投入到作画上，具备真技能。这说明，真能者胸有成竹，内心踏实，外表无饰而自然真切。才情缺乏者，手忙脚乱，矫揉造作，很不自在。总之，真能者自然，无真能者造作，故有能不拘于形式。

文王观于臧[1]，见一丈夫钓，而其钓莫钓[2]。非持其钓有钓者也[3]，常钓[4]也。文玉欲举[5]而授之政，而恐大臣父兄之弗安[6]也；欲终而释之[7]，而不忍百姓之无天也[8]。于是旦而属之大夫曰[9]："昔者寡人梦见良人[10]，黑色而髯，乘驳马而偏朱蹄[11]，号曰：'寓而政于臧丈人[12]，庶几乎民有瘳乎[13]！'"诸大夫蹴然[14]曰："先君王[15]也。"文王曰："然则卜之。"诸大夫曰："先君之命，王其无它[16]，又何卜焉。"遂迎臧丈人而授之政。典法无更，偏令无出[17]。三年，文王观于国，则列士坏植散群[18]，，长官者不成德[19]，斔斛不敢入于四竟[20]。列士坏植散群，则尚同[21]也；长官者不成德，则同务[22]也；斔斛不敢入于四竟，则诸侯无二心也。文王于是焉以为大师[23]，北面[24]而问曰："政可以及天下乎？"臧丈人昧然[25]而不应，泛然[26]而辞，朝令而夜遁[27]，终身无闻。颜渊问于仲尼曰："文王其犹未邪？又何以梦为乎？"仲尼曰："默，汝无言！夫文王尽之也，而又何论刺焉！彼直以循斯须也。"

【注释】

[1]文王：周文王。观：巡察。臧：地名，在渭水边。

[2]钓莫钓：身在钓鱼，心不在钓鱼上。

[3]非持其钓：并非以持竿钓鱼为事。有钓：有所钓。

[4]常钓：经常这样钓鱼，寓持守无为之常道。

[5]举：提拔。

[6]弗安：不服。

[7]释之：舍弃不举用。

[8]无天：无所仰望。文王把那人看得德高如天，让他掌政，百娃就会得到荫庇。

[9]旦：早晨。属：集合。

[10]昔者：夜里。良人：善人，君子。

[11]驳马：杂色的马。偏朱蹄：一蹄赤色。

[12]号：号令、命令。寓：托付。臧丈人：即文王所遇之垂钓者。

[13]庶几：差不多、大概。瘳：病愈。

[14]蹴(cù)然：惊惧不安的样子。

[15]先君王：指文王父亲季历。季历生时颊毛多而黑，喜乘杂色马。

[16]无它：不应有疑虑。

[17]偏令无出：行无为而治，未发一篇政令。偏，通“篇”。

[18]列士：各种士，如文士、武士等。植：即“植党”之“植”。

[19]不成德：不建立个人之功德。

[20]斔(yǔ)：量器，六斛四斗为斔。斛(hú)：计量单位，十斗为一斛。竟：同境。

[21]尚同：统一于上，指境内无私党，就同一于君主。

[22]同务：齐心合力。

[23]大师：君主的老师。

[24]北面：古代君主坐北面南。现文王站南面北，以示尊重臧丈人。

[25]昧然：犹默然，沉默不语。

[26]泛然：心神闲散、淡漠无心的样子。

[27]朝令而夜遁：早上文王命令他，晚上他就逃走。

【品读】

本段描述臧丈人推行无为而治而大见成效。此寓言采姜尚事迹，又根据作者意图进行了改写。通过文王与臧丈人的故事，庄子塑造了一个推行无为而治而又功成身退的理想人物典型。臧丈人本一山野村夫，却被文王举而授之政。其原因是由于文王慧眼识才，能洞察到臧丈人“其钓莫钓”。“莫钓”是指不钓有形之鱼，“有钓”是指有钓无形的思想。这就是其本身那幅与自然相交、相和谐的垂钓图景所呈现出来的自然无为的情态。臧丈人常常以这种方式垂钓，其意在垂钓自然无为思想。这就为后来臧丈人行无为之政构建了一个十分恰当的自然背景。周文王见到臧丈人后，以托梦为借口，“迎臧丈人而授之政”。臧丈人于是行无为之政而大见成效，文王因之大喜。我们以历史的眼光来看，虽然臧丈人行无为之政，只是庄子社会性无为政治思想的一种空幻，但后来在汉初确实出现过黄老无为政治思想，这说明它在某种社会历史条件下是可行的。

无为之治是庄子社会性政治思想的基本内容。它以肯定政治为前提，是有国有君有统治的思想。因而它并非是超自然性的理论，但它却与世俗通行的有为统治相对抗，推行无为之治，以求无不治目的的实现。

列御寇为伯昏无人射[1]，引之盈贯[2]，措[3]杯水其肘上，发之，适矢复沓[4]，方矢复寓[5]。当是时，犹象人也[6]。伯昏无人曰：“是射之射，非不射之射也[7]。尝与汝登高山，履危石，临百仞之渊，若能射乎？”于是无人遂登高山，履危石，临百仞之渊，背逡巡[8]，足二分垂在外[9]，揖御寇而进之[10]。御寇伏地，汗流至踵[11]。伯昏无人曰：“夫至人者，上窥青天，下潜黄泉[12]，挥斥八极[13]，神气不变。今汝怵然有恂目之志[14]，尔于中也殆矣夫[15]！”

【注释】

[1]列御寇:即列子,见《逍遥游》注。伯昏无人:虚构的人物,见《德充符》篇。

[2]引:拉弓。贯:通“满”。

[3]措:放置。

[4]适(dì):目标。矢:箭。复:通“覆”。沓(tà):合。

[5]方:并。方矢:两箭并排。寓:寄。

[6]象人:偶像,比喻射箭时精神高度集中,身体纹丝不动。

[7]射之射:有心于射的射法。无射之射:无心之射的射法。

[8]背逡巡:背对深渊,小心慢步后退。逡巡,却退。

[9]句意为:退至悬崖深渊边。垂,悬空。

[10]揖:请。进之:前进悬崖边上。

[11]句意为:吓得冷汗流到脚跟。踵,脚后跟。

[12]潜:观察。黄泉:地下泉水。比喻地底极深暗处。

[13]挥斥:纵放奔驰。八极:八方。

[14]怵然:惊惧的样子。恂目:瞬目。志:心。

[15]中:心,即精神。殆:疲困。

【品读】

本段以伯昏无人凝神而射作比喻,说明寂志凝神的重要。列御寇的射箭技术十分精湛,但伯昏无人评论列御寇之射箭是“射之射,非不射之射”,即其射箭是有为之射,不是无为之射。“射之射”是指有为的不曾超脱的物射,它有局限性,是不能于非常环境作非常之射的。而“不射之射”指无为的超脱的神射,这是精神超脱后的一种境界。显然,只能“射之射”的列御寇面对百仞之渊,吓得趴在地上,“汗流至踵”。而能“不射之射”的伯昏无人,则坦然无惧,敢于登高山,踩危石,背对深渊,将脚的三分之二悬在外空,那是一种达到精神超脱的无射意境,绝非是有射观念的人所能办到的。这“射之射”与“不射之射”,就实质而言,已不再是一个简单的有为与无为的问题,它更反映了庄子思想体系中社会性与超自然性相对抗的问题。

肩吾问于孙叔敖[1]曰:“子三为令尹而不荣华[2],三去之[3]而无忧色。吾始也疑子[4],今视子之鼻间栩栩然[5],子之用心独奈何?”孙叔敖曰:“吾何以过人哉!吾以其来不可却也[6],其去不可止也。吾以为得失之非我也[7],而无忧色而已矣。我何以过人哉!且不知其在彼乎?其在我乎[8]?其在彼邪亡乎我?在我邪亡[9]乎彼。方将踌躇[10],方将四顾[11],何暇至乎人贵人贱哉!”仲尼闻之曰:“古之真人,知者不得说[12],美人不得滥[13],盗人不得劫,伏戏、黄帝不得友[14]。死生亦大矣,而无变乎己,况爵禄乎!若然者,其神经乎大山而无介[15]，入乎渊泉而不濡[16]，处卑细而不惫，充满天地，即以与人己愈有。”

【注释】

[1]孙叔敖：春秋时楚庄王令尹，楚国著名政治家。

[2]令尹：楚国最高的军事行政长官。荣华：感到光彩。

[3]三去之：三次被免职。

[4]疑子：指怀疑孙叔敖是否真能毁誉不动，宠辱不惊。

[5]鼻间：指呼吸。栩(xǔ)栩然：轻松的样子。

[6]以：认为。却：推动，推辞。

[7]非我：非我所有。意谓这是身外之物。

[8]句意为：不知荣华显贵是在令尹，还是在自身。其，指荣华显贵。彼，指令尹。

[9]亡：不在。

[10]方将：正在。踌躇：从容自得的样子。

[11]四顾：向四方张望。表现出自得的样子。

[12]不得说：不能说服他。意谓其主张不动摇。

[13]美人：美色。不得滥：不能使之淫乱。意谓其清心寡欲。滥，淫。

[14]句意为：其不附炎趋势。伏戏，即伏栖氏。

[15]介：通“界”，界限。

[16]濡(rú)：沾湿。

【品读】

本段表述了自然人生的态度与表现。通过孙叔敖对爵禄得失不喜不忧，说明得道者忘记得失、贵贱、存亡，才能获得精神上的绝对自由。庄子写人生，以社会人生为悲哀，以自然人生为至乐。社会人生有名利追求，有得失利害的计较。名和利常常让人迷失在物欲当中，而失去了天然的本性。高官厚禄等名利与人的天性是不相属的，都是外在的联结，它是偶然得到的，只是暂居在我们身上，并不能对我们的生命本质有所改变。而社会人生却为此劳碌奔波，历经艰难困苦。

自然人生则和平恬淡，无以得为得，无以失为失，无以利为利，无以害为害，随顺自然消息满虚，外物得失无变其心。孙叔敖是自然人生的现实典型。孙叔敖能够达到这样的境界，可见他已经毫不在乎名和利了。只有能够做到忘名利的人，才能够不去在乎令尹所带来的高官厚禄、财富声名。忘记了名和利，方能不被是否做令尹而左右心情。孙叔敖对官爵的得失无动于衷，他不以得为荣，不以失为忧。因而其人生轻松舒坦，无阻碍，无忧虑，永远拥有自然天地的广阔胸怀。

庄子从理想人格的角度阐述了真人的自然人生的质性。认为真人与自然相构，生死如一，外物不干扰。他们处于贫贱而安之若素，德充天地，“即以与人己愈有”。“即以与人己愈有”是对老子思想的继承。老子言：“圣人不积，既以为人己愈有；既以与人己愈多。天之道，利而不争；圣人之道，为而不争。”①苍天的法则是便利万物而不加伤害，圣人的法则是奉献而不与人争夺。这其中蕴含的深刻道理值得我们深思。

楚王与凡君坐[1]，少焉，楚王左右曰“凡亡”者三[2]。凡君曰：“凡之亡也，不足以丧吾存[3]。夫凡之亡不足以丧吾存，则楚之存不足以存存[4]。由是观之，则凡未始亡而楚未始存也。”

【注释】

[1]凡亡后：凡君寄居在楚。凡，国名。春秋中期后灭亡。其故址在今河南辉县西南。

[2]三：三次或屡次之意。

[3]丧吾存.丧失我心里所存的道。

[4]不足以存存：不能因它存在而令我感到它存在。因心中无存亡得失。

【品读】

本段说明自然人生之存亡为一的道理。自然人生心存纯净的自然，自己拥有一切又贡献一切，是拥有自然之道的最殷实的人生。在凡君眼中，凡国虽亡，却“不足以丧吾存”，他以自然的存在为人生存在，故国家虽亡却不影响他自然人生的拥有。而楚王虽国存，却“不足以存存”。因为他汲汲乎国家的存在与名利地位的拥有，却丧失了人生的自然本性，故楚王才是真正的灭亡。这就是庄子从自然人生来说明其道理的。

① 《老子》第八十一章。

知北游第二十二

知北游于玄水之上[1]，登隐弅[2]之丘，而适遭无为谓[3]焉。知谓无为谓曰："予欲有问乎若：何思何虑则知道？何处何服则安道[4]？何从何道则得道[5]？"三问而无为谓不答也。非不答，不知答[6]也。

知不得问，反于白水[7]之南，登狐阕[8]之上，而睹狂屈[9]焉。知以之言也问乎狂屈。狂屈曰："唉！予知之，将语若。"中欲言而忘其所欲言[10]。

知不得问，反于帝宫，见黄帝而问焉。黄帝曰："无思无虑始知道，无处无服始安道，无从无道始得道。"知问黄帝曰："我与若知之，彼与彼[11]不知也，其孰是邪？"

【注释】

[1]知：虚构的人物。玄水：虚拟的河流。

[2]隐弅(fén)：虚构的地名。

[3]无为谓：虚拟之得道者。

[4]何处何服：怎么做。处，居。服，行。安，持守。

[5]从：由。道：路。何从问道：由何种途径、方法。

[6]不知答：即无为谓视大地万物无分别，故对所问不知答。

[7]白水：传说中的水名，与玄水相对。

[8]狐阕：虚构的山。

[9]狂屈：虚构的人物。

[10]句意为：正想说中途将话收回去。

[11]彼与彼：指无为谓与狂屈。

【品读】

本章说明道不可知，凡讲出来的都不是真道。"知"是"言"的境界，"狂屈"是"言无言"的境界，"无为谓"是"无心、忘言"的境界。用"知"用"言"是无法测量大道的。如何认识才能知道，怎样做才能守道，什么情况下才能得道，这是庄子在本章首先讨论的问题。当知问无为谓："何从何道则得道？"三问不回答，不是不回答，而是不知道要回答。知又问狂屈上述问题，狂屈"中欲言而忘其所欲言"。最后知又问黄帝，黄帝方告之：不要用心去思考，才能明白大道。不要用心去动作，才能安于大道。不要用心去依据法门，才能获得大道。

黄帝曰："彼无为谓真是也，狂屈似之，我与汝终不近[1]也。夫知者不言，言者不知，故圣人行不言之教[2]。道不可致[3]，德不可至[4]。仁可为也[5]，义可亏也[6]，礼相伪[7]也。故曰：'失道而后德，失德而后仁，失仁而后义，失义而后礼[8]。'礼者，道之华而乱之首也[9]。故曰：'为道者日损[10]，损之又损之，以至于无为，无为而无不为也。'今已为物[11]也，欲复归根，不亦难乎！其易也其唯大人乎[12]！

【注释】

[1]不近：与道不相近。

[2]不言之教：不用言语教化，靠身体力行影响别人。

[3]致：招致、取得。

[4]至：达到。

[5]句意为："仁"有形迹，可以做到。仁，指儒家之仁。

[6]义：宜，合理。亏：损弃。

[7]礼相伪：礼有一定形式，是表面功夫，而非出自人之真心本性。

[8]出自《老子》第三十八章。即只有废止一切文明成果，回复自然，才能道德完善。

[9]华：同"花"，装饰，喻漂亮的外在形式。首：开始。

[10]损：减损，指减损人之知识、经验、欲望等。

[11]为物：指追求名利等外物。

[12]大人：至人。至人能无为，故复归大道则易。

【品读】

此段说明知道者不言，言道者不知，圣人推行不言之教。在庄子看来，道是不能获取的，德是不能达到的。仁、义、礼都是道和德丧失之后而产生的，儒家用来建立社会秩序、稳定社会秩序的"礼"只是道的华丽外表，正好是造成社会混乱的根源，所以圣人推行不言之教，即不采用制定礼乐制度的方式来治天下。这也体现了儒、道两家之社会政治措施的差异，儒家是以"仁义"治人，道家则主张"返本"而使民心自化，反对过分提倡"仁义"，倡导无为治国。

道家强调"为道者日损"，从事于道要日益减损，减损而又减损，以达到无为，无为而后方能无不为。庄子之"为道者日损"源自老子，"为学日益，为道日损，损之又损，以至于无为，无为而无不为”①。即求学的人，其情欲文饰一天比一天增加；求道的人，其情欲文饰则一天比一天减少。减少又减少，到最后以至于“无为”的境地。因任自然则万物各循其性而化生。在道家看来，世俗之人追求名利等有形之物，要想返回虚无之本根比较困难。如果说容易做到的话，那只有得道之至人。

生也死之徒[1]，死也生之始，孰知其纪[2]！人之生，气之聚也。聚则为生，散则为死。若死生为徒，吾又何患！故万物一也[3]。是其所美者为神奇，其所恶者为臭腐[4]。臭腐复化为神奇，神奇复化为臭腐[5]。故曰，‘通天下一气[6]耳。’圣人故贵一。”

【注释】

[1]徒：继承者。

[2]纪：纲纪、条理。

[3]万物一也：指万物皆统一在生死循环的变化中。一，一体。

[4]句意为：人们把自己厌恶的称为“臭腐”。

[5]句意为：神奇与臭腐随人的好恶可互相转化。

[6]通天下一气：把天地万物看成一气贯通。通，贯通。气，作用。

【品读】

本段讲自然界中万事万物相互依存、相互转化的道理。庄子指出，人的生死由“气”之聚散决定，“美”与“丑”“神奇”与“臭腐”的转化依靠“气”的流转。基于“齐物”思想，万物都是“道”“气”的不同表现形式。生与死、美与丑，神奇与臭腐，在“道”的层面无贵无贱，二者可以相互转化。人们不应对“臭腐”持有偏见，因为没有“臭腐”的滋养，便无法生长出“神奇”的生命。正因为自然万物密切关联，毁坏自然实际上就是毁灭人类自己。庄子反复阐述天理循环的生态平衡思想，警告人类保护环境与自然，决不能根据人的喜好而毁灭某些物种。

知谓黄帝曰：“吾问无为谓，无为谓不应我，非不我应，不知应我也；吾问狂屈，狂屈中欲告我而不我告[1]，非不我告，中欲告而忘之也；今予问乎若，若知之，奚故不近[2]？”黄帝曰：“彼[3]其真是也，以其不知也；此其似之也，以其忘之也；予与若终不近也，以其知之也。”狂屈闻之，以黄帝为知言[4]。

① 《老子》第四十八章。

【注释】

[1]不我告:不告诉我。

[2]奚:何。不近:与大道不相近。

[3]彼:指无为谓。

[4]知言:懂得天道的理论。

【品读】

本段说明不知道的知道,忘道的近道,知道的远道。针对前述知之所问,在庄子看来,无为谓"不回答"的是真知道,狂屈知道而忘的是有所知道,黄帝知答不忘的是不知道。尽管如此,但黄帝所答与庄子述道的结论实际并无差异。

天地有大美而不言[1],四时有明法而不议[2],万物有成理而不说[3]。圣人者,原天地之美而达万物之理[4]。是故至人无为,大圣不作,观于天地之谓也。

【注释】

[1]大美:大功德。指天地覆载万物、生养万物而又不居功。

[2]明法:明确的规律。议:论。

[3]成理:万物生成之理。说:解说。

[4]原:本。达:通达。

【品读】

本段是对"大美"的经典描述。庄子认为,天地自然本身就是非常完美的,天地、四时、万物各有其不得不然之理,把不得不然之理呈现出来,就是一种完美的状态。"天地"之美在于它体现了"道"的自然无为的根本特性。"无为而无不为"是"天地有大美"的根本原因。"天地有大美而不言"是一种真正的大和之境。所以,至人无为,大圣不作,就是效法天地,因循自然。

在庄子看来,美存在于天地自然中。人要了解美、寻求美,就要到天地之中去观察、探寻。庄子这一审美思想引发了后人对山水之美的观赏趣向,后世对于山水的品鉴便渊源于此。魏晋是这种审美情趣高涨的时代,山水诗画的创作与鉴赏蔚为风潮,与庄子"天地之美"的审美情趣的激发不无关系。

今彼神明[1]至精,与彼百化[2]。物已死生方圆[3],莫知其根也。扁然[4]而万物,自古以固存。六合为巨[5],未离其[6]内;秋毫为小,待之成体。天下

莫不沈浮[7]，终身不故[8]；阴阳四时运行，各得其序；惛然[9]若亡而存，油然[10]不形而神，万物畜[11]而不知。此之谓本根，可以观于天[12]矣。

【注释】

[1]彼神明：指圣人的心。彼，指圣人。

[2]与彼百化：天地参与万物之各种变化。与，随同。彼，指万物。

[3]句意为：万物已产生各种变化，或生或灭，或方或圆。

[4]扁然：轻快的样子。扁，通"翩"。

[5]六合：上下四方的宽广空间。巨：广大。

[6]其：指道。

[7]沈浮：升降，往来，表万物的相互作用与无穷变化。沈，通"沉"。

[8]不故：言新陈代谢，永葆生机。故，陈旧。

[9]惛然：暗淡不分明的样子，形容大道暗昧不明。

[10]油然：不见迹象的样子。

[11]万物畜：万物皆在天道的养育中。畜，养，被养育。

[12]观于天：观见自然之道。

【品读】

这段论述了生生不息、大化衍流的"道"之自然性。万物的产生与发展，从"神明至精"到"百化"，到"阴阳"，到"不形"，最后到"本根"，就是其相互转化的完整过程。天下万物无不在升降变化，却都在宇宙大道中；阴阳四时运行，各得其秩序；大道暗昧模糊似亡而存，流动变化没有形状而神妙莫测，万物为其畜养而不知。这就是万物的"本根"，把握住了"本根"，就可以由此观见自然之道。

道作为万物的支撑者、主宰者表现为"自然"。物是不会违背自然的，所以物的存在与其性命是一致的，天然合于道。庄子不仅把大自然当作人类的生息之地，而且把大自然和谐相处视为一种美的享受。一切"观于天矣"就是一切顺其自然。圣人效法天道而行无为之治，天地阴阳四时各得道而自足。道是万物的根据，也是人生的法则，庄子强调人生应排除人为的安排、干扰和破坏，让自然之道与超自然之道充盈人生。

啮缺问道乎被衣[1]，被衣曰："若正汝形，一汝视，天和将至[2]；摄[3]汝知，一汝度[4]，神[5]将来舍。德将为汝美，道将为汝居[6]。汝瞳焉如新生之犊[7]，而无求其故[8]。"言未卒，啮缺睡寐[9]。被衣大说，行歌而去之，曰："形若槁骸，心若死灰[10]，真其实知[11]，不以故自持[12]。媒媒晦晦[13]，无心而不可与谋，彼何人哉[14]！"

【注释】

[1]啮缺、被衣:虚构的人物。据《天地》篇,被衣是王倪的老师,啮缺是王倪的弟子。

[2]天和将至:天然之和气就会到来。

[3]摄:收敛,

[4]一汝度:使思虑专一之意。一,专一。度,态度。

[5]神:神明之精,即道之功能活力。

[6]居:居处。

[7]瞳(tóng):无知的样子。犊:小牛。

[8]无求其故:不追究事物原由,听其自然。故,原由。

[9]卒:终。睡寐:睡着了。

[10]槁骸:枯骨。心若死灰:形容心枯寂不动。

[11]真其实知:真正懂得,指懂天道。

[12]句意为:不固守一时间的事物。故,事。持,守。

[13]媒媒晦晦:懵懂无知的样子。媒,通"昧"。

[14]彼何人哉:表达惊叹、赞许之意。

【品读】

这段借被衣之口描述寂志守神的体道之法。啮缺问道于被衣,被衣指出真正的知道者应是"形如槁骸,心若死灰",一副暗昧无心的样子。在道家看来,外在的形体端正、官能专注和内在的心思专一相配合,将会使整个生命体向天地之气敞开,"天和"之自然和气便会到来。不动心、不劳形、清净淡泊可保持元气不受耗伤,是修身养性的方法。这个高度是道人的气象。同于大道就没有自己的爱好和选择,"道"的实质是随顺事物之自然而自然。这也表现了对知觉思虑的警惕,只有不使用思虑知觉,才能与道同在,与道同在,就不会去追求原来的东西。道家强调"无心而不可与谋",人应去除贪恋之心,主张无心、无欲、无我、无为之。这与心斋、坐忘本质相同,只是侧重点不同而已。

舜问乎丞[1]曰:"道可得而有乎?"曰:"汝身非汝有也,汝何得有夫道!"舜曰:"吾身非吾有也,孰有之哉?"曰:"是天地之委形[2]也;生非汝有,是天地之委和[3]也;性命非汝有,是天地之委顺[4]也;子孙非汝有,是天地之委蜕[5]也。故行不知所往,处不知所持,食不知所味[6]。天地之强阳气[7]也,又胡可得而有邪!"

【注释】

[1]丞:官名。《礼记·文王世子》载,古代帝王有四辅之官,丞即四辅之一。

[2]委形:说明人是天地造化的结果。委,授、赋予。

[3]和:指阴阳的结合、统一。

[4]顺:顺任自然。

[5]蜕:蜕变。指生物之脱皮生新。

[6]句意为:人的行、住、食都不属于自己,而受天支配。持,持守。

[7]强阳气:强健运动之气。强阳,运动。

【品读】

本段强调生死的自然性。庄子提出,人的形体、生命都非自有,而是受天地造化支配的。在庄子看来,你的身体和生命,以及子孙都不属于你自己,这一切都是天地自然的产物,亦即道的产物。由于人类是道的产物,是从道到气、从气到人的不断产生变化的结果,故人类命运的决定与改变就不能仅凭人类自身的力量。人的死生、气的聚散是自然的过程,死生不是人力可以改变的,而是一种自然状态。因而人的死生应顺其自然之气而不加干扰,人生是自然之道的人生,命运是自然之道的命运,顺则无忧,逆则苦难无穷。

孔子问于老聃曰:"今日晏闲[1],敢问至道。"老聃曰:"汝齐戒,疏瀹而心[2],澡雪[3]而精神,掊击而知[4]。夫道,窅然[5]难言哉!将为汝言其崖略[6]。夫昭昭生于冥冥[7],有伦[8]生于无形,精神[9]生于道,形本生于精[10],而万物以形相生。故九窍者胎生,八窍[11]者卵生。其来无迹,其往无崖[12],无门无房,四达之皇皇也[13]。邀[14]于此者,四枝强,思虑恂达[15],耳目聪明,其用心不劳,其应物无方[16]。天不得不高,地不得不广,日月不得不行,万物不得不昌,此其道与!且夫博之不必知[17],辩[18]之不必慧,圣人以断之[19]矣!若夫益之而不加益[20],损之而不加损者,圣人之所保[21]也。渊渊乎其若海,魏魏乎其终则复始也[22]。运量万物而不匮[23]。则君子之道,彼其外与[24]!万物皆往资[25]焉而不匮,此其道与!

【注释】

[1]晏闲:安闲。

[2]疏瀹(yuè):疏通、疏导。而:同"尔"。

[3]澡雪:洗净。

[4]掊击:打破。知:同"智"。

[5]窅(yǎo)然:深远的样子。

[6]崖略:概要、轮廓。

[7]昭昭:昭明显著。冥冥:暗昧浑沌。

[8]有伦:有伦类可分辨之物,指有形万物。伦,纹理。

[9]精神：指精微的流动变化之精气。

[10]精：精气。

[11]八窍：指鸟类。因其肛门、尿道同为一窍，比兽类少一窍，故称“八窍”。

[12]崖：边际。

[13]门：指出生的地方。房：归宿。四达之皇皇：广大无际，四通八达。皇，大。

[14]邀：顺。

[15]枝：同“肢”。恂(xún)达：通达。

[16]应物无方：应接外物，不拘泥于成法，能与时变通。

[17]句意为：真知在守约默识，不在广博。且夫，况且。博，博学。

[18]辩：善于辩论。

[19]断之：断弃、抛弃博学善辩之聪明。

[20]句意为：道充满天地，无所不在，不能增与减。

[21]保：保守、信守。

[22]渊渊：渊深。魏魏：同“巍巍”，高大的样子。

[23]运量：运用计量。匮：穷。

[24]彼：指君子之道。外：指其圣人之道。

[25]资：取。

【品读】

本段大体阐述道的含义。道的内涵深广博大，言之无穷。为了能让人更多地了解无穷的道涵，庄子假托老子之口大致阐述了道的含义。这段道论文字虽然迷离散乱，大体而言属于道的表现形态。归纳起来，大致有五层含义：其一，道是“窅然”“冥冥”“无形”的形态，深远难测。其二，道是万物产生的根源，即有形生于无形。具体过程是道生出精气，精气生出形体，再生出各种有形之物。其三，道处虚光深渊，四通八达，没有固定的通道和居所。其四，道是永恒的，周而复始，运行不止，取之不尽，用之不竭。其五，道是人与万物存在、变化、发展与运行的依据，人顺应它则通达，天地日月依靠它得以高大宽广和运行。总之，庄子所言之“道”，虽有神秘莫测色彩，却也充满着自然精神的光辉，完全不同与宗教神学的观念。

“中国[1]有人焉，非阴非阳[2]，处于天地之间，直且[3]为人，将反于宗[4]。自本观之，生者，喑噫[5]物也。虽有寿夭，相去几何？须臾[6]之说也，奚足以为尧、桀之是非！果蓏有理[7]，人伦虽难[8]，所以相齿[9]。圣人遭之而不违[10]，过之而不守[11]。调而应之[12]，德也；偶而应之[13]，道也。帝之所兴，王之所起也。

【注释】

[1]中国:国中。

[2]非阴非阳:阴阳调和,无所偏颇。

[3]直且:只是暂且。

[4]反于宗:即归返于非人。反,通“返”。宗,本。

[5]喑噫(yīn yì):气之聚集。

[6]须臾:片刻。

[7]果蓏(luǒ):瓜果之总称,木实曰果,草实曰蓏。理:纹理。

[8]人伦:人与人的关系。人伦虽难:人伦关系虽很复杂。难,盛。

[9]所:可。相齿:按年龄、官爵等把人排列起来,使有伦序。齿,邻比、排列。

[10]不违:不逃避。

[11]不守:不拘守、不固守。

[12]调而应之:调和顺应之。调,和顺。

[13]偶而应之:无心契合而顺应之。偶,合谐。

【品读】

此段概括了生死的自然变化与道的境界。庄子从本始观察,所谓生命,是天地吐出的一缕气凝聚而成。其中虽有长寿和短命之别,只不过是瞬息而已。圣人遭遇不幸,不破心宁;身历世事,一念不留。有心“调而应之”尚在“戒慎恐惧”阶段,只能算是德,这是凡夫成圣的必经之路;而“偶而应之”则是无心偶合于这一切,才算真正的道之境界。大道至简,至人也好,圣人也罢,在最高境界都是相通的。

人生天地之间,若白驹之过隙[1],忽然而已。注然勃然[2],莫不出焉;油然漻然[3],莫不入焉。已化[4]而生,又化而死。生物哀之[5],人类悲之。解其天弢[6],堕其天袠[7]。纷乎宛乎[8],魂魄将往,乃身从之。乃大归[9]乎!不形之形[10],形之不形,是人之所同知也,非将至之所务也[11],此众人之所同论也。彼至则不论[12],论则不至;明见无值[13],辩不若默;道不可闻,闻不若塞,此之谓大得。”

【注释】

[1]白驹过隙:比喻时间极短暂。白驹,白色骏马,比喻太阳。隙,缝隙。

[2]注然:如水之涌流。勃然:如苗之茁壮生长。

[3]油然、漻(liáo)然:皆消失、静寂之状。

[4]化:转化。

[5]生物哀之:人之外的动物为同类之死而悲哀。

[6]天弢(tāo):天然的弓袋。弢,通“韬”,弓衣。

[7]堕：毁坏。袠(zhì)：书衣。弢与袠在此都有束缚、约束之义。

[8]纷乎：纷乱的样子。宛乎：宛转的样子。皆形容生死变化的情状。

[9]大归：大的复归，即死亡。

[10]不形之形：从没有形体达到有形体。

[11]将至：将达道之人。务：从事。

[12]至：达道。至则不论：达道之人不议论。

[13]明见无值：大道看不见，说看清大道者实不识大道。值，通"直"，指正见。

【品读】

本段说明大道的不可认识性。在庄子看来，世上的事情总在变化不停，生死往来皆是有变化的，不足为奇。人死不仅是一轮回，而是回归，是与道合一之后得到的最好慰藉，是人生命的永恒安息。天地日用万物得道而成，生死只是自然转化过程，实不用为此而忧乐。如果人们力求去解释这些变化以及生命的各种各样的现象，只能徒劳无益。越是议论这些问题，越是不能体悟道，而当人充耳不闻，以冥默之心随顺着生死的变化时才能得道。这说明道不可以多问，关键在于领会它的妙处，真正弄懂了，就能深得其奥秘。

"白驹过隙"成语即源自于此，指时间的流逝快得惊人。

东郭子[1]问于庄子曰："所谓道，恶乎在？"庄子曰："无所不在。"东郭子曰："期[2]而后可。"庄子曰："在蝼蚁。"曰，"何其下邪？"曰："在稊稗[3]。"曰："何其愈下邪？"曰："在瓦甓[4]。"曰："何其愈甚邪？"曰："在屎溺。"东郭子不应。庄子曰："夫子之问也，固不及质[5]。正、获之问于监市履狶也[6]，'每下愈况[7]'。汝唯莫必[8]，无乎逃物[9]。

【注释】

[1]东郭子：因住东郭而得称。

[2]期：必、证实。

[3]稊稗：稗指稗草，稊与稗相似。

[4]甓(pì)：砖头。

[5]固：本来。质：指道的实质。

[6]正、获：都是官名，是古代管理市场的官。履：踩。狶(xī)：大猪。

[7]每下愈况：愈是往猪腿下面踩，愈能比较出猪之肥瘦程度。比喻在最卑下处也有道的存在，说明道无所不在。

[8]必：绝对。

[9]无逃乎物：所有物都未逃离道外。

【品读】

本段揭示了道无处不在的普遍性。一般人习惯于具体问法，东郭子问

“道于何处”就如此。庄子回答道：“道”无处不在，即使是蝼蚁、稊稗、瓦甓、乃至丑陋的尿溺中，也有“道”的显现，因为“道”“无乎逃物”。在这里，庄子把高深的理论通俗化、生动化。其实庄子就是要讲明道无处不在。他提出了“道不离物”的观点。既然道无处不在，那肯定也存在于我们自身。悟道之人就会了解人生大势，活得潇洒快乐。

“每下愈况”比喻越向下、越深入推求，就越能了解到真实情况。而有人把“每下愈况”用来指事情越向前发展就越能看出眉目来。这虽和原意有些不同，但并不相悖。

至道若是，大言亦然[1]。周遍咸[2]三者，异名同实，其指一也。尝相与游乎无何有之宫[3]，同合而论[4]，无所终穷乎！尝相与无为乎！澹而静[5]乎！漠而清[6]乎！调而闲[7]乎！寥已吾志[8]，吾往焉而不知其所至[9]，去而来而不知其所止。吾已往来焉而不知其所终，彷徨乎冯闳[10]，大知入焉而不知其所穷[11]。物物者与物无际[12]，而物有际者，所谓物际[13]者也。不际之际[14]，际之不际[15]者也。谓盈虚衰杀[16]，彼为盈虚非盈虚[17]，彼为衰杀非衰杀，彼为本末非本末，彼为积散非积散也。”

【注释】

[1]至道：最高的道。大言：表达道之言论。

[2]周、遍、咸：皆全之意。

[3]尝：试。无何有之宫：虚无之境，至道之乡。

[4]同合而论：把你的言论混同于至道之言。

[5]澹而静：淡漠而清静。

[6]漠而清：寂寞而清虚。

[7]调而闲：调和而安闲。

[8]句意为：我的心志虚寂。

[9]句意为：本无所往，故往而不知所至之处。比喻无心而动，听其自然。

[10]彷徨：放任的样子。冯闳（píng hóng）：广阔空虚之境。

[11]大智入焉：即大智入心。焉，于此。穷：边际。

[12]物物者：主宰万物的，即天道。际：界限。

[13]物际：物与物之间的分界。

[14]不际之际：由无边之道转成有形之物。

[15]际之不际：由有形之物复归无际之道。

[16]盈虚衰杀：盈满、空虚、衰败、消杀。

[17]句意为：大道支配万物之盈虚转化，而大道的盈虚是相对的。彼，指大道。

【品读】

此段说明“道”之无为无形的虚无特点。庄子认为大道“无所不在”，又对道的性质作了进一步的论述。万物、言论和大道遍及各个角落，其名称各异而实质却相同，其意旨是归于同一的。宇宙万物的变化没有穷尽，人们应顺应变化无为而处，让自己的心虚空宁寂。造就万物的道跟万物本身并无界域之分，即“物物者与物无际”，物物者即是道，只有“无为无形”，才可以与万物没有分际，若是有形，则必不能包含万物。因为道体现在万物之中，所以看不见，万物都有盈虚衰杀积散之变，所以万物有形迹可窥，而道本身没有变化，是无形的。正因为道是虚无的，所以不可言说。

……………………………………

妸荷甘与神农同学于老龙吉[1]。神农隐几[2]，阖户昼瞑[3]，妸荷甘日中奓[4]户而入，曰：“老龙死矣！”神农隐几拥杖而起[5]，嚗然[6]放杖而笑，曰：“天知予僻陋慢訑[7]，故弃予而死。已矣，夫子无所发予之狂言而死矣夫[8]！”弇堈吊[9]闻之，曰：“夫体道者[10]，天下之君子所系[11]焉。今于道，秋毫之端万分未得处一焉，而犹知藏其狂言而死，又况夫体道者乎！视之无形，听之无声，于人之论者，谓之冥冥，所以论道而非道也。”

【注释】

[1]妸(ē)荷甘、神农、老龙吉：皆为虚构的人物。

[2]隐：凭靠。几：案。

[3]阖户：关门。瞑：同“眠”。

[4]奓(shē)：推开。

[5]拥杖：抱持手杖。指因过度震惊，突然抱杖而立。

[6]嚗(bó)然：手杖掉地发出之声。

[7]天：指老龙吉。僻陋：孤陋寡闻。慢訑(dàn)：怠慢荒唐。

[8]夫子：先生，指老龙吉。发：启发。狂言：至言。

[9]弇堈(yǎn gāng)吊：虚构的人物。

[10]体道者：与道相合之人，

[11]系：凭依，归依。

【品读】

本段通过弇堈吊之口，讲述道“无形无色”的特征。寓言形象地显示了有关神秘莫测的道的“无形无色”的师承传递关系。老龙吉知道弟子神农在闭门修道(睡觉)，便知他已进入了境界，就放心地死去。神农则领悟到老师弃他而去是清楚他接近了道，“僻陋慢诞”正是人欲得道的征兆，以后“道”只需领悟而不可传授了。而妸荷甘则“日中奓户而入”，沉溺于情感的纠结。这让我们看到了得道者坦荡释怀的旷达和未得道者喜怒形于色之浅薄。

于是泰清问乎无穷[1]，曰："子知道乎？"无穷曰："吾不知。"又问乎无为，无为曰："吾知道。"曰："子之知道，亦有数[2]乎？"曰："有。"曰："其数若何？"无为曰："吾知道之可以贵、可以贱、可以约[3]、可以散，此吾所以知道之数也。"泰清以之言[4]也问乎无始曰："若是，则无穷之弗知与无为之知，孰是而孰非乎？"无始曰："不知深矣，知之浅矣；弗知内矣，知之外矣[5]。"于是泰清中[6]而叹曰："弗知乃知乎？知乃不知乎？孰知不知之知[7]？"无始曰："道不可闻，闻而非也；道不可见，见而非也；道不可言，言而非也。知形形之不形[8]乎！道不当名[9]。"无始曰："有问道而应之者，不知道也；虽问道者，亦未闻道。道无问，问无应。无问问之，是问穷也[10]；无应应之，是无内[11]也。以无内待问穷[12]，若是者，外不观乎宇宙，内不知乎大初[13]。是以不过乎昆仑，不游乎太虚[14]。"

【注释】

[1]泰清、无穷：与下文的无为、无始皆虚构的人物。

[2]数：定数。

[3]约：聚，集中。

[4]之言：此言，指无为讲说道数之语。

[5]内、外：即内行、外行。

[6]中：《释文》引崔譔本作"印"，同"仰"。

[7]孰知不知之知：感叹明白这个道理的人不多。

[8]知形形之不形：知道主宰有形的物的是无形的道。

[9]道不当名：道是无形的，不应安其一个名称。

[10]无问问之，是问穷也：道是不可问的，不可问而去问，就会问个落空。

[11]无内：没有内容。

[12]该句意为空对空。

[13]大初：天地未分前的混沌状态，即指大道。

[14]大虚：广漠的虚空。

【品读】

本段通过泰清与无穷等的对话，进一步阐述道不可闻、不可见、不可言、不可名。"泰清""无穷""无始""无为"等概念通过拟人化后进行交谈，说明道理。"泰清"喻指我们的思维，总是想把什么都弄得清清楚楚、明明白白。"无穷"指"道"的本体无穷。"无为"比"无穷"低一点，尽管"无为"处于无为状态，但已有人为的作用在里边。

本段文字说明了知道不知道，不知道知道。道虽然是普遍的存在，是万有与万无的统一。但要真正体道或悟道的本质，却依然要以“无”为根本，对道以无知、无闻、无见和无言。庄子举寓言来说明这一道理。无穷不知道，却对道体悟深刻，无为知道，却对道理解浅显。

大道虽然无所不在，凡昭昭可见的事物，大至天地，小如蝼蚁、稊稗、瓦甓、屎溺等等，都在它的包举之内，但它本身却绝对虚无，至明者不能见其形，至聪者不能审其声，至智者不可定其是非，至辩者不能论其贵贱。庄子所谓的“道”是玄虚不可捉摸的，充满了神秘主义的色彩。

光曜问乎无有[1]曰：“夫子有乎？其无有乎？”无有弗听也。光曜不得问而孰视[2]其状貌：窅然[3]空然，终日视之而不见，听之而不闻，搏[4]之而不得也。光曜曰：“至矣，其孰能至此乎！予能有无矣，而未能无无也[5]。及为无有[6]矣，何从至此哉！”

【注释】

[1]光曜、无有：皆虚构的人物。

[2]熟视：仔细观察。孰，通“熟”。

[3]窅(yǎo)然：深远的样子，此引申为隐晦不明之状，亦为空寂之意。

[4]搏：触摸。

[5]句意为：光无形体，故称之“无”。但还可看到，未达“无无”境界。

[6]为无有：既不执着于无，也不执着于有，超越二者，达到一个更高境界。

【品读】

本段写“有”与“无”的关系。光曜、无有皆拟人化概念。“有”与“无”的相对性仍是基于“有”，只有“无无”才是真正基于“无”。光虽然无形体，但还是可以看到，因而未达到无无的境界。而无有却超越有、无二者，达到一个“无无”的更高境界。这说明世上万物都是变化的，固定地称之为“有”和“无”都是粗浅的观察结论。本段是要超越有、无的二分法。

大马之捶钩者[1]，年八十矣，而不失豪芒[2]。大马曰：“子巧与？有道与？”曰：“臣有守也。臣之年二十而好捶钩，于物无视[3]也，非钩无察也。”是用之者假不用者也[4]，以长得其用[5]，而况乎无不用者[6]乎！物孰不资焉[7]！

【注释】

[1]大马：官名，指楚国之大司马。捶，锻造。钩，剑名。

[2]失：差。豪芒：锋利有光芒。

[3]于物无视：对别的东西视而不见，只一心造钩，说明精神集中。

[4]用之者：指捶钩所用精力。假：借助，凭借。不用者：指于物无视所节省精力。

[5]句意为：将精力集中于捶钩，不耗费于其他方面，故能运用得久。长，长期。

[6]无不用者：指道。

[7]资焉：靠他资助。焉，于此。

【品读】

本段写捶钩老人精神专注而技艺如神，推证不分心于外物，则得大道而无不通。捶钩者之所以能达到“年八十而不失豪芒”的功力在于其无意识的自动化能力的具备。捶钩（钩带）是个费眼力的活，且要仔细，不失豪芒。他在年轻、视力极好之时，尚需全神贯注。到了八十岁高龄能不失豪芒则是长期训练、不以目视所产生的奇迹和回报。庄子意在说明既然捶钩者能凭借不分散自己的用心，心只用在一个方面，其他方面无所用来助其所用，那么大道的无所作为才是无所不为。凭借大道，便能成就一切。

冉求问于仲尼曰：“未有天地可知邪？”仲尼曰：“可。古犹今也。”冉求失问而退[1]。明日复见，曰：“昔者吾问‘未有天地可知乎？’夫子曰：‘可，古犹今也。’昔日吾昭然，今日吾昧然[2]，敢问何谓也？”仲尼曰：“昔之昭然也，神者先受之[3]；今之昧然也，且又为不神者求邪[4]？无古无今，无始无终。未有子孙而有子孙可乎[5]？”冉求未对。仲尼曰：“已矣，末应[6]矣！不以生生死[7]，不以死死生[8]。死生有待[9]邪？皆有所一体[10]。有先天地生者物邪[11]？物物者非物[12]，物出不得先物[13]也，犹其有物也[14]。犹其有物也无已[15]！圣人之爱人也终无已者，亦乃取于是者也[16]。”

【注释】

[1]失问：感到问错了，便退出屋来，不想再问。

[2]昭然：明白。昧然：糊涂。

[3]神者先受之：用空虚的心神首先接受领会。

[4]不神者：指外界物象。求：索取。

[5]句意为：古有子孙，今才有子孙。说明今是古的继续。

[6]末：原作“未”，即毋。末应：不要应答，待继续讲说下去。

[7]以：因。不以生生死：不会因为生，就把死的使其死者复生。

[8]不以死死生：不会因为死就连生德也死掉。

[9]待：对立。

[10]一体：一致、共性。

[11]句意为：有先于天地就生成之物吗？

[12]物物者非物：生成物的不能是物自身。

[13]物出不得先物：物的产生不能在物之前。

[14]犹:且。其:指产生物的非物,即道。有:为,变为。

[15]无已:没有止境。

[16]是:此,指自然之理。取于是:圣人取法于自然之理,泛爱万物。

【品读】

本段说明世界无始无终,时间也无始无终。冉求与孔子讨论天地之始观问题,庄子通过道化了的孔子之口回答了这个问题。庄子认为,“古犹今也”,今之视古,犹古之视更古。世界没有一个开端起点,当然时间也就没有一个开端起点,古和今是相对的,古对今是古,对更古的时代就是今。今对古是今,对以后来说就是古。每一个现在都兼有古今两种性质。每一个“父”,同时又是“子”和“孙”。每一个“子”和“孙”,又都是“父”。每一个事物都是其历史发展中的一个环节,每一个时间都是时间长河中的一个瞬间。这说明世界与时间皆无始无终。庄子还借孔子之口提出死生一体,不再是两种截然不通的状态,都是自然支配下的暂时状态。

颜渊问乎仲尼曰:“回尝闻诸夫子曰:‘无有所将,无有所迎[1]。’回敢问其游[2]。”仲尼曰:“古之人外化而内不化[3],今之人内化而外不化。与物化者,一不化[4]者也。安化安不化[5]?安与之相靡[6]?必与之莫多[7]。狶韦氏之囿[8],黄帝之圃,有虞氏之宫,汤武之室[9]。君子之人,若儒墨者师,故以是非相齑[10]也,而况今之人乎!圣人处物不伤物。不伤物者,物亦不能伤也。唯无所伤者,为能与人相将迎。山林与,皋壤[11]与,使我欣欣然而乐与!乐未毕也,哀又继之。哀乐之来,吾不能御,其去弗能止。悲夫,世人直为物逆旅耳[12]!夫知遇而不知所不遇[13],知能能[14]而不能所不能。无知无能者,固人之所不免也。夫务免乎人之所不免者[15],岂不亦悲哉!至言去言[16],至为去为[17]。齐知之,所知则浅矣。”

【注释】

[1]句意为:不送不迎,听其自然。将,送。

[2]游:指精神之出入自在。

[3]外:指言行活动。内:指心身。

[4]一不化:恒常保持淡漠无心。即得道者就能一切无心。

[5]句意为:无所谓化与不化。安,何。

[6]与之:与物相处。靡:通“摩”,摩擦。

[7]莫多:不会太过。多,侈、过多。

[8]狶韦氏:远古之帝王。囿:园,古帝王畜养禽兽之园林。

[9]囿、圃、宫、室:皆指古帝王居处游息之所。有大小之别,圃比囿小、宫比圃小,室

比宫小。居处愈小，表精神愈狭隘，道德愈衰落。

[10]滥(jì)：毁。

[11]皋壤：平原。

[12]句意为：得道者内心不化，哀乐不入其胸；世人则时乐时悲，内心随外物影响而变化，故言简直成为外物寄居之地。直，但。逆旅，旅舍。

[13]句意为：只知道自己所见过的，不知道自己所未见过的。遇，碰上。

[14]能能：能力所及的就能。

[15]句意为：人有所知所能，亦有不知不能，有的人总想不知的也要知，不能的也要能。说明如此劳心弗力以自逞，为害生之道。

[16]句意为：至道之言去掉言说。至言，合乎道的言论。去言，不说。

[17]句意为：至道之为去掉有为。至为，合乎道德行为。去为，无为。

【品读】

本段谈论了"外化内不化"的处世之道。这段文字虚构了颜渊和孔子的一段对话，情节虽简单，但内容博大精深。颜渊向孔子求教为何不要迎来送往等礼节，孔子认为，道的来去不能控制，所以无需迎送。也讲得道之人的随和洒脱。

人活在世上，不可能与外界不产生矛盾，庄子主张顺应外物，即"外化而内不化"。达者观"化"，"外化而内不化"，以心顺形之自化，其心灵方能从对形物的沉坠中超拔出来，内心宁静合于道，才能达到洒脱通达的境界。圣人都能顺应外界，叫外化，保持内心本真，叫内不化。我们面对外在世界，应该通达和顺应；而人的内心应该坚持自己的秉性而不要随波逐流。"外化内不化"，有点近似我们常讲的"外圆内方"。对外要顺应，对内要坚持自身秉性，不随波逐流，这个很不容易做到，是一种修炼。道家主张自然无为，强调人们和自然界、客观世界应和谐相处，不伤外物。这点值得现代人借鉴。最后庄子假孔子之口感慨一番后说出道家格言："至言去言，至为去为。"这也很值得我们认真体悟。

【杂篇】

庚桑楚第二十三

老聃之役[1]，有庚桑楚[2]者，偏得[3]老聃之道，以北居畏垒[4]之山。其臣之画然[5]知者去之，其妾之挈[6]然仁者远之。拥肿[7]之与居，鞅掌之为使[8]。居三年，畏垒大壤[9]。畏垒之民相与言曰："庚桑子之始来，吾洒然异之[10]。今吾日计之而不足[11]，岁计之而有余[12]。庶几[13]其圣人乎！子胡不相与尸而祝之[14]，社而稷之[15]乎？"

【注释】

[1]役：门徒，弟子。

[2]庚桑楚：人名，姓庚桑，名楚，老聃的弟子。

[3]偏得：独得。偏，独。

[4]畏垒：山名。

[5]画（huà）然：畛域、界限，引申为喜好。

[6]挈：指讲信用，引申为自信。

[7]拥肿：糊涂无知的样子。

[8]鞅掌：失容的样子。《诗经·小雅·北山》："或王事鞅掌"。毛传："鞅掌，失容也。"为使：为庚桑楚的使役。

[9]大壤：指大丰收。壤，通"穰"，丰收。

[10]洒（xiǎn）然：耳目一新的样子。洒：作"濯"解。异之：对他感到奇异。

[11]日计之而不足：每日盼其有所作为而不去作为。

[12]岁计之而有余：虽无近功却有远利。

[13]庶几：差不多、近似。

[14]尸而祝之：把庚桑楚当祖宗崇拜。子，畏垒之民相互间的称呼。胡，何，为何。尸，主，指古代代表死者受祭的活人，后来指祖先牌位。

[15]社而稷之：社、稷均作动词，即为他建立社稷，尊奉他为神。

【品读】

本段以庚桑楚为自然养生的原型。庚桑楚为老子的弟子，独得老子道家学术的真传，说庚桑楚居畏垒山三年，畏垒地区出现了"大壤"（大丰收）的局面。其缘由是庚桑楚能自然养生，成为自然养生的楷模。庚桑楚所展示的理想人格，直接带来了两个明显的效果：一是使有智为有仁者离他而去，净化了人类关系的自然结构。二是跟他住在一起的只有愚蠢无知者，供他役使的只有任性自得的朴实无为者，“拥肿之与居，鞅掌之为使”，形成了自然养生的群体氛围。庄子强调统治者应藏身寂静以养生，不显露，不标榜，不撼动民智之争心。但尧舜之辈却任民有为有智而遗祸无穷。

庚桑子闻之，南面而不释然[1]。弟子异之[2]。庚桑子曰："弟子何异于予[3]？夫春气发而百草生[4]，正得秋而万宝成[5]。夫春与秋，岂无得而然[6]哉？天道已行矣。吾闻至人，尸居环堵之室[7]，而百姓猖狂，不知所如往[8]。今以畏垒之细民[9]，而窃窃焉欲俎豆予于贤人之间[10]，我其杓之人邪[11]？吾是以不释[12]于老聃之言。"弟子曰："不然。夫寻常之沟[13]，巨鱼无所还其体[14]，而鲵鳅为之制[15]；步仞之丘陵[16]，巨兽无所隐其躯[17]，而孽狐为之祥[18]。且夫尊贤授能，先善与利[19]，自古尧、舜以[20]然，而况畏垒之民乎！夫子亦听矣！"

【注释】

[1]不释(yì)然：不愉快、不高兴。释，高兴。

[2]弟子异之：弟子对庚桑楚感到奇怪。

[3]何异于予：为何对我感到奇怪。

[4]百草生：指包括谷物的自然生长。

[5]得：通“德”，指功德。万宝：指各种果实。宝，果实。

[6]无得：无故。然：这样。

[7]尸居：像祖先牌位一样寂静而居，表无为。环：周围。堵：一丈长的墙。

[8]猖狂：随心所欲，纵恣迷妄。往：适。

[9]细民：小民，人民。

[10]窃：私。俎豆：奉祀。予：我。

[11]杓(dú)：标准。其：岂，难道。

[12]不释：不高兴、不愉快。

[13]寻：八尺为一寻，二寻为常。沟：沟洫。

[14]巨鱼：大鱼。还(xuán)：通“旋”，旋转。

[15]鲵鳅：小鱼。制：折，曲折回旋。

[16]步仞：六尺为步，八尺为仞。

[17]巨兽：大兽。隐：藏。躯：身躯。

[18]孽(niè)狐：妖孽的狐狸。祥：祥善。

[19]先善与利：先推举善而又对众人有利的人。与，给予。

[20]以：通“已”。

【品读】

本段主张自然无为。庚桑子针对畏垒之民对自己的崇拜，面南而坐思考老聃的教导之言，并教导其弟子：春天阳气上升而百草禾苗生长，正逢功德的秋天而各种果实成熟。这是天道自然运行的必然结果。使无为养生达到了无不为的政治目的，养生与政治完全契合。野兽藏于深山，就好比有才华的人藏于田野、郊外，远离人世。庚桑楚明白这样的道理，所以他才不愿做众人的挡箭牌。尽管世间的是非始终困扰着他，但他总能静下心来，让自己游离于世俗功名之外。庄子复以尧、舜为背离自然养生的反面否定对象，认为尧舜有智有为，善于辨别贤肖利弊，做到一些表面上有益的小事，但这又必将造成“举贤则民相轧，任知则民相盗”的严重祸害，会给后世带来遗祸无穷的灾难。

庚桑子曰：“小子来！夫函车之兽[1]，介[2]而离山，则不免于网罟之患[3]；吞舟之鱼，砀而失水[4]，则蚁能苦之。故鸟兽不厌高[5]，鱼鳖不厌深。夫全其形生[6]之人，藏其身也，不厌深眇[7]而已矣。且夫二子[8]者，又何足以称扬哉！是其于辩[9]也，将妄凿垣墙而殖蓬蒿也[10]。简发而栉[11]，数米而炊，窃窃乎又何足以济世哉！举贤则民相轧[12]，任知则民相盗[13]。之数物[14]者，不足以厚民。民之于利甚勤，子有杀父，臣有杀君；正昼为盗，日中穴阫。吾语女：大乱之本，必生于尧、舜之间，其末存乎千世之后。千世之后，其必有人与人相食者也！”

【注释】

[1]函车之兽：口能含车的大兽。函，包含、包容。

[2]介：独个。

[3]罟：网的总名。《易·系辞下》：“作结绳而为罔罟。”

[4]砀(dàng)而失水：因潮汐激荡而离水搁浅于岸。砀，同“荡”。

[5]鸟兽不厌高：鸟不厌烦山高。

[6]生：性。

[7]眇(miǎo)：通“渺”，高远。

[8]二子：指尧、舜。

[9]辩：通“辨”，指辨别善利。

[10]垣墙：矮墙。殖：种植。蓬蒿：茼蒿的俗称。

[11]简：通“柬”，选择。栉(zhì)：梳篦的总称，此处指梳头发。

[12]轧：倾轧。

[13]盗：欺诈。

[14]数物:指举贤、任知等事。

【品读】

本段主张全形藏身的自然无为养生之道。庚桑楚越发感到不安就越发具有影响力,越具有影响力就越要深藏,只有深藏,才能保养自然形体与心性。但假如接受了老百姓的祭拜,无疑就等于脱离了自身的深藏之所,显露出浅薄的自性,如同无水的鱼鳖、离群的鸟兽,终遭祸患。总之,庚桑楚能"藏身""能全其形生",能处养生于自然无为,因而是自然养生理想人格的典型代表。

结合养生之道与政治统治进行论述,是庄子渊深博大思想的重要特色之一。在庄子看来,一切都有其自然的规律,为政者只能顺"天道"而行,统治者若能遵循正确的养生之道,就会有良好的政治前途。否则,将不利于政治统治,会有不良的政治后果。因而能否遵循正确的养生之道,直接关系到政治统治的命运。庄子所谓的养生之道,就是指"全其形性""藏其身",不"举贤",不"任知"。他指出,至于尧、舜的做法只能使民"相轧",社会的动乱也就因此而起,批判了尧、舜的有为政治是人相食的根源。

南荣趎蹴然正坐曰[1]:"若趎之年者已长矣,将恶乎托业以及此言邪[2]?"庚桑子曰:"全汝形[3],抱汝生[4],无使汝思虑营营[5]。若此三年,则可以及此言矣!"南荣趎曰:"目之与形,吾不知其异也,而言者不能自见;耳之与形,吾不知其异也,而聋不能自闻;心之与形,吾不知其异也,而狂者不能自得。形之与形亦辟矣[6],而物或间之邪[7]?欲相求而不能相得。今谓趎曰:'全汝形,抱汝生,勿使汝思虑营营。'趎勉闻道达耳矣[8]!"庚桑子曰:"辞尽矣。奔蜂不能化藿蠋[9],越鸡不能伏鹄卵[10],鲁鸡固能矣[11]!鸡之与鸡,其德[12]非不同也。有能与不能者,其才固有巨小也。今吾才小,不足以化子。子胡不南见老子!"

【注释】

[1]南荣趎(chú):庚桑楚的弟子,姓南荣,名趎。蹴(cù)然:恭敬的样子。正坐:正容端坐。

[2]恶(wū):何。托:凭托、凭借。

[3]全汝形:保养好你的身体。

[4]抱汝生:保住你的天性。抱,保。生,通"性"。

[5]思虑:智慧。营营:劳累不休。

[6]形之与形:第一个"形"指形体,第二个"形"指外貌。辟:通"譬",比类、相同类。

[7]物:外物。间:间隔、阻塞。

[8]勉：勉强、约略。达耳：仅至于耳朵，意即未入于心。

[9]奔蜂：细腰土蜂，小蜂。藿(huò)：豆。蠋(zhù)：毛虫。

[10]越鸡：越地所产的鸡。鹄(hú)：天鹅。

[11]鲁鸡：鲁地所产的鸡。固：必。

[12]德：物性。

【品读】

本段提出护养生命的自然之道。与庚桑楚相比，南荣趎身上体现的则是人们内心的烦躁。过分强求自己做超出自己能力的事就会使人产生诸多烦恼。南荣趎正容端坐向庚桑子请教要如何学才能达到他所说的精神境界。庄子借庚桑子之口说出了护养生命的自然之道即全生术的具体步骤，首先从总体上把握保全形体与天性，抛弃劳累不休的智慧与作为，“全汝形，抱汝生，无使汝思虑营营”。但这种全生术的大道理尚难以被一般人所接受，如南荣趎不易入道，就反映了这种情况。庚桑楚因自感道学不高，难以教化他，故介绍他到老子那里去学道。

南荣赢[1]粮，七日七夜至老子之所。老子曰：“子自楚之所来乎？”南荣趎曰：“唯”老子曰：“子何与人偕来之众也？”南荣趎惧然顾其后。老子曰：“子不知吾所谓乎？”南荣趎俯而惭，仰而叹曰：“今者吾忘吾答，因失吾问。”老子曰：“何谓也？”南荣趎曰：“不知乎人谓我朱愚[2]。知乎反愁我躯；不仁则害人；仁则反愁我身；不义则伤彼，义则反愁我己。我安逃此而可？此三言者，趎之所患也。愿因楚[3]而问之。”老子曰：“向吾见若眉睫之间[4]，吾因以得汝矣。今汝又言而信[5]之。若规规然[6]若丧父母。揭竿而求诸海也[7]，女亡人哉[8]！惘惘[9]乎！汝欲反汝情性而无由入，可怜哉！”

【注释】

[1]赢：担。

[2]朱愚：愚钝、愚昧无知。

[3]因楚：通过庚桑楚的介绍。

[4]向：方才，刚才。眉睫之间：眼神，引申为表情。

[5]信，证实。

[6]若：你。规规然：不由自主的样子。

[7]揭竿：举竿。诸：之于。

[8]女：汝，你。亡人：流亡之人。

[9]惘惘(wǎng)：不得意的神情。

【品读】

本段从本性上解剖了天性丧失的症结。有趣的是南荣趎与老子初次见面，老子就问他如何要同那么多人一起来，但事实上他不过一人来。老子的意思当然不是说南荣趎真的带了很多人来，而是说他的脑子里面有很多人的烦恼，他是带着满脑子的杂念来向老子请教问题的。其中的真实意蕴是说，南荣趎未能自然独立，未能深藏，未能摆脱种种人际关系的缠绕。

南荣趎向老子请教的问题是：不行仁，便伤害他人；行仁，反而又危害自身。不行义，便伤害他人；行义，反而危害自己。如何逃避这种忧患。南荣趎心神不宁，惊恐恍惚，迷惘苦恼。老子认为这是由于他身患智、仁、义等病症的缘故。

南荣趎请入就舍[1]，召其所好，去其所恶。十日自愁[2]，复见老子。老子曰："汝自洒濯[3]，熟哉郁郁乎[4]！然而其中津津[5]乎犹有恶也。夫外韄者不可繁而捉[6]，将内揵[7]；内韄者不可缪而捉[8]，将外揵；外内韄者，道德不能持，而况放道而行者乎！"南荣趎曰："里人有病，里人问之，病者能言其病，然其病，病者犹未病也。若[9]趎之闻大道，譬犹饮药以加病也，趎愿闻卫生之经而已矣[10]。"老子曰："卫生之经，能抱一[11]乎！能勿失乎！能无卜筮[12]而知吉凶乎！能止乎！能已乎！能舍[13]诸人而求诸已乎！能翛然[14]乎！能侗然[15]乎！能儿子[16]乎！儿子终日嗥而嗌不嗄[17]，和之至也；终日握而手不掜[18]，共其德也；终日视而目不瞚[19]，偏不在外也。行不知所之，居不知所为，与物委蛇[20]而同其波。是卫生之经已。"

【注释】

[1]入就舍：入居弟子之舍。

[2]自愁：自觉愁苦。

[3]洒濯(zhuó)：洗涤，指洗掉那些不合天道的东西。

[4]熟：通"孰"，何。郁郁：忧郁不乐的样子。

[5]津津：水自然外溢的样子。

[6]外韄(huò)：被外物所牵累。韄，系、束缚。繁：杂。捉：促。

[7]揵(jiǎn)：同"闭"，堵塞，闭塞。

[8]内韄：被心事所缠缚。缪(miù)：绸缪。

[9]若：如，像。

[10]卫生：养生，保身全生。经：原则、方法。

[11]抱一：合一、抱朴。

[12]卜筮：占卜。

[13]舍：舍弃。

[14]翛(xiāo)然：无所牵挂的样子。

[15]侗(dòng)然：心怀开朗的样子。

[16]儿子：婴儿。

[17]嗥(háo)：大哭。嗌(ài)：咽喉哽塞。嗄(shà)：嘶哑。

[18]掜(niè)：拳曲、攥。

[19]瞚(shùn)：眨眼。

[20]委蛇(yí)：随便应付。

【品读】

本段谈随物而应、处之无为的养生之道。南荣趎按自己好恶不能解脱愁苦，向老子请教养生之道，老子要求他要自我洗心革面，疏通障碍，排除内外缠绕。不幸的是老子的这番道理，并未能使南荣趎开窍，使他更迷茫，好像“饮药以加病”。这说明南荣趎所受的社会毒害实在太深，他已完全丧失了自我控制、自我操作持天性的能力。在老子看来，解除病症就要清除社会毒素，保持自然质朴，不追求性外之事，能自由自在，能纯真不知，希冀人生有如婴儿委蛇，随波逐流，任其自然。本段通过老子的谈话说明养生之道无非是，要弃多知而抱朴，“与物委蛇而同其波”，即顺应自然，不知所向，不知所为，无心应付，随波逐流，随物而应，处之无为的生活态度。老子认为这是至人的“卫生之经”。

南荣趎曰：“然则是至人之德已乎？”曰：“非也。是乃所谓冰解冻释者[1]，能乎？夫至人者，相与交食乎地而交乐乎天[2]，不以人物利害相撄[3]，不相与为怪[4]，不相与为谋[5]，不相与为事[6]，翛然而往，侗然而来。是谓卫生之经已[7]。”曰：“然则是至乎？”曰：“未也。吾固告汝曰：‘能儿子乎！’儿子动不知所为，行不知所之，身若槁木之枝而心若死灰。若是者，祸亦不至，福亦不来。祸福无有，恶有人灾也！”

【注释】

[1]者：犹之。

[2]交：通“邀”，顺、循。天：自然。

[3]撄(yīng)：纠缠、扰乱。

[4]怪：责怪。

[5]谋：谋算。

[6]事：服务。

[7]是：此。经：常道，道理。

【品读】

本段谈至人的全生术。在老子看来，至人的全生术是因顺自然而求食于大地，因顺自然而同乐于天。无人事利害的纠葛，无图谋世事，往来自由，无忧无虑。这就是护养生命的自然之道。老子针对南荣趎天性丧失的严重病症开出了两味全生术的药方。第一味是直接针对病症所开的，叫作“冰解冻释”，解除病患，疏通心灵的“卫生之经”。至人的全生术只是庄子护养生命的理想，对于像南荣趎这种普通人来说，只要能饮用第一味药，即能解除病症，免受恶人的伤害，因而这第一味药是最基本的全生术。

宇泰定者[1]，发乎天光[2]。发乎天光者，人见[3]其人，物见其物。人有修[4]者，乃今有恒。有恒者，人舍之[5]，天助之。人之所舍，谓之天民[6]；天之所助，谓之天子[7]。

【注释】

[1]宇：上下四方，此指天地之间。泰定：大定、宁静。

[2]天光：天的光芒。

[3]见：通“现”，显现。

[4]修：修行、修炼。

[5]舍之：意即归附于他。舍，居。

[6]天民：指大自然之民。

[7]天子：大自然之子，天以子畜之。

【品读】

本段谈自身修养。要实现自然内养的目标，就要通过自身的修养来持守自我内在自然常态的不丧失。庄子的修养纯是一种平和的、恬淡的、无为的、顺应自然的拥有。简单而言，它是通过内在固有常态的自我保障来达到的。庄子认为，人能自我修炼，才能有恒常的本性；有恒常的本性，人们就依附于他，自然也助佑于他。人们来依附的，称之为“天民”，自然助佑的，称之为“天之所子”。自然子民内养自然，畅然无阻。他既能深藏于所，又能于外无饰，呈现出自然养生的最佳内在状态。

学者，学其所不能学也？行者，行其所不能行也？辩[1]者，辩其所不能辩也？知止乎其所不能知，至矣！若有不即是者，天均[2]败之。备物以将形[3]，藏不虞以生心[4]，敬中以达彼。若是而万恶至者，皆天也，而非人也，不足以滑[5]成，不可内于灵台[6]。灵台者有持，而不知其所持，而不可持者也。不见其诚己而发[7]，每发而不当；业入而不舍[8]，每更为失。为不善乎显明之中者，人得而诛之，为不善乎幽间其中[9]者，鬼得而诛之。明乎人，明乎鬼者，然后能独行。券[10]内者，行乎无名；券外者，志乎期费[11]。行乎无名者，唯庸有光[12];志乎期费者,唯贾人[13]也。人见其跂[14],犹之魁[15]然。与物穷者,物入焉;与物且[16]者,其身之不能容,焉能容人!不能容人者无亲,无亲者尽人。兵莫憯[17]于志,镆铘[18]为下;寇莫大于阴阳,无所逃于天地之间。非阴阳贼之,心则使之也。

【注释】

[1]辩:通"辨",辨别。

[2]天均:指自然均齐的状态。见《天地》篇注。

[3]备物以将形:得万物以滋养自己的形体。备,具备。将,养。

[4]虞:思虑。生:活。

[5]滑(qǔ):乱。

[6]内(nà):通"纳",纳入。灵台:指心。

[7]诚己:诚于己,内心至诚。发:发作、表现。

[8]业:指习已成性。舍:舍弃、制止。

[9]幽间之中:在阴暗的地方。

[10]券:同"契",契合。

[11]期:求、要。费:显用。

[12]唯:但、必然。庸:常。

[13]贾(gǔ)人:商人。

[14]跂:跂足。

[15]魁:高大。

[16]与物且:与外物格格不入。且,借为"阻"。

[17]憯(cǎn):同"惨",毒。

[18]镆铘:吴国的好剑。

【品读】

本段讨论自然养生的"灵台"(心灵)内养。庄子在讨论了自然养生的"藏身"外养和"卫生之经"的内外兼养后,又进一步讨论自然养生的"灵台"内养,即保持心境安泰,不能让外物扰乱自己的"灵台"。

内养目标是"天均",即内在自然的均齐,没有外物杂质的干扰。"天均",概括起来是无学、无行、无辨、无知,一句话是无为的境界。若达到了这种境界,就能实现内养的目标,就不受外物的破坏。如果达不到这种境界,"天均"就会遭受破坏,内养的目标就不能实现。

内养价值是"灵台"能发自然之光。能发自然之光者,则正大光明,无有私掩。因而人们不会为难他,鬼神不会谴责他。自己的内心与外物通行,亦将"独行"无阻,自由往来。但倘若缺乏"灵台"内养,非光明正大者,就必将受到人们的非难、鬼神的谴责。

内养志向是内求无名，外求无用。内养志向者，不受外庸或外残的影响，只要内养自然求无名，则外在平庸亦有光辉，外在足亦能尽性。内养志向无志向，外求志向有志向。无志向是指无追求外用志向，有志向是指有追求外用志向。无志向是自然之美，有志向是社会之恶。庄子强调内养自然求无名，是自然养生无志向的志向。

道通[1]，其分也成也[2]，其成也毁[3]也。所恶乎[4]分者，其分也以备[5]。所以恶[6]乎备者？其有以备。故出而不反[7]，见其鬼。出而得[8]，是谓得死。灭而有实[9]，鬼之一也。以有形者象无形者而定矣[10]。出无本[11]，入无窍[12]，有实而无乎处，有长而无乎本剽[13]，有所出而无窍者有实[14]。有实而无乎处者，宇[15]也；有长而无本剽者，宙[16]也。有乎生，有乎死；有乎出，有乎入。入出而无见其形，是谓天门[17]。天门者，无有也。万物出乎无有。有不能以有为有，必出乎无有，而无有一无有。圣人藏乎是[18]。

【注释】

[1]道通：道通为一，即道一。

[2]句意为：分而后形成。成，形成。

[3]毁：毁掉，毁灭。

[4]恶：何处。恶乎：于何处、怎样。

[5]备：全。

[6]恶(wù)：讨厌、憎恨。

[7]出而不反：精神外驰而不返。

[8]出而得：精神外驰追逐名利之类自以为有所得。

[9]有实：形骸的实体。

[10]有形：指人、物。象：法而象。无形：指道。定：即泰定的定。

[11]本：根源。出无本：无本犹无始。

[12]入无窍：谓大道来无影去无踪。窍，门。

[13]长：久。剽：同“标”，末、终。

[14]有实：充实。

[15]宇：上下四方，指空间。

[16]宙：古往今来，指时间。

[17]天门：与天光，天钧等同时应，即指自然出入之门。

[18]藏乎是：藏心于道，藏心于无。

【品读】

本段讨论了道的齐物性质。在道家看来，道的齐物性质有其最高认识的境界。从道的观点而言，世间万物是齐一无别的，万物总体的分就是众体的成，新事物的成又是旧事物的毁。庄子肯定了道是万物生成的“天门”。万物的生死出入，既由“天门”出，又由“天门”入。在“天门”之处，万物同于无有而无差别。故能自然养生而达圣人的人则能游于“天门”之所。有生，有死，有出，有入，入出而不见其形状，这就是自然之门。自然之门，就是无有，万物生于无有，有不能从有中产生，一定要从无有中产生出来，而无有本来就是没有。圣人就游心于这个地方。

古之人，其知有所至矣。恶乎至？有以为未始有物者，至矣，尽矣，弗可以加矣！其次以为有物矣[1]，将以生为丧[2]也，以死为反也[3]，是以分已[4]。其次曰始无有，既而有生，生俄[5]而死。以无有为首，以生为体，以死为尻[6]。孰知有无死生之一守[7]者，吾与之为友。是三者[8]虽异，公族也。昭景[9]也，著戴也；甲氏[10]也，著封也：非一[11]也。

【注释】

[1]以上数句注见《齐物论》。

[2]丧：丧失。

[3]句意为：把死看作是从有还原到无。反，通“返”。

[4]以：通“已”，已经。已：犹矣。

[5]俄：突然间，一下子。

[6]尻（kāo）：屁股，指尾。

[7]守：持。

[8]三者：指无有、生、死，以无为首，以生为体，以死为民。

[9]昭景：即昭氏、景氏，皆为楚国王族的姓氏。

[10]甲氏：楚国王族的姓氏。

[11]非一：不一致，有区别。

【品读】

此段对相对静止的死亡境界进行动态的阐释。庄子继承了老子“出生入死”①的观点，并在此基础上构建了自己的“生丧死反”的理论。把出生看作是流落，把死亡看作是回归，死亡像树木的荣枯和太阳的升落一样自然而然，是“大化流行”中一个不可或缺的重要环节。在庄子看来，人的死不仅是一轮回，而是“大归”，死亡成了生命的真正归宿。而现世的人们却很少能体会到这个含义，人们对生命的渴望和执着掩盖了“道”的万丈光芒，徒增了很多的烦恼。

① 见《老子》第五十章。

……………………………………

有生黬也[1],披然[2]曰“移是[3]”。尝言[4]“移是”,非所言[5]也。虽然,不可知者也[6],腊者之有膍胲[7],可散而不可散也;观室者周于寝庙[8],又适其偃焉,为是举[9]“移是”。请尝言“移是”:是以生为本[10],以知为师,因以乘[11]是非;果有名实[12],因以己为质[13],使人以为己节[14],因以死偿[15]节。若然者,以用为知[16],以不用为愚;以彻为名[17],以穷为辱。“移是”,今之人[18]也,是蜩与学鸠同于同也[19]。

【注释】

[1]句意为:有生了面痣的。黬(àn),黑疵。

[2]披然:分散的样子,指黑疵有蔓延的性质。披,纷。

[3]移是:去掉面痣。移,去掉。

[4]尝言:试言。

[5]非所言:言之所不能及。

[6]不可知者也:不能为常人所理解。

[7]腊:腊祭。膍(pí):牛肚。胲(gāi):牛蹄。

[8]观室:环观居室。周:遍。

[9]举:皆。一说举例。

[10]以生为本:指生死方面的事情。

[11]乘:驾驭。

[12]果:果真。名实:指名实相符。

[13]质:实、主。

[14]节:符合、符节。

[15]偿:犹殉。

[16]知:通“智”。

[17]彻:犹通,显达。名:声誉,光荣。

[18]今之人:与古之人对应,指现在的人。

[19]句意为:个人之见与蜩鸠相同,知同之为同,不知集异则为大同。

【品读】

本段讨论是与非是可以转移和变化的。道家讨论万物的生成与变化,讨论人的认识之局限,说明是与非不是永远不变的,可以转移和变化。天门万物生,大道无间流行,只要知道死生为一、有无同体,就是处身在有无“之间”的大道之中。而那些执有执无、执是执非的人就脱离了大道。庄子认为,那是因为人有成心,人在心中有个小我,每个人依据成见作为判断的标准,却不知大道的无形馈赠,所以各立是非标准。是非之分必然产生于成见、私心。世俗之人纠缠于不定的是非,为是是非非的不确定性而忙忙碌禄。更有人为是非，为节操，为智愚，为名辱而耿耿于怀。这就是今人如同蜩与学鸠一样的浅陋和可悲。庄子因此寓意于今人应像古人一样，能认识到宇宙初始那样的大道齐一状态，消除是非等差别的观念，把握自然养生的齐一门径，合乎道的“一守”养生目标。

蹍市人之足[1]，则辞以放骜[2]，兄则以妪[3]，大亲[4]则已矣。故曰：至礼有不人[5]，至义不物[6]，至知不谋[7]，至仁无亲[8]，至信辟金[9]。

【注释】

[1]蹍(zhǎn)：踩、踏。市人：集市上不相识的人。

[2]辞：辞谢。放骜：放纵。骜，通“敖”。

[3]妪(yù)：表怜爱的声音。

[4]大亲：父母。

[5]句意为：至礼不以人为的礼仪文质为重。至礼，最大的礼貌。不人，不看作是别人。

[6]至义不物：最大的义不以物为厚薄。

[7]知：智。不谋：无须谋虑。

[8]无亲：无须亲。

[9]辟：屏弃。金：指金虽坚不足为比。

【品读】

这段主张使人的社会性复归于自然本性。庄子讲自然养生，其主旨在于自然。在社会关系中，人与人之间越疏远越有差别，其双方所发生的关系就要受到礼仪、地位、名分、规章等社会因素的约束，因此也就越远离自然。与此相反，双方关系越亲近越自然，直至“大亲”“至亲”，完全恢复到自然点。当礼、义、智、仁、信发展到极点，也就到了自然点。所谓“物极必反”正是这个道理。沿着庄子这个自然养生的基本方向，所谓“不人”“不物”“不谋”“无亲”“辟金”，就能够使人脱离复杂的社会关系，体现其自然特质。

彻志之勃[1]，解心之谬[2]，去德之累，达道之塞。贵富显严名利六者，勃志也；容动色理气意六者[3]，缪心也；恶欲喜怒哀乐六者，累德也；去就取与知能六者[4]，塞道也。此四六者不荡胸中则正[5]，正则静，静则明，明则虚，虚者无为而无不为也。

【注释】

[1]勃：一作“悖”，乱。

[2]谬：借作“缪”。

[3]容：容貌。理：辞理。气：气息。

[4]去：舍弃。就：趋从。取：取来。

[5]四六者：指勃志、谬心、累德、塞道四个方面中的六者。荡：动。

【品读】

本段讨论了影响人内心的诸多因素。道家认为，人若要使自己的社会性复归于自然本性，绝非易事，人们须能自我消除意志的错乱，开解心灵的束缚，去除德性的牵累，打通与大道之间的阻塞，排拒社会种种因素的困扰，终使自然养生实现其无为而无不为的目的。

在世俗看来，喜怒哀乐乃人之常情，但庄子认为世俗情感乃是对自然真性的破坏。道家归纳出了二十四种影响人内心的因素，如地位、财富、名声、荣誉的追求、美色、动人心目的辞采、喜怒哀乐等等，都影响着对“道”的领悟、追求、向往与实践，真心向道者都应该把它们置之脑后，即都属于“忘”之列。解除了这些束缚，心才能虚。

道者，德之钦也[1]；生者，德之光也；性者，生之质也。性之动谓之为，为之伪谓之失。知者，接[2]也；知者，谟[3]也。知者之所不知，犹睨[4]也。动以不得已之谓德，动无非我之谓治[5]，名相反而实相顺也。

【注释】

[1]钦：主，君。德以道为主体，从属于道，是道在人物身上的反映。

[2]接：应接，感性认识。

[3]谟：谋虑、思索。

[4]睨：斜视。

[5]治：指不乱、顺心、明德、通道。

【品读】

本段阐明人之自然自在本性。从字源意义上讲，“性”从生从心。就性从生而言，一是把性作为先天禀赋，二是将性看作内在于生命当中的东西。庄子之人性、物性就是这个意义。在庄子看来，人之本性即是自然、自在而自由。性即天生之性、天然之性、本然之性，“性者，生之质也”。万物禀道而生，道性自然，万物之性亦是自然。无为是天地的存在本性，也是人的存在本性。人的无为在其本质上和产生万物的天地本性是一致的，人的无为来自人的自然本性根源。因而就人性而言，只有无为才是符合和保持人的本性。庄子是把人性理解为人的本然的存在状态，一旦“有为”，就要“性动”，这种本性状态就要丧失。任何的“性动”都成为了“为”，而为最终会导致失。

圣人养生还深受社会性的影响，圣人在顺应自然的同时，往往又不得已而人事。故庄子以为这就是“动以不得已之谓德”的圣人之德。

……………………………………

羿工乎中微而拙乎使人无已誉[1]，圣人工乎天而拙乎人，夫工乎天而俍[2]乎人者，唯[3]全人能之。虫能虫，唯虫能天。全人恶天？恶人之天[4]？而况吾天乎人乎[5]！一雀适[6]羿，弄必得之，威也。以天下为之笼，则雀无所逃。是故汤以胞人笼伊尹[7]，秦穆公以五羊之皮[8]笼百里奚。是故非以其所好笼之而可得者，无有也。

【注释】

[1]羿：古代善射者。工：善。中微：射中微小目标。拙：笨拙。无已誉：不赞誉自己。

[2]俍(liáng)：同“良”，善。

[3]唯：犹虽。

[4]人之天：人为形成的状态。

[5]天乎人乎：天人对立。

[6]适：通过，经过。

[7]胞：通“庖”，厨师。笼：笼络。

[8]五羊之皮：五张羊皮。

【品读】

本段比较了圣人与全人的养生之道。道家举例商汤与秦穆公善举贤良，即伊尹与百里奚为其所用，以人之所好而笼之。但善射的后羿连圣人也不是，他善于射中最微小的目标，却拙于使人不称扬自己。圣人善于顺乎自然而拙于人为。善于顺应自然又顺应人为的，只有全人才能做到。圣人与全人的共同点就在于他们都顺应自然性的养生途径。其差异点则在于圣人养生还深受社会性的影响，圣人在顺应自然的同时，往往又不得已而为人事。故庄子以为这就是“动以不得已之谓德”的圣人之德。而全人却能超脱社会，顺自然而遗忘人事的有为，但并非是不得已而为人事，即无为人事，使人事在遗忘中化解为自然，达到天人合一的境界。庄子通过圣人与全人的养生无非是表明，自己既否定世俗追求，又否定有意地追求超脱，主张一切都要合乎自然。

……………………………………

介者拸画[1]，外非誉也；胥靡[2]登高而不惧，遗死生也。夫复謵不馈而忘人[3]，忘人，因以为天人矣。故敬之而不喜，侮之而不怒者，唯同乎天和[4]

者为然。出[5]怒不怒则怒出于不怒矣；出为无为，则为出于无为矣！欲[6]静者平气，欲神则顺心。有为也欲当[7]，则缘于不得已[8]，不得已之类，圣人之道。

【注释】

[1]介者：断足者。拸(chǐ)：离弃。画：装饰。拸画：不拘法度。

[2]胥靡：囚徒、犯人。

[3]謵(xí)：惧怕。馈：同"愧"，负疚。

[4]同乎天和：同于天德。

[5]出：超出。

[6]欲：要，打算。

[7]当：允当，合乎天道。

[8]缘：顺。不得已：无心应事。

【品读】

这段仍然讨论圣人与全人的修身养性。在道家看来，熟悉道而无内疚于己就能够忘却人事忘却人事，便可以因此而成为接近自然的天人了。道家指出扰乱人心的诸多情况，把养生之道归纳到"平气""顺心"的基本要求上来。全人像昆虫鸟兽一般已安于自然，合于自然，已无知社会与自然的区别。这"天人"实际上就是全人的形象。全人由于对社会性的遗忘，故无怒无喜，"唯同乎天和者为然"。总之，圣人的养生之道是现实性的不得已的自然追求，全人的养生之道则是超现实的顺心无为的自然理想憧憬。因而庄子以圣人为自然养生的现实目标，以全人为自然养生的理想目标。

徐无鬼第二十四

徐无鬼因女商见魏武侯[1]，武侯劳[2]之曰："先生病[3]矣！苦于山林之劳[4]，故乃肯见于寡人[5]。"徐无鬼曰："我则劳于君[6]，君有何劳于我！君将盈耆欲[7]，长好恶[8]，则性命之情之守病矣[9]；君将黜[10]耆欲，掔[11]好恶，则耳目病[12]矣。我将劳君，君有何劳于我[13]！"武侯超然不对[14]。

【注释】

[1]徐无鬼：人名，姓徐，名无鬼，缗山人，战国时魏国隐士。因：通过。女(rǔ)商：魏国大臣，姓女，名商。魏武侯：名击，魏文侯之子。

[2]劳：慰劳。

[3]病：贫困。

[4]劳：劬劳、劳苦。

[5]寡人：古代国君的自称。

[6]君：指魏武侯。

[7]盈：满足。耆欲：爱好和欲望。耆，同"嗜"。

[8]长(zhǎng)：增加。好恶：爱憎。

[9]性命之情：性命的实质。病：坏，被伤害。

[10]黜(chù)：减损、废弃。

[11]掔(qiān)：通"牵"，引申为排除。

[12]病：困苦。

[13]有何：有什么。

[14]超然：若有所失的样子。超，通"怊"，失意。

【品读】

这段文字写了远离真性的可悲国君。魏武侯乃魏文侯之子，没有其父的雄才大略。武侯请隐士徐无鬼，二人对话。徐无鬼先引导他作为一国之君不要为各种奢欲所累，发现武侯听了没兴趣，不做声，才话锋一转，谈相狗相马。权力是人类自然真性异化的产物。掌握权力、居最高地位的国君，距离自然真性最远。因而从人的自然真性角度看，国君最缺乏自然真性，是最可悲的人。

少焉，徐无鬼曰："尝语君[1]，吾相[2]狗也。下之质[3]，执饱而止[4]，是狸德也[5]；中之质，若视日[6]；上之质，若亡其一[7]。吾相狗又不若吾相马也。吾相马：直者中绳[8]，曲者中钩[9]，方者中矩[10]，圆者中规[11]。是国马[12]也，而未若天下马[13]也。天下马有成材[14]，若恤[15]若失，若丧其一[16]。若是[17]者，超轶[18]绝尘，不知其所[19]。"武侯大悦[20]而笑。

【注释】

[1]尝：尝试。语君：告诉君主。

[2]相(xiàng)：观察相貌。

[3]下之质：下等的品格。质，材质、质地。

[4]执：守。止：了事，指满足。

[5]狸：山猫。德：德行。

[6]视日：比喻看得高远。

[7]亡：指亡失。一：指身体。

[8]直者中(zhòng)绳：直的如中绳墨。

[9]曲者中钩：说明马跑得能如中钩那样弯曲。中，符合。

[10]方者中矩：指马跑的路线正像方形一样。

[11]圆者中规：指马跑的路线正像圆形一样。

[12]国马：国中好马。

[13]天下马：天下之冠的好马。

[14]成材：一种无须训练的天然性能。

[15]若恤：若有忧思之意。恤，忧。

[16]若丧其一：情性静寂专一。

[17]是：这。

[18]超轶(yì)：超越。

[19]不知其所：不知去向。

[20]说(yuè)：通"悦"，高兴。

【品读】

本段主张无为政治。徐无鬼说的相狗相马术，狗分三种，马分两种。实质就是儒、道之分。无论是敢于直视烈日之中质狗，还是谙熟马场之道的国马，都是希望修身齐家治国平天下的儒家化身，而那好像失去了自己，"若亡其一"的狗，或那出入无形、"若丧其一"的马，才是道家的身影。徐无鬼没有直接说出自己的见解而是拐弯抹角地借比喻表达出自己的意思，实现无为政治正是其所期望的。谈相狗相马这个话题其实也不一定武侯真感兴趣，但可以唤起武侯内心的本真，因而能博武侯"大悦而笑"。

徐无鬼出，女商曰：“先生独何以[1]说吾君乎？吾所以说吾君者，横说之则以《诗》《书》《礼》《乐》，从说之则以《金板》《六韬》[2]，奉事而大有功者不可为数[3]，而吾君未尝启齿[4]。今先生何以说吾君，使吾君说[5]若此乎？”徐无鬼曰：“吾直告之吾相狗马耳。”女商曰：“若是乎？”曰：“子不闻夫越之流人[6]乎？去国[7]数日，见其所知[8]而喜；去国旬[9]月，见所尝见于国中者喜；及期年[10]也，见似人[11]者而喜矣。不亦去人滋[12]久，思人[13]滋深乎！夫逃虚空者[14]，藜藋柱乎鼪鼬之径[15]，踉位其空[16]，闻人足音跫然而喜矣[17]，又况乎昆弟亲戚之謦欬其侧者乎[18]！久矣夫，莫以真人之言謦欬吾君之侧乎！”

【注释】

[1]何以：以什么。

[2]从：通“纵”。《金板》《六韬》：兵书名称。

[3]数(shǔ)：计算。

[4]启齿：微笑。

[5]说：通“悦”。

[6]流人：流放的人。

[7]去：离。国：国都。

[8]所知：所认识的人。

[9]旬：十日为一旬。

[10]期年：周年。

[11]似人：似所认识的人。

[12]滋：益、越。

[13]思人：思念故人。

[14]逃虚空者：逃到荒凉之地的人。

[15]藜藋(lí diào)：灰菜。柱：塞。鼪鼬(shēng yòu)：黄鼠狼。径：往来。

[16]踉：踉跄。位：处。空：空地。

[17]足音：走路的声音。跫(qióng)：脚步声。亲戚：父母。

[18]謦欬(qīng kài)：咳嗽，引申为言说。

【品读】

本段说明切入人性本真的交谈艺术。隐士徐无鬼用相马之术引发魏武侯的喜悦，借此讥讽诗、书、礼、乐的无用。徐无鬼是通过女商引见才得一见魏武侯，但竟用相马之术令“武侯大悦而笑”，令人好奇。徐无鬼道出了其中玄机：武侯位极权高，却高处不胜寒，整天听到的都是文臣武将横说用《诗》

《书》《礼》《乐》，纵说用《金板》《六韬》兵书的文韬武略，却难以听到普通人养猫遛狗这类闲侃的话题，但这恰是人的本真所在。找到了人的本真，就找到了兴趣点。像徐无鬼那样，找到对方喜欢的话题，切入人性中共有的本真，就更容易产生共鸣。这实际上是道家人性自然的体现。

徐无鬼见武侯，武侯曰："先生居山林，食芧栗[1]，厌[2]葱韭，以宾寡人[3]，久矣！夫今老邪[4]？其欲干酒肉之味邪[5]？其寡人亦有社稷之福邪[6]？"徐无鬼曰："无鬼生于贫贱，未尝敢饮食君之酒肉，将来劳君[7]也。"君曰："何哉！奚劳寡人？"曰："劳君之神与形。"武侯曰："何谓邪？"徐无鬼曰："天地之养也一[8]，登高[9]不可以为长，居下[10]不可以为短。君独为万乘之主，以苦一国之民，以养耳目鼻口，夫神者不自许也[11]。夫神者，好和而恶奸[12]。夫奸，病也，故劳[13]之。唯君所病之何也[14]？"

【注释】

[1]芧（xù）栗：橡子。《齐物论》有"狙公赋芧"。

[2]厌：通"餍"，饱食。

[3]宾寡人：摈弃我，指不做官。宾，通"摈"，弃。

[4]夫今老邪：犹其今老邪。

[5]干：求。酒肉之味：指代官位。

[6]其：岂。社稷：国家。

[7]将来劳君：要来慰劳君主。

[8]天地之养也一：天地养育万物是一视同仁的。

[9]登高：指住在上。

[10]居下：指住在下。

[11]神者：指心神。自许：自身感到舒服。许，可。

[12]和：平和，指和于德。奸：乱，指与道相悖。

[13]劳：劳其形。

[14]所：所以。病之：病在这里。

【品读】

本段批判了有为的思想和有为的政治。庄子目睹了国君暴虐无道与国家遭受的创伤，再加上群雄争霸而发动的无数次战争，人民苦不堪言。他借徐无鬼之口批判武侯，指出天地的养育之功是一视同仁的，你作为万乘之君，奴役一国人民，用以奉养耳目鼻口的私欲，这是背道而行，才导致心神不能自得。庄子实际指出当世国君的有为做法实质上是在害民，只有"应天地之情"、自然无为，才真正是"社稷之福"。

武侯曰："欲见先生久矣！吾欲爱民而为义偃兵[1]，其可乎？"徐无鬼曰："不可。爱民，害民之始[2]也；为义偃兵，造兵之本也。君自此为之，则殆[3]不成。凡成美[4]，恶器也。君虽为仁义，几且伪哉[5]！形固造形[6]，成固有伐[7]，变固外战[8]。君亦必无盛鹤列于丽谯[9]之间，无徒骥于锱坛之宫[10]，无藏逆于得[11]，无以巧胜人，无以谋胜人，无以战胜人。夫杀人之士民，兼人之土地，以养吾私与吾神者，其战不知孰善？胜之恶乎在？君若勿已矣！修胸中之诚，以应天地之情而勿撄[12]。夫民死已脱矣，君将恶乎用夫偃兵哉！"

【注释】

[1]偃兵：放下兵器。

[2]害民之始：指将古代战争说成是爱民，实则害民的开始。

[3]殆：危险。

[4]成美：指建立爱民为义的好名声。

[5]几且：近乎。伪：虚伪。

[6]形固造形：谓一种情势必致另一种情势。形，形势。固，必。造，造成、导致。

[7]成固有伐：成指造成的形迹。有伐，夸耀。

[8]变：变乱。外战：公开战争。

[9]丽谯：高楼。

[10]无：毋。徒：步兵。骥：骑兵。锱坛：祭坛。

[11]无藏：不要私藏。逆：矛盾。得：通"德"。

[12]撄：扰乱。

【品读】

本段主张君主修心以顺情，无以战而害民。战国时代，战乱不休，攻伐不已，战是这个时代的特色与主题。正如孟子所言："争地之战，杀人盈野；争城以战，杀人盈城。"①有鉴于此，武侯表示"吾欲爱民而为义偃兵"，庄子借徐无鬼之口明确指出这种说法是不恰当的。在道家看来，放弃战争是理所当然的，是人的本能，也是义务，没有人有资格打着爱民的旗号去放弃战争。

老庄道家对于爱民与王权的认识稍有差别。老子主张"民本主义"与爱民，肯定王权的存在，"圣人常善救人，而无弃人"②"圣人常无心，以百姓为心"③等均强调统治者爱民。但庄子则主张"人本主义"与爱人，否定王权的存在，认为统治者必须放弃王权之治，停止攻伐战争，不求仁义之名，保障人

---

① 《孟子·离娄上》。

② 《老子》第二十七章。

③ 《老子》第四十九章。

类个体的自然生命。倘若统治者因“爱民”“为义”而“偃兵”，就必然会助长和强化王权的存在，导致更大的战争。因而在庄子看来，爱民是害民的开始，为义偃兵是制造战争的祸根。

黄帝将见大隗乎具茨之山[1]，方明为御[2]，昌寓骖乘[3]，张若、謵朋前马[4]，昆阍、滑稽后车[5]。至于襄城之野[6]，七圣皆迷[7]，无所问涂[8]。适[9]遇牧马童子，问涂焉，曰：“若[10]知具茨之山乎？”曰：“然”。“若知大隗之所存乎？”曰：“然”。黄帝曰：“异哉小童！非徒[11]知具茨之山，又知大隗之所存。请问为天下。”小童曰：“夫为天下者，亦若此而已矣，又奚事焉！予少而自游于六合之内[12]，予适有瞀[13]病，有长者教予曰：‘若乘日之车而游于襄城之野。’今予病少痊[14]，予又且复游于六合之外。夫为天下亦若此而已。予又奚事焉！”黄帝曰：“夫为天下者，则诚非吾子之事，虽然，请问为天下。”小童辞。黄帝又问。小童曰：“夫为天下者，亦奚以异乎牧马者哉！亦去其害马者而已矣！”黄帝再拜稽首[15]，称天师而退[16]。

【注释】

[1]大隗(tài wěi)：亦作“泰隗”，古时至人形象。具茨(cí)：山名，又名“大隗山”，在今河南密县东。

[2]方明：虚构的人物，指明白之人。御：驾车、赶车。

[3]昌寓：虚构的人物，指盛美之人。骖乘：同车作侍卫。

[4]张若：虚构的人物，指张大之人。謵(xí)朋：本作“謵明”，指知识广博之人。

[5]昆阍：虚构的人物，指守混同者。昆，同阍守。滑稽：虚构的人物，指言辞雄辩不穷者。

[6]襄城：今河南襄城。野：远郊。

[7]七圣：指前述六人加黄帝为七圣。迷：迷途不知返。

[8]涂：路。

[9]适：时逢、恰巧。

[10]若：你。

[11]徒：只

[12]六合之内：人世间。

[13]瞀：眼花。

[14]痊：病愈。

[15]稽(qǐ)首：叩头点地。

[16]天师：天道之师。退：退回、返还。

【品读】

本段宣扬了因任自然的无为政治主张。黄帝等七圣外出寻找有道之人，不幸迷途，特向牧马小童问路，见其出口不凡，于是向他请问为政之道。小童所言正是无为政治。而且小童所谈的无为政治既包含自然无为，又包含超自然无为，十分高深。其中的“六合之内”即在人世间中，能游于人类群居以外的自然之野，是指自然无为政治。更高级的是“游于六合之外”，即游于超自然物外的精神领域，这就是超自然性的无为政治。然而，黄帝作为社会有为的圣人对小童所言之无为政治道理却感到茫然。于是又“请问为天下”事。在小童看来，为政如牧马任其吃草与寻欢，随其奔腾与叫号，但要注意清除那些有为的害群之马。在此，道家所要清除的“害马者”不仅指邪恶的犯罪行为，而是也包括圣人、仁义、管理机构、管理规章等内容。这种最简便的为政之道被黄帝所领会。这实际上是道家以自然无为的童真对社会有为成熟的否定。

知士无思虑之变则不乐[1]，辩士无谈说之序则不乐[2]，察士无凌谇之事则不乐[3]：皆囿于物者也[4]。招世之士兴朝[5]，中民之士荣官[6]，筋力之士矜难[7]，勇敢之士奋患[8]，兵革[9]之士乐战，枯槁之士宿名[10]，法律之士广治[11]，礼教之士敬容[12]，仁义之士贵际[13]。农夫无草莱之事则不比[14]，商贾无市井之事[15]则不比，庶人有旦暮之业则劝[16]，百工有器械之巧则壮[17]。钱财不积则贪者忧，权势不尤则夸者悲[18]，势物[19]之徒乐变。遭时有所用[20]，不能无为[21]也，此皆顺比于岁[22]，不物于易者也[23]。驰其形性[24]，潜之万物[25]，终身不反[26]，悲夫！

【注释】

[1]知士：指搞智谋的人。变：灵活变换。

[2]辩士：善于言谈的人。序：层次。

[3]察士：善于洞察的人。凌谇：凌辱、责骂。

[4]句意为：以上几种人皆是被名利之类的东西所束缚。囿，束缚、局限。

[5]招世之士：呼民救世的人。兴朝：振兴朝政。

[6]中民：理民。中，正。荣官：以官爵为显荣。

[7]筋力：身体强壮有力。矜：自夸、自豪。

[8]奋患：奋力除患。

[9]兵革：使兵器穿战袍。

[10]枯槁之士：隐士。宿名：守名。

[11]法律之士：善于法律的人。广治：以治术自广。

[12]敬容：注重仪式。

[13]贵际：重视交际。

[14]草莱：开垦田地。比：亲和。

[15]市井之事：即买卖。
[16]旦暮之业：日常的工作。劝：努力。
[17]百工：指各种手工业。巧：技巧。壮：气壮。
[18]尤：异，出众。夸者：自大者。
[19]势物：权利。
[20]遭时有所用：不埋没长处。
[21]不能无为：不能无所作为。
[22]顺比：投合。比：从。岁：时。
[23]物：外物控制。易：变化、变易。
[24]形性：身心。
[25]潜：沉没。之：于。
[26]反：通"返"，返回本性。

【品读】

本段批评事事"皆囿于物"的人。社会的构成十分复杂，它有各种人，从事各种行业，表现各种特点，追求各种关系，进行各种争斗。庄子为此而特别描绘了一幅人间百态图，包括士农工商官学兵以及市井无赖与势利之徒。庄子认为，知士、辩士、察士等，每一类人都沉溺于自己的追求中而不能自拔，这就是受到世俗价值标准的拘限，他把这样的人称为"天之戮民"。他们没有了自然的纯一、轻松与和谐，遭受各种的苦难与负累，是人性自我异化的结果。因而世人囿于物，终身害性不醒悟。在此，庄子意在唤醒世人的觉悟，企盼人们摆脱外物的负累和社会的缠绕，逃出可悲的人世苦海，重新获得作为真人的自然本性。

庄子曰："射者非前期而中谓之善射[1]，天下皆羿[2]也，可乎？"惠子曰："可。"庄子曰："天下非有公是[3]也，而各是其所是[4]，天下皆尧也，可乎？"惠子曰："可"。庄子曰："然则儒、墨、杨、秉[5]四，与夫子为五，果孰[6]是邪？或者若鲁遽[7]者邪？其弟子曰：'我得夫子之道矣！吾能冬爨[8]鼎而夏造冰矣！'鲁遽曰：'是直以阳召阳，以阴召阴，非吾所谓道也。吾示子乎吾道。'于是为之调瑟，废一于堂，废一于室，鼓宫宫动，鼓角角动，音律同矣！夫或改调一弦，于五音无当也，鼓之，二十五弦皆动，未始异于声而音之君已！且若是者邪！"惠子曰："今夫儒、墨、杨、秉，且方与我以辩，相拂以辞[9]，相镇以声[10]，而未始吾非[11]也，则奚若[12]矣？"庄子曰："齐人蹢子于宋者[13]，其命阍也不以完[14]，其求钘钟也以束缚，其求唐子也而未始出域[15]，有遗类[16]矣！夫楚人寄而蹢阍者，夜半于无人之时而与舟人斗，未始离于岑[17]而足以造于怨也。"

【注释】

[1]期：约。前期：预定。

[2]羿：人名，即善射者后羿。

[3]公是：公认的是非标准，公理。

[4]各是其所是：各人肯定自己所认为是对的。

[5]秉：公孙龙的字。

[6]孰：谁。

[7]鲁遽：人名，周初人。

[8]爨(cuàn)：烧。

[9]相拂：相互反驳。拂：违戾。

[10]镇：压。声：名声。

[11]吾非：非吾，即说明我不对。

[12]奚若：怎么样、何如。

[13]蹢(zhí)：通"擿"，投、放。宋：宋国。

[14]命：命令，任命。阍：看守大门的人。不以完：不使他完其管钥。

[15]唐子：失亡之子，丢掉的儿子。域：借为"阈"，门限之内。

[16]遗类：遗失伦类，违反常理。

[17]岑(cén)：岸。

【品读】

本段说明天下无定准，批评众家辩难。通过庄子和惠子的对话，指出天下并没有共同认可的是非标准，从而批评了各家"各是其所是"的态度。在道家看来，自然界中没有定准，"万物遂生""草木遂长"①，万事万物毫无目的、毫无规范、自由自在地生老病死。而在人世间，有智有为者偏要自作聪明，制定出各种目标与准则，再拼命地追逐其目标、遵循其准则，结果无异于作茧自缚，给自己招来了无穷的烦恼和痛苦。庄子在此批判了有为的思想和有为的政治。有鉴于此，庄子从天下无定准的自然角度出发，驳斥有智有为者自作自受的无谓目标与准则。

战国时代，百家争鸣，"各是其所是"，谁都认为自己是正确的，如同弹瑟，有人为的定音，则以为有不同的音调。但倘若略更一弦，使五音混同，则皆不过是声音而已。因而所谓定准，都是人类的主观假定，是没有可靠根据的，人类不要被自我定准所束缚，应该随行无定准的无为之事。在道家看来，人类只有彻底地抛弃自我定准与囿域，才能获得无穷广阔的自我生命的自然空间。

---

① 《庄子·马蹄》。

庄子送葬，过惠子之墓，顾谓从者曰："郢人垩慢其鼻端若蝇翼[1]，使匠石斫之[2]。匠石运斤成风[3]，听而斫之，尽垩而鼻不伤，郢人立不失容[4]。宋元君[5]闻之，召匠石曰：'尝试为寡人为之。'匠石曰：'臣则尝能斫之。虽然，臣之质[6]死久矣。'自夫子之死也，吾无以为质矣，吾无与言之矣！"

【注释】

[1]郢人：一位泥水匠人。郢，楚国国都。垩(è)：白灰。慢：通"漫"，涂。

[2]匠石：匠人，名石。斫(zhuó)：砍。

[3]运：挥动。斤：斧。成风：指动作快。

[4]失容：失色。

[5]宋元君：宋国国君。

[6]质：对手。

【品读】

本段表达了庄子对惠施的怀念。惠子与庄子是好友，他们的思想在有为与无为、社会与自然之间相左相摩，进行着默契而友好的广泛争辩。故当惠子早于庄子去世后，庄子深感自己失去了一位唯一能够与之默契交流的辩友。于是庄子用匠人斫垩来比喻说明自己失去知音的悲伤。郢人信赖工匠，才敢让工匠削去鼻子尖上的污垢，并在工匠的利斧挥动之下，面不改色心不跳。这是工匠发挥其卓越本领所必不可少的重要条件。斫者与被斫者都同样了不起，失去了任何一方都不能成功。故庄子与惠子如同匠石与郢人，双方的对立与配合是自然和谐和天衣无缝的。

管仲有病，桓公问之，曰："仲父之病病[1]矣，可不讳云，至于大病[2]，则寡人恶乎属国而可[3]？"管仲曰："公谁欲与？"公曰："鲍叔牙[4]。"曰："不可。其为人洁廉[5]，善士也；其于不己若者不比之[6]；又一闻人之过，终身不忘。使之治国，上且钩[7]乎君，下且逆乎民[8]。其得罪于君也将不久矣！"公曰："然则孰可？"对曰："勿已则隰朋[9]可。其为人也，上忘而下畔[10]，愧不若黄帝，而哀不己若者[11]。以德分人[12]谓之圣，以财分人谓之贤。以贤临人[13]，未有得人者也；以贤下人[14]，未有不得人者也。其于国有不闻也，其于家有不见也。勿已则隰朋可。"

【注释】

[1]病病：病重。

[2]大病：死。

[3]恶(wū):怎么。属(zhǔ):同“嘱”,托付、嘱托。国:指国政。

[4]鲍叔牙:姓鲍,名叔牙,齐国大夫。

[5]洁廉:清白廉洁。

[6]不己若:不若己,不如自己。比:亲近。

[7]钩:曲、违背。

[8]逆乎民:违逆民意。

[9]隰(xí)朋:姓隰,名朋,齐国贤臣。

[10]上忘:对上无心窥察,无心计较。下畔:对下友善,不逆民意。

[11]愧:惭愧。哀:怜爱。

[12]以德分人:以美德影响别人。

[13]以贤临人:以贤自居,居高临下对待别人。

[14]以贤下人:虽然自己贤能,但能谦逊待人。

【品读】

本段阐述无为而治的主张。通过管仲和桓公的对话,借推荐隰朋阐述了无为的观点,宣扬了因任自然的无为政治主张。管仲与鲍叔牙的友谊事迹在中国历史上有口皆碑。但在政治性格方面,二人却存在差异。管仲深谙无为之道,而鲍叔牙却是个生性有为之人。他治理国政,对上要拘束君主,对下要讳逆民意。于是管仲临终前嘱咐齐桓公,不要把国政交给鲍叔牙,以免因他生性有为而获罪于国君和危害百姓。他推荐了另一位与自己素无交情的隰朋,因为隰朋无为、谦卑、不计较、不逆民意、不一意孤行,认为国君若确实不得已的话,则可启用他。总之,从无为政治立场而言,管子不徇私情,希望通过维护政治无为以保障民众生命免受灾难,故反对鲍叔牙有为而提倡隰朋无为。有为是祸乱之首,灾难之源,而无为则是生命安全的保障。

吴王浮于江[1],登乎狙[2]之山。众狙见之,恂然弃而走[3],逃于深蓁[4]。有一狙焉,委蛇攫搔[5],见[6]巧乎王。王射之,敏给博捷矢[7]。王命相者[8]趋射之,狙执死[9]。王顾谓其友颜不疑[10]曰:“之狙也,伐[11]其巧、恃其便以敖予[12],以至此殛[13]也。戒之哉!嗟乎!无以汝色骄人哉[14]?”颜不疑归而师董梧[15],以锄其色,去乐辞显[16],三年而国人称之。

【注释】

[1]吴王:吴国君主。浮:泛舟。

[2]狙(jū):猕猴。

[3]恂(xún):恐惧、害怕。弃:弃地。走:跑,逃跑。

[4]深蓁:荆棘丛。蓁,通“榛”。

[5]委蛇：同“委迤”，转来转去。攫搔(jué zǎo)：攀搏抓取。

[6]见：通“现”。

[7]敏给：敏捷。博捷：接取。矢：箭头。

[8]相(xiàng)者：随从打猎的人。

[9]执死：抱树而死。

[10]颜不疑：人名。

[11]伐：夸、矜。

[12]恃：依靠。便：轻便。敖：通“傲”。予：我。

[13]殛：死。

[14]汝：你。色骄：骄傲的态度。人：指别人。

[15]董梧：吴国的有道之士。

[16]去乐：去掉享乐。辞显：辞谢显贵。

【品读】

本段说明人不应有所自恃的道理。天下众物群生，皆有其存在和表现的自然限度。凡能客观地遵守其限度，就能自由安然；但凡要刻意地违背其限度，就会危险遭殃。但世间总有一些生灵偏偏要突出自己，表现自己，显示与众不同，超越自己的自然限度，结果就会招致自取灭亡的灾祸。庄子在此所举寓言：吴王游江，遇群猴，群猴惊恐逃窜，唯有一猕猴自以为从容自得，无所畏惧，在吴王面前逞能献巧，结果被人一箭射死。这只猕猴死的真正原因不是功夫不到家，而是过于夸耀。它夸耀自己的灵巧，仗恃自己的敏捷而蔑视吴王，以至受到惩罚而死。

中国人向来提倡保守含蓄，不主张过分展现自己的才能，更反对恃才自傲。俗语有“枪打出头鸟”“出头船先遇难”，说的是同一个道理，告诫世人不要过分表现，过分逞能。

南伯子綦隐几而坐[1]，仰天而嘘[2]。颜成子[3]入见，曰：“夫子，物之尤[4]也。形固可使若槁骸[5]，心固可使若死灰乎？”曰：“吾尝居山穴之中矣。当是时也，田禾一睹我[6]，而齐国之众三贺之[7]。我必先之[8]，彼故知之；我必卖之，彼故胄之。若我而不有之，彼恶乎得而知之？若我而不卖之，彼恶得而鬻[9]之？嗟乎！我悲人之自丧者，吾又悲夫悲人者，吾又悲夫悲人之悲者，其后而日远矣！”

【注释】

[1]南伯子綦：即南郭子綦。隐：凭靠。几：几案。

[2]嘘：吐气。

[3]颜成子：人名，《齐物论》作颜成子游。

[4]物之尤：人物之中出类拔萃的人。尤，最。

[5]形：形体、身体。槁骸：枯骨。

[6]田禾：齐太公和。睹：看。

[7]贺之：祝贺他。

[8]我必先之：我的名声必先于他。

[9]鬻(yù)：贩卖。

【品读】

本段阐述道为内在的无为之实。南伯子綦靠几案坐着，仰天吐气，颜成子赞其为出类拔萃的人。形体固然可以使他成为枯骨，心固然可以使他成为死灰一样。南伯子綦却感叹，穴居之士当未真正得道之时，不过只是表面上的形体可成为枯骨，却未能心为死灰一样。因而他只得表面的无为之名，张扬于外；但不得内在的无为之实，隐匿于内。故南伯子綦为此甚感悲哀。盗卖人可悲，但被盗卖的人又何尝不可悲。故穴居之士，有名无实，必然有这种可悲的结局。南伯子綦当从这可悲的事实中清醒过来后，就能获得内在的无为之实，即能日远于穴居的无为之名，到达内在"死灰"的无为无名的道的淡泊境界。到了这种境界，就不再会有可盗之名，亦无从可盗。

仲尼之[1]楚，楚王觞[2]之。孙叔敖[3]执爵而立。市南宜僚[4]受酒而祭，曰："古之人乎！于此言已。"曰："丘也闻不言之言[5]矣，未之尝言，于此乎言之。市南宜僚弄丸而两家之难解[6]，孙叔敖甘寝秉羽而郢人投兵[7]，丘愿有喙三尺[8]。"

彼[9]之谓不道之道，此[10]之谓不言之辩。故德总乎道之所一[11]，而言休[12]乎知之所不知，至矣。道之所一者，德不能同也。知之所不能知者，辩不能举[13]也。名若儒墨而凶矣[14]。故海不辞东流，大之至也。圣人并包天地，泽及天下，而不知其谁氏。是故生无爵，死无谥[15]，实不聚[16]，名[17]不立，此之谓大人[18]。狗不以善吠为良，人不以善言为贤，而况为大乎！夫为大不足以为大，而况为德乎！夫大备[19]矣，莫若天地。然奚[20]求焉，而大备矣！知大备者，无求，无失，无弃，不以物易己也。反己而不穷，循古而不摩[21]，大人之诚。

【注释】

[1]之：去、往。

[2]觞：酒器。此处用作动词，指敬酒。

[3]孙叔敖：楚庄王相，此时孔子尚未出生，此是庄子寓言。

[4]市南宜僚：即熊宜僚，居市南，故称"市南宜僚"，楚国勇士。

[5]不言之言:不说话的言论。

[6]弄丸:玩球。丸,球。两家之难:指楚白公胜欲作乱,请勇士市南宜僚帮忙,宜僚不怕威胁一直玩球,不从命,于是白公胜欲作乱未成,此即弄丸解两家之难。

[7]甘寝:安寝。秉:拿。羽:羽毛扇。投兵:投弃兵器,不打仗。

[8]愿有喙三尺:我的嘴没那么长,没那么多话可说。

[9]彼:指孙叔敖和市南宜僚。

[10]此:指孔子。

[11]总:归根结底。一:齐一。

[12]休:停止、休止。

[13]举:并举。

[14]名:名声。凶:危险。

[15]谥:谥号。

[16]实不聚:即不求利。实,实利。聚,收。

[17]名:概念。

[18]大人:指圣人。

[19]大备:体现了大。

[20]奚:何。

[21]句意为:遵循古人大道而行,永不息灭。

【品读】

本章探讨了无言的伟大。语言是人类交往的工具,也是统治者实行有为统治的渠道。但道家主张无为,反对有为,因而也反对有言的有为统治。在道家看来,自古至今,不言之道,无言的无为总是卓有成效的。其根据主要有六:一是古人无言。古人统治就像"受酒而祭"那样不说话。二是无言能够解除危难,停止战争。前者是说楚白公胜要作乱,杀令尹子西,请勇士市南宜僚去帮他,市南宜僚玩弄弹丸不说话,解决了两家的危难。后者是说楚令尹孙叔敖安寝摇扇不说话,而使楚人停止用兵。三是孔子希望自己无言,希望自己有三尺长的嘴不说话,此处的孔子主张无为,是道家代言人。四是圣人不言却功盖天下。圣人包容天地,恩泽天下,而人们却不知其姓名。五是衡量贤良的标准不在于能说会道。狗不因善叫便是良犬,人不因会说教便是贤人。六是天地不言却最大而完备。最大而完备的莫如天地,它没有什么追求。在庄子看来,知道大而完备的,是无所追求、无所丧失、无所舍弃,不用外物改变自己。返回自己的本性而不穷尽,因循常道行事而不磨灭,这就是"大人"的至诚无息。总之,不言是伟大的,统治者应以不言的方式实行无为之治。这就是庄子主张的不言真意。

子綦[1]有八子，陈[2]诸前，召九方歅[3]曰：“为我相吾子，孰为祥?”九方歅曰：“梱[4]也为祥。”子綦瞿然[5]喜曰：“奚若[6]?”曰：“梱也，将与国君同食以终其身。”子綦索然[7]出涕曰：“吾子何为以至于是极也?”九方歅曰：“夫与国君同食，泽及三族[8]，而况于父母乎！今夫子闻之而泣，是御[9]福也。子则祥矣，父则不祥。”子綦曰：“歅！汝何足以识之，而梱祥邪？尽于酒肉，入于鼻口矣，而何足以知其所自来[10]？吾未尝为牧而牂生于奥[11]；未尝好田而鹑生于宎[12]，若勿怪，何邪？吾所与吾子游者，游于天地，吾与之邀[13]乐于天，吾与之邀食于地。吾不与之为事，不与之为谋，不与之为怪。吾与之乘天地之诚，而不以物与之相撄[14]；吾与之一委蛇[15]，而不与之为事所宜。今也然有世俗之偿焉！凡有怪征者必有怪行。殆乎！非我与吾子之罪，几天与之也！吾是以泣也。”无几何，而使捆之于燕，盗得之于道，全而鬻[16]之则难，不若刖之则易。于是乎刖而鬻之于齐，适当渠公之街[17]，然身食肉而终。

【注释】

[1]子綦：即南伯子綦。

[2]陈：排列站着。

[3]九方歅(yīn)：人名，善相面。

[4]梱：人名，子綦的儿子，名梱。

[5]瞿然：惊喜、兴奋的样子。

[6]奚若：何如、为何。

[7]索然：流泪的样子。

[8]三族：父族、母族、妻族。

[9]御：抵制、拒绝。

[10]牧：放牧、畜牧。

[11]牂(zāng)：母羊。奥：屋的西南角。

[12]田：狩猎。宎(yāo)：屋的东南角。

[13]邀：同“激”，要求。

[14]相撄：相搅扰。

[15]委蛇：随顺。

[16]鬻：卖。

[17]渠公之街：街名。

【品读】

本段表述游于天地不跟外物相违逆的生活旨趣。子綦有八子，让人看相，看相人认为，其中梱最有福气，“与国君同食以终其身”。子綦听后却十分悲伤，认为这是最不祥之命。在他看来，真正有福气的人，应该是与天同食，顺随自然，游于天地，完全享受人性自然的自由生命。果不其然，梱最终路遇强盗，被抓去砍掉了手脚，卖到齐国，担任渠国公门正，终身食肉。可见梱虽然终身食肉，但残形丧性，永远失去了自由的天性，最为可悲。因而说“酒肉之祥不为祥”，无为淡泊是祥福。此处之“福”即指世俗的荣华富贵。这种“福”并非庄子所提倡追求的。正如《天下》篇所言：“人皆求福，己独曲全，曰苟免于咎。”这就鲜明地体现出庄子学派所谓“福”并不同于世俗之“福”。

啮缺[1]遇许由曰：“子将奚之[2]？”曰：“将逃尧。”曰：“奚谓邪？”曰，“夫尧畜畜然[3]仁，吾恐其为天下笑。后世其人与人相食与[4]！夫民不难聚也，爱之则亲，利之则至，誉之则劝，致其所恶[5]则散。爱利出乎仁义，捐[6]仁义者寡，利仁义者众。夫仁义之行，唯且无诚，且假乎禽贪者器[7]。是以一人之断制天下，譬之犹一覕[8]也。夫尧知贤人[9]之利天下也，而不知其贼天下也。夫唯外乎贤者[10]知之矣！”

【注释】

[1]啮(niè)缺：虚构的人物。《天地》云：“尧之师曰许由，许由之师曰啮缺。”

[2]子：你。奚：什么地方。之：去。

[3]畜畜然：不断追求的样子。

[4]与：通“欤”。

[5]恶(wù)：厌恶。

[6]捐：舍弃。

[7]句意为：提倡仁义等于给剥削者提供了工具。禽贪，像禽兽那样贪婪的人。器，工具。

[8]覕(piē)：借为“潎”，宰割。一说借为“瞥”，作暂见解。

[9]贤人：指行仁义的人。

[10]外乎贤者：无心为仁义的人。

【品读】

这段是对仁义的批判。庄子借许由避尧的故事，赞美了人民的天性禀性。在许由看来，仁义一旦普及，就会有人利用仁义去误导民众迷恋功名。他批评尧只知道贤人能给天下人带来好处，却不知道他们对天下人的残害。尧总是被庄子置于攻击的对象。在庄子看来，尧是天下大乱的祸首，大行有为于天下。其仁义的实行实际上是害民。因为仁义的实行导致了民争利之心的产生、亲爱之情的蔓延。更糟糕的是，仁义还将被卑鄙虚伪的统治者所利用，成为统治者束缚人民、维护私利的统治工具。可见，尧为仁义而不仁义，仁义是祸乱的根源。庄子这种反仁义的思想，归根结底还是反映了其无为政治思想的实质。

有暖姝[1]者,有濡需[2]者,有卷娄[3]者。所谓暖姝者,学一先生之言,则暖暖姝姝而私自说[4]也,自以为足矣,而未知未始有物也。是以谓暖姝者也。濡需者,豕虱[5]是也,择疏鬣长毛,自以为广宫大囿[6]。奎蹏曲隈[7],乳间股脚,自以为安室利处。不知屠者[8],之一旦鼓臂布草操烟火[9],而己与豕俱焦[10]也。此以域[11]进,此以域退,此其所谓儒需者也。卷娄者,舜也。羊肉不慕蚁,蚁慕羊肉,羊肉膻[12]也。舜有膻行,百姓悦之,故三徙成都,至邓之虚而十有万家[13]。尧闻舜之贤,举之童土[14]之地,曰:"冀得其来之泽。"舜举乎童土之地,年齿长矣,聪明衰矣,而不得休归,所谓卷娄者也。是以神人恶众至,众至则不比[15],不比则不利也。故无所甚亲,无所甚疏,抱德炀和[16],以顺天下,此谓真人。于蚁弃知,于鱼得计,于羊弃意。以目视目,以耳听耳,以心复心。若然者,其平也绳,其变也循。古之真人,以天待之,不以人入天。

【注释】

[1]暖姝(shū):心满意足的样子。

[2]濡需:苟且偷安。

[3]卷娄:犹倦劳,勤勤恳恳的样子。

[4]说:通"悦"。

[5]豕虱:猪身上的虱子。

[6]择:选择。鬣(liè):猪颈上的长毛。广宫:大宫殿。大囿:大园子。

[7]奎:两腿之间。蹏(tí):同"蹄"。曲隈(weī):猪身上皱折的深曲处。

[8]屠者:屠夫、杀猪者。

[9]鼓:奋举。操:拿起。

[10]焦:烧焦。

[11]域:界域、境域。

[12]膻:羊肉的气味。

[13]邓:地名。虚:通"墟"。而:则。有:又。

[14]童土:荒地。

[15]不比:无不结党营私。

[16]炀和:温和。

【品读】

本段批判了有为的思想和有为的政治。在庄子笔下,许由是无为的代表,不愿为尧所利用,而舜却是有为的代表,愿意为尧效力。因而许由得以全生,而舜却终身劳苦。于是庄子生动地描述了三种丧失真性的狭隘人:一是"暖昧者",即自美自得者,只学一家之言,就沾沾自喜,而不知道空虚无物。二是“濡需者”，即苟且偷安者，像猪身上的虱子，自以为是安居有利住所。殊不知，一旦屠夫宰猪，它也免不了死亡的命运。三是“圈娄者”，即劳形自苦者，就像舜那样，劳形自苦，跟随尧行仁义有为。然而仁义有为同羊肉带有膻味一样为蚂蚁所羡慕，舜有膻行，众人从之。在道家看来，这三种人都自限于外物，自累于外物，丧失了自我的内在的自然本性。尤其是舜为“膻行”所累，推行仁义，这不仅使自身劳形丧性，而且也使众民遭受苦难。道家批判三种不同的心态，提倡“无所甚亲”“无所甚疏”的态度。真人也只希望持守自然德性去顺从天下，用自然之道去对待人事。总之，庄子反对社会的褊狭陋见，反对舜的仁义“膻行”，但赞美自然的无为人生和自然的无为政治。

古之真人，得之也生，失之也死[1]；得之也死，失之也生：药也。其实堇也[2]，桔梗也，鸡痈[3]也，豕零也，是时为帝[4]者也，何可胜言！

【注释】

[1]得、失：指有无用药。

[2]实：指药物。堇：药名，又叫“紫堇”，有毒。

[3]鸡痈：鸡头草。

[4]帝：指主药。

【品读】

本段说明天道不可穷尽、顺应而已的道理。在道家看来，古代的真人，有得天道而生的，失掉天道就死；亦有得天道而死，失掉天道却生。这好比药材，其实不过就是乌头、桔梗、鸡头草、猪苓根等，这些药材，哪一味重要没有一个固定的标准，要根据不同的病情来选择和确定。这就说明天道是不可以穷尽的，没有一定之规，人只能顺应而已。

句践也以甲楯三千栖于会稽[1]，唯种[2]也能知亡之所以存，唯种也不知其身之所以愁[3]。故曰：鸱[4]目有所适，鹤胫有所节[5]，解之也悲。故曰：风之过，河也有损焉；日之过，河也有损焉；请只风与日相与守河，而河以为未始其撄也，恃源而往者也。故水之守土也审[6]，影之守人也审，物之守物也审。故目之于明也殆，耳之于聪也殆，心之于殉也殆，凡能其于府[7]也殆，殆之成也不给改。祸之长也兹萃[8]，其反也缘功，其果也待久。而人以为己宝，不亦悲乎！故有亡国戮民无已[9]，不知问是也。故足之于地也践[10]，虽践，恃其所不蹍而后善博也[11]；人之于知也少，虽少，恃其所不知而后知天之所谓也。知大一[12]，知大阴[13]，知大目[14]，知大均[15]，知大方[16]，知大信[17]，知大定[18]，至矣！大一通之，大阴解之，大目视之，大均缘之，大方体之，大信稽之，大定持之。尽有天，循有照，冥有枢，始有彼。则其解之也似不解之者，其知之也似不知之也，不知而后知之。其问之也，不可以有崖，而不可以无崖。颉滑[19]有实，古今不代[20]，而不可以亏，则可不谓有大扬搉[21]乎！阅不亦问是已，奚惑然为！以不惑解惑，复于不惑，是尚尚大不惑。

【注释】

[1]句(gōo)践：越国国君。甲楯：披甲执盾，此指士兵。会稽：山名，在今浙江境内。

[2]种：即文种，越国大夫。

[3]愁：悲。

[4]鸱(chī)：猫头鹰。

[5]胫：小腿。节：节度、分寸。

[6]审：安定。

[7]府：即灵府，指心脏。

[8]兹：通“滋”，多。萃：集。

[9]戮：杀。无已：无止境。

[10]践：通“浅”。

[11]蹍：践。善博：安善广博。

[12]大一：贯通为一，此指万物之根本性质。

[13]大阴：绝对的静寂。乃事物尚未显现之本质。

[14]大目：大道的观点，即靠心灵直面自然的真知。

[15]大均：运动中自然的平衡。

[16]大方：指顺应自然的变化。

[17]大信：大道纯真而没有虚伪的性质。

[18]大定：大道定于天下自在。

[19]颉滑：错乱复杂的样子。

[20]不代：指大道的核心不变。代，变化。

[21]大扬搉：大体轮廓。

【品读】

本章探讨启用心智的利与弊，阐述自然无为的政治思想。庄子认为，人的心智表现有两种不同的利弊之分：一种是社会性的心智，即用心智来处理社会性的问题，则有诸多弊端。因为在处理社会性问题时，启用心智，无论是过于褊狭还是过于聪慧都是不利的。如当勾践率领三千士兵困守于会稽时可以与文种共赴国难，也唯有文种不知道自身未来的忧患。就好像猫头鹰的眼睛到了白天就失去功能，仙鹤的长腿到了灌木从中就成了累赘。文种效忠于越王勾践，其心智能知国家在行将灭亡中求得生存的谋略，却不知自身潜藏着灭亡的危难。可见其心智中隐伏着褊狭，故难免自身无祸。一切社会心智都是危险的，等到危险来临则后悔莫及。另一种是自然性的心智。人的心智认识虽然有限，但认识自然、理解大道，尚须靠有限的心智来达到。因为通过有限的心智，人可以知道绝对的同一，知道绝对的阴静，知道绝对的道观，知道大道的均衡作用，知道大道的包容，知道大道的取信不妄，知道大道的安定。用大一来贯通，大阴来化解，大目来观照，大均来遂顺，大方来体悟，大信来核实，大定来持守，从而维持天下万物的和谐。总之，自然性的心智以自然物为认识对象，以无心智为真性，它顺应于自然而无刻意追求，能参悟宇宙的大道。归根结底，庄子否定社会性心智，肯定自然性心智，其根本目的是为了阐述其自然无为的政治思想。

则阳第二十五

则阳游于楚[1]，夷节言之于王[2]，王未之见。夷节归。彭阳见王果[3]曰："夫子何不谭[4]我于王？"王果曰："我不若公阅休[5]。"彭阳曰："公阅休奚为者邪？"曰："冬则擉[6]鳖于江，夏则休乎山樊[7]。有过而问者，曰：'此予宅[8]也。'夫夷节已不能[9]，而况我乎！吾又不若[10]夷节。夫夷节之为人也，无德而有知[11]，不自许[12]，以之神[13]其交，固颠冥乎富贵之地[14]。非相助以德[15]，相助消[16]也。夫冻者假衣于春[17]，暍[18]者反冬乎冷风。夫楚王之为人也，形尊而严；其于罪也，无赦如虎[19]；非夫佞人[20]正德，其孰能桡焉[21]！故圣人其穷也，使家人忘其贫；其达也，使王公忘爵禄而化卑[22]；其于物也，与之为娱矣；其于人也，乐物之通而保己焉。故或不言而饮人以和[23]，与人并立[24]而使人化。父子之宜，彼其乎归居[25]，而一闲其所施[26]。其于人心者若是其远也。故曰：'待公阅休。'"

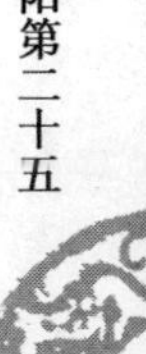

【注释】

[1]则阳：姓彭，名阳，字则阳，鲁国人。楚：楚国。

[2]夷节：姓夷，名节，楚国大臣。言：介绍。王：楚王。

[3]王果：楚国大夫。

[4]谭：通"谈"，推荐、介绍。

[5]公阅休：姓公阅，名休，楚国隐士。

[6]擉(zhuō)：通"戳"，刺。

[7]休：休息。山樊：即山脚。樊，借为傍。

[8]予宅：我的住处。

[9]不能：指不能介绍给楚王。

[10]不若：指交际手腕不及。

[11]句意为：未得道而有智慧。知，通"智"。

[12]不自许：自己没有一定的信念。许，信。

[13]神：神奇，神化。

[14]颠冥：神情颠倒。把富贵看成是什么也没有。

[15]非：不能。相助：帮助。

[16]消：消除鄙贱吝惜的心意。

[17]冻者：受冻的人。假：借助。春：春天的温暖。

[18]暍(yē)：中暑。

[19]赦：赦免、宽恕。如虎：凶狠。

[20]佞人：有才能的人。正德：有纯正的道德。

[21]桡(náo)：通“挠”，屈服、矫正。

[22]化卑：变得卑谦。

[23]饮人以和：以和顺的态度待人。

[24]与人并立：与人相处不用多长时间。

[25]彼其：叠词，即彼、他。归居：隐居。

[26]一闲：一切出于闲暇无事。施：为事、施物。

【品读】

本段描述了三种有道与无道的人。一是无道的常人，如夷节。夷节没有德行，而有智巧，不自甘抱弃，以智巧神化自己的交结。说他无实德但有智巧，不甘寂寞，则以智巧神化他的交结，久已沉迷在富贵场中。二是失道的君人。如楚王生性如虎，凶残狠毒，丧失天道。楚王形貌尊严，对于罪过不加宽恕，犹如凶狠的老虎。不是有才能的人就能够端正他的德行，使他屈服。三是有道的圣人。如公阅休，以自然为生，以自然为游，以自然为居所，他得自然无为之道，能够清虚恬适地处世。圣人在穷困时能遗忘穷困；在通达时能同化高贵与卑贱。他与人与物能共处相待而保持真性，他无言却能以中和之道化人，他无事却能深入人心。

庄子一方面赞扬了得道者与有道者的品格，另一方面又揭示了失道者与无道者的表现。他认为有道之人，无言无为而无不为，能化己化人化万物。其对人心的感化是深远的。与此相反，无道者却有为有名有言，既不能化己又不能化人，完全沉溺于社会罗网之中，表现出或可怜或凶残或狡黠的形象。

圣人达绸缪[1]，周尽一体[2]矣，而不知其然[3]，性[4]也。复命[5]摇作，而以天为师[6]，人则从而命[7]之也。忧乎知[8]，而所行恒无几时[9]，其有止也若之何[10]！生而美者，人与之鉴[11]，不告则不知其美于人也。若知之，若不知之，若闻之，若不闻之，其可喜也终无已，人之好之亦无已，性也。圣人之爱人也，人与之名，不告则不知其爱人也。若知之，若不知之，若闻之，若不闻之，其爱人也终无已，人之安之亦无已，性也。旧国旧都，望之畅然。虽使丘陵草木之缗入之者十九[12]，犹之畅然，况见见闻闻[13]者也，以十仞之台县众间者也[14]。

【注释】

[1]达：通达。绸缪(móu)：纠葛、缠绵。

[2]周尽一体：调合得完全一致。周，合。

[3]不知其然：不知道它的所以然，因出于自然。

[4]性：自然本性。

[5]复命：复归于真性。

[6]以天为师：以天为宗，即以道为大宗师，以自然为主。

[7]命：名、称呼。指称呼为圣人。

[8]优乎知：为自己所知事而担忧。

[9]恒：常。无几时：没有多少时间。

[10]其有止也若之何：若之何其有止的倒文。

[11]鉴：鉴别、评价。

[12]缗(mín)：混朦不清。十九：十分之九。

[13]见见闻闻：眼前随处可见。

[14]句意为：圣人德行像丨仞高台悬立众人之间，无人不闻不知。

【品读】

本段讨论圣人无为无心和以道化人。庄子阐述了王公士人追求干禄而圣人追求无言之道。不用语言，返归本性，以道化人。能以天为师，效法大道，也就能获得大道，这样的人称为"圣人"。在道家看来，先天之道能如细丝般密密穿插缠绕，一体之内无处不到，这是其自然本性决定的。为道治身的行功过程，每行必要步步返回先天。后天之道返回先天，必须无为、不自矜、不自觉，自自然然，如美不自以为美，爱人不自以为爱人，这就是自然真性。旧国旧都，即是天然本性，这是后天见先天就像回到故乡一样亲切，言后天返回先天也就自自然然，顺理成章。庄子以为众人噩噩，离道日远，迷茫痛苦，有家难归。故远离大道的人是天涯浪子，终身漂泊，思念家乡。但圣人是得道之人，能看到自己的家乡，因而高兴。

冉相氏得其环中以随成[1]，与物无终无始[2]，无几无时[3]。日与物化[4]者，一不化者[5]也。阖尝舍之[6]！夫师天而不得师天[7]，与物皆殉[8]，其以为事也，若之何！夫圣人未始有天，未始有人，未始有始，未始有物，与世偕行而不替[9]，所行之备而不洫[10]，其合之也，若之何！

【注释】

[1]冉相氏：传说中远古帝王。其：天道。环中：枢纽、要领。

[2]句意为：混同万物，一齐变化。

[3]无几无时：指随成。

[4]日与物化：指外物随时变化。

[5]一不化者：指内心灵明不变化。

[6]句意为：从未舍离天道的要领。

[7]师天：效法自然。

[8]殉：丧失。

[9]不替：不改变虚无的态度。替，变。

[10]句意为：所作所为已达完备境地还不愿放弃。之，至。洫，泻。

【品读】

本段阐述圣人得道"环中"而无心的境界。"环中"在《齐物论》中出现过，"枢始得其环中，以应无穷"。此处"得其环中以随成"，郭象注云"居空以随物，物自成"。也就是说，一切任乎自然则能无为而无不为。在道家看来，圣人得道"环中"而无心，与外物契合相始终，无心无时，与时俱化，内心宁静空虚，与世同行而不中止，以完备而不陷弱，无心冥合，顺物成性。唐代司空图在诗品二十四则中，品其《雄浑》时言："超以象外，得其环中。"此"雄浑"境界的获得，必须超乎言象之外，而能得其环中之妙。其"环中"之说即源于《庄子》。

汤得其司御[1]，门尹登恒为之傅之[2]。从师而不囿[3]，得其随成。为之司其名，之名嬴法[4]得其两见[5]。仲尼之尽虑，为之傅之。容成氏[6]曰："除日无岁[7]，无内无外。"

【注释】

[1]司御：官名。

[2]门尹：官名。登恒：人名，姓登，名恒。傅：师傅。

[3]囿：局限、限制。

[4]之名嬴法：名法是多余的东西。

[5]得其两见：此指仲尼而言，两见犹两端。

[6]容成氏：传说是老子的老师。

[7]除日无岁：没有日就没有岁了。

【品读】

本段讲圣人得道无心，随物自成。庄子举例说明，人要不拘泥于所学，能够随顺而成。天涯浪子有为有心，得不到大道。圣人得道，顺物无穷。"除日无岁，无内无外"，没有时日就没有年岁，若内先无得，更何有外，没有内道（环中）无心，就不能顺外物以应无穷。这说明环中者，无心以握枢，故外能随成以任化。

魏莹与田侯牟约[1]，田侯牟背之，魏莹怒，将使人刺之。犀首公孙衍闻而耻之[2]，曰："君为万乘[3]之君也，而以匹夫[4]从仇。衍请受甲[5]二十万，为君攻之，虏其人民，系[6]其牛马，使其君内热发于背[7]，然后拔[8]其国。忌[9]也出走，然后抶[10]其背，折其脊。"

季子[11]闻而耻之，曰："筑十仞之城，城者既十仞矣，则又坏之，此胥靡[12]之所若也。今兵不起七年矣，此王之基也。衍，乱人也，不可听也。"

华子[13]闻而丑之，曰："善言伐齐者，乱人也；善言勿伐者，亦乱人也；谓'伐之与不伐乱人也'者，又乱人也。"君曰："然则若何？"曰："君求其道而已矣。"

惠子[14]闻之，而见戴晋人[15]。戴晋人曰："有所谓蜗[16]者，君知之乎？"曰："然"。"有国于蜗之左角者，曰触氏；有国于蜗之右角者，曰蛮氏。时相与争地而战，伏尸[17]数万，逐北旬有五日而后反[18]。"君曰："噫！其虚言与？"曰："臣请为君实之。君以意在四方上下有穷乎[19]？"君曰："无穷。"曰："知游心于无穷，而反在通达之国，若存若亡乎？"君曰："然"。曰："通达之中有魏，于魏中有梁[20]，于梁中有王，王与蛮氏有辩乎？"君曰："无辩。"客出而君惝然若有亡也[21]。

客出，惠子见。君曰："客，大人也，圣人不足以当之。"惠子曰："夫吹管也，犹有嗃[22]也；吹剑首[23]者，吷[24]而已矣。尧、舜，人之所誉也。道尧舜于戴晋人之前，譬犹一吷也。"

【注释】

[1]魏莹：魏惠王，名莹。田侯牟：齐威王。

[2]犀首：魏国官名，相当于后世的虎牙将军之类。公孙衍：姓公孙，名衍，魏国人。

[3]万乘：指大国。

[4]匹夫：一般平民。

[5]受甲：领兵。

[6]系：拴，引申为抢夺。

[7]内热：内心的热火。发于背：指在背部生毒疮。

[8]拔：攻克，消灭，吞并。

[9]忌：即田忌，齐国的将军。

[10]抶(chí)：鞭打。

[11]季子：魏臣，一说魏匠，又一说苏秦。

[12]胥靡：一作縃縻，古代的奴隶，用绳索拴着强迫他们劳动。

[13]华子：魏臣。

[14]惠子：惠施。

[15]戴晋人：魏国贤人。

[16]蜗：蜗牛。

[17]伏尸：横尸。

[18]逐北：追赶败兵。旬：十日。反：通“返”。

[19]以意在：用想细想一下。在，察。

[20]梁：魏都。

[21]惝然：恍惚不定的样子。亡：亡失。

[22]嗃(xiāo)：吹竹管的声音，声音大而长。

[23]剑首：剑环上的小孔。

[24]吷(xuè)：小声。

【品读】

本章阐述诸侯战争没有任何意义。在庄子那个时代，各诸侯国“争地而战”，互不相让，大家都在打着正义的旗号，其实在这种争斗中，谁都没有绝对正义可言。庄子在微观的层面把诸侯的战争想象为在蜗角之中的触蛮混战，所争最大也大不过一个蜗牛壳的时候，争来争去没有什么意义。这个故事是借隐士戴晋人之口说给魏王听的，魏王当时正要和齐王一争高下。他们争夺的自然不会还是蜗角之间的寸土，但如果放在“想象的宇宙中”，放在哪怕自己只能到达的“四海九洲”之内，也微不足道。

从个人修身养性而言，人一定要明白人生真正要争取的是什么。想清楚这个问题，就会发现我们一直难以释怀的某些纠结其实全是蜗角之争，我们会一笑置之，从而使人的精神世界达到升华。人生的万般境遇也不过如此，如果我们把人生的种种喜怒哀乐放到一个大背景去看，放到一个大时空去看，那种种钩心斗角、明争暗斗也不过是如蚂蚁般的忙碌、蜗角上的争斗而已。

孔子之楚[1]，舍于蚁丘之浆[2]。其邻有夫妻臣妾登极[3]者，子路曰：“是稯稯何为者邪[4]？”仲尼曰：“是圣人仆[5]也。民是自埋于民[6]，自藏于畔[7]。其声销[8]，其志无穷[9]，其口虽言，其心未尝言。方且与世违，而心不屑[10]与之俱。是陆沉[11]者也，是其市南宜僚[12]邪？”子路请往召之。孔子曰：“已矣！彼知丘之著于己也，知丘之适楚也，以丘为必使楚王之召己也，彼且以丘为佞人[13]也。夫若然者，其于佞人也，羞闻其言，而况亲见其身乎！而何以为存[14]！”子路往视之，其室虚矣。

【注释】

[1]之：往、去。楚：楚国。

[2]舍：止、住。蚁丘：山丘名。浆：指卖浆之家。

[3]登极：登上屋顶。

[4]是：这。稯(zōng)稯：犹总总，群聚在一起的样子。

[5]仆：仆役、学徒。

[6]自埋于民：隐居在民间。

[7]自藏于畔：甘愿隐居在田间。

[8]其声销：他的名声消失。

[9]无穷：无穷大。

[10]不屑：认为不值得，不愿意接受。

[11]陆沉：在陆地上如沉在水中，指隐者。

[12]市南宜僚：姓熊，字宜僚，因居市南，故称“市南宜僚”，楚国隐者。

[13]佞人：取巧的人。

[14]而：汝、你。存：存问。

【品读】

本段阐述了隐士的无名心态和志向。通过孔子之口盛赞市南宜僚“声销”而“志无穷”的潜身态度。“陆沉者”即隐士，是中国文化的一大特色。隐士多半是有才学的人，对俗世不满。他们自食其力，结庐而居，个个显得高深莫测。庄子虽非隐士之祖，但对隐士文化的产生与发展，提供了最丰富最重要的理论依据。庄子描述了许多隐士人格的思想风貌及其表现。本篇就举出了“陆沉者”的无名心态和志向。在庄子看来，“陆沉者”同那些济济看热闹的人不同，他隐身、隐名，不涉世事，但有无穷的志向，不受表彰，厌弃媚俗。市南宜僚能看破世俗，不满现实对人性天然的破坏，甘居社会最底层，以图清静和解脱，从自然质朴的生活中存养自己的自然本性和远大志向。与此不同，孔子却“终身役役”，到处奔波呼号，不识时务，因而成为庄子讥讽和挖苦的对象。庄子通过隐士无为文化批判儒家的有为文化。总之，“陆沉者”颐养静谧心灵，遵循无为人生，是体验大道无名的现实人格的理想代表。

长梧封人问子牢曰[1]：“君为政焉勿卤莽[2]，治民焉勿灭裂[3]。昔予为禾[4]，耕而卤莽之，则其实[5]亦卤莽而报予；芸[6]而灭裂之，其实亦灭裂而报予。予来年变齐[7]，深其耕而熟耰[8]之，其禾蘩以滋[9]，予终年厌飱[10]”。庄子闻之曰：“今人之治其形，理其心，多有似封人之所谓：遁[11]其天，离其性，减其情，亡其神，以众为。故卤莽其性者，欲恶之孽为性[12]，萑苇蒹葭[13]始萌，以扶[14]吾形，寻擢[15]吾性。并溃漏发[16]，不择所出，漂疽疥痈[17]，内热溲膏[18]是也。”

【注释】

[1]长梧：地名。封人：守封疆者。子牢：孔子的弟子，姓琴，宋国卿士。

[2]卤莽：草率。

[3]灭裂：胡乱从事。

[4]为禾：种庄稼。

[5]实：果实。

[6]芸：除草。

[7]变齐（jì）：改变耕作方法。齐，通“剂”，制作、耕作方法。

[8]熟耰：细致地反复除草。

[9]蘩：繁盛。滋：生长得很好。

[10]厌飧：吃得饱。厌，通“餍”。

[11]遁：失。

[12]欲：喜好。恶（wù）：厌恶。孽（niè）：通“蘖”，蘖生枝杈。

[13]萑（huán）：本作“雈”，荻草，似苇。苇：芦苇。蒹：初生芦苇。葭（jiā）：没有出穗的芦苇。

[14]扶：扶养、保养。

[15]擢（zhuó）：拔、助长。

[16]并：通“旁”。溃：溃烂。漏：流脓不止的疮口。

[17]漂疽：脓疮之类。疥：疥疮。痈：毒疮。

[18]溲膏：排泄带有脂膏的尿。

【品读】

本段讨论了体验无为之道的重要性。庄稼会报复种田人，我们也要看到关系成败的要素：没种好庄稼，收成肯定不好；单种庄稼，不去锄草，没创造良好的条件，收成同样好不了。庄子以长梧封人种地的经验为例告诫人们两点：其一，统治者为政以无为为原则，亦同循顺物性自然生长一样，不鲁莽，不扰乱，让“天民”“天子”自我蓄息，自然生灭。庄子反对统治者以“鲁莽灭裂”的残暴手段肆意破坏自然，指出为政“卤莽”、治民“灭裂”的严重危害。其二，养生不逐俗丧性，不鲁莽胡为。但今人养生却逐于无穷的外欲，背离自然，胡作非为，大害心性，故遭到了极端痛苦的报应。可见，对本性拔苗助长，破坏自然之道，会有何等可怕的恶果！

柏矩[1]学于老聃，曰：“请之天下游[2]。”老聃曰：“已矣！天下犹是也。”又请之，老聃曰：“汝将何始？曰“始于齐。”至齐，见辜人[3]焉，推而强之[4]，解朝服而幕[5]之，号天而哭[6]之，曰：“子[7]乎！子乎！天下有大灾，子独先离[8]之。曰‘莫为盗，莫为杀人’。荣辱立然后睹所病，货财聚然后睹所争。今立人之所病，聚人之所争，穷困人之身，使无休时。欲无至此得乎？“古之君人者[9]，以得为在民，以失为在己；以正为在民，以在[10]为在己。故一形有失其形者[11]，退而自责。今则不然，匿为物而愚不识[12]，大为难而罪不敢，重为任而罚不胜，远其途而诛不至。民知力竭，则以伪继之。日出多伪，士民安取不伪！夫力不足则伪，知不足者欺，财不足则盗。盗窃之行，于谁责而可乎？”

【注释】

[1]柏矩：姓柏，名矩，老子的学生。

[2]请：请求。之：往。游：游历。

[3]辜人：死刑人的尸体放在街上示众。

[4]推而强之：尸体摆正。

[5]幕：覆盖。

[6]号天而哭：仰天号哭。

[7]子：你，先生。

[8]离：遭受。

[9]君人者：统治人的人，指君主。

[10]在：错误。

[11]一：一旦。形：通“刑”。

[12]匿：隐匿、掩盖。愚：愚弄。不识：不懂。

【品读】

本段批评君主为政的虚伪和对人民的愚弄。庄子通过柏矩游齐之所见，指责为政鲁莽和君主作伪的问题，说他们之所以如此是因为丧失本性、徇逐俗事的必然结果。柏矩到天下去游历。先到齐国，在街上看见一受死刑之人的尸体在游街示众。柏矩大为悲恸，将尸体摆正，脱下礼服覆盖在尸体上，然后仰天号哭，大发感慨。其所发感慨正是庄子对现实昏暗统治的有力批判。在庄子看来，百姓为盗、作假，都是统治者造成的。统治者立荣辱，聚财货，人为造成社会等级差别和贫富分化。统治者加重剥削和压迫，极大地愚弄百姓，祸害百姓，百姓为了自性权力，不得不虚伪应付和反抗。庄子显然是站在同情人民的立场上，他甚至在为行盗辩护。总之，百姓之过是统治者之罪。而统治者之罪则源于对“古之人君者”无为无名无功的破坏。于是庄子从批判现实出发，阐发了道性不可背离的深刻道理。

蘧伯玉行年六十而六十化[1]，未尝不始于是[2]之，而卒诎之以非也[3]。未知今之所谓是之非五十九非也。万物有乎生而莫见其根[4]，有乎出而莫见其门[5]。人皆尊其知[6]之所知，而莫知恃其知之所不知而后知，可不谓大疑[7]乎！已乎！已乎！且无所逃[8]。此所谓然与然[9]乎！

【注释】

[1]蘧伯王：姓蘧，名瑗，字伯玉，卫国大夫。行年：历年。六十而六十化：指六十年来认识上年年有变化。

[2]是：肯定、正确。

[3]卒：最终、最后。诎：通“黜”。非：否定、不正确。

[4]根：根本、万物根源。

[5]门：出口，指产生万物的地方。

[6]知：通“智”。

[7]大疑：大惑，非常糊涂。

[8]无所逃：无法避免。

[9]然与然：这样与那样。

【品读】

本段说明人们的是非观念不是永恒的，认识也是有限的。蘧伯玉活了六十岁，他对世界的看法与日俱新，他对是非的判断亦与时推移。人类判断是非的主观意识是有限的，对万事万物的无穷的产生、存在与演变永远也无法搞清楚。因而面对无尽的宇宙奥秘，无限的神形显匿，人类的智慧必有“大疑”。这“大疑”或“大惑”是有理还是无理，人类均无从探索，谁都无法讲清楚。庄子肯定是非无定准，是非归齐一，齐一归大道。这也是庄子是非无定准的理论归结点。

……………………

仲尼问于大史大弢、伯常骞、狶韦曰[1]：“夫卫灵公饮酒湛乐[2]，不听[3]国家之政；田猎毕弋[4]，不应诸侯之际：其所以为灵公者何邪[5]？”大弢曰：“是因是也。”伯常骞曰：“夫灵公有妻三人，同滥[6]而浴。史鰌[7]奉御而进所，搏币而扶翼[8]。其慢若彼之甚也[9]，见贤人若此其肃[10]也，是其所以为灵公也。”狶韦曰：“夫灵公也，死，卜葬于故墓[11]，不吉；卜葬于沙丘[12]而吉。掘之数仞，得石椁[13]焉，洗而视之，有铭焉，曰：‘不冯其子[14]，灵公夺而里之[15]。’夫灵公之为灵久矣！之二人何足以识之。”

【注释】

[1]大(tài)史：官名，春秋时掌管起草文书、记史实、编史书等。大弢、伯常骞、狶韦：三人都是大史。

[2]湛(dān)乐：过分地享乐。湛，通“耽”。

[3]听：管理、处理。

[4]毕：大网。弋：系绳的箭。

[5]句意为：灵公究竟灵在哪里。

[6]滥：大浴盆。

[7]吏鳅：即史鱼，卫国大夫。

[8]搏币：接取币帛。扶翼：扶掖，即扶臂。

[9]慢：放纵。彼：指与三妻同沐那样的事。

[10]肃：敬畏。

[11]故墓：生前挖好的寿穴。

[12]沙丘：地名，在盟津河北，即今河南孟津一带。

[13]石椁：石造的棺椁。

[14]冯(píng)：通"凭"，依靠。子：子孙。

[15]之：他们。二人：指大韬、伯常春。

【品读】

本段谴责卫灵公的荒唐无道。卫灵公生前荒淫乱政，但死后却被尊谥为灵公。其实他根本不配冠之以"灵"的名号，故让人颇为费解。为此有太史试图予以探明，但都不得止解。一说卫灵公正因为荒淫才叫"灵"毫无道理。二说卫灵公虽荒淫却敬贤，是他所以称为灵公的道理。三说卫灵公死后，卜葬于沙丘吉利，挖墓穴时，得一棺椁，上有铭文。这也是无稽之谈。总之，卫灵公名号的是是非非，无法确定。昏君尚可称"灵"，明君亦可叫难听的绰号。有鉴于此，无休止地去争讨是非难定的世事问题，皆毫无意义。只有依道的无是无非与齐一，才是其本来的归宿。

少知问于大公调曰[1]："何谓丘里[2]之言？"大公调曰："丘里者，合十姓百名[3]而以为风俗也，合异以为同，散同以为异。今指马之百体而不得马，而马系[4]于前者，立其百体而谓之马也。是故丘山积卑而为高，江河合水而为大，大人合并[5]而为公。是以自外入[6]者，有主而不执；由中[7]出者，有正而不距。四时殊气，天不赐[8]，故岁成；五官[9]殊职，君不私，故国治；文武殊材，大人不赐，故德备；万物殊理，道[10]不私，故无名。无名故无为，无为而无不为。时有终始，世有变化，祸福淳淳[11]，至有所拂[12]者而有所宜，自殉殊面[13]；有所正者有所差。比于大泽[14]，百材皆度；观于大山[15]，木石同坛[16]。此之谓丘里之言。"

【注释】

[1]少知、大公调：虚构的人物。

[2]丘里：乡里。

[3]十姓百名：群众。

[4]系：悬。

[5]大人：有道的人。合并：合并众人。

[6]自外入：听别人的言论。

[7]中：指大人心中。

[8]赐：偏私。

[9]五官：司徒、司马、司空、司士、司寇。

[10]道：大道、天道。

[11]淳淳：茫昧难测的样子。

[12]拂：违背。

[13]句意为：各走各的路。殉，逐。面，向。

[14]泽：通“宅”。

[15]大山：太山。

[16]坛：太山上封禅之坛。

【品读】

本段借丘里之言说道。庄子所谓的“丘里之言”，应指社会约定俗成的对某一事物的一贯称呼。这种称呼具有很大的涵容性，它吸收不同的，又分散相同的，并从中抽象出某个事物的总体原则。万物存在的差异性是普遍的、必然的，并且各种有差异性的事物的存在都是合理的，都有其存在的权利，它们都是由道产生的，都是依据于道的。因为“道不私”，万物各有特性，道包容一切事物而不偏爱于某一事物，因此不制作名分来区分万物。庄子强调道的无意志、道的客观性、规律的含义，完全是继承了老子关于道的论述。“丘里之言”较之道，岂非是狗马相比。总之，“丘里之言”不是道，主要原因则在于它是有言的，道是无言的，有言是有限的，无言是无限的，无言包容有言，无限包容有限，故道包容“丘里之言”，涵容一切。

少知曰：“然则谓之道足乎？”大公调曰：“不然，今计物之数，不止于万，而期[1]曰万物者，以数之多者号而读之也。是故天地者，形之大者也；阴阳者，气之大者也；道者为之公。因其大以号而读之则可也，已有之矣，乃将得比哉！则若以斯辩，譬犹狗马，其不及远矣。”少知曰：“四方之内，六合之里，万物之所生恶起？”大公调曰：“阴阳相照相盖相治[2]，四时相代相生相杀[3]，欲恶去就[4]，于是桥起。雌雄片合[5]，于是庸有。安危相易，祸福相生，缓急相摩[6]，聚散以成。此名实之可纪[7]，精微之可志[8]也。随序之相理，桥运之相使[9]，穷则反，终则始，此物之所有。言之所尽，知之所至，极物而已。睹道之人，不随其所废，不原其所起，此议之所止。”

【注释】

[1]期:限。

[2]相照:相应。相盖:相害。相治:相克。

[3]相代:相替换。相杀:相消除。

[4]欲恶:爱憎。去就:疏远亲近。

[5]片合:异性交配。庸:常。

[6]相摩:相互摩擦。

[7]此:指上述对立统一的现象。纪:记。

[8]志:记。

[9]桥运:如桔槔一样起伏运动。相使:相互作用。

【品读】

本段说明了以道为核心的自然观。借大公调之口,从讨论宇宙整体与万物个体之间“合异”“散同”的关系入手,指出各种事物都有其自身的规律,各种变化也都会向自己的反面转化,同时还讨论了宇宙万物的产生,又最终归结为浑一的道。在道家看来,大道是抽象的,是最高的抽象,没有一般名词所具有的确定称谓。宇宙是运动的,道存在于运动当中。物极则返,物终则始,这是万物的共有规律。言论的穷尽,知识的所达,只限于物的范围而已。万物虽依道而生,但万物的始源及宇宙间的一切变化是“议之所止”,是无法追问的。识道的人,不追随物的消失。不探求物的起源,使议论停止在这里。此段文字包含对立统一观点,认为事物存在着矛盾的对立统一。“安危相易,祸福相生,缓急相摩,聚散以成。”认为安与危、是与非、生与死、缓与急等都是对立的,是互相依存、相互制约的关系。

少知曰:“季真[1]之莫为,接子[2]之或使。二家之议,孰正于其情,孰偏于其理?”大公调曰:“鸡鸣狗犬,是人之所知;虽有大知,不能以言读[3]其所自化,又不能以意其所将为。斯[4]而析之,精至于无伦[5],大至于不可围。或之使,莫之为,未免于物而终以为过。或使则实,莫为则虚。有名有实,是物之居;无名无实,在物之虚。可言可意,言而愈疏。未生不可忌[6],已死不可徂[7]。死生非远也,理不可睹。或之使,莫之为,疑之所假。吾观之本,其往无穷;吾求之末,其来无止。无穷无止,言之无也,与物同理。或使莫为,言之本也,与物终始。道不可有,有不可无。道之为名,所假而行[8]。或使莫为,在物一曲[9],夫胡[10]为于大方!言而足[11],则终日言而尽道;言而不足,则终日言而尽物。道,物之极,言默不足以载[12]。非言非默,议有所极。”

【注释】

[1]季真:齐人,稷下学者。

[2]接子:齐人,稷下学者。

[3]读:称,表达。

[4]斯:如此。

[5]精:精细。无伦:无与伦比。

[6]忌:避。

[7]徂:通"阻",止。

[8]假:借。行:运行。

[9]一曲:一方面、一个侧面。

[10]胡:何、怎么。

[11]言而足:言谈之多。

[12]言默:语言沉默。载:载道。

【品读】

本段讨论了道的无言无名之特性。庄子借大公调之口阐述了自己的观点。他从无言无名中,展示了道的无限包容、无限深远以及宇宙本源的状态。

这段议论涉及本体论和认识论,包含着很深的哲理,其大要则是老子所谓"道可道,非常道。名可名,非常名"①。就论道而言,有人主张"莫之为",有人主张"或之使"。庄子认为,双方争论毫无意义。因为他们都在物上立论,各自偏颇,不及真道。"或之使"把道看作物,将道看得太实在;"莫之为"把道看作是无物,连道的虚无也否定。"或之使""莫之为"双方都未能把握道的无为实质。庄子最终所隐含的结论是:道非有论,"或使""莫为"有论非常道。庄子这是否定了道的可表达性。他认为语言具有局限性,语言并不能表达人类所有的思想,也无法表达所有的事物。庄子否定语言,强调语言的局限性,希望人们能够回到事物本身去追求真正的道,不再执着名相,舍本求末。然而世人却好争辩是非,"执名为实"。

庄子天才地发现,事物的发展既无起点也无终点;时间也既无开端亦无终极。所谓"无",其实是对"道"的描述。道无声无味无形,没有可感的存在,没有任何质的规定性,因而叫作"无"。老子最先用"无"来形容道,庄子继之。老庄都朦胧地意识到了"道"是共相,是一般。"无"既不是感性的存在,也不等于零。正如"道"一样。在当时,这是十分深刻的见解。

---

① 《老子》第一章。

外物第二十六

外物不可必[1]，故龙逢[2]诛，比干[3]戮，箕子[4]狂，恶来[5]死，桀[6]、纣亡。人主莫不欲其臣之忠，而忠未必信，故伍员[7]流于江，苌弘死于蜀[8]，藏其血，三年而化为碧[9]。人亲莫不欲其子之孝，而孝未必爱，故孝已[10]忧而曾参悲。木与木相摩则然[11]，金与火相守则流。阴阳错行，则天地大絯[12]，于是乎有雷有霆，水中有火[13]，乃焚大槐[14]。有甚忧两陷而无所逃[15]。螴蜳不得成[16]，心若县[17]于天地之间，慰暋沉屯[18]，利害相摩，生火甚多[19]，众人焚和[20]，月[21]固不胜火，于是乎有僓然而道尽[22]。

【注释】

[1]必：强求。

[2]龙逢：关龙逢，夏代贤臣。

[3]比干：商纣王叔父，因忠谏而被挖心。

[4]箕子：商纣王庶叔，劝谏纣王，纣王不从，佯狂。

[5]恶来：人名，殷纣王的媚臣。

[6]桀：夏朝末代暴君，为商汤所灭。

[7]伍员：伍子胥，因劝谏夫差拒赵求和，停止伐齐，被赐死且飘尸江中。

[8]苌弘：周景王、周敬王时刘文公的大夫。蜀：周时一小邑。

[9]碧：青绿色的玉石。三年血化碧，指苌弘的精诚。

[10]孝已：殷高宗之子，受后母虐待，忧苦而死。

[11]然：通“燃”。

[12]絯(hài)：通“骇”，惊动。

[13]水中有火：指雨中闪电。

[14]焚：焚烧。大槐：大树。

[15]甚：过分。忧：忧伤。两陷：陷于阴阳，指人心陷于阴阳。

[16]螴蜳(chén chún)：如虫蠕动，表示不安宁的样子。螴，不安。蜳，亦作“萉”，忧虑。

[17]县：通“悬”。

[18]慰暋：苦闷。沈屯：沉郁。

[19]生火甚多：指心火甚多。

[20]众人焚和:众人焚烧心中的和气。

[21]月:人心的清明。

[22]僓:通"隤",败坏。道尽:指人的天性丧失干净。

【品读】

本段说明外物无常、人无过忧的道理。世间万物不是单一和孤立的存在,在自然状态下,事物相互存容与对立。在庄子看来,人类执着于一种有常外物的准则,包括人类自身的观念和行为,就会吞噬了人们自然自适的本性。庄子认为"外物不可必",世间万物没有必然的标准,人也没有绝对标准。比如人的生命结束就没有定准,好人与坏人、善人与恶人、谁好死谁恶死,没有固定准则。龙逢、比干、箕子、恶来、桀与纣等,就不分好人与坏人,都同样没有好下场。忠孝问题同样如此,"忠未必信",忠臣未必能取信于主。"孝未必爱",尽孝者亦未必能受到亲爱。总之,外物包括人没有必然的标准,如要把握事物的定准,就必将违背事物的自然本性,使人过忧而陷于"阴阳错行",招致不幸。因而庄子悲叹过忧之人,告诫人放弃对外物标准的执着探求,以排解人的无谓忧虑,恢复人的自然本性。

庄周家贫,故往贷粟于监河侯[1]。监河侯曰:"诺。我将得邑金[2],将贷子三百金,可乎?"庄周忿然作色曰[3]:"周昨来,有中道[4]而呼者,周顾视[5]车辙中,有鲋鱼[6]焉。周问之曰:'鲋鱼来!子何为者邪?'对曰:'我,东海之波臣[7]也。君岂有斗升之水而活我哉!'周曰,'诺,我且[8]南游吴越之王,激西江之水而迎子[9],可乎?'鲋鱼忿然作色曰:'吾失我常与[10],我无所处。吾得斗升之水然活耳。君乃[11]言此,曾不如早索我于枯鱼之肆[12]!'"

【注释】

[1]贷:借贷。粟:谷子,亦粮食的通称。监河侯:监理河道的官。

[2]邑金:一邑租赋的收入。

[3]忿然:生气的样子。作色:变色。

[4]中道:路中。

[5]顾视:回头看。

[6]鲋鱼:鲫鱼。

[7]波臣:水界的臣子。

[8]且:将要。

[9]激:引。西江:指蜀江。

[10]常与:恒常共处,指水。

[11]乃:竟。

[12]曾:竟。索:寻找。枯鱼之肆:干鱼市场。

【品读】

本段揭露为富不仁者的虚伪嘴脸。这个故事将庄子塑造成了一个鄙夷功名利禄、愤世嫉俗的隐者。庄周借粮，监河侯却开出了一张空头支票。庄子听后非常愤慨。认为监河侯显然连斗升之米都不肯借，却还假装作慷慨的表现，说以后再借给“三百金”，完全暴露了其为富不仁的嘴脸。这说明监河侯深受外物所累，为财富所支配，丧失了人性真情，是见死不救，缺乏互助的灵魂龌龊之人。

这个寓言故事后来转化成“涸辙之鲋”成语。形容一个人到了非常之困境，只要一点水就能活，可一些人不去救济，反而用好听的话来搪塞其责，这类人道貌岸然，现代社会中这种人很多。

任公子为大钩巨缁[1]，五十犗[2]以为饵，蹲乎会稽[3]，投竿东海，旦旦[4]而钓，期年[5]不得鱼。已而[6]大鱼食之，牵巨钩，錎没而下骛[7]，扬而奋鬐[8]，白波若山，海水震荡，声侔[9]鬼神，惮[10]赫千里。任公子得若鱼，离[11]而腊之，自制河[12]以东，苍梧[13]以北，莫不厌[14]若鱼者。已而后世辁才讽说之徒[15]，皆惊而相告也。夫揭竿累[16]，趣灌渎[17]，守鲵鲋[18]，其于得大鱼难矣！饰小说以干县令[19]，其于大达[20]亦远矣。是以未尝闻任氏之风俗，其不可与经世亦远矣。

【注释】

[1]任公子：任国的公子。缁：黑绳。

[2]犗（jiè）：阉牛。

[3]会稽：山名，在今浙江中部。

[4]旦旦：天天。

[5]期（jī）年：一周年。

[6]已而：不久。以后。

[7]錎（xiàn）：通“陷”，陷没。骛（wù）：奔驰、乱跑。

[8]鬐（qí）：鱼鳍。

[9]侔（móu）：同。

[10]惮：通“但”，震撼。

[11]离：剖开。

[12]制河：即今浙江。

[13]苍梧：山名，在今广西。

[14]厌：通“餍”，饱食。

[15]辁（quán）才：粗浅的才能。辁，无辐的车轮。讽说：诵说、传说。

[16]揭：举。累：细绳。

[17]趣(qū):通“趋”。灌渎:灌溉的沟渠。

[18]鲵鲋:小鱼。

[19]小说:闲言碎语。县令:国家悬挂的功令。

[20]大达:大道。

【品读】

本段展示了修道之人的境界与大钓无钓的道理。古今中外所写钓鱼经历的文章中,恐这段的磅礴气势是前无古人后无来者了。如果说濮水一“钓”,展示了庄子淡泊名利的情怀,任公子这一钓,却凸显了修道之人的三大境界:一是志存高远者必定具有广阔的视野。人无二样,境有高低。二是成大器者必持之以恒,坚忍不拔。任公子日日抛竿东海,锲而不舍,终得一鱼。三是道满天下,济世惠民。任公子让芸芸众生都能吃到这条大鱼,承受“道”的雨露,其济世惠民情怀难能可贵。

道家讲述了小钓是有钓,大钓是无钓的道理。小钓是有用,是外物,人类应顺应自然,以无用为用,以大钓无钓为治世无治的目标。庄子善于以一种生活行为来寄托和说明其某种思想。如庄子利用垂钓行为来表达其无为政治思想。在此,庄子是利用大钓和小钓来比较说明的。小钓与大钓不可同日而语,意在说明小钓是有钓,大钓是无钓。但大钓在现实中是根本不存在的。它只是庄子无治思想的意化。其旨在否定现实中小钓小治的有为之治,维护自然本质不被有为外物所破坏。不懂任公子的大钓方法,就不懂无为之治,不懂无为之治,就必定为有为外物所累,远离治理社会的目标。因而治国如大钓,无为无治无物累,使天下共享自然恩惠。

儒以《诗》《礼》发冢[1]。大儒胪传曰[2]:“东方作[3]矣,事[4]之何若?”小儒[5]曰:“未解裙襦[6],口中有珠。《诗》固有之曰:‘青青之麦,生于陵肢[7]。生不布施[8],死何含珠为?’”“接其鬓[9],压其顪[10],儒以金椎控其颐[11],徐别其颊[12],无伤口中珠。”

【注释】

[1]儒:儒生。发:发掘。冢:古墓。

[2]大儒:与小儒对应,大儒为大博士,小儒为弟子。胪(lú)传:传话。

[3]东方作:东方亮,日出。

[4]事:指盗墓的事。

[5]小儒:盗墓的随从者。

[6]裙襦(rú):指衣裙。襦,短上衣。

[7]陵肢(bēi):山坡。

[8]布施：施舍，把财物送给别人。

[9]接：接引、拖曳。鬓：鬓角、鬓发。

[10]压：按。顪(huì)：下巴的胡须，此指下巴。

[11]颐：面颊。

[12]徐：慢。别：别开、撬开。

【品读】

本段嘲讽儒家虚伪的行径。儒家重礼厚葬，作为儒生是不能做盗墓的事情。而这两个儒生却违反儒家道义，做出违逆之事。这两个标榜仁义道德的儒生盗坟却口不离圣人的教诲，而且还处处用《诗》《礼》等儒家经典作为行动的依据。这也就是庄子所谓的盗亦有道。盗墓者以诗礼相戏与孔子"为仁由己""言诗尊礼"的仁者情怀形成强烈的对比与反差。它表明仁义礼法已经成为徒有其名的躯壳，失去了其存在价值。

老莱子之弟子出薪[1]，遇仲尼，反[2]以告，曰："有人于彼[3]，修上而趋下[4]，末偻而后耳[5]，视若营四海[6]，不知其谁氏之子。"老莱子曰："是丘也，召而来。"仲尼至。曰："丘，去汝躬矜与汝容知[7]，斯为君子矣。"仲尼揖而退，蹙然[8]改容而问曰："业[9]可得进乎？"老莱子曰："夫不忍一世之伤，而骜[10]万世之患。抑固窭邪[11]？亡其略弗及邪[12]？惠以欢为[13]，骜终身之丑，中民[14]之行进焉耳！相引以名，相结以隐[15]。与其誉尧而非桀，不如两忘而闭其所誉。反无非伤也[16]，动无非邪也[17]，圣人踌躇[18]以兴事，以每成功。奈何哉，其载[19]焉终矜尔！"

【注释】

[1]老莱子：老子的通俗化名字。出薪：出去采柴草。

[2]反：通"返"。

[3]人：指孔子。于彼：在那里。

[4]修上：上身长。修，长。趋下：下肢短。趋，短促。

[5]末偻：背微曲。后耳：耳朵后贴。

[6]视：眼光、神情。营四海：经营天下。

[7]汝：你。躬矜：矜持态度。容知：智者的容貌。知，通"智"。

[8]蹙(cù)然：局促不安的样子。

[9]业：学业。

[10]骜：轻视。

[11]抑：抑或、还是。窭(jù)：陋、不足。

[12]亡其：还是、或是。略：谋略。

[13]惠以欢为：以欢为惠，以媚悦为施惠。

[14]中民：中人、中等人。

[15]隐：私。

[16]反：指违反自然，违反本性。无非伤：必有损害。

[17]动：不安不静。无非邪：必生邪念。

[18]踌躇：不得已而为之。

[19]载：从事，有意从事。

【品读】

本段说明顺应自然人性的道理。这是老莱子与孔子避难村野的对话。周王室周穆公作乱，老莱子偕妻子与王子朝一行，逃亡楚国曲仁里老家一带避难。老莱子是老子的平民名字。在老子看来，孔子身上具有躬矜与容智的造作之态，如果不装模作样，去掉激愤聪明相，才像个真正的君子。老子认为，违反本性，无不造成伤害；动摇本性，无不造成缺失。孔子所推动的仁义事业，可救一时之急，但贻万世之祸。

老子是道家的代表，体现了自然性；而孔子是儒家的代表，表现了社会性。二者互不相容，社会性是外物，是自然的异化，是对人类本性的破坏。因而庄子厌嫌孔子那套不自然的社会造作之态，希望孔子改变其造作之态。孔子深陷于社会，习惯于躬矜与容智。要他改变，谈何容易！孔子依然故态，老子甚为惋惜，教导他若要进步，就应该不追逐名声，不辨别是非，不损伤物性，不扰乱心灵，抛弃社会外物的负累。然而，孔子依然我故，这就是儒者不可救药的悲哀。

宋元君夜半而梦人被发窥阿门[1]，曰："予自宰路之渊[2]，予为清江使河伯之所[3]，渔者余且得予[4]。"元君觉，使人占[5]之，曰："此神龟也。"君曰："渔者有余且乎？"左右曰："有。"君曰："令余且会朝。"明日，余且朝，君曰："渔何得？"对曰："且之网得白龟焉，其圆五尺。"君曰："献若之龟。"龟至，君再欲杀之，再欲活之。心疑，卜之。曰："杀龟以卜吉。"乃刳[6]龟，七十二钻[7]而无遗策。仲尼曰："神龟能见[8]梦于元君，而不能避余且之"网；知[9]能七十二钻而无遗策，不能避剖肠之患。如是则知有所困，神有所不及也，虽有至知，万人谋之。鱼不畏网而畏鹈鹕[10]，去小知而大知明，去善而自善矣。婴儿生，无石[11]师而能言，与能言者处也。"

【注释】

[1]宋元君：宋国国君，名佐，谥号元。被（pī）：通"披"。阿门：偏门。

[2]予：我。自：从。宰路：渊名。

[3]为：做。清江：江名。河伯：河神。

[4]渔者：打鱼的人。余且：打鱼人的名字。

[5]占：占梦。

[6]刳(kū)：剖空。

[7]钻：占卜。

[8]见：通“现”。

[9]知：通“智”。

[10]鹈鹕(tí hú)：捕鱼的鸟。

[11]石：匠名，即匠师。

【品读】

本段揭示智慧与神灵的不幸事实。庄子借神龟被杀的故事，说明“知有所困，神有所不及”的道理，因而只得一切顺其自然。在道家看来，人类的智慧与神灵同自然相对立，是自然的外物，是人类负累的根源。神龟能算卦占卜，每次都能应验，可谓神也。神龟想免去杀身之祸，托梦给宋元君，没想到仍不免被剖杀，还被宋元君用其龟甲占卜。神龟若不托梦，下场也许还不至于这么惨，这说明个人的智慧是有限的，即使神灵也有失算之时。庄子之意就在于告诫人类摆脱智慧与神灵的外物负累，依凭人类自身的本性去接受自然世界，避免自作自受的灾难。

惠子[1]谓庄子曰：“子言无用。”庄子曰：“知无用而始[2]可与言用矣。夫地[3]非不广且大也，人之所用容足耳，然则厕[4]足而垫之，致黄泉[5]，人尚有用乎?”惠子曰：“无用”。庄子曰：“然则无用之为用也亦明矣。”

【注释】

[1]惠子：惠施，庄子的朋友，名家代表人物，多次与庄子辩论。

[2]始：才。

[3]夫地：一本作“天地”。

[4]厕：通“侧”。

[5]致：到。黄泉：指人死之后的葬地，或阴间。

【品读】

本段通过庄子和惠子的对话，指出“无用之为用”的道理。知道无用才能和他谈论有用。大地并非不广大，人所用的只是立足之地。立足之地对人是有用的，其他地方对人而言没有用。然而把立足之侧的地方挖下去，挖到黄泉，那么立足之地自然也没用了，因为你无法动弹了。这就说明，曾经我们觉得没有用的那部分土地其实也是有用的，只是它们的用处是间接的，不明显而已。可见，无用包容有用。有用只有在无用的存在时才是有用的。

庄子这一极其巧妙和狡黠的证言，有效地驳斥了惠子的观点。庄子此处似乎不讨论外物问题。但事实上，庄子也是为了说明只有无用这一自然的存在才是有益的。

……………………………………

庄子曰："人有能游[1]，且得不游乎！人而不能游[2]，且得游乎！夫流遁[3]之志，决绝[4]之行，噫，其非至知厚德之任与[5]！覆坠[6]而不反，火驰而不顾[7]。虽相与为君臣[8]，时[9]也。易世而无以相贱[10]。故曰：至人不留行焉[11]。夫尊古而卑今[12]，学者[13]之流也。且以稀韦氏[14]之流观今之世，夫孰能不波[15]！唯至人乃能游于世而不僻[16]，顺人而不失己。彼教不学[17]，承意不彼[18]。

【注释】

[1]能游：能优游自乐。

[2]不能游：不能自得自适。

[3]流遁：指逃离现实。

[4]决绝：指与当政者决裂。

[5]至知：真智。厚德：大德。任：以天下为己任。

[6]覆坠：从上直跌下来。

[7]火驰：火速奔驰。顾：反顾。

[8]虽：虽然。相与为君臣：互换君臣位置。

[9]时：一时间。

[10]易世：世代更替。相贱：相互轻残。

[11]至人：得道者。不留行：固执于己的所作所为。

[12]句意为：尊古而鄙今，指不知世代变化的人。

[13]学者：指当时儒、墨学派的学者等。

[14]豨韦氏：三皇以前的帝号。《大宗师》："豨韦氏得之，以挈天地。"

[15]波：偏波。

[16]游于世：与世俗同游。僻：偏僻。

[17]彼教不学：他们作为教者不知学。彼，指学者，豨韦氏。

[18]承意不彼：学者承受教者的意见而不敢违背他们。

【品读】

本段体现了游世而又不同于"合污"的处世方案。庄子讨论修生养性，批评了驰世逐物的处世态度，提倡"游于世而不僻""顺人而不失己"的生活旨趣。

避世不得，变为游世。庄子肯定了"游"的安适性。人若能游就安适，不能游就不能安适，人生以游为满足。庄子讲过不少"游"，如"逍遥游""乘物以游"①等。总括这种种之游，均指无物之游，无何有之游，超自然之游。此处之"游"也是此意。庄子认为人生的满足在于游。大多情况下，庄子强调"安时处顺""虚己游世"的顺世人生态度。这并不是消极逃避、随波逐流，而是对社会现实的一种灵活应对，是一种"出于淤泥而不染"的处世方略和人生态度。这就是"顺人而不失己"和"外化而内不化"②，唯有得道的人才能游心于世而不偏僻，顺乎人情而不丧失自己的本性。

目彻[1]为明，耳彻为聪，鼻彻为颤[2]，口彻为甘，心彻为知，知彻为德[3]。凡道不欲壅[4]，壅则哽[5]，哽而不止则跈[6]，跈则众害生。物之有知者恃息[7]。其不殷[8]，非天之罪。天之穿[9]之，日夜无降[10]，人则顾塞其窦[11]。胞有重阆[12]，心有天游[13]。室无空虚，则妇姑勃豀[14]；心无天游，则六凿相攘[15]。大林丘山之善于人也，亦神者不胜。

【注释】

[1]彻：贯通、透彻。

[2]颤(shān)：通"膻"，善辨别气味。

[3]知：这句中两个"知"均通"智"。

[4]壅：壅阻、阻塞。

[5]哽：哽咽、哽塞。

[6]跈(zhěn)：违背、反乱。

[7]息：天地自然的气息。

[8]其：若、假使。殷：中、正。

[9]穿：通。

[10]无降：无减。

[11]顾：回看。窦：孔穴。

[12]胞：胎胞。重：多。阆(làng)：空、旷。

[13]天游：游天，游于自然。

[14]妇：儿媳。姑：婆婆。勃豀：争吵而责骂。

[15]六凿：六孔，实指耳目口鼻等。相攘：相争夺。

【品读】

本段强调虚空闲适对于身心的意义。对于战国那样的世道，庄子提出要容物，我们的内心也要有空虚，因为有空虚方能容物，方能排忧解难。庄子强调了虚空闲适对于身心所具有的作用意义。其"心有天游"，即心灵世

① 见《庄子·人间世》。
② 见《庄子·知北游》。

界空旷、静谧，能虚己，无物累，游于“物之初”，游于“无人之野”。心需要空间，游心而从成心返回常心。这涉及庄子独特的修养之路。忘心而养心，于是返回常心，于是齐是非、生死，与天并生，与万物为一才成为可能，才可能化入无间的大道。追求外物是人性的负累，为使人类重返本性，复归自然，就必须彻底摆脱人性受外物的负累，达到超然的境界。庄子认为，人的自然行为，在其拥有自然现实的本身，却遗忘了其所参与和依赖的外物，这种遗忘获得了心灵超脱的愉悦和沟通，因而达到了“天游”的最佳境界。

德溢乎名，名溢乎暴，谋稽乎誸[1]，知出乎争，柴[2]生乎守，官事果乎众宜。春雨日时，草木怒生，铫鎒于是乎始修[3]，草木之倒植者过半而不知其然。”

【注释】

[1]誸(xián)：急迫。

[2]柴：通“塞”，防守的篱障。

[3]铫(yáo)：大锄。鎒(nòu)：除草农具的一种。

【品读】

本段说明追逐外物会到来后果。《人间世》篇指出：“德荡乎名，知出乎争。”“名也者，相轧也，知也者，争之器也。”道德败坏就败坏在追求“道德”这个名声，智慧丧失就丧失在总是利用“智慧”争辩是非、争强好胜。此处强调“德溢乎名”，仍说明德行过度因为好名，道德的败坏在于太追逐名声了。这说明名利是导致道德败坏的一个重要原因。世俗之人以智谋博取个人名利，人之所以负累痛苦就在于追求错误的东西。静观自然，时至难违，春草怒生，生生不止，由此喻指人亦应当顺应自然规律。

静然[1]可以补病，眦搣可以沐老[2]，宁可以止遽[3]。虽然，若是[4]，劳者之务也[5]，非佚者[6]之所，未尝过而问焉。圣人之所以駴[7]天下，神人未尝过而问焉；贤人所以械世，圣人未尝过而问焉；君子所以駴国，贤人未尝过而问焉；小人所以合时[8]，君子未尝过而问焉。演门[9]有亲死者，以善毁爵为官师[10]，其党人[11]毁而死者半。尧与许由[12]天下，许由逃之；汤与务光[13]，务光怒之；纪他[14]闻之，帅弟子而踆于窾水[15]，诸侯吊之。三年，申徒狄因以踣河[16]。

【注释】

[1]静然：心静的样子。一本然作“默”。

[2]眦(zì):指内外眼角。搣:按摩。沐老:洗除老态。

[3]宁:安宁、安定。遽:剧变。

[4]若是:指以上三者。

[5]劳者:劳神劳形。务:从事。

[6]佚者:安闲的人。

[7]駴(xiè):通“骇”,惊骇、震动。

[8]合时:顺应时令。

[9]演门:宋城门名。

[10]毁:哀毁。爵:封爵。官师:官长。

[11]党人:乡里。

[12]许由:上古贤者隐士,尧之老师,尧曾让位于他,不受而逃隐。

[13]务光:夏朝贤人,汤让帝位给他,不受自沉于庐水。

[14]纪他:夏朝贤人。他听说务光之事,就带弟子隐居窾水一带。

[15]帅:带领。踆(cūn):通“遁”,隐。窾水:水名。

[16]申徒狄:夏朝隐士,他听说务光、纪他之事,也投河而死。踣(bó):仆倒。

【品读】

本段说明有道者无为无欲不受外物所累。沉静可以调养病体,按摩可以延缓衰老,宁寂安定可以止息内心的急促。这是操劳者所务必做到的,闲逸者却从不过问。在庄子看来,得道越高者就越无为,越无为就越不受外物所累。如贤人比君子无为,而神人又比圣人无为,故神人是无为得道最高的人。除了无为,有道者还在于无欲,如许由、务光无欲于天下。最诱人的外物,莫过于得天下,连天下都不要的人,自然也就是最超脱的人了。

荃[1]者所以在鱼,得鱼而忘[2]荃;蹄者所以在兔,得兔而忘蹄[3];言者所以在意[4],得意而忘言。吾安[5]得夫忘言之人而与之言哉!”

【注释】

[1]荃:通“筌”,捕鱼工具。

[2]忘:遗忘。

[3]蹄:捕兔的网。

[4]言:语言。意:思想意识。

[5]安:怎么、哪里。

【品读】

本段说明遗忘的超然境界。无为、无欲,还离不开“有”意思的指导,而遗忘才把抛弃外物的超脱提高到“无”意思之最高境界。在庄子看来,语言的真正目的是要表达意,因而重要的是体会意而不能拘执于表面的语言,他主张“得鱼而忘荃”“得意而忘言”。要突破语言的僵硬外壳得到背后的真意。这种真意是语言不能充分表达的。这就进一步阐明顺应自然的观点，反对矫饰，反对有所操持，希望能做到遗物而忘我，最终进入到“得意而忘言”的境界。

此处应为“得意忘言”的最早出处。在庄子那里，“得意而忘言”者是非常难得的得道高人，他们体现了一种超然境界。后来人们常用“得意忘言”来诠释一种默契。如陶渊明的《饮酒》其五有诗言：“此中有真意，欲辨已忘言。”

寓言第二十七

寓言十九[1]，重言十七[2]，卮言日出[3]，和以天倪[4]。寓言十九，藉外论之[5]。亲父不为其子媒[6]。亲父誉之[7]，不若非其父者也；非吾罪[8]也，人[9]之罪也。与己同则应[10]，不与己同则反[11]；同于己为[12]是之，异于己为非之。重言十七，所以已[13]言也，是为耆艾[14]，年先[15]矣，而无经纬本末以期来者[16]，是非先也。人而无以先人，无人道[17]也；人而无人道，是之谓陈人[18]。卮言日出，和以天倪，因以曼衍[19]，所以穷年[20]。

【注释】

[1]寓言：托于他人而说的话。十九：十分之九。

[2]重言：庄重之言，即庄语。十七：十分之七。

[3]卮(zhī)言：无有成见的言论。日出：随时而出现，天天说出来。

[4]和：合。天倪：自然。

[5]藉：通“借”。外：外人、别人。

[6]句意为：亲生父亲不为自己的儿子做媒人。即自己说不如别人说。

[7]誉之：称赞儿子。

[8]罪：罪过、过错。

[9]人：别人、他人。

[10]应：应和、赞同。

[11]反：反对、反驳。

[12]为：则、不同。

[13]已：通“己”。一说已为止。

[14]耆艾：六十为耆，五十为艾。耆艾连用，泛指老年人。

[15]先：长。

[16]经纬：纵横。本末：始终。期：期待。

[17]无人道：缺乏人道。

[18]陈人：陈腐的人。

[19]曼衍：发展变化。

[20]穷年：尽年，终其天年。

【品读】

本段讨论了寓言、重言和卮言。“寓言”是借助于别人论说。“重言”是借助于先代和权威表达。“卮言”为随物变化的自然随意之言。庄子表达“三言”式的搭配情况：寓言十分之九，重言十分之七，卮言则较为散乱。庄子把言论分成寓言、重言和卮言三种。其中只有“卮言”才是符合自然的。他指出宇宙万物从根本上说是齐一的、等同的，辨析事物的各种言论说到底是不符合客观事理的，要么忘言，要么随顺而言不留成见，日日变化更新。

所谓“卮言日出，和以天倪”，可参考《齐物论》里所谓自然的分际之“天倪”：“化身之相待，若其不相待，得之以天倪，因之以曼衍，所以穷年也。”每个事物都有其内涵与外延，都有它存在与不存在的理由，都有它生与灭的理由。放在自然之中，万物千差万别，但又要万法和谐而归一。面对自己的一生，我们每个人都可反躬自省。庄子在此已经给我们立出了一个标杆，那就是“卮言日出，和以天倪，因以曼衍，所以穷年”。

不言则齐[1]，齐与言不齐[2]，言与齐不齐也。故曰：“言无言[3]。”言无言：终身言，未尝言；终身不言，未尝不言。有自[4]也而可，有自也而不可；有自也而然，有自也而不然。恶乎[5]然？然于然；恶乎不然？不然于不然。恶乎可？可于可；恶乎不可？不可于不可。物固有所然，物固有所可。无物不然，无物不可。非卮言日出，和以天倪，孰得其久[6]！万物皆种[7]也，以不同形相禅[8]，始卒若环[9]，莫得其伦，是谓天均。天均者，天倪也。

【注释】

[1]不言则齐：不说话就齐一而无是非。

[2]齐：不言的齐。不齐：不同。

[3]言无言：说了没有说的话。

[4]自：由。

[5]恶(wū)乎：怎么。

[6]久：恒。

[7]种：种子。

[8]形：形式、形态。相禅(shàn)：新陈代谢。禅，代替。

[9]始卒若环：首尾相接像环。

【品读】

此段因袭《齐物论》的语言，重申其宗旨。这段语言基本上跟《齐物论》相类，差别不大。“不言则齐”，万事万物，千差万别，没有一个统一标准，一心不动，一念不生，就能“齐”，因而“不言则齐”。“言与齐不齐也”，正因为我们举心动念，马上就背道而行了。要想弥补这个，“故曰无言”。修道者需明白“不言而言”的道理，体悟“终身不言未尝不言”的意蕴。

“有自也而可”，人们实际上经常处于这个状态。面对社会、事物、人与人之间的关系，有的是、有的不是。之所以产生如此是非迷雾，是因为成坏、实空、福祸等相依，没有一个绝对的、生硬的边界线。在道家看来，无限的循环就是天地间的根本法则。“天钧”谓天然均平之理。如“是以圣人和之以是非而休乎天钧”①。万物皆由变化而来，以不同的形态相代替，始终像个圆环一样，这是所谓自然的变化，即自然的分际。因而只有“无言”，不对事物进行认识判断和命名，才符合道的本质。

庄子谓惠子[1]曰：“孔子行年六十而六十化[2]。始时所是，卒而非之。未知今之所谓是之非五十九年非也。”惠子曰：“孔子勤志服知也[3]。”庄子曰：“孔子谢之[4]矣，而其未之尝言[5]。孔子云：夫受才乎大本[6]，复灵以生[7]。鸣而当律[8]，言而当法[9]。利义陈[10]乎前，而好恶是非直[11]服人之口而已矣。使人乃以心服而不敢蘁[12]，立定天下之定。已乎，已乎！吾且不得及彼[13]乎！”

【注释】

[1]惠子：即惠施。

[2]六十化：六十次变化。

[3]勤志：努力实现自己的志愿。服知：运用心智。服，用。

[4]谢之：犹过之。

[5]未之尝言：未尝言之。

[6]大本：指天道。

[7]复灵：复为恢复，灵为灵善。生：生气。

[8]鸣：声。而：通“则”。当(dàng)：符合。律：乐律。

[9]法：礼法。

[10]陈：摆。

[11]直：只是。

[12]蘁(wù)：违逆、不顺从。

[13]彼：指孔子。

---

① 《庄子·齐物论》。

【品读】

本段说明学道应与时俱化而无励志用知之心。事物的变化没有止境，人们的认识则极其有限，而且认识是是非非，还是个未知数。因而要与时俱进，不可滞执固有的认识。而孔子正是懂得这种道理的人，既能与时俱化、行年六十而六十化；又能不滞执固有认识。故庄子着意树立了孔子善变的形象，说明孔子之所以能年年变化，与时俱进，就是在于他合乎自然大道的规律。而孔子的变化最直接的标志，则是他对自我"勤志服知"的否定，这否定就标志着孔子依顺自然大道。当然，庄子在此赞美孔子的变化和顺性，并非真的是为了赞颂孔子，其实质不过是借以更有力地证实道家思想的感染力与容纳性。总之，庄子利用孔子对自我励志和勤学用智的否定，旨在说明学道入门在于无为无智。

曾子再仕而心再化[1]，曰："吾及亲[2]仕，三釜[3]而心乐；后仕，三千钟而不洎[4]，吾心悲。"弟子问于仲尼曰："若参者，可谓无所县其罪[5]乎？"曰："既已县矣！夫无所县者，可以有哀乎？彼[6]视三釜，三千钟，如观雀蚊虻相过乎前也。"

【注释】

[1]曾子：曾参，孔子的弟子。再仕：第二次做官。化：变化，指道德修养变化。

[2]及亲：能养父母。

[3]釜：古代计量谷物的单位，合六斗四升。

[4]钟：古代计量谷物的单位，合六斛四斗。不洎(jì)：不及，指不及养双亲。

[5]县其罪：受其罪，指不受利禄的拖累。

[6]彼：指心无系于荣禄者。

【品读】

本段说明以无羁悬之心求无形之道。在道家看来，大道流布无穷，不可具见、具闻，学道入门，首先是无情感之念，无利禄之心，排除一切外物外情的干扰，而后走向自然之门，迎取大道精神。但如曾子虽无利禄之心，但悬于亲情，有悲哀之心，不能入道。故学道之门，必须彻底抛弃心悬之虑，抛弃利禄和亲情，抛弃一切不过是过眼烟云的外物，方能登堂入道。

颜成子游谓东郭子綦曰[1]："自吾闻子之言，一年而野[2]，二年而从[3]，三年而通[4]，四年而物[5]，五年而来[6]，六年而鬼人[7]，七年而天成[8]，八年而不知死、不知生[9]，九年而大妙[10]。生有为，死也。劝公以其私[11]，死也有自[12]也，而生阳[13]也，无自也。而果然乎[14]？恶乎其所适[15]，恶乎其所不适？天有历数[16]，地有人据[17]，吾恶乎求[18]之？莫知其所以终[19]，若之何其无命也？莫知其所始[20]，若之何其有命也？有以相应也[21]，若之何其无鬼邪？无以相应也，若之何其有鬼邪？”

【注释】

[1]颜成子游、东郭子綦：均见《齐物论》篇。

[2]野：不文雅，语言放肆。

[3]从：顺从。

[4]通：通达，指与外物无矛盾。

[5]物：物化，与物混同。

[6]来：神明大来。

[7]鬼人：归人，归根深藏。

[8]天成：合于自然。

[9]不知死、不知生：即生死齐 。

[10]大妙：大道的神妙。

[11]劝：劝勉。公：天道，即道通为一的一。

[12]有自：有生而后有死。自，由、因。

[13]生：生长，生成。阳：阳气。

[14]而果然乎：设问引起下文。

[15]恶(wū)：何。适：适意。

[16]历数：有命无命的历数。

[17]人据：人所占据之地，有鬼无鬼之论。

[18]恶乎求：无所追求。

[19]终：指死。

[20]始：指生。

[21]以：与之。相应：相感应。

【品读】

此段指出了修道的要领和渐进过程。修道要心无所悬，心有所悬就是一种悲哀。庄子提出了学道入道的渐进过程：从摆脱社会有为外饰开始，经过返璞本归真，顺从，通达，化物，众物来降，鬼神来舍，合于自然的死生齐一，最终到达体认大道的玄妙境界。体悟大道的过程中，最为重要的是忘却死生。庄子学道反对有为，反对对万事万物穷追问底。认为一切探寻问题究竟的作为，都无法把握大道之门，都是社会有为对自然无为的背离。人类或生或死，依四时变化，没有究竟，无须探求。总之，学道无探求，无判断，无究竟，一切依顺自然的存在和变化，依顺自然的开悟而最终得道。

众罔两问于景曰[1]:“若向也俯而今也仰[2],向也括而今也被发[3];向也坐而今也起;向也行而今也止:何也[4]?”景曰:“搜搜[5]也,奚稍问也[6]! 予[7]有而不知其所以。予,蜩甲[8]也,蛇蜕也[9],似之而非也[10]。火与日[11],吾屯[12]也;阴与夜[13],吾代[14]也。彼[15],吾所以有待[16]邪? 而况乎以有待者乎! 彼来则我与之来,彼往则我之往,彼强阳则我与之强阳[17]。强阳者,又何以有问乎!”

【注释】

[1]罔两:影外暗影。景:通“影”。

[2]若:汝、你。向:从前、过去。俯:低头。

[3]括:指发,束发。被:通“披”。

[4]句意为:影子随人而动,罔两不理解。

[5]搜搜:运动的样子。

[6]奚稍问:为什么贸然发问。奚,何。稍,借作“屑”。

[7]予:我。

[8]蜩甲:蝉蜕。蜩,蝉。

[9]蛇蜕:蛇皮。也:通“邪”。

[10]句意为:影生于形无实体存在,所以虽相似而不同。

[11]火:指火光。日:指日光。

[12]屯:聚。

[13]阴:阴天。夜:黑天。

[14]代:消失。

[15]彼:指形体。

[16]有待:有依赖。

[17]强阳:运动的样子。

【品读】

本段指出无所依待才能随心而动。“罔两问景”寓言早在《齐物论》篇中已出现。太阳下面每个人都有影子,影子的边缘还有个模糊的微影。影子的影子就叫“罔两”。灯光下,如果有光源半径较大,影子边上还有一层影子。这个也叫“罔两”。对罔两而言,火与阳光,使其聚合而显明;阴与黑夜,使其隐息。有形的物体到来它便随之到来,有形的物体离去它也随之离去,有形的物体徘徊不定它就随之不停地运动。庄子此处想要表述的意思是,影子看起来自由,但还得依靠形体,它因为有所依待而不能随心所动,这不是真正的自由。只有无所依待才能随心而动,才是真正的自由。

阳子居南之沛[1]，老聃西游于秦[2]。邀[3]于郊，至于梁[4]而遇老子。老子中道仰天而叹曰："始以女为可教，今不可也。"阳子居不答。至舍，进盥漱巾栉[5]，脱屦[6]户外，膝行[7]面前，曰："向者弟子欲请夫子，夫子行不闲，是以不敢；今闲矣，请问其过。"老子曰："而睢睢盱盱[8]，而谁与居！大白若辱[9]，盛德若不足。"阳子居蹴然[10]变容曰："敬闻命矣！"其往也，舍者迎将其家[11]，公[12]执席，妻[13]执巾栉，舍者避席，炀[14]者避灶。其反[15]也，舍者与之争席矣！

【注释】

[1]阳子居：姓杨，名朱，字子居。之：往。沛：指彭城，今江苏徐州。

[2]秦：秦国。

[3]邀：通"截"。

[4]梁：沛郊的地名。

[5]盥(guàn)：洗脸、洗手。漱：漱口。巾：毛巾。栉(zhì)：梳子。

[6]屦(jù)：葛麻做的鞋子。

[7]膝行：跪着走，表示尊敬。

[8]睢(jū)睢：仰目而视，骄傲。盱(xū)盱：张目而视，亦指傲慢。

[9]大白：非常清白。若：似。辱：污。

[10]蹴然：紧迫的样子。蹴(cù)，通"蹙"。

[11]迎将：迎送。家：旅店。

[12]公：旅店男主人。

[13]妻：旅店女主人。

[14]炀(yàng)：烘、炙，即烤火。

[15]其反：送老子走后再来时。

【品读】

本段说明学道无傲慢骄矜之态。借老子对阳子居的批评以及阳子居的悔改，说明去除骄矜、容于众人，方能真正做到修身养性。阳子居向老子请教学道。但老子认为，他的傲慢神态让人难以与其相处。阳子居很虚心地听取了老子的教诲，去其傲慢骄矜之态。于是，原来由于敬畏他傲慢的人都很快地改变了态度，变得无拘无束。可见，阳子居开始时持傲慢骄矜之态，无人归附，远离大道，不能回返本性，不能学道。其后一反常态而平朴自然，随性委蛇，无"睢睢盱盱"的自以为了不起的神态，无一切不自然的社会矫饰，故能与人相处，能学道入道。庄子借此故事说明，大道是无矫饰的粗野，是自然的质朴。大道摒弃一切非自然性的干扰。故学道者，应顺大道之理，应自然之性，不以傲慢骄矜之态来迎取大道的翔集。

让王第二十八

尧以天下让许由[1]，许由不受。又让于子州支父[2]，子州支父曰："以我为天子，犹[3]之可也。虽然，我适有幽忧之病[4]，方且治之[5]，未暇[6]治天下也。"夫天下至重也，而不以害其生[7]，又况他物乎！唯无以天下为者可以托天下也。

舜让天下于子州支伯，子州支伯曰："予适有幽忧之病，方且治之，未暇治天下也。"故天下大器[8]也，而不以易生[9]。此有道者之所以异乎俗者也。

舜以天下让善卷[10]，善卷曰："余[11]立于宇宙之中，冬日衣皮毛，夏日衣葛絺[12]。春耕种，形足以劳动；秋收敛，身足以修食；日出而作，日入而息，逍遥于天地之间，而心意自得。吾何以天下为哉！悲夫，子之不知余也！"遂不受。于是去而入深山，莫知其处。

舜以天下让其友石户之农[13]。石户之农曰："捲捲[14]乎，后之为人，葆力[15]之士也。"以舜之德为未至也。于是夫负妻戴[16]，携子以入于海，终身不反也[17]。

【注释】

[1]许由：见《逍遥游》注。

[2]子州支父：姓子州，字支父。

[3]犹：还。

[4]适：刚才。幽忧：隐忧。病：患。

[5]方：刚。治：治疗、医治。

[6]未暇：没有闲暇。

[7]生：性。

[8]大器：贵重的器物。

[9]易：改换、改变。生：性。

[10]善卷：姓善，名卷。

[11]余：我。

[12]葛絺(chī)：细葛布。

[13]石户：地名。农：农民。

[14]捲(quán)捲:用力的样子。

[15]葆力:勤力。

[16]负:背着。戴:顶着。

[17]入于海:隐居海上。反:通"返"。

【品读】

本章说明古贤者依顺自然不愿接受禅让。庄子以寓言的形式,叙述了尧让天下于许由与子州支父,最后让给了舜;舜让天下于子州支伯、善卷与石户之农,结果都没有成功,这些人不是称病就是逃走。舜的屡次让贤,无非是想找个能管理国家的人,用其言来说,只有忘却天下而无所作为的人,方可担当统治天下的重任。但出乎舜之意料,其行为对那些依顺自然的隐士来讲是一种惊扰。在世俗人眼中,天下并非齐同,而有高低贵贱之分,为追求利禄名位,形可劳,神可伤,甚至牺牲生命,天下在他们眼中显然更具诱惑力。而在道家看来,治理天下会让人形劳神悴,失去本身,有碍其修身养性,因而避之唯恐不及。

大王亶父居邠[1],狄人[2]攻之。事之以皮帛而不受[3],事之以犬马而不受,事之以珠玉而不受。狄人之所求者土地也。大王亶父曰:"与人之兄居而杀其弟[4],与人之父居而杀其子,吾不忍也。子皆勉居矣[5]!为吾臣与为狄人臣奚以异[6]。且吾闻之:不以所用养害所养[7]。'"因杖策而去之[8]。民相连而从之,遂成国于岐山[9]之下。夫大王亶父可谓能尊生[10]矣。能尊生者,虽贵富不以养伤身[11],虽贫贱不以利累形[12]。今世之人居高官尊爵者,皆重失之[13]。见利轻亡其身,岂不惑哉!

【注释】

[1]大(tài)王亶(dǎn)父:即古公亶父,周文王的祖父。邠(bīn):亦作豳,在今陕西彬县。

[2]狄人:北方的少数民族。

[3]事:侍奉。皮帛:皮市。

[4]人:指狄人。

[5]子:你们,指臣民。勉居:勉强留下。

[6]奚:什么。异:不同。

[7]所用养:指土地。所养:指人,即臣民。

[8]杖策:执鞭。杖,通"仗",执、持。策,马鞭。

[9]岐山:山名,在今陕西岐山东北六十里,今名"箭括岭",亦称"箭括山"。

[10]尊生:贵生。

[11]以:因。养:供养。

[12]累形：牵累形体。

[13]重：重视。失：失掉。之：指高官尊爵。

【品读】

本段进一步阐述重视生命的思想。周人先辈古公亶父为避狄人保众民生，宁弃土地，远徙岐山脚下。故古公亶父能尊生，受到了庄子的盛赞。亶父认为人的生命比财物和土地都重要，不忍心人们因为战争而失去生命。只要人人都安居乐业，他宁愿放弃自己的国家，放弃名和利。亶父到了岐山脚下，率众又建立了一个新的国家。亶父尊敬每个臣民的生命，所以臣民都愿意追随他，这与名利无关，而是天性的归属。道家有着强烈的重生贵生思想，个人生命应当得到绝对的尊重和保护。由此来看，只有尊重天下的生命，才能把天下交给他，以珍爱生命的态度去治理天下，强烈谴责世俗名利对个人生命的伤害。

越人三世弑其君[1]，王子搜[2]患之，逃乎丹穴[3]，而越国无君。求玉子搜不得，从之丹穴。王子搜不肯出，越人熏之以艾[4]。乘以王舆[5]。王子搜援绥登车[6]，仰天而呼曰："君乎，君乎，独不可以舍我乎！"王子搜非恶为君也，恶为君之患也。若王子搜者，可谓不以国伤生矣！此固越人之所欲得为君也。

【注释】

[1]越人三世弑其君：指越王翳被子杀掉，越人将其子杀掉，立元余为国君，元余又被子杀掉，立无颛为国君。弑，指古代臣杀君、子杀父。

[2]王子搜：指越王无颛。

[3]丹穴：山洞名。

[4]熏之以艾：用艾蒿烟熏丹穴。

[5]王舆：国君坐的车子。

[6]援：拉、攀。绥：上车时拉的绳子，拉手。

【品读】

本段讲王子搜不愿为君而伤害生命。越人三代杀掉自己的国君，王子搜忧患此事，不当国王，"不以国伤生"，躲避于山洞，庄子亦以为能爱生。越国没有国君，寻找他一直找到丹穴。王子搜不肯出来，越人用艾蒿烟熏丹穴，让他乘坐玉辇。王子搜并非厌恶做国君，而是厌恶做国君的祸患。像王子搜这样的人，可谓不以国君地位伤害生命了。因为有前车之鉴，他怕自己重蹈覆辙。这样的人才是越人想要的君王，这样的国君做事会谨慎有度，人民才能安居乐业。

韩魏相与争侵地[1]，子华子见昭僖侯[2]，昭僖侯有忧色。子华子曰："今使天下书铭[3]于君之前，书之言曰：'左手攫之则右手废[4]，右手攫之则左手废，然而攫之者必有天下。'君能攫之乎？昭僖侯曰："寡人不攫也。"子华子曰："甚善！自是观之，两臂重于天下也。身亦[5]重于两臂。韩之轻于天下亦远矣！今之所争者，其轻于韩又远。君固愁身伤生以忧戚不得也。"僖侯曰："善哉！教寡人者众矣，未尝得闻此言也。"子华子可谓知轻重矣！

【注释】

[1]韩：韩国。魏：魏国。侵地：侵夺地盘。

[2]子华子：魏国贤人。昭僖侯：韩国国君。

[3]铭：誓约。

[4]攫(jué)：取、夺。废：废弃、砍掉。

[5]亦：又。

【品读】

本段说明用宝贵的生命去追逐无用的外物毫无意义。韩国和魏国是邻居，常常为接壤之地发生争执。华子赶去拜见韩国国君昭僖侯，发现他满脸憔悴。华子开导他，两国接壤之地，与整个天下比起来少之又少，微乎其微。因为一点点土地就失去民心，还让自己日日不安，此乃因小失大。于是解两国之争以养生。华子可谓懂得轻重。庄子这是指出要分清事物的轻与重，生命是重要的，利禄、土地等身外之物是不值得看重的，用宝贵的生命去追逐无用的外物毫无意义。这对我们为人处世亦有启示。

鲁君闻颜阖得道之人也[1]，使人以币先焉[2]。颜阖守陋间[3]，苴布之衣，而自饭牛[4]。鲁君之使者至，颜阖自对之。使者曰："此颜阖之家与[5]？"颜阖对曰："此阖之家也。"使者至市。颜阖对曰："恐听谬而遗使者罪[6]，不若审之[7]。"使者还，反审之，复来求之，则不得已[8]！故若颜阖者，真恶富贵也。

【注释】

[1]鲁君：一说鲁定公，一说鲁哀公，作者并无确指。颜阖：鲁国隐者。

[2]币：币帛、钱币。先：致意。

[3]守：居、住。陋间：陋巷、穷巷。

[4]苴布：麻布、粗麻布。饭牛：喂牛、饲牛。

[5]与：通"欤"。

[6]恐听谬：恐怕听错。遗使者罪：使使者获罪。

[7]审：审核。之：指鲁君的命令。

[8]不得已：指找不到颜阖了。已，通“矣”。

【品读】

本段称赞能安贫乐守的人。如得道之人颜阖，“守陋闾布之衣自饭牛”，见鲁君的使者前来送上币帛，颜阖请使者回去把鲁君命令再审核个明白。使者回去，反复核实，再来找他，却找不到了。像颜阖这样的得道者，才真正地厌恶富贵、安贫乐道。只求真道，“完身养生”，并不在乎是否贫穷。贫穷与求真道养生并不矛盾。

故曰，道之真以治身，其绪余[1]以为国家，其土苴[2]以治天下。由此观之，帝王之功，圣人之余事也，非所以完身养生也。今世俗之君子，多危身弃生以殉物[3]，岂不悲哉！凡圣人[4]之动作也，必察其所以之与其所以为[5]。今且有人于此，以随侯之珠[6]，弹千仞之雀，世必笑之。是何也？则其所用者重而所要[7]者轻也。夫生者岂特随侯[8]之重哉！

【注释】

[1]绪余：残余。

[2]土苴(zhā)：粪土、糟粕。

[3]殉物：追逐名利权势。殉，逐。

[4]圣人：指得道的人。

[5]所以之：所以往，所追求的目的。所以为：所以这样做的原因。

[6]随侯之珠：古代名珠，为随侯所得，故名。

[7]要：取得、求得。

[8]随侯：指随侯的珍珠，有的版本“侯”后有“珠”字，可供参考。

【品读】

本段告诫人们分清轻重，勿因小失大。在道家看来，大道的真谛可以用来养身，大道的剩余可以用来治理国家，而大道的糟粕才是用来统治天下的。由此观之，帝王的功业只不过是圣人余剩之事，不是可以用来保全身形、修养心性的。世俗人大多危害自己的身体、弃置禀性而一味地追逐身外之物是可悲的。从道的立场强调生命重于一切，轻身逐物，恰似以“隋侯之珠弹千仞之雀”，世人嘲笑他，是由于他以舍弃贵重之物为代价来追求轻微之物。对于这个比喻，世人都很容易看清其中的轻重厉害，但是一旦以比隋侯之珠贵重无数倍的生命去追逐外物，人们往往又会沉溺其中而无法自拔。于是庄子告诫人们应该像“圣人”那样，在做一件事情之前，“必察其所以之与其所以为”。意为审视这样去做的意义与代价，切勿因小失大。

于列子穷[1]，容貌有饥色[2]。客有言之于郑子阳[3]者，曰："列御寇[4]，盖有道之士也，居君[5]之国而穷，君无乃为不好士[6]乎？"郑子阳即令官遗[7]之粟。子列子见使者，再拜而辞。使者去，子列子入，其妻望之而拊心[8]曰："妾闻为有道者之妻子，皆得佚乐[9]。今有饥色，君过而遗先生食[10]，先生不受，岂不命邪？"子列子笑，谓之曰："君非自知我也，以人之言而遗我粟；至其罪我也，又且以人之言，此吾所以不受也。"其卒，民果作难而杀子阳[11]。

【注释】

[1]穷：穷困、困难。

[2]句意为：穷困到极点，饥饿之色呈现在面貌上。

[3]子阳：郑国的宰相。

[4]列御寇：即列子，道家先驱人物之一。

[5]君：你，指子阳。

[6]好(hào)士：爱好人才，重视人才。好，爱好。

[7]遗(wèi)：送、给予。

[8]拊(fǔ)心：表痛心的样子。拊，通"抚"。

[9]佚乐：安逸享乐。佚，通"逸"。

[10]君：指子阳，即指相国。过：过问。

[11]民果作难而杀子阳：据《吕氏春秋·适威》《淮南子·氾论训》《史记·郑世家》记载，子阳为人所杀。

【品读】

本段写列子明哲保身而不接受官府的赠予。列子穷，"容貌有饥色"。郑国的上卿子阳听说后立即派人给列子送去粮食。列子再三辞谢却不肯接受。列子不接受赠予的理由是为了保生，从其自身而言，与子阳不熟，如此冒昧接受赠予日后恐怕招致祸患。而从子阳的角度而言，凭别人一言就贸然赠送，况且他惠赠的动机不纯，与其说是赏识列子，不如说是为了面子。他担忧世人笑话在其辖区内竟然有个得道圣人在挨饿受苦。后来子阳为人所杀，充分说明列子当初拒绝其赠予确系明智之举。

楚昭王失国[1]，屠羊说走而从于昭王[2]。昭王反[3]国，将赏从者。及[4]屠羊说。屠羊说曰："大王失国，说失屠羊。大王反国，说亦反屠羊。臣之爵禄已复矣[5]，又何赏之有。"王曰："强之[6]。"屠羊说曰："大王失国，非臣之罪，故不敢伏其诛[7]；大王反国，非臣之功，故不敢当其赏。"王曰："见之[8]。"屠羊说曰："楚国之法，必有重赏大功而后得见。今臣之知不足以存国，而勇不足以死寇。吴军入郢，说畏难而避寇，非故随大王也。今大王欲废法毁约而见说，此非臣之所以闻于天下也。王谓司马子綦[9]曰：“屠羊说居处卑贱而陈义[10]甚高，子綦为我延之以三旌之位。”屠羊说曰：“夫三旌之位[11]，吾知其贵于屠羊之肆也；万钟之禄[12]，吾知其富于屠羊之利也。然岂可以贪爵禄而使吾君有妄施[13]之名乎？说不敢当，愿复反吾屠羊之肆。”遂不受[14]也。

【注释】

[1]楚昭王：楚平王的儿子。失国：失去国土，指吴伐楚，楚昭王逃到随、郑。

[2]屠羊：指宰羊人。说：通“悦”，屠羊者的名字。

[3]反：通“返”。

[4]及：指赏到。

[5]臣之爵禄：指屠羊。复：恢复。

[6]强(qiǎng)之：强令赏他。

[7]伏其诛：伏案受诛，甘心被杀。

[8]见(xiàn)之：引见他，让他来见我。

[9]司马子綦：楚国将军，名子綦，司马是官名。又作“司马子其”。

[10]陈义：说理。

[11]三旌(jīng)之位：三卿之位。

[12]万钟之禄：卿禄万钟。

[13]妄施：行赏不当。

[14]遂不受：终不受。

【品读】

本段赞扬了屠羊说不被名利所迷惑。名利对于已经拥有者来说并不稀罕，但对于缺乏者还是具有很大的吸引力。但不是所有没有名利者都有此想法。许多一生不曾拥有名利的人也能够看清名利的真实本质，而不被名利所迷惑。屠羊说作为楚国的一个屠夫，一生既没有大声名，也没有很多财富。楚昭王落难，逃亡在外，屠羊说跟着他一起流亡。昭王回国复位后，决定好好奖赏其随从。不料屠羊说拒绝受赏。在屠羊说看来，他之前的行为无非是求生的本能，并不算什么功绩。楚王的赏赐他不接受，因为他自觉那不是他应得的；楚王要他坐“三旌之位”他也不肯受，因为他自认没那个能力。很多人为了功名利禄而拼命，面对赏赐却断然拒绝，这或许让人费解。因为这些人不理解名利为什么不值得追逐，看不到名利的危害，天性被蒙蔽了。

原宪[1]居鲁，环堵之室[2]，茨以生草[3]，蓬户[4]不完，桑以为枢而瓮牖[5]，二室，褐以为塞[6]，上漏下湿，匡坐而弦歌[7]。子贡[8]乘大马，中绀而表素[9]，轩车不容巷[10]，往见原宪。原宪华冠縰履[11]，杖藜[12]而应门。子贡曰：“嘻！

先生何病?”原宪应之曰:“宪闻之,无财谓之贫,学而不能行谓之病。今宪贫也,非病也。”子贡逡巡[13]而有愧色。原宪笑曰:“夫希世而行[14],比周[15]而友,学以为人,教以为己,仁义之慝[16],舆马之饰,宪不忍为也。”

【注释】

[1]原宪:字子思,孔子的弟子。

[2]环堵:即室之四周墙各一丈。堵,一丈为堵。

[3]茨:房盖。草:青草。

[4]蓬户:蓬草编的门户。

[5]桑:桑条。枢:门轴。瓮牖:简陋的窗户。

[6]褐:粗布衣服。塞:蔽。

[7]匡坐:正坐。弦歌:边弹琴边诵诗歌。

[8]子贡:孔子的弟子,姓端木,名赐。

[9]中绀(gàn):里边穿青红色衣服。表素:外面穿白色衣服。

[10]轩车:古代大夫乘的车。不容巷:车大巷小,不容出入。

[11]华冠:桦树皮做的帽子。华,通“烨”。縰(xǐ)履:无后跟的鞋。縰,通“屣”,无限。

[12]杖藜:撑着用藜草茎做的手杖。

[13]逡巡:进退不得。

[14]希世而行:观望世俗的好恶而行事。希,通“睎”,观望。

[15]比周:结党营私。

[16]慝(tè):邪恶。

【品读】

本段表达了道家轻物养生和无为而治的思想。原宪住在鲁国,贫穷不堪,陋室“上漏下湿”。子贡乘坐四匹大马拉的车子,衣着华丽去见原宪,小巷无法容纳其车进入。原宪“华冠縰履,杖黎而应”。子贡问其是否生病,原宪言“无财谓之贫,学而不能行谓之病”。他声称自己的确贫困,并不是有病。子贡进退两难,面露愧色。这说明原宪虽然贫困却不失“仁义”,他为了仁义之道而不把贫放在心上。原宪与颜渊一样,可谓安贫乐道的典范。在原宪看来,“学以为人,教以为己,仁义之慝,舆马之饰”,即学习不务根本而显誉于人,教育不善导别人而自专为己,失掉仁义装饰车马,皆是不可取的。原宪身上也体现出道家轻物养生的思想意识。

曾子[1]居卫,缊袍无表[2],颜色肿哙[3],手足胼胝[4],三日不举火[5],十年不制衣。正冠而缨绝[6],捉衿而肘见[7],纳屦而踵决[8]。曳縰而歌《商颂》[9],声满天地,若出金石。天子不得臣,诸侯不得友。故养志者忘形,养形者忘利,致道者忘心矣。

【注释】

[1]曾子：姓曾，名参，字子舆，鲁人，孔子的弟子。

[2]缊(yùn)袍：用麻絮充丝棉作的袍子。无表：没有外罩。

[3]肿哙(kuài)：浮肿而有病色。

[4]胼胝：老趼。

[5]不举火：不举烟火，不做饭。

[6]冠：帽子。缨：帽缨子。绝：断绝。

[7]捉：抓、拉。衿：领子。见：通“现”，露。

[8]纳屦：穿鞋。踵决：后跟裂开。

[9]曳縰：拖拉着鞋。曳，拖。商颂：商代音乐。

【品读】

本段强调人要注重精神生活。人要有追求，绝不能放弃精神上的修养，行尸走肉甚至不如泥猪瓦狗。曾子住在卫国，十分贫穷，衣食不足，到了“三日不举火，十年不制衣”的程度。尽管如此，但曾子唱《商颂》时声音洪亮，精神饱满。这说明他修养心志，忘却形骸，调养身形，忘却利禄。在一般人看来，曾子的歌唱很孤独，但他内心却很幸福。所以，养志的人忘记形骸，养形骸的人忘记利益，通达道的人忘记了心。养护心志、形体和对“道”的追求，都应注重“忘”，忘掉自身形体的存在，忘掉名利，忘记一切妄念杂想。

孔子谓颜回[1]曰：“回，来！家贫居卑[2]，胡不仕乎[3]？”颜回对曰：“不愿仕。回有郭[4]外之田五十亩，足以给飦粥[5]；郭内[6]之田十亩，足以为丝麻；鼓琴足以自娱；所学夫子之道者足以自乐也。回不愿仕。”孔子愀然[7]变容，曰：“善哉，回之意！丘闻之：‘知足者，不以利自累也；审自得者[8]，失之而不惧；行修于内者[9]，无位而不怍[10]。’丘诵之久矣，今于回而后见之，是丘之得也。”

【注释】

[1]颜回：字渊，孔子的弟子。

[2]居卑：地位卑下贫贱。

[3]胡：何。仕：做官。

[4]郭：外城。

[5]给：供给。飦(zhān)粥：粘粥、稠粥。

[6]郭内：城内。

[7]愀(qiǎo)然：神色改变的样子。

[8]审自得者：审视自己得失清楚的人。审，明察。

[9]行修于内者：进行内心修养的人。

[10]无位：没有官位。不怍(zuò)：不惭愧。

【品读】

本段表达了不以利禄自累，安贫乐道的思想。孔子问家庭贫困处境卑贱的颜回为何不去做官？颜回答道："鼓琴足以自娱；所学夫子之道者足以自乐也。"他声称自己不愿意做官。对此孔子"愀然变容"，感叹一番：知足的人，不以利禄自累；审视自得的人，损失而不忧惧；进行内心修养的人，没有官位而不惭愧。其主旨在于阐述道家的重生，提倡不因外物妨碍生命的思想。利禄不可取，在于保全生命的自足自性。

中山公子牟[1]谓瞻子曰："身在江海[2]之上，心居乎魏阙[3]之下，奈何？"瞻子曰："重生。重生则利轻。"中山公子牟曰："虽知之，未能自胜也。"瞻子曰："不能自胜则从，神无恶乎[4]？不能自胜而强不从者，此之谓重伤[5]。重伤之人，无寿类矣！"魏牟，万乘[6]之公子也，其隐岩穴也，难为于布衣之士，虽未至乎道，可谓有其意矣！

【注释】

[1]中山公子牟：即魏公子，名牟，封地中山，故名"中山公子牟"。

[2]江海：指江湖，广阔天地。

[3]魏阙：宫殿高大的门庭，指朝廷。

[4]神：精神。无：毋。恶：厌恶。

[5]重(chóng)伤：双重伤害。

[6]万乘：有万辆战车的国家，指大国。

【品读】

本段提倡克制对功名的无尽欲望，重视生命。通过魏牟和瞻子的对话，提出"重生"、轻利的观点。要尊生、爱生与养生，不仅要善于排拒客观外物的利欲和破坏，还要注意不为自身主观的有为努力所影响。魏牟虽有意尊生和养生，居江海之上，但内心却放不下对社稷大事的关心，故同样害心。于是瞻子劝他要重生，要善于排除自己关心国家的念头，但又不要勉为其难，要自然顺从，否则会受到双重伤害，更不利于养生。故庄子尊崇生命本性，旨在守护生性不被外物所伤害的原则。

身在江湖之上，心居魏阙之下，这正是后世无数知识分子的矛盾心态。身在江湖，则无所作为，且清贫难熬；身居魏阙，则累于心计，宦海风波，而又留恋江湖。道家认为，之所以摆脱不了这种矛盾，是因为不能"重生"。只有将个体的自由放在首位，才能做到身在江湖之上，心忘魏阙之下。

孔子穷于陈蔡之间[1]，七日不火食，藜羹不糁[2]，颜色甚惫[3]，而弦歌于室。颜回择[4]菜，子路、子贡相与言曰："夫子再逐于鲁，削迹于卫，伐树于宋，穷于商周，围于陈蔡。杀夫子者无罪，藉夫子者无禁[5]。弦歌鼓琴，未尝绝音，君子之无耻也若此乎[6]？"颜回无以应，人告孔子。孔子推琴，喟然[7]而叹曰："由与赐[8]，细人[9]也。召而来[10]，吾语之。"子路、子贡入。子路曰："如此者，可谓穷矣！"孔子曰："是何言也！君子通于道之谓通，穷于道之谓穷。今丘抱仁义之道以遭乱世之患，其何穷之为[11]？故内省[12]而不穷于道，临难而不失其德。天寒既至[13]，霜雪既降，吾是以知松柏之茂[14]也。陈蔡之隘[15]，于丘其幸乎。"孔子削然反琴而弦歌[16]，子路扢然执干而舞[17]。子贡曰："吾不知天之高也，地之下[18]也。"古之得道者，穷亦乐，通亦乐，所乐非[19]穷通也。道德[20]于此，则穷通为寒暑风雨之序矣。故许由娱于颍阳[21]，而共伯得乎丘首[22]。

【注释】

[1]穷：困。陈蔡：陈国、蔡国。

[2]藜：野菜。糁(sǎn)：米粒。

[3]惫：疲惫、疲乏。

[4]择：选择。一本作"释"。

[5]藉：欺凌，凌辱。无禁：没有人禁止。

[6]君子：指孔子。无耻：没有羞耻之心。

[7]喟然：叹气的样子。

[8]由：即子路。赐：子贡。

[9]细人：见识浅的人。

[10]而：通"尔"，他们。

[11]何穷之为：何谓之穷。为，通"谓"。

[12]内省(xǐng)：反省，自己检查。

[13]天寒既至：即《论语·子罕》中的"岁寒"。

[14]知松柏之茂：即《论语·子罕》中的"知松柏之后凋也"。

[15]隘：危险、迫隘。

[16]削然：悄然，即安然的样子。反：通"返"。

[17]扢(xì)然：威武的样子。干：楯。

[18]地之下：地之深。

[19]非：无关。

[20]德：当作"得"。

[21]颍阳：颍水之阳。

[22]共伯：即共伯和，食封于共而得名。西周末，厉王被放逐，共伯因贤被诸侯立为天子，在位 14 年，宣王立时共伯退回共丘山，逍遥自得。首：山根。

【品读】

本段通过孔子身处厄境也随遇而安的事迹，说明得道之人方能“穷亦乐”“通亦乐”。孔子周游列国，历险之事时有发生。受困于陈、蔡两国之间，曾经七天不能生火做饭，饿得脸色疲惫、气色虚弱，却“弦歌鼓琴，未尝绝音”。子路和子贡觉得老师似乎缺乏羞耻之心。对此孔子却强调，“君子通于道之谓通，穷于道之谓穷”，即君子如能通达于道就叫“一以贯通”，不能通达于道才是“走投无路”。他自我反省不是穷困于道，而是面临灾难不失自己的德性。孔子指出“古之得道者，穷亦乐，通亦乐”，正因为道才是他们乐之所在。在此，孔子身上体现了道家的超然自乐。致道者忘心就是庄子所谓得道者快乐的原因。

庄子在充满矛盾对立的现实基础上强调超然自乐，悠闲放达，给人一种神奇、怡悦、旷达的乐观主义之美。在异化的社会，这是人们获得幸福必须具备的心理素质。理想人格能够超越名利、得失、生死、祸福，只追求精神的超越与自由，从而达到游心逍遥的状态。

舜以天下让其友北人无择[1]，北人无择曰：“异哉，后[2]之为人也，居于畎亩[3]之中，而游尧之门[4]。不若是而已[5]，又欲以其辱行漫我[6]。吾羞见之。”因自投清泠[7]之渊。

【注释】

[1]北人无择：姓北人，名无择。

[2]后：指君主。

[3]畎亩：指田间。畎，田间水沟。

[4]游尧之门：指即帝位。

[5]若：但，不如。是：如此，这。已：止。

[6]辱行：可耻的行为。漫：玷污。

[7]清泠(líng)：渊名。

【品读】

本段写北人无择为自足自性而弃生。据说舜被接连拒绝后仍不死心，又想把天下让给他的朋友北人无择。在北人无择看来，这是舜“以其辱行漫我”。他觉得自己的人格受到了侮辱，只有死方能雪洗耻辱，因而他投入清泠之渊而死。这是为保性而弃生的悲惨结果。

汤将伐桀，因卞随而谋[1]，卞随曰："非吾事也。"汤曰："孰[2]可？"曰："吾不知也。"汤又因瞀光[3]而谋，瞀光曰："非吾事也。"汤曰："孰可？"曰："吾不知也。"汤曰："伊尹[4]何如？"曰："强力忍垢[5]，吾不知其他也。"汤遂与伊尹谋伐桀，克[6]之。以让卞随，卞随辞曰："后之伐桀也谋乎我，必以我为贼[7]也；胜桀而让我，必以我为贪也。吾生乎乱世，而无道之人再来漫我以其辱行[8]，吾不忍数闻也[9]！"乃自投椆水[10]而死。

汤又让瞀光，曰："知者[11]谋之，武者遂之[12]，仁者居之[13]，古之道也。吾子胡不立乎[14]？"瞀光辞曰："废上[15]，非义也；杀民[16]，非仁也；人犯其难[17]，我享其利，非廉也。吾闻之曰：'非其义者，不受其禄；无道之世，不践其土。'况尊我[18]乎！吾不忍久见也。"乃负石而自沉于庐水[19]。

【注释】

[1]因：通过。卞随：姓卞，名随，隐者。

[2]孰：谁。

[3]瞀光：即务光，夏朝时人。

[4]伊尹：商初大臣，名伊，尹是官名，奴隶出身。

[5]强力：顽强。忍垢：忍受耻辱。

[6]克：胜。

[7]贼：残忍。

[8]辱行：耻辱的行为。

[9]数(shuò)：屡次。闻：搅扰。

[10]椆(zhōu)水：即桐水，在颍川。

[11]知：通"智"。知者指伊尹。

[12]遂：完成。武者遂之：指汤自己。

[13]仁者：指瞀光。居之：居天子的地位。

[14]吾子：你。胡：何。立：古"位"字。

[15]废上：指汤放桀。

[16]杀民：指汤用兵。

[17]人犯其难：别人冒险。

[18]尊我：推我为君。

[19]庐水：即庐江，当在安徽。

【品读】

本章体现道家弃生保性的无奈所为。商汤讨伐夏桀取胜，让位给卞随，卞随推辞，觉得受到玷污，自投椆水而死。商汤又让位给瞀光，瞀光推辞，背负石头而自沉于庐水。此乃置生死于不顾，为保性而弃生的悲惨结果。庄子护卫人的价值在于保全生命与质性两个方面。生命体是人存在的外壳，是承载生命内性存在的肉身。它较之人之外的物利而言是重要的不容损害的，但相对于质性而言则是次要的，在迫不得已的情况下是可以抛弃的。如果牺牲一方才能保住另一方，根据其致养性之道，就必须抛弃形体才能保性。如北人无择、卞随、瞀光，皆不忍质性受辱而身亡。

昔周之兴[1]，有士二人处于孤竹[2]，曰伯夷、叔齐[3]。二人相谓曰："吾闻西方有人[4]，似有道者[5]，试往观焉。"至于岐阳[6]，武王[7]闻之，使叔旦[8]往见之。与盟曰："加富[9]二等，就官一列[10]。"血牲而埋之[11]。二人相视而笑，曰："嘻，异哉！此非吾所谓道也。昔者神农[12]之有天下也，时祀尽敬而不祈喜[13]；其于人也，忠信尽治而无求焉[14]。乐与政为政，乐与治为治。不以人之坏自成也，不以人之卑自高也[15]，不以遭时自利也[16]。今周见殷之乱而遽[17]为政，上谋而下行货[18]，阻兵而保威[19]，割牲而盟以为信，扬行以说众，杀伐以要利。是推乱以易暴也。吾闻古之士，遭治世不避其任，遇乱世不为苟存。今天下暗，殷德衰，其并乎周以涂吾身也，不如避之，以絜[20]吾行。"二子北至于首阳之山，遂饿而死焉。若伯夷、叔齐者，其于富贵也，苟可得已，则必不赖高节戾行[21]，独乐其志，不事于世。此二士之节也。

【注释】

[1]昔：过去。周：周朝。

[2]孤竹：商代国名。

[3]伯夷、叔齐：孤竹国君的长子和次子。

[4]西方有人：指周。

[5]似有道者：指周文王。

[6]岐阳：岐山之阳。

[7]武王：指周武王姬发。

[8]叔旦：指武王的弟弟周公旦。

[9]富：俸禄。

[10]就：任。一列：一品位。

[11]句意为：用牲畜血涂盟约上埋在盟坛的地下，向神表示忠信。

[12]神农：上古皇帝神农氏。

[13]祈：求。喜：通"禧"，福。

[14]尽治：尽心治理。无求：无求利禄报答。

[15]卑：卑下。自高：抬高自己。

[16]遭时：遇到时机。自利：自谋私利。

[17]遽：急速。

[18]上谋:高尚的计谋。上,通“尚”。行货:用爵禄收买人心。

[19]阻兵:靠武力。阻,恃。

[20]絜:通“洁”。

[21]赖:恃。戾:通“厉”。

【品读】

本段描述伯夷、叔齐宁可饿死于首阳山,也不愿“并乎周”而玷污自身。伯夷、叔齐对周王朝夺取天下斥之为“推乱以易暴”。天下昏暗,殷德衰败,伯夷、叔齐二人向北到首阳山。周武王欲授给高官厚禄,但二者志在追求无为质性和名节之道,有感于天下昏暗,攻伐行暴,追逐物利,认为与其“并乎周”污辱自己,不如避之以洁德行,遂饿死在阳山上。很显然,伯夷、叔齐二烈士用牺牲生命的代价来换取其致养性之道。然而,其所致养之道,依然离不开仁义节操的内容,同上一层次在本质上并无二致,共属儒学思想的范畴,是低层次的社会性内容。

盗跖第二十九

孔子与柳下季为友[1]，柳下季之弟，名曰盗跖[2]。盗跖从卒[3]九千人，横行天下，侵暴诸侯。穴室枢户[4]，驱人牛马，取人妇女。贪得忘亲，不顾父母兄弟，不祭先祖。所过之邑，大国守城，小国入保[5]，万民苦之。

孔子谓柳下季曰："夫为人父者，必能诏[6]其子；为人兄者，必能教其弟。若父不能诏其子，兄不能教其弟，则无贵父子兄弟之亲矣。今先生，世之才士也，弟为盗跖，为天下害，而弗能教也，丘窃为先生羞之。丘请为先生往说之[7]。"

柳下季曰："先生言为人父者必能诏其子，为人兄者必能教其弟。若子不听父之诏，弟不受兄之教，虽今先生之辩[8]，将奈之何哉！且跖之为人也，心如涌泉[9]，意如飘风[10]，强足以拒敌[11]，辩足以饰非。顺其心则喜，逆其心则怒，易辱人以言。先生必无往。"

孔子不听，颜回为驭[12]，子贡为右[13]，往见盗跖。

【注释】

[1]柳下季：姓展，名获，字禽，鲁国大夫，柳下为其封地，称"柳下季"，谥号惠，亦称"柳下惠"。

[2]盗跖(zhí)：春秋末的农民起义领袖。

[3]从卒：随从起义的人。

[4]穴：用作动词，凿穿。枢：用作动词，破。

[5]入保：进入小城守备。保，通"堡"，小城。

[6]诏：诏示，教导。

[7]说(shuì)之：说服他。

[8]辩：善于雄辩。

[9]涌泉：水向上冒。

[10]句意为：意境像暴风一样难以测度。飘风，暴风。

[11]拒敌，用语言与盗跖对抗，拒，抗拒。

[12]驭：通"御"，驾驭、驾车。

[13]右：古代乘车在车右者，即骖右。

【品读】

本章颠倒了圣人与盗贼的价值定位，把盗跖塑造成一个反传统的斗士。庄子对孔子的思想批评程度最重的，就要数盗跖，近似谩骂。在人物的设计上，有意把一位被时人称为“圣之和也”的柳下惠和“杀人放火”的盗跖这两位时代不同、性格相反、地位悬殊的人物写成亲兄弟关系，又让相去百年之外的孔子与柳下惠成为朋友，并且让作为道德模范的孔子出场游说，让“最无道”的盗跖在理论上彻底战胜他。

何人谓盗？在统治者看来，凡人循规蹈矩，老老实实地接受社会规范的约束，便是本分的人，否则就是盗。跖随从的士卒有九千人，横行天下，“侵暴诸侯”，也让广大民众深受其害。盗跖之所以冠名曰盗，就因他是现实统治的反叛者。在庄子看来，真正的大盗是盗国，盗天下，盗名声，盗人性以及破坏自然秩序者。庄子从自然性的角度出发，给盗以正名。

孔子的第一个错误犯在他对父子、兄弟之间教育问题的认识上。从孔子与柳下惠的对话中来看，孔子把教育的目的说成是只有父亲成功教育儿子、哥哥成功教育弟弟，才会让世人重视父子、兄弟的亲属关系。其实父对子、兄对弟的教育应出自本能、血脉的遗传，父子兄弟之间的关系无法泯灭。

盗跖乃方休卒徒大山[1]之阳，脍人肝而餔之[2]。孔子下车而前，见谒者[3]曰：“鲁人孔丘，闻将军高义，敬再拜谒者。”谒者入通。盗跖闻之大怒，目如明星，发上指冠，曰：“此夫鲁国之巧伪人孔丘非邪？为我告之：‘尔作言造语，妄称文、武，冠枝木之冠[4]，带死牛之胁，多辞缪说，不耕而食，不织而衣，摇唇鼓舌，擅生是非，以迷天下之主，使天下学士不反其本[5]，妄作孝弟，而侥幸于封侯富贵者也。子之罪大极重，疾走归！不然，我将以子肝益昼浦之膳[6]！’”孔子复通曰：“丘得幸[7]于季，愿望履幕下。”谒者复通。盗跖曰：“使来前！”孔子趋[8]而进，避席反走[9]，再拜盗跖。盗跖大怒，两展其足，案剑瞋目[10]，声如乳虎[11]，曰：“丘来前！若所言顺吾意则生，逆吾心则死！”

【注释】

[1]大山：即泰山。

[2]脍：细切。餔（bū）：食、吃。

[3]谒者：官名，泛指传达和通报的人。

[4]前“冠”为戴，后“冠”为帽子。枝木：形容帽子上的装饰品华丽繁复如树枝。

[5]反：通“返”。本：本真、本性。

[6]益：增加。膳：饭食、膳食。

[7]幸：亲近。

[8]趋:速行、急走。

[9]避席:离开席位,指站起来。反走:退着走,表恭敬。

[10]瞋(chēn)目:瞪大眼睛,怒目而视。

[11]乳虎:哺乳期的雌虎。

【品读】

本段叙述孔子规劝盗跖,反被跖严加指斥,称为"巧伪"之人。盗跖"目如明星""声如乳虎",他痛斥孔子、批判社会的言辞气壮山河,他揭露了孔子宣扬的仁义道德的虚伪性。庄子通过盗跖揭露孔子的言行,批判孔子的仁义说,讥斥儒家是"不耕而食,不织而衣"的人,说孔子的言行是"诈巧虚伪"。庄子站在自然人性的角度上责备儒家仁义"摇唇鼓舌,擅是生非",自从有了儒家的仁义礼法之后,人们不得不遵循仁义规范来约束自己、伤害自己,因而孔子的罪恶严重。

孔子曰:"丘闻之,凡天下有三德:生而长大[1],美好无双,少长贵贱见而皆说[2]之,此上德也;知维天地[3],能辩诸物[4],此中德也;勇悍果敢,聚众率兵,此下德也。凡人有此一德者,足以南面称孤[5]矣。今将军兼此三者,身长八尺二寸,面目有光,唇如激丹[6],齿如齐贝[7],音中黄钟[8],而名曰盗跖,丘窃为将军耻不取焉。将军有意听臣[9],臣请南使吴越,北使齐鲁,东使宋卫,西使晋楚,使为将军造大城数百里,立数十万户之邑,尊将军为诸侯,与天下更始[10],罢兵休卒,收养昆弟,共[11]祭先祖。此圣人才士之行,而天下之愿也。"

【注释】

[1]长大:高大、魁梧。

[2]说:通"悦",喜欢。

[3]知:通"智",智能。维:包罗。

[4]能:才能。辩:通"辨",辨识。

[5]孤:古代帝王接见臣下时朝南而坐,自称为"孤"。

[6]激丹:鲜红明亮的丹砂。

[7]齐贝:列贝。

[8]中:合乎。黄钟:古乐十二律之一,声调最洪亮。

[9]臣:孔子自称。

[10]更始:除旧布新,变化。

[11]共:通"供",供祭。

【品读】

本段记述孔子以三德规劝盗跖。孔子赞美跖外表俊美、头脑聪慧、勇敢刚强，但这几点盗跖本人早就知道。孔子本来想用大城去诱惑跖，但也用错了诱饵。其实是把一个极端的人引向一条更极端的路。孔子用大城、大国的利益去引诱跖，实际是强化了跖的欲望，使其侵略性更变本加厉。跖根本不吃孔子那一套，反而对他进行了猛烈的反攻。不过孔子云："尊将军为诸侯，与天下更始，罢兵休卒，收养昆弟，共祭先祖。"这种理想也反映出孔子的救世热情。

盗跖大怒曰："丘来前！夫可规[1]以利而可谏以言者，皆愚陋恒民[2]之谓耳。今长大美好，人见而悦之者，此吾父母之遗德也。丘虽不吾誉，吾独不自知邪？且吾闻之，好面誉[3]人者，亦好背而毁[4]之。今丘告我以大城众民，是欲规我以利而恒民畜[5]我也，安可久长也！城之大者，莫大乎天下矣。尧、舜有天下，子孙无置锥之地；汤、武立为天子，而后世绝灭。非以其利大故邪？且吾闻之，古者禽兽多而人少，于是民皆巢居以避之。昼拾橡栗[6]，暮栖木上，故命之曰'有巢氏之民'。古者民不知衣[7]服，夏多积薪，冬则炀[8]之，故命之曰'知生之民'。神农[9]之世，卧则居居[10]，起则于于[11]。民知其母，不知其父，与麋鹿共处，耕而食，织而衣，无有相害之心，此至德之隆也。然而黄帝不能致德，与蚩尤战于涿鹿之野[12]，流血百里。尧、舜作[13]，立群臣，汤放其主[14]，武王杀纣。自是之后，以强陵[15]弱，以众暴寡。汤、武以来，皆乱人之徒也。

【注释】

[1]规：劝。

[2]恒：常。恒民：常人。

[3]面：当面。面誉：当面讲好话。

[4]毁：毁谤。

[5]畜：对待。

[6]橡栗：橡树、栗树的果实。

[7]衣：穿，用作动词。

[8]炀(yáng)：烧火取暖。

[9]神农：即炎帝，教人民耕种，故称"神农"。

[10]居居：安稳的样子。

[11]于于：混混沌沌的样子。

[12]蚩尤：原始时代的部落首领。涿鹿：即今河北涿县。

[13]作：指登天子位。

[14]放其主：指汤把夏桀流放到南巢之事。

[15]陵：通"凌"，欺凌。

【品读】

本段是盗跖针对孔子的富贵引诱所进行的猛烈反攻。对于孔子想用富贵去引诱、驾驭自己，盗跖明确表示自己不干，他大怒并反攻孔子。尧、舜虽然有天下，但子孙没有立锥之地；商汤和周武王立为天子，而后代灭绝。皆因为他们贪于大利。盗跖还举了传说中的“至德之世”为例。在庄子看来，自然和谐的“至德之世”被黄帝、尧、舜、汤、武等帝王所破坏，导致了人类坠入痛苦的深渊，故上古圣王是大盗。然而黄帝不能达到这种德，与蚩尤交战于涿鹿的郊野，流血百里。尧、舜做天子，设群臣，商汤流放其君主，周武王杀殷纣。自此以后，以强大欺凌弱小，以势众侵暴寡少。商汤、周武王以来，都是害人之徒。庄子觉察到“圣”“知”观念的虚伪和消极，因而对儒家标榜的“尧舜盛世”予以根本否定。庄子对儒家仁义道德学说予以否定进而对整个社会宗法伦理制度进行无情批判。

“以强凌弱”就源于此，表示仗着自己强大就欺侮弱者。

今子修文、武之道，掌天下之辩[1]，以教后世。缝衣浅带[2]，矫言伪行，以迷惑天下之主，而欲求富贵焉。盗莫大于子，天下何故不谓子为盗丘，而乃谓我为盗跖？子以甘辞说子路而使从之[3]。使子路去其危冠[4]，解其长剑，而受教于子。天下皆曰‘孔丘能止暴禁非’，其卒[5]之也，子路欲杀卫君[6]而事不成，身菹于卫东门之上[7]，是子教之不至也。子自谓才士圣人邪，则再逐于鲁，削迹于卫，穷于齐，围于陈蔡，不容身于天下。子教子路菹此患，上无以为身，下无以为人，子之道岂足贵邪？

【注释】

[1]辩：言论。

[2]缝衣：指宽而长大的儒服。浅带：宽大的腰带。

[3]甘辞：甜美的言辞，引申为花言巧语。

[4]危冠：高冠。史载子路好勇，戴着高高的帽子，佩着长剑。

[5]卒：最后，终于。

[6]卫君：指卫庄公蒯聩。

[7]菹(zū)：剁成肉酱。据《左传·哀公十五年》《史记·仲尼弟子列传》载，卫太子蒯聩强迫孔悝一同作乱，子路为救家主孔悝遭菹身之祸。

【品读】

本段叙述孔子被盗跖斥为“盗丘”。盗跖对孔子紧接着来了第二次攻击，他强调圣人与盗贼不可区别。盗跖让孔子给“盗”下个定义，盗就是偷，我跖偷的只是财宝，而你孔丘偷的是人心。因为你的仁义学说，人们知道了好坏、是非、善恶，也明白了怎样才有奖赏。人人都为得到奖赏而去假装仁义，表面利他实际利己。一切人为的目的性都为了实现功利主义。在庄子看来，人如果过度用心就如同行窃一般，即“用心如窃”。儒者靠传播古代文化为生，其行为与“盗墓者”行为没啥两样。只不过儒者以文明方式获得荣华富贵，而盗跖那样的人是以野蛮方式而获得荣华富贵的，因而“盗丘”与“盗跖”皆是“盗”。盗跖还强调，强盗之中再也没有比孔子更大的了。就盗跖反对儒家的仁义而言，确是出于庄子一派思想。道家借用一个大盗贼之口来反讥孔子，如此安排可谓巧妙。

世之所高[1]，莫若黄帝。黄帝尚不能全德，而战涿鹿之野，流血百里。尧不慈[2]，舜不孝[3]，禹偏枯[4]，汤放其主，武王伐纣，文王拘羑里[5]。此六子[6]者，世之所高也。孰[7]论之，皆以利惑其真而强反[8]其情性，其行乃甚可羞也。世之所谓贤士，伯夷、叔齐[9]。伯夷、叔齐辞孤竹之君，而饿死于首阳之山，骨肉不葬。鲍焦饰行非世[10]，抱木而死。申徒狄[11]谏而不听，负石自投于河，为鱼鳖所食。介子推[12]至忠也，自割其股以食文公。文公后背之，子推怒而去，抱木而燔[13]死。尾生与女子期于梁下[14]，女子不来，水至不去，抱梁柱而死。此六子者，无异于磔犬流豕[15]、操瓢而乞者，皆离名轻死[16]，不念本养寿命者也。世之所谓忠臣者，莫若王子比干、伍子胥。子胥沈江，比干剖心。此二子者，世谓忠臣也，然卒为天下笑。自上[17]观之，至于子胥、比干，皆不足贵也。

【注释】

[1]高：推崇。

[2]尧不慈：指尧杀长子丹朱。

[3]舜不孝：指舜没有禀告父母就自行结婚。

[4]偏枯：即半身不遂。

[5]拘：关押。羑(yǒu)里：狱名，在今河南汤阴北。

[6]六子：指尧、舜、禹、汤、文、武。

[7]孰：通“熟”，详细。

[8]反：违反。

[9]伯夷、叔齐：皆孤竹君之子，不食周粟而饿死于首阳山。

[10]鲍焦：周朝隐士，愤世嫉俗，不食周粟，抱木而枯。非世：非刺当世。

[11]申徒狄：姓申徒，名狄，商朝人，因进谏不被采纳，负石投河而死。

[12]介子推：春秋时晋人。晋文公重耳遭难出逃困乏时，他自割股肉给文公食。后文公奖赏功臣，却忘记介子推。他隐居介山。文公知过，放火烧山以迫其出，介子推抱树焚死。

[13]燔(fán):烧。

[14]尾生:人名,鲁国人。期:约会。梁:桥。

[15]磔(zhé)犬:肢体被分裂的狗。流豕:漂流于江河的死猪。

[16]离名:遭受好名之害。离,通“罹”,遭受。轻,轻视。

[17]上:指上述黄帝等十几人。

【品读】

这是盗跖对历史上的“圣贤忠孝”之士的全面批判。盗跖除了批判黄帝、尧、舜、禹、汤、文王、神农等“圣人”外,还列举了伯夷、叔齐、鲍焦、申徒狄、介之推、尾生、比干、伍子胥等人反驳孔子,认为他们皆追名逐利,和盗贼实属一类。在庄子看来,世上所谓贤士与忠臣,皆不足推崇。贤士伯夷、叔齐等与分尸的狗、漂流的死猪和持瓢乞丐没有什么区别,都是重于名而轻于死、不惦念本真保养寿命的人。庄子挖苦伯夷、叔齐之流贤者,都是为名而死,尾生之信,愚昧固执,死得没有意义。庄子讽刺儒家仁义礼法滋生了人们对名利的单一追求,而忽视了生命的可贵。儒家伦理道德表面上谈“爱人”,而实质上却有害人成分。庄子敏锐觉察到此类观念潜伏的巨大消极性。

丘之所以说我者,若告我以鬼事,则我不能知也;若告我以人事者,不过此矣,皆吾所闻知也。今吾告子以人之情:目欲视色,耳欲听声,口欲察味,志气欲盈[1]。人上寿百岁,中寿八十,下寿六十,除病瘦[2]死丧忧患,其中开口而笑者,一月之中不过四五日而已矣。天与地无穷,人死者有时。操有时之具[3],而托于无穷之间,忽然无异骐骥之驰过隙也。不能说[4]其志意、养其寿命者,皆非通道者也。丘之所言,皆吾之所弃也。亟[5]去走归,无复言之!子之道狂狂汲汲[6],诈巧虚伪事也,非可以全真[7]也,奚足论哉!”

【注释】

[1]盈:充盈。

[2]瘦:当为“瘐”字,即病。

[3]具:指形骸。

[4]说:通“悦”,愉悦。

[5]亟(jí):急。

[6]汲汲:急于追求的样子。

[7]全真:保养天真的本性。

【品读】

本段借盗跖之口说明人应以保全真性为要。在盗跖看来,天地无穷尽,

人死有时限，持有时限的生命寄托于无穷尽的天地之间，迅速得如同骏马奔驰过缝隙。不能悦其意志、保养寿命者，皆非通达之人。盗跖强调，自己完全抛弃孔丘之言，他认为孔丘的道理狂妄无度，心情急切，是诈巧虚伪，不可以保全真性，不值得讨论。在盗跖看来，情性是人生皆循的自然之道。但在现实中，偏偏有圣王、贤士和忠臣不守自然之道，重名轻死，逆情强谏，遗祸性命，没有享尽自然的生命。他们“皆不足贵也”。盗跖此言完全体现了道家的理念。

孔子再拜趋走，出门上车，执辔三失[1]，目芒然[2]无见，色若死灰，据轼[3]低头，不能出气。归到鲁东门外，适遇柳下季。柳下季曰：“今者阙[4]然，数日不见，车马有行色，得微往见跖邪[5]？”孔子仰天而叹曰：“然！”柳下季曰：“跖得逆汝意若前乎？”孔子曰：“然。丘所谓无病而自灸[6]也。疾走料[7]虎头，编虎须，几不免虎口哉！”

【注释】

[1]执辔三失：多次拿马缰都拿不稳，形容孔子惊惧失神的情态。

[2]芒然：即茫然。

[3]轼：车前供人依凭的横木。

[4]阙：缺、不在。

[5]微：无。得微：莫非、岂不是。

[6]无病而自灸：表无端生事找苦吃。自灸，指引艾叶自灼。

[7]料：通“撩”，拨弄。

【品读】

本段叙述孔子与盗跖一番交锋后的情态。孔子再次叩拜，“出门上车”，缰绳三次脱手，“目芒然无见，色若死灰，据轼低头，不能出气”。相形之下，孔子形象尽显猥琐和迂腐之态。

应当指出的是，庄子为了给予盗跖以天下最高的道德标准，更多地倾向于理想地表现人物，把生活中众多理想人物所具有的奇特和崇高美经过提炼，集中到一个人身上。跖这一英雄形象具有雄伟、刚健、粗犷、豪放之美。作者对其神勇、威力、智能、心意、才辩等的描绘，均被夸张、渲染、放大到了常人难以达到的地步。庄子完全站在统治者的对立面给盗跖正名，他对盗跖的肯定就是对自然人性这一人生目标的追求。

子张问于满苟得曰[1]:“盍不为行[2]?无行[3]则不信,不信则不任,不任则不利。故观之名,计之利,而义真是也。若弃名利,反之于心,则夫士之为行,不可一日不为乎!”满苟得曰:“无耻者富[4],多信者显[5]。夫名利之大者,几在无耻而信。故观之名,计之利,而信真是也。若弃名利,反之于心,则夫士之为行,抱其天[6]乎!”

子张曰:“昔者桀、纣贵为天子,富有天下。今谓臧聚曰[7]:‘汝行如桀、纣。’则有怍色[8],有不服之心者,小人所贱也。仲尼、墨翟,穷为匹夫[9],今谓宰相曰:‘子行如仲尼、墨翟。’则变容易色,称不足者,士诚贵也。故势为天子,未必贵也;穷为匹夫,未必贱也。贵贱之分,在行之美恶。”满苟得曰:“小盗者拘[10],大盗者为诸侯,诸侯之门,义士存焉。昔者桓公[11]小白杀兄入嫂,而管仲[12]为臣;田成子[13]常杀君窃国,而孔子受币。论则贱之,行则下之,则是言行之情悖战于胸中也,不亦拂[14]乎!故《书》曰:‘孰恶孰美,成者为首[15],不成者为尾[16]。’”

【注释】

[1]子张:姓颛孙,名师,字子张,孔子的弟子。满苟得:虚构的人物。

[2]盍:何不。为行:培养德行。

[3]无行:没有好的德行。

[4]富:富有。

[5]信:诚信。显:显达。

[6]抱其天:保养他的天性。抱,保。

[7]今:假设之辞。臧聚:参加盗窃集团的人。

[8]怍(zuò)色:翻脸的样子。

[9]匹夫:平民百姓。

[10]拘:被拘捕。

[11]桓公:指齐桓公。

[12]管仲:姓管,名夷吾,字仲,齐桓公国相。

[13]田成子:即田常,又叫陈恒,杀死齐简公自立为国君。

[14]拂:乱。

[15]为首:居上。

[16]为尾:处下。

【品读】

通过虚构子张和满苟得的对话,剖析儒家功利色彩的说教。庄子以孔子门徒子张为儒家思想的发言人。子张从现实名利与仁义角度出发提出辩辞,在子张看来,人不修行将导致社会混乱。认为人不修行就无信,无信就不被任用，不被任用就无利。作为士必须时刻修仁义之行，否则将丧失生存的基础。可见儒家士人非常现实。但事实上，子张所言之利非物利，而是名利。因为富贵之人若无修仁义之行，同样会为人所贱。贫穷之人，若诚修之行，虽穷亦能为人称颂而获名利。仁义存在的必要性是为了让奖赏继续，足见仁义是带有功利色彩的。

满苟得作为道家思想的代表，从自然性情的角度出发，反对仁义修行和追逐名利。首先，他认为求名利富贵显达之人多无耻巧言，违背真性，只有无耻的人才富有，只有巧言谄媚的人才显贵。但要真正成为有道的人，即不作仁义修行和追逐名利，就要反省内心以持护自然情性。其次，他认为所谓有义无义、是美是恶、是诸侯是强盗，没有质的区别。成者为首未必美，不成者为尾未必恶。可见，桓公与田成子常虽成却不美，而管仲和孔子也并未辩其美恶而分别效忠他们。总之，儒者所谓等差之别、美恶之分、贵贱之分、在行之美恶，实则都违背和破坏其自然情性，因此庄子驳斥“贵贱之分，在行之美恶”的观点。

子张曰：“子不为行，即将疏戚无伦[1]，贵贱无义[2]，长幼无序。五纪六位[3]，将何以为别乎？”满苟得曰：“尧杀长子，舜流母弟[4]，疏戚有伦乎？汤放桀，武王杀纣，贵贱有义乎？王季为适[5]，周公杀兄[6]，长幼有序乎？儒者伪辞[7]，墨子兼爱，五纪六位，将有别乎？且子正为名，我正为利。名利之实，不顺于理，不监[8]于道。吾日与子讼于无约[9]，曰：‘小人殉财，君子殉名，其所以变其情、易其性则异矣；乃至于弃其所为而殉其所不为则一也。’故曰：无为小人，反殉而天；无为君子，从天之理。若枉若直，相而天极[10]。面观四方，与时消息[11]。若是若非，执而圆机[12]。独成而意，与道徘徊。无转而行，无成而义[13]，将失而所为[14]。无赴而富，无殉而成，将弃而天。比干剖心，子胥抉眼[15]，忠之祸也；直躬证父[16]，尾生溺死，信之患也；鲍子立干[17]，申子不自理[18]，廉之害也；孔子不见母[19]，匡子[20]不见父，义之失也。此上世之所传、下世之所语以为士者，正其言，必其行，故服其殃、离[21]其患也。”

【注释】

[1]即将：将会。戚：亲。伦：关系。

[2]义：仪则。

[3]五纪：即五伦，指君臣、父子、夫妇、兄弟、朋友。纪，位，指人的关系等级。六位：即六纪，指诸父、兄弟、族人、诸舅、师长、朋友。

[4]指舜封其弟象到有庳一事。

[5]王季：周文王之父，周太王庶子，因其兄太伯、仲雍让位，故被立为嫡子。古代王

位传给嫡长子。适:通“嫡”,嫡长子。

[6]兄:指管叔和蔡叔。

[7]伪辞:说假话。

[8]监:明。

[9]日:昔日、往日。讼:争辩。无约:虚构的人物。

[10]相:视。天极:天然准则。

[11]消息:消亡与生长。

[12]执:掌握。圆机:即循环变化的中枢。

[13]成:指成名成义。义:指仁义。

[14]所为:指真性。

[15]子胥抉眼:《史记·伍子胥列传》载,伍子胥自杀前对其舍人说:“抉吾眼县(悬)吴东门之上,以观越寇之入灭吴也。”

[16]直躬:人名,或因忠直著称而得名。证:告发。

[17]鲍子:即鲍焦。立干:谓抱木而枯死。

[18]申子:即申徒狄。自理:自投于河而死。

[19]孔子不见母:谓孔子整天在外游说不能时常看望母亲。此事不见他书记载。

[20]匡子:名章,齐国人,因谏父被逐,故终身不见其父。

[21]离:通“罹”,遭。

【品读】

本段谴责世俗名利对个人生命的伤害,主张随顺圆机,“与道徘徊”。对于儒家来说,伦理道德是维护社会秩序、达到天下大治的关键因素。如果不讲伦理,社会就会陷入一种无序状态,天下就会混乱。伦、义、序有何用?在庄子看来,前代圣王及儒、墨,如尧、舜、汤、武、王季、周公、孔子、墨翟等,都尚且不伦、不义、不序、不别,今人更不可能有伦、有义、有序、有别。故或小人或君子,或求财或求名,都违背性情之情。而自然之人却不求仁义忠信之修和伦常秩序之别,不追求不当的东西,只顺应自然之性,无论如何,只管执守自然之性的道圆环中,同游于道。否则,人若固执有为、仁义、富贵和功名,那就远离道圆环中,舍弃自然真性,像比干、子胥、直躬、尾生、鲍子、申子、孔子、匡子等,都执着于离性而下场可悲。由此,庄子有力地鞭挞了儒家的仁义忠信思想和社会伦常秩序,揭露其违情离性的本质,而指出了其随顺“圆机”和返性自然的正确之途。

道家强烈谴责名利等世俗的价值对个人生命的伤害。“小人殉财,君子殉名。”庄子对个休的生命价值极为重视,他对当时普遍存在的重物轻身的思想极为不满。明确指出“反殉而天”“与道徘徊”的主张,更强调:与其追求虚假的仁义,不如从天之理,顺其自然。

无足问于知和曰[1]:“人卒未有不兴名就利者[2]。彼富则人归之,归则下[3]之,下则贵之。夫见下贵[4]者,所以长生安体乐意之道也。今子独无意焉,知不足邪[5]？意[6]知而力不能行邪？故[7]推正不忘邪?”知和曰:“今夫此人[8],以为与己同时而生,同乡而处者,以为夫绝俗过世之士焉,是专无主正[9],所以览古今之时、是非之分也。与俗化世,去至重[10],弃至尊[11],以为其所为也。此其所以论长生安体乐意之道,不亦远乎！惨怛[12]之疾,恬愉之安,不监[13]于体;怵惕[14]之恐,欣欢之喜,不监于心。知为为而不知所以为。是以贵为天子,富有天下,而不免于患也。”

【注释】

[1]无足、知和:皆虚构的人物,以意命名。

[2]人卒:人们。兴名:谓希望建立名誉。就:趋。

[3]下:服从。

[4]见下贵:被人尊敬。见,被。

[5]知不足:指才智不足以兴名就利。知,通“智”。

[6]意:通“抑”,还是。

[7]故:通“固”,本来。

[8]此人:指兴名就利的人。

[9]专:专愚。无主正:谓没有主见。

[10]至重:即生命。

[11]至尊:即天道。

[12]惨怛(dá):悲痛。

[13]监:察照,引申为显现。

[14]怵惕:惊慌的样子。

【品读】

本段阐述知足不争,热爱自性。无足和知和是庄子虚构的两个人物,虽是却有其相应含义。无足指贪得无厌和不知足的人,知和指知足而不争和热爱自性的人。在无足看来,众人没有“不兴名就利者”,兴名就利就富有,富有就能让别人依附,有人甘居于下就显出尊贵的人,是长寿、体安、快乐之道。这就是无足的人生之道。但知和却以为,无足的说法是可悲的。因为这样的人与世俗同化,离开自重,抛弃自尊,做自己兴名就利的事情。这就是舍弃人生最重要的生命和最尊贵的自然大道,偏偏去追逐与生命价值和自然大道相离异的名与利,让世俗名利迷乱心灵,这不可能有利于长寿、长安和快意。其追逐世俗的放纵之心将永远得不到满足,也将永远损害自我人生的自然之道。只知道去做而不知道为何去做，即使贵为天子，富有天下，也不能免于祸患。可见，庄子把人生目标定义为内在的自然和顺与不争上，反对以人的外在无端欲望的追逐为人性人生目标。庄子所肯定的就是自然和谐的人性人生，但否定破坏自然和谐的社会张狂欲望的人性人生。这实际上是反对了无足人性人生的贪求而推崇知和人性人生的自然理想。

无足曰："夫富之于人，无所不利。穷美究埶[1]，至人之所不得逮，贤人之所不能及。侠[2]人之勇力而以为威强，秉人之知谋以为明察[3]，因人之德以为贤良，非享国而严若君父。且夫声色滋味权势之于人，心不待学而乐之，体不待象而安之[4]。夫欲恶避就，固不待师，此人之性也。天下虽非我，孰能辞之！"知和曰："知者之为，故动以百姓，不违其度，是以足而不争，无以为故不求。不足故求之[5]，争四处而不自以为贪；有余故辞之，弃天下而不自以为廉。廉贪之实，非以迫外也，反监之度[6]。势为天子，而不以贵骄人；富有天下，而不以财戏人。计其患，虑其反[7]，以为害于性，故辞而不受也，非以要[8]名誉也。尧、舜为帝而雍[9]，非仁天下也，不以美害生也[10]；善卷、许由得帝而不受[11]，非虚[12]辞让也，不以事[13]害己。此皆就其利，辞其害，而天下称贤焉，则可以有之，彼非以兴名誉也。"

【注释】

[1]穷：尽。究：竟。埶：通"势"。

[2]侠：通"挟"，挟持、利用。

[3]秉：持。知：通"智"。

[4]象：效仿。安：适应。

[5]之：指身外之物，即声色、滋味、权势等。

[6]监：照、检查。度：指禀性、气度。

[7]反：反作用，报复，指富贵至极则必反。

[8]要：钓取。

[9]雍：和，即不骄人、不戏人。

[10]美：指富贵。生：性，指自然本性。

[11]善卷、许由：相传皆尧舜时隐士。

[12]虚：假心假意。

[13]事：世事，指治理天下。

【品读】

本段阐述人的本性是自然的知和而不是社会的无足。无足还坚持认为，财富对人无不利，拥有财富而享尽天下的利益是至人和贤人都不能企及的快乐。在无足看来,“声色滋味权势之于人,心不待学而乐之”,就是人的本性。针对无足的话,知和一一给予反驳。那些靠凌驾在别人头上才显得富有、高人一等的人不是真的富有,而是没有主见的跟风者。真正理解人性的人“是以足而不争,无以为故不求”,即顺任自然而不贪求,遵从百姓的需要行事,知足而不侵扰。不知足就贪求,贪求就侵扰,侵扰就乱性,故无足所谓人的贪求本性实则是违背人的自然本性,人的本性是自然的知和而不是社会的无足。故要维持人的本质就要屏除人的无足贪求。总之,贪求财富、快乐和权势等绝非人的本性,它只是本性的祸害。

无足曰:“必持其名,苦体绝甘[1],约养[2]以持生,则亦久病长阸[3]而不死者也。”知和曰:“平[4]为福,有余[5]为害者,物莫不然,而财其甚者也。今富人,耳营钟鼓管籥之声[6],口嗛于刍豢醪醴之味[7],以感[8]其意,遗忘其业,可谓乱[9]矣;侅溺于冯气[10],若负重行而上也[11],可谓苦矣;贪财而取慰[12],贪权而取竭,静居则溺[13],体泽则冯[14],可谓疾[15]矣;为欲富就利,故满若堵[16]耳而不知避,且冯[17]而不舍,可谓辱矣;财积而无用,服膺[18]而不舍,满心戚醮[19],求益而不止,可谓忧矣;内则疑劫请[20]之贼,外则畏寇盗之害,内周楼疏[21],外不敢独行,可谓畏矣。此六者[22],天下之至害也,皆遗忘而不知察。及其患至,求尽性竭财[23],单以反一日之无故而不可得也[24]。故观之名则不见,求之利则不得。缭意绝体[25]而争此,不亦惑乎!”

【注释】

[1]甘:美味。

[2]约养:节约生活所需。

[3]阸:通“厄”,危。

[4]平:不多不少。

[5]有余:谓超出性分。

[6]营:谋、求。管籥(yuè):箫笛类管状乐器。

[7]嗛(qiè):通“惬”,满足。刍豢:牲畜,此指肉。醪(láo):醇酒。醴:甜酒。

[8]感:诱发。

[9]乱:谓心志昏乱。

[10]侅(gāi)溺:陷溺。冯气:气胀。冯,满。

[11]“上”字后面当补“阪”字。阪:山坡。

[12]取:带来。慰:病。

[13]溺:指沉溺于嗜欲。

[14]冯:满胀,即血气盛滞于胸中。

[15]疾:病。

[16]堵:墙。

[17]冯:凭、恃。

[18]服膺:谓念念不忘。

[19]戚醮:烦恼。醮,借为“焦”,焦急。

[20]劫请:劫取。

[21]周:周密。楼疏:泛指防盗设施,古代用砖砌成。楼,指户牖之间有孔眼的墙。疏,指穿孔如交绮的窗。

[22]六者:指乱、苦、疾、辱、忧、畏。

[23]尽性:复归本性。竭财:抛尽钱财。

[24]反:通“返”。

[25]缭意:心神缭乱。绝体:尽全身之力。绝,尽。

【品读】

本段阐述贪欲必招祸患的道理。无足认为知和坏了名声,甘愿自累形体,以苦养生,如“久病长阨而不死者”。对此知和反驳道,无贪求的人既不为名也不受苦。因为他不求自性以外有害的多余,但求自性以内有福的均平。而真正受累,比久病还痛苦的是那些贪得无厌的富人。无足强调“平为福,有余为害”。万物莫不如此,而财物的多少更是这样。道家列举了六种乱、苦、疾、辱、忧、畏的情况,强调贪得无厌而追求财富的人违背自然本性和人生,是最苦最累的人,是“天下之至害”。这种人事实上既无名也无利,除了痛苦、忧虑和畏惧,别无快意可言,因而也是最“惑”之人。人们“缭意绝体”而追求富贵是不值得的。“平为福”,贪欲必招祸患。这是庄子针对世俗欲望所下的一服清凉剂,与老子所谓的“罪莫大于可欲,祸莫大于不知足,咎莫大于欲得”[1]思想是一脉相承的。

① 《老子》第四十六章。

说剑第三十

昔赵文王喜剑[1]，剑士夹门而客[2]三千余人，日夜相击于前，死伤者岁百余人。好之不厌[3]。如是三年，国衰。诸侯谋之[4]。太子悝患之[5]，募左右曰[6]：“孰能说王之意止剑士者，赐之千金。”左右曰：“庄子当能。”太子乃使人以千金奉庄子。庄子弗受，与使者俱往见太子，曰：“太子何以教周，赐周千金？”太子曰：“闻啊子明圣，谨奉千金以币从[7]者。夫子弗受，悝尚何敢言。”庄子曰：“闻太子所欲用周者，欲绝王之喜好也。使臣上说大王而逆王意[8]，下不当太子[9]，则身刑而死，周尚安所事金乎[10]？使臣上说大王，下当太子，赵国何求而不得也！”太子曰：“然。吾王所见，唯剑士也。”庄子曰：“诺。周善为剑。”太子曰：“然吾王所见剑士，皆蓬头突鬓[11]，垂冠[12]，曼胡之缨[13]，短后之衣[14]，瞋目而语难[15]，王乃说之。今夫子必儒服而见王，事必大逆。”庄子曰：“请治剑服。”治剑服三日，乃见太子。太子乃与见王。王脱白刃[16]持之。

【注释】

[1]昔：从前。赵文王：赵惠文王。喜剑：喜欢剑术。

[2]夹门而客：客居宫门左右。

[3]好(hào)：喜好。厌：满足。

[4]谋：谋图。之：赵国。

[5]悝(kuī)：赵惠文王的太子，名悝。患之：指担心赵王喜斗剑导致国亡。

[6]募：募集、招募。左右：指幕僚。

[7]以币从：以作为您随从人员用的币帛。

[8]臣：庄子自称，我。逆：触犯。

[9]当：合。不当太子：有负太子的委任。

[10]尚：还。安：何。事：用。

[11]蓬头：蓬乱的头发。突鬓：鬓毛突出。

[12]垂冠：即重冠，表示威武。垂，同“唾”，重。

[13]曼胡：同“模糊”。缨：冠缨、盔缨。

[14]短后之衣：后身短便于起坐的衣服。

[15]瞋(chēn)目:发怒时睁大眼睛。语难:用言语相互洁难。

[16]脱白刃:拔出利剑。

【品读】

本段说明庄周轻物到“千金不受”而愿去说服赵文王。赵文王特别喜欢剑术,不惜花重金招募剑客,剑客们日夜比试剑术,每年死伤众多,致使赵国的国力明显衰退,边邻各国准备趁机攻打赵国。太子悝深感忧患,悬赏谁能说服国王使他停止剑士的活动,便赐他千金。左右臣僚推荐庄子。太子派人将千金奉送庄子。庄子不接受,而是与使者一起前往拜见太子,答应前去说服赵王。此处的庄子已不是倡导无为无已、逍遥顺应,完全是一个说客,即战国时代的策士形象,其内容亦离开了庄子的主旨。

庄子入殿门不趋[1],见王不拜。王曰:“子欲何以教寡人[2],使太子先[3]。”曰:“臣闻大王喜剑,故以剑见王。”王曰:“子之剑何能禁制[4]?”曰:“臣之剑十步一人,千里不留行。”王大悦之,曰:“天下无敌矣。”庄子曰:“夫为剑者,示之以虚[5],开之以利[6],后之以发[7],先之以至。愿得试之。”王曰:“夫子休,就舍[8]待命,令设戏[9]请夫子。”王乃校[10]剑士七日,死者六十余人,得五六人,使奉剑于殿下,乃召庄子。王曰:“今日试使士敦剑[11]。”庄子曰:“望之久矣!”王曰:“夫子所御杖[12],长短何如?”曰:“臣之所奉[13]皆可。然臣有三剑,唯王所用,请先言而后试。”

【注释】

[1]殿门:宫殿的门。不趋:不快走。

[2]寡人:赵惠文王自称。

[3]使太子先:通过太子先容禀。

[4]禁制:制服。

[5]示人以虚:示人以虚空不能测。

[6]开之以利:用剑叫人不及提防。

[7]后之以发:发动在后。

[8]就舍:住在旅馆。

[9]戏:试剑比武。

[10]校:较量。

[11]敦剑:对剑。

[12]所御杖:所用的剑。杖,同“仗”,兵器的总称。

[13]所奉:所用的剑。奉,诵“捧”。

【品读】

本段阐述无为之剑天下无敌。在庄子看来,用剑术的方法,示人以空虚莫测，有意把弱点显露给对方，再用有机可乘之处引诱对方，后于对手发起攻击，同时要抢先击中对手。用起来叫人不及提防，“后之以发，先之以至”。希望能有机会一试其剑法。庄子强调自己有三种剑，听凭赵王使用。

王曰：“愿闻三剑。”曰：“有天于剑，有诸侯剑，有庶人剑。”王曰：“天子之剑何如？”曰：“天子之剑，以燕溪石城为锋[1]，齐岱为锷[2]，晋卫为脊[3]，周宋为镡[4]，韩魏为夹[5]，包以四夷，裹以四时，绕以渤海，带以常山[6]，制以五行[7]，论以刑德[8]，开[9]以阴阳，持[10]以春夏，行以秋冬。此剑直之无前[11]，举之无上，案之无下，运之无旁。上决[12]浮云，下绝地纪。此剑一用，匡[13]诸侯，天下服矣。此天子之剑也。”

文王芒然自失，曰：“诸侯之剑向如？”曰：“诸侯之剑，以知勇士为锋，以清廉士为锷，以贤良士为脊，以忠圣士为镡，以豪桀士为夹。此剑直之亦无前，举之以无上，案之亦无下，运之亦无旁。上法圆天，以顺三光[14]；下法方地，以顺四时；中和民意，以安四乡[15]。此剑一用，如雷霆之震也，四封之内，无不宾服而听从君命者矣。此诸侯之剑也。”

王曰：“庶人之剑何如？”曰：“庶人之剑，蓬头突鬓，垂冠，曼胡之缨，短后之衣，瞑目而语难，相击于前，上斩颈领，下决肝肺。此庶人之剑，无异于斗鸡，一旦命已绝矣，无所用于国事。今大王有天子之位而好庶人之剑，臣窃为大王薄之。”

王乃牵而上殿，宰人上食[16]，王三环之。庄子曰：“大王安坐定气，剑事已毕奏矣！”于是文王不出宫三月，剑士皆服毙[17]其处也。

【注释】

[1]燕溪：燕国地名。石城：北方的山名。锋：剑端。

[2]岱：泰山。锷：剑刃。

[3]脊：剑背。

[4]镡：剑环、剑鼻。

[5]夹：通“铗”，剑柄。

[6]常山：恒山。

[7]五行：水、火、木、金、土。

[8]论：讲究。刑：刑法。德：恩德，如奖赏等。

[9]开：指开合变化。

[10]持：把握。

[11]直：伸。

[12]决：通“抉”。

[13]匡：正。

[14]三光:日、月、星辰。

[15]四乡(xiǎng):四方。

[16]宰人:主管国君膳食的人。上食:奉上食物。

[17]服毙:伏剑自杀。服,同“伏”。

【品读】

本章阐述以无为而治社会就会得到治理。庄子游说赵文王的所谓剑有天子之剑、诸侯之剑、庶民之剑三种,委婉地指出赵文王所为实是庶民之剑,而希望他能成为天子之剑。

庄子对三剑的描述,采用象征手法,其实质却是阐述了三种不同的为政之道:“天子之剑”象征无为统治,“诸侯之剑”象征有为统治,“庶人之剑”象征昏暴统治。昏暴统治,害人害己,危害国家,祸及百姓,最终自取灭亡,故庄子喻三种不同之剑予以谏止。三剑中,“庶人之剑”最次,“诸侯之剑”其次,“天子之剑”最好。庄子反对“庶人之剑”,推崇“天子之剑”,对“诸侯之剑”虽不直接反对,也决不推崇,更不是庄子理想的为政目标。从其实质上而言,诸侯之剑与庶民之剑均指有为之治,区别在于一是有为贤明,一是有为昏暴。庄子倡导无为政治,希望统治者掌握“天子之剑”,以自然为作用,无形无状,无事无为。故说它无论举起、按下、挥动,都好像没有东西,却无所不在,无所不能,无所不为。终于使天下无所不顺服,达到无为、无事、无所不为、无所不事的统治目的。足见此章的主旨在于说明为政以无为而治就会得到治理。

渔父第三十一

孔子游乎缁帷之林[1]，休坐乎杏坛之上[2]。弟子读书，孔子弦歌鼓琴[3]。奏曲未半，有渔父者，下船而来，须眉交[4]白，被发揄袂[5]，行原[6]以上，距陆而止[7]，左手据[8]膝，右手持颐以听[9]。曲终而招子贡、子路，二人俱对。

客指孔子曰："彼何为者也？"子路对曰："鲁之君子也。"客问其族[10]。子路对曰："族孔氏。"客曰："孔氏者何治[11]也？"子路未应，子贡对曰："孔氏者，性服忠信[12]，身行[13]仁义，饰[14]礼乐，选[15]人伦。上以忠于世主[16]，下以化于齐民，将以利天下。此孔氏之所治也。"又问曰："有土之君与？"子贡曰："非也。""侯王之佐与？"子贡曰："非也。"客乃笑而还行，言曰："仁则仁矣，恐不免其身。苦心劳形以危其真。呜呼！远哉，其分于道也。"

【注释】

[1]游：游玩。缁帷之林：林名。缁，黑色。帷，帷幕。

[2]休：休息。杏坛：在鲁东门外，传为孔子聚徒讲学处。

[3]鼓琴：弹琴。

[4]交：俱、全。

[5]被：通"披"。揄：挥。袂(mèi)：衣袖。

[6]行原：沿着高平的岸边行走。

[7]距：至。陆：高地。

[8]据：按。

[9]持：撑。颐：下巴。

[10]族：姓氏。

[11]治：为。

[12]性：率性。服：信服。

[13]行：践履、实行。

[14]饰：修饰。

[15]选：择定。

[16]世主：国君。

【品读】

此段指出孔子的仁是"苦心劳形以危害其真"的有害观点，相距自然之道相差很远。孔子在此是以与“道”相悖的形象出现，其言论或行动成为道家攻击、批判的对象。渔父本身就是一道家隐士的形象。渔父跟孔子的弟子子路、子贡谈话，批评孔子鼓吹仁义，安邦兴国，自以为苦心经营的仁义礼法是真道，殊不知正是这经营本身背离了道之真。在庄子看来，孔子一生劳碌奔波，终身役役，敏而好学，好治人事，然至垂暮尚彷徨于真道之外，不得其果，实在可悲。本段通过渔父对的孔子批评，指斥儒家的思想，并借此阐述了“持守其真”、还归自然的主张。

子贡还，报孔子。孔子推琴[1]而起，曰：“其[2]圣人与！”乃下求之，至于泽畔，方将杖拏而引其船[3]，顾[4]见孔子，还乡而立[5]。孔子反走[6]，再拜而进。客曰：“子将何求？”孔子曰：“曩者先生有绪言而去[7]，丘不肖[8]，未知所谓，窃待于下风[9]，幸闻咳唾之音[10]，以卒相丘也[11]。”客曰：“嘻！甚矣子之好学也！”孔子再拜而，曰：“丘少而修学[12]，以至于今，六十九岁矣，无所得闻至教，敢不虚心！”客曰：“同类相从，同声相应，固天之理也。吾请释吾之所有而经子之所以[13]。子之所以者，人事也。天子、诸侯、大夫、庶人，此四者自正[14]，治之美也；四者离位而乱莫大焉。官治其职，人忧其事，乃无所陵[15]。故田荒室露[16]，衣食不足，征赋不属[17]，妻妾不和，长少无序，庶人之忧也；能不胜任，官事不治，行不清白，群下荒怠，功美不有，爵禄不持，大夫之忧也；廷无忠臣，国家昏乱，工技不巧，贡职不美，春秋后伦[18]，不顺天子，诸侯之忧也；阴阳不和，寒暑不时，以伤庶物，诸侯暴乱，擅相攘伐，以残民人，礼乐不节，财用穷匮，人伦不饬，百姓淫乱，天子有司之忧也。今子既上无君侯有司之势，而下无大臣职事之官，而擅饰礼乐，选人伦，以化齐民，不泰多事乎？

【注释】

[1]推琴：放下琴。

[2]其：指渔父。

[3]杖：撑。拏(ráo)：通“桡”，船篙。引：撑开。

[4]顾：回过头。

[5]还乡：转过身来。乡，通“向”。

[6]反走：往后退走，表示虔敬。

[7]曩者：刚才。绪言：开头的话。

[8]不肖：愚昧无知。

[9]下风：风向的下方。比喻卑下的地位。

[10]咳唾之音：指尊者之言。

[11]卒:终。相:助。

[12]修学:立志求学。

[13]释:推。经:分析。所以:所为,作为。

[14]自正:谓各守职分。

[15]陵:通“凌”,凌乱。

[16]室露:房屋破漏。

[17]不属:指不按时完成赋税。属,逮、及。

[18]后伦:谓排在同类诸侯之后。

【品读】

本段是渔夫劝说孔子放弃人事有为的“四忧”,方能学道。孔子虽然与道无缘,却更渴望求取真道。于是当他有幸闻渔父真言,就再也不放过求教的机会,并一而再,再而三地“敢不虚心”以求“闻至教”。无奈,渔父只好针对其弊提出了以克服其“四忧”“八疵”和“四患”为学道的先决条件。

渔夫将人之忧分为“天子之忧”“诸侯之忧”“大夫之忧”“庶人之忧”。认为以齐物而观之,人只有分工不同,没有品质的差别,君主与草民平等,都统一于一个“忧”字之下;但这只是忧自己本位分工的理智。同类相互汇聚,同声相互应和,这本是自然道理。天子、诸侯、大夫、庶民四若者都能摆正自己的位置,尽到各自职责,社会自然就会治理好;如果各乱其方位,不尽职守,天下动乱就不可避免。而你上无君侯之职,下无臣子之分,却独自修治礼乐,排定人伦,企图用忠信、仁义来匡正天下、教化百姓,就是太多事又自不量力。此四忧者是人事有为统治者必忧之事。在渔夫看来,孔子非君非臣,却要极忧人事,就实在是太多事。渔父指出孔子不在其位而谋其政,乃是“四忧”的行为;应该各安其位,才是最好的治理。因而渔父以为孔子必须放弃这多事的“四忧”,否则就无法重返自然本真。

且人有八疵[1],事有四患,不可不察也。非其事而事之,谓之摠[2];莫之顾而进之,谓之佞;希意[3]道言,谓之谄;不择是非而言,谓之谀;好言人之恶,谓之谗;析交离亲[4],谓之贼;称誉诈伪以败恶[5]人,谓之慝[6];不择善否[7],两容颊适[8],偷拔其所欲,谓之险。此八疵者,外以乱人,内以伤身,君子不友,明君不臣。所谓四患者:好经[9]大事,变更易常,以挂[10]功名,谓之叨[11];专知擅事[12],侵人自用[13],谓之贪;见过不更,闻谏愈甚,谓之很[14];人同于己则可,不同于己,虽善不善,谓之矜[15]。此四患也。能去八疵,无行四患,而始可教已。”

【注释】

[1]疵:缺点、毛病。

[2]摠：通“总”，包揽，指管事太多。

[3]希意：揣度人意。

[4]析：离间。交：朋友。

[5]恶：当为“德”字之误。

[6]慝(tè)：邪恶。

[7]否(pǐ)：恶。

[8]容：容受。颊：颜貌。

[9]经：理、经营。

[10]挂：谋取。

[11]叨(tāo)：叨窃，即不应当占有而占有了。

[12]专知擅事：即自以为是，个人独断。

[13]侵人：侵凌别人。自用：刚愎自用。

[14]很：执拗。

[15]矜：自尊自大。

【品读】

这段批评孔子有“八疵四患”，只有去掉这些毛病，方可教育。人有八种毛病，事有四种祸患，不可不清醒明察。所谓“八疵”，不是自己职分以内的事也兜着去做，叫作“揽”；没人理会却喋喋不休，叫作“佞”；迎合对方，顺引话意，叫作“谄”；不辨是非巴结奉承，叫作“谀”；背地说人坏话，叫作“谗”；离间故交挑拨亲友，叫作“害”；称誉伪诈，败坏他人，叫作“慝”；好坏兼容而脸色随应相适，暗取合于己意的东西，叫作“险”。此八疵“外以乱人，内以伤身”。所谓“四患”：喜欢管理国家大事，随意变更常规，用以钓取功名，叫作“叨”；自恃聪明，专行独断，侵害他人，刚愎自用，叫作“贪”；知过不改，听到劝说却越错越多，叫作“很”；跟自己相同就认可，与自己不同即使好的也不认可，叫作“矜”。在渔夫看来，孔子有“八疵四患”的毛病，“能去八疵，无行四患，而始可教”。

……………………………………

孔子愀然[1]而叹，再拜而起，曰：“丘再逐于鲁，削迹于卫，伐树于宋，围于陈蔡。丘不知所失，而离此四谤者何也[2]？”客凄然[3]变容曰：“甚矣，子之难悟也！人有畏影恶迹而去之走[4]者，举足愈数[5]而迹愈多，走愈疾而影不离身，自以为尚迟[6]，疾走不休，绝力而死。不知处阴以休[7]影，处静以息[8]迹，愚亦甚矣！子审仁义之间，察同异之际[9]，观动静之变，适受与之度[10]，理好恶之情，和喜怒之节，而几于不免矣[11]。谨修而身，慎守其真，还以物与人[12]，则无所累矣。今不修身而求之人，不亦外[13]乎！”

【注释】

[1]愀然：既惊又愧的样子。

[2]离：通“罹”，遭受。谤：辱。

[3]凄然：悲凉的样子。

[4]走：跑。

[5]数：快、速。

[6]尚：还。迟：缓慢。

[7]休：停止。

[8]息：灭绝。

[9]际：分际、界限。

[10]适：调和。受与：接受和给予。度：尺度、度数。

[11]而：通“尔”，你。不免：指不免于祸患。

[12]还以物与人：即与人无争。与，给。

[13]外：务外。

【品读】

本段说明只有修养身心保持真性方能学道。孔子有“再逐于鲁，削迹于卫，伐木于宋，围与陈蔡”的经历，并不体面。但庄子偏以这些不体面之事当作孔子自谦的资本，然后故设孔子向渔父请教之事。对此，渔父认为，孔子的这种自谦和不忘隐情是多余和可悲的。若“人有畏影恶迹而去之走者”，走得疾，跑得快，也不可能摆脱自己的身影和足迹。其结果是“疾走不休，绝力而死”。这是喻指，孔子似乎什么都放不下，到头来什么结果都没有，更休想学得真道，只能是“绝力而死”。故渔父希望孔子要放下自己一切旧有的顾忌，不要让仁义、明察、动静、好恶、喜怒等扰乱自己，要让自己彻底地解放出来。认真修养身心，谨慎保持真性，把身外之物还与他人，那就没啥拘系和累赘了。

成语“畏影恶迹”比喻为人愚蠢，不明事理。其源于此处。

……………………………………

孔子愀然曰：“请问何谓真？”客曰：“真者，精诚之至也。不精不诚，不能动人。故强哭者，虽悲不哀；强怒者，虽严不威；强亲者，虽笑不和。真悲无声而哀，真怒未发而威，真亲未笑而和。真在内者，神动于外，是所以贵真也。其用于人理[1]也，事亲则慈孝，事君则忠贞，饮酒则欢乐，处丧则悲哀。忠贞以功为主，饮酒以乐为主，处丧以哀为主，事亲以适[2]为主。功成之美，无一其迹矣；事亲以适，不论所以矣[3]；饮酒以乐，不选其具[4]矣；处丧以哀，无问其礼[5]矣。礼者，世俗之所为也；真者，所以受于天[6]也，自然不可易也。

故圣人法天[7]贵真，不拘于俗。愚者反此。不能法天而恤[8]于人，不知贵真，禄禄[9]而受变于俗，故不足。惜哉，子之蚤湛于人伪而晚闻大道也[10]！”

【注释】

[1]人理：人伦。

[2]适：安适。

[3]所以：用哪种方法。以，用。

[4]具：指饮酒的杯具。

[5]礼：指礼节仪式。

[6]天：自然。

[7]法天：效法自然。

[8]恤：忧、担心。

[9]禄禄：随从的样子。

[10]蚤：通“早”。湛(dān)：熏染。

【品读】

此段着重说明了庄子的自然本真观点。写渔父对“真”的认识，真是“受于天”，主张“法天”“贵真”“不拘于俗”。庄子借渔父之口批评孔子的主张和行为。这里所谓的真，就是指发自内心的真情实感。情感的表达是以遵循内心的真情实感为原则，而不是以外在的仪式规范为标准。礼仪，是世俗之人的行为；纯真，却禀受于自然，出自自然因而不可改变。只有发自内心的真情实感，才能打动人，也才能与自然天道相一致。圣哲总是效法自然看重本真，不受世俗的拘系。愚昧者则刚好相反，不能效法自然而忧虑世人，不知道珍惜真情本性。把这个原则用在人事上，诸如事君、事亲、饮酒、处丧等，都应以发自内心的自然情感为根本。这说明庄子并非反对事亲、事君、处丧等世俗事务，关键是要有真情，要体现事物的本质，而不能只顾表面的形式，不能为外在的形迹所拘执。

“法天贵真”即真情源于天而内在于人之本性。“贵真”思想，为古代文献中首见。后人以未受礼俗习染的本性为“天真”的观点本于此；以心地真淳出于自然为“天真烂漫”，亦源于此。故此“贵真”说具有开创性的意义。“贵真”说所强调的真情的动人力量，文学上引向真情实感在创作中的重要性。

....

孔子又再拜而起曰：“今者丘得遇也，若天幸[1]然。先生不羞而比之服役而身教之[2]。敢问舍所在，请因受业而卒学大道[3]。”客曰：“吾闻之，可与往者，与之至于妙道；不可与往者，不知其道。慎勿与之，身乃无咎。子勉

之，吾去子矣，吾去子矣！”乃刺船[4]而去，延缘[5]苇间。

【注释】

[1]幸：宠幸。

[2]不羞：不以为耻辱。比之服役：视同弟子。比，列。

[3]因：借此。卒学：学完。

[4]刺船：撑船。

[5]延缘：沿岸。

【品读】

这段写孔子敬道不得道。孔子向来虚心求教，尊重别人，“三人行必有我师”①。孔子对渔父也是极其谦恭与崇敬。他表示自己有幸遇到先生，真是天赐幸运，请求借此受业于门下而最终学完大道。渔翁则教导孔子：可以迷途知返的人就与之交往，直至领悟玄妙的大道；不能迷途知返的人，不会真正懂得大道，谨慎小心地不要与他们结交，自身也就不会招来祸殃。渔翁希望孔子能够自勉。于是撑船而离开。在渔夫看来，孔子并非迷途知返者，他只是敬重大道，并不能真正悟道，因而孔子是不“可与往者”，更难以“与之至于妙道”。

颜渊还车[1]，子路授绥[2]，孔子不顾，待水波定，不闻拏音而后敢乘。子路旁[3]车而问曰：“由得为役久矣[4]，未尝见夫子遇人如此其威[5]也。万乘之主，千乘之君，见夫子未尝不分庭伉礼[6]，夫子犹有倨敖[7]之容。今渔父杖拏逆立[8]，而夫子曲要磬折[9]，言拜而应，得无[10]太甚乎！门人皆怪夫子矣，渔人何以得此乎！”孔子伏轼[11]而叹，曰：“甚矣，由之难化也！湛于礼仪有间[12]矣，而朴鄙之心至今未去。进，吾语汝：夫遇长不敬，失礼也；见贤不尊，不仁也。彼[13]非至人，不能下人[14]。下人不精，不得其真，故长伤身。惜哉！不仁之于人也，祸莫大焉，而由独擅之。且道者，万物之所由也，庶物失之者死，得之者生。为事逆之则败，顺之则成。故道之所在，圣人尊之。今渔父之于道，可谓有矣，吾敢不敬乎！”

【注释】

[1]还：通“旋”，调转。

[2]授绥：把登车时拉的绳索交给孔子。

[3]旁：通“傍”，靠。

[4]由：子路自称。为役：做弟子。

---

① 《论语·述而》。

[5]威：敬畏。

[6]伉礼：以彼此平等的礼节相待。

[7]敖：通“傲”。

[8]杖拏：执篙。逆立：对面而立。逆，迎。

[9]要：通“腰”。磬折：弯腰如磬，表示恭敬。

[10]得无：难道不是。

[11]轼：车前供人凭倚的横木。

[12]有间：太久。

[13]彼：指渔父。

[14]下人：使人谦下。

【品读】

此段记叙孔子崇敬渔父的主张，并教育颜渊不要顽固不化，说明了儒、道两派的分歧和争斗。孔子为人历来谦卑，虚心好学。在他看来，遇到长辈而不恭敬，就是失礼；见到贤人而不尊重，就是不仁。况乎他所尊崇的渔夫是有道至人。在庄子看来，为了道之真而重道、为重道而敬有道之人，是孔子的优良品行。但孔子对渔夫的尊崇，随着自己悟性的不断提高，逐渐从过去简单的品行谦卑导向了内求本真的心性修养，即从精诚敬重有道至人，而使自己的心性得到保养，达到了求真之目的。最后，孔子终于感悟到了道的伟大力量和万物由道而生灭、存续和发展的必然性。

列御寇第三十二

列御寇之齐[1]，中道而反，遇伯昏瞀人[2]。伯昏瞀人曰："奚方而反[3]？"曰："吾惊焉。"曰："恶乎惊？"曰："吾尝食于十浆[4]，而五浆先馈。"伯昏瞀人曰："若是，则汝何为惊已[5]？"曰："夫内诚不解[6]，形谍成光[7]，以外镇人心，使人轻乎贵老[8]，而赍[9]其所患。夫浆人特为食羹之货，无多余之赢，其为利也薄，其为权也轻，而犹若是，而况于万乘之主乎！身劳于国而知尽于事。彼将任我以事，而效我以功[10]，吾是以惊。"伯昏督人曰："善哉观乎！女处己[11]，人将保[12]女矣！"

无几何[13]而往，则户外之屦[14]满矣。伯昏瞀人北面[15]而立，敦杖蹙之乎颐[16]。立有间，不言而出。宾[17]者以告列子，列子提屦，跣[18]而走，暨乎门[19]，曰："先生既来，曾不发药乎[20]？"曰："已矣，吾固告汝曰：人将保汝。果保汝矣！非汝能使人保汝，而汝不能使人无保汝也，而焉用之感豫出异也[21]。必且[22]有感，摇而本才[23]，又无谓也。与汝游者，又莫汝告也[24]。彼所小言[25]，尽人毒[26]也。莫觉莫悟，何相孰[27]也。巧者劳而知者忧，无能者[28]无所求，饱食而敖游[29]，泛[30]若不系之舟，虚[31]而敖游者也。

【注释】

[1]列御寇：即列子，郑国人，贵虚，为先秦道家学派先驱。之：往、去。齐：齐国。

[2]伯昏瞀人：楚国隐士。

[3]奚：何。方：事。反：通"返"。

[4]浆：米汤，指卖米汤的店铺。十浆：十家浆铺。

[5]已：通"矣"。

[6]内诚：内心真诚。不解：有症结没有融化。

[7]形谍：在外表上流露出来。谍，即泄。

[8]贵：指爵位高。老：指年老。

[9]赍(jī)：招致。

[10]彼：指国君。效：责效。

[11]己：旧读"己"实误，当为"已"，语助词，作"止"解。

[12]保：归附、依附。

[13]无几何：没多久，不几天。

[14]屦(jù)：葛麻做的鞋子。

[15]北面：面北。

[16]敦：竖立。蹙(cù)：紧贴。

[17]宾(bīn)：同“傧”，傧相，接引客人的人员。

[18]跣(xiǎn)：赤脚。

[19]暨：及。乎：于。

[20]曾：乃。发药：比喻治病救人的言论。

[21]而：通“尔”，你。用：因。豫：通“愉”，愉快。

[22]必且：必将。

[23]摇：摇动。而：你。才：一作“性”。

[24]莫汝告(gù)：莫告汝。告，上告下。

[25]小言：琐碎的言论，作甜言蜜语解亦通。

[26]尽人毒：尽是害人的东西。

[27]孰：古“熟”字，成。

[28]无能者：指无为者、得道者。

[29]敖游：不受外物束缚，自由自在地游荡于虚无的境界。

[30]泛：漂浮不定的样子。

[31]虚：内心空虚无目的，指无应无不应。

【品读】

本章主要阐述忘我的思想，通过伯昏瞀人与列御寇的对话，告诫人们不可炫智于外而应养神于心，达到顺从自然、无用之用的境界。社会为众人所构合，故人心集社会众人之粹。但若让人心归服于某一社会的崇高，必使真性陷落于社会人为的深渊。庄子尚自然真义，忌人心归服。故当列御寇遭遇到人心归服时，则深以为惊悸，认为这样终要“其所患”。然列御寇不能自拔，愈使人心归服。这说明列御寇无法摆脱社会人为的情智力量，招致了自我破坏自然之性的最大祸害。通过伯昏瞀人的“不能使人无保汝也”点出，人只有回归平常，隐于平凡，活得平淡，才能“虚而遨游”。总之，要完全从社会情智中摆脱出来，顺自然之漂泊荡漾，只有这样方能让人免于人心归服，获得重塑自然之性的机会，从险恶的人心中逃脱出来，回归安详的天而不人的自然境界。

“郑人缓[1]也，呻吟裘氏之地[2]。祗三年而缓为儒[3]。河润九里[4]，泽及三族[5]，使其弟墨[6]。儒墨相与辩，其父助翟[7]。十年而缓自杀。其父梦之曰[8]：‘使而子为墨者，予也[9]，阖尝视其良[10]？既为秋柏之实矣[11]？’夫造物者之报[12]人也，不报其人而报其人之天[13]，彼故使彼[14]。夫人以己为有以异于人[15]，以贱其亲[16]。齐人之井饮者相捽也[17]。故曰：'今之世皆缓也。自是有德者以不知也，而况有道者乎！古者谓之遁天之刑。圣人安其所安，不安其所不安；众人安其所不安，不安其所安。

【注释】

[1]缓：人名，郑国人。

[2]呻吟：微弱的诵读声。裘氏：郑国地名。

[3]抵(zhī)：刚好。为儒：成为儒者。

[4]河：河水。润：滋润、灌溉。

[5]泽：恩泽。三族：父族、母族、妻族。

[6]墨：学墨家学说。

[7]翟(dí)：缓之弟，名翟。

[8]梦之：即缓托梦于父亲。之，代缓。

[9]而：你。予：我，指缓自己。

[10]阖胡：何不。尝：试。其：缓自指。

[11]秋柏：皆为良材。秋，借作"楸"。实：指学术成就。

[12]报：报答、对待、给予。

[13]天：天性、自然本性。

[14]第一个"彼"指缓弟，第二个"彼"指成墨者的事。

[15]夫人：指缓。异于人：不同于别人。

[16]贱其亲：指责他的父亲。

[17]齐人：齐国民众。井饮：喝井水。相捽：抓着头发互相殴打。

【品读】

本段否定了郑人缓的自以为是的思想。圣哲安于自然，却不适应人为的摆布；普通人习惯于人为的摆布，却不安于自然。人为自是遁天刑。道家思想能宗于自然、安于自然、顺于自然。但与此相反，儒、墨思想违背自然，破坏自然的宁静。凡有儒、墨的地方就有不宁的争讼，故庄子举郑人缓学儒及其弟学墨为例，说二人相争，结果使缓自杀的悲剧。故儒、墨争讼的确有害无益。但在现实中，众多儒、墨之徒却皆自以为是，追求人为之利，违背自然，其结果都将可能像郑人缓那样"遁(遭)天之刑"，走向毁灭。这是庄子对当时搅扰人性的儒、墨行径作出了有力的抨击。

"庄子曰：'知[1]道易，勿言难[2]。知而不言，所以之天也[3]；知而言之，所以之人也。古之人，天而不人[4]。'朱泙曼学屠龙于支离益[5]，单千金之家[6]，三年技成而无所用其巧。圣人以必不必[7]，故无兵；众人以不必必之[8]，故多兵。顺于兵，故行有求。兵，恃之则亡。小夫之知[9]，不离苞苴竿牍[10]，敝精神乎蹇浅[11]，而欲兼济道物[12]，太一形虚[13]。若是者，迷惑于宇宙，形累不知太初[14]。彼至人者，归精神乎无始[15]，而甘冥乎无何有之乡[16]。水流乎无形，发泄乎太清[17]。悲哉乎！汝为知在毫毛而不知大宁[18]！

【注释】

[1]知：认识。

[2]勿言难：默不作声而成之者困难。

[3]之天：合于自然。之，向、往。

[4]古之人：古时的至人、真人、圣人。天：天道自然。不人：不合人为。

[5]朱泙(pēng)漫：人名，姓朱泙，名漫。支离益：人名，姓支离，名益。屠龙：喻为道。

[6]单：借为“殚”，尽。家：指家产。

[7]必不必：必可用而不用。

[8]不必必之：不必可用而必用它。

[9]小夫：指匹夫，世俗之人。知：同“智”。

[10]苞苴：赠人鱼肉用茅苇叶包着。竿牍：简犊、古书。竿，通“简”。

[11]敝：消耗。蹇浅：浅陋、短浅。

[12]兼：兼而有之。济：成就。道：通“导”。

[13]太一：一贯。形虚：体内形虚。

[14]太初：指道的本体。

[15]归：复。无始：万物还没产生的时代。

[16]甘冥：甜睡。冥，通“瞑”，眠。无何有之乡：指虚无的境界。

[17]太清：太虚清静无为的自然之道。

[18]大宁：大的宁静境界。

【品读】

本段教导人们要顺应天成，不要追求人为。庄子通过对贪天之功以为己有的人的批评，对照朱泙漫学习屠龙技成而无所用，教导人们要顺应自然，切不可妄为。朱泙漫向支离益学习屠龙的技术，耗尽了千金的家产，学成后却没有机会施展其技巧。朱泙漫不问社会实际生活是否需要，耗费金钱，学到的却是无用的技术。这种大而无用的技术，显然是毫无价值的。总之，小民、众人或小夫，以人为为归趣，求徒劳之事，违背自然，终于“蹇浅”“迷惑”于“形累”中而归向灭亡。故庄子深为现实人类悲哀。

宋人有曹商[1]者，为宋王[2]使秦。其往也，得车数乘。王说[3]之，益[4]车百乘。反于宋[5]，见庄子，曰：“夫处穷闾阨巷[6]，困窘织屦[7]，槁项黄馘者[8]，商之所短也；一悟万乘之主而从车百乘者[9]，商之所长也。”庄子曰：“秦王有病召医，破痈溃痤者得车一乘[10]，舐痔者得车五乘[11]，所治愈下，得车愈多。子岂治其痔邪，何得车之多也？子行矣！”

【注释】

[1]曹商：人名。

[2]宋王：宋君偃。

[3]说：通“悦”。

[4]益：增加。

[5]反：通“返”。

[6]穷闾：贫穷僻里。阨巷：狭巷。

[7]困窘：贫苦。织屦：织鞋、做鞋。

[8]槁项：干枯的脖子。馘(xù)：脸。

[9]一：一旦。悟：使……觉悟。

[10]痈：多个脓头的毒疮。痤(cuó)：痤疮、粉刺。

[11]舐(shì)：舔。痔：痔疮。

【品读】

本段是对重利之人的鄙视。曹商沾沾自喜地向庄子炫耀其所得，奚落庄子生活落魄。这本身就是小人得志、不知廉耻之状。面对曹商的贪利和炫耀，庄子把为国君服务之人比作“舐痔者”。舐痔是很肮脏的行为，而得车较多。由此推论，曹商得车百乘，其所干的勾当比舐痔更为卑鄙。曹商对秦王奴颜婢膝，实在是肮脏不堪。而曹商却不以为耻，反以为荣，洋洋自得，可笑之至。庄子一生淡泊名利，主张休养生息，清静无为。他视富贵如粪土，把高官厚禄比作毒疮毒疖，给曹商以无情的讽刺和辛辣的嘲笑。

鲁哀公[1]问乎颜阖曰：“吾以仲尼为贞干[2]，国其有瘳乎[3]？”曰：“殆哉圾乎[4]！仲尼方且饰羽而画[5]，从事华辞[6]。以支为旨[7]，忍性以视民，而不知不信[8]。受乎心[9]，宰乎神[10]，夫何足以上民[11]！彼宜女与予颐与[12]，误而可矣！今使民离实学伪[13]，非所以视民也[14]。为后世虑，不若休之。难治也！”施于人而不忘，非天布也，商贾不齿。虽以事齿之，神者弗齿[15]。为外刑者，金与木[16]也；为内刑者，动与过也。宵人之离外刑者[17]，金木讯之；离内刑者，阴阳食[18]之。夫免乎外内之刑者，唯真人能之。

【注释】

[1]鲁哀公：春秋末年鲁国国君。

[2]贞干：古代筑墙工具。立两端的为桢，竖两侧的为干。贞，同“桢”。

[3]瘳(chōu)：病愈。

[4]殆：危险。圾：通“岌”，危。

[5]饰羽而画：用画装饰有文采的羽毛。羽，羽毛。

[6]华辞：浮华的言词，花言巧语。

[7]支：辞有枝叶。以枝为旨：形容言辞下当。旨，美。

[8]忍性：矫饰性情，视：通“示”。知：通“智”。信：诚。

[9]受乎心：受心指使。

[10]宰乎神：以精神为主宰。

[11]上民：居民之上。

[12]彼：指仲尼。宜：犹乃。

[13]实：信、性。伪：华辞。忍性：即指礼。

[14]非：不是。视民：教育民众。

[15]神：思想。弗：同“不”。

[16]金与木：金属与木制的刑具。

[17]宵：通“小”。离：通“罹”，遭受。

[18]食：通“蚀”，腐蚀。

【品读】

此段谴责社会人为的政治人生。庄子奉自然之天至上，以自然之天统治人生，则反对人为用智用情，消弭人心归服，无违自然，无人为之争，生命以自然为归结，分享自然无穷乐趣。

外刑、内刑是庄子对人生困境，对妨碍、毁损人的存在和自由的客观力量或原因的一种概括描述。“外刑”，是指社会的政治、经济、伦理道德等规范、制约人的力量；“内刑”，是指伤害、扰乱人的内心恬静的哀乐爱恶之情欲。这种内外之刑，唯有“真人”可以避免，即凡人难以逾越的人生困境，“真人”则可以超脱。

孔子汲汲于社会有为，远离自然真性，困于内智外情，终不可为“贞干”（辅治）。孔子立儒学，施有为，积极入世于政，是他的一向追求。若以孔子为“贞干”，人类的一切自然本性将荡然无存。孔子本身就深受内刑折磨，他内在阴阳失调，对人类险恶之心患得患失，过度操劳，尤其为不能驾驭人类的张狂之心而痛心疾首。在庄子看来，孔子是最受内刑痛苦的人，是破坏人类的祸首。因而他一再抨击孔子的一切作为。

孔子曰：“凡人心险[1]于山川，难于知天[2]。天犹有春秋冬夏旦暮之期[3]，人者厚貌深情[4]。故有貌愿而益[5]，有长若不肖[6]，有慎懁而达[7]，有坚而缦[8]，有缓而釬[9]。故其就义[10]若渴者，其去义[11]若热。故君子远使之而观其忠[12]，近使之而观其敬[13]，烦使之而观其能[14]，卒然问焉而观其

知[15]，急与之期而观其信，委之以财而观其仁，告之以危而观其节，醉之以酒而观其则，杂之以处而观其色。九征至。不肖人得矣。”

【注释】

[1]险：阴险、险恶。

[2]知：认识、了解。天：自然界及其规律。

[3]天：自然界。旦暮：早晚。期：限定时间。

[4]深情：感情藏得深。

[5]貌愿：指谦虚老实。益：通“溢”，骄溢自满。

[6]长(cháng)：善，指优良品质。不肖：指外表而言。

[7]慎：温顺。懁(xuān)：性急、急躁。达：通达。

[8]坚：坚强。缦：软弱。

[9]缓：和缓。釬(hàn)：通“悍”，急。

[10]就义：追求正义。

[11]去义：抛弃正义。

[12]远使之：派到远处。观：考察。忠：忠贞不贰。

[13]近使之：派在身边。敬：恭敬不怠。

[14]烦：繁杂、复杂。能：治乱能力。

[15]卒(cù)：通“猝”，突然。知：通“智”。

【品读】

本段感叹知人心之难。庄子借孔子之口说：“凡人心险于山川，难于知天。”感叹人心比山川还要险恶，知心比知天还难。自然界尚有春夏秋冬和早晚变化的一定周期，可是人却容色多变、情感深藏。如此看来，要识人的确是个复杂耗时的过程。有鉴于此，主张应从忠诚、恭敬、能力、心智、信用、清廉、节操、仪态、对女色态度等九个方面进行全面考验，如此就能将不好的人挑拣出来。这九种识人方法值得借鉴。

正考父一命而伛[1]，再命而偻[2]，三命而俯[3]，循墙而走[4]，孰敢不轨[5]！如而夫[6]者，一命而吕钜[7]，再命而于车上舞[8]，三命而名诸父[9]。孰协唐许[10]？贼莫大乎德有心[11]，而心有睫[12]，及其有睫也而内视[13]，内视而败矣。凶德有五[14]，中德[15]为首。何谓中德？中德也者，有以自好也，而吡[16]其所不为者也。穷有八极[17]，达有三必[18]，形有六府[19]。美、髯、长、大、壮、丽、勇、敢，八者俱过人也，因以是穷[20]；缘循、偃佒[21]、困畏，不若人三者俱通达。知慧外通[22]，勇动多怨，仁义多责，六者所以相刑也。达生之情者傀[23]，达于知者肖[24]，达大命者随[25]，达小命者遭[26]。

【注释】

[1]正考父:孔子的七世祖,宋国卿。命:任命、委任。伛(yǔ):曲背。

[2]再命:指任命为大夫。偻(lǒu):弯腰。

[3]三命:指任命为卿。俯:俯首。

[4]循墙而走:顺着墙根走路,不敢走正路。

[5]孰:谁。轨:犹法。

[6]而夫:你们这种人,贬义辞。

[7]吕矩:腰板硬,引申为高傲自大。吕,通“膂”,脊骨。钜,强大。

[8]于车上舞:指骄傲到极点而忘形,得意而忘形。

[9]名:呼、叫。诸父:伯父、叔父。

[10]协:同、比。唐:唐尧。许:许由。

[11]贼:害。德:得。有心:私心。

[12]心有睫:心有睫毛遮盖。睫,睫毛。

[13]内视:主观意识。

[14]凶德有五:指耳、眼、鼻、舌、心。凶,祸害。德,得。

[15]中德:指心。

[16]呲(bǐ):说人坏话,引申为责难。

[17]穷:困厄窘迫。八极:指美、髯、长、大、壮、丽、勇、敢。

[18]达:通达顺利。三必:指下文的缘循、偃佒、困畏的必要条件。

[19]形:通“刑”,危害。六府:指下文的知慧、处通、勇动、多怨、仁义、多责。府,集聚处。

[20]穷:困厄窘迫。

[21]偃佒:同“偃仰”,随俗应付。

[22]知:通“智”。外通:显露在外表。

[23]傀(guī):不平凡。

[24]肖:渺小。

[25]大命:天命。随:随顺自然。

[26]小命:人命。遭:遭遇。

【品读】

本段强调因顺自然的处世方法,用正考父做官为例,引出处世原则的讨论,那就是态度谦下,不自以为是,不自恃傲人,而事事通达,随顺自然。透过庄子对骄矜傲慢态度的否定和对谦下通达态度的肯定,则可见其所蕴含的随顺自然的意义。庄子具体阐述了几种情况:正考父表谦下,“而失者”表傲慢,“内视”表私心成见,“中德”表自以为是,“八极”表困厄窘迫。貌美、须长、高大、魁梧、健壮、艳丽、勇武、果敢,八项长处远胜他人,于是依恃傲人必致困厄窘迫。因循顺应、俯仰随人、困厄怯弱而又态度谦下,则能遇事通达。

在道家看来，自恃聪明炫耀于外，勇猛躁动必多怨恨，倡导仁义必多责难。通晓生命实情者心胸开阔，通晓真知者内心虚空豁达，通晓长寿之道者随顺自然，通晓寿命短暂之理者随遇而安。这种因顺自然的处世方法值得我们深思。

人有见宋王[1]者，锡[2]车十乘。以其十乘骄稚[3]庄子。庄子曰："河上有家贫恃纬萧而食者[4]，其子没[5]于渊，得千金之珠[6]。其父谓其子曰：'取石来锻之[7]！夫千金之珠，必在九重之渊而骊龙颔下[8]。子能得珠者，必遭其睡也。使骊龙而寤[9]，子尚奚微之有哉！'今宋国之深[10]，非直[11]九重之渊也；宋王之猛，非直骊龙也。子能得车者，必遭其睡也；使宋王而寤，子为齑粉夫[12]！"

【注释】

[1]宋王：指宋剔成或宋君偃。

[2]锡：赐。

[3]稚：骄傲。

[4]纬：编织。萧：芦荻。

[5]没(mò)：沉没，潜入水中。

[6]千金：价值千金。珠：珍珠。

[7]锻：锤烂。之：代珠。

[8]重：层。骊龙：黑龙。颔(hàn)：下巴。

[9]使：假使。寤：醒。

[10]宋国之深：宋国危机的深重。

[11]非直：不但、不止。

[12]齑(jī)：碎。

【品读】

本段讽刺为政者，提倡自然人生。战国时代战祸绵延，刑法严峻，殊死者相枕藉。因而个体生命渺小脆弱。庄子极端崇尚自然人生，不做官，不为政，规避一切有害于自然人生的社会地位、名义与财富。他把为政所为比喻成是入九重深渊求骊龙颔下珍珠的危险行为。认为沉睡的骊龙一旦觉醒，取珠者必遭殃。因而提倡自然人生，以保障生命形体为前提。但同时亦要保障内在心灵的自由本质。故庄子拒绝应聘，放弃了做大官的机会。

"探骊得珠"就源于此，原指冒大险获得大利，后常比喻文章含义深刻，措辞扼要，得到要领。

或[1]聘于庄子，庄子应其使曰："子见夫牺牛[2]乎？衣[3]以文绣，食以刍叔[4]。及其牵而入于大庙[5]，虽欲为孤犊[6]，其可得乎！"

【注释】

[1]或：有人，指楚成王使使厚币聘庄子为相。

[2]牺牛：祭祀用的纯色牛。

[3]衣：用作动词，给牺牛穿。

[4]食：喂养。刍：草。叔：大豆。

[5]大庙：帝王祖庙。

[6]孤犊：无人豢养的牛犊。

【品读】

本段塑造了庄子那种宁可全生保真，追求精神自由与个性的独立，也不愿博取富贵于庙堂之上的形象。楚威王闻庄周是有学识而贤德者，就遣使备千金厚礼前去请庄子为相。庄子以牺牛与孤犊的不同遭遇为喻，拒绝与统治者合作。这就教导我们：做人要淡泊名利富贵，无受诱惑，勿入圈套，否则上当受骗，充当牺牛，后悔不及。

庄子将死[1]，弟子欲厚葬之[2]。庄子曰："吾以天地为棺椁[3]，以日月为连璧[4]，星辰为珠玑[5]，万物为赍[6]送。吾葬具岂不备邪？何以加此！"弟子曰："吾恐乌鸢之食夫子也[7]。"庄子曰："在上为乌鸢食，在下为蝼蚁食，夺彼与此[8]，何其偏也。"以不平平，其平也不平；以不征征[9]，其征也不征。明者唯为之使[10]，神[11]者征之。夫明之不胜神也久矣，而愚者恃其所见入于人[12]，其功外也，不亦悲乎！

【注释】

[1]将死：将要死去。

[2]弟子：弟子们。欲：打算。

[3]吾：我。以：用。

[4]连璧：连城之玉璧。

[5]珠玑：珍珠。珠圆为珠，不圆为玑。

[6]赍(jī)：送，指送葬品。

[7]乌：乌鸦。鸢(yuān)：老鹰。

[8]彼：指乌鸦和老鹰。此：指蝼蛄和蚂蚁。

[9]征：征验，引申为可信。

[10]明：聪明。之：它，指天道。

[11]神:神人。

[12]所见,偏见。入于人:溺于人事。

【品读】

本段展现了庄子生命终极的自然观。当庄子面对自己的生命尽头时,表现出了惊人的坦然、从容与平静。庄子认为,死就是要回归到自然之中,因此他拒绝世俗所谓的厚葬。从自然中来,从自然中去,死亡是获得更高生命的一种途径。有鉴于此,庄子主张“安命”。庄子不但主张薄葬,而且连墨子主张的三寸薄棺都不要,亦不用埋在地下,“以天地为棺椁”,将尸体露天而葬即可。庄子“以天地为棺椁”的精神,对于那些热衷于厚葬、讲究繁文缛节的习俗来说,是一种巨大的进步与超越。

天下第三十三

天下之治方术者多矣[1]，皆以其有[2]为不可加矣！古之所谓道术[3]者，果恶乎在？曰："无乎不在。"曰："神[4]何由降？明[5]何由出？""圣有所生，王有所成，皆原于一[6]。"

【注释】

[1]治：研究。方术：一方之术。

[2]其有：即自己所主张的。

[3]道术：指超然百家之上，能反映大道的学问。

[4]神：神圣。

[5]明：明王。

[6]一：指生成宇宙万物的大道。

【品读】

本篇在《庄子》一书中的重要地位和价值，历来为学界所公认。《天下》篇涵盖的思想内容博大，它几乎就是一部春秋战国的学术思想史。

作者对道术与方术加以区别，对"方术"（学术）的渊源进行了追溯。所谓"道术"，就是对大道进行全面体认的学问，它包含了宇宙间的一切真理。道术是普遍的学问，而"方术"（学术）则是各家各派各执一偏的片面学问。古之道术是自然的；今之方术是人为的。古之道术得自然之精，处天下之道；今之道术则为百家方术所取代，以方术之分取代道术之合。"道术"本身是客观存在的，它不以人的主观意志为转移，可以说"道术"是方术的根本；而方术则是人为的、具体的一方之术，它是"古之道术"呈现，而非本质，它是"道术"的末流。

道术从五个方面来讲，有四条进路、一个归宿。四条进路就是神、明、圣、王。其中神、明相应于自然领域，圣、工相应于社会领域，或者说政治领域。进而神、明相应于自然神学和自然哲学，圣、王相应于政治神学和政治哲学。"神何由降？明何由出？"神自上而下，明自下而上。"圣有所生，王有所成”，圣自内而外，王自外而内。最终指向其归宿：“皆原于一。”所谓道术，就是疏通神、明、圣、王和一之间的关系。所谓方术，就是仅从神、明、圣、王的某一段而加以发挥。

不离于宗[1]，谓之天人；不离于精[2]，谓之神人；不离于真[3]，谓之至人。以天为宗，以德为本，以道为门，兆[4]于变化，谓之圣人；以仁为恩，以义为理，以礼为行，以乐为和，熏然[5]慈仁，谓之君子。

【注释】

[1]宗：主宰。

[2]精：道之精微。

[3]真：道之真实。

[4]兆：预示。

[5]熏然：温和慈爱的样子。

【品读】

本段按得道术把人分为几个层次，天人、神人、至人、圣人均为得道之士，他们已经进到了道体本身，达到了人生的最高境界。而君子则未得道，或者说他只得“道术”的一个部分，是有为人生的典型。庄子学派非常推崇古之人。认为古人与今人的境界是不同的，古之道术高于今之方术。

以法为分，以名为表[1]，以参为验[2]，以稽[3]为决，其数一二三四是也，百官以此相齿[4]；以事[5]为常，以衣食为主，蕃息[6]畜藏，老弱孤寡为意，皆有所养，民之理也。

【注释】

[1]名：职称。表：标志。

[2]参：比较。验：检查。

[3]稽：考核。

[4]齿：序列。

[5]事：谓耕作之事。

[6]蕃息：指繁殖鸡、狗等禽畜。畜，通“蓄”。

【品读】

天人、神人、至人和圣人、君子这五种人相应于意识形态，百官与庶民二种人相应于经济基础。以法度作为分守，以职称作为标志，百官以此相为序列，百姓以耕、织、工、商的职业为常务，以衣食为主，繁殖生息，积蓄储藏，老弱孤寡放在心上，都有所养，这是治理人民的道理。从隐的层面而言，社会上世俗之人的眼睛，只能看到圣人、君子、百官和民。

古之人其备乎！配神明，醇[1]天地，育万物，和天下，泽及百姓，明于本数[2]，系于末度[3]，六通四辟[4]，小大精粗，其运无乎不在。

【注释】

[1]醇：通“准”，依照。

[2]明：表现。本数：基本的等级次序。

[3]末度：具体措施。

[4]辟：同“辟”，透彻。

【品读】

这是对“古之人”的推崇。古之圣人的“其备”包括神明、天地、万物、天下、百姓。神明、天地、万物相应于自然空间，也就是神明。天下和百姓相应于政治空间，就是圣王。天地为体，神明为用，而天地的剖析就是万物，万物的整合就是天地。古之人采用的认识方式是“配、醇、育、和”，这样就能够直接与天地相通

其明而在数度[1]者，旧法、世传之史[2]尚多有之；其在于《诗》《书》《礼》《乐》者，邹鲁之士、搢绅先生多能明[3]之。《诗》以道[4]志，《书》以道事，《礼》以道行[5]，《乐》以道和，《易》以道阴阳，《春秋》以道名分[6]。其数散于天下而设于中国者[7]，百家之学时或称而道之。

【注释】

[1]数度：礼乐法度。

[2]世传之史：社会上流传的史书。

[3]明：通晓。

[4]道：表达、讲述。

[5]行：指行为规范。

[6]名分：名位职守。

[7]数：大略。散：散布。

【品读】

这是对儒家学派的评价。首先把儒家放在第一位，足见作者对儒家的重视。作者认为儒家在对中国古代文化、文献的传承上面是有巨大贡献的，

而在论述其在对道的体认方面却未加论述，可见庄子学派没有认可儒家在这方面的修为。因为道之本然并非文献诗书就能够传承下来的。

本章包括两个层面：其一是制度（官吏）层面，其明而在数度者，旧法、世传之史尚多有之。其二是经典（王官之学），其在于《诗》《书》《礼》《乐》者，邹鲁之士、搢绅先生多能明之。《诗》以道志，《书》以道事，《礼》以道行，《乐》以道和，《易》以道阴阳，《春秋》以道名分。这显然是儒家的内容。作者因而揭示了儒家以度数规范天下，并使天下大乱的事实。

天下大乱，贤圣不明，道德不一。天下多得一察焉以自好[1]。譬如耳目鼻口，皆有所明，不能相通。犹百家众技也，皆有所长，时有所用。虽然，不该不遍[2]，一曲[3]之士也。

判[4]天地之美，析[5]万物之理，察[6]古人之全。寡能备于天地之美，称神明之容[7]。是故内圣外王之道，闇[8]而不明，郁而不发[9]，天下之人各为其所欲焉以自为方[10]。悲夫！百家往而不反[11]，必不合矣！后世之学者，不幸不见天地之纯，古人之大体。道术将为天下裂。

【注释】

[1]一察：一孔之见。自好：自我欣赏。

[2]该：完备。遍：普遍。

[3]一曲：偏于一隅，比喻一孔之见。

[4]判：分裂。

[5]析：离析。

[6]察：通“杀”，离散。

[7]称：合。容：通“颂”，亦美之意。

[8]闇：通“暗”。

[9]郁：闭塞。发：发挥出来。

[10]方：方术。

[11]反：通“返”，返回。

【品读】

《天下》作者把“道术将为天下裂”归结于儒家数度的缘起。春秋战国天下大乱，贤圣不能明察，道德规范不能统一，天下学者虽然“皆有所长”，但只是一曲之士，皆执一孔之见，多是各得一偏而自以为是。因此，天地的纯真之美与古人的体道精神隐而不显，“道术”也分裂成为各种各样的“方术”。

庄子学派指出，引起道术分裂为方术的原因是人们在认识论上出了问题。古之人采用的认识方式是“配、醇、育、和”，这就能直接与天地相通；而今之人采用的认识方式是“判、析、察”，“判天地之美，析万物之理，察古人之全”，这就割裂了人与天地相通的路径。百家皆各尽迷途而不知返，就不能合于大道。

“内圣外王”一词最早出自此处，本指内具有圣人的才德，对外施行王道。这是道家的政治思想。“内圣外王”之道，后世学者无一例外将其归于儒家的主要思想。“内圣”就是修身养德，要求人做一个有德性的人；“外王”就是齐家、治国、平天下。“内圣外王”的统一是儒家学者们追求的最高境界。

……………………

不侈于后世，不靡[1]于万物，不晖[2]于数度，以绳墨自矫[3]，而备世之急。古之道术有在于是者，墨翟、禽滑厘闻其风而说之[4]。为之大[5]过，已之大循[6]。作为《非乐》，命之曰《节用》。生不歌，死无服。墨子泛爱兼利而非斗[7]，其道不怒。又好学而博，不异，不与先王同，毁古之礼乐。黄帝有《咸池[8]》，尧有《大章[9]》，舜有《大韶[10]》，禹有《大夏[11]》，汤有《大濩[12]》，文王有《辟雍[13]》之乐，武王、周公作《武[14]》。古之丧礼，贵贱有仪[15]，上下有等。天子有棺椁七重[16]，诸侯五重，大夫三重，士再重。今墨子独生不歌，死不服，桐棺三寸而无椁，以为法式。以此教人，恐不爱人；以此自行，固不爱己。未败墨子道。虽然，歌而非歌，哭而非哭，乐而非乐，是果类乎？其生也勤，其死也薄[17]，其道大觳[18]。使人忧，使人悲，其行难为也。恐其不可以为圣人之道，反天下之心，天下不堪。

【注释】

[1]靡：浪费。

[2]晖：炫耀。

[3]绳墨：规矩。自矫：自我勉励。

[4]墨翟：姓墨，名翟，墨家学派创始人，主张兼爱、非攻、非乐、节用、尚贤、尚同等。禽滑厘：墨子弟子。说：通“悦”，喜悦。

[5]大：通“太”。

[6]已：抑遏。循：过分。

[7]泛爱：广泛地爱一切人。非斗：即非攻。

[8]咸池：周代“六舞”之一，相传黄帝所作，唐尧增修。

[9]大章：唐尧乐名。

[10]大韶：虞舜乐名，简称《韶》。

[11]大夏：相传夏禹时乐舞。

[12]大濩(huò)：又称“韶濩”或“濩”，相传为纪念商汤伐桀功勋的乐舞。

[13]辟雍：与《诗经·大雅·灵台》之“于乐《辟雍》”意同。

[14]武：周代“六舞”之一，亦称《大武》。

[15]仪：准则、法度。

[16]椁(guǒ)：棺外的套棺。重：层。

[17]薄：薄葬。

[18]觳(què)：苛刻。

【品读】

这是对墨家学派的评论。墨子是孔子之后儒家的第一位论敌。墨子非难儒家，在他看来，儒学不实用，于民无功无补，并且怠事淫人、蛊世欺君。其实儒、墨在救世济民这一点上是相同的，都以天下为己任，只是在如何管理上产生了分歧。

墨家学派是战国时期百家争鸣的大派。其弟子众多，影响面大。墨子代表了小生产者利益，竭力反对儒家的爱有差等的仁学和繁文缛礼。他主张兼爱、非攻、节用等。这在世风日下、争战不休、统治者贪得无厌、奢侈糜烂的战国时代，具有巨大的感召力。

作者认为墨家学派仅仅来源于道术的一个侧面，而不是道术的大体。他对墨子提倡的兼爱、非攻、勤俭力行等积极方面是予以积极肯定的。首先肯定他们“不侈于后世，不靡于万物，不晖于数度”的崇俭思想，和“以绳墨自矫，而备世之急”的积极救世精神。作者也肯定了墨家的薄葬思想，墨子向来主张以薄葬节丧来对抗儒家的厚葬久丧，他认为把财富埋在地下，是极大的浪费，让平民家破人亡。这自然与道家对待生死的豁达态度有相通之处。

墨子虽独能任，奈天下何！离于天下，其去王也远矣[1]！墨子称道曰：“昔禹之湮[2]洪水，决江河而通四夷九州也[3]。名山三百[4]，支川三千，小者无数。禹亲自操橐耜而九杂天下之川[5]。腓无胈[6]，胫[7]无毛，沐甚雨[8]，栉[9]疾风，置[10]万国。禹大圣也，而形劳天下也如此。”使后世之墨者，多以裘褐[11]为衣，以跂蹻[12]为服，日夜不休，以自苦为极[13]，曰：“不能如此，非禹之道也，不足谓墨。”

相里勤[14]之弟子，五侯[15]之徒，南方之墨者苦获、已齿[16]、邓陵子[17]之属，俱诵《墨经》，而倍谲不同[18]，相谓别墨。以坚白同异之辩相訾[19]，以觭偶不仵之辞相应[20]，以巨子[21]为圣人，皆愿为之尸[22]，冀得为其后世，至今不决。

墨翟、禽滑厘之意则是，其行则非也。将使后世之墨者，必自苦以腓无胈、胫无毛相进[23]而已矣。乱之上也，治之下也。虽然，墨子真天下之好也，将求之不得也，虽枯槁不舍也，才士也夫！

【注释】

[1]去:离开。王:王道。

[2]湮:堵塞。

[3]决:开通、疏导。四夷:指四方边远地区。九州:指冀州、兖州、青州、徐州、扬州、荆州、豫州、梁州、雍州。

[4]山:当"川"字之误。

[5]橐(tuó):盛土的器具。耜(sì):挖土的器具。九杂:汇聚。

[6]腓(féi):小腿肚。胈(bá):白肉。

[7]胫(jìng):小腿。

[8]甚雨:暴雨。

[9]栉(zhì):梳理。

[10]置:安置。

[11]裘褐:粗衣。

[12]跂:通"屐",木制的鞋子。蹻(juē):草鞋。

[13]极:准则。

[14]相里勤:姓相里,名勤,墨家后学。

[15]五侯:姓五,名侯,墨家后学。

[16]苦获、已齿:两位学墨者。

[17]邓陵子:即邓陵氏。

[18]倍:背。谲(jué):异。

[19]訾(zǐ):诋毁。

[20]觭(jī):通"奇",单数。仵(wǔ):通"伍",合。应:对答。

[21]巨子:墨家首领。

[22]尸:主。

[23]相进:相竞。

【品读】

在肯定墨家救世精神的同时,本篇作者又批评他们非乐、节用、"以自苦为极",尤其在组织上派别林立、各以巨子相尊的错误。

对墨家自苦自励的作风,作者是否定的。墨子日夜不休,以自苦为极。后世墨者多用粗布做衣服,穿着木屐草鞋,日夜不息,以吃苦耐劳为准则。这在庄子学派看来是完全没有必要的。它违反"天下之心",使"天下不堪"。故其最终的结果必然是事与愿违,不能真正摆脱天下之苦。庄子循性自然,或哭或号,或悲或乐,不想加任何强制意志。

北方墨者相里勤的弟子,伍侯的门徒,南方的墨者苦获、已齿、邓陵子一派,都诵读《墨经》,然而却相互矛盾,相互指责对方是"别墨";把巨子当作圣人,愿意为其尽死,但一直没有决断。庄子学派认为这样乱天下有余,治天

下不足。

尽管如此，庄子学派对墨家学派善意善行的称赞溢于言表。认为墨子是真想把天下治理好的人，即使求之不得，“虽枯槁不舍也”。事实上，道家蔑视权威，关切贫弱，热爱生命，不满现实，赞美劳动等，均可从墨家思想中找到些影子。从庄子学派对墨家之功过的评价，足见其并非完全的避世，从某种意义上来说，庄子学派也有关注现实的一面。

不累于俗，不饰于物，不苟[1]于人，不忮[2]于众，愿天下之安宁以活民命，人我之养，毕足而止，以此白心。古之道术有在于是者，宋钘[3]、尹文[4]闻其风而悦之。作为华山之冠以自表[5]，接万物以别宥为始[6]。语心之容，命之曰“心之行”。以聏合驩[7]，以调海内。请欲置之以为主。见侮不辱，救民之斗，禁攻寝[8]兵，救世之战。以此周行[9]天下，上说下教。虽天下不取，强聒[10]而不舍者也。故曰：上下见厌而强见也。

虽然，其为人太多，其自为太少，曰：“请欲固[11]置五升之饭足矣。”先生恐不得饱，弟子虽饥，不忘天下，日夜不休。曰：“我必得活哉！”图傲[12]乎救世之士哉！曰：“君子不为苛察，不以身假物。”以为无益于天下者，明之不如已[13]也。以禁攻寝兵为外，以情欲寡浅为内，其小大精粗，其行适至是而止。

【注释】

[1]苟：“苛”字之误。

[2]忮(zhì)：违逆。

[3]宋钘(jiān)：即宋荣子，宋国人。

[4]尹文：姓尹，名文，名家人物。

[5]华山陡峭，上下均平。句意为：制作华山模样的帽子来象征自己的主张。

[6]宥：通“囿”，局限。别宥：去除偏见。

[7]聏(ér)：柔和。驩：通“欢”。

[8]寝：息。

[9]周行：遍行。

[10]强聒(guō)：喧嚷。

[11]固：借为“姑”，姑且。

[12]图傲：伟大。

[13]已：止。

【品读】

这是对宋尹学派的评价。宋尹学派是战国时期百家争鸣中的一个著名学派，其主要代表人物为宋钘、尹文，二人都是齐国稷下学士，在当时齐名。

对其学派属性见仁见智。宋尹学派的思想主要受到了道家和墨家的影响。本章将此派思想概括为“以禁攻寝兵为外，以情欲寡浅为内”。“以情欲寡为内”，当受到儒家安贫乐道和墨家刻苦精神的影响；而“以禁攻寝兵为外”，则明显是对墨家“非攻”的继承。宋尹学派思想带有不少墨家特点，以至于荀子将墨翟和宋钘并列①。宋钘受到墨家形名思想的影响，他在先秦名学思想家中占有一席之地。荀子批评宋子“见侮不辱”是“用名以乱实”，“情欲寡”是“用实以乱名”②，就是从形名角度批驳的。

宋钘主张“接万物以别宥为始”，其“别宥”是取消界限之意，即从形名的相对性出发，破除人的主客观条件限制。主观方面，解放思想、开阔视野，达到一种心容万物、和调万物的自由自在的精神境界；客观方面，取消名物制度、上下等级之差别，实现一个平等的、和谐的理想社会。宋钘在学术与政治实践中，用“别宥”方法论证“见侮不辱”，以此宣扬非斗非战思想。

本章作者认为宋尹学派未得道术之大体，但对他们给予了积极的评价。他们要人去蔽、忍辱，反对战争，主张“禁攻寝兵”，应给予褒扬；而墨家“其为人太多，其自为太少”“情欲寡浅”等太严苛，则予以否定。对于宋钘、尹文以“白心”待天下是肯定的态度。其“白心”归结为内外两种，就是对外努力实现天下太平，对内持守心灵的自然修养。对此作者不会赞同宋钘、尹文“虽天下不取，强聒而不舍者也”，但应赞同其“白心”态度，至少取其自然心。因而宋尹学派的思想对庄子学派自然性思想的构成应具有某种影响。

公而不党[1]，易[2]而无私，决然[3]无主，趣物而不两[4]，不顾于虑，不谋于知，于物无择，与之俱往。古之道术有在于是者，彭蒙[5]、田骈[6]、慎到[7]闻其风而悦之。齐万物以为首，曰：“天能覆之而不能载之，地能载之而不能覆之，大道能包之而不能辩之。”知万物皆有所可，有所不可。故曰：“选则不遍，教则不至，道则无遗者矣。”

是故慎到弃知去己，而缘不得已。泠汰[8]于物，以为道理，曰：“知不知，将薄知而后邻伤之者也[9]。”謑髁[10]无任，而笑天下之尚贤也；纵脱无行[11]，而非天下之大圣；椎拍輐断[13]，与物宛转；舍是与非，苟可以免。不师知虑[13]，不知前后，魏然[14]而已矣。推而后行，曳[15]而后往。若飘风之还[16]，若羽之旋，若磨石之隧[17]，全而无非，动静无过，未尝有罪。是何故？夫无知之物，无建己[18]之患，无用知之累，动静不离于理，是以终身无誉。故曰：“至

① 见《荀子·非十二子》。

② 见《荀子·正名》。

于若无知之物而已，无用贤圣。夫块不失道。”豪桀相与笑之曰[19]：“慎到之道，非生人之行，而至死人之理。”适得怪焉。

田骈亦然，学于彭蒙，得不教[20]焉。彭蒙之师曰：“古之道人，至于莫之是、莫之非而已矣。其风窢然[21]，恶可而言？”常反人，不见觀[22]，而不免于魭断[23]。其所谓道非道，而所言之韪[24]于非。彭蒙、田骈、慎到不知道[25]。虽然，概乎皆尝有闻者也。

【注释】

[1]党：阿党。

[2]易：平易。

[3]决然：自然流动的样子。

[4]不两：谓与物为一。

[5]彭蒙：姓彭，名蒙，与田骈、慎到同时代。

[6]田骈：姓田，名骈，亦作陈骈，齐人。

[7]慎到：姓慎名到，赵人。

[8]泠(líng)汰：听从放任。

[9]薄：迫近。邻伤：磷伤，毁伤。

[10]謑髁(xǐ kē)：儿戏、随便的样子。

[11]无行：不修品行。

[12]椎、輐(wàn)：皆古代刑具。

[13]师：运用。知：通“智”，智能。

[14]魏然：寂然独立的样子。

[15]曳(yè)：拖。

[16]飘风：回旋之风。还：通“旋”，回旋。

[17]隧：回。

[18]建己：标榜自己。

[19]豪桀：指当世贤圣。桀，通“杰”。

[20]不教：不教之教。

[21]风：风教。窢(xù)：借为“侐”，寂静。

[22]觀：当为“欢”字之误。

[23]魭(wàn)断：同“輐断”。

[24]韪(wěi)：是。

[25]道：大道。

【品读】

这是对彭蒙、田骈、慎到一派思想的评价。对于这一派的学术属性也是见仁见智。司马迁说：“慎到，赵人。田骈、接子，齐人。环渊，楚人。皆学黄老道德之术。”①黄老之学是继儒、墨、杨、法之后兴起于齐国的学派，因其有田齐政权的支持，故在齐国的势力相当大。

本章对彭蒙、田骈、慎到一派思想的评判，十分复杂。虽然认为彭蒙、田骈、慎到一派还没有真正进入大道的境界，但比起前两派则有所进展。承认他们“齐物”“弃知”“去己”的思想与古代的“道术”有某些相通之处，但又有其缺陷。首先，该派能够“齐万物以为首”确实是走向道的一种进展。“笑天下之尚贤”“非天下之大圣”“舍是与非”等思想，看似都很接近于《齐物论》的思想，但两者又有质的区别。庄子是从“道通为一”的境界高度，体悟“齐物”，是以“无”这个根本处出发，主张“无名”“无功”“无己”②这个体道思想总纲。而在彭蒙等人一派，这种“齐物”还没从“知”的层面，进入“悟”的层面，即使“弃知”，也是“不得已”。

在庄子那里，体道而“道通为一”的超越，不是随波逐流，而是一种能动地体道，所谓“乘天地之正，而御六气之辩”。但彭蒙一派的态度是：“不师知虑，不知前后，魏然而已矣。推而后行，曳而后往。若飘风之还，若羽之旋。”如果说“不师知虑，不知前后，魏然而已矣”，还有某种任自然的精神，“推而后行，曳而后往。若飘风之还，若羽之旋”等表现，则完全是一种随波逐流的态度。这种态度与能动地体道是不可同日而语的。尽管如此，本篇作者并未完全否定他们，却以为彭蒙一派没有入道，所谓“不知道”而只是“尝有闻者”，是很恰当的评价。

以本[1]为精，以物为粗，以有积为不足，淡然独与神明居[2]。古之道术有在于是者，关尹[3]、老聃[4]闻其风而悦之。建之以常无有，主之以太一[5]。以濡弱谦下为表[6]，以空虚不毁万物为实。

关尹曰：“在己无居[7]，形物自著[8]。其动若水，其静若镜，其应若响；芴乎若亡[9]，寂乎若清[10]；同焉者和，得焉者失；未尝先人而常随人。”

老聃曰：“知其雄，守其雌，为天下溪[11]；知其白，守其辱[12]，为天下谷。”人皆取先，己独取后。曰：“受天下之垢。”人皆取实，己独取虚。“无藏[13]也故有余”。岿然[14]而有余。其行身[15]也，徐而不费[16]，无为也而笑巧。人皆求福，己独曲全[17]。曰：“苟免于咎[18]。”以深为根，以约为纪。曰：“坚则毁矣，锐则挫矣。”常宽容于物，不削[19]于人。虽未至于极，关尹、老聃乎，古之博大真人哉！

---

① 《史记·孟子荀卿列传》。

② 见《庄子·逍遥游》。

【注释】

[1]本:指德。

[2]淡然:无心的样子。神明:自然。

[3]关尹:应是职称。

[4]老聃:即老子,姓李,名耳。

[5]太一:即道。

[6]濡:柔,即"儒"之借字。表:外表。

[7]无居:没有私见。

[8]著:显露。

[9]芴:通"惚",恍惚。亡:通"无"。

[10]清:清虚。

[11]溪:"谷"同义,指有容乃大而众望所归。

[12]辱:即黑。

[13]无藏:没有积蓄。

[14]岿然:充足的样子。

[15]行身:立身行事。

[16]徐:安舒。费:损。

[17]曲全:委曲以自全。

[18]咎:祸患。

[19]削:刻削、侵削。

【品读】

这是对关尹、老聃之道家学派的评价。关尹、老聃开道家之先河,是庄子及其学派的思想源头。作者高度评价了关尹、老聃,承认他们是"博大真人",虚己接物,独立清静。

"未尝先人而常随人"是人与道的一体通透性。在老子关于道、天、地、人"四大"中,已经指出人与"道法自然"之道具有一体通透性。关尹此"未尝先人而常随人"就体现了这点。对于这种通透性,常人都在"物蔽""物役"中被遮蔽而茫然,以至还要在体道中祛蔽来恢复这种通透性,即恢复真正的人性。

人如何体道,像关尹、老聃那样成为"博大真人"。本篇作者强调了三个方面:其一,人皆取先,己独取后。"受天下之垢。"这就是知雄守雌、知白守辱,即"有容乃大"的思想。其二,人皆取实,己独取虚。"无藏也故有余。"如《老子》中有"虚其心,实其腹"[①],讲的是两个方面,而此处却"己独取虚",突

① 《老子》第三章。

出“虚其心”。其三，人皆求福，己独曲全。“苟免于咎。”常宽容于物，不削于人。对于福祸，《老子》所谓“祸兮福之所依，福兮祸之所伏”①，也是讲两个方面的互相转化。而此则“己独曲全”，也是突出主体人的体道功夫与境界。这种但求“免于咎”的“曲全”，作为体道的修养，就被描述为“以深为根，以约为纪”。而对于人和物，则要“常宽容于物，不削于人”。只有如此，才能不为物累，不为人缚，而入超越的精神自由境界。可见，本章从这三方面在道与人的关系上突出人的体道功夫和境界，也完全符合老子追求精神自由的主旨。

寂漠无形，变化无常，死与？生与？天地并[1]与？神明往与？芒乎[2]何之？忽乎何适？万物毕罗，莫足以归。古之道术有在于是者，庄周闻其风而悦之。以谬悠[3]之说，荒唐[4]之言，无端崖[5]之辞，时恣纵而不傥[6]，不以觭见之也[7]。以天下为沉浊[8]，不可与庄语[9]，以卮言为曼衍[10]，以重言[11]为真，以寓言[12]为广。独与天地精神[13]往来，而不敖倪[14]于万物，不谴[15]是非，以与世俗处。其书虽瑰玮，而连犿无伤也[16]。其辞虽参差，而諔诡可观[17]。彼其充实，不可以已[18]。上与造物者游，而下与外死生、无终始者为友。其于本[19]也，弘大而辟[20]，深闳而肆[21]；其于宗[22]也，可谓稠适而上遂矣[23]。虽然，其应于化而解于物也，其理不竭，其来不蜕[24]，芒乎昧乎，未之尽者。

【注释】

[1]并：并存。

[2]芒乎：恍恍惚惚。

[3]谬悠：虚远。

[4]荒唐：虚诞。

[5]端崖：边际。

[6]恣纵：放肆。傥（tǎng）：随意无拘束的样子。

[7]觭（jī）：倾向。见：通“现”，显现。

[8]天下：指天下之人。沉浊：谓沉迷不悟。

[9]庄语：庄重的言论。

[10]卮（zhī）言：指不着边际的议论。曼衍：流行不定。

[11]重言：谓先哲时贤之言。

[12]寓言：指寄托寓意之言。

[13]精神：即自然。

① 《老子》第五十八章。

[14]敖倪：即"傲睨"，傲视。

[15]谴：责问。

[16]瑰玮：奇特宏壮。连犿(fān)：随和的样子。

[17]参差：谓神奇多变。諔(chù)诡：奇异。

[18]已：止、尽。

[19]本：大道的根本。

[20]辟：透辟。

[21]深闳(hóng)：深广。肆：放纵。

[22]宗：大道本源。

[23]稠适：亦作"调适"。遂：直达。

[24]蜕：蜕离。

【品读】

这是对庄子学派的评价。在谈庄子学派时，无论对于道的描绘，对于庄子文风、文体的描述，还是关于庄子对精神自由的独特追求，都十分精辟。这说明《天下篇》或者是庄子本人所写，或者是最能领会庄子思想本意的庄子门人所写。

庄子作为道家集大成者，不仅继承了道家开创者关尹、老聃的思想，而且加以发扬光大。虽然《庄子》中基本将老子引为同道，甚至表达出对他的推崇，将其奉为权威，但是老学和庄学毕竟分属于不同的学派，存在着比较明显的差异，作者认为老子之道虽已近乎高明，尚且不足为天地之道。庄、老之不同主要在于庄子精神的自由。在作者看来，老子思想以自然性为最高境界。而庄子进一步开拓了超自然性的最高理想境界，因此超自然性思想是其创意。

本篇作者对庄子思想的评价是很积极的，庄子能与"天地精神往来，而不敖倪于万物"，可见庄子已经真正把握了道，达到了真正的智慧层面；庄子"不谴是非，以与世俗处"，可见庄子崇高的精神境界；庄子已经超越了生死，与道同游，活在无穷无尽的道当中，可见庄子已经体证到了真正的道，达到了真正的逍遥。

惠施多方[1]，其书五车，其道舛驳[2]，其言也不中。历物之意[3]，曰："至大无外[4]，谓之大一；至小无内[5]，谓之小一。无厚，不可积也，其大千里。天与地卑，山与泽平。日方中方睨[6]，物方生方死。大同而与小同异，此之谓'小同异'；万物毕同毕异，此之谓'大同异'。南方无穷而有穷。今日适越而昔来。连环可解也[7]。我知天下之中央，燕之北、越之南是也[8]。泛爱万物，天地一体也。"

【注释】

[1]多方:有多种方术。

[2]舛(chuǎn)驳:驳杂不纯。

[3]历:分析、叙述。意:理。

[4]无外:无限大。

[5]无内:无限小。

[6]睨(nì):倾斜。

[7]句意为:从本身言连环是分不开的,从环与环之间关系言,它是可分的。

[8]句意为:"燕之北""越之南"望天上皆似中央,说明宇宙的无限与方位之相对。

【品读】

这是对惠施为代表的名家之学的评价。惠施不仅在私交上是庄子的好友,而且在道术上也是庄子可以深入讨论问题的朋友。惠施作为名家的代表是很突出的,他学识渊博,学富五车,通晓天文地理。惠施是最特殊的一家,其学术特点,是脱离政治,无关国计民生与个人幸福,其接近于纯理论。

本章记载了惠施的十个重要命题"历物十事",但只是孤立的十个辩论命题,没有论证过程。惠施的"历物十事"中列举了一系列相互对立的事物:大与小、有厚与无厚、天与地、山与泽、日中与日睨、生与死、同与异、有穷和无穷、今与昔、南与北、可解与无解等等。这些相互对立的事物,处在一个统一体中,它们不是静止僵硬的,而是流动变化的,在流动变化中转化为它的对立面,这就是所谓"合同异"。此"合"不是混合、调和,不是无差别,而是强调对立的双方可以"结合"在一个统一体中,这也正是事物能够流动与互相转化的主因。可见惠施的"历物十事"虽然不乏相对主义成分,但它不完全是诡辩,也包含朴素的辩证思维。

"合同异"是惠施的主要学术观点。在惠施看来,"同与异"是相对性、可变动的。但归根结底他强调"毕同毕异"。在此,"同"与"异"是有明确界限的,并没有否定"同"与"异"的质的规定性。惠施的"合同异"主张,旨在破除人们囿于具体的闻见所形成的习惯认识,揭示出了若干此前人们没有认识到而切实存在的自然规律。"大同小异"一词就源于此,一般指大体相同,略有差异。

惠施以此为大,观于天下而晓辩者[1],天下为辩者相与乐之[2]。卵有毛[3];鸡三足[4];郢有天下[5];犬可以为羊[6];马有卵[7];丁子[8]有尾;火不热[9];山出口[10];轮不蹍地[11];目不见[12];指不至,至不绝[13];龟长于蛇[14];矩不方,规不可以为圆[15];凿不围枘[16];飞鸟之景未尝动也[17];镞[18]矢之疾，而有不行、不止之时；狗非犬[19]；黄马骊牛三[20]；白狗黑[21]；孤驹未尝有母[22]；一尺之捶，日取其半，万世不竭。辩者以此与惠施相应，终身无穷。

【注释】

[1]观：显示。晓：启发，引导。

[2]乐之：乐于跟惠施辩论。

[3]卵有毛：卵中含有产生羽毛的因素。

[4]鸡三足：指鸡有二足，与“鸡足”相加成三足。此为一个混同实与名的命题。

[5]郢有天下：从上文“天之中央”看来，郢作为楚国都城，也可称得上天下。

[6]犬可以为羊：犬和羊的名称是人叫的，属约定俗成，相对的。如把“犬”叫“羊”并无不可。

[7]马有卵：马虽是胎生，但“胎”“卵”之名称是约定俗成的，称马为卵生亦可。

[8]丁子：蛤蟆。

[9]火不热：冷热都是相对的。

[10]山出口：谓山本无名，山名出自人口。

[11]轮不蹍地：车轮转动时，与地面接触的始终只是一点，故说“不蹍地”。

[12]目不见：眼睛看见东西是有条件的，需要光和感光的能力。

[13]“指不至”两句：谓伸直手指而指，所指长度无穷。

[14]龟长于蛇：龟有大小，蛇有长短，大龟可长过短小的蛇。

[15]“矩不方”两句：意即使用矩、规画方、圆，也不能画出绝对的方、圆。

[16]凿不围枘（ruì）：意谓卯眼与榫头接合处总会留下缝隙，很难完全相合。凿，孔，即卯眼。枘，孔中之木，即榫头。

[17]句意为：动静是两物相对而言的，飞鸟之影对其他东西而言是动的，但对飞鸟而言就不动了。景，通“影”。

[18]镞：箭头。

[19]狗非犬：大的叫犬，小的叫狗，故说狗非犬。此命题割裂了一般与个别的关系。

[20]黄马骊牛三：一匹黄马，一头骊牛，再加“黄马骊牛”概念共为三。

[21]白狗黑：白狗身上有黑如眼珠。据毛白可叫白狗，据眼黑也可叫黑狗。

[22]句意为：孤驹就是无母的小马，所以孤驹未尝有母。

【品读】

作为“辩者”的“名家”追求的仅仅是思维之乐趣。本段记载战国时期名家中一些不知其名的辩士所提出的二十一个命题。这些辩者为了坚持名家的正名思想并反驳别人对名家的非难，当时曾以这二十一个命题与惠施提出的“历物十事”相互呼应，互相论证，竟至“终身无穷”的境地。

“一尺之捶，日取其半，万世不竭”，其中包含物质的无限可分性的思想。一尺长的东西，今天取一半，明天取剩余的一半，后天再取剩余的一半，总会有一半留下。这句话来让我们明白有限之中有无限、有限和无限的统一的辩证思想。

桓团、公孙龙辩者之徒[1]，饰[2]人之心，易人之意，能胜人之口，不能服人之心，辩者之囿也。惠施日以其知与之辩，特与天下之辩者为怪，此其柢[3]也。然惠施之口谈，自以为最贤，曰："天地其壮乎，施存雄而无术。"南方有倚人焉，曰黄缭[4]，问天地所以不坠不陷，风雨雷霆之故。惠施不辞而应，不虑而对，遍为万物说。说而不休，多而无已，犹以为寡，益之以怪，以反人为实，而欲以胜人为名，是以与众不适也。弱于德，强于物，其涂隩[5]矣。由天地之道观惠施之能，其犹一蚊一虻之劳者也。其于物也何庸[6]！夫充一尚可，曰愈贵，道几[7]矣！惠施不能以此自宁[8]，散于万物而不厌，卒以善辩为名。惜乎！惠施之才，骀荡[9]而不得，逐万物而不反[10]，是穷响以声，形与影竞走也，悲夫！

【注释】

[1]桓团：赵人，辩士。公孙龙：姓公孙，名龙，赵人，先秦名家代表人物。

[2]饰：蒙蔽。

[3]柢（dǐ）：根本。

[4]倚：通"畸"，怪癖。黄缭：楚人，善辩。

[5]隩（yù）：水涯深曲处。

[6]庸：用。

[7]几：殆、危险。

[8]此：指充当一家之说。宁：安宁。

[9]骀（dài）荡：放荡。

[10]反：通"返"，返归。

【品读】

作者对惠施、桓团、公孙龙一派所采取的主要是批判态度。辩者所强调的仅仅是口舌之争，桓团、公孙龙这些好辩之徒，口若悬河，其诸多论说让人目不暇接却不以为然，"能胜人之口，不能服人之心"。而且把极其平常的意思加以歪曲，把显而易见的东西说的似是而非，不仅违背常理，而且还腐蚀人心。

对于惠施的好辩，本篇作者认为，惠施用其心智跟人辩论，违反人的实情，一心求取超人名声，制造很多奇谈怪论，自以为最有才气，其实是不懂得真正的道术。在庄子学派看来，是非的标准是不存在的，人的生命是有限的，用有限的生命追逐无穷的知识，那是徒劳的。本章指出惠施虽善辩，然其未能真正把握道及智慧层面的东西，徒逞口舌之才，给予惠施的这种批评是十分到位的，因而惠施最后只能"形与影竞走，悲呼！"

但庄子与惠施毕竟长期共同论争，在二人的论争过程中，庄子自然可以广泛地吸收惠施的许多相类思想，或从其对立的论说中获得感悟和启迪，受益非浅。

主要参考书目

(西汉)司马迁《史记》,中华书局 1959 年版。

(三国)王弼:《老子注》,中华书局 1980 年版。

(西晋)郭象注,(唐)成玄英疏,曹础基、黄兰发点校:《庄子注疏》,中华书局 2011 年版。

(南宋)朱熹撰:《孟子集注》,齐鲁书社 1992 年版。

(南宋)林希逸著,陈红映校点:《南华真经口义》,云南人民出版社 2002 年版。

(明)释德清撰,黄曙辉点校:《庄子内篇注》,华东师范大学出版社 2009 年版。

(明)王夫之撰,王孝鱼点校:《庄子解》,中华书局 1964 年版。

(清)胡文英:《庄子独见》,1751 年(乾隆十六年)三多斋刊本。

(清)姚鼐:《庄子章义》,1880 年(光绪五年)刊本。

(清)王先谦编著:《庄子集解》,成都古籍出版社 1988 年版。

(清)郭庆藩辑,王孝鱼整理:《庄子集释》,中华书局 1961 年版。

(清)王先谦:《荀子集解》,中华书局 1988 年版。

马叙伦:《庄子义证》,商务印书馆 1930 年版。

冯友兰:《中国哲学史》,商务印书馆 1947 年版。

顾实:《〈庄子·天下篇〉讲疏》,台湾商务印书馆 1980 年版。

曹础基:《庄子浅注》,中华书局 1982 年版。

王孝鱼:《庄子内篇新解　庄子通疏证》,岳麓书社 1983 年版。

张恒寿:《庄子新探》,湖北人民出版社 1983 年版。

欧阳景贤、欧阳超:《庄子释译》,湖北人民出版社 1986 年版。

刘笑敢:《庄子哲学及其演变》,中国社会科学出版社 1988 年版。

刘绍瑾:《庄子与中国美学》,广东高等教育出版社 1989 年版。

黄山文化书院编:《庄子与中国文化》,安徽人民出版社 1990 年版。

崔大华:《庄学研究——中国哲学一个观念渊源的历史考察》,人民出版社 1992 年版。

王新民:《庄子传》,花山文艺出版社 1992 年版。

张默生著、张翰勋校补:《庄子新释》,齐鲁书社 1993 年版。

陆钦:《庄子通义》,吉林人民出版 1994 年版。

章行:《庄子标校》,上海古籍出版社 1995 年版。

孙以楷、甄长松:《庄子通论》,东方出版社 1995 年版。

吴林伯:《庄子新解》,京华出版社 1997 年版。

颜世安:《庄子评传》,南京大学出版社 1999 年版。

姚汉荣等:《庄子直解》,复旦大学出版社 2000 年版。

王葆玹:《老庄学新探》,上海文化出版 2002 年版。

扬帆:《庄子心通》,长江文艺出版社 2003 年版。

张涅:《庄子解读——流变开放的思想形式》,齐鲁书社 2003 年版。

涂光社:《庄子范畴心解》,中国社会科学出版社 2003 年版。

胡道静主编:《十家论庄》,上海人民出版社 2004 年版。

王博:《庄子哲学》,北京大学出版社 2004 年版。

刘生良:《鹏翔无疆——〈庄子〉文学研究》,人民出版社 2004 年版。

叶舒宪:《庄子的文化解析——前古典与后现代的视界融合》,陕西人民出版社 2005 年版。

曹慕樊:《庄子新义》,重庆出版社 2005 年版。

杨伯峻:《论语译注》,中华书局 2006 年版。

杨国荣:《庄子的思想世界》,北京大学出版社 2006 年版。

韩廷一注译:《庄子内篇新解读》,万卷楼图书股份有限公司 2006 年版。

陆永品《庄子通释》,中国社会科学出版社 2006 年版。

陈鼓应:《庄子今注今译》,商务印书馆 2007 年版。

王叔岷:《庄子校诠》(全二册),中华书局 2007 年版。

南怀瑾:《庄子讲记》,上海人民出版社 2007 年版。

傅佩荣:《解读庄子》,上海三联书店 2007 年版。

张采民、张石川注译:《〈庄子〉注评》,凤凰出版社 2007 年版。

何宗思:《宗思〈庄子〉心得》,中国国际广播出版社 2007 年版。

钱穆、冯友兰等:《名家品庄子》,中国华侨出版社 2008 年版。

钟泰:《庄子发微》,上海古籍出版社 2008 年版。

方勇:《庄子讲读》,华东师范大学出版社 2008 年版。

潘建荣:《庄子故里考辨》,中国书籍出版社 2008 年版。

张京华:《庄子注解》,岳麓书社 2008 年版。

张远山:《庄子奥义》,江苏文艺出版社 2008 年版。
张荣明:《庄子说道》,华东师范大学出版社 2008 年版。
李明军:《庄子解读》,贵州人民出版社 2009 年版。
钱穆:《庄子纂笺》,三联书店 2010 年版。
王麒:《庄子的智慧》,黄山书社 2010 年版。
张松辉:《庄子译注与解析》,中华书局 2011 年版。
杨义:《庄子还原》,中华书局 2011 年版。
张文江:《〈庄子〉内七篇析义》,上海人民出版社 2012 年版。

后记

应业师马新教授之约，笔者有幸参加“品读齐鲁经典”的编写。在本书的写作过程中，一直得到马老师的悉心指导。如果没有恩师的鼓励与指导，我就不可能完成本书。在此我要对业师马新教授表示衷心的感谢。

庄子思想可谓博大精深、深奥玄妙，他对宇宙、人生皆有其深刻的体悟，他既思考大道的玄机，也探讨处于纷纭复杂的人间世的生存之道。阅读《庄子》，既是一件难事，又是一件赏心乐事。

自从动笔至今历时二年，如今终得完成。虽如释重负却又深感惶恐，千百年来，给《庄子》作注作解的大家众多，鉴于笔者的水平所限，缺失之处在所难免。

书中参阅和吸收了众多学者的某些成果，有些已在书中注明，有些因为篇幅所限或疏漏未能注明，在此一并表示谢意和歉意。

刘厚琴

2015 年 10 月于曲阜师范大学

图书在版编目（CIP）数据

庄子品读/刘厚琴著. —济南：山东大学出版社，2016.3

（齐鲁文化经典品读/马新主编）

ISBN 978-7-5607-5517-5

Ⅰ.①庄… Ⅱ.①刘… Ⅲ.①道家 ②《庄子》—通俗读物 Ⅳ.①B223.5-49

中国版本图书馆 CIP 数据核字(2016)第 056866 号

责任编辑：陈海军
封面设计：张　荔

出版发行：山东大学出版社
社　址　山东省济南市山大南路 20 号
邮　编　250100
电　话　市场部(0531)88364466

经　　销：山东省新华书店经销
印　　刷：山东新华印务有限责任公司
规　　格：720 毫米×1000 毫米　1/16
30.5 印张　530 千字
版　　次：2016 年 3 月第 1 版
印　　次：2016 年 3 月第 1 次印刷
定　　价：62.00 元